Emotions- und Affektsoziologie

Sozialwissenschaftliche Einführungen

Herausgegeben von
Rainer Schützeichel †

Band 6

Emotions- und Affektsoziologie

Eine Einführung

Herausgegeben von
Aletta Diefenbach und Veronika Zink

DE GRUYTER
OLDENBOURG

ISBN 978-3-11-057243-8
e-ISBN (PDF) 978-3-11-058921-4
e-ISBN (EPUB) 978-3-11-058957-3
ISSN 2570-0529
e-ISSN 2570-0537

Library of Congress Control Number: 2023952206

Bibliografische Information der Deutschen Nationalbibliothek
Die Deutsche Nationalbibliothek verzeichnet diese Publikation in der Deutschen Nationalbibliografie; detaillierte bibliografische Daten sind im Internet über http://dnb.dnb.de abrufbar.

Satz: Integra Software Services Pvt. Ltd.
Druck und Bindung: CPI books GmbH, Leck

www.degruyter.com

In Gedenken an Rainer Schützeichel

Inhaltsverzeichnis

IV Methoden der empirischen Emotionsforschung: Gefühle messen?

V Reflexionspotenziale und Grenzen der soziologischen Gefühlsforschung

Veronika Zink und Aletta Diefenbach

1 Einleitung: Zur gesellschaftlichen Bedeutung von Emotion, Affektivität und Sinnlichkeit

Emotionen wie Ekel, Schadenfreude, Begeisterung, Scham oder Entrüstung, affektive Haltungen wie Coolness, Fürsorge, Taktgefühl oder Loyalität, Gefühle der Einsamkeit, des Glücks, der Unruhe oder der Wertlosigkeit, belebende, berauschende, langweilige und träge Stimmungen – unser soziales Leben ist auf vielfältige Weise affektiv geprägt. Wir erfahren die gesellschaftliche Realität niemals nur rein kognitiv, sondern immer auch als fühlende Wesen: Wir empfinden Freude in Geselligkeit, fühlen uns von gewissen Ideen und Werten angezogen, bedauern die soziale Kälte, begehren gegen Ungleichbehandlung auf, fühlen uns abgestoßen von bestimmten sozialen Gruppierungen, diffamieren und schmähen unsere Gegner:innen. Als sinnsetzende Elemente gehen Gefühle in soziale Differenzierungs- wie in Relationierungsprozesse ein, spiegeln soziale Positionierungen wider und regulieren auf eine sinnlich empfindsame Weise das soziale „Miteinander, Füreinander, Ineinander, Gegeneinander, Durcheinander" (Simmel 1911: 1) (vgl. Denzin 2009; Turner 1999; Scheff 2006).

So diffus und uneindeutig manchmal unser Gefühlserfahren ausfallen mag, in der Regel wissen wir, diese Erfahrungen emotional zu differenzieren. Wir wissen, ob wir gerade neidisch, eifersüchtig oder misstrauisch sind. Dieses Wissen um unsere eigenen Gefühle wie auch die Fähigkeit, die Gefühle anderer zu erkennen, etwa ein Lächeln als Ausdruck der Freundlichkeit zu deuten, Freudentränen von Tränen der Trauer zu unterscheiden, ein Zittern auf den Zustand der Angst rückzuführen, setzt versierte Techniken der kulturellen Modellierung und sozialen Bildung von Emotionen voraus (vgl. Lindholm 2007; Röttger-Rössler 2004). Dank dieser entwickeln wir ein auf die jeweilige Gesellschaft abgestimmtes, feines Sensorium der Gefühlserkennung, können ein kulturell höchst spezialisiertes Emotionsvokabular anwenden und beherrschen historisch wie situational variable Sprachen des Gefühlsausdrucks (vgl. Elfenbein et al. 2007; von Scheve 2010). In der Folge wissen wir darum, wer, in welchen sozialen Situationen, zu welchem Zeitpunkt, welche Gefühle, in welcher Weise fühlen und ausdrücken darf (vgl. Hochschild 1979): Wem es gestattet ist, auf einer Trauerfeier zu weinen und wer Stärke beweisen muss. Wessen Empörung als legitim gedeutet wird und wessen den Charakter irrationaler Hysterie gewinnt. Wann ein Kniefall Ausdruck von geblendeter Autoritätshörigkeit ist, wann eine angemessene Respektsbekundung, wann das Symbol für die Schuld der Täter und wann das ermächtigende Zeichen des sozialen Protests gegen Ungerechtigkeit.

https://doi.org/10.1515/9783110589214-001

Emotionen regulieren und reproduzieren soziale Ordnungsbemühungen. Sie reflektieren kulturelle Klassifikationen und materialisieren spürbar gesellschaftliche Wertvorstellungen und geschichtliche Selbstbilder. Und entsprechend können emotionale Ausdrucksgesten, wie ein Lächeln, ein gesenkter Kopf, wie der Kniefall oder eine geballte Faust, selbst als emotionalisierende Praktiken das gesellschaftliche Leben prägen, soziale Dynamiken freisetzen, Stellungskämpfe formieren, Kritik und Transformation anstoßen oder verunmöglichen wie sie als ein Symbol für die (Gefühls-)Kultur einer Gesellschaft fungieren können (vgl. Collins 2004; Katz 1999; von Scheve 2009).

Emotionssoziolog:innen betrachten – und dies sollten die wenigen Beispiele deutlich gemacht haben – Emotionen also keineswegs als rein persönliche Erfahrungen, welche sich im Inneren, in Herz, Seele oder Psyche eines Subjekts, abspielen. Vielmehr geht es darum, Gefühle als Phänomene der Stabilisierung der bestehenden, sozialen Ordnung *und* als Vehikel für gesellschaftliche Transformationen in Augenschein zu nehmen. Soziologisch sind Emotionen deswegen von besonderem Interesse, weil sie eine vermittelnde Instanz zwischen sinnlich-empfindsamem Körper, fühlendem Subjekt, sozialer Struktur und Kultur bilden und dergestalt das Verhältnis von Individuum und Gesellschaft spürbar moderieren (vgl. Gerhards 1988). Dabei wird davon ausgegangen, dass unsere Gefühlswelt das Produkt sozialer Strukturierungen ist und gleichsam, dass Emotionen das soziale Leben navigieren und strukturieren (vgl. Kemper 2006; von Scheve 2009; Williams 1977; Schnabel & Schützeichel 2012). Augenmerk liegt somit immer auf beidem, auf der Auseinandersetzung mit der sozio-kulturellen Konstruktion von Gefühlen wie auf der Untersuchung der emotionalen Konstruktion der gesellschaftlichen Wirklichkeit.

Zwar finden sich Betrachtungen von Gefühlen bereits bei den Klassikern, prominent etwa bei Weber, Durkheim, Simmel oder Pareto, seit dem sogenannten *emotional turn* der 1980er-Jahre hat sich die Emotionssoziologie jedoch als eigene soziologische Subdisziplin entwickelt (vgl. auch zur Emotionsgeschichte Schützeichel, Kapitel 2). Seither florieren nicht nur empirische Studien, die die emotionalen Dimensionen des sozialen Lebens in den Fokus rücken, vielmehr gelten Gefühle und Emotionen nunmehr als eigenständige analytische Konzepte der soziologischen Forschung und Theoriebildung. Das verstärkte empirische und theoretische Interesse an Emotionen darf auch als eine Reflexion eines für die Gesellschaften der Gegenwart kennzeichnenden Wandels der Gefühlskultur angesehen werden, der meist unter dem Vorzeichen der Emotionalisierung verhandelt wird (vgl. auch Neckel & Sökefeld, Kapitek 5). Als Antwort auf erfahrene Problemlagen einer sachlich organisierten, anonymen Marktgesellschaft, wird Gefühlen eine wachsende gesellschaftliche Relevanz zugemessen. Wobei sich die Förderung, Steuerung und In-Wert-Setzung des Emotionalen eben nicht mehr nur in jenen soziale Arenen vollzieht, die traditionellerweise als gefühlszentrierte Räume markiert wurden, wie etwa die Religion (vgl. auch Herbrik, Kapitel 8) oder der Intimraum der Familie beziehungsweise der Partnerschaft, sondern insbesondere jene sozialen Felder betrifft, die gemeinhin als emotionsarm und gefühlskalt perspektiviert wurden, wie die Politik (vgl. auch Sauer, Kapitel 6), die Wirtschaft (vgl. auch Zink & Senge, Kapitel 7) oder das Recht (vgl. auch Bernhardt, Kapitel 9). Übergreifende soziale und kulturelle Transformationsprozesse, wie die Therapeutisierung des Sozialen, die Digitalisierung der Kommunikation, die wachsende ökonomische Bedeutung der Humankapitaltheorie wie auch der Wandel von einer Disziplinar- hin zu einer Kontrollgesellschaft, bilden freilich den Horizont, vor dem Emotionen nicht mehr nur als soziale Störfaktoren angesehen werden, sondern als kultivierbare und nutzbare Ressourcen in sozialen Austauschprozessen und vor allem für die Bildung des kontemporären Subjekts (vgl. auch Pritz, Kapitel 10). Dabei ist es ein zentrales Anliegen der Emotionsforschung der letzten 40 Jahre, den vermeintlichen Widerspruch zwischen Rationalität und Emotionalität, mithin den Glauben an einen Antagonismus vom Denken und Fühlen aufzulösen und auf die wechselseitige Konstitution beider hinzuweisen (vgl. Ciompi 2005).

Die Emotionssoziologie ist keine Bindestrichsoziologie im engeren Sinne, wie etwa die Geschlechtersoziologie, die Arbeitssoziologie, die Erziehungssoziologie oder die Politische Soziologie und so weiter, deren Ziel es ist, spezifische Institutionen oder Teilsysteme der Gesellschaft verstehend zu erklären. Anders als die speziellen Soziologien beschreibt die Soziologie der Emotionen vielmehr eine spezifische Perspektive auf das Soziale, die an der affektiven Verankerung gesellschaftlicher Strukturen und Prozesse interessiert ist und dergestalt auch auf die einzelnen Teilsysteme der Gesellschaft angewandt werden kann. Der emotionssoziologische Blick interessiert sich – und dies ist sicher dessen Besonderheit – für die fühlbare Seite von Gesellschaft und ihren Institutionen. Kulturalität und soziale Strukturen erscheinen hier nicht als Abstrakta, sondern als Kategorien des Empfindens, als etwas, das wirksam ist, weil es sich sinnlich spürbar in die Menschen einschreibt und durch diese wiederum beschrieben wird. In unseren Gefühlen, Emotionen, Stimmungen, in der Weise, in der wir durch andere affiziert werden, wie auch dank unserer Sinnesempfindungen, geht uns das Soziale etwas an: Soziale Strukturen hätten sonst kaum Einfluss auf unser Handeln, Normen und Gesetze würden uns kalt lassen, kulturelle Werte und Hierarchien würden uns nicht kümmern.

Neben der Auseinandersetzung mit der historisch gewachsenen und institutionalisierten Bedeutung von Gefühlen und Emotionen in speziellen sozialen Bereichen (vgl. hierzu beispielhaft die Beiträge in Teil II), bildet die soziologische Untersuchung der Spezifik des Fühlens ein weiteres Charakteristikum der Emotionssoziologie. Fokus liegt hier zumeist auf der Erforschung einzelner Emotionen beziehungsweise emotional konnotierter Zustände und Haltungen, wie beispielsweise Angst (vgl. auch Dehne, Kapitel 17), Hass (vgl. auch Ural, Kapitel 16), Hingabe und Verehrung (vgl. auch Zink, Kapitel 12), Empörung (vgl. auch Diefenbach, Kapitel 13), Neid (vgl. auch von Scheve, Kapitel 14), Scham (vgl. auch Neckel, Kapitel 11), Solidarität (vgl. auch Adloff, Kapitel 15) oder Taktgefühl (vgl. auch Schützeichel, Kapitel 19) wie auch auf dem Aufkommen neuer emotionaler Stile wie sie sich beispielsweise im Angesicht von globalen gesellschaftlichen Steuerungskrisen, wie jüngst dem Klimawandel, formieren (vgl. auch Senge, Kapitel 18). Gefühle werden hier nicht nur als soziale Medien betrachtet, sondern selbst als distinkte Phänomene, die auf ihre gesellschaftlich-geschichtliche Gemachtheit hin untersucht werden, in ihrer kulturellen Besonderheit zu verstehen sind und auf ihre soziale Funktion hin befragt werden können (vgl. hierzu die Beiträge in Teil III).

Während die Emotionssoziologie nunmehr ein etabliertes Feld der soziologischen Forschung bildet, haben sich in den letzten zwanzig Jahren die Affekttheorien als ein weiterer Forschungszweig etabliert. Entwickelte die Emotionssoziologie ausgehend von klassischen soziologischen Paradigmen und Theorieschulen diese weiter, ist das Aufkommen der Affekttheorien vor dem Horizont der breiteren sozial- und kulturwissenschaftlichen Rezeption poststrukturalistischer Diskurse zu verstehen, unter anderem in Auseinandersetzung mit kritischen feministischen, queeren und postkolonialen Theorien wie unter Einbezug posthumanistischer Deutungen und der Theorien des neuen Materialismus. Fokus der Affekttheorien liegt nicht auf dem fühlenden Subjekt, sondern auf relationalen Prozessen der wechselseitigen Affektion, die sich zwischen sozialen Körpern abspielen, also etwa zwischen Menschen, Dingen, Tieren, Apparaturen etc. Affekte werden als wesentliche Elemente der sinnlichen Infrastrukturierung des Sozialen betrachtet, die soziale Dynamiken freisetzen, Resonanzen und Dissonanzen moderieren. Häufig als eine vordiskursive Größe interpretiert, handelt es sich um eine impressive, sinnlich-korporale Wirkkraft, die das soziale Erleben maßgeblich steuert, weil sie soziale Atmosphären ausbildet. Damit eröffnet die Affektforschung nicht nur Anschlüsse an die relationale Soziologie, sondern mit ihr wird auch dem Körper und im Besonderen den Sinnen als materielle Vermittler des Affektiven erneut Aufmerksamkeit zuteil (vgl. auch Wiese & Weigelin, Kapitel 3). Ziel des vorliegenden Bandes ist es, die benachbarten und doch unterschiedlichen Forschungszweige der Emotionssoziologie, der Affektforschung und der Soziologie des Sinnlichen in einen Dialog zu bringen und als sich wechselseitig ergänzende Perspektiven auf Gesellschaft und ihre Kultur zu betrachten.

Sich als Soziolog:in mit der emotionalen, affektiven und sinnlichen Seite des Sozialen zu befassen, bedeutet, das Augenmerk auf eine phänomenal eigenwertige Dimension von sozialen Strukturen und Prozessen zu legen. Einerseits geht uns über diesen Zugang das Soziale unmittelbar etwas an, es materialisiert sich spürbar und erscheint daher konkreter und greifbarer als abstrakte soziologische Großkonzepte wie Normen, Institutionen, Herrschaft, Rollen, Werte etc. Andererseits handelt es sich um eine in hohem Maße flüchtige Größe des Sozialen, welche die sozialwissenschaftliche Forschung vor methodoloische wie auch methodische Herausforderung stellt (vgl. hierzu die Beiträge in Teil IV). Ob nun der Fokus auf einzelnen Gefühlen liegt, auf dem sozialen Vollzug kollektiver Emotionen (vgl. auch Knoblauch, Kapitel 20), auf der Erforschung relationaler Affektivität (vgl. auch Sauerborn & Albrecht, Kapitel 22) oder auf der Analyse der sinnlichen Textur des Sozialen (vgl. auch Racleș, Kapitel 21), die empirische Emotions- und Affektforschung erfordert nicht nur ein spezifisches methodisches Handwerkszeug, welches den Prozess der Datenerhebung und der Datenauswertung anleitet, sondern mehr noch: Sie fordert die Forscher:innen zu einer erhöhten Reflexivität gegenüber ihrer emotionalen, sinnlichen und affektiven Position im Forschungsfeld wie gegenüber der emotionalen, sinnlichen und affektiven Dimension der eigenen wissenschaftlichen Praxis auf (vgl. auch Stodulka, Kapitel 23).

Als Lehrbuch konzipiert ist es das Ziel des vorliegenden Bandes, einem breiten Publikum – Studierenden ebenso wie fortgeschrittenen Leser:innen – einen Überblick über die soziologische Emotions- und Affektforschung zu geben. Neben der Entwicklung und den Grundkonzepten emotionssoziologischer Theoriebildung werden empirische Anwendungsfelder aufgezeigt, distinkte Gefühle in ihrer sozialen Funktion diskutiert, neuere Forschungstopoi und exemplarische Forschungsmethoden vorgestellt. Dabei erscheint es uns wesentlich, den Fokus der Emotionssoziologie um die soziologische Erforschung der Affekte und der Sinne zu erweitern und den Leser:innen so, erstens, einen Einblick in die diversen empfindlichen Dimensionen des Sozialen zu gewähren und diese, zweitens, zugleich in Relation zueinander zu diskutieren. Dergestalt darf das Lehrbuch auch als Ergänzung zur existierenden Einführungsliteratur gelesen werden, die sich entweder konzeptionell spezialisieren oder die zentralen Arbeiten in diesen Feldern vorstellen.[1]

Konzipiert wurde diese Einführung als eine Einladung, einen emotions- und affektsoziologischen Blick auf die gesellschaftliche Wirklichkeit zu erproben, indem zentrale Theorien, Autor:innen, Begriffe und Forschungsfelder aufgezeigt werden.

---

1 An dieser Stelle sei auf das *Handbook of the Sociology of Emotions* von Stets und Turner verwiesen, auf die Einführung zur *Emotionssoziologie* von Scherke, auf *Affective Soctieties: Key Concepts* von Slaby und von Scheve oder auf *The Senses in Self, Society, and Culture: A Sociology of the Senses* von Vannini, Waskul und Gottschalk. Daneben liefern die *Schlüsselwerke der Emotionssoziologie* von Senge, Schützeichel und Zink einen zusammenfassenden Überblick über die zentralen Studien und Theorien im Feld.

Dies führt notgedrungen dazu, dass einige für interessierte Leser:innen ebenso wie auch für die gegenwärtige Emotions- und Affektforschung relevante Themen lediglich angeschnitten und nicht eigenständig in einem Beitrag abgehandelt werden. Hierzu zählt insbesondere eine ausgiebige Besprechung des Kulturmodells der Liebe und damit verbunden mit der Intimität als ein sich in der Moderne ausbildendes Feld der Kultivierung des subjektiven Fühlens. Ergänzt werden könnte die vorliegende Zusammenstellung sicher auch um weitere soziale Praxisfelder, wie etwa Erziehung, Wissenschaft oder Sport, die wichtige soziale Arenen und Institutionen für die Bildung von modernen Gefühlskulturen bereitstellen. Und nicht zuletzt stellt sich vor dem Hintergrund der technologischen Transformationen der Gesellschaften der Gegenwart die Frage nach dem Verhältnis von Affekt, Sinnlichkeit, Emotion und Medialisierung. Dennoch wurden diese Themen aber auch nicht ausgespart, vielmehr handelt es sich um Querschnittsthemen, die in diversen Beiträgen Erwähnung finden und aus unterschiedlichen Perspektiven reflektiert werden.

Um Studierenden den Einstieg in die Emotions- und Affektforschung zu erleichtern, besprechen die Beiträge diese subdisziplinäre Perspektive in Relation zu zentralen Paradigmen, theoretischen Strömungen und Zeitdiagosen der Soziologie. Auf diesem Weg adressiert die Einführung nicht zuletzt Potenziale, aber auch Schwierigkeiten des sozialwissenschaftlichen Studiums der Gefühle. In jedem der folgenden Kapitel werden wir die Perspektive auf Gefühle, Emotionen, Affekte und das Sinnliche etwas ändern: Nachdem den Leser:innen zunächst ein theoretisch informierter Einblick in die sozialwissenschaftliche Betrachtungsweise der Emotions- und Affektsoziologie an die Hand gegeben wird, werden aufbauend einzelne Forschungsfelder der Emotions- und Affektforschung beispielhaft aus einer subdisziplinären Perspektive und informiert durch empirische Studien aus zeitdiagnostischer Sicht vorgestellt. Aufbauend werden einzelne Emotionen beziehungsweise affektiv konnotierte Phänomene im Sinne von Schlaglichtern einer Soziologie des Fühlens präsentiert und auf ihre soziale Funktion hin analysiert. Nicht zuletzt werden wir uns mit den Schwierigkeiten und Potenzialen einer empirischen Emotions- und Affektforschung befassen und fragen, wie sich Gefühle konkret ‚messen', interpretieren und für die Gesellschaftsdiagnose fruchtbar machen lassen. Dergestalt wollen wir den Leser:innen jeweils einen etwas anders nuancierten Einblick in das vitale Feld der Emotions- und Affektforschung geben und abschließend mit einem kritischen Ausblick enden. Und dies in zweifacher Hinsicht: Einerseits wollen wir in der Rückschau der Beiträge diskutieren, inwiefern die Auseinandersetzung mit subjektiven Emotionen, mit der Affektivität des Sozialen und dem sinnlichen Körper nicht nur einen anderen, sondern allen voran einen kritischen Blick auf Gesellschaft anleiten kann (vgl. auch Diefenbach & Zink, Kapitel 25). Andererseits scheint es aufgrund der konstitutiven Mehrdimensionalität des Gegenstands notwendig, die Möglichkeiten und die Grenzen, ebenso wie die blinden Flecken einer soziologischen Betrachtung der

Gefühle, kritisch in Augenschein zu nehmen und im Gespräch mit anderen disziplinären Perspektiven – hier konkret im Gespräch mit der Anthropologin Brigitt Röttger-Rössler – nach interdisziplinären Anschlüssen zu fragen. Jedem der folgenden Kapitel ist eine knappe Einführung vorangestellt, welche die Zielsetzung des Kapitels wie auch die Auswahl der Texte im Forschungsfeld begründet und so ein reflexives Lesen ermöglichen soll.

Unser Dank gilt vor allem den Autor:innen, die sich über die Maße in die Arbeit an diesem Buch eingebracht haben. Sie haben diesen Einführungsband nicht nur durch ihre Beiträge bereichert, sondern auch durch ihre Kommentare und ihre konstruktiven Kritiken zu anderen Texten des Bandes. Darüber hinaus möchten wir uns insbesondere bei Elisabeth Siegel und bei Matthias Kählert für ihr umsichtiges Korrektorat und ihre Unterstützung bei der Finalisierung des Bandes bedanken.[2]

Zuletzt bleibt, die traurige Nachricht zu teilen, dass Rainer Schützeichel überraschend Ende Oktober 2023, kurz vor Einreichung des Manuskripts beim Verlag, verstorben ist. Als Herausgeber der Reihe „Sozialwissenschaftlichen Einführungen“ ging von Rainer Schützeichel der maßgebliche Impuls für diesen Einführungsband aus. Hierfür danken wir ihm. Mit seinen zahlreichen Studien hat er in Deutschland sowohl die Emotionssoziologie als auch die Soziologie allgemein entscheidend mitgeprägt. Umso erfreulicher und bereichernd war es daher, ihn mit zwei Beiträgen auch in diesem Band zu wissen: Rainer Schützeichel eröffnet den Einführungsband mit seinem innovativen Beitrag über eine Geschichte der Emotionssoziologie anhand von Forschungsprogrammen und schließt den dritten Teil zu den distinkten Gefühlen mit seinen lehrreichen Darstellungen zum Taktgefühl, er schließt damit zugleich eine Lücke eines vielfach vernachlässigten Gefühls in der aktuellen Emotionssoziologie. Schmerzlich ist es zu wissen, dass für beide Artikel noch weitreichendere Überlegungen vorliegen, die nun nicht in anderer Form die soziologische Welt werden inspirieren können. Noch schmerzlicher ist es, einen hochgeschätzten Kollegen zu verlieren, der als wertvoller Gesprächspartner, vor allem aber als Mensch mit einem ganz besonderen Sinn für das Soziale in Erinnerung bleiben wird.

Literatur

Ciompi, Luc (2005). *Die emotionalen Grundlagen des Denkens. Entwurf einer fraktalen Affektlogik.* Göttingen: Vandehoeck & Ruprecht.

Collins, Randall (2004). *Interaction Ritual Chain.* Princeton: University Press.

2 Die Arbeit an diesem Buch wurde unterstützt durch die Finanzierung der Deutschen Forschungsgemeinschaft im Rahmen des SFB 1171 „Affective Societies“.

Denzin, Norman K. (2009). *On Understanding Emotions*. New Brunswick: Transaction Publishers.
Elfenbein, Hillary A./Beaupré, Martin/Lévesque, Manon & Hess, Ursula (2007). „Toward a Dialect Theory: Cultural Differences in the Expression and Recognition of Posed Facial Expressions", in: *Emotion* 7(1), S. 131–146.
Gerhards, Jürgen (1988). *Soziologie der Emotionen. Fragestellungen, Systematik und Perspektiven*. Weinheim/München: Juventa.
Hochschild, Arlie R. (1979). „Emotion Work, Feeling Rules, and Social Structure", in: *The American Journal of Sociology* 85(3), S. 551–575.
Katz, Jack (1999). *How Emotions Work*. Chicago: University Press.
Kemper, T. David (2006). „Power and Status and the Power-Status Theory of Emotions", in: J. E. Stets & J. H. Turner (Hrsg.), *Handbook of the Sociology of Emotions*. New York: Springer, S. 87–113.
Lindholm, Charles (2007). „An Anthropology of Emotion", in: C. Casey & R. B. Edgerton (Hrsg.), *A Companion to Psychological Anthropology*. Oxford: Blackwell, S. 31–47.
Röttger-Rössler, Birgitt (2004). *Die kulturelle Modellierung des Gefühls. Ein Beitrag zur Theorie und Methodik ethnologischer Emotionsforschung anhand indonesischer Fallstudien*. Göttinger Studien zur Ethnologie, Bd. 12. Münster: LiT.
Scheff, Thomas J. (2006). *Goffman Unbound! A New Paradigm for Social Science*. Boulder: Paradigm Publishers.
Scherke, Katharina (2023). *Emotionssoziologie*. Stuttgart: utb.
Schnabel, Annette & Schützeichel, Rainer (Hrsg.) (2012). *Emotionen, Sozialstruktur und Moderne*. Wiesbaden: Springer VS.
Senge, Konstanze/Schützeichel, Rainer & Zink, Veronika (Hrsg.) (2022). *Schlüsselwerke der Emotionssoziologie*. Wiesbaden: Springer.
Simmel, Georg (1911). „Soziologie der Geselligkeit", in: *Verhandlungen des Ersten Deutschen Soziologentages vom 19.–22. Oktober 1910 in Frankfurt am Main*. Tübingen: J.C.B. Mohr, S. 1–16.
Slaby, Jan & von Scheve, Christian (Hrsg.) (2019). *Affective Societies: Key Concepts*. London: Routledge.
Stets, Jan E. & Turner, Jonathan H. (Hrsg.) (2014). *Handbook of the Sociology of Emotions, Vol. II*. New York/London: Springer.
Turner, Jonathan H. (1999). „Toward a General Sociological Theory of Emotions", in: *Journal for the Theory of Social Behavior* 29(2), S. 133–162.
von Scheve, Christian (2009). *Emotionen und soziale Strukturen. Die affektiven Grundlagen sozialer Ordnung*. Frankfurt am Main: Campus.
von Scheve, Christian (2010). „Die emotionale Struktur sozialer Interaktion: Emotionsexpression und soziale Ordnungsbildung", in: *Zeitschrift für Soziologie* 39(5), S. 346–362.
Williams, Raymond (1977). *Marxism and Literature*. Oxford: Oxford University Press.
Vannini, Philip/Waskul, Denis & Gottschalk, Simon (2012). *The Senses in Self, Society, and Culture: A Sociology of the Senses*. London: Routledge.

I Problemstellungen, Theorie- und Begriffsgeschichte

Die Beiträge in diesem Teil sind vorweg theoretisch ausgerichtet, mit dem Ziel, den Leser:innen einen übergreifenden Einblick in die Theorien, Begriffe, Analyseverfahren und zeitdiagnostische Problemstellungen der soziologischen Emotions- und Affektforschung zu bieten. Die folgenden Kapitel stehen in einem Dialog zueinander, da es sich um wechselseitig ergänzende Perspektiven auf die Emotionssoziologie handelt. Entsprechend variieren deren Foki.

Im zweiten historisierenden Kapitel zur „Geschichte der Emotionssoziologie" (Rainer Schützeichel) steht die Konzeptgeschichte im Vordergrund. Anhand der Fachentwicklung und den diversen, zum Teil konkurrierenden Forschungsprogrammen der Emotionssoziologie werden anschaulich die Besonderheiten der emotionssoziologischen Perspektive und die damit jeweils verbundenen Erkenntnisziele vorgestellt. Dieser Teil gibt einen differenzierten Überblick über grundlegende Autor:innen von den Klassikern bis heute.

Im dritten Kapitel „Konzeptgeschichte und Epistemologien der Emotionssoziologie" (Basil Wiesse und Max Weigelin) werden zentrale Begriffe der Emotionssoziologie erläutert, im Besonderen Emotion, Gefühl, Sinnlichkeit und Affekt. Diese Konzepte werden in ihren epistemologischen Grundannahmen nachvollzogen, auf ihre Differenzen hin beleuchtet und in Relation zu allgemeinen Paradigmen der Sozialwissenschaften vorgestellt.

Im vierten Kapitel „Soziologische Perspektiven auf Emotionen" (Christian von Scheve) werden unterschiedliche sozialtheoretisch angeleitete Betrachtungsweisen von Emotionen vorgestellt, hierunter fällt im Speziellen der Blick auf Sozialstruktur, Kultur und Kollektivität. Die diesen Perspektiven entsprechenden analytischen Standpunkte der Emotionssoziologie werden unter Rekurs auf prägende Studien, Autor:innen und Theorieschulen präsentiert.

Aus einer dezidiert sozialdiagnostischen Perspektive befasst sich das Kapitel „Emotionen und moderne Gesellschaften der Gegenwart" (Sighard Neckel und Nina Sökefeld) mit der wandelnden Bedeutung der Gefühle in der Spätmoderne. In Auseinandersetzung mit zentralen gegenwartgesellschaftlichen Transformationsprozessen und Zeitdiagnosen der Soziologie wird der Wandel der Gefühlskulturen in der Moderne in Relation zu soziologischen Modernisierungstheorien diskutiert.

https://doi.org/10.1515/9783110589214-002

Rainer Schützeichel

2 Geschichte der Emotionssoziologie

1 Einleitung

Dieser Beitrag befasst sich mit der Geschichte der Emotionssoziologie. Was aber heißt „Geschichte der Emotionssoziologie"? Was sind die Voraussetzungen dafür, dass man von einer solchen sprechen kann? Hat die Emotionssoziologie überhaupt eine Geschichte? Die Berechtigung, solche Fragen zu stellen, wird durch den Umstand erhärtet, dass die Emotionssoziologie, die in den letzten Dekaden in der wissenschaftlichen Forschungslandschaft wie auch in der außerwissenschaftlichen Öffentlichkeit sehr an Sichtbarkeit gewonnen hat, erstaunlicherweise keine wissenschaftsgeschichtliche Bearbeitung erfahren hat, die sich dezidiert als eine solche versteht.[1] Es gibt wertvolle Einführungen und Handbücher zu fast allen Forschungsgebieten und theoretischen Ansätzen der soziologischen Emotionsforschung (vgl. Barbalet 2002; Turner & Stets 2005; Senge et al. 2022; Stets & Turner 2006, 2014), aber auch in diesen wird man eine genuin wissenschaftsgeschichtliche Analyse vergebens suchen.

Auch der vorliegende Beitrag kann diesem Desiderat nicht abhelfen. Aber es werden im ersten Unterkapitel einige Vorüberlegungen zu einer möglichen Geschichtsschreibung geleistet, die zu dem Vorschlag führen, Forschungsprogramme zum Ausgangspunkt einer solchen historischen Analyse zu machen. Dieser Vorschlag wird damit begründet, dass erst die Etablierung von Forschungsprogrammen das leistet, was Voraussetzung für eine Geschichte von Wissenschaften wie für eine Analyse dieser Geschichte bietet, nämlich einen Zusammenhang von Kontinuitäten und Diskontinuitäten der Forschungen. Nimmt man diesen Vorschlag ernst, so hat dies aber auch zur Konsequenz, dass es in den ersten Jahrzehnten der Soziologie keine genuine und eigenständige Emotionssoziologie gibt. Es liegen selbstverständlich bedeutsame Skizzen, Analysen und Ansätze vor, aber sie weisen nicht das auf, was emotionssoziologische Forschungsprogramme ausmacht, nämlich einen harten Kern mit aufeinander bezogenen emotions- und sozialtheoretischen Annahmen und Prämissen, der nicht nur eine kontinuierende Forschung, sondern auch durch Kritik und Innovation das Aufkommen einer Konkurrenz unterschiedlicher Forschungsprogramme in einer Disziplin erlaubt und auf diese

1 Siehe jedoch erste Versuche, beispielsweise Bericat (2016). Diese Diagnose korrespondiert sicherlich mit dem Umstand, dass es trotz aller theoriegeschichtlichen Analysen noch keine umfassende Wissenschaftsgeschichte der „Emotionen" beziehungsweise der Emotionsforschung gibt.

https://doi.org/10.1515/9783110589214-003

Weise eine „Geschichte" erzeugt. Im zweiten Unterkapitel werden wichtige Skizzen dieser vorprogrammatischen Phase der Emotionssoziologie dargestellt.

Eine eigentliche Geschichte der Emotionssoziologie kann deshalb erst für späteren Zeitpunkt konstatiert werden, nämlich für die letzten zwei, drei Dekaden der zweiten Hälfte des vergangenen Jahrhunderts. Hier tauchen „approaches" auf, die in empirischer Absicht soziologische Forschung mit emotionstheoretischen Analysen verbinden. Es lassen sich vier größere Forschungsprogramme identifizieren – ein naturalistisches, ein kognitivistisches, ein phänomenologisches und ein affektsoziologisches. Diese sind Gegenstand des dritten, längeren Abschnitts.

Mit dem Vorschlag, Forschungsprogramme in den Fokus der Analyse zu rücken, die emotionstheoretische mit soziologischen oder sozialtheoretischen Problemstellungen verbinden, wird auch eine Antwort auf die nur allzu berechtigte Frage gegeben, was denn in diesem Beitrag unter „Emotionssoziologie" verstanden wird. Emotionssoziologie, so die hier zugrunde gelegte, aber sicherlich ihrerseits auch diskussionswürdige Einordnung, sollte nicht nur rein soziologische Fragestellungen verfolgen, sondern auch anschlussfähig sein für die allgemeine plurale Emotionsforschung. Unter Emotionssoziologie wird hier also eine Disziplin verstanden, die nicht nur die konstitutive oder explanative Relevanz von emotionalen oder affektiven Phänomenen für die Genese von sozialen Phänomenen aufweisen will, sondern die ihren Anspruch auch darin sieht, umgekehrt die konstitutive und explanative Relevanz von sozialen Phänomenen für die Genese von emotionalen und affektiven Phänomenen zu erweisen und auf diese Weise einen Beitrag zur allgemeinen Emotionsforschung zu erbringen.[2] Im Laufe der Geschichte der Emotionssoziologie hat sich zwar bisher weder ein Konsens darüber ausgebildet, was die theoretischen und methodischen Grundlagen ihrer Forschung sind, noch darüber, was ihre Erkenntnisinteressen und ihre Zielsetzungen sind, aber viele werden wohl der Proposition zustimmen, dass ihr Ziel die Ana-

2 Oder wissenschaftstheoretisch formuliert: Eine Emotionssoziologie, die die Relevanz von sozialen Phänomenen für die Konstitution wie Erklärung von emotionalen oder affektiven Phänomenen postuliert, setzt voraus, dass Emotionen nicht (nur) „natural kinds", sondern eben „social kinds" sind. Mit diesen Begriffen verweist sie auf ontologische Eigenschaften von Arten von Dingen oder Gegebenheiten. Sie dienen also zu ihrer grundlegenden Klassifikation und Kategorisierung. Zur Klasse der „natural kinds" gehören solche Entitäten, deren Eigenschaften rein naturwissenschaftlich zu erklären sind, die in ihren Eigenschaften also unabhängig von menschlichen Beschreibungen und Interessen sind. „Social Kinds" sind hingegen solche Dinge oder Ereignisse, die in ihrer Existenz zumindest partiell von menschlichen Bezugnahmen, Beschreibungen und Handlungen abhängig sind.

lyse der wechselseitigen explanativen und möglicherweise auch konstitutiven Bedingungen von emotionalen und sozialen Phänomenen ist.[3]

In diesem kurzen Beitrag soll also der Versuch gemacht werden, die Geschichte der Emotionssoziologie als Artikulation konkurrierender Forschungsprogramme zu beschreiben und auf diese Weise die grundlegenden paradigmatischen Kerne mit ihren begrifflichen, methodischen und theoretischen Prämissen zu identifizieren, vor deren Hintergrund sich die breite Vielfalt emotionssoziologischer Forschung erst rekonstruieren lässt.

2 Forschungsprogramme der (Geschichte der) Emotionssoziologie

Will ein Beitrag zur Geschichte der Emotionssoziologie über eine bloße Annalistik oder Chronik hinausgehen, also mehr sein als eine bloße Darstellung von wissenschaftlichen Ereignissen in der Form von Forschungen oder Publikationen in einer zeitlichen Abfolge ohne einen Rekurs auf die Bezüge und Zusammenhänge dieser Ereignisse zueinander, dann sieht sie sich wie jede Wissenschaftsgeschichtsschreibung mit besonderen Fragen und Problemen konfrontiert.

Die eine Seite dieser Probleme betrifft die „Emotionssoziologie“: Welche Voraussetzungen und Bedingungen müssen gegeben sein, damit man von einer solchen sprechen kann? Reicht eine sporadische empirische oder theoretische Betrachtung aus oder muss es sich um eine konsolidierte Befassung mit solchen Phänomenen wie Emotionen, Gefühlen, Affekten oder Stimmungen und ihren sozialen Kontexten handeln? Und damit wird dann sogleich ein zweites Problem virulent: Was sind die Gegenstände, Forschungsfragen und die analytischen Theorierahmen dessen, was man als Emotionssoziologie bezeichnen kann? Kann man so etwas wie eine Identität der Konzepte und der Forschungsfragen voraussetzen?

Die zweite Seite betrifft das Problem der „Geschichte“ und damit die einfache und vielleicht auch naive Frage, ob die Emotionssoziologie überhaupt eine Geschichte aufweist. Welche Bedingungen müssen im Gegenstand, also der soziologischen Forschungsdisziplin selbst gegeben sein, dass sie erlaubt, diesseits und jenseits ihrer punktuellen Forschungen und Äußerungen von einer Geschichte,

3 Die Dopplung „explanativ“ und „konstitutiv“ verweist auf die immer mehr ins Zentrum der Soziologie gerückte Zielsetzung, dass soziologische Erklärungen nicht allein kausal (funktional, etc.) orientiert sein müssen, sondern auch auf Konstitutionsprinzipien beziehungsweise das „Grounding“ von sozialen Phänomenen gerichtet sein können oder müssen (vgl. Ylikoski 2013).

also von Prozessen und Entwicklungen, von Brüchen und Abbrüchen, von Kontinuitäten und Diskontinuitäten zu sprechen und damit solche Zusammenhänge zu rekonstruieren, die einer narrativen Logik auf der Sach- oder auf der Darstellungsebene zugrunde liegen?

In der folgenden Darstellung wird davon ausgegangen, dass die geeigneten Kandidaten für die Einheiten einer Geschichte der Emotionssoziologie sogenannte Forschungsprogramme sind. Forschungsprogramme sind diejenigen Einheiten, die sowohl in der Integration nach innen wie in der Abgrenzung nach außen solche reflexiven Verankerungen und Verbindungen stiften können, die eine „Geschichte" erlauben. Forschungsprogramme erlauben es, sowohl in Bezug auf den ersten, emotionssoziologischen Problembereich der „Einheit" der Phänomene, wie in Bezug auf den zweiten, wissenschaftsgeschichtlichen Problembereich der Einheit der „Geschichte" kohärente und kollektive Arbeits- und Diskurszusammenhänge in der Form von Kontinuitäten und Diskontinuitäten, von Zustimmungen und Abgrenzungen zu postulieren.

Was aber sind Forschungsprogramme? Wir können erste Anregungen der Wissenschaftstheorie entnehmen, insbesondere der „Methodologie wissenschaftlicher Forschungsprogramme" von Lakatos (1978), blenden aber deren methodologische Annahmen aus und beschränken uns auf die Elemente, die für die Rekonstruktion von wissenschaftsgeschichtlichen Entwicklungen wichtig sind. Forschungsprogramme werden hier also als reale Grundlagen wissenschaftlicher Arbeit betrachtet. Sie stellen eine, wenn nicht die zentrale Einheit im wissenschaftlichen Feld dar, eine Einheit, die dadurch gekennzeichnet ist, dass ein gewisser harter Kern von Grundannahmen als gegeben und konstant gesetzt wird, der in Forschungshypothesen überführt und exploriert wird. Forschungsprogramme weisen also zwei Schichten auf, einen harten Kern von Grundtheoremen, der stabil gehalten und vor Kritik geschützt wird, sowie einen weiten Gürtel von empirischen Hypothesen und Beobachtungen, der methodisch geleiteten Analysen unterzogen wird. Diese Zweiteilung entspricht dem Umstand, dass die im harten Kern wissenschaftlicher Forschungsprogramme formulierten Annahmen und Setzungen aus logischen und methodologischen Gründen nicht unmittelbar der empirischen Analyse unterworfen werden können, aber auch aus forschungspragmatischen Gesichtspunkten nicht dem Spiel der Bestätigungen und Verwerfungen ausgesetzt werden sollen. Forschungsprogramme enthalten also sowohl Regeln dafür, wie Annahmen und Hypothesen abgeleitet und analysiert werden (positive Heuristik), als auch Regeln darüber, wie der zu stabilisierende Kern ihres Programms geschützt werden kann (negative Heuristik). Werden Hypothesen verworfen, so schlägt dies nicht auf den harten Kern durch, sondern man nimmt Anpassungen im sogenannten Hypothesengürtel vor, jedenfalls so lange, bis auch der gegen Falsifikationen immune Kern unter der Last der Gegenevidenzen modifiziert und möglicherweise aufgegeben wird. Für das sozialwissenschaftliche Verständnis muss man hinzufügen, dass Forschungsprogramme also nicht identisch sind mit solchen Einheiten, die man gemeinhin als „Theorien", „approaches" oder „analytical frames" bezeichnet, sondern höhere Generalisierungen voraussetzen. Um das an einem Beispiel aus der Emotionsforschung zu verdeutlichen: Konstruktivistische Forschungsprogramme, die in ihrem gemeinsamen harten Kern davon ausgehen, dass Emotionen keine natürlichen, sondern soziale oder kulturelle Sachverhalte sind, fächern sich auf einer ersten Ebene in disziplinär gebundene Programme auf, also solche der Psychologie, der Linguistik, der Soziologie oder der Geschichtswissenschaften, die jeweils mit spezifischen Konstruktionsmodi befasst sind, also psychischen, sprachlichen, sozialen oder begriffsgeschichtlichen, und diese disziplinär gebundenen Programme werden in den einzelnen Wissenschaften wiederum aufgefächert in unterschiedliche theoretische Ansätze, die zwar alle dem Kern beipflichten, aber diese mit unterschiedlichen theoretischen Rahmen bearbeiten, in der Soziologie also – um nur wenige zu nennen – wissenssoziologische Theorieansätze, der Symbolische Interaktionismus, die Ethnomethodologie oder auch die Systemtheorie.

Theoretische Ansätze können einen gemeinsamen harten Kern vertreten, also einem gemeinsamen Forschungsprogramm angehören, obwohl sie sich in dem Gürtel der abgeleiteten Annahmen und Hypothesen unterscheiden. Forschungsprogramme finden sich zudem nicht nur intradisziplinär, sondern auch transdisziplinär, das heißt sie ermöglichen die Kooperation zwischen wissenschaftlichen Disziplinen und legen Grundsteine für die Übersetzbarkeit und Integrierbarkeit von Forschungen unterschiedlicher Disziplinen und Traditionen (vgl. auch Röttger-Rössler, Kapitel 24).

Übertragen wir diese Annahmen nun auf das Feld der Emotionssoziologie. Von einer konsolidierten Emotionssoziologie und damit auch von einer (Sub-)Disziplin, die in dem Sinne eine Geschichte aufweisen und eine wissenschaftsgeschichtlich identifizierbare Einheit darstellen kann, lässt sich diesen Überlegungen zufolge erst dann sprechen, wenn genuin emotionssoziologische Forschungsprogramme vorliegen. Erst solche Programme, so die Annahme, bilden den Rahmen für eine markierbare, kontinuierende und möglicherweise sogar kumulative Forschungsarbeit, die sich intra- wie transdisziplinär als eine wissenschaftliche Einheit identifizieren lassen kann. Was aber kennzeichnet Forschungsprogramme als dezidiert emotionssoziologische? Sie verbinden dezidiert sozialtheoretische Analysen mit expliziten Emotionskonzepten. Ein substanzielles Merkmal ist, dass sie in ihrem harten Kern emotionstheoretische und sozialtheoretische Problemstellungen und analytische Setzungen miteinander verschränken, explizite und möglichst im Rahmen der allgemeinen Emotionsforschung begründete Konzepte von Emotionalität und Affektivität mit sozialtheoretisch begründeten Modellen über soziale Phänomene verbinden und in ein Verhältnis zueinander setzen.

3 „Emotionen" in den frühen Jahren der Soziologie

Schon in den ersten Dekaden der Soziologie war der Komplex „Emotionen" stets präsent, aber eher in den analytisch-begrifflichen Setzungen, weniger in der empirischen Forschung oder gar als Gegenstand empirischer Forschung.[4] Anders als vielen signifikanten theoretischen Ansätzen der späteren Emotionsforschung, welche Emotionen eher in einem kognitionswissenschaftlichen Begriffsraum ansiedeln und damit auch die Option entwickeln, Emotionen als Kognitionen verstehen zu können, waren die klassischen Positionen wesentlich stärker durch den älteren Gegensatz von Emotionalität beziehungsweise Affektivität und Rationalität geprägt. „Emotionen" wurden solche Eigenschaften zugeschrieben, welche den subjektiven wie objektiven Sinn der sozialen Phänomene und die Rationalität des Handelns tendenziell unterlaufen können. Der Gegensatz von Emotionalität und Rationalität zeigt sich nicht nur in dominanten handlungstheoretischen Ansätzen, die ihre analytischen Einteilungen auf einem Gegensatz von affektuellen und rationalen Handlungen aufbauen, er findet sich auch in gesellschaftstheoretischen Entwürfen. So werden beispielsweise die Diagnose und Beschreibung dessen, was den Übergang von Tradition hin zur Moderne ausmacht, häufig auf die These einer Entwicklung von Gemeinschaft hin zur Gesellschaft gegründet. Während Gemeinschaften vornehmlich durch Tradition und emotionale soziale Beziehungen geprägt seien, zeichnen sich dieser These entsprechend moderne Gesellschaften durch rationale soziale Beziehungen zwischen den Menschen aus. Emotionen werden in der klassischen Phase also vornehmlich als das Oppositum von Rationalität verstanden.

Kommen wir nun auf einzelne Konzeptionen zu sprechen. Handlungstheoretisch – sowohl im Hinblick auf das individuelle wie auf das kollektive Handeln – sind hier an erster Stelle die Positionen von Weber, Durkheim und Pareto zu erwähnen. Im Idealtypus des affektiven Handelns fasst Weber (1921) bekanntermaßen solches Handeln zusammen, welches durch aktuelle Affekte und Gefühlslagen geprägt ist. Auch spezifische Formen der Vergemeinschaftung beruhen – im Unterschied zu den zweckrational orientierten Formen der Vergesellschaftung – auf einem subjektiv gefühlten Zusammengehörigkeitsgefühl ihrer Mitglieder. Obwohl Weber sein Verständnis von Emotionen und Affekten weitgehend offenlässt und sie vornehmlich in Abgrenzung zu den Formen rationaler und deshalb sinnhafter Handlungsorientierung benutzt, lässt sich die Vermutung begründen, dass Weber seine Begriffsbildungen im Rahmen eines älteren Paradigmas formulierte. In die-

4 Einen Überblick über die Auseinandersetzung der klassischen soziologischen Theorien mit Emotionen findet sich in den Beiträgen in Cerulo und Scribano (2022).

sem älteren Paradigma war der Gegensatz von Akteurkausalität und Akteurwiderfahrnis dominant – ist ein Handelnder für etwas verantwortlich oder ist er ein Objekt von bestimmten Kräften. Gefühle und Affekte werden hier eher als etwas verstanden, dem die Handelnden unterworfen sind. Sie werden durch diese „affiziert". Leidenschaften, also auch durchaus gefühlte Erfahrungen, sind hingegen etwas, was auf die Handelnden selbst zurückgeführt werden kann. Dementsprechend unterschied also Max Weber in seinen begrifflichen Setzungen zwischen Affekten oder dem affektiven Handeln auf der einen Seite und den Leidenschaften auf der anderen Seite (vgl. Schützeichel 2010). Diese ältere Leitunterscheidung wurde aber schon gegen Ende des 19. Jahrhunderts mehr und mehr durch eine neue abgelöst, nämlich dem Gegensatz von Emotion und Kognition. Dieser Gegensatz ist kennzeichnend für die Emotionsforschung und die Emotionssoziologie mindestens der ersten Hälfte des 20. Jahrhunderts.

Die frühe Handlungstheorie von Parsons (insbes. Parsons 1994) schließt unmittelbar an den Weber'schen Versuch an, Emotionen in der Soziologie einen Funktionswert durch Unterscheidungen im Begriff des Handelns zuzuweisen. Parsons ordnet Emotionen kathektischen Handlungsformen zu, also solchen, in denen sich eine Beziehung und Bindung von Personen artikuliert (vgl. Greve 2022).

Auch bei Durkheim (1912) finden wir eine handlungstheoretische Einbettung von Affekten, hier aber nicht im Sinne eines individualistischen, sondern eines stärker strukturalistisch orientierten wie kollektivistischen Ansatzes. Strukturalistisch ist dieser Ansatz insofern, als Durkheim zufolge der Gegenstand der Soziologie „eine Klasse von Tatbeständen von sehr spezifischem Charakter [ist, V.]: sie bestehen in besonderen Arten des Handelns, Denkens und Fühlens" (Durkheim 1980: 107). Durkheims Interesse gilt also den Arten des Fühlens, die als soziale Tatbestände den Gefühlen der Individuen als Muster dienen, welche sich den Individuen in ihrer Institutionalisierung als Zwang aufdrängen. Soziale Tatbestände sind kollektive Tatbestände und damit also Kollektive generierende wie sich in Kollektiven vollziehende Gefühle. Besondere Prominenz hat das Konzept der „kollektiven Efferveszenz" gefunden, welches weit über den religionssoziologischen Kontext, in dem dieses Theorem ursprünglich angesiedelt war, auch heute noch für die Analyse einer Vielzahl von sozialen und kollektiven Phänomenen herangezogen werden kann (vgl. Pettenkofer 2023; Yilmaz 2017; vgl. auch Knoblauch, Kapitel 20).

Schließlich muss in diesem Zusammenhang auch der Beitrag von Pareto Erwähnung finden. Pareto (1916) bringt in einer wissenschaftsgeschichtlich signifikanten Weise in seiner Handlungstheorie die Unterscheidung zwischen einem logischen, rationalen Handeln einerseits und einem nicht-logischen, durch sogenannte Residuen geprägten Handeln andererseits zum Ausdruck, welches insbesondere den Gegenstandsbereich der Soziologie prägt. Das nicht-logische Handeln wird Pareto zufolge maßgeblich durch sogenannte Residuen wie dem Bedürfnis, seinen Gefühlen Ausdruck zu verleihen, dem Bedürfnis nach sozialer Anerkennung oder die körperliche und psychische Integrität zu wahren, bestimmt. Sie sind der reflexiven Kontrolle nicht zugänglich und können nach Pareto von daher auch nicht, wie das rationale Handeln, einer Zweck-Mittel-Abwägung unterliegen. Paretos Handlungstheorie sollte in einer Geschichte der Emotionssoziologie schon deshalb einen gewissen Raum einnehmen, weil sich hier eine die frühe Soziologie insgesamt kennzeichnende Disjunktion von Rationalität und Affektivität in ihrem entschiedensten Ausdruck findet, jedoch bei Pareto mit der Folgerung verbunden, dass die Ökonomie für das rationale Handeln, die Soziologie hingegen für das nicht-logische Handeln zuständig sei (vgl. Bach 2019).

Auch die einflussreiche Unterscheidung von Gemeinschaft und Gesellschaft als zwei Typen sozialer Ordnungen, auf die Ferdinand Tönnies – sich an den rechtshistorischen Untersuchungen von Henry Sumner Maine (1861), die einen Übergang „from status to contract" diagnostizierten, orientierend – seine Diagnose moderner Gesellschaften gründete (Tönnies 1887), ist erheblich von dem Gegensatz von Emotionalität und Rationalität geprägt. Kennzeichnend für Gemeinschaften ist nach Tönnies die bestimmte Form eines Willens, die er als „Wesenswille" bezeichnete. Handelnde orientieren sich in ihrem Tun an dem übergeordneten Wesen von Gemeinschaften und gehen dabei wie in der Familie, dem Dorf und anderen Gemeinschaftsformen vornehmlich solche Verbindungen ein, die durch emotionale Beziehungen geprägt sind. Den gemeinschaftlichen Formen stehen gesellschaftliche, moderne Kulturen prägende soziale Ordnungen entgegen, die durch einen „Kürwillen" geprägt sind und in welchen solche Beziehungen dominieren, die den Einzelnen als Mittel ihrer individuellen rationalen Zwecksetzungen dienen.

Die ausgiebigste Befassung mit emotionalen Phänomenen finden wir schließlich in dem Werk von Georg Simmel, der allerdings weniger handlungstheoretische Fragestellungen verfolgte, sondern entsprechend dem Paradigma einer formalen Soziologie nach den Bedingungsverhältnissen von Gefühlen und den Formen von sozialen Wechselwirkungen fragte. Simmel befasste sich mit Hass und Liebe, Scham und Treue, Dankbarkeit und Geiz unter der Maßgabe, welche Interaktionseffekte sie auslösen – Simmel bezeichnete sie als primäre Emotionen – beziehungsweise in welcher Weise sie – als sogenannte sekundäre Emotionen – ihrerseits als Effekte von Interaktionen verstanden werden können (Simmel 1908). Obwohl Simmels Begriff von Emotionen dunkel bleibt, lassen sich in seinem Werk markante Konturen der späteren soziologischen Emotionsforschung insofern feststellen (vgl. Gerhards & von Scheve 2018), als er wie kaum jemand sonst auf die Fülle von soziologisch relevanten Emotionen wie auch generell auf die Bedeutung von Emotionen für die Entstehung und Erhaltung von sozialen Phänomenen hingewiesen hat.

Im Schatten der Prominenz der Simmel'schen Analysen steht das Werk von Herman Schmalenbach (1922), der in seinem Entwurf einer Kategorie des „Bundes" als einer genuinen Sozialform zwischen solchen der Vergemeinschaftung und der Vergesellschaftung, Gefühlen eine konstitutive Funktion zuwies. Im Gegensatz zu Simmel, der sich eher für die dauerhaft strukturierenden Wirkungen von Emotionen und die dauerhaft strukturierten Effekte auf Emotionen interessierte, rückte Schmalenbach die eher eruptiven, situationistischen Merkmale von emotionalen Beziehungen in den Vordergrund. Seine Kategorie des „Bundes" findet sich beispielsweise in den Studien von Michel Maffesoli (1995) über die „puissance" neotribaler „Stämme" als einer dominanten postmodernen Gesellschaftsform wieder.

Wenn man jedoch eine Ausnahme von der hier vertretenen These, dass dezidierte emotionssoziologische Forschungsprogramme erst seit den 1970er-Jahren formuliert wurden, postulieren will, so könnte man die Figurationssoziologie von Norbert Elias (1939) erwähnen. In ihrer verschränkenden Betrachtung von Soziogenese und Psychogenese nehmen in dieser Zivilisationstheorie die Dimensionen der Affektkontrolle und der Genese von Scham- und Peinlichkeitsschwellen eine zentrale analytische Stellung ein. Diese Thesen liegen bis in die Gegenwart hinein einer reichhaltigen soziologischen Forschung über die Formalisierung beziehungsweise Informalisierung von Verhaltensstandards und die figurative Verankerung von emotionalen Erfahrungen zugrunde (vgl. Wouters 1999).

Wir können, wie gesagt, hier nur auf einige wenige Positionen der frühen soziologischen Befassung mit Emotionen und Gefühlen verweisen. Es dürfte aber deutlich werden, dass nahezu alle dieser frühen theoretischen Entwürfe nicht über ein elaboriertes Emotionsverständnis verfügten. Sie arbeiteten implizit oder explizit meist mit einem binären Gegensatz von Emotionalität und Rationalität, was zur Folge hat, dass gegenüber einem elaborierten Begriff von Rationalität Emotionalität in der Regel nur abgrenzend zur Rationalität bestimmt wird.

4 Emotionssoziologische Forschungsprogramme

Wenn wir uns nun den jüngeren Phasen einer Soziologie der Emotionen zuwenden, so werden wir feststellen, dass manche soziologischen Forschungen zwar nach wie vor um diesen Gegensatz von Emotionalität und Rationalität herum geordnet sind, dass aber auch eine zweite Unterscheidung mehr und mehr an Raum gewinnt, nämlich diejenige von Emotion und Kognition beziehungsweise Emotion und Intention. Das ist diejenige grundbegriffliche Unterscheidung, die schon den frühen philosophischen Analysen in der Phänomenologie und im Pragmatismus, aber auch mit dem sogenannten *cognitive turn* der 1960er-Jahre der allgemeinen interdisziplinären Emotionsforschung zugrunde lag. An diese Unterscheidung koppelt sich die jüngere Emotionssoziologie an und bringt sie in wechselseitige Fundierungs- und Begründungsverhältnisse mit sozialtheoretischen Grundlegungen. Sie sind somit in der Lage, auf der Basis eines integrativen harten Kerns von theoretischen Setzungen emotionssoziologische Forschungsprogramme zu entwickeln. Ein erstes Forschungsprogramm begreift Emotionen als nicht-kognitive, körperliche, physiologische Affektprogramme, ein zweites Forschungsprogramm wechselt die Seite und versteht Emotionen als Kognitionen, ein drittes Forschungsprogramm hebt diesen Dualismus auf und begreift Emotionen im Medium leiblicher Intentionalität, und ein viertes Forschungsprogramm versteht Affekte antikognitivistisch als sich fühlend realisierende Attraktions- oder Distraktionskräfte. Man platziert sich also auf der einen oder der anderen Seite der Unterscheidung oder versucht, diese Unterscheidung zu unterlaufen. Der Ausschlag für die jeweiligen theoretischen Setzungen findet sich dabei stets in der Frage der Individuierung: In welchem Phänomenbereich werden Emotionen oder Affekte individuiert, bestimmen sich also als Emotionen oder Affekte dieses oder jenes Typs – körperlich-physiologisch, leiblich, kognitiv oder in den affektiven Beziehungen zu Dingen in der Welt?

Neben der Verortung von Emotionen in dem Phänomenbereich von Körper, Leib und mentalen Ereignissen gibt es noch eine zweite zentrale Dimension, innerhalb der sich Emotionstheorien positionieren. Das ist die Dimension des Funktionsbezugs: Sind Emotionen eher – konstativ – auf die Wahrnehmung oder Beurteilung von Faktoren oder Sachverhalten orientiert oder liegt ihre vornehmliche Funktion darin, Handlungen – konativ – zu motivieren oder gar Handlungen zu repräsentieren? Sagen Emotionen uns etwas darüber aus, wie wir bestimmte Situationen, Dinge und Personen affektiv erfahren, oder sind sie eher als Handlungstendenzen in Bezug auf die aktive Bewältigung von Situationen einzuordnen?

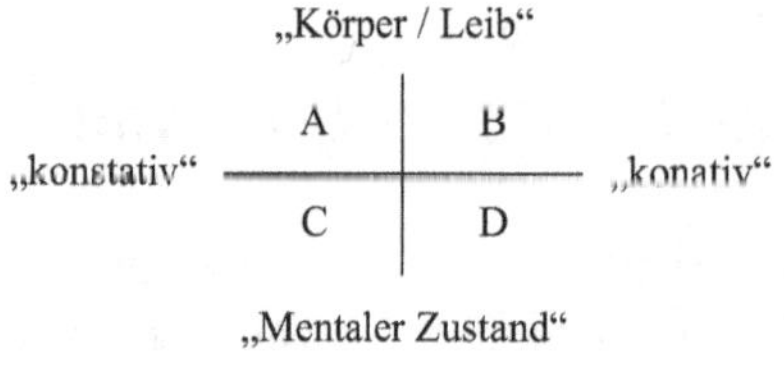

„Körper / Leib“
A B
„konstativ“ „konativ“
C D
„Mentaler Zustand“

Abb. 2.1: Emotionskonzepte.

Nur unter Berücksichtigung der beiden Dimensionen „Körper/ Leib“ versus „Mentaler Zustand“ einerseits, „konstative Ausrichtung“ versus „konative Ausrichtung“ andererseits ergibt sich schon ein recht komplexes Bild von möglichen Emotionskonzepten und Kandidaten für den emotionstheoretischen „harten Kern“ von Forschungsprogrammen (vgl. Abb. 2.1 Emotionskonzepte):

A: Emotionen werden als körperliche oder leiblich-phänomenale Zustände betrachtet mit der vornehmlichen Funktion, unsere Wahrnehmungen und unsere Erkenntnisprozesse in Bezug auf die soziale Welt zu unterstützen, beispielsweise zu fokussieren, oder aber solche in ihrer Rationalität zu unterlaufen.

B: Hier findet sich eine ähnliche Auffassung wie in A, aber mit dem Unterschied, dass die vornehmliche Aufgabe von Emotionen darin besteht, ein bestimmtes Verhalten zu initiieren und Handlungstendenzen zu fokussieren.

C: Emotionen werden nicht primär als leiblicher oder körperlicher Zustand, sondern als intentionale Akte, mentaler oder kognitiver Zustand gesehen, die die Funktion haben, Dinge und Ereignisse zu beurteilen, zu bewerten oder in eine bestimmte signifikante Perspektive zu stellen.

D: Hier findet sich eine ähnliche Auffassung wie in C, nur mit dem Unterschied, dass die Funktion von Emotionen darin gesehen wird, in konativer Hinsicht Handlungs- und Verhaltenstendenzen auszuwählen und zu fokussieren.

Es gibt noch eine Reihe von weiteren Eigenschaften von Emotionen, die aber in dieser Kreuztabelle nicht untergebracht werden können. Sie kann in dieser Einführung auch leider nicht dazu benutzt werden, einzelne Theorien oder Konzepte einzuordnen. Aber sie kann dazu dienen, bestimmte Verlaufstendenzen innerhalb der Geschichte der Emotionssoziologie anzudeuten. Diese verlaufen vom Feld B in das Feld C. Das heißt, dass eine Vielzahl von älteren Theorien eher, wie in Teil I gezeigt, dem Feld B zugerechnet werden kann und die Körperlichkeit und die Aktivierungstendenzen von Emotionen – vornehmlich in Richtung einer Verhinderung von rationalen Interessenverfolgungen – betont, liegt jüngeren Emotionstheorien auch in der Soziologie eher das Konzept zugrunde, dass Emotionen als Kognitionen, als Wahrnehmungen oder als Urteile zu verstehen sind, die uns über bestimmte Zustände informieren.

4.1 Das naturalistische Forschungsprogramm

In den 1970er- und 1980er-Jahren erlebt die soziologische Emotionsforschung einen großen Aufschwung.[5] Dieser Aufschwung ist gekoppelt an entsprechende Entwicklungen im Bereich der interdisziplinären Forschung, insbesondere unter

5 In diesen Jahren finden sich auch nach und nach erste institutionelle Verankerungen der Emotionssoziologie. So gründet sich 1988 in der American Sociological Association (ASA) eine spezifische Sektion „Sociology of Emotions“, die zum Vorbild ähnlicher Sektionsbildung in anderen soziologischen Fachgemeinschaften wurde. In der Deutschen Gesellschaft für Soziologie findet

dem massiven Einfluss des sogenannten *cognitive turn*, also einer kognitionswissenschaftlichen Wende in zahlreichen Wissenschaften. Diese Entwicklungen führten dazu, dass soziologische Theorien ihr Emotionsverständnis überprüfen und anpassen mussten, sich also ihres „harten Kerns" an emotions- und sozialtheoretischen Prämissen vergewissern mussten. In diesen Kontroversen bildeten sich mit einem naturalistischen und einem kulturalistischen Forschungsprogramm zwei Richtungen heraus, die auch gegenwärtig noch das Feld der Emotionssoziologie prägen.

Das entstehende naturalistische Forschungsprogramm der Emotionssoziologie darf nicht missverstanden werden. Es setzt sich nicht die Reduktion von soziologischen Phänomenen auf Aussagen über naturwissenschaftliche (oder auch psychologische) Aussagen zum Ziel, im Gegenteil. Es verbindet soziale Phänomene mit einem Verständnis von Emotionen, welches diese in allererster Linie als naturale Phänomene, also biologische-physiologische zu beschreibende Phänomene konzipiert. Dieses Forschungsprogramm sieht die Aufgabe der Emotionssoziologie darin, die sozialen Bedingungen zu analysieren, durch die Emotionen als naturale Phänomene erklärt werden können, und die Funktionen von Emotionen im sozialen Geschehen zu identifizieren. Die sozialen Bedingungen werden vornehmlich in den Macht- und Statusdifferenzen zwischen sozialen Akteuren gesehen, und die Funktion von Emotion wird darin gesehen, zu bestimmten Handlungen zu disponieren.

Innerhalb des naturalistischen Feldes der allgemeinen Emotionsforschung gab und gibt es, beginnend etwa mit der frühen „Feeling Theory" des nach dem amerikanischen Philosophen William James und des dänischen Psychologen Carl Lange benannten James-Lange-Modells, demzufolge „Feelings" als Wahrnehmungen von körperlichen Veränderungen in spezifischen Situationen zu verstehen sind, selbstverständlich eine Reihe von konkurrierenden Ansätzen. In den 1970er-Jahren stach aber in gewisser Weise eines hervor, welches auch die frühen soziologischen Entwicklungen prägte. Es ist das Modell der Affektprogramme. Emotionen werden als basale, physiologisch fundierte Affektprogramme konzipiert, die in Abhängigkeit von signifikanten Handlungs- und Problemsituationen einen Organismus mit komplexen physiologischen Mechanismen mit distinkter phänomenaler Erlebnis- und distinkter Ausdrucksqualität sowie mit einer bestimmten adaptiven Verhaltensdisposition ausstatten (Tomkins & Izard 1965). Das Modell der Affektprogramme impliziert die These, dass es gewisse biologisch oder anthropologisch verankerte Basisemotionen (nach Ekman 1999: Freude, Wut, Ekel,

sich jedoch bis heute keine eigene Sektion, sondern die Emotionsforschung wird als eine Querschnittsdisziplin betrachtet.

Traurigkeit, Angst, Überraschung und Verachtung) gibt, zuständig für bestimmte elementare Anpassungsprobleme des Organismus, beispielsweise für Situationen der Gefahr, des Verlustes, der Befriedigung, der Überraschung, des Scheiterns von Handlungen und anderen. In Gestalt der sogenannten „Basic Emotion Theory", die vor allem mit den Forschungen von Paul Ekman (1999) verbunden ist, findet dieses Modell Eingang in die Soziologie.

Die klassische Integration dieses Modells in die Soziologie findet sich im Werk von Theodore D. Kemper (1981, 1987, 2006, 2016). Kempers „Power-Status-Theory of Emotions" legt das Modell der sich als distinkte Affektprogramme realisierenden Basisemotionen zugrunde und kombiniert dies mit einer Annahme über die zentralen sozialen Konstellationen und Situationen, in denen diese auftreten beziehungsweise die sie in gewisser Weise produzieren. Diese finden sich seines Erachtens in Macht- und Status-Konstellationen. Differenzen in der sozialen Matrix von Macht und Status wie – der zweite Parameter – der Bewertung der Legitimität dieser Differenzen sind die zentralen Faktoren, die bestimmte Affektprogramme wie Angst, Ärger oder Trauer evozieren. Ist ein Organismus in einer Situation mit spezifischen Reizkonstellationen konfrontiert, so können dieser Theorie zufolge gleichsam automatisch bestimmte physiologische, motorische und Empfindungsqualitäten auftreten.[6]

Ein weiteres prominentes Mitglied dieses Forschungsprogramms stellt die mikrosoziologische Theorie von Randall Collins (1993, 2004) dar. Auch nach Collins stellen Macht-Status-Dimensionen die grundlegenden strukturellen Achsen des sozialen Lebens dar (vgl. Kemper & Collins 1990), auch er legt ein naturalistisches Emotionskonzept zugrunde, aber er gibt seiner Emotionstheorie einen zusätzlichen Spin dadurch, dass er die motivationalen Dimensionen von Emotionen stärker artikuliert. Dies führt zu seinem Konzept der „emotional energy", welches insbesondere in der Soziologie des Konflikts und der Gewalt eine nachhaltige Wirkung hinterlassen hat.

Als dritte exemplarische Richtung innerhalb dieses Forschungsprogramms sei die „Social Exchange Theory of Emotions" (Lawler 2001; Lawler & Thye 1999, 2006; Lawler & Yoon 1998) genannt, die sich ab den späten 1980er-Jahren als Kritik der verhaltens- und handlungstheoretischen Annahmen der älteren Austauschtheorie herausbildete, da diese Emotionen als zentrale Dimension der Bildung von Austauschbeziehungen ausklammert. Dieser Ansatz begreift jedoch nun Emotionen als konstitutiv für die Genese von sozialen Beziehungen, sowohl im Falle ihrer Reproduktion (durch positive Emotionen) wie in dem ihrer Ablehnung (durch negative Emotionen). Die „Social Exchange Theory of Emotions"

6 Siehe hierzu auf die weiteren Analysen und Ausarbeitungen in von Scheve (2009).

führt den „harten Kern“ des naturalistischen Forschungsprogramms fort, erweitert aber die zweite – sozialtheoretische – Komponente im harten Kern insofern, als sie etwa über die Macht-Status-Theorie hinaus nicht nur soziale Konstellationen in den Blick nimmt, sondern insbesondere – gleichsam unter Aufnahme der frühen Überlegungen von Georg Simmel – nach den Effekten der in sozialen Konstellationen produzierten Emotionen für die Reproduktion und Modifikation dieser sozialen Konstellationen fragt.

4.2 Das kognitivistische Forschungsprogramm

Kommen wir nun auf das kognitivistische Forschungsprogramm zu sprechen. In der Soziologie ist der Ausdruck der „Kognition“, sieht man von wenigen Ausnahmen wie beispielsweise der Cognitive Sociology ab, als Terminus, weniger aber der Sache nach, relativ ungeläufig. Hier dominieren andere Begriffe wie Wissen, Diskurs, Semantik oder ähnliche Konzepte das Feld. In der interdisziplinären Emotionsforschung gewinnt dieses Programm, wie schon oben betont, seine Dominanz mit dem Entstehen der Kognitionswissenschaften und dem damit verbundenen *cognitive turn* in einer Vielzahl von Wissenschaften in den 1960er-Jahren, in der Soziologie mit einer geringen Verspätung in den 1970er- und 1980er-Jahren. Diesem Forschungsprogramm lässt sich eine große Phalanx von unterschiedlichen theoretischen und empirischen Forschungen zurechnen, die von der Ethnomethodologie, den verschiedenen Schulen des Symbolischen Interaktionismus, der Interaktionistischen Soziologie Goffmans bis hin zur Systemtheorie reichen.

Obwohl dementsprechend eine gewisse terminologische Diversität zu verzeichnen ist, lässt sich doch ein gemeinsamer „harter Kern“ konstatieren: Emotionen sind Kognitionen, vornehmlich in der Form von wertenden Urteilen. Das „sind“ in dieser Aussage sollte man wörtlich nehmen: Emotionen werden nicht durch Kognitionen induziert, sondern Emotionen sind Kognitionen. Gestützt wird diese Überlegung von der zusätzlichen Proposition, dass Emotionen damit wie alle Kognitionen auch mentale Phänomene sind, die die Eigenschaft der Intentionalität aufweisen, also auf etwas gerichtet sind. Diese kognitiv-intentionale Grundstruktur ist es, die Emotionen individuiert. Der individuierende Unterschied beispielsweise zwischen Angst und Trauer besteht nicht darin, dass sie sich phänomenal unterschiedlich „anfühlen“, dass sie möglicherweise auch unterschiedliche Verhaltensvollzüge aufweisen, sondern darin, dass Trauer in dem Urteil besteht, dass man eine wertvolle Person oder auch eine signifikante Sache verloren hat, während Angst in dem Urteil besteht, dass etwas Wertvolles, möglicherweise man selbst, in Gefahr ist. Kognitive Theorien stellen wohlgemerkt nicht in Abrede, dass Emotionen sich auch in physiologischen Prozessen oder in einem bestimmten phänomenalen Erleben bemerkbar machen, aber diese Faktoren weisen eine hohe Spezifität auf und bilden nicht die zentrale, zu bestimmten Individuierungen, also der Ausbildung zu Emotionen dieser oder jener Art, führende Eigenschaft. Die maßgeblichen Entwürfe dieses Programms finden sich in den Arbeiten von Nussbaum (2003) und Solomon (1993). Eine prominente Variante dieses Programms stellt die „Computational Belief-Desire-Theory of Emotions" (Reisenzein 2009) dar, welche gleichsam das Konstrukt „wertendes Urteil" auf die Differenz von zwei intentionalen Akttypen verlagert. Auf der einen Seite finden sich „beliefs" in der Form von Überzeugungen oder Annahmen, auf der anderen Seite gibt es „desires" in der Form von Zielen oder Wünschen. Spezifische Emotionen bilden sich dieser Theorie zufolge in dem Kontrast von bestimmten Wünschen mit bestimmten Überzeugungen oder Annahmen darüber, ob Zustände den Wünschen entsprechend gegeben sind oder nicht. Angst wird beispielsweise dadurch generiert, dass der Wunsch, dass man selbst oder eine signifikante Person nicht bedroht oder verletzt wird, in Differenz steht zu der Annahme, dass man selbst oder eine Person sich in einer Gefahrensituation befindet.[7]

Aus diesen wenigen Ausführungen lässt sich schon ermessen, welche Attraktivität dieses Forschungsprogramm für die Emotionssoziologie im Besonderen wie für die Soziologie im Allgemeinen hatte und hat – es ist anschlussfähig an sozialtheoretische Grundannahmen, insbesondere diejenige, dass Akteure sich intentional auf etwas in der Welt beziehen und sich ihre Handlungen aus Kombinationen von „beliefs" und „desires" oder eben aus Werturteilen über etwas in der Welt erklären lassen. Es muss noch ein zweiter Punkt berücksichtigt werden: Dieses Forschungsprogramm gibt gute Gründe an die Hand, Emotionen und Gefühle nun als genuine soziale oder kulturelle Sachverhalte auszuweisen, eben als „social kinds", und sie somit in den Gegenstands- und Jurisdiktionsbereich der Soziologie zu überführen. Kognitionen und Intentionen sind wie soziale Sachverhalte generell regelbasiert, so die Annahme. Emotionen können auf soziale oder kulturelle Regeln zurückgeführt werden

Dieses kognitivistische Forschungsprogramm begründet forschungsanalytische Richtungen, die zum zentralen Grundbestand der Emotionssoziologie gehören:

– Emotionen als sozial oder kulturell konstruierte Phänomene:

Wenn Emotionen regelbasiert sind, dann liegt die Implikation auf der Hand, sie gemäß kognitiver Regeln als soziale Konstruktionen zu betrachten. Diese Implika-

7 Ein Versuch, die „Computational Belief-Desire-Theory" auf soziologisches Terrain zu überführen, liegt vor in Schützeichel (2012).

tion wird in der Psychologie (insbes. Barrett 2017) und der Soziologie in einer Vielzahl von Arbeiten aufgenommen (vgl. McCarthy 1994). Die konstruktive Leistung von Emotionen beziehungsweise Emotionskulturen und ihren Regeln wird insbesondere darin gesehen, dass sie uns emotionale oder affektive Bewertungsmaßstäbe von Sachverhalten, Dingen und Personen zur Verfügung stellen, uns also in sozialen Konstellationen und Konfigurationen mit emotionalen Einstellungen, Haltungen und Bewertungen zu Personen, Gruppen, Dingen und Sachverhalten versehen und auf diese Weise eine basale Ordnung der sozialen Wirklichkeit erzeugen. Sozialkonstruktivistische Argumentationen gehen aber mitunter über diesen Punkt noch hinaus. Sie vertreten nicht nur ein „schwaches Programm" dergestalt, dass uns unsere Wirklichkeit auch immer in einer emotionalen Weise gegeben ist, sondern auch das „starke Programm" einer sozialen Konstruktion von Emotionen mit dem Argument, dass jenseits aller physiologischen, leiblichen, mimischen, psychischen Realisationen es in jeder sozialen Gemeinschaft konstitutive Regeln dafür gibt, was denn als „Emotion", „Gefühl" oder „Affekt" gilt.

– Emotionen als normativ fundierte soziale Phänomene:

Wenn Emotionen regelbasiert sind, dann liegt zweitens die Implikation auf der Hand, dass sie auf normative Regeln zurückgeführt werden können. Das emotionale Erleben ist entweder durch „feeling rules" geprägt oder wird in sozialen Figurationen in Übereinstimmung mit gewissen Emotionsregeln gebracht oder beziehungsweise bei Nichtpassung „unsichtbar", als illegitime Emotionalität ausgeschieden.[8] Diese vielleicht wichtigste emotionssoziologische Forschungsrichtung ist schon deshalb nur im Kontext eines kognitivistischen oder kulturalistischen Forschungsprogramms möglich, weil sie schon in ihrem Konzept von Emotionalität die konstitutiven normativen Gehalte wie normativen Bedingungen von Emotionen wie die Möglichkeit der Regelorientierung verankern muss, also beispielsweise in der Form, wie Arlie R. Hochschild (1979, 1983) sie in ihren klassischen Analysen über „feeling rules" oder „emotion work" zum Ausdruck brachte: Als Möglichkeit der kognitiven wie normativen Permeabilität emotionaler Erfahrungen. Emotionen sind dieser Richtung zufolge eben mehr als „Regelmäßigkeiten", die in bestimmten sozialen Konstellationen auftreten, wie dies im sozialstrukturellen Forschungsprogramm vertreten wird, sie beruhen auf „Regeln", an denen sich die Akteure, in welcher vorreflexiven oder reflexiven

8 Siehe hierzu die bahnbrechenden Untersuchungen zu „outlaw emotions" von Jaggar (1989) und Collins (1990) oder „subterrean emotions" (Fricker 1991). „Outlaw emotions" sind solche emotionalen Erfahrungen, die nicht in Einklang gebracht werden können mit den Emotionsnormen von dominanten Gruppen. Sie werden also typischerweise von marginalisierten Individuen oder Gruppen erfahren.

Form auch immer, orientieren. Dieses Konzept der „feeling rules" ist zudem der soziologischen Analyse in einem weiteren Punkt sehr willkommen: Regeln, so die Annahme, gibt es nicht als private oder individuelle, sondern nur als soziale.[9] Regelbezüge weisen Emotionen also nicht nur nicht als rein naturale Phänomene aus, sondern auch als soziale in dem Sinne, dass es sie eben nur in sozialen oder gar „kollektiven" Konfigurationen geben kann. „Feeling rules" können nun die Generierung, den Ausdruck, die Kommunikation oder das phänomenale Erleben von Emotionen betreffen. Mit ihrer Unterscheidung von „surface acting" oder „deep acting" machte Arlie R. Hochschild (1983) einen intensiv und extensiv rezipierten analytischen Vorschlag, unterschiedliche Modi der regelorientieren Generierung emotionaler Erfahrungen und – was in soziologischer Hinsicht sicherlich am wichtigsten ist – ihrer unterschiedlichen Konsequenzen für die affektive Subjektivierung von Individuen und Gruppen in gesellschaftlichen Verhältnissen zu untersuchen (vgl. auch Pritz, Kapitel 10).[10] Diese Analysen bildeten den Ausgangspunkt für eine bedeutende, nunmehr über die eher mikrosoziologischen Analysen hinausgehende Emotionssoziologie mit kultur- und gesellschaftstheoretischer Erkenntnisabsicht.[11]

– Emotionen als kulturell induzierte Phänomene

Affektive Phänomene werden selbst als kulturrelative, regelgebundene Phänomene betrachtet. Diese Annahme wird in einer exemplarischen Weise im Rahmen der „Affect-Control-Theory" ausgearbeitet, die maßgeblich mit dem Namen von David Heise verbunden ist (Heise 1977, 2007, 2010; Lively & Heise 2007). Dieser Ansatz geht davon aus, dass kulturelle Schemata und Diskurse mit affektiven Bedeutungen und Konnotationen verbunden sind, die von Akteuren in der Handlungspraxis in ihren Situationsdefinitionen und Handlungen bestätigt wird und deren emotionalen Erfahrungen zugrunde liegen. Dieser sozialtheoretisch im Symbolischen Interaktionismus der sogenannten Iowa-School verwurzelte Forschungsansatz kombiniert in seinem Kern Annahmen über die kulturelle Prägnanz von Emotionen mit der aus kybernetischen Kontrolltheorien stammenden

---

9 Es kann leider an dieser Stelle auf die sehr komplexe Diskussion über die Bedingungen der Möglichkeit von „Regeln" nicht näher eingegangen werden, die zu der Zeit der Ausarbeitung dieser Forschungsperspektive geführt wurde. Viele – durchaus konkurrierende – sozialtheoretische oder soziologische Positionen gingen und gehen davon aus, dass soziale Phänomene (ontologisch) Regeln voraussetzen, so wie auch umgekehrt Regeln in einer ontologischen Abhängigkeit von sozialen Phänomenen stehen.

10 Ein wichtiger Überblick über die Forschungen zu „emotional labor" findet sich in Wharton (2009).

11 Siehe hierzu beispielsweise die Analysen zu einem „emotional capitalism" (Illouz 2007a, 2007b, die Beiträge in Illouz (2018) sowie Cabanas und Illouz (2019).

These, dass Affekte als Stellgröße der Interpretation wie der Regulierung von Handlungssituationen mithilfe von negativen Rückkopplungsprozessen dienen (Robinson 2007). In ihrem harten Kern verbindet die Affect-Control-Theory eine kognitivistische Emotionstheorie mit Verständnis von sozialen und kulturellen Phänomenen als primär affektiven.

4.3 Phänomenologisch fundierte Forschungsprogramme

Verglichen mit den ersten beiden Forschungsprogrammen sind dezidiert phänomenologisch begründete Forschungsprogramme in der Emotionssoziologie schwach ausgeprägt. Diesem Forschungsprogramm, welches sich in der Soziologie vornehmlich in Opposition gegen kognitiv fundierte Modelle etablierte (vgl. Denzin 1984), kann man alle solchen Ansätze zurechnen, die Emotionen nicht als körperliche respektive mentale, sondern als leiblich verankerte Phänomene betrachten. Mit der Unterscheidung von Körper und Leib bezieht man sich in den Traditionen der Philosophischen Anthropologie und in der Phänomenologie auf die Polarität von „Körper haben" und „Leib sein" (Plessner 1970), also dem Leib als dem meist im Hintergrund bleibenden, mitunter aber auch gespürten Organ unseres Lebensvollzugs, und den Körper als dem Träger der organismischen Prozesse. Das Maßgebliche für die Individuierung von Emotionen wird in der leiblichen Erfahrung beziehungsweise einer leiblichen Intentionalität gesehen. Dies wird in jüngeren Jahren mit einem Konzept „affektiver Intentionalität" verbunden (Slaby et al. 2011). Emotionen als genuine, nämlich affektive Form von Intentionalität bilden in diesem Forschungsprogramm also die maßgebliche emotionstheoretische Komponente des harten Kerns. Im Fokus der sozialtheoretischen Komponente steht die Konzeption von sozialen Welten als emotionalen Erfahrungsräumen. Auf diese Weise wird auch der soziologisch bedeutsamen Problematik der Gemeinsamkeit oder Geteiltheit von Emotionen eine hohe Aufmerksamkeit gegeben. Im Unterschied zu den stärker kognitivistisch orientierten Theorien wird die kollektive Dimension aber weniger in dem Regel-Begriff gesehen, sondern in gemeinsamen Situationen phänomenalen Erlebens. Für diese Dimension steht insbesondere der Terminus der „Atmosphäre" (Pfaller & Wiesse 2018).

4.4 Affektzentrierte Forschungsprogramme

Das nun zu skizzierende Forschungsprogramm hat sich zwar vornehmlich in der Auseinandersetzung mit dem Programm der kognitivistischen Emotionsforschung entwickelt, aber die Differenzen zu den bisherigen gehen weit über diese Differenzen im emotionstheoretischen Kern hinaus. Die Affect Studies, die das entsprechende affektzentrierte Forschungsprogramm in der Soziologie inauguriert haben, entstammen vornehmlich den Kulturwissenschaften beziehungsweise den Cultural Studies und bringen schon deshalb einige Reibungspunkte mit den Prämissen sozialwissenschaftlich geprägter Emotionssoziologien mit sich (Gregg & Seigworth 2010; Massumi 2002; Seyfert 2012; Wetherell 2012). Der „harte Kern" verändert sich in beiden Bestandteilen. Im sozialtheoretischen Kern steht nicht nur die Problematik der Affizierbarkeit und Bindung zwischen Elementen im Vordergrund. Das enge Verständnis von Sozialität wird „symmetrisiert" und zudem auf Körper, Dinge, Objekte übertragen. In der emotionstheoretischen Komponente findet eine Abwendung von intentionalistischen Rekonstruktionen affektiven Geschehens statt. Ziel affektsoziologischer Studien ist es somit, das affektive Geschehen zu rekonstruieren, innerhalb dessen sich Assoziationen und Distraktionen zwischen Individuen und Gruppen, Dingen und Diskursen herstellen.

5 Die Geschichte der Emotionssoziologie – Rückblick und Ausblick

In diesem kurzen Beitrag wurde versucht, die Geschichte der Emotionssoziologie als Geschichte der Genese von Forschungsprogrammen zu rekonstruieren. Mit dem Konzept der Forschungsprogramme und seiner Differenzierungen zwischen einem „harten Kern" und „empirischen Gürtel" wird ein Blick auf die grundlegenden Prämissen und Einheiten dieser Geschichte möglich. Emotionssoziologische Forschungsprogramme weisen in ihrem Kern eine emotions- und eine sozialtheoretische Komponente auf, verbinden also Annahmen über das Phänomen der Emotionalität mit grundlegenden Annahmen über die Phänomene von Sozialität. Hierdurch gewähren diese Forschungsprogramme der Soziologie nicht nur die Möglichkeit, sich auf die interdisziplinäre Emotionsforschung zu beziehen, sondern sie eröffnen auch einen Raum für die Möglichkeit, Emotionen als soziale Phänomene in einem starken Sinne, nämlich als „social kinds" zu konzipieren. Darin liegt gleichsam der emotionssoziologische Ertrag dieses Konzepts. Der wissenschaftsgeschichtliche Ertrag ist darin zu sehen, dass man diejenigen theoretischen Dispositionen in den Blick bekommt, die strukturell für die Ausprägung von spezifischen Forschungen verantwortlich gemacht werden können.

Wie ist aber vor dem Hintergrund ihrer Geschichte die derzeitige Situation der Emotionssoziologie zu bewerten? Zum einen muss man festhalten, dass die soziologische Emotionsforschung national und international einen beträchtlichen Aufschwung erlebt hat. Die Zahl der Forschungen ist enorm gewachsen und erstreckt sich über alle Spezialdisziplinen der Soziologie, von der Sozialisation und Erziehung über Migration, Politik und soziale Bewegungen, Wirtschaft, Religion, Recht bis hin zu globalen Entwicklungen. Von daher ist die Emotionssoziologie eine recht erfolgreiche Disziplin. Es ist zudem zu konstatieren, dass angesichts der enormen gesellschaftlichen Transformationen, die man derzeit beobachten kann, die Emotionsforschung selbst eine hohe Relevanz besitzt, denn diese Transformationen finden, wie häufig konstatiert, im Sinne einer „affektiven Vergesellschaftung" statt. Deshalb ist die Emotionssoziologie nicht zuletzt für die gesellschaftliche Relevanz der Soziologie (im Zeichen einer „public sociology") von erheblicher Bedeutung. Die Emotionssoziologie ist also nicht nur eine erfolgreiche, sondern auch eine gesellschaftlich überaus relevante Disziplin. Dennoch muss man bei näherer Betrachtung in sozialtheoretischer Hinsicht immer noch ein großes Desiderat beklagen: Der Emotionssoziologie ist es bislang noch nicht gelungen, einen integrativen „harten Kern" zu entwickeln, der den konstitutiven Zusammenhang von „Denken, Handeln und Fühlen" betont.

Literatur

Bach, Maurizio (2019). *Jenseits des rationalen Handelns. Zur Soziologie Vilfredo Paretos*. 2. Aufl. Wiesbaden: Springer VS.

Barbalet, Jack (Hrsg.) (2002). *Emotions and Sociology*. Oxford: Blackwell.

Barrett, Lisa F. (2017). *How Emotions are Made*. Boston: Houghton Mifflin Harcourt.

Bericat, Eduardo (2016). „The Sociology of Emotions: Four Decades of Progress", in: *Current Sociology* 64(3), S. 491–513.

Cabanas, Edgar & Illouz, Eva (2019). *Manufacturing Happy Citizens: How the Science and Industry of Happiness Control our Lives*. Cambridge: Polity Press.

Cerulo, Massimo & Scribano, Adrian (Hrsg.) (2022). *The Emotions in the Classics of Sociology*. London: Routledge.

Collins, Patricia Hill (1990). *Black Feminist Thought: Knowledge, Consciousness, and the Politics of Empowerment*. New York: Routledge.

Collins, Randall (1993). „Emotional Energy as the Common Denominator of Rational Action", in: *Rationality and Society* 5(2), S. 203–230.

Collins, Randall (2004). *Interaction Ritual Chains*. Princeton: Princeton University Press.

Denzin, Norman K. (1984). *On Understanding Emotion*. San Francisco: Jossey-Bass.

Durkheim, Émile (1912). *Les formes élémentaires de la vie religieuse*. Paris: Alcan.

Durkheim, Émile (1980). *Regeln der soziologischen Methode*. 6. Aufl. Darmstadt/Neuwied: Luchterhand.

Ekman, Paul (1999). „Basic Emotions", in: T. Dalgleish & M. Power (Hrsg.), *Handbook of Cognition and Emotion*. New York: Wiley, S. 45–60.

Elias, Norbert (1939). *Über den Prozeß der Zivilisation*. Basel: Verlag Haus zum Falken.

Fricker, Milanda (1991). „Reason and Emotion", in: *Radical Philosophy* 57, S. 14–19.

Gerhards, Jürgen & von Scheve, Christian (2018). „Simmels Theorie der Emotionen", in: H.-P. Müller & T. Reitz (Hrsg.), *Simmel-Handbuch*. Berlin: Suhrkamp, S. 815–827.

Gregg, Melissa & Seigworth, Gregory J. (Hrsg.) (2010). *The Affect Theory Reader*. Durham: Duke University Press.

Greve, Jens (2022). „Talcott Parsons", in: K. Senge/R. Schützeichel & V. Zink (Hrsg.), *Schlüsselwerke der Emotionssoziologie*. Wiesbaden: Springer VS, S. 443–456.

Heise, David R. (1977). „Social Action as the Control of Affect", in: *Behavioral Science* 22, S. 163–177.

Heise, David R. (2007). *Expressive Order: Confirming Sentiments in Social Action*. New York: Springer.

Heise, David R. (2010). *Surveying Cultures: Discovering Shared Conceptions and Sentiments*. New York: Wiley.

Hochschild, Arlie R. (1979). „Emotion Work, Feeling Rules, and Social Structures", in: *American Journal of Sociology* 85(3), S. 551–575.

Hochschild, Arlie R. (1983). *The Managed Heart. Commercialization of Human Feeling*. Berkeley: University of California Press.

Illouz, Eva (2007a). *Cold Intimacies: The Making of Emotional Capitalism*. Cambridge: Polity Press.

Illouz, Eva (2007b). *Gefühle in Zeiten des Kapitalismus*. Frankfurt am Main: Suhrkamp.

Illouz, Eva (Hrsg.) (2018). *Wa(h)re Gefühle: Authentizität im Konsumkapitalismus*. Berlin: Suhrkamp.

Jaggar, A. M. (1989). „Love and Knowledge. Emotion in Feminist Epistemology", in: *Inquiry* 32(2), S. 151–176.

Kemper, Theodore D. (1981). „Social Constructionist and Positivist Approaches to the Sociology of Emotions", in: *American Journal of Sociology* 87(2), S. 336–362.

Kemper, Theodore D. (1987). „How Many Emotions Are There? Wedding the Social and the Autonomic Components", in: *American Journal of Sociology* 93(2), S. 263–289.

Kemper, Theodore D. (2006). „Power and Status and the Power-Status Theory of Emotions", in: J. E. Stets & J. E. Turner (Hrsg.), *Handbook of the Sociology of Emotions*. New York: Springer, S. 87–113.

Kemper, Theodore D. (2016). *Elementary Forms of Social Relations. Status, Power and Reference Groups*. London: Routledge.

Kemper, Theodore D. & Collins, Randall (1990). „Dimensions of Microinteraction", in: *American Journal of Sociology* 96(1), S. 32–68.

Lakatos, Imre (1978). *The Methodology of Scientific Research Programmes*. Cambridge: Cambridge University Press. (Deutsche Ausgabe: (1982). *Die Methodologie der wissenschaftlichen Forschungsprogramme*. Braunschweig: Vieweg).

Lawler, Edward J. (2001). „An Affect Theory of Social Exchange", in: *American Journal of Sociology* 107(2), S. 147–182.

Lawler, Edward J. & Thye, Shane R. (1999). „Bringing Emotions into Social Exchange Theory", in: *Annual Review of Sociology* 25, S. 217–244.

Lawler, Edward J. & Thye, Shane R. (2006). „Social Exchange Theory of Emotions", in: J. E. Stets & J. H. Turner (Hrsg.), *Handbook of the Sociology of Emotions*. New York: Springer, S. 295–320.

Lawler, Edward J. & Yoon, Jeongkoo (1998). „Network Structure and Emotion in Exchange Relations", in: *American Sociological Review* 63(6), S. 871–894.

Lively, Kathryn & Heise, David (2004). „Sociological Realms of Emotional Experience", in: *American Journal of Sociology* 109(5), S. 1109–1136.

Maffesoli, Michel (1995). *The Time of the Tribes. The Decline of Individualism in Mass Society*. London: Sage.

Maine, Henry (1861). *Ancient Law, its Connections with the Early History of Society, and its Relation to Modern Ideas*. London: John Murray.

Massumi, Brian (2002). *Parables for the Virtual: Movement, Affect, Sensation*. Durham: Duke University Press.

McCarthy, E. Doyle (1994). „The Social Construction of Emotions. New Directions from Culture Theory", in: *Social Perspectives on Emotion* 2, S. 267–279.
Nussbaum, Martha C. (2003). *Upheavals of Thought*. Cambridge: Cambridge University Press.
Pareto, Vilfredo (1916). *Trattato di sociologia generale*. Florenz: Barbera.
Parsons, Talcott (1994). *Aktor, Situation und normative Muster*. Frankfurt am Main: Suhrkamp.
Pettenkofer, Andreas (2023). „Emile Durkheim. Die elementaren Formen des religiösen Lebens", in: K. Senge, R. Schützeichel & V. Zink (Hrsg.), *Schlüsselwerke der Emotionssoziologie*. Wiesbaden: Springer, S. 123–133.
Pfaller, Larissa & Wiesse, Basil (Hrsg.) (2018). *Stimmungen und Atmosphären. Zur Affektivität des Sozialen*. Wiesbaden: Springer VS.
Plessner, Helmuth (1970): „Lachen und Weinen", in: H. Plessner, *Philosophische Anthropologie*. Frankfurt am Main: Fischer, S. 11–171.
Reisenzein, Rainer (2009). „Emotional Experience in the Computational Belief-Desire Theory of Emotion", in: *Emotion Review* 1(3), S. 214–222.
Robinson, Dawn T. (2007). „Control Theories in Sociology", in: *Annual Review of Sociology* 33, S. 157–174.
Schmalenbach, Herman (1922). „Die soziologische Kategorie des Bundes", in: *Die Dioskuren. Jahrbuch für Geisteswissenschaften* 1022, S. 35–105.
Schützeichel, Rainer (2010). „Der Wert der politischen Leidenschaft. Über Max Webers ‚Affektenlehre'", in: *Tel Aviver Jahrbuch für Deutsche Geschichte* 38, S. 103–116.
Schützeichel, Rainer (2012). „Emotionen in Handlungen. Skizzen zu einer soziologischen Integration von Emotions- und Handlungstheorie", in: A. Schnabel & R. Schützeichel (Hrsg.), *Emotionen, Sozialstruktur und Moderne*. Wiesbaden: Springer VS, S. 227–256.
Senge, Konstanze/Schützeichel, Rainer & Zink, Veronika (Hrsg.) (2022). *Schlüsselwerke der Emotionssoziologie*. Wiesbaden: Springer VS.
Seyfert, Robert (2012). „Beyond Personal Feelings and Collective Emotions. Toward a Theory of Social Affect", in: *Theory, Culture and Society* 29(6), S. 27–46.
Simmel, Georg (1908). *Soziologie*. Berlin: Duncker & Humblot.
Slaby, Jan (2017). „Drei Haltungen der ‚Affect Studies'", in: L. Pfaller & B. Wiesse (Hrsg.), *Stimmungen und Atmosphären*. Wiesbaden: Springer VS, S. 54–81.
Slaby, Jan/Stephan, Achim/Walter, Henrik & Walter, Sven (Hrsg.) (2011). *Affektive Intentionalität. Beiträge zur welterschließenden Funktion der menschlichen Gefühle*. Paderborn: Mentis.
Solomon, Robert C. (1993). *The Passions. Emotions and the Meaning of Life*. New York: Hackett.
Stets, Jan E. & Turner, Jonathan H. (Hrsg.) (2006). *Handbook of the Sociology of Emotions*. Boston: Springer.
Stets, Jan E. & Turner, Jonathan H. (Hrsg.) (2014). *Handbook of the Sociology of Emotions, Vol. II*. Dordrecht: Springer.
Thun, Johann (2019). „‚(...) in der Mitte zwischen Gemeinschaft und Gesellschaft'. Schmalenbachs Kategorie des Bundes und ihre französische Rezeption", in: A. Bammé/N. Bond & I. Reschenberg (Hrsg.), *Gemeinschaft. Karriere eines Begriffs zwischen Mitgefühl, Tribalismus und Voluntarismus*. München: Profil, S. 217–241.
Tönnies, Ferdinand (1887). *Gemeinschaft und Gesellschaft*. Berlin: Fues's Verlag.
Tomkins, Silvan & Izard, Carroll E. (1965). *Affect, Cognition, and Personality*. New York: Springer.
Turner, Jonathan H. & Stets, Jan E. (2005). *The Sociology of Emotions*. New York: Cambridge University Press.
Von Scheve, Christian (2009). *Emotionen und soziale Strukturen*. Frankfurt am Main/New York: Campus.

Von Scheve, Christian & Berg, Anna Lea (2017). „Affekt als analytische Kategorie der Sozialforschung", in: L. Pfaller & B. Wiesse (Hrsg.), *Stimmungen und Atmosphären*. Wiesbaden: Springer VS, S. 27–51.

Weber, Max (1921). *Wirtschaft und Gesellschaft*. Tübingen: Mohr Siebeck.

Wetherell, Margaret (2012). *Affect and Emotion. A New Social Science Understanding*. London: Sage.

Wharton, Amy S. (2009). „The Sociology of Emotional Labor", in: *Annual Review of Sociology* 35, S. 147–165.

Wouters, Cas (1999). *Informalisierung*. Opladen: Westdeutscher Verlag.

Yilmaz, Yasemin (2017). „Die affektive Seite des Interaktionsrituals. Emotionen und Hintergrundaffekte in Durkheims zentralen Konzepten der sozialen Tatsache und der kollektiven Efferveszenz", in: L. Pfaller & B. Wiesse (Hrsg.), *Stimmungen und Atmosphären*. Wiesbaden: Springer VS, S. 83–101.

Ylikoski, Petri (2013). „Causal and Constitutive Explanation Compared", in: *Erkenntnis* 78, S. 277–297.

Basil Wiesse und Max Weigelin

3 Konzeptgeschichte und Epistemologien der Emotionssoziologie

Dieser Beitrag bietet eine Orientierungshilfe für das soziologische Arbeiten mit dem Konzeptcluster Emotion, Affekt und Sinnlichkeit. Die hierfür vorgestellten Konzepte werden von uns primär als Hilfestellung für empirisches Arbeiten verstanden: Sie verhelfen zu einer kritischen Distanz zum Teilnehmer:innenverständnis[1] des untersuchten Phänomenbereichs, erweisen sich dabei zugleich als an die Sprachspiele der Kultur- und Sozialwissenschaften anschlussfähig und erschließen so auf innovative Weise Gegenstandsbereiche für die Soziologie neu. Und gerade dort, wo es zum Beispiel um „vibes“ und „moods“ geht, ist das Vokabular der Teilnehmer:innen bereits von ethnosoziologischen Alltagstheorien („boys don't cry“) wie auch veralltäglichten Versatzstücken aus Psychologie und Neurowissenschaften („die Hormone“) durchsetzt. Für produktives sozialwissenschaftliches Arbeiten gilt es dann, nicht nur diese Vokabularien des Affektiven zu dokumentieren und zu kontextualisieren, sondern darüber hinaus auch Phänomene von Emotion, Affekt und Sinnlichkeit gerade dort zur Sprache zu bringen, wo den Teilnehmer:innen gleichsam die Worte fehlen.[2]

Wir möchten mit der Betonung des Empiriebezugs sozialwissenschaftlicher Praxis aber keinesfalls einer empiriezistischen oder antitheoretischen Haltung Vorschub leisten. Durch das Nachzeichnen der teils sehr unterschiedlichen Verständnisse der Begriffe und ihrer Verortung in kritischen, mitunter schon länger stattfindenden fachlichen Auseinandersetzungen möchten wir vielmehr zugleich den Blick auf die Positionen werfen, welche die Konzepte um Emotion, Affekt und Sinnlichkeit mit sich bringen und zeigen, dass und wie sie ihre jeweiligen *matters of concern* ganz unterschiedlich auffassen, Gegenstände der Forschung unterschiedlich konstruieren und mit unterschiedlichen weiterführenden und verknüpfenden Fragestellungen verbinden. Verstanden als multiparadigmatische Disziplin stellt das Nebeneinander der Theorien für die Soziologie kein Manko dar (Joas & Knöbl 2011: 35 f.). Idealerweise sollte dieses Nebeneinander aber nicht zu konfliktfreier theoretischer Beliebigkeit verführen, wie bisweilen moniert wird (Anicker 2022a): Zwar benötigt die Entwicklung von Theorien immer auch innere

1 Das kritische Distanzieren gilt den Teilnehmer:innenverständnissen der Beforschten und der Forschenden zugleich (vgl. Bergmann 2006: 22–25).

2 Zu den methodischen Schwierigkeiten der Artikulation der „Schweigsamkeit des Sozialen“ vgl. Hirschauer (2001).

https://doi.org/10.1515/9783110589214-004

Freiräume zur Entfaltung. Für ein produktives Arbeiten mit ihnen ist aber die Suche nach Auseinandersetzungen unserer Ansicht nach unerlässlich (vgl. Hirschauer 2008). Wir werden uns daher in diesem Beitrag über die Nachzeichnung kritischer Diskussionen, Streitpunkte und Reibungsflächen an die sozialwissenschaftliche Beschäftigung mit Emotion, Affekt und Sinnlichkeit annähern.

Möchte man also die hier zu besprechenden Ansätze systematisch vergleichen und aufeinander beziehen, so könnte man folgende Entwicklungshypothese an die zu besprechenden Ansätze anlegen: Stoßrichtung der Affekt- und Emotionssoziologien ist eine sich zunehmend verschärfende Kritik an einem Verständnis von Sozialität, welches idealtypisch von einem weitgehend rational handelnden, kognitionszentrierten Erkenntnissubjekt ausgeht und dessen Verständnis von Emotionalität stark alltagstheoretisch geprägt zu sein scheint. Einer alltäglichen Verwendungsweise des Begriffs nach ist ein Akteur in dem Maße nicht „kontrolliert“ in dem er „emotional“ oder gar „im Affekt“ agiert (wobei eine entsprechende Einschätzung dann auch weitreichende, etwa juristische Konsequenzen haben kann). Gleichzeitig baut das Alltagsverständnis von Emotionen und Affekten eine methodisch-konzeptionelle Herausforderung für die Forschung auf. Man fasst Emotionen üblicherweise als „innere Zustände“ auf, die in letzter Konsequenz nur dem erlebenden Individuum voll zugänglich sind und nach weitläufiger Auffassung wissenschaftlich einen Blick ins Innere (Psyche, Gehirn, weitere psychometrische Indikatoren wie Kreislauf, etc.) erforderlich machen. Die sozial- und kulturwissenschaftliche Emotions- und Affektforschung eint deshalb eine Fokussierung auf Gegenstandsbereiche, die als öffentlich zugängliche Phänomene in hohem Maße anders beschrieben werden müssen als im Alltag und in den Naturwissenschaften, um überhaupt soziologisch erforschbar zu werden.

Nach unserer Lesart geht es der Emotionssoziologie in der Regel um die emotionstheoretische Korrektur, Erweiterung und Weiterentwicklung von Handlungstheorien (vgl. auch zur Emotionsgeschichte Schützeichel, Kapitel 2), indem beispielsweise die Rolle von Emotionen in ökonomischen Entscheidungsprozessen untersucht wird und die vermeintliche Rationalität ökonomischer Akteure kritisch hinterfragt wird (vgl. Pixley 2004; vgl. auch Zink & Senge, Kapitel 7). Die Affekttheorien hingegen treten radikaler auf und reihen sich in den Chor derer ein, die Handlungstheorie und ihre Zentrirung um menschliche Akteure als solche grundsätzlich infrage stellen.[3] Sie vertreten ein dezidiert relationales Körperver-

---

3 Dazu gehören dann zum Beispiel auch die Praxistheorien (vgl. Schmidt 2012). Die Kontrastierung von das Subjekt erweiternden emotionssoziologischen und es überwindenden affekttheoretischen Positionen ist freilich zugespitzt und vielleicht auch dem spezifischen deutschsprachigen Diskussionsstand geschuldet. Man findet also einerseits auch Theoretiker:innen mit schwachen Subjektbegriffen – mithin Nicht-Handlungstheoretiker:innen – die den Begriff der ‚Emotionen‘

ständnis und verneinen das Postulat einer Innen-/Außendifferenz. Aus den empfindsamen Körpern, die in ihren Umgebungen Emotionalität verspüren und performieren, wird eine vor jeder Unterscheidung anzusiedelnde affektive Vielheit körperlicher Regungen. Sinnessoziologische Ansätze verhalten sich dazu sehr ähnlich, weil sie einerseits eine kritische Erweiterung von handlungstheoretischen Konzepten mit Bezug auf die Körperlichkeitdes Menschen anregen, andererseits aber auch für Versuche der De-Zentrierung des Subjekts von Affektbegriffen hilfreiche empirische Werkzeuge liefern können.

Ein zentraler Schritt in allen drei Strömungen ist die Betonung der Verkörperungen und materiellen Bedingtheiten von Affekt, Emotion und Sinnlichkeit. Insofern gehen *affective turn, emotional turn* und *sensorial turn* Hand in Hand mit dem *body turn* (vgl. Gugutzer 2006), auch wenn diese produktive Bezugnahme in den jeweiligen Fachdiskursen nur selten explizit gemacht wird (vgl. Wiesse 2020: 136–138).[4] Wie die Körpersoziologie betonen Affekt-, Sinnes- und Emotionssoziologien also, dass soziale Ordnungsbildung nicht auf Sprache und Kognition zu reduzieren ist, sondern zentral auf körperlich-emotionalen Logiken und Prozessen fußt, Sozialität mithin immer als verkörperte Sozialität verstanden werden muss. Der Körper erhält so die konzeptionelle Funktion eines Scharniers zwischen subjektivem Erleben und öffentlicher Performanz. Die Frage nach dem Stellenwert von emotionalem Erleben, Performanz und ihrer Kongruenz, mit anderen Worten ihr *embodiment* (vgl. Csordas 1990) war und ist zentraler Bestandteil emotionstheoretischer Diskussionen: So schlug bereits William James vor, dass es nicht Emotionen sind, die körperliche Zustände auslösen, sondern es vielmehr unsere Registrierung von Umwelt- und körperlichen Veränderungen ist, die die Basis unserer Emotionen darstellen: „the more rational statement is that we feel sorry because we cry, angry because we strike, afraid because we tremble, and not that we cry, strike, or tremble, because we are sorry, angry, or fearful, as the case may be" (James 1884: 190; vgl. allgemein zur sog. „James/Lange-Theorie der Gefühle" Anicker 2022b).

---

benutzen (Luhmann, Collins, etc.) andererseits neuerdings auch eher handlungstheoretisch orientierte Autor:innen, die den Begriff des Affekts aufgreifen (etwa Sauerborn 2019).

4 Theoriepolitisch ist das insofern nicht verwunderlich, als dass sich in der Selbstbeschreibung als *turn* eine Theoriebewegung klassischerweise zunächst von etablierteren Strömungen absetzen will.

1 Emotion und Gefühl

Der Theoriediskurs um Emotionen, Gefühle und verwandte Konzepte (einschließlich „Affekte“, „Stimmungen“, „Atmosphären“ etc.) ist vergleichsweise opak. Begriffe erscheinen teilweise austauschbar und werden mitunter je nach Kontext unterschiedlich verwendet. Für die folgende Darstellung fokussieren wir die Begriffe Emotion und Gefühl und orientieren uns an einer analytischen Unterscheidung, die tendenziell „Emotionen“ als vorübergehend und „Gefühle“ als dauerhaft begreift (vgl. von Scheve & Berg 2018).[5] Emotionen lassen sich demnach verstehen als abgeschlossene performative Episoden (um nicht zu sagen: Handlungen), welche innere Zustände markieren und körperlich artikulieren, und in dieser Artikulation zugleich kathartisch bewältigen und transformieren können (vgl. Katz 1999). Emotionen zeichnet aus, dass sie nur von relativ kurzer Dauer sind: Die erhobene, geschüttelte Faust im Zorn entspannt sich früher oder später. Tränen der Trauer versiegen, und auch Gelächter kann nicht ewig dauern. Demgegenüber stehen Gefühle, die ebenfalls innere Zustände darstellen, die aber nicht mit ihrer körperlichen Artikulation zusammenfallen: Vielmehr wird diese als Verweis auf dauerhafte Zustände ihrer Träger verstanden. Insbesondere, wenn der Ausdruck von Gefühlen nicht unter Einsatz spezifischer affektiver Semantiken und Diskurse erfolgt (vgl. Wetherell 2013),[6] werden Gefühle im Vergleich zu Emotionen auch weniger eindeutig, subtiler kommuniziert: Als „somatische Marker“ (vgl. Bechara & Damasio 2005) dienen den Interpretationen der Teilnehmer:innen dann beispielsweise Körperhaltung wie die „bedrückte“ Geducktheit oder das „stolze“ Aufrichten, Modulationen in der sprachlichen Artikulation von gleichgültiger Monotonie zu aufgeregtem Überschlagen, oder auch gerade die Mimik (vgl. exemplarisch Goffman 1956; weiterführend Knoblauch & Herbrik 2022; Goodwin & Goodwin 2001). Mehr noch als Emotionen sind Gefühle Gegenstand von Projektionen, Missverständnissen, und Mehrdeutigkeiten: So mag ein müdes Gesicht als genervt interpretiert werden, der erschöpfte Körper als depressiv, Nervosität zu Heiterkeit umgemünzt, oder dem neutralen Gesichtsausdruck eine aggressive Komponente zugeschrieben werden

5 Für von Scheve und Berg stellt diese Unterscheidung ein wichtiges Korrektiv gegen die in der Emotionsforschung verbreiteten Verkürzung des Gefühlslebens auf emotionale Episoden und ihre Performanzen dar (von Scheve & Berg 2018: 29 f.).

6 Teilnehmer:innenspezifische affektive Semantiken und Diskurse machen auf das Kommunikationsproblem, das als ambivalent aufgefasste Gefühlsausdrücke darstellen, aufmerksam und konstruieren es zugleich mit, indem sie versuchen, es zu lösen. Das müssen nicht unbedingt „professionelle“, psychologische oder therapeutische Diskurse sein (auch wenn diese weit über ihre Ursprünge hinaus in unseren Alltag weisen, vgl. Illouz 2009); so zieht Wetherell (2013) als zentrales Beispiel die in Goodwin (2006) herausgearbeiteten hierarchischen Aushandlungen von Mädchen im Grundschulalter heran.

(das umgangssprachliche „resting bitch/douche face"). Die Mehr- und Uneindeutigkeit des Gefühls- und Emotionsausdrucks tut gleichwohl kulturellen Bemühungen um ihre Klassifikation und Kontrolle keinen Abbruch, wenn es beispielsweise darum geht, sie zur Vorbeugung von Straftaten oder zu Marketingzwecken in KI-gestützte Videoüberwachung einzubeziehen (McStay 2020).

Ein Streitpunkt in der Diskussion ist, inwieweit Emotionen und Gefühle auf ein (konkretes oder imaginäres) Objekt gerichtet sein müssen. Dass sie es sein können, steht außer Frage: Man kann jemanden für einen Moment anhimmeln, wie man in jemanden über längere Zeiträume verliebt sein kann. Doch müssen tun sie es auf dem ersten Blick nicht: Unspezifische Wut lässt sich schließlich ebenso beobachten wie grund- und anlasslose Heiterkeit. Dennoch schlagen einige Theorien zu Emotion und Gefühl vor, dass diesen stets eine Gerichtetheit, ein intentionales Bezugsobjekt zugrunde liegt (Slaby et al. 2011). Das muss nicht unbedingt nur konkrete Einzeldinge und -personen beinhalten, sondern bezieht sich auch auf Assemblagen und Arrangements, das heißt sozial-räumliche Konstellationen (vgl. Slaby et al. 2019): Beispielsweise färben dann Erfahrungen interpersoneller Gelöstheit oder auch Frustrationen in bestimmten Settings (wie etwa eine Feier oder bürokratische Umgebung) das Gefühlsleben und Emotionsausdruck auf eine bestimmte Weise ein, ohne dass umstandslos ein konkretes Ziel oder Bezugsproblem solcher Stimmungen benannt werden könnte. Sie verweisen aus Beobachter:innenperspektive aber gleichwohl auf einen impliziten affektiven Zusammenhang, den es potenziell genauer auszubuchstabieren gilt. Am deutlichsten ist dies der Fall bei „hintergründigen" beziehungsweise „existenziellen Gefühlen" (Ratcliffe 2008; Schützeichel 2015), die sich auf die eigene Lebenssituation insgesamt richten, etwa Melancholie (Földényi 2004).

Vor allem psychoanalytisch orientierte Ansätze gehen davon aus, dass Emotionen und Gefühle auch unbewusst gerichtet sein können (Wakefield 1992). Entsprechend ist es zentraler Aspekt des psychoanalytischen Projekts, dieser unbewussten Gerichtetheit in beispielsweise Übertragungs- und Verdrängungsprozessen nachzuspüren (Freud 1991). Emotionaler Quell sind hier Libido und Unbewusstes, die immer auch der kulturellen Bearbeitung und Überformung unterliegen (Freud 1930). Stärker naturalistische Ansätze gehen hier noch weiter. Sie gehen nicht nur von bestimmten formalen Eigenschaften von Emotionen aus, wie etwa Intentionalität oder episodische Geschlossenheit. Die naturalistische Sicht unterscheidet Emotionen darüber hinaus von vornherein nach ihren (Sinn-) Gehalten und grenzt sie voneinander ab. Gemäß der Theorie kulturübergreifender, anthropologisch konstanter „Basisemotionen" (Ekman 1999) sind dann bestimmte Emotionen wie Freude oder Trauer biologisch verankert und stellen eine anthropologische Grundkonstante dar. Diese These erfährt auch Alltagsrelevanz, wenn etwa davon ausgegangen wird, dass Basisemotionen einen weitgehend festgeschriebenen mimischen Ausdruck besitzen, der sich der Kontrolle der Teilnehmer:innen entzieht und der zugleich unfreiwillig kommunikative Funktionen erfüllt (vgl. auch Röttger-Rössler, Kapitel 24). Für emotionssoziologische Untersuchungen ist daran anschließend etwa interessant, wo diese eigenständige und zugleich performative Emotionalität in sozialen Praktiken aufscheint und integriert wird (Collins 2004, 2008), oder aber auch, wie bestimmte Emotionen gesellschaftlich problematisiert, bearbeitet, oder verdrängt werden. Hervorzuheben ist in diesem Zusammenhang insbesondere die Scham (Scheff 2002[7]; vgl. auch Neckel, Kapitel 11). Scham ist stets auf soziale Andere gerichtet, welche im Schamempfinden verletzte Normen und Werte repräsentieren. Scham transportiert damit ein emotionales-moralisches Verständnis von Sozialität und verweist über einzelne Bezugspersonen (wie im Falle von Zuneigung oder Liebe) auf umfassendere, dauerhaftere soziale Gebilde (zum Beispiel Gesellschaften). Scham ist damit in besonderem Maße gesellschaftlich relevant, wie sich zum Beispiel an der politischen Instrumentalisierung der Schamgefühle von Sozialleistungsempfänger:innen beobachten lässt (Becker & Gulyas 2012). Einen besonderen sozialtheoretischen Status erhält neben der Scham das Vertrauen, insbesondere für situationistische Soziologien. Vertrauen wird hier als fortlaufende immanente Bedingung für soziale Interaktion aufgefasst (Garfinkel 1963); vor allem in solchen Zusammenhängen, in denen nicht auf andere mögliche, dem konkreten Interaktionsvollzug als äußerlich konzipierte Interaktionsgrundlagen wie Gruppenzugehörigkeit ausgewichen werden kann oder soll (Rawls & David 2006).

Auch die Frage nach der Bearbeitung nun weniger von distinkten Emotionen (vgl. auch Teil III) und ihren sozialen Funktionen, sondern von Emotionalität überhaupt, ist Gegenstand der Emotionssoziologie. Einflussreich war hier vor allem die kognitionspsychologische *labeling*-Theorie. Diese möchte nicht von in sich gehaltvollen Basisemotionen ausgehen. Sie postuliert vielmehr auf individueller Ebene ein Konglomerat relativ unkontrollierter körperlicher und psychischer affektiver Regungen, die zeitlich nachgeordnet reflexiv-kognitiv enggeführt, artikuliert und benannt (gelabelt) werden. Dies lässt sich an kontingenten Gefühlsausdrücken veranschaulichen, wo sprichwörtlich unklar ist, ob man „lachen oder weinen“ soll, oder einem die Worte für „hin- und hergerissene“, „zwiespältige“ emotionale Zustände fehlen. Im *labeling* greifen wir, so die Theorie, auf historisch gewachsene soziale Konventionen zurück und machen diffuse subjektive Zustände erst zu Emotionen oder Gefühlen im engeren Sinne (Schachter & Singer 1962). Hier steht zur

7 Scheff sieht Ekman durchaus kritisch, weniger aber aufgrund seines biologisch determinierten Verständnisses von Emotionen, sondern weil Ekman der Scham nicht die ihr angemessene Rolle zukommen lässt, die ihr Ekmans Mentor Silvan Tomkins noch zugestanden hatte (Scheff 2006: 57 f.). Wie wir später sehen werden, ist Tomkins auch für einen der Stränge der Affect Studies zentraler Bezugspunkt, wenn auch unter anderem Vorzeichen.

Diskussion, inwiefern das Bezeichnen dieser Zustände als spezifische Emotion oder spezifisches Gefühl rückwirkende Konsequenzen für das Gefühlserleben hat, oder ob es sich gewissermaßen um eine unabhängige und nicht bewusst einholbare Erlebnisschicht handelt (Feldman Barrett 2006). Emotionssoziologisch betrachtet sind es dann vor allem die „social factors [guiding] the microactions of labeling [...], interpreting [...] and managing emotion [...]" (Hochschild 1979: 555), denen besondere Aufmerksamkeit zukommt (vgl. Shott 1979). Die Rolle subjektiver Erfahrungen wird dabei weiter dezentriert und Emotion und Gefühl auch auf kategorischer Ebene hinsichtlich ihres öffentlichen Charakters befragt, also was genau gesellschafts- und kulturspezifisch unter Emotionen und Gefühlen beziehungsweise Emotionalität und Gefühlsmäßigkeit zu verstehen ist, und wie mit ihnen umzugehen ist: Etwa in der kapitalistischen Kolonisierung und Kommodifizierung von Emotionen (Hochschild 2006; Illouz 2003, 2006), in der Untersuchung der Rolle therapeutischer Diskurse in der modernen reflexiven Wendung zum Gefühlsleben (Illouz 2009) gegenüber beispielsweise religiösem oder magischem *framing* von Gefühlen (vgl. Mauss 2012), oder eben auch, ob Emotionen als natürlicherweise distinkt, diskret, und anthropologisch konstant aufgefasst werden oder nicht.

Die emotionssoziologische Betonung der öffentlichen Außenseite emotionaler Performanzen und Diskurse ist aus methodologischer Sicht besonders wichtig, da soziologische Gegenstände immer (auch) als öffentliche Gegenstände verstanden werden müssen, die durch ihren öffentlichen Charakter nicht nur erst beobachtbar, sondern überhaupt auch erst sozial werden (Schmidt & Volbers 2011; vgl. Sharrock 1999; Rawls 2009). Diese Öffentlichkeitsmaxime stellt gerade für die Untersuchung gemeinhin als rein privat verstandener „subjektiver" Phänomene wie Emotionen und Gefühle eine Herausforderung dar. Die Frage nach der Rolle spezifischer Emotionen stellt sich hier dann nur insoweit, als dass diese soziologische Fragestellungen informieren können; etwa dann, wenn von den beforschten Teilnehmer:innen selbst bestimmte Phänomene als emotionale Phänomene spezifiziert und zum Fokus ihrer Praktiken gemacht werden. Dieser Teilnehemer:innenfokussierung gilt es dann im Forschungsprozess nachzuspüren, zum Beispiel, wenn therapeutische Praktiken zur methodisch angeleiteten Artikulation (und in Übertragungs-/Gegenübertragungskonstellationen auch Erzeugung) von Angstzuständen rekonstruiert werden (Streeck 2012), oder die Rolle von *care*-Arbeit in technisierten Forschungsfeldern fokussiert und artikuliert wird (Kocksch et al. 2018). Ebenfalls können die Teilnehmer:innenvorstellungen zu Emotionen und Gefühlen allgemein zum Gegenstand der Untersuchung werden: Dann ließe sich beispielsweise danach fragen, wann und wie Emotionalität von Teilnehmer:innen als eine *in situ* unhintergehbare Rechtfertigungsordnung essenzialisiert wird (Imdorf 2010; Silber 2011).

2 Affektivität des Sozialen

Mit der Affektivität des Sozialen kommen wir nun zu einem Theoriediskurs, der sich vor allem an poststrukturalistischen Kulturtheorien orientiert. Diese Orientierung bedingt eine grundlegende Skepsis gegenüber theoretischen Setzungen unumstößlicher Eigentlichkeiten, insbesondere gegenüber Vorstellungen individueller Autonomie einerseits wie auch struktureller Determiniertheiten andererseits. Affekttheoretisch wird sich dann insbesondere kritisch gegenüber Vorstellungen von subjektiver Einholbarkeit des Gefühlslebens im Speziellen und Körperlichkeit im Allgemeinen gewendet, indem diese nicht nur als diffus und unbestimmt, sondern auch als öffentlich beziehungsweise die Unterscheidung von privat und öffentlich unterlaufend behandelt wird. Zwei Aufsätze von 1995 – „Shame in the Cybernetic Fold" von Eve Kosofsky Sedgwick und Adam Frank, sowie „The Autonomy of Affect" von Brian Massumi – können hier als Startschuss gelten. Beide Aufsätze prägen weiterhin die Diskussion und werden für grundlegende diskursive Einordnungen herangezogen. Gemeinsam ist ihnen, dass sie sich über *affect* von einer aus ihrer Sicht übersteigerten Ausweitung kognitivistischer Episteme kritisch absetzen möchten: Es sei verfehlt, nach der „Rationalität" von Emotionen und Gefühlen zu fragen, da diese ihrer ganz eigenen Logik unterliegen, welche sich einer analytischen Erfassung entzieht. Das hieße aus dieser Perspektive auch, dass die obigen Fragen nach den „Eigenschaften", den „Funktionen", der „Gerichtetheit", der „Unterscheidung" etc. von Emotionen und als Folge eines kategorischen Fehlschlusses zu behandeln wären. Sie stellen damit also in ihrer konzeptionellen Anlage „Affekt" und „Kognition" zunächst einander gegenüber.

Die Überlegungen Sedgwicks und Massumis haben sich als zwei unterschiedliche, gleichermaßen virulente Vorstellungen von *affect* im kultur- und sozialwissenschaftlichen Diskurs verdichtet und wurden im Zuge des *affective turn* etabliert (Clough & Halley 2007; Gregg & Seigworth 2010). Mit Sedgwicks Rezeption von Silvan Tomkins[8] (Sedgwick & Frank 1995) wurde ein Verständnis von *affect* im Sinne von „den Affekten" popularisiert, welches heuristisch Affekte als eigene Quasi-Entitäten konzipiert, die uns und unser Weltverhältnis formieren. In ihrer relativen Abgeschlossenheit stehen sie nahe am Begriff der Emotion im engeren Sinne; diese werden aber von Sedgwick und Frank als tendenziell zu privat, zu individuell und zu rational konzipiert verstanden (vgl. Sedgwick & Frank 1995: 515–517). Es geht ihnen weniger um ein Hochhalten der von Tomkins vorgeschlagene biologische Determiniertheit von acht bis neun Affekten, sondern primär darum, die aus

8 Tomkins ging von acht bis neun Basisaffekten aus: „shame, along with interest, surprise, joy, anger, fear, distress, disgust, and in his later writing contempt" (Sedgwick & Frank 1995: 500).

ihrer Sicht vernachlässigte körperlich-affektive Seite soziokulturellen Lebens wieder in den Vordergrund zu rücken (vgl. Martinussen & Wetherell 2019). Die Annahme der soziokulturellen Wirkmächtigkeit und Eingebundenheit diskreter Affekte dient dann insbesondere als Heuristik, um sie in den verschiedensten Kontexten aufzuspüren und sie affektzentriert neu zu beschreiben (vgl. bspw. das fokussierte Nachzeichnen von „geographies of love" in Morrison et al. 2012) – ganz ähnlich also, wie wir es auch bei der Emotionssoziologie gesehen haben, zum Beispiel im Untersuchungsfokus auf Scham.[9]

Der zweite zentrale Strang der Affect Studies beruft sich auf den Text „The Autonomy of Affect" von Brian Massumi (1995).[10] *Affect* wird unter diesem Diktum weitaus abstrakter verstanden als „capacity of bodies to affect and be affected" (Gregg & Seigworth 2010: 77). Die Gleichzeitigkeit von Aktivität (*to affect*) und Passivität (*to be affected*) wird besonders hervorgehoben. Im Deutschen lässt sich diese Gleichzeitigkeit zum Beispiel mit dem Begriff „Affektivität" einholen, womit sich konkrete Affizierungen wie auch Affizierbarkeit als Vermögen oder Potenz konzeptionell fassen lassen.[11] Affektivität wird dezidiert prozessual verstanden und soll gegenüber konkreten Phänomenen wie Gefühlen und Emotionen eine allgemeinere Kategorie bilden: Es geht also zunächst nicht um spezifische „Affekte", sondern um das „Dazwischen" fortlaufender und wechselseitiger Verkörperungsprozesse insgesamt. Phänomene, die gemeinhin als diskret erachtet werden (etwa „die" Affekte im Sinne Tomkins' und uns als ihre Träger) würden aus diesem Dazwischen dann erst erwachsen.[12] Für Massumi sind diese affektiven Prozesse ihrer konzeptionellen

---

9 Paul Ekman ist nicht nur zentraler Vertreter der Vorstellung diskreter Basisemotionen, sondern auch Schüler Silvan Tomkins' gewesen, wobei Ekman im Vergleich eine „avoidance of theory and wholehearted commitment to strong empiricism" diagnostiziert wird (Frank & Wilson 2020: 22).

10 Zur philosophischen Einordnung Massumis und seiner Bezugspunkte Deleuze und Spinoza vgl. Slaby & Mühlhoff (2019).

11 Vgl. aber auch Seyfert (2019: 127 ff.), der, in Anlehnung an Foucaults Dispositiv (vgl. Foucault 1978), zum Ausdruck affektiver Möglichkeitsbedingung den Begriff des Affektifs vorschlägt als „Kontext und Milieu, die die Gesamtheit aller [an einer Begegnung] beteiligten Körper bilden und aus denen ein Affekt hervorgeht", um „Affekte, Gefühle und Emotionen konsequent relational [...] als emergente Beziehungen zu beschreiben" (Seyfert 2019: 129).

12 Mitunter empfinden Leser:innen die Denkfigur eines Sozialität fundierenden Dazwischen als kontraintuitiv. Für zwei sehr unterschiedliche grundsätzliche Theorieangebote zur Annäherung jenseits affekttheoretischer Besonderheiten vgl. zum einen Norbert Elias' (1981) einführende Bemerkungen zu seinem prozessualen Figurationsmodell von Gesellschaft. Elias betont hier die Notwendigkeit von „neueren und sachgerechteren Sprach- und Denkmitteln" für die Soziologie (Elias 1981: 15), um sich von einer verdinglichenden Alltagssprache (die zum Beispiel „die Gesellschaft" und „das Individuum" einander gegenüberstellt) abzugrenzen. Zum anderen vgl. die (post-)phänomenologischen Überlegungen des späten Maurice Merleau-Ponty (1986: 172–203), der

und reflexiven Einholung stets vorgelagert, primär und unabhängig. Affektivität bildet bei ihm eine eigene ontologische Schicht, die sich dem Zugriff rationalen Diskurses entzieht, und der sich methodisch nur kreativ-spekulativ genähert werden kann (vgl. Massumi 2011, 2015).

Kritiker:innen erachten Massumis autonomes Verständnis von Affektivität als stark voraussetzungsvoll, und die spekulative argumentative Basis als nicht überzeugend. Die Kritik reicht bis hin zum zugespitzten Vorwurf, Massumi führe in seiner Affekttheorie einen cartesianischen Dualismus durch die Hintertür wieder ein, der aus poststrukturalistischer Sicht untragbar ist (vgl. Leys 2011; Cromby & Willis 2016 sowie insbes. Wetherell 2012: 53–67): Die Befürchtung also, dass die auf Réne Descartes zurückgehende ontologische Trennung und Privilegierung des Geistes (res cogitans) über den Körper (res extensa) durch die Überbetonung affektiver Eigenständigkeit und Ursprünglichkeit gegenüber der Ratio nunmehr lediglich umgekehrt in den Diskurs platziert wird. Das Postulat einer Kognitionen kausal vorgeschalteten und autonomen, jenseits spekulativer Zugriffe unverfügbaren Ebene des *affect* stellt insofern ein Problem dar, als dass eine solche ontologische Trennung von materialistischen Philosophien (wie etwa des Marxismus), auf die sich auch Poststrukturalist:innen berufen, zugunsten eines ontologischen Monismus aufzuheben ist.[13] Ein solcher ontologischer Monismus ist aber nicht nur Emblem theoretischer Zugehörigkeit, sondern informiert auch grundlegende methodologische und epistemologische Einstellungen, auf die sich heutzutage weite Teile der Natur-, Sozial- und Geisteswissenschaften insgesamt stützen (vgl. Vielmetter 1999).

Trotz aller Kritik war Massumis prozessorientierte Perspektive auf Affektivität Anlass für intensive theoretische Weiterentwicklungen.[14] Insbesondere praxeologische Lesarten, die Affektivität als fortlaufenden und öffentlichen, im ethnometho-

---

hier sehr anschaulich die Reichhaltigkeit der Wahrnehmung als weder vom wahrnehmenden Subjekt noch vom wahrgenommenen Objekt ausgehend beschreibt. Er sieht sie vielmehr als aus dem „Fleisch der Welt" (Merleau-Ponty 1986: 188) erwachsend, aus dem sich Subjekt-Objekt-Relationen fortlaufend abheben. Aber auch schon der Begriff der „Wechselwirkung" bei Georg Simmel (s. u.) setzt die Soziologie auf ein solches relationales Gleis.

13 Einen ontologischen Monismus zu vertreten heißt zunächst, davon auszugehen, dass es nur eine Daseinsebene gibt. Im Falle des Materialismus bedeutet das also zum Beispiel, nicht die Existenz einer Ideenwelt (wie sie uns etwa bei Platon begegnet) jenseits, über oder vor der materiellen Sphäre zu postulieren.

14 Aus „Sedgwick-Sicht" ist hierbei problematisch, dass sich mit Massumi ein sehr unpersönliches Verständnis von Affekt eingehandelt wird, welches die Betroffenheitserfahrungen von Teilnemer:innen nicht einholen kann und sich nur bedingt für kritische und politische Auseinandersetzungen eignet (Frank & Wilson 2020: 5 f.). Sara Ahmeds relationale und Machtverhältnisse betonende *affective economies* (Ahmed 2004) können insofern durchaus als kritische Vermittlung zwischen beiden Positionen eingeordnet werden.

dologischen Sinne zurechenbaren (*accountable*)[15] Bestandteil sozialer Praktiken auffassen (Wetherell 2012), machen den *turn to affect* mit vergleichsweise wenig Aufwand für empirische Sozialforschungen fruchtbar (vgl. Schmidt & Wiesse 2019; Wiesse 2019, 2020). Anstelle eines spekulativen und kontemplativen Zugriffs auf die „Eigentlichkeit" des Affektiven wird hier untersucht, wie Teilnehmer:innen *in situ* untereinander körperliche Integrationsleistungen vollbringen (im Sinne eines *doing affecting/being affected*)[16] und sich reflexiv darauf beziehen, zum Beispiel in Praktiken der Herstellung und Bindung situationaler Aufmerksamkeiten (vgl. Nicolini & Korica 2021). Gleichwohl wird die konzeptionelle Offenheit dieses Verständnisses von Affektivität mit einer gewissen theoretischen Unschärfe erkauft, wenn Affektivität letztendlich als fortlaufendes konstitutives Problem situativer und praktischer Beteiligung gefasst wird (Wiesse 2020: 146). Die Frage, was unter Affektivität genauer zu fassen ist, wird mit dem Hinweis darauf unbeantwortet gelassen, dass es auf die jeweiligen beforschten Praxiskonstellationen ankommt, wie sie das Problem körperlicher Integration jeweils fassen und lösen.[17] An dieser gewollten theoretischen Unterbestimmtheit von Affektivität gilt es aber nicht stehen zu bleiben. Affektsoziologisch gilt vielmehr, und unter ausdrücklichem Einbezug der Ergebnisse empirischer Untersuchungen, auch die Entwicklung schärfer konturierter Konzepte (vgl. von Scheve 2017) und methodischer Innovationen voranzutreiben, nachzuverfolgen und wieder in der empirischen Praxis zu erproben.

---

15 Unter *accountable* versteht die Ethnomethodologie „sichtbar-rational-und-praktisch-mitteilbar" (Garfinkel 2020: 27). Das bedeutet nicht nur die Performanz von etwas („praktisch-mitteilbar"), sondern auch als prinzipiell wiederholbarer allgemeiner („sichtbar-rationaler") Fall von etwas (vgl. Garfinkel 2002: 101): Dass also beispielsweise Praktiken der Erzeugung von Aufmerksamkeit immer auch *als* Praktiken der Erzeugung von Aufmerksamkeit aufgeführt werden, um von kompetenten Teilnehmer:innen als solche praktisch erkannt zu werden und so überhaupt erst Aufmerksamkeit erzeugen zu können.

16 Da es sich aus praxeologischer Sicht dabei um kulturell gewachsene Praktiken handelt, die nicht ohne Weiteres vorausgesetzt werden können, gehört dazu dann insbesondere auch ein „learning to be affected" (Latour 2004).

17 So stellt Affektivität einen Boxclub (vgl. Wacquant 2017) vor ganz bestimmten Problemkonstellationen, was beispielsweise die Verletzungsgefahr der beteiligten Körper angeht, während Praktiken der Online-Affektivität insbesondere Herausforderungen zur fortlaufenden Beteiligung und körperlichen Integration überhaupt beschäftigt, zum Beispiel, wenn bei einem Zoom-Call die „tatsächliche" Teilnahme für die Teilnehmer:innen untereinander nachvollziehbar gemacht werden soll, indem sie gebeten werden, die Kamera einzuschalten.

3 Soziologie des Sinnlichen

Die Affect Studies fordern die (Emotions-) Soziologie nicht nur dazu heraus, den Begriff des Subjekts zu hinterfragen, sie fordern auch dazu heraus, die Körperlichkeit des Sozialen auf eine neue Art zu beschreiben. Dabei rücken die Affect Studies menschliche Körperlichkeit in zwei Punkten noch einmal anders in den Blick, als im Zuge des *body turns* ohnehin schon geschehen. Sie fordern in sehr radikaler Weise dazu auf, nicht nur das emotionale Empfinden, sondern auch die physische Präsenz der beteiligten Körper, einschließlich dem der Forscher:innen in ihrer materiellen Umgebung zu fokussieren. Gegen den mitunter sehr abstrakten und unpersönlichen Einschlag insbesondere des Massumi-Stranges der Affekttheorie werden zudem die Relevanz von Forscher:innensensibilität und affektive Erfahrungsqualitäten (zum Beispiel als „affective atmosphere", vgl. Anderson 2009) neu und besonders betont. Vor diesem Hintergrund einer gesteigerten Relevanz von Sinnen und Sinnlichkeit durch affekttheoretische Impulse wollen wir im Folgenden das Verhältnis von Affect Studies, Emotionssoziologie und Soziologie der Sinne erörtern.

Der Startpunkt der Soziologie der Sinne ist Simmels „Exkurs zur Soziologie der Sinne". Ausganspunkt des Exkurses ist eine auch heute noch zentrale Beobachtung Simmels: Die Sinne sind eine unhintergehbare Voraussetzung des Sozialen. Dabei zeichnet die Sinne laut Simmel eine doppelte Wirkungsweise aus. „In das Subjekt hineinwirkend" (Simmel 2013: 722) lösen sie schon als vor-sinnhafte (das heißt sinnliche) Stimuli einen subjektiven Gefühlswert aus. Andererseits führen sie vom Subjekt zum Objekt hinaus, insofern sie eine Anschauung oder Erkenntnis des Gegenstandes und sozialen Anderen ermöglichen. Sinneswahrnehmung ist bei Simmel also immer schon als eine Verknüpfung von emotionalen und kognitiven Gehalten angelegt. Zentral ist für Simmel die Frage, wie die Sinne als eine anthropologische Ausstattung basale Formen sozialer Wechselwirkung prägen (Simmel 2013: 728). Theoretisch betrachtet ist für die Soziologie der Sinne die begriffliche Unterscheidung von Sinnen einerseits, aber auch die Frage nach dem Zusammenspiel der Sinne andererseits konstitutiv. Anhand der Unterscheidung von Sinnesmodalitäten baut Simmel den Kern der Beobachtungen im „Exkurs zur Soziologie der Sinne" auf. Dieser Kern besteht in einer Skizze der Sinne entlang ihrer Leistungsdifferenzen zur Stiftung sozialer Wechselwirkung. Dabei hierarchisiert Simmel die Sinne hinsichtlich ihrer sozialen Relevanz. Von herausragender soziologischer Bedeutung ist dabei für Simmel der Sehsinn, sodass das Einander-Anblicken als „Reinform" sozialer Wechselwirkung, also gewissermaßen wie ein Modellfall des sozialen Kontakts beschrieben wird (Stäheli 2014). Er erfüllt alle fünf für Simmels Vergleich der Sinne entscheidenden Kriterien der Reziprozität, Intentionalität, Kontrollierbarkeit, Zeitlichkeit und Abstraktionsfähigkeit (Stäheli 2018: 528).

Kontrollierbar erscheint das Sehen ihm, weil man es klarer ausrichten kann als zum Beispiel das Hören. Abstraktionsfördernd ist der Sehsinn für Simmel, weil er eine klare Unterscheidung von Schauenden und Angeschauten stifte, während zum Beispiel der Geruchssinn diese Unterscheidung eher aufweicht, da das Gerochene ja in gewisser Weise in Nase und Körper eindringt. Und in zeitlicher Hinsicht maximal intensiv sei die Wechselwirkung zwischen sich Ansehenden durch die dort gestiftete Gleichzeitigkeit. Schon das Gespräch verlangt dagegen einen Wechsel von Sprecher und Hörer.

Simmels anspruchsvolle Beschreibung der Leistungsdifferenzen der Sinne für soziale Wechselwirkung liefert gewissermaßen einen Ausblick in die Vergangenheit auf das, was die Soziologie der Sinne theoretisch leisten kann. Andererseits hat sie einen Nachteil: Entworfen wird die Soziologie der Sinne hier als eine Form der Untersuchung, die stark auf anthropologische Setzungen rekurriert, und sie konzipiert ihren Phänomenbereich mehr als bereits durchdrungen denn als erst noch empirisch zu erforschen. Und jedenfalls hat es dann auch fast hundert Jahre gedauert, bis eine nennenswerte Soziologie der Sinne an Fahrt aufgenommen hat. Voraus ging dieser Entwicklung ein *sensorial turn* (Howes 2021) in den Kulturwissenschaften Anfang der neunziger Jahre. Wichtigste Hintergrundbedingung für dieses neuerliche Interesse an den Sinnen war die Kritik am *linguistic turn* und seiner Körpervergessenheit. Gegenüber dem Exkurs bei Simmel liefern Ansätze der Sensory Studies und die zeitlich etwas nachziehende Soziologie der Sinne dann aber vor allem empirische Fallstudien und theoretische Problemaufrisse, die die Sinne programmatisch als erst noch zu beschreibende Phänomene entwerfen.[18] Gegenüber Simmel wird dabei in den Sensory Studies ein starker Fokus auf die kulturelle Kontingenz spezifischer Formen von Sinneswahrnehmung und die kulturellen Praktiken ihrer Formung gelegt. Im Zentrum steht nun hier, wie auch zum Beispiel in praxeologischen Perspektiven in der Soziologie der Sinne, die Frage, wie Gesellschaft Sinne etwa in Praktiken „mobilisiert“ und „formt“ (vgl. Reckwitz 2015).

Eine konstitutive Kontrastfigur der Sensory Studies und gleichsam ein Gestus der Wieder-Versinnlichung der „sinnesvergessenen“ Moderne (Reckwitz 2015) in den Kulturwissenschaften ist die Kritik am sogenannten Visualismus der Moderne (vgl. auch Racleș, Kapitel 21). Ein visualistischer Bias findet sich so zum Beispiel auch schon in Simmels hierarchisierender Darstellung der Leistungsdifferenzen

18 Simmels Exkurs lädt nämlich zu dem Missverständnis ein, das alles Wesentliche zum Thema dort schon beschrieben sei. Simmel selbst erweckt mit seiner souveränen Schreibe und dem systematischen Aufbau des Textes durchaus auch diesen Eindruck, andererseits finden sich im Exkurs, wie ja auch in der „Großen Soziologie“ insgesamt, Formulierungen, in denen Simmel seine Arbeit als avantgardistisch und unabgeschlossen modalisiert.

der Sinne mit dem Auge an der Spitze der Leistungsfähigkeit (vgl. Stäheli 2018). In ideengeschichtlichen und historischen Arbeiten ist dabei eine kulturspezifische Hierarchisierung der Sinne herausgearbeitet worden. Der Sehsinn wird in der westlichen Moderne demnach als objektivster Sinn angesehen; demgegenüber würden Hör-, Riech- und Tastsinn abgewertet (Synnott 1993). Grundsätzlich scheint zu gelten, dass die „niederen Sinne“ (Riechen, Tasten, Schmecken) eher als präreflexive Sinnesempfindungen verstanden werden, Hören und Sehen dagegen stärker als kulturell organisiert und gerahmt wahrgenommen und interpretiert werden. Dabei erweist sich diese Priorisierung des Sehens im historischen wie im ethnologischen Vergleich als äußerst kontingent. Gegen diese Dominanz des Sehsinns werden dann sowohl Dekonstruktionen der Objektivität dieser Modalität (vgl. Prinz 2014) als auch Suchbewegungen zu unterschätzten Relevanzen anderer Sinnesmodalitäten in Gang gesetzt (Raab 2001). Der soziologische Einsatz gegenüber den Sensory Studies scheint dabei vielfach darin zu bestehen, die theoretisch unbefriedigende Zentralstellung der Unterscheidung der Sinne sozialtheoretisch zu relativieren. Um nur ein Beispiel zu nennen: Eisewicht et al. schlagen so etwa vor, die Rede vom „Visualismus“ der Moderne dem soziologischen Konzept des „Rationalismus“ unterzuordnen (Eisewicht et al. 2021: 7 f.).

Fragt man nun aus der Perspektive der Affect Studies nach Sinnen und Sinnlichkeit rückt ein solches grundlegendes sozialtheoretisches Problem in den Fokus. Die Frage lautet, wie der Beitrag der sensorischen-körperlichen Ausstattung als spezifisches Potenzial zur Affizierung in die prozessuale Entfaltung sozialer Affekte einzubeziehen ist. Simmels klassische Antwort auf den theoriesystematischen Ort der Sinne hatte auf deren situativitätskonstitutive Wirkung abgestellt (zum Beispiel etwa durch die wechselseitige sinnliche Wahrnehmung). Simmel hatte den Exkurs in seiner großen Soziologie in sein Kapitel über den „Raum und die räumliche Ordnung der Gesellschaft“ eingeordnet, weil er sich von ihr eine Möglichkeit zur Analyse der spezifischen sozialen Konstellation „räumlicher Nähe“ (heute vielleicht im Sinne von Anwesenheit) versprach (Simmel 2013: 722). Diese Idee, Raumsoziologie mit Fragen der Soziologie des Körpers und der Soziologie der Emotionen[19] zusammenzubringen, deutet Potenzial an, wie Affect Studies und Soziologie der Sinne verknüpft werden können: nämlich dort, wo sinnessoziologische Zugänge eingesetzt werden, um affektive Phänomene und Praktiken zu untersuchen, die auf das Verhältnis von Körper und Umwelt fokussieren. Für diesen Gegenstandsbereich ist in der Affekttheorie mitunter der Begriff *affective tonality* anzutreffen (Massumi 2011: 65). Speziell in der humangeografischen Ausprägung der Affect Studies wurde dar-

---

19 Siehe dazu auch den Verweis auf den „subjektiven Gefühlswert“ weiter oben, der für Simmel durch die sinnlichen Stimuli ausgelöst wird.

über hinaus das phänomenologische Konzept der Atmosphäre zur Untersuchung von Räumlichkeit rezipiert (Anderson 2009), das im deutschsprachigen Raum vor allem in phänomenologisch geprägten Diskursen anzutreffen ist (Rauh 2012). So lässt sich zum Beispiel die spezifisch hellhörig-lärmsensible Atmosphäre des Lesesaals als Ergebnis des Zusammenspiels sozialer, materieller und sinnlicher Aspekte beschreiben (vgl. Weigelin 2020).[20]

Eine andere Spur für einen Brückenschlag zwischen Soziologie der Sinne, Affect Studies und Emotionssoziologie besteht in der ähnlichen Konstruktion von methodischen Herausforderungen in beiden Debatten. Ein wichtiges Motiv in der Methodendebatte in den Sensory Studies (und der Soziologie der Sinne) deckt sich dabei mit der Forderung nach evokativen Methoden in den Affect Studies (vgl. auch Sauerborn & Albrecht, Kapitel 22). So fordert Stoller früh, prominent und äußerst typisch für die Sensory Studies ethnografische Zugänge unter Einsatz von „vivid descriptions“ und bringt die Dominanz von “dry, analytical prose” mit dem Visualismus der Wissenschaft zusammen (Stoller 1997: 8). Es lässt sich dann auch durchaus festhalten, dass Ethnografien in der Kulturanthropologie und der Soziologie der Sinne durchaus kreativ mit Einsätzen des Forscherkörpers jenseits des Sehens und Hörens von Sprache experimentiert haben (vgl. für einen Überblick Saerberg 2022). Aber auch der Umstieg von rein akustischen Tonaufnahmen zu audiovisuellen Daten in der Konversationsanalyse hat einen äußert produktiven Forschungsstrang zur Multimodalität der Interaktion hervorgebracht (Mondada 2019). Dieser multimodalen Konversationsanalyse mit ihrer hochtechnisierten Methodizität und umfassender methodisch-technologischer Befremdung geht dabei jedoch ein emphatischer Bezug auf den Körper als qualitatives Untersuchungsinstrument, wie von Stoller gefordert, mehr oder weniger vollständig ab, was konsequenterweise im Forschungs- und Darstellungsprozess mitzureflektieren ist. In der Soziologie der Sinne erweisen sich also durchaus vivid descriptions *und* technisch-trockene Zugänge als fruchtbar. Den „warmen“ Methoden einer lebendigen Ethnografie kommt dabei die Vorsprachlichkeit des Phänomens entgegen. Der „kühlen“ multimodalen Konversationsanalyse kommt unter anderem entgegen, dass auch Technik mit ganz verschiedenen Sensorien operieren kann.

Obwohl sich gewisse Ähnlichkeiten und empirische Kontaktzonen zwischen Sensory Studies und Soziologie der Sinne einerseits und Emotionssoziologie und Affect Studies andererseits gezeigt haben, werden die Forschungsfelder und Theorievokabulare unseres Wissens nach in der Soziologie kaum systematisch aufeinander

---

20 Vgl. für den Kontrastfall des lauten, interaktiv zentrierten und starke Kollektivemotionen auslösenden Fußballstadions Weigelin (2023).

bezogen.[21] Insbesondere die empirische Untersuchung von Atmosphären von ihrer sinnlichen Wahrnehmung aus, erscheint uns dabei jedoch als Feld, von dem aus sich ein Austausch zwischen den Ansätzen gut organisieren ließe. Aber auch Ansätze wie die leibesphänomenologische Idee der Interkorporalität, wie er in der multimodalen Konversationsanalyse diskutiert wird (vgl. Meyer et. al. 2017), könnte Verknüpfungen von emotionssoziologischen, sinnessoziologischen und Affect Studies stiften. Andererseits weisen die Affect Studies aber auch auf einen blinden Fleck der Soziologie der Sinne hin: Sie fragt nach dem Sensorium von Menschenkörpern, aber nimmt die Sensorien der Cyborgs (Haraway 1985) und der Technik kaum in den Blick.

4 Resümee

Die skizzierten soziologischen Auseinandersetzungen mit Emotion, Affekt und Sinnlichkeit eint die Kritik an rationalistischen Ansätzen. Sie heben hervor, dass vermeintlich Irrationales, Körperlich-Sinnhaftes, Primitives und Privates – die drängenden Herausbewegungen der Emotionen, die für sich stehenden, bedeutsamen Assoziationen der Gefühle, die sinnlichen Aspekte, die sich einer Fixierung im Medium Sinn entziehen, oder die grundsätzliche affektive „Bewegtheit" von Sozialität – weder Residualkategorien, wie es bei Max Webers Verständnis der „affektuellen Handlung" aufscheint (Weber 1980: 2; dazu kritisch z. B. von Scheve 2009; Kalberg 2022) noch ausschließlich spezielle Episoden wie die Durkheimsche „kollektive Efferveszenz" (Durkheim 2007: 319–331) des sozialen Lebens darstellen, sondern fortlaufend eine fundamentale und fundierende Rolle für soziale Phänomene und damit die Soziologie insgesamt besitzen. Sie teilen diese Kritik mit der Soziologie des Körpers, gehen aber insofern einen Schritt weiter, als dass sie die körperliche Innenseite gleichsam nach außen kehren, soziologisch zugänglich und öffentlich machen wollen. Die Affect Studies zeichnet dabei aus, diese Bewegung von Innen nach Außen zu radikalisieren und so die Vorstellung körperlicher Innen-/ Außendifferenzen als solcher einer Kritik zu unterziehen.

Ein wichtiger Unterschied zwischen den Ansätzen besteht mithin darin, wie im Anschluss an diese Kritik des Rationalismus das Subjekt konzipiert wird, was also gewissermaßen von ihm übrigbleibt, wenn seine Körper- und symbolischen Grenzen nicht mehr ohne weiteres als selbstverständlich vorausgesetzt werden können. Die Antwort fällt hier sehr unterschiedlich aus. Ansätze, die sich begriff-

21 Vgl. aber die geschichtswissenschaftliche Buchreihe „Elements in Histories of Emotions and the Senses" (Cambridge University Press) herausgegeben von Rob Boddice, Piroska Ngay und Mark Smith.

lich an Emotion und Gefühl orientieren, halten am Subjekt als heuristischem Orientierungspunkt für das Verstehen sozialen Handelns fest. Emotion und Gefühl legen bereits in ihrem Sprachgebrauch ein grammatisches Subjekt – ob materielles Ding oder abstrakte Entität – als Bezugspunkt nahe, dem sie als ihrem Träger zugeordnet werden. So wäre ein frei flottierendes Gefühl oder eine trägerlose Emotion nur schwierig vorstellbar.[22] Die starke Betonung der Prozesshaftigkeit des *affect* (was wir hier mit „Affektivität" übersetzt haben) versucht demgegenüber, einen unpersönlichen und subjektkritischen Standpunkt einzunehmen. Sie verfahren aus einer Perspektive, die daran festhält, dass der Unterscheidung zwischen Subjekt und Objekt wie auch Akteuren und ihren Emotionen ein begleitendes und fortlaufendes Affizieren und Affiziert-Werden vorausgeht. Die Soziologie der Sinne ist in diesem Kontext von Interesse, weil sie Körperlichkeit von der Affizierbarkeit der Sinne aus konzipiert und dabei – soweit man Simmel folgt – schon immer Kognition und Emotion verknüpft.

Auffällig ist allerdings, dass Emotions-, Affekt- und auch Sinnessoziologie trotz ihrer Überschneidungen tendenziell für sich stehen und aus unserer Sicht mehr ins Gespräch gebracht werden sollten. Wir stimmen daher abschließend Beyer (2023: 75) darin zu, dass hier insbesondere noch methodischer und methodologischer Diskussions- und Innovationsbedarf besteht, um die konzeptionellen Unterschiede der Forschungspraxis aussetzen zu können. Wir sehen hierfür Potenzial insbesondere in der Untersuchung digitaler und digitalisierter Forschungsfelder: Da soziale Interaktion hier unter anderen Bedingungen funktioniert als in klassischen Situationen (vgl. Knorr Cetina 2009; Seyfert 2023), werden ansonsten tendenziell hintergründige Dimensionen von Sozialität stärker in den Vordergrund gerückt und von Teilnehmer:innen noch intensiver reflexiv bearbeitet, zum Beispiel Herausforderungen im Emotionsausdruck mit Emojis (Döveling 2017), Affizierbarkeit und Personenstatus in der Interaktion mit Robotern (Tuncer et al. 2023), oder auch die Besonderheiten der Sinnesmodalitäten unter Virtual Reality-Bedingungen (Harley et al. 2018).

Vor dem Hintergrund der eingangs erwähnten Multiparadigmatizität unserer Disziplin – und dem *scope* der Argumentation eines Handbuchartikels – gilt freilich weiterhin, dass es den Leser:innen überlassen bleibt, inwieweit die von den besprochenen Ansätzen aufgeworfen Kritiken – an Rationalitätsvorstellungen, an der Relevanz des Körpers, oder am Festhalten von Innen-/Außen-Differenzen – auch für die eigenen Forschungsvorhaben aufzunehmen ist. Wir sind aber der Meinung, dass gerade auch innerhalb der jeweiligen Perspektiven der einzelnen

---

22 Dies erfolgt dann stattdessen zum Beispiel in den im obigen Abschnitt zur „Soziologie des Sinnlichen" angeschnittenen Ausdrücken der „Stimmung" oder „Atmosphäre". Eine detailliertere Auseinandersetzung hierzu würde den Rahmen dieses Artikels sprengen; vgl. aber Pfaller & Wiesse (2018).

Forschungsrichtungen von Affekt-, Emotions-, und Sinnessoziologien ein Blick über den Tellerrand neue Gegenstandsbezüge erschließen lässt und methodologische Anregungen liefert.

Literatur

Ahmed, Sara (2004). „Affective Economies“, in: *Social Text* 79 22(2), S. 117–139.

Anderson, Ben (2009). „Affective Atmospheres“, in: *Emotion, Space and Society* 2(2), S. 77–81.

Anicker, Fabian (2022a). „Wohin wenden nach den Turns? Eine wissenschaftssoziologische und forschungslogische Betrachtung am Beispiel des ‚Turns to Practice‘“, in: *Zeitschrift für Soziologie* 51(4), S. 350–364.

Anicker, Fabian (2022b). „William James: Die James/Lange-Theorie der Gefühle“, in: K. Senge/R. Schützeichel & V. Zink (Hrsg.), *Schlüsselwerke der Emotionssoziologie*. Wiesbaden: Springer VS, S. 311–318.

Bechara, Antoine & Damasio, Antonio R. (2005). „The Somatic Marker Hypothesis: A Neural Theory of Economic Decision“, in: *Games and Economic Behavior* 52(2), S. 336–372.

Becker, Jens & Gulyas, Jennifer (2012). „Armut und Scham – über die emotionale Verarbeitung sozialer Ungleichheit“, in: *Zeitschrift für Sozialreform* 58(1), S. 83–99.

Bergmann, Jörg (2006). „Qualitative Methoden in der Medienforschung – Einleitung und Rahmen“, in: R. Ayaß & J. Bergmann (Hrsg.), *Qualitative Methoden in der Medienforschung*. Reinbek bei Hamburg: Rowohlt, S. 13–41.

Beyer, Manuela (2023). „Von der Emotion zum Affekt und wieder zurück? Aktuelle Entwicklungen in der Emotionssoziologie“, in: *Soziologische Revue* 45(1), S. 61–76.

Clough, Patricia T. & Halley, Jean (Hrsg.) (2007). *The Affective Turn. Theorizing the Social*. Durham, NC: Duke University Press.

Collins, Randall (2004). *Interaction Ritual Chains*. Princeton: Princeton University Press.

Collins, Randall (2008). *Violence. A Micro-sociological Theory*. Princeton: Princeton University Press.

Cromby, John & Willis, Martin E. H. (2016). „Affect – or Feeling (after Leys)“, in: *Theory & Psychology* 26(4), S. 476–495.

Csordas, Thomas J. (1990). „Embodiment as a Paradigm for Anthropology“, in: *Ethos* 18(1), S. 5–47.

Döveling, Katrin (2017). „Bilder von Emotionen – Emotionen durch Bilder. Eine interdisziplinäre Perspektive“, in: K. Lobinger (Hrsg.), *Handbuch Visuelle Kommunikationsforschung*. Wiesbaden: Springer VS, S. 63–82.

Durkheim, Émile (2007). *Die elementaren Formen des religiösen Lebens*. Berlin: Verlag der Weltreligionen.

Eisewicht, Paul/Hitzler, Ronald & Schäfer, Lisa (2021). „Horizonterweiterung oder neue Scheuklappen? Zum Sensorial Turn in den Sozialwissenschaften“, in: P. Eisewicht/R. Hitzler & L. Schäfer (Hrsg.), *Der soziale Sinn der Sinne: Die Rekonstruktion sensorischer Aspekte von Wissensbeständen*. Wiesbaden: Springer VS, S. 3–17.

Ekman, Paul (1999). „Basic Emotions“, in: T. Dalgleish & M. Power (Hrsg.), *Handbook of Cognition and Emotion*. Sussex: Wiley & Sons, S. 45–60.

Elias, Norbert (1981). *Was ist Soziologie?* Weinheim: Juventa.

Feldman Barrett, Lisa (2006). „Solving the Emotion Paradox: Categorization and the Experience of Emotion“, in: *Personality and Social Psychology Review* 10(1), S. 20–46.

Földényi, László F. (2004). *Melancholie*. Berlin: Matthes & Seitz.

Foucault, Michel (1978). *Dispositive der Macht. Über Sexualität, Wissen und Wahrheit*. Berlin: Merve.

Frank, Adam & Wilson, Elizabeth A. (2020). *A Silvan Tomkins Handbook. Foundations for Affect Theory*. Minneapolis: University of Minnesota Press.

Freud, Sigmund (1930). *Das Unbehagen in der Kultur*. Wien: Internationaler Psychoanalytischer Verlag.

Freud, Sigmund (1991). *Vorlesungen zur Einführung in die Psychoanalyse*. Frankfurt am Main: Fischer.

Garfinkel, Harold (1963). „A Conception of, and Experiments with, 'Trust' as a Condition of Stable Concerted Actions", in: O. J. Harvey (Hrsg.), *Motivation and Social Interaction: Cognitive Approaches*. New York: Ronald Press, S. 187–238.

Garfinkel, Harold (2002). *Ethnomethodology's Program. Working out Durkheim's Aphorism*. Lanham: Rowan & Littlefield.

Garfinkel, Harold (2020). *Studien zur Ethnomethodologie*. Frankfurt am Main: Campus.

Goffman, Erving (1956). „Embarassment and Social Organization", in: *American Journal of Sociology* 62(3), S. 264–271.

Goodwin, Marjorie H. & Goodwin, Charles (2001). „Emotion within Situated Activity", in: A. Duranti (Hrsg.), *Linguistic Anthropology: A Reader*. Oxford: Blackwell, S. 239–257.

Goodwin, Marjorie H. (2006). *The Hidden Life of Girls: Games of Stance, Status and Exclusion*. Oxford: Blackwell.

Gregg, Melissa & Seigworth, Gregory J. (Hrsg.) (2010). *The Affect Theory Reader*. Durham: Duke University Press.

Gugutzer, Robert (Hrsg.) (2006). *Body Turn. Perspektiven der Soziologie des Körpers und des Sports*. Bielefeld: transcript.

Haraway, Donna (1985). „A Manifesto for Cyborgs: Science, Technology and Socialist Feminism in the 1980s", in: *Socialist Review* 80, S. 65–108.

Harley, Daniel/Verni, Alexander/Willis, Mackenzie/Ng, Ashley/Bozzo, Lucas & Mazalek, Ali (2018). „Sensory VR: Smelling, Touching, and Eating Virtual Reality", in: *Proceedings of the Twelfth International Conference on Tangible, Embedded, and Embodied Interaction*, S. 386–397.

Hirschauer, Stefan (2001). „Ethnografisches Schreiben und die Schweigsamkeit des Sozialen", in: *Zeitschrift für Soziologie* 30(6), S. 429–451.

Hirschauer, Stefan (2008). „Die Empiriegeladenheit von Theorien und der Erfindungsreichtum der Praxis", in: S. Hirschauer/H. Kalthoff & G. Lindemann (Hrsg.), *Theoretische Empirie. Zur Relevanz qualitativer Forschung*. Berlin: Suhrkamp, S. 169–187.

Hochschild, Arlie R. (1979). „Emotion Work, Feeling Rules, and Social Structure", in: *American Journal of Sociology* 85(3), S. 551–575.

Hochschild, Arlie R. (2006). *Das gekaufte Herz. Die Kommerzialisierung der Gefühle*. Frankfurt am Main: Campus.

Howes, David (Hrsg.) (2021). *Empire of the Senses: The Sensual Culture Reader*. London: Routledge.

Illouz, Eva (2003). *Der Konsum der Romantik. Liebe und die kulturellen Widersprüche des Kapitalismus*. Frankfurt am Main: Campus.

Illouz, Eva (2006). *Gefühle in Zeiten des Kapitalismus*. Adorno-Vorlesungen 2004. Frankfurt am Main: Suhrkamp.

Illouz, Eva (2009). *Die Errettung der modernen Seele. Therapien, Gefühle und die Kultur der Selbsthilfe*. Frankfurt am Main: Suhrkamp.

Imdorf, Christian (2010). „Emotions in the Hiring Procedure: How 'Gut Feelings' Rationalize Personnel Selection Decisions", in: B. Sieben & Å. Wettergren (Hrsg.), *Emotionalizing Organizations and Organizing Emotions*. London: Palgrave Macmillan, S. 84–105.

James, William (1884). „What is an Emotion?", in: *Mind* 9(34), S. 188–205.

Joas, Hans & Knöbl, Wolfgang (2011). *Sozialtheorie. Zwanzig einführende Vorlesungen*. Aktualisierte Ausgabe. Berlin: Suhrkamp.

Kalberg, Stephen (2022). „Max Weber: Wirtschaft und Gesellschaft/Die protestantische Ethik und der Geist des Kapitalismus" in: K. Senge/R. Schützeichel & V. Zink (Hrsg.), *Schlüsselwerke der Emotionssoziologie*. Wiesbaden: Springer VS, S. 613–624

Katz, Jack (1999). *How Emotions Work*. Chicago: University of Chicago Press.

Knoblauch, Hubert & Herbrik, Regine (2022). „Erving Goffman: Social Embarassment and Social Organization", in: K. Senge/R. Schützeichel & V. Zink (Hrsg.), *Schlüsselwerke der Emotionssoziologie*. Wiesbaden: Springer VS, S. 209–214.

Knorr Cetina, Karin (2009). „The Synthetic Situation: Interactionism for a Global World", in: *Symbolic Interaction* 32(1), S. 61–87.

Kocksch, Laura/Korn, Matthias/Poller, Andreas & Wagenknecht, Susann (2018). „Caring for IT Security: Accountabilities, Moralities, and Oscillations in IT Security Practices", in: *Proceedings of the ACM on Human-Computer Interaction* 2(CSCW), Art. 92, S. 1–20.

Latour, Bruno (2004). „How to Talk About the Body? The Normative Dimension of Science Studies", in: *Body & Society* 10(2–3), S. 205–229.

Leys, Ruth (2011). „The Turn to Affect: A Critique", in: *Critical Inquiry* 37(3), S. 434–472.

Martinussen, Maree & Wetherell, Margaret (2019). „Affect, Practice and Contingency: Critical Discursive Psychology and Eve Kosofsky Sedgwick", in: *Subjectivity* 12, S. 101–116.

Massumi, Brian (1995). „The Autonomy of Affect", in: *Cultural Critique* 31, S. 83–109.

Massumi, Brian (2011). *Semblance and Event. Activist Philosophy and the Occurent Arts*. Cambridge: MIT Press.

Massumi, Brian (2015). *The Power at the End of the Economy*. Durham: Duke University Press.

Mauss, Marcel (2012). „Der obligatorische Ausdruck von Gefühlen (australische orale Bestattungsrituale)", in: M. Mauss, *Schriften zur Religionssoziologie*. Berlin: Suhrkamp, S. 605–614.

McStay, Andrew (2020). „Emotional AI, Soft Biometrics and the Surveillance of Emotional Life: An Unusual Consensus on Privacy", in: *Big Data & Society* 7(1), https://doi.org/10.1177/2053951720904386.

Merleau-Ponty, Maurice (1986). *Das Sichtbare und das Unsichtbare*. München: Fink.

Meyer, Christian/Streeck, Jürgen & Jordan, J. Scott (2017). *Intercorporeality: Emerging Socialities in Interaction*. Oxford University Press.

Mondada, Lorenza (2019). „Contemporary Issues in Conversation Analysis: Embodiment and Materiality, Multimodality and Multisensoriality in Social Interaction", in: *Journal of Pragmatics* 145, S. 47–62.

Morrison, Carey-Ann/Johnston, Lynda & Longhurst, Robin (2012). „Critical Geographies of Love as Spatial, Relational and Political", in: *Progress in Human Geography* 37(4), S. 505–521.

Nicolini, Davide & Korica, Maja (2021). „Attentional Engagement as Practice: A Study of the Attentional Infrastructure of Healthcare Chief Executive Officers", in: *Organization Sciences* 32(5), S. 1273–1299.

Pfaller, Larissa & Wiesse, Basil (Hrsg.) (2018). *Stimmungen und Atmosphären. Zur Affektivität des Sozialen*. Wiesbaden: Springer VS.

Pixley, Joceyln (2004). *Emotions in Finance: Distrust and Uncertainty in Global Market*. Cambridge: Cambridge University Press.

Prinz, Sophia (2014). *Die Praxis des Sehens: Über das Zusammenspiel von Körpern, Artefakten und visueller Ordnung*. Bielefeld: transcript.

Raab, Jürgen (2001). *Soziologie des Geruchs. Über die soziale Konstruktion olfaktorischer Wahrnehmungen*. Konstanz: UVK

Ratcliffe, Matthew (2008). *Feelings of Being. Phenomenology, Psychiatry and the Sense of Reality*. Oxford: Oxford University Press.

Rauh, Andreas (2012). *Die besondere Atmosphäre. Ästhetische Feldforschungen*. Bielefeld: transcript.

Rawls, Anne W. & David, Gary (2006). „Accountably Other: Trust, Reciprocity and Exclusion in a Context of Situated Practice", in: *Human Studies* 28, S. 469–497.

Rawls, Anne W. (2009). „An Essay on Two Conceptions of Social Order: Constitutive Orders of Action, Objects and Identities vs Aggregated Orders of Individual Action", in: *Journal of Classical Sociology* 9(4), S. 500–520.

Reckwitz, Andreas (2015). „Sinne und Praktiken", in: K. Göbel & S. Prinz (Hrsg.), *Die Sinnlichkeit des Sozialen*. Bielefeld: transcript, S. 441–456.

Saerberg, Siegfried (2022). „Sensorische Ethnographie", in: A. Poferl & N. Schröer (Hrsg.), *Handbuch Soziologische Ethnographie*. Wiesbaden: Springer VS, S. 551–561

Sauerborn, Elgen (2019). *Gefühl, Geschlecht und Macht*. Frankfurt am Main: Campus.

Schachter, Stanley & Singer, Jerome (1962). „Cognitive, Social and Physiological Determinants of Emotional State", in: *Psychological Review* 69(5), S. 379–399.

Scheff, Thomas (2002) „Shame and the Social Bond: A Sociological Theory", in: *Sociological Theory* 18(1), S. 84–99.

Scheff, Thomas (2006). *Goffman Unbound! A New Paradigm for Social Science*. Boulder: Paradigm.

Schmidt, Robert & Volbers, Jörg (2011). „Öffentlichkeit als methodologisches Prinzip. Zur Tragweite einer praxistheoretischen Grundannahme", in: *Zeitschrift für Soziologie* 40(1), S. 24–41.

Schmidt, Robert (2012). *Soziologie der Praktiken. Konzeptionelle Studien und empirische Analysen*. Berlin: Suhrkamp.

Schmidt, Robert & Wiesse, Basil (2019). „Online-Teilnehmer*innenvideo – ein neuer Datentyp für die interpretative Sozialforschung?", in: *Forum Qualitative Sozialforschung* 20(2), https://doi.org/10.17169/fqs-20.2.3187.

Schützeichel, Rainer (2015). „The Background of Moods and Atmospheres. Sociological Observations", in: F. Adloff/K. Gerund & D. Kaldewey (Hrsg.), *Revealing Tacit Knowledge*. Bielefeld: transcript, S. 61–85.

Sedgwick, Eve K. & Frank, Adam (1995). „Shame in the Cybernetic Fold. Reading Silvan Tomkins", in: *Critical Inquiry* 21(2), S. 496–522.

Seyfert, Robert (2019). *Beziehungsweisen. Elemente einer relationalen Soziologie*. Weilerswist: Velbrück Wissenschaft.

Seyfert, Robert (2023). „Die Theorie algorithmischer Sozialität (TaS)", in: Österreichische Zeitschrift für Soziologie, https://doi.org/10.1007/s11614-023-00535-1.

Sharrock, Wes (1999). „The Omnipotence of the Actor: Erving Goffman on the ‚definition of the situation'", in: G. Smith (Hrsg.), *Goffman and Social Organization. Studies of a Sociological Legacy*. London: Routledge, S. 119–137.

Shott, Susan (1979). „Emotion and Social Life: A Symbolic Interactionist Analysis", in: *The American Journal of Sociology* 84(6), S. 1317–1334.

Silber, Ilana F. (2011). „Emotions as Regime of Justification? The Case of Civic Anger", in: *European Journal of Social Theory* 14(3), S. 301–320.

Simmel, Georg (2013). *Soziologie. Untersuchungen über die Formen der Vergesellschaftung*. Berlin: Duncker & Humboldt.

Slaby, Jan/Stephan, Achim/Walter, Henrik & Walter, Sven (Hrsg.) (2011). *Affektive Intentionalität. Beiträge zur welterschließenden Funktion der menschlichen Gefühle*. Paderborn: mentis.

Slaby, Jan & Mühlhoff, Rainer (2019). „Affect“, in: J. Slaby & C. von Scheve (Hrsg.), *Affective Societies. Key Concepts*. London: Routledge, S. 27–41.

Slaby, Jan/Mühlhoff, Rainer & Wüschner, Philipp (2019). „Affective Arrangements“, in: *Emotion Review* 11(1), S. 3–12.

Stäheli, Urs (2014). „Materialität der Sinne. Simmel und der ‚New Materialism‘“, in: H. Tyrell/O. Rammstedt & I. Meyer (Hrsg.), *Georg Simmels große „Soziologie“: Eine kritische Sichtung nach hundert Jahren*. Bielefeld: transcript, S. 259–274.

Stäheli, Urs (2018). „Soziologie der Sinne“, in: H.-P. Müller & T. Reitz (Hrsg.), *Simmel-Handbuch: Begriffe, Hauptwerke, Aktualität*. Berlin: Suhrkamp, S. 526–530.

Stoller, Paul (1997). *Sensuous Scholarship*. Philadelphia: University of Pennsylvania Press.

Streeck, Jürgen (2012). „Nachhaltige Angst“, in: R. Ayaß & C. Meyer (Hrsg.), *Sozialität in Slow Motion. Theoretische und empirische Perspektiven. Festschrift für Jörg Bergmann*. Wiesbaden: Springer VS, S. 447–462.

Synnott, Anthony (1993). *The Body Social*. New York: Routledge.

Tuncer, Sylvaine/Licoppe, Christian/Luff, Paul & Heath, Christian (2023). „Recipient Design in Human-Robot Interaction: The Emergent Assessment of a Robot's Competence“, in: *AI & Society*, https://doi.org/10.1007/s00146-022-01608-7.

Vielmetter, Georg (1999). „Postempiristische Philosophie der Sozialwissenschaften. Eine Positionsbestimmung“, in: A. Reckwitz & H. Sievert (Hrsg.), *Interpretation, Konstruktion, Kultur. Ein Paradigmenwechsel in den Sozialwissenschaften*. Opladen: Westdeutscher Verlag, S. 50–66.

Von Scheve, Christian (2009). *Emotionen und soziale Strukturen. Die affektiven Grundlagen sozialer Ordnung*. Frankfurt am Main: Campus.

Von Scheve, Christian (2017). „A Social Relational Account of Affect“, in: *European Journal of Social Theory* 21(1), S. 39–59.

Von Scheve, Christian & Berg, Anna L. (2018). „Affekt als analytische Kategorie der Sozialforschung“, in: L. Pfaller & B. Wiesse (Hrsg.), *Stimmungen und Atmosphären. Zur Affektivität des Sozialen*. Wiesbaden: Springer VS, S. 27–52.

Wakefield, Jerome C. (1992). „Freud and the Intentionality of Affect“, in: *Psychoanalytic Psychology* 9(1), S. 1–23.

Weber, Max (1980). *Wirtschaft und Gesellschaft. Grundriß der verstehenden Soziologie*. Tübingen: Mohr.

Weigelin, Max (2020). „Vom Schweigen zur Stille. Überlegungen zum Verhältnis kommunikativer und sinnlicher Wechselwirkung“, in: J. Reichertz (Hrsg.), *Grenzen der Kommunikation–Kommunikation an den Grenzen*. Weilerswist: Velbrück Wissenschaft, S. 103–117.

Weigelin, Max (2023). „Raunen, Singen, Jubeln: Sinnessoziologische Sondierungen im Fußballstadion“, in: *Soziopolis: Gesellschaft beobachten*, https://nbn-resolving.org/urn:nbn:de:0168-ssoar-86124-7.

Wetherell, Margaret (2012). *Affect and Emotion. A New Social Science Understanding*. London: Sage.

Wetherell, Margaret (2013). „Affect and Discourse – What's the Problem? From Affect as Excess to Affective/Discursive Practice“, in: *Subjectivity* 6(4), S. 349–368.

Wiesse, Basil (2019). „Affective Practice“, in: J. Slaby & C. von Scheve (Hrsg.), *Affective Societies. Key Concepts*. New York: Routledge, S. 131–139.

Wiesse, Basil (2020). *Situation und Affekt*. Weilerswist: Velbrück Wissenschaft.

Christian von Scheve

4 Soziologische Perspektiven auf Emotionen

1 Einleitung

Grundsätzlich lassen sich verschiedene Möglichkeiten der Systematisierung unterschiedlicher analytischer Perspektiven der Emotionssoziologie finden. Dazu zählen zum Beispiel solche, die sich an konkreten Forschungsprogrammen wie einer strukturalistischen (Kemper 1978) oder interaktionistischen (Collins 2004a) Emotionsforschung orientieren; jene, die sich auf die mit Emotionen verbundenen sozialen Gegenstände konzentrieren, beispielsweise Erwerbsarbeit (Hochschild 1983) oder soziale Bewegungen (Jasper 2011). Auch methodische oder begriffliche Zugänge sind denkbar, ebenso wie eine Systematisierung anhand von größeren theoretischen Paradigmen der Soziologie, etwa im Sinne der Sozial- oder Gesellschaftstheorie. In diesem Beitrag möchte ich einer Systematisierung analytischer Perspektiven folgen, die sich aus Annahmen über das grundsätzliche Verhältnis von Emotionen und Sozialität beziehungsweise Gesellschaft speist, die sich in nahezu allen emotionssoziologischen Arbeiten finden. Dieses Verhältnis betrifft die Frage, ob Emotionen primär als eine von der sozialen Welt abhängige Kategorie analysiert werden oder ob stattdessen eher die Bedeutung von Emotionen für die Hervorbringung und Beschaffenheit des Sozialen betont wird. Eine ähnliche und, zumindest für die deutschsprachige Emotionssoziologie, einflussreiche Systematisierung findet sich bereits bei Jürgen Gerhards (1988).

Folgt man einer solchen Systematisierung analytischer Perspektiven, ist es wichtig zu betonen, dass es eben nicht mehr (aber auch nicht weniger) als *analytische* Perspektiven sind und dass in der empirischen Realität Emotionen stets beides sind: von der sozialen Welt abhängige, sprich geprägte oder strukturierte Phänomene, die zugleich aber auch, vor allem durch ihr Wechselspiel mit der Sinn- und Bedeutungsstiftung von Akteuren und ihre Expression und Artikulation in Sprache und sozialer Interaktion, Sozialität hervorbringen. Diese Sicht eröffnet wiederum vielfältige Perspektiven auf das konkrete Zusammenspiel von Emotionen und Gesellschaft: So lässt sich zum Beispiel annehmen, dass die soziale und kulturelle Prägung von Emotionen zu Regelmäßigkeiten im Emotionserleben führen, die wesentlich für die Reproduktion und Aufrechterhaltung sozialer Ordnung sind,

Anmerkung: Enthält Passagen aus von Scheve (2020), von Scheve & Berg (2017), Ismer, von Scheve & Beyer (2015).

https://doi.org/10.1515/9783110589214-005

etwa indem sie das soziale Handeln und soziale Praktiken in bestimmte Bahnen lenken. Andererseits wird gerade Emotionen – und insbesondere Affekten – die Eigenschaft zugesprochen, bestehende soziale Ordnungen aufzubrechen und sozialen Wandel zu ermöglichen, da Emotionen eben nicht restlos in Normen, Werten und Rationalitätserwägungen aufgehen (vgl. auch Wiesse & Weigelin, Kapitel 3).

Eine solche analytische Perspektive ist zudem in der Lage, ganz unterschiedliche Verständnisse und Definitionen von Emotionen, wie sie in der Soziologie (und in anderen Disziplinen) vorherrschen, zu berücksichtigen (vgl. auch zur Emotionsgeschichte Schützeichel, Kapitel 2). So lassen sich eher naturalistische Verständnisse von Emotionen oft in Arbeiten finden, die sich mit den sozialen Funktionen oder Konsequenzen von Emotionen befassen, wohingegen kognitivistische Verständnisse überwiegend in der Forschung zu finden sind, die sich mit der sozialen und kulturellen Konstruktion von Emotionen befasst. Im Folgenden werde ich daher zunächst unterschiedliche Emotionsverständnisse der Emotionssoziologie skizzieren. Anschließend werde ich Ansätze der Emotionssoziologie darstellen, die Emotionen als sozial strukturierte Phänomene verstehen. In Abschnitt vier werden ich dann die kulturelle Prägung von Emotionen diskutieren und darstellen, wie Emotionen als Elemente sozialer Praktiken die soziale Welt immer auch herstellen. Schließlich wird es um die Situativität und Kollektivität von Emotionen gehen und um die Frage, wie sie sich vor allem in ritualisierten Interaktionen entfalten und zum essenziellen Bestandteil sozialer Situationen werden. Der Beitrag schließt mit zusammenfassenden Schlussbemerkungen.

2 Was sind Emotionen?

Eine grundlegende Annahme soziologischer Auseinandersetzungen mit der Bedeutung von Emotionen für Gesellschaft liegt darin, Emotionen als soziale und kulturelle Phänomene zu verstehen. Das bedeutet zum einen, dass Emotionen nicht vollkommen unregelmäßig und lediglich anhand individueller Merkmale und Kriterien auftreten (worauf sich beispielsweise die psychologische oder neurowissenschaftliche Emotionsforschung konzentriert), sondern dass sie gewissen sozialen Prinzipien und Gesetzmäßigkeiten folgen, sie also mehr oder weniger systematisch und sozial *strukturiert*, etwa in Anlehnung an bestehende Machtverhältnisse, soziale Ungleichheiten oder die Beschaffenheit sozialer Netzwerke entstehen.

Zum anderen impliziert diese Perspektive, dass Emotionen eng verbunden sind mit sozial geteilten Normen, Werten, Überzeugungen und Praktiken. Diese *kulturellen* Parameter hängen zwar eng mit strukturellen Ursachen von Emotionen zusammen, werden aber auch eigenständig wirksam in Bezug auf Situationen, in denen Emotionen entstehen. So beeinflussen sie maßgeblich, wie Emotionen erlebt, artikuliert und reflektiert werden und welche Bedeutung und welcher Stellenwert ihnen in einer Gesellschaft beigemessen werden. Das zeigt sich etwa an der kulturellen Wertschätzung oder Tabuisierung bestimmter Emotionen, ihrer Stellung in sozialen Beziehungen, ihrer politischen Instrumentalisierung oder ihrem Stellenwert als Gegenstand der Wissenschaften.

Emotionen selbst werden in der Soziologie ähnlich wie in anderen verhaltens- und sozialwissenschaftlichen Disziplinen, etwa der Psychologie oder der Politikwissenschaft, vorwiegend als *personale* und *körperliche* Gegenstände definiert. Trotz aller Differenzen zwischen naturalistischen, kognitivistischen, phänomenologischen und affektorientierten Verständnissen (vgl. auch zur Emotionsgeschichte Schützeichel, Kapitel 2), gehen gerade auch die zu Klassikern der Emotionssoziologie avancierten Arbeiten davon aus, dass es *menschliche Subjekte* sind, die Emotionen erfahren und erleben, sie kommunizieren und zum Ausdruck bringen. So definiert Arlie Russell Hochschild in ihrer wegweisenden Studie zu Flugbegleiterinnen Emotionen als ein körperliches Zusammenspiel von Vorstellungen, Gedanken oder Erinnerungen, derer ein Individuum gewahr wird (vgl. Hochschild 1979: 551).

Ähnlich geht auch Peggy Thoits davon aus, dass Emotionen kognitive Bewertungen einer Situation, Veränderungen des körperlichen Empfindens, sowie expressive „Gesten" umfassen, deren unterschiedliche Konstellationen kulturell als Emotionen klassifiziert und begrifflich kategorisiert werden, etwa mit Wörtern wie Scham, Schuld oder Verlegenheit (vgl. Thoits 1989: 318).

Etwas stärker phänomenologisch, also auf die subjektive Erfahrung konzentriert, versteht Norman Denzin Emotionen als „Selbst-Gefühle", als gelebte, geglaubte, situierte und verkörperte Erfahrungen, die den Bewusstseinsstrom sowie den gesamten Körper durchziehen (vgl. Denzin 1984: 66). Und Jack Katz spricht aus einer eher pragmatistischen beziehungsweise interaktionistischen Sicht von Emotionen als das Selbst reflektierende Handlungen und Erfahrungen, die vielmehr auf ein körperliches und sinnliches Erleben als auf ein sprachlich-diskursives Denken verweisen (vgl. Katz 1999: 7).

Ian Burkitt (2014) schließlich vertritt eine relationale Perspektive auf Emotionen, die einerseits unterschiedliche Komponenten von Emotionen hervorhebt, beispielsweise psychologische, körperliche, sprachliche oder biografische, und andererseits betont, dass Emotionen vorwiegend als Indikatoren sozialer Relationen und Beziehungen zu verstehen sind.

Zudem gehen alle diese Verständnisse von Emotionen mehr oder weniger ausdrücklich davon aus, dass Emotionen essenzielle Triebfedern des Handelns sind. Damit steht die Emotionssoziologie auch in der Kontinuität Max Webers, der mit seiner Kategorie des „affektuellen Handelns" (Weber 1976 [1922]) bereits den Grundstein für eine handlungstheoretisch orientierte Emotionssoziologie gelegt hat. Emotionen sind damit nicht nur Gegenstand gesellschaftlicher Wirkkräfte, sondern sie bringen im Handeln und in der sozialen Interaktion selbst Sozialität hervor.

Im Folgenden sollen diese für die Emotionssoziologie zentralen Perspektiven auf Emotionen überblicksartig vorgestellt werden. Die Darstellung konzentriert sich dabei erstens auf die sozialstrukturelle Ordnung von Emotionen, vor allem entlang etablierter soziologischer Konzepte wie Status, Macht und Ungleichheit. Zweitens geht es um die Frage der kulturellen Prägung von Emotionen und wie Emotionen vor dem Hintergrund von Werten, Normen und Überzeugungen entstehen, wie sie Vorgänge der Sinn- und Bedeutungsstiftung anleiten und sich in spezifischen Praxisformen manifestieren. Drittens geht es um die Art und Weise, wie vor allem kollektive Emotionen zum Bestandteil konkreter sozialer Situationen werden, wie sie ausagiert und ausgedrückt werden und damit soziale Interaktionen kennzeichnen, Ordnungen reproduzieren oder aufbrechen.

3 Emotionen und soziale Strukturen

Die Soziologie der Emotionen hat sich seit jeher mit Verbindungen zwischen den sozialstrukturellen Ursachen des emotionalen Erlebens befasst (vgl. Clay-Warner & Robinson 2008). Klassisch finden sich diese Überlegungen beispielsweise bei Theodore Kemper (1978) und Randall Collins (1990), die beide davon ausgehen, dass Emotionen unter anderem durch die vergleichsweise stabile Verteilung von Status- und Machtressourcen und die kulturellen Bedeutungen, die damit einhergehen, entstehen. Die unterschiedliche Verteilung von Ressourcen in verschiedenen Bevölkerungsgruppen kann demzufolge kennzeichnend für ein System sozialer Ungleichheit sein, in dem Emotionen als Dimensionen von Ungleichheit zu verstehen sind und zugleich als Mechanismen der Reproduktion von Ungleichheit.

Der Grundgedanke dieser Perspektive lässt sich vermutlich am eindrücklichsten mit Theodore Kempers (1978) Emotionstheorie illustrieren, die sich auf die Ungleichheitsdimensionen „Status“ und „Macht“ konzentriert. Ein spezifischer Typus „struktureller Emotionen“ entsteht Kemper zufolge durch relativ stabile und ritualisierte soziale Interaktionen, Beziehungsgeflechte und Deutungsmuster, die sich auf die gesamtgesellschaftliche Verteilung von Status- und Machtressourcen beziehen. Obgleich Kemper den unterschiedlichen Status- und Machtkonstellationen zwischen Akteuren sowie ihren Veränderungen eine Vielzahl potenziell resultierender Emotionen zuschreibt, kann seine Theorie vereinfacht dahingehend interpretiert werden, dass hohe Status- und Macht-Konzentrationen tendenziell mit positiven, also hedonisch als angenehm empfundenen Emotionen wie Sicherheit und Zuversicht einhergehen, geringe Mengen beziehungsweise Verluste mit negativen, hedonisch als unangenehm empfundenen Gefühlen wie Angst und Furcht (Kemper 2006).

Eine ähnliche Sicht auf die Zusammenhänge von hohem Status und positiven Emotionen (beziehungsweise niedrigem Status und negativen Emotionen) vertreten auch Ansätze, die Status vor allem als Akkumulation von Prestige, Ansehen und Ehre verstehen und sich auf die *Erwartungshaltungen* konzentrieren, die mit hohem beziehungsweise niedrigem Status einhergehen (Lovaglia & Houser 1996). Das mit hohen Statuspositionen einhergehende Ansehen und Prestige sowie die daraus erwachsenden Handlungsmöglichkeiten führen tendenziell zu positiven Emotionen, wohingegen die mit niedrigen Statuspositionen einhergehende Geringschätzung und entsprechende Einschränkungen ausschlaggebend für das Erleben negativer Emotionen sind (Houser & Lovaglia 2002). Auch Jack Barbalet (1998) geht von systematischen Zusammenhängen zwischen der sozialstrukturellen Position von Akteuren und Emotionen aus und konzentriert sich besonders auf negative Emotionen. Barbalet postuliert, dass die kontinuierliche Einschätzung der objektiven und symbolischen Lebensumstände als unangemessen, ungerecht oder unterprivilegiert tendenziell negative Emotionen hervorruft, wobei die Handlungsrestriktionen, die aus mangelnden Ressourcen resultieren, diese negativen Emotionen weiter ausdifferenzieren, etwa zum Ressentiment oder Ärger (vgl. auch Diefenbach, Kapitel 13).

Den Gedanken einer ungleichen Verteilung von positiven und negativen Emotionen in einer Gesellschaft greift auch Jonathan Turner auf (2011, 2014). Er argumentiert, dass Emotionen wie andere Ressourcen auch als Teil des Systems sozialer Stratifikation zu verstehen sind und sich dementsprechend entlang von sozialen Schichten, Klassen, Milieus oder Lebensstilen entfalten. Zudem ist davon auszugehen, dass sie eng mit sozialen Kategorien wie etwa Alter, Geschlecht, Ethnizität oder Beruf verbunden sind, die zum einen unterschiedliche Opportunitäten und Restriktionen mit sich bringen (Aufstiegschancen, Anerkennung, Arbeitslosigkeit, Diskriminierung, etc.) und andererseits selbst eine spezifische Wertigkeit aufweisen, also als erwünscht oder unerwünscht, erstrebenswert oder nachteilig angesehen werden. Dies ist in der Emotionssoziologie insbesondere für die Kategorie des Geschlechts (Lively 2019; Simon & Nath 2004), zunehmend auch für die Kategorie *Race* (Bonilla-Silva 2019) untersucht worden. Emotionen sind aus dieser Perspektive also nicht nur auf das Engste mit anderen (knappen) Gütern und Ressourcen verbunden, sondern stellen auch selbst – zum Beispiel im Sinne der Akkumulation des Erlebens angenehmer Emotionen und der Vermeidung negativer Emotionen – solche Ressourcen dar und können somit auch als Kapitalform („emotionales Kapital“) verstanden werden (Cottingham 2016).

Sozialstrukturelle Perspektiven auf Emotionen legen aber keineswegs nahe, dass ein „Mehr“ an Status und Ressourcen ausschließlich zu positiven und ein „Weniger“ ausschließlich zu negativen Emotionen führt. Der anzunehmende Zusammenhang ist also vermutlich nicht linear. So weist beispielsweise auch Kemper (2011) darauf hin, dass hohe Statuspositionen auch mit einer höheren Wahrscheinlichkeit des *Verlusts* von Status einhergehen, als dies bei Personen aus niedrigeren Statusgruppen der Fall wäre. Statusverlust ist Kemper (2011: 33) zufolge eine primäre Ursache des Empfindens von Ärger, der demnach in höheren Statuspositionen häufiger auftreten sollte als in niedrigeren. Hierbei gilt es jedoch zu beachten, dass für das emotionale Erleben entscheidend ist, ob Ungerechtigkeiten oder Statusverluste konkret erlebt oder allenfalls antizipiert werden. Bei letzterem ist davon auszugehen, dass vorwiegend Angst resultiert, etwa in Form von Statusängsten oder der Angst vor sozialem Abstieg, die in der soziologischen Literatur ausführlich diskutiert werden (Dehne 2017; Lübke & Delhey 2019; Eckert 2019; Bude 2014).

Diese knappe Darstellung der sozialstrukturellen Ursachen von Emotionen deutet bereits an, dass neben den „objektiven“ Lebenschancen und der Verfügbarkeit von Gütern und Ressourcen immer auch die gesellschaftliche Deutung und Wertung derselben eine wichtige Rolle für Emotionen spielen. Insofern sind es auch immer die symbolischen Bedeutungen, sprachlichen Benennungen, kognitiven Klassifikationsweisen der objektiven Lebensumstände und die damit im Zusammenhang stehenden sozialen Praktiken, die für das Erleben von Emotionen ausschlaggebend sind. Diesen im weitesten Sinne „kulturellen“ Grundlagen von Emotionen widmet sich der folgende Unterabschnitt.

4 Kultur und Emotionen

Kultur kann für Emotionen auf sehr unterschiedliche Weise von Bedeutung sein und diese Bedeutung hängt stets davon ab, was unter dem Begriff „Kultur“ verstanden wird. Die Mehrzahl der emotionssoziologischen Zugänge verstehen unter dem Kulturbegriff sozial geteilte Sinn- und Bedeutungsstiftungen sowie korrespondierende soziale Praktiken, sprich sozial situierte und verkörperte Handlungsmuster. Vor allem die sozial geteilten Sinn- und Bedeutungsstiftungen können als zentraler Bestandteil der meisten soziologischen Theorien der Entstehung, des Erlebens und des Ausdrucks beziehungsweise der Kommunikation von Emotionen betrachtet werden. In den eingangs skizzierten klassischen Definitionen von Emotionen spielen Interpretationen und Bewertungen von Situationen und Ereignissen eine zentrale Rolle für die Emotionsentstehung. Emotionen entstehen, wenn eben solche Situationen und Ereignisse relevant und bedeutsam für das Selbst sind, sei es, weil etwas Gewünschtes Realität wird (zum Beispiel: der favorisierte Verein gewinnt die Meisterschaft, die unterstützte Partei gewinnt die Wahl) oder weil Ziele blockiert (zum Beispiel: Klimaschutz wird nicht ausreichend umgesetzt) oder das Selbst und die soziale Identität infrage gestellt oder gefährdet werden (zum Beispiel: öffentliche Erniedrigung durch andere). Emotionen können somit als ein Modus der „Weltaneignung" verstanden werden (Gerhards 1988: 72).

Solche bewusst oder unbewusst vollzogenen Bewertungen basieren in aller Regel auf Gedanken, Vorstellungen, Erinnerungen, Wissen, Imaginationen, Wünschen und Überzeugungen, die aus soziologischer Perspektive keine rein individuellen, sondern zutiefst soziale beziehungsweise kulturell geprägte Merkmale sind. Hier gilt spätestens seit Karl Mannheim der wissenssoziologische Grundsatz, dass die Gedankenwelt in engster Korrespondenz mit der sozialen Welt steht und die meisten unserer Einstellungen, Wünsche und Überzeugungen eher kollektiven als individuellen Ursprungs sind. Auf diese Weise lassen sich auch vielfältige Querbezüge zu den skizzierten strukturellen Ansätzen der Emotionsentstehung herstellen, etwa wenn es um den Zusammenhang von Ungleichheit und Kultur oder die kulturelle Bedeutung von sozialen Kategorien wie Alter und Geschlecht geht.

4.1 Differenz und Wandel

Basierend auf diesem grundsätzlichen Verständnis des Zusammenhangs von Kultur und Emotionen ergeben sich mehrere emotionssoziologische Forschungsrichtungen, die sich in der Praxis durch vielfältige Überschneidungen kennzeichnen, sich analytisch aber wie folgt systematisieren lassen: Erstens hat sich die Soziologie mit der Erforschung von „Emotionskulturen" befasst, wobei die Betonung hier auf dem Plural der „Kulturen" liegt. Das oben skizzierte Verständnis von Kultur wird hier tendenziell dazu herangezogen, um die soziale und kulturelle Prägung und den gesellschaftlichen Umgang mit Emotionen mit bestimmten regionalen oder geografischen Einheiten oder aber mit historischen Epochen und dem historischen Wandel in Verbindung zu bringen. Forschung zu regional oder geografisch verorteten Emotionskulturen findet sich zwar vorwiegend in der sozial- und kulturanthropologischen Emotionsforschung (Röttger-Rössler 2002; vgl. auch Röttger-Rössler, Kapitel 24), aber auch in der Soziologie ist der Kulturvergleich mit Bezug zu Emotionen und damit der Gedanke einer Analogie von kultureller und emotionaler Differenz, vermittelt vor allem über Sozialisationsprozesse, ein relevantes Forschungsfeld.

Heise (2014) hat beispielsweise die emotionale Konnotation von 620 Begriffen in 17 Ländern untersucht und kann zeigen, dass weniger die nationale oder geografische Verortung als vielmehr eine koloniale Vergangenheit und der Grad der Säkularisierung Unterschiede und Gemeinsamkeiten in den emotionalen Konnotationen erklären.[1] Aber auch innerhalb von Gesellschaften erforscht die Soziologie kulturelle Unterschiede von Emotionen, die vor allem im Zusammenhang mit sozialer Ungleichheit und sozialstrukturellen Faktoren untersucht werden, so zum Beispiel hinsichtlich der Variation emotionaler Wahrnehmungsmuster entlang von Lebensstilen (Ambrasat et al. 2016), hinsichtlich spezifisch „männlicher" Emotionskulturen (de Boise & Hearn 2017; McQueen 2017), in sozialen Bewegungen (Gould 2009) oder stratifizierten emotionalen Praktiken, etwa im Zuge der Corona-Pandemie (Holmes & Thomsen 2022).

In der Soziologie ebenso prominent sind historische Analysen, die sich auf den Wandel von Emotionen beziehungsweise Emotionskulturen beziehen. Eine herausgehobene Stellung kommt hier den Arbeiten von Norbert Elias zu, der vom Mittelalter bis zur Moderne eine allgemeine Zunahme der Kontrolle von Affekten konstatiert, die zum einen mit der Transformation von Gesellschaften, insbesondere von der höfischen zur nationalstaatlich verfassten Gesellschaft zusammenhängt, und die sich zum anderen durch einen Wandel von Fremdzwängen hin zu Selbstzwängen der Affektkontrolle auszeichnet (Elias 1979 [1939]; vgl. auch Adloff & Farah 2022). Cas Wouters (2007) hat diesen Forschungsansatz aufgegriffen und den Wandel von Emotionskulturen, wie auch Elias, anhand der Analyse von Manierenbüchern seit 1890 nachgezeichnet. Auf journalistische Publikationen beziehen sich Cancian und Gordon (1988) in ihrer Analyse sich verändernder Emotionsnormen unter verheirateten Paaren, und Manuel Beyer (2022) hat jüngst eine Analyse sich wandelnder Emotionsnormen auf Grundlage der Ratgeberseiten der Jugendzeitschrift BRAVO vorgelegt.

4.2 Handlungen, Praktiken und Emotionen

Diese Perspektive legt bereits nahe, dass es der Soziologie der Emotionen keineswegs nur um die Analyse von geografisch oder historisch bedingtem kulturellem *Wandel* und kultureller *Differenz* geht, sondern in aller Regel auch darum, wie durch gesellschaftliche Umstände geprägte Emotionen selbst wiederum soziale

1 Vgl. dazu auch Hitlin und Harkness (2017), die anhand vergleichbarer Daten und Methoden kulturelle Unterschiede im Ländervergleich für die Zusammenhänge von Emotionen und Moralvorstellungen nachweisen.

Felder und das soziale Miteinander formen, auf welche Weise ihnen eine zentrale Stellung im Handeln und in unterschiedlichen Praxisformen zukommt und welche Kulturbedeutung sie damit insgesamt erlangen. Diese, oftmals gegenwartsdiagnostisch angelegte Sicht kann hier nur skizzenhaft und an ausgewählten Autor:innen dargestellt werden.

Insbesondere wenn man einen stärker handlungsorientierten Kulturbegriff zugrunde legt (vgl. auch zur Emotionsgeschichte Schützeichel, Kapitel 2), lassen sich Emotionen aus soziologischer Perspektive auch als Praktiken beziehungsweise als Elemente sozialer Praktiken verstehen. Mit Andreas Reckwitz (2003: 289) verstehen Praxistheorien kollektive Wissensordnungen weder als ein rein geistiges oder kognitives Vermögen im Sinne eines „Wissens über" oder „Codes innerhalb von Diskursen und Kommunikationen", sondern als eine Form praktischen Wissens und Verstehens, das in die Körper der Akteure eingeschrieben ist und entsprechende, nur marginal hinterfragte Verhaltensroutinen hervorbringt. Schatzki (1996: 89) zufolge können Praktiken als „Konglomerate" des Sprechens und Tuns verstanden werden. Angesichts solcher Verständnisse von Praktiken liegt es nahe, auch Emotionen als Bestandteile dieser Konglomerate zu betrachten. Routinen des Sprechens und Handelns gehen in den meisten Fällen mit Routinen des Fühlens und Empfindens einher, etwa die Praxis eines Stadion- oder Konzertbesuchs, die Teilnahme an einem Protestmarsch, oder die Praktiken intimer Beziehungen. Somit haben wir es nicht nur mit kulturell geprägten Routinen des Fühlens und Empfindens zu tun, sondern gewissermaßen mit „emotionale[n] Praktiken" (vgl. Scheer 2012), die sämtliche Komponenten von Emotionen, also zum Beispiel subjektive Empfindungen, Ausdrucksweisen oder körperliche Symptome umfassen.

Für die Emotionssoziologie besonders einschlägig sind die Arbeiten von Arlie Russell Hochschild (1983). Sie hat am Beispiel von Flugbegleiterinnen gezeigt, wie sich Anforderungen von Unternehmen nicht mehr nur auf bestimmte kognitive oder handwerkliche Fertigkeiten von Mitarbeiter:innen beziehen, sondern zunehmend auch auf die Fähigkeit, die eigenen Emotionen und die Emotionen Anderer auf eine strategisch-zweckrationale Weise einzusetzen beziehungsweise zu regulieren. Diese als „Emotionsarbeit" bezeichnete Praxis der Kommerzialisierung von Emotionen orientiert sich wiederum an „Emotionsnormen", also an sozialen Normen, die das Erleben und den Ausdruck von Emotionen betreffen. Solche Normen können, wie in Hochschilds Analysen, eng definierte soziale Kontexte betreffen (Erwerbsarbeit, Familie), oder aber Gültigkeit in der Gesellschaft insgesamt beanspruchen. Diese gesellschaftliche Normierung, die immer auch ein Ausdruck der gesellschaftlichen Relevanz bestimmter Emotionen ist, zeigt sich gerade auch in der Sprache und im öffentlichen Diskurs, etwa daran, für welche Emotionen ein breites Repertoire an Begriffen und Konzepten existiert („Hassrede", „Wutbürger", „Neidsteuer", „Abstiegsängste") und welche sprachlich eher eine untergeordnete Rolle spielen, wie etwa Schuld und Trauer.[2]

Neben der Erwerbsarbeit hat sich die Emotionssoziologie vielfach auch mit der kapitalistischen Gesellschaftsordnung und deren Implikationen für Emotionen befasst. So hat beispielsweise Eva Illouz (2004) sich ausführlich Gefühlen und Emotionen in kapitalistischen Gesellschaften und den Widersprüchen und Paradoxien, die sich aus dieser Konstellation ergeben, gewidmet. Verwurzelt in der kritischen Tradition der Frankfurter Schule der Sozialforschung zeigen ihre Arbeiten, wie Emotionen und emotionale Haltungen wie Liebe, Glück und Romantik als Praxisformen zu verstehen sind, die eng mit der Struktur und Kultur des modernen Kapitalismus verwoben sind. Ähnlich kann auch Sighard Neckels (2005) Forschung verstanden werden, der das Selbstmanagement von Emotionen als ein „kulturelles Programm" moderner Wettbewerbsgesellschaften beschreibt, in denen es vor allem auf die Optimierung des Erlebens und der Artikulation von Emotionen ankommt. Wie diese kulturelle Dimension von Emotionen mit den objektiven Lebensbedingungen von Menschen und insbesondere mit sozialer Ungleichheit zusammenhängen, zeigen seine Arbeiten zur Scham im Kontext der symbolischen Reproduktion sozialer Ungleichheit (Neckel 1991) sowie zu den Zusammenhängen von Neid, Ungleichheit und Gerechtigkeit (Neckel 1999; vgl. auch Neckel, Kapitel 11; zu Neid von Scheve, Kapitel 14).

Als ein drittes Feld lässt sich die Politik anführen (vgl. auch Sauer, Kapitel 6). Hier ist vor allem die emotionssoziologische Forschung zu sozialen Bewegungen hervorzuheben, die analysiert, auf welche Weise unterschiedliche politische Akteure kulturelle Deutungsmuster und Narrative (auch „frames" genannt) für konflikthafte Themen und Problemlagen hervorbringen und dadurch Emotionen mobilisieren (vgl. allgemein Jasper 2011). Ein Beispiel dafür findet sich etwa in der Forschung zum Klima-Aktivismus und den komplexen Bestrebungen sozialer Bewegungen, Emotionen wie Furcht, Hoffnung, Ärger und Schuld unter Mitgliedern und Unterstützer:innen zu managen, zu kanalisieren und zu mobilisieren (Kleres & Wettergren 2017). Als weiteres Beispiel ist Deborah Goulds (2009) Analyse der ACT UP Bewegung anzuführen, einer in den 1980er-Jahren in den USA entstanden Bewegungen zur Politisierung von AIDS, in der Gould zeigt, wie soziale Bewegungen Affekte und Emotionen mit Sinn und Bedeutung „aufladen" und bestimmte Emotionen artikulieren und anerkennen (beispielsweise Stolz und Liebe), wohingegen andere Emotionen (beispielsweise Angst und Scham), obwohl vielfach empfunden, eher uneingestanden und unausgesprochen bleiben (Gould 2009: 28, 68–71). Die Emotionssoziologie hat sich aber nicht nur mit der Emotiona-

2 Vgl. dazu bspw. Google Ngram Viewer (https://books.google.com/ngrams/).

lität von Bewegungen befasst, sondern auch die Emotionen von Bürger:innen in politischen Kontexten untersucht, etwa hinsichtlich der emotionalen Beweggründe für die Unterstützung neurechter beziehungsweise rechtspopulistischer Parteien und Bewegungen wie zum Beispiel Empörung und Ressentiment (Hochschild 2016; Salmela & von Scheve 2018).

4.3 Körper und Emotionen

Kultur findet sich in soziologischen Perspektiven auf Emotionen aber auch in der vielfach angenommenen Körperlichkeit von Emotionen. Diese Körperlichkeit ist nicht zu verwechseln mit eher naturalistischen Verständnissen des Körpers, wie sie in der Emotionssoziologie im Hinblick auf die physiologischen und evolutionären Grundlagen von Emotionen diskutiert werden (vgl. dazu Turner 2000). Der Körper wird stattdessen im Sinne des „Leibs" konzeptualisiert als ein spürender, erfahrender und empfindender Körper, der sich durch eine spezifische Intentionalität, also eine Bezogenheit oder Gerichtetheit auf die Welt auszeichnet (vgl. dazu ausführlich Schützeichel 2017). Insofern wird gerade auch die Körpersoziologie nicht müde, auf die vielfältigen Wechselbeziehungen zwischen Körper, Kultur und Gesellschaft zu verweisen. So betont Robert Gugutzer die verschiedenen Formen und Möglichkeiten der soziokulturellen Prägung von Körpern, zum Beispiel mit Blick auf die physische Gesundheit, die Fitness, das Benehmen, den Geschmack oder den Stil (vgl. Gugutzer 2004: 68). Pierre Bourdieu (1982) hat diese Formen als „körperliches Kapital" bezeichnet, das es in modernen Gesellschaften zu erarbeiten und zu akkumulieren gelte. Dabei steht jedoch weniger der Gedanke der Akkumulation von Kapital als vielmehr das diskursive Wissen über den Körper im Mittelpunkt (vgl. Gugutzer 2004: 74 f.).

Wenn Emotionen – und besonders auch Affekte – also, wie von den meisten soziologischen Theorien angenommen, auf vielfältige Weise mit einem körperlichen Spüren oder Empfinden einhergehen, dann sind sie aufgrund der kulturellen Formierung des Körpers immer auch kulturell bedingte Phänomene (Schützeichel 2017). Wie auch die eingangs skizzierten Emotionsdefinitionen verdeutlichen, würde kaum eine soziologische Emotionstheorie davon ausgehen, dass ein spezifisches körperliches Gefühlsempfinden und bestimmte körperliche Vorgänge nicht essenzielle Bestandteile einer Emotion sind. Diese Körperlichkeit wird in den meisten Arbeiten der Emotionssoziologie zwar in Bezug auf den episodischen Charakter diskreter Emotionen und unter dramaturgischen beziehungsweise performativen Gesichtspunkten diskutiert (Wetzels 2022), diese vernachlässigen jedoch oftmals solche affektiv-körperlichen Phänomene, die weder das Selbst noch Andere notwendigerweise bewusst wahrnehmen, obgleich sie aber handlungsrelevant sind. Solche Phänomene werden zwar vielfach unter dem Begriff des Affekts verhandelt (Wiesse 2020; vgl. auch Wiesse & Weigelin, Kapitel 3), sind aber gleichermaßen Gegenstand der Emotionssoziologie.

Interessanterweise hat sich insbesondere im Schnittfeld der Wirtschafts- und der Emotionssoziologie ein Forschungsfeld etabliert, das auf die Körperlichkeit von Emotionen und deren Konsequenzen für das soziale Handeln hinweist. Stefan Laube (2019) zeigt in seiner Studie, wie Finanzmarktakteure Körper als Instrument zur Bewältigung von Unsicherheit nutzen. Hier ist es vor allem die affektiv-körperliche Entäußerung von Emotionen, die zu einem wesentlichen Element der Praktiken der Beobachtung und Bewertung von Märkten wird. Vor allem die Körperlichkeit von Emotionen wird von den Akteuren genutzt, um Finanzmarktentwicklungen zu beschreiben und vermeintlich rationale Finanzmarkentscheidungen zu legitimieren, etwa durch Brüllen, Rufen, Schreien und die Nutzung eines körperbezogenen Vokabulars. Ähnlich lässt sich auch die Studie von Markus Lange (2021) einordnen, der die Körperlichkeit von Emotionen (und Affekten) einerseits als etwas versteht, das durch die Organisationsprinzipien von Finanzmärkten kulturell modelliert wird, und andererseits hervorhebt, wie diese modellierte Körperlichkeit von Emotionen sowohl das Werten und Bewerten von Finanzmarktprodukten als auch die Interaktion zwischen Finanzmarktakteuren bedingt.

5 Situativität und Kollektivität

Eine dritte analytische Perspektive der Emotionssoziologie findet sich in solchen Arbeiten, die die Situativität und Kollektivität von Emotionen betonen. Obgleich sich in der emotionssoziologischen Forschung auch Ansätze finden, die die Situativität individueller Emotionen betonen und empirisch analysieren – dazu zählen beispielsweise die Forschung zu Emotionsarbeit, die eben skizzierte wirtschaftssoziologische Forschung sowie Arbeiten zu Emotionen in rechtlichen Kontexten (Wettergren & Blix 2022) – soll es in diesem Abschnitt vor allem um solche Ansätze gehen, die sich mit den Emotionen sozialer Gruppen und Gemeinschaften beschäftigen und dabei auf die sozialen Strukturen, kommunikativen Infrastrukturen und symbolischen Ordnungen solcher Gruppen und Gemeinschaften zurückgreifen.

Zum einen stehen dabei Emotionen im Mittelpunkt, die in Situationen körperlicher Kopräsenz entstehen, also beispielsweise bei Massenansammlungen, in Sportstadien, auf Konzerten oder bei Protestkundgebungen (vgl. auch Knoblauch, Kapitel 20). Zum anderen stehen dabei auch soziale Gruppen als identitätsstiftende Kollektive im Zentrum der Aufmerksamkeit, deren Mitglieder Emotionen in Bezug zu und mit diesen Kollektiven erleben, ohne dass sich diese Emotionen notwendigerweise in körperlicher Kopräsenz vollziehen. Eine Grundvoraussetzung für diese Art gruppenbezogener beziehungsweise kollektiver Emotionen ist daher die je situativ wirksame Selbstkategorisierung von Personen als Zugehörige zu einer (realen oder imaginierten) sozialen Kategorie oder Gruppe. Ergänzend dazu spielen aber auch unterschiedliche Facetten und Prinzipien der sozialen Interaktion eine zentrale Rolle, die sich einer sozialen Gruppe zurechnen lassen, so zum Beispiel bestimmte, ritualisierte Bewegungsabläufe, Gestiken und Artikulationen.

Forschung dieser analytischen Perspektive geht vor allem auf Émile Durkheim zurück, der schon früh dem rituellen Charakter sozialer Interaktion eine entscheidende Bedeutung für Emotionen beigemessen hat (vgl. Durkheim 1995 [1912]). Durkheim hatte Rituale australischer Ureinwohner:innen studiert, in deren Vollzug regelmäßig euphorisch-emotionale Erregungszustände zu beobachten waren, die Durkheim als „kollektive Efferveszenz" bezeichnet. Später hat vor allem Randall Collins (2004a) hierfür den Begriff des „emotional entrainment" geprägt, eine Art kollektiv-emotionales Mitgerissen-Sein, das sich durch einen geteilten Fokus der Aufmerksamkeit und die Synchronisierung körperlicher Verhaltensweisen einstellt. Auch bei Durkheim spielt Kultur im Sinne geteilter Werte und Überzeugungen und der performativen wie sozialen Struktur von Ritualen eine wesentliche Rolle. Sie laden ritualisierte Interaktionen mit einem intersubjektiv geteilten Sinn auf und ermöglichen durch die Vorgabe von spezifischen Handlungsweisen den geteilten Aufmerksamkeitsfokus und die Synchronisierung körperlicher Aktivitäten, aus denen kollektive Efferveszenz und Prozesse der emotionalen Ansteckung resultieren. Voraussetzung hierfür ist, zumindest bei Durkheim, die Möglichkeit der sozialen Interaktion in physischer Kopräsenz, da nur auf diese Art und Weise die Körperlichkeit von Efferveszenz sichergestellt werden kann. Repertoires, Choreografien und Performanzen – also vor allem die Praxisdimension von Kultur in Gestalt des leiblichen Tuns und Handelns – sind damit ein zentraler Baustein dieser Perspektive auf die Situativität und Kollektivität von Emotionen. Neuere Arbeiten gehen zudem davon aus, dass diese Art kollektiver Emotionalität auch in anderen Kontexten, etwa der medial vermittelten Interaktion, entstehen kann (Ismer 2011; Skowron & Rank 2014; Garcia & Rimé 2019).

Neben Fragen nach der Entstehung solcher gruppenbasierten und kollektiven Emotionen hat sich die Soziologie immer auch für die sozialen Konsequenzen dieser Emotionen interessiert. Ging es Durkheim vor allem um die Solidarität und soziale Kohäsion stiftende Funktion kollektiver Emotionen (vgl. auch Adloff, Kapitel 15), betonen neuere Studien, dass sich kollektive Emotionen vielfach auch auf andere Gruppen richten und so die Wahrnehmung von Unterschiedlichkeit und die Grenzziehung zwischen Gruppen befördern können. In diesem Sinne weisen

Studien darauf hin, dass gruppenbasierte und kollektive Emotionen maßgeblich am konflikthaften Handeln zwischen Gruppen beziehungsweise zwischen Akteuren unterschiedlicher Gruppen beteiligt sind (vgl. auch Ural, Kapitel 16).

Arbeiten, die in der Tradition Durkheims stehen, argumentieren, dass das Erleben von Emotionen in rituellen Kontexten vor allem zur Entstehung beziehungsweise Stärkung kollektiver Identität beiträgt. Die in rituellen Kontexten empfundenen Emotionen, so die Annahme, laden solche Werte und Überzeugungen, die konstitutiv für eine Gruppe oder Gemeinschaft sind, mit affektiver Bedeutung auf und fördern so die emotionale Basis von Zugehörigkeit und kollektiver Identität (vgl. von Scheve et al. 2014). Obgleich diese Arbeiten in der Regel von bereits existierenden Gruppen und Gemeinschaften ausgehen, lässt sich aber ebenso argumentieren, dass koordinierte Handlungsvollzüge und Verhaltensweisen, etwa in Massen, spontanen Zusammenkünften und situativen Vergemeinschaftungsformen, über die darin empfundenen kollektiven Emotionen erst zur Entstehung von Gruppen und Gemeinschaften sowie zu solidarischem Verhalten beitragen, wie Wunderlich et al. (2022) anhand von basalen kollektiven Emotionen, die ohne eine kollektive oder soziale Identität auskommen, und der Unterstützung sozialer Bewegungen zeigen. Jeff Goodwin und James Jasper (2006) bezeichnen Emotionen in diesem Zusammenhang auch als „raw materials“ der Anziehungskraft und des Rekrutierungspotenzials sozialer Bewegungen und als essenzielle Motive, sich zu Bewegungen zusammenzuschließen. Im Kontext sozialer Bewegungen sind dies vor allem Emotionen, die angesichts etablierter Normen und Moralvorstellungen entstehen, entweder weil diese Normen und Werte als illegitim oder inadäquat angesehen werden – wie zum Beispiel im Fall von Geschlechter- und Sexualitätsnormen in den 1960er-Jahren – oder weil wertgeschätzte Normen und Praktiken als verletzt oder bedroht angesehen werden, wie etwa im Fall der Occupy Proteste oder der Klimabewegung. Solche Emotionen, zum Beispiel Empörung, Zorn oder Wut, werden von sozialen Bewegungen vielfach adressiert, um sie in politische Überzeugungen und Handlungen zu transformieren, die wiederum zu kulturellem und politischem Wandel beitragen (Goodwin & Jasper 2006: 620).

Auch Collins (2004b) hat diese Effekte kollektiver Emotionen anhand der Analyse von Trauerritualen im Nachgang zu den Anschlägen vom 9. September 2001 in den USA zeigen können. Solche Rituale ganz unterschiedlicher Größenordnung – von Nachbarschaftsversammlungen bis hin zu landesweit übertragenen Gottesdiensten – gingen in der Regel mit einem hohen Maß kollektiver Emotionalität einher. Da die Anschläge weithin als „Angriff auf die Nation“ interpretiert wurden, sind auch die Erlebnisse kollektiver Emotionen als nationsbezogene Erfahrungen gedeutet worden. Collins (2004b) argumentiert, dass diese ritualisierten Interaktionen zwischen

US-Bürger:innen zu einer (vorübergehenden) Steigerung des solidarischen Zusammenhalts und der nationalen Identität nach dem 11. September geführt haben.

Ähnlich zeigt die Forschung von Páez und Rimé (2014), wie ritualisierte Zusammenkünfte kollektive Emotionen hervorrufen, die wiederum positive Effekte für soziale Integration und Kohäsion aufweisen. Teilnehmer:innen jährlich abgehaltener religiöser Prozessionen weisen demnach ein deutlich höheres Niveau sozialer Integration auf als Personen, die nicht an diesen Prozessionen teilgenommen haben. Dieser Zusammenhang zeigte sich besonders für jene Teilnehmer:innen, die während der Prozession ein hohes Maß an kollektiver Emotionalität erfahren haben. Ähnliche Beobachtungen berichten die Autoren für Teilnehmer:innen von Musikkonzerten, Demonstrationen und anderen Zusammenkünften.

Umgekehrt verweist die Forschung aber auch auf die desintegrativen, exkludierenden und konflikthaften Konsequenzen kollektiver Emotionen. So kann im Rahmen politisch motivierter, nationaler Rituale (zum Beispiel Gedenkveranstaltungen, nationale Feiertage) eine „sakrale" Gemeinschaft der Bürgerinnen und Bürger heraufbeschworen werden, die all jene Personen, Ideen und Praktiken ausgrenzt und der Sphäre des „Profanen" zuordnet, die nicht den nationalistischen Vorstellungen und Ideologien entspricht. Albert Bergesen (1998) hat in diesem Zusammenhang auf die affektive Konstruktion moralischer Antagonismen in Interaktionsritualen hingewiesen. Abhängig vom jeweiligen Kontext produzieren beispielsweise politische Rituale einen Antagonismus von „loyal" und „subversiv" und juristische Rituale Antagonismen von „schuldig" und „unschuldig" (Bergesen 1998: 64). Auch Randall Collins betont die ausgrenzenden Effekte kollektiver Emotionen und Solidarität generierender Rituale, die sich zum Beispiel in Wut und Empörung gegenüber Abweichler:innen und Außenseiter:innen äußern (Collins 2004a: 109). Collins erklärt diese konflikthaften Emotionen anhand der Identifikation mit und Bindung an zentrale Ideen und Symbole der jeweiligen Gruppe. Jedes Anzeichen von Missachtung und mangelnder Anerkennung kann mit großer Wahrscheinlichkeit zu Wut und Empörung führen (Collins 2004a: 109). Sara Ahmed (2004) verfolgt in ihrer Analyse kollektiver Emotionen einen ganz ähnlichen Ansatz und skizziert im Kontext von Nationalismus und Rassismus, auf welche Weise kollektive Emotionen für Akteure Zugehörigkeit zu bestimmten Gruppen und Abgrenzung gegenüber anderen Gruppen hervorbringen.

Dass gruppenbasierte und kollektive Emotionen sich auch auf die Beziehungen zwischen sozialen Gruppen auswirken, zeigen Studien zu sogenannten „Intergruppen-Emotionen", die zwar vorwiegend in der sozialpsychologischen Forschung beheimatet sind, sich aber trotzdem als anschlussfähig für die Emotionssoziologie erwiesen haben. Eine Reihe von Forschungsarbeiten, etwa zum Nordirland-Konflikt (Tam et al. 2007) oder zum Nahostkonflikt (Halperin et al.

2009), zeigen, dass negative Emotionen wie Wut und Empörung, die sich auf andere soziale Gruppen richten, zwar den Zusammenhalt in der eigenen Gruppe stärken können, zugleich aber nahezu unüberwindbare Hindernisse für die Konfliktlösung darstellen (Halperin 2016). Obgleich auch für diese Forschung Situativität eine Rolle spielt, geht es doch vor allem um langfristige emotionale Orientierungen von und zwischen Gruppen.

6 Schlussbemerkungen

In diesem Beitrag sind drei zentrale analytische Perspektiven der Emotionssoziologie anhand begrifflich-theoretischer Überlegungen und exemplarischer empirischer Studien vorgestellt worden. Eine grundlegende Differenzierung der Emotionssoziologie findet sich zwischen Forschungsansätzen, die Emotionen vorwiegend als eine von Gesellschaft und Kultur abhängige Variable betrachten oder aber der Frage nachgehen, wie Emotionen das Soziale hervorbringen und konstituieren. Der Überblick analytischer Perspektiven hat gezeigt, dass vor allem solche Arbeiten, die einem sozialstrukturellen Ansatz zuzuordnen sind (Abschnitt 2), sich vorwiegend auf die Frage konzentrieren, wie Emotionen als ein von sozialen Strukturen abhängiges Phänomen zu begreifen sind. Hier sind es vor allem Parameter wie soziale Ungleichheit, Netzwerkstrukturen und Status- und Machtkonstellationen, die für eine systematische und sozial differenzierte Entstehung von Emotionen in einer Gesellschaft in Betracht gezogen werden. Als zweite analytische Perspektive sind kulturelle Ansätze der Emotionssoziologie diskutiert worden (Abschnitt 3), denen in gewisser Weise eine Zwischenstellung zukommt. Zum einen geht es diesen Arbeiten darum, zu verstehen, wie kulturelle Eigenheiten – im Besonderen sozial geteilte Muster der Sinn- und Bedeutungsstiftung – spezifische Formen des Erlebens, des körperlichen Ausdrucks und der sprachlichen Artikulation von Emotionen bedingen. Dazu nimmt diese Forschung nicht nur eine methodologisch-individualistische Perspektive ein, sondern es geht auch um die gesellschaftliche Wertung und Bedeutung spezifischer Emotionen und von Emotionalität insgesamt, und wie diese in öffentlichen Diskursen, etwa in den Künsten, der Politik, der Ökonomie dargestellt und verhandelt werden. Zum anderen geht es diesen Ansätzen darum, Emotionen als maßgebliche Elemente inkorporierter Praktiken zu verstehen, als einen wichtigen Teil des kulturell in einer Gesellschaft verankerten Sprechens und Tuns, das Sozialität beständig in Ordnung reproduzierender oder aufbrechender Weise hervorbringt. Im Sinne der dritten Perspektive (Abschnitt 4) sind jene Werke vorgestellt worden, die sich auf die Situativität und die Kollektivität von Emotionen konzentrieren. Diese Perspektive zeichnet sich dadurch aus, dass sie vor allem soziale Interaktionen und Relationen in den Mittelpunkt der Analyse der Entstehung und der sozialen Konsequenzen von Emotionen stellt. Dabei liegt ein Schwerpunkt auf ritualisierten Interaktionen zwischen Akteuren in körperlicher Kopräsenz, etwa bei Kundgebungen, in Ritualen oder bei Protestveranstaltungen. Betrachtet werden aus dieser Perspektive aber auch andauernde emotionale Haltungen, die die Beziehungen zwischen Gruppen kennzeichnen. Neben der Frage der Entstehung von Emotionen stehen hier vor allem die sozialen Konsequenzen von Emotionen im Mittelpunkt, die zwischen sozialer Integration und Kohäsion und Ab- und Ausgrenzung sowie Konflikten changieren.

Literatur

Adloff, Frank & Farah, Hindeja (2022). „Norbert Elias: Über den Prozess der Zivilisation“, in: K. Senge/ R. Schützeichel & V. Zink (Hrsg.), *Schlüsselwerke der Emotionssoziologie*. Wiesbaden: Springer, S. 153–162.

Ahmed, Sara (2004). „Collective Feelings: Or the Impressions Left by Others“, in: *Theory, Culture & Society* 21(2), S. 25–42.

Ambrasat, Jens/von Scheve, Christian/Schauenburg, Gesche/Conrad, Markus & Schröder, Tobias (2016). „Unpacking the Habitus: Meaning-Making Across Lifestyles“, in: *Sociological Forum* 31(4), S. 994–1017.

Barbalet, Jack M. (1998). *Emotion, Social Theory, and Social Structure*. Cambridge: Cambridge University Press.

Bergesen, Albert (1998). „Die rituelle Ordnung“, in: A. Belliger & D. J. Krieger (Hrsg.), *Ritualtheorien. Ein einführendes Handbuch*. Opladen: Westdeutscher Verlag, S. 49–76.

Beyer, Manuela (2022). *Emotionen im Wandel – Gesellschaft im Wandel. 60 Jahre Emotionsdiskurse in der BRAVO*. Dissertation. Berlin: Freie Universität Berlin.

Bonilla-Silva, Eduardo (2019). „Feeling Race: Theorizing the Racial Economy of Emotions“, in: *American Sociological Review* 84(1), S. 1–25.

Bourdieu, Pierre (1982). *Die feinen Unterschiede. Kritik der gesellschaftlichen Urteilskraft*. Frankfurt am Main: Suhrkamp.

Bude, Heinz (2014). *Gesellschaft der Angst*. Berlin: Suhrkamp.

Burkitt, Ian (2014). *Emotions and Social Relations*. London: Sage.

Cancian, Francesca M. & Gordon, Steven L. (1988). „Changing Emotion Norms in Marriage: Love and Anger in U. S. Women's Magazines Since 1900“, in: *Gender and Society* 2(3), S. 308–342.

Clay-Warner, Jody & Robinson, Dawn T. (Hrsg.) (2008). *Social Structure and Emotion*. London: Academic Press.

Collins, Randall (1990). „Stratification, Emotional Energy, and the Transient Emotions“, in: T. D. Kemper (Hrsg.), *Research Agendas in the Sociology of Emotions*. Albany: SUNY Press, S. 27–57.

Collins, Randall (2004a). *Interaction Ritual Chains*. Princeton, NJ: Princeton University Press.

Collins, Randall (2004b). „Rituals of Solidarity and Security in the Wake of Terrorist Attack", in: *Sociological Theory* 22(1), S. 53–87.
Cottingham, Marci D. (2016). „Theorizing Emotional Capital", in: *Theory and Society* 45, S. 451–470.
Dehne, Max (2017). *Soziologie der Angst*. Wiesbaden: Springer.
Denzin, Norman K. (1984). *On Understanding Emotion*. New Brunswick, NJ: Transaction.
De Boise, Sam, & Hearn, Jeff (2017). „Are Men Getting More Emotional? Critical Sociological Perspectives on Men, Masculinities and Emotions", in: *The Sociological Review* 65(4), S. 779–796.
Durkheim, Émile (1995 [1912]). *The Elementary Forms of Religious Life*. New York: Free Press.
Eckert, Judith (2019). *Gesellschaft in Angst? Zur theoretisch-empirischen Kritik einer populären Zeitdiagnose*. Berlin: Springer.
Elias, Norbert (1979 [1939]). *Über den Prozess der Zivilisation. Soziogenetische und psychogenetische Untersuchungen*. Frankfurt am Main: Suhrkamp.
Garcia, David & Rimé, Bernard (2019). „Collective Emotions and Social Resilience in the Digital Traces After a Terrorist Attack", in: *Psychological Science* 30(4), S. 617–628.
Gerhards, Jürgen (1988). *Soziologie der Emotionen*. Weinheim: Juventa.
Goodwin, Jeff & Jasper, James M. (2006). „Emotions and Social Movements", in: J. E. Stets & J. H. Turner (Hrsg.), *Handbook of the Sociology of Emotions*. New York: Springer, S. 611–635.
Gould, Deborah (2009). *Moving Politics: Emotion and ACT UP's Fight against AIDS*. Chicago: University of Chicago Press.
Gugutzer, Robert (2004). *Soziologie des Körpers*. Konstanz: utb.
Halperin, Eran (2016). *Emotions in Conflict: Inhibitors and Facilitators of Peace Making*. London: Routledge.
Halperin, Eran/Canetti-Nisim, Daphna & Hirsch-Hoefler, Sivan (2009). „The Central Role of Group-Based Hatred as an Emotional Antecedent of Political Intolerance: Evidence from Israel", in: *Political Psychology* 30(1), S. 93–123.
Heise, David R. (2014). „Cultural Variations in Sentiments", in: *SpringerPlus* 3, 170, https://doi.org/10.1186/2193-1801-3-170.
Hitlin, Steven & Harkness, Sarah K. (2017). *Unequal Foundations: Inequality, Morality, and Emotions across Cultures, Perspectives on Justice and Morality*. New York: Oxford University Press.
Hochschild, Arlie R. (1979). „Emotion Work, Feeling Rules, and Social Structure", in: *American Journal of Sociology* 85(2), S. 551–575.
Hochschild, Arlie R. (1983). *The Managed Heart. Commercialization of Human Feeling*. Berkeley, CA: University of California Press.
Hochschild, Arlie R. (2016). *Strangers in Their Own Land: Anger and Mourning on the American Right*. New York: The New Press.
Holmes, Mary & Thomson, Rebecca (2022). „Emotional Reflexivity in the Time of COVID-19: Working-Class Emotional Practices", in: *Emotions and Society*, S. 1–18, https://doi.org/10.1332/263168922X16680946441057.
Houser, Jeffrey A. & Lovaglia, Michael J. (2002). „Status, Emotion, and the Development of Solidarity in Stratified Task Groups", in: *Advances in Group Processes* 19, S. 109–137.
Illouz, Eva (2004). *Gefühle in Zeiten des Kapitalismus*. Frankfurt am Main: Suhrkamp.
Ismer, Sven (2011). „Embodying the Nation: Football, Emotions and the Construction of Collective Identity", in: *Nationalities Papers* 39(4), S. 547–565.
Jasper, James M. (2011). „Emotions and Social Movements: Twenty Years of Theory and Research", in: *Annual Review of Sociology* 37(1), S. 285–303.
Katz, Jack (1999). *How Emotions Work*. Chicago: University of Chicago Press.
Kemper, Theodore D. (1978). *A Social Interactional Theory of Emotions*. New York: Wiley.

Kemper, Theodore D. (2006). „Power and Status and the Power-Status Theory of Emotions", in: J. E. Stets & J. H. Turner (Hrsg.), *Handbook of the Sociology of Emotions*. New York: Springer, S. 87–113.

Kemper, Theodore D. (2011). *Status, Power and Ritual Interaction: A Relational Reading of Durkheim, Goffman, and Collins*. Aldershot: Ashgate.

Kleres, Jochen & Wettergren, Åsa (2017). „Fear, Hope, Anger, and Guilt in Climate Activism", in: *Social Movement Studies* 16(5), S. 507–519.

Lange, Markus (2021). *Affekt, Kalkulation und soziale Relation. Ungewissheitsarrangements der Finanzmarktpraxis*. Berlin: Springer.

Laube, Stefan (2019). „Der Markt im Körper. Emotionales Beobachten und Bewerten im digitalisierten Finanzhandel", in: *Zeitschrift für Soziologie* 48(4), S. 263–278.

Lively, Kathryn J. (2019). „Sociological Approaches to the Study of Gender and Emotion in Late Modernity: Culture, Structure and Identity", in: R. Patulny/A. Bellocchi/R. E. Olson/S. Khorana/J. McKenzie & M. Peterie (Hrsg.), *Emotions in Late Modernity*. New York: Routledge, S. 69–82.

Lovaglia, Michael J. & Houser, Jeffrey A. (1996). „Emotional Reactions and Status in Groups", in: *American Sociological Review* 61(5), S. 867–883.

Lübke, Christiane & Delhey, Jan (Hrsg.) (2019). *Diagnose Angstgesellschaft? Was wir wirklich über die Gefühlslage der Menschen wissen*. Bielefeld: transcript.

McQueen, Fiona (2017). „Male Emotionality: 'Boys Don't Cry' Versus 'It's Good to Talk'", in: *NORMA* 12 (3–4), S. 205–219.

Neckel, Sighard (1991). *Status und Scham*. Frankfurt am Main: Campus.

Neckel, Sighard (1999). „Blanker Neid, blinde Wut? Sozialstruktur und kollektive Gefühle", in: *Leviathan* 27(2), S. 145–165.

Neckel, Sighard (2005). „Emotion by Design", in: *Berliner Journal für Soziologie* 15(3), S. 419–430.

Páez, Dario & Rimé, Bernard (2014). „Collective Emotional Gatherings. Five Studies of Identity Fusion, Shared Beliefs and Social Integration", in: C. von Scheve & M. Salmela (Hrsg.), *Collective Emotions: Perspectives from Psychology, Philosophy, and Sociology*. New York: Oxford University Press, S. 204–216.

Reckwitz, Andreas (2003). „Grundelemente einer Theorie sozialer Praktiken. Eine sozialtheoretische Perspektive", in: *Zeitschrift für Soziologie* 32(4), S. 282–301.

Röttger-Rössler, Birgitt (2002). „Emotion und Kultur. Einige Grundfragen", in: *Zeitschrift für Ethnologie* 127(2), S. 147–162.

Salmela, Mikko & von Scheve, Christian (2018). „Emotional Dynamics of Right- and Left-Wing Political Populism", in: *Humanity & Society* 42(4), S. 434–454.

Schatzki, Theodore (1996). *Social Practices: A Wittgensteinian Approach to Human Activity and the Social*. New York: Cambridge University Press.

Scheer, Monique (2012). „Are Emotions a Kind of Practice (And Is That What Makes Them Have a History)? A Bourdieuan Approach to Understanding Emotion", in: *History and Theory* 51(2), S. 193–220.

Schützeichel, Rainer (2017). „Emotion", in: R. Gugutzer/G. Klein & M. Meuser (Hrsg.), *Handbuch Körpersoziologie*. Berlin: Springer, S. 35–40.

Simon, Robin W. & Nath, Leda E. (2004). „Gender and Emotion in the United States: Do Men and Women Differ in Self-Reports of Feelings and Expressive Behavior?", in: *American Journal of Sociology* 109(5), S. 1137–1176.

Skowron, Marcin & Rank, Stefan (2014). „Interacting With Collective Emotions in E-Communities", in: C. von Scheve & M. Salmela (Hrsg.), *Collective Emotions: Perspectives from Psychology, Philosophy, and Sociology*. New York: Oxford University Press, S. 407–421.

Tam, Tania/Hewstone, Miles/Cairns, Ed/Tausch, Nicole/Maio, Greg & Kenworthy, Jared (2007). „The Impact of Intergroup Emotions on Forgiveness in Northern Ireland“, in: *Group Processes and Intergroup Relations* 10(1), S. 119–136.

Thoits, Peggy (1989). „The Sociology of Emotions“, in: *Annual Review of Sociology* 15, S. 317–342.

Turner, Jonathan H. (2000). *On the Origins of Human Emotions. A Sociological Inquiry into the Evolution of Human Affect*. Stanford: Stanford University Press.

Turner, Jonathan H. (2011). *The Problem of Emotions in Societies*. New York: Routledge.

Turner, Jonathan H. (2014). *Revolt from the Middle: Emotional Stratification and Change in Post-Industrial Societies*. New York: Routledge.

Von Scheve, Christian/Beyer, Manuela/Ismer, Sven/Kozlowska, Marta & Morawetz, Carmen (2014). „Emotional Entrainment, National Symbols and Identification: A Naturalistic Study Around the Men's Football World Cup“, in: *Current Sociology* 62(1), S. 3–23.

Weber, Max (1976 [1922]). *Wirtschaft und Gesellschaft. Grundriß der verstehenden Soziologie*. Tübingen: Mohr.

Wettergren, Åsa & Bergman Blix, Stina (2022). „Prosecutors' Habituation of Emotion Management in Swedish Courts“, in: *Law & Social Inquiry* 47(3), S. 971–995.

Wetzels, Michael (2022). *Affektdramaturgien im Fußballsport. Die Entzauberung kollektiver Emotionen aus wissenssoziologischer Perspektive*. Bielefeld: transcript.

Wiesse, Basil (2020). *Situation und Affekt*. Weilerswist: Velbrück.

Wouters, Cas (2007). *Informalization: Manners and Emotions Since 1890*. London: Sage.

Wunderlich, Philipp/Nguyen, Christoph & von Scheve, Christian (2022). „Angry Populists or Concerned Citizens? How Linguistic Emotion Ascriptions Shape Affective, Cognitive, and Behavioural Responses to Political Outgroups“, in: *Cognition and Emotion* 37(1), S. 147–161.

Sighard Neckel und Nina Sökefeld

5 Emotionen in modernen Gesellschaften der Gegenwart

Versteht man unter modernen Gesellschaften jene sozialen Ordnungen, die sich seit dem 18. Jahrhundert im Zuge der epochalen Prozesse von Säkularisierung, Industrialisierung, Urbanisierung und Demokratisierung zunächst in Europa und später weltweit in den unterschiedlichsten Formen herausgebildet haben (Eisenstadt 2011), so fanden sie in der Geschichte des soziologischen Denkens stets schon fassliche Bilder, mit denen ihr Wesenskern zum Ausdruck gebracht werden sollte. Der Rekurs auf einen gesellschaftlich bedingten Wandel des Gefühlslebens trug dabei in vielen Fällen zur Anschaulichkeit dieser Bilder bei. Ob es sich um das „stahlharte Gehäuse der Hörigkeit" handelte, das Max Weber (2004 [1920]: 201, 1980 [1922]: 835) zur Charakterisierung des okzidentalen Rationalismus verwandte, die „eigentümliche Abflachung des Gefühlslebens", die Georg Simmel (1999 [1900]: 595) dem modernen Lebensstil attestierte, oder die „bürgerliche Kälte", mit der die Kritische Theorie die Selbstentfremdung des modernen Subjekts beklagte (Horkheimer & Adorno 1986 [1947]: 110) – stets diente die Beschreibung einer spezifischen emotionalen Verfassung dazu, insbesondere das soziale Innenleben moderner Gesellschaften auf den Begriff zu bringen. Die Soziologie gelangte dabei zu durchaus unterschiedlichen Befunden, in denen sich aber auch reale gesellschaftliche Wandlungsprozesse repräsentierten. Und so wurde etwa die „affektive Neutralität", die Talcott Parsons Mitte des 20. Jahrhunderts als Signum der modernen Handlungsorientierung verstand (Parsons & Shils 1951: 77 ff.), Jahrzehnte später mit der „Tyrannei der Intimität" konfrontiert, die Richard Sennett (1983) als Verfall des öffentlichen Lebens beschrieb.

Heutige Zeitdiagnosen zur modernen Emotionskultur (vgl. auch zu soziologischen Perspektiven von Scheve, Kapitel 4) machen die Verarmung des Gefühlslebens gleichermaßen zum Thema wie auch deren Gegenteil – den Erlebnisreichtum einer individualisierten Moderne, der sich nicht zuletzt einer Lockerung und „Informalisierung" (Wouters 1999) gesellschaftlicher Emotionsnormen verdanke. Die größeren Freiheiten im Umgang untereinander gewähren subjektive Entfaltungsmöglichkeiten, die früheren Generationen verwehrt waren. Doch rasch wuchsen den neuen Freiheiten neue gesellschaftliche Zwänge nach, und so ist auch das „Glücksdiktat" (Cabanas & Illouz 2019), das moderne Gesellschaften den Individuen aufgeben, einer zeitgenössischen Sozialkritik verfallen, die sich von Anbeginn an nicht nur der negativen Gefühle annahm, sondern auch das emotionale Well-Being einer skeptischen Prüfung unterzogen hat (Cederström & Spicer 2016). Kulturelle

https://doi.org/10.1515/9783110589214-006

Programme einer „positiven Psychologie" konstruieren „happiness as enterprise" (Binkley 2014), was unglückliche Menschen als emotionale Versager erscheinen lässt. Auch brachten die letzten beiden Dekaden vermehrt Studien zu emotionalen Belastungsphänomenen hervor (Ehrenberg 2004; Neckel & Wagner 2013; Neckel et al. 2017), worin man einen Hinweis auf die affektiven Folgen und Nebenfolgen sehen kann, die sich mit der modernen Gesellschaftsorganisation verbinden.

Sucht man nach einem fasslichen Bild, das die modernen Gesellschaften der Gegenwart eindrücklich charakterisiert, so hat für die „Gefühlslage des Lebens in der Welt der Moderne" Anthony Giddens (1996: 172) einen weithin bekannten Vorschlag gemacht. Wie kaum eine andere Sozialtheorie der Gegenwart verstehen es Giddens' Schriften in eindrücklicher Weise, in den emotionalen Phänomenen unserer Zeit den Strukturwandel heutiger Gesellschaften lesbar zu machen. Seine soziologische Konzeption der Moderne eignet sich daher besonders für eine Emotionsforschung, die an der analytischen Einbettung kollektiver Gefühle in eine Theorie der gesellschaftlichen Dynamiken der Gegenwart interessiert ist. Zahlreiche weitere soziologische Deutungen lassen sich hierin integrieren. Daher soll Giddens' Theorie der Moderne diesem Überblick zu den Emotionen in den modernen Gesellschaften der Gegenwart als eine analytische Leitorientierung dienen.

Demgemäß stellen wir im Folgenden als erstes Giddens' Theorie der Moderne vor, die sich in einem starken Gleichnis verdichtet, dem *Dschagannath-Wagen*. Von hier aus gehen wir auf Giddens' Betrachtungen der speziellen Dynamiken moderner Gesellschaften der Gegenwart ein, die in ihren institutionellen Komplexen zu einer herausfordernden Wirklichkeit werden, durch welche das emotionale Erleben zutiefst durchdrungen ist. Gefühle bewegen sich danach in der heutigen Zeit in schroffen Gegensätzen, weshalb die nachfolgenden Abschnitte den verschiedenen Facetten dieser emotionalen Ambivalenzen gewidmet sind: Angst und Risiko, Leiden und Glück, emotionale Optimierung und schließlich Gefühle der Politik. Zum Schluss nehmen wir das starke Bild des *Dschagannath-Wagen* noch einmal auf und fragen uns, wohin uns seine rasende Fahrt noch führen wird.

Die modernen Gesellschaften der Gegenwart, aus denen die nachfolgenden Analysen stammen und deren Gefühlslagen uns interessieren, gehören vornehmlich der westlichen Hemisphäre an. Im Zuge der Globalisierungen unserer Zeit durchdringen sich jedoch die vielfältigen Modernen, sodass eine strikte Kartierung von emotionalen Prozessen nach geografischen Räumen selbst unzeitgemäß wäre.

1 Gefühlslagen in der Moderne der Gegenwart: Der Dschagannath-Wagen

Giddens' Sichtweise auf die Gegenwart der Moderne ist von der Überzeugung geleitet, dass es weniger die sich häufig wandelnden Zustände moderner Gesellschaften sind, die uns eine plastische Vorstellung von der emotionalen Erfahrung der modernen Gegenwart geben können, als vielmehr die spezifischen Prozesse und Dynamiken, die mit dem Leben in modernen Gesellschaften verbunden sind. Diese Dynamiken zeichnen sich dadurch aus, inmitten räumlich weit ausgreifender und zeitlich beschleunigter, permanenter Umbruchprozesse eine Gleichzeitigkeit von Verheißung und Bedrohung im Erleben hervorzubringen, auf die moderne Akteure typischerweise mit einer Mischung aus Euphorie und Angst reagieren. Die Moderne, so Giddens, gleiche in all ihren Errungenschaften und Gefährdungen einer „nicht zu zügelnden und enorm leistungsstarken Maschine, die wir als Menschen kollektiv bis zu einem gewissen Grade steuern können, die sich aber zugleich drängend unserer Kontrolle zu entziehen droht und sich selbst zertrümmern könnte" (Giddens 1996: 173). In Anlehnung an ein tonnenschweres hinduistisches Prozessionsfuhrwerk beschreibt Giddens die Moderne als einen Dschagannath-Wagen, der in seiner Wucht alles zerstört, was ihm im Wege steht, und der umso weniger noch steuerbar ist, je mehr Fahrt er bereits aufgenommen hat.

> Der Dschagannath-Wagen zermalmt diejenigen, die sich ihm widersetzen, und obwohl er manchmal einem ruhigen Weg zu folgen scheint, gibt es auch Zeiten, da er unberechenbar wird und in Richtungen abschwenkt, die wir nicht vorhersehen können. Die Fahrt ist keineswegs ganz unangenehm oder unbefriedigend, sondern kann häufig belebend wirken und voller Hoffnungsfreude sein. Doch solange die Institutionen der Moderne Bestand haben, werden wir niemals imstande sein, die Route oder die Geschwindigkeit der Fahrt völlig unter Kontrolle zu bringen. Außerdem werden wir uns nie ganz sicher fühlen können, denn das Gelände, über das der Wagen fährt, birgt folgenreiche Risiken. Gefühle ontologischer Sicherheit und Existenzangst werden in ambivalenter Weise koexistieren. (Giddens 1996: 173 f.)

Der Dschagannath-Wagen ist Giddens' Symbol einer modernen Welt, die auf ähnliche Weise zerrissen ist, wie dessen mächtiger Antrieb alles zu zerreißen droht, was sich ihm entgegenstellt. Die gleiche unbändige Kraft, die in ihrer Beschleunigung alle gewohnten Verhältnisse hinter sich lässt und dabei manch neue Ziele von Wohlstand, Sicherheit und Freiheitsgewinnen erreicht, setzt bisher nicht gekannte Risiken und Bedrohungen frei. Auf demselben gefahrvollen Weg, auf dem die Dynamik der Moderne sozialen Aufstieg, materielle Besserstellung, technischen Fortschritt und individuelle Glückserfahrung hervorzubringen vermag, lauern die Gefährdungen von Armut, Abstieg, Leid und Zerstörung. Ist die „leistungsstarke Maschine" einmal in Gang gesetzt, entzieht sie sich mehr und mehr jeder Kontrolle, bis das Gefährdungspotenzial schließlich existenzielle Dimensionen erreicht, deren Menetekel heute die atomare Selbstzerstörung und der Zusammenbruch des ökologischen Erdsystems sind.

Die „Gefühlslage", die daraus resultiert, bewegt sich in Gegensätzen: Geschwindigkeitsrausch und Angst (vgl. auch Dehne, Kapitel 17) vor dem Abgrund, emotionale Ambivalenz, da jede der rasch aufeinanderfolgenden Umschwünge Hoffnungen und Enttäuschungen in sich birgt, Spannungsreize und Gefühle der Sinnlosigkeit. Am Ende, so Giddens, tut sich inmitten der modernen Gesellschaften der Gegenwart ein gewaltiger Riss auf, schwindet doch das lange Zeit nahezu unbegrenzte institutionelle Vertrauen in die Lösungskapazitäten des technisch-wissenschaftlichen Fortschritts, in das Wohlstandsversprechen der Ökonomie, das Wissen von Experten und in die Handlungsfähigkeit der Politik, Naturprozesse noch kontrollieren und die Stabilität von Gesellschaftssystemen noch gewährleisten zu können.

2 Erfahrungswirklichkeiten einer radikalisierten Moderne

Als Ursache dieser Gefühlslage voller Gegensätze, Widersprüche und Ambivalenzen macht Giddens drei dynamische Mechanismen aus, die in sich selbst Konsequenzen der Modernisierung moderner Gesellschaften sind: die Entkoppelung von Raum und Zeit, Prozesse der „Entbettung" und die Reflexivität der Moderne (Giddens 1996: 72 ff.). In der raumzeitlichen Dimension verliert sich das typisch vormoderne Verhältnis von Distanz und Zeit, indem größere Entfernungen auch mehr Zeit zu ihrer Überwindung verlangten. Stattdessen setzt eine „raumzeitliche Abstandsvergrößerung unbegrenzter Reichweite" (Giddens 1996: 72) ein, durch die räumlich weit voneinander Entferntes gleichzeitig seine Präsenz im Gesellschaftsleben hat. Unter „Entbettung" versteht Giddens „das ‚Herausheben' sozialer Beziehungen aus ortsgebundenen Interaktionszusammenhängen" und ihre Umstrukturierung über unbegrenzte Raum-Zeit-Spannen hinaus (Giddens 1996: 33), wodurch moderne Alltagswelten beständig disruptiven Veränderungen ausgesetzt sind. Dies alles wird begleitet durch eine zunehmende „Reflexivität des Lebens in der modernen Gesellschaft", sodass „sich Denken und Handeln in einem ständigen Hin und Her aneinander brechen" (Giddens 1996: 54), sich die reflexive Aneignung von Wissen zu einem integralen Bestandteil des Gesellschaftssystems verwandelt, Traditionen und Routinen von ihren Gewissheiten fortgerissen werden und schließlich die Reflexivität der Moderne selbst zu einem dauerhaften Gegenstand der modernen Selbstreflexion wird (Giddens 1996: 55).

Raumzeitliche Abstandsvergrößerung, Entbettung und Reflexivität verlaufen nicht separiert voneinander und nicht linear, sondern ineinander verflochten und disruptiv. Dadurch, dass sie sich wechselseitig verstärken, nimmt die Moderne immer radikalere Ausprägungen an. Ihre Wirksamkeit entfalten deren dynamische Mechanismen unter konkreten gesellschaftlichen Bedingungen, die Giddens zufolge durch vier institutionelle Komplexe moderner Gesellschaften gekennzeichnet sind: Kapitalismus, Industrialismus, Überwachung und militärische Macht (Giddens 1996: 75 ff.). Gibt der Kapitalismus das expansionistische Wirtschaftssystem des Marktwettbewerbs vor, dem eine typische Klassenteilung folgt, so steht der Industrialismus für den Einsatz unbelebter materieller Energiequellen zur Gütererzeugung. Überwachung meint die Entwicklung und Konzentration von Kontrollfähigkeiten, die in politischen Instanzen und in Verwaltungen versammelt sind, während militärische Macht das Monopol von Staaten zur (kriegerischen) Gewaltausübung bezeichnet.

Der Dschagannath-Wagen einer radikalisierten Moderne sorgt nun dafür, dass ihre disruptiven Dynamiken die institutionellen Komplexe moderner Gesellschaften in „Risikoumwelten" (Giddens 1996: 51) voller selbstgeschaffener Gefahren verwandeln. Der Kapitalismus erweitert sich zu einer globalen Wirtschaftsmacht mit unzähligen Verwerfungen, die das gesellschaftliche Leben durchziehen. Der Industrialismus zieht eine Spur ökologischer Zerstörung nach sich, die weltweit die natürlichen Lebensgrundlagen gefährdet. Staatliche Kontrollkapazitäten tendieren zur Verweigerung oder Außerkraftsetzung demokratischer Rechte. Die militärische Macht treibt in ihrem Wettlauf um Massenvernichtungswaffen die Gefahr großer Kriege an (vgl. Giddens 1997: 144). All dies formt in den modernen Gesellschaften der Gegenwart die soziale Erfahrung folgenreich um. Die Globalisierung und mit ihr die raumzeitliche Entgrenzung und Entbettung sozialer Beziehungen spielen in jede Sphäre der persönlichen Existenz hinein. Ökonomische, soziale und ökologische Krisen werden zu einem Dauerzustand. Permanenter Problemdruck lässt Gewissheiten erodieren und dehnt die Domänen der Reflexivität auf nahezu alle Erfahrungswelten aus. Vertrauen verkehrt sich in ontologische Unsicherheit, die in Institutionen und Lebenswelten Risikokalkulation zur maßgeblichen Handlungsmaxime macht. Dies sind die Kontexte, die heute in modernen Gesellschaften Emotionen gestalten und ihrerseits wirksam werden lassen.

3 Facetten emotionaler Ambivalenz

Lässt man sich von Giddens' Beschreibung der modernen Gesellschaftserfahrung leiten, geraten zahlreiche affektive Phänomene in den Blick, die spezifisch *mo-*

derne emotionale Verfasstheiten gerade deswegen sind, weil sie typischerweise auf dem Zusammenspiel der dynamischen Mechanismen in den institutionellen Komplexen moderner Gesellschaften beruhen.

3.1 Angst und Risiko: Gefühle der Bedrohung

Die Moderne bringt in ihren Institutionen nicht nur weitreichende Risiken und Unsicherheiten hervor, sondern aufgrund ihrer gesteigerten Reflexivität auch ein umfassendes Bewusstsein davon. Der Einschätzung von selbst geschaffenen Risiken in näherer oder fernerer Zukunft kommt daher in modernen Gesellschaften eine zentrale Bedeutung zu. Das Alltagsleben ist dabei nicht grundsätzlich *riskanter* geworden, als es in vormodernen Zeiten gewesen ist. Vielmehr ist es die fortlaufende Risikokalkulation selbst, die zur Quelle eines generellen Bedrohungsempfindens wird:

> Risk assessment is crucial to the colonisation of the future; at the same time, it necessarily opens the self out to the unknown. There are some risk environments where the element of risk, so far as the situated individual is concerned, can be calculated quite precisely. Even here, and supposing that the element of risk associated with a particular activity or strategy is small, by acknowledging risk the individual is forced to accept that any given situation could be one of those cases where “things go wrong”. (Giddens 1991: 182)

Die affektive Seite dieses spezifisch modernen Risikobewusstseins sind diffuse Ängste und Sorgen – eine Beobachtung, die immer wieder Eingang in soziologische Diagnosen zur Gegenwart als einem Zeitalter der Angst gefunden hat (Bude 2014; Dehne 2017). Dennoch werden viele Risiken im Alltagshandeln nicht zuletzt deswegen ausgeblendet, weil ihr tatsächliches Eintreten so ungewiss ist. Der unwahrscheinliche Fall, dass sie sich bewahrheiten, erscheint geradezu als eine moderne Variante des Schicksals, das im Rahmen alltäglicher Aktivitäten verdrängt wird (Giddens 1991: 183). Auch kann das Wissen um mutmaßlich geringe Risiken emotional beruhigend wirken. Dann glaubt man, dass es einen selbst schon nicht treffen wird oder übergeordnete Instanzen sich darum kümmern werden, Bedrohungen abzuwenden. Gleichwohl wird das moderne Leben stets von der Möglichkeit der Selbstzerstörung begleitet, aufgrund von Reaktorunfällen, dem Einsatz von Atomwaffen oder von ökologischen Katastrophen, die durch die fortschreitende Naturzerstörung immer wahrscheinlicher werden. In Alltagswelten, politischen Strömungen und in der Populärkultur sind dystopische Bilder und Gefühle denn auch so präsent wie selten zuvor, sei es im Milieu der *Prepper*, die sich für den Untergang einrichten, in den Katastrophenszenarien heutiger Filmproduktionen oder in der Endzeitstimmung mancher Teile der Klimabewegung (McKenzie

2021). Zwar sind Vorstellungen von einem drohenden Weltuntergang und die emotionale Auseinandersetzung damit an sich nicht spezifisch modern (Rohr et al. 2018). Der Unterschied ist jedoch, dass sich moderne Ängste nicht auf eine göttliche Apokalypse richten, sondern auf Bedrohungen menschlichen Ursprungs, deren Entstehung auf den komplexen Dynamiken von Kapitalismus, Industrialismus und militärischer Macht beruht.

Die epochalste Bedrohung ist der menschengemachte Klimawandel, deren emotionale Dimensionen sich mittlerweile tief im modernen Alltagsbewusstsein verankert haben. Ängste vor den Folgen der Erderwärmung und einer zunehmenden ökologischen Zerstörung lassen in der Öffentlichkeit „Klima-Emotionen" insbesondere dann entstehen, wenn Umweltkrisen wie Hitzewellen, Dürren oder große Brandkatastrophen Akteuren ein Gefühl von der unabweisbaren Realität ökologischer Bedrohungen vermitteln (vgl. Neckel & Hasenfratz 2021). Gewiss hat die Wahrnehmung außergewöhnlicher Wetterereignisse – in Nord- und Mitteleuropa etwa in Form milder, schneeloser Winter und extrem heißer Sommer – auch in traditionalen Gesellschaften für Beunruhigung gesorgt. In modernen Gesellschaften verbindet sich diese Beunruhigung jedoch mit wissenschaftlichen Szenarien zur Erderwärmung, politischen Kontroversen um Maßnahmen zur CO_2-Reduzierung und der medialen Berichterstattung über immer wieder verfehlte Ziele bei der Eindämmung des Klimawandels. Die subjektive Wahrnehmung ist eingebunden in einen umfassenden und vielfach abstrakten Komplex aus Expertenwissen, öffentlicher Berichterstattung und institutionellen Verfahren, und muss sich zudem ständig an neuen Entwicklungen orientieren.

Im stillen Wissen die Klimakrise und die Folgen des eigenen umweltschädlichen Verhaltens auszublenden, erfordert spezifische Formen von Gefühlsmanagement und verlangt den Individuen vielfache emotionale Belastungen und Anstrengungen ab (Norgaard 2011). Auch jene, die sich gegen den Klimawandel engagieren, betrifft die Herausforderung, mit diesem Wissen leben zu müssen, den Alltag dennoch fortzuführen und in ihrem Engagement nicht zu verzweifeln. In den letzten Jahren hat sich die öffentliche Auseinandersetzung mit dem Klimawandel deutlich emotionalisiert. Ängste und Bedrohungsgefühle werden explizit thematisiert (Knops 2023) und als notwendig dafür betrachtet, das Ausmaß der ökologischen Katastrophe subjektiv zu begreifen (Neckel & Hasenfratz 2021: 254 f.). Emotionen wie Angst, Hoffnung und Wut mobilisieren Klimaproteste (Kleres & Wettergren 2017) und werden selbst zum Gegenstand aktivistischer Praktiken. Ein eindrückliches Beispiel hierfür sind die Gruppen von *Extinction Rebellion*. Mit ihren Protestpraktiken zielen sie nicht nur auf eine hochgradig emotionalisierte politische Mobilisierung ab; für sich selbst verfolgen sie ein internes Achtsamkeitsprogramm, um mit belastenden Situationen, Gedanken und Gefühlen besser umgehen zu können und die Gefahren eines aktivistischen Burnouts zu bannen: „Feelings thus become the fuel of radical protest. The issue, however, is not merely dealing with emotional pain in the face of a feared apocalypse. The production of feelings in individuals is also supposed to serve as the resource-igniting motor of the activists' protest" (Sauerborn 2022: 461). *Extinction Rebellions* Zugriff auf Emotionen lässt sich als Beispiel dafür verstehen, wie sich angesichts der Allgegenwärtigkeit von Risiko und Bedrohung reflexives Wissen nicht nur auf das Handeln, sondern auch auf das Fühlen auswirkt, und das Wissen darüber wiederum reflexiv nutzbar gemacht wird.

Charakteristisch für die Heterogenität moderner Gesellschaften ist aber auch, dass keineswegs all ihre Mitglieder von den gleichen Angstgefühlen geplagt werden. So mag für manche weniger der Klimawandel eine Quelle von Ängsten sein, als vielmehr der unausweichliche ökologische Umbau, der den Verlust von Arbeitsplätzen und die Furcht vor dem sozialen Abstieg heraufbeschwören kann. Bei anderen ist es die Angst vor einer „Islamisierung", die rechtspopulistische Parteien und Bewegungen schüren und zum Kern ihrer „Affektpolitik" (Diefenbach 2022) machen. Kriegerische Eskalationen und der Terrorismus sind Angstgeneratoren, die momenthaft heiß laufen können, wenn sich Bedrohungslagen verdichten. Und schließlich sorgen die Kontingenzen kapitalistischer Märkte und die ungewissen Ausgänge beschleunigter sozialer und kultureller Umbrüche dafür, dass Angst und Schrecken ständige Begleiter moderner gesellschaftlicher Prozesse sind und sich fallweise zu wiederkehrenden sozialen Panikstörungen auswachsen können.

Wenn aber die Zukunft „zum Schreckensszenario drohender Albträume" (Bauman 2017: 14) wird, taugt sie nicht mehr als Quelle von Hoffnung und Zuversicht. Verfinstern sich die Zukunftshorizonte, wird Sinn in den „Retrotopien" (Bauman 2017) verklärter Vergangenheiten gesucht, die gegenüber künftigen Unwägbarkeiten als stabil und verlässlich erscheinen und Hoffnungen paradoxerweise auf das richten, was (vermeintlich) einmal gewesen ist.

3.2 Leiden und Glück: Das reflexive Selbst

Die Moderne ist durch die globale Standardisierung der Einteilungen von Raum und Zeit heute eine einheitlichere Welt, als dies in vormodernen Formen der Gesellschaftsorganisation der Fall gewesen ist. Gleichwohl bringen moderne Gesellschaften neue Formen der Fragmentierung der Welterfahrung hervor, wofür vor allem die zunehmende Verbreitung medialer Erlebnisinhalte sorgt. Als sinnstiftende Einheiten, die zugleich emotionale Sicherheiten verbürgen, verlieren Religionen (vgl. auch Herbrik, Kapitel 8) in vielen Teilen der Welt ihre Bedeutung als absolute Institutionen – selbst Tiefgläubige sind damit konfrontiert, dass ein religiöses Leben lediglich eine Option unter vielen darstellt (Giddens 1991: 181). Die grundlegende Unsicherheit, die darin besteht, dass alles auch anders sein könnte, ist im modernen Gesellschaftsleben stets präsent und spielt auch im Alltag zumindest hintergründig eine beständige Rolle. Radikale Zweifel, die jede Sinnsphäre durchdringen, sind charakteristisch für das Leben in der radikalisierten Moderne. Daher kann es nicht ausbleiben, dass sich auch das Selbst (vgl. auch Pritz, Kapitel 10) in ein reflexives Projekt verwandelt. Mehr und mehr steht es vor der Herausforderung, eine eigene Kohärenz nur dadurch aufrechtzuerhalten, dass es sich beständig korrigiert, anpasst und Entscheidungen aus mehreren Möglichkeiten trifft, die durch moderne Institutionen gefiltert werden (Giddens 1991: 181). Lebensstil und Identität erlangen auf diese Weise eine große Bedeutung und sind zugleich aus herkömmlichen Mustern weitgehend entlassen, was einfache Konformitätsanstrengungen schwieriger und deutlich mehr Selbstbezug erforderlich macht. Emotionen, denen ja stets auch evaluative Funktionen zukommen (Burkitt 2012), spielen bei den Entscheidungen für die eine oder andere Option eine wichtige Rolle (Holmes 2010, 2015).

Je weniger das Leben durch traditionsfeste Normen vorstrukturiert ist, desto mehr scheinen alltägliche Routinen der Ernährung und des Konsums, in Bezug auf den eigenen Körper, die Arbeit oder die Freizeitgestaltung Ergebnisse individueller Entscheidungen zu sein. Eine Wahl zu treffen, stellt sich selbst nicht als eine Option dar, sondern nimmt den Charakter eines neuen sozialen Zwangs an (vgl. Giddens 1991: 81). „Im Reich der individuellen Wahlfreiheit steht die Alternative, sich an diesem Spiel nicht zu beteiligen, ausdrücklich nicht auf der Tagesordnung“ (Bauman 2003: 45).

Wie die Fahrt auf dem Dschagannath-Wagen sowohl Vergnügen bereiten als auch Ängste auslösen kann, sind die Freiheit wie die Notwendigkeit, das Ich und das eigene Leben selbst zu gestalten, emotional mit vielen Ambivalenzen verbunden. Die Freiheit, zwischen Optionen wählen und von vorbestimmten Wegen abweichen zu können, kann ebenso eine Quelle von Euphorie und Glücksgefühlen sein, wie sie sich als Überforderung darstellen mag oder Enttäuschungen auslösen kann, wenn sich die Hoffnungen auf Selbstverwirklichung als trügerisch erweisen. Die negative Seite dieser ambivalenten Konstellation hat eindrücklich Alain Ehrenberg beschrieben und seine Studie „Das erschöpfte Selbst“ (2004) der Verbreitung von Depressionen als Kehrseite von Selbstverwirklichung gewidmet. Gilt die emotionale Erschöpfung als Symptom des scheiternden Anspruchs, ein authentisches Selbst zu verkörpern, so rückt im Gefolge des modernen Autonomie-Ideals der Diskurs um die affektiven Seiten des Subjekts und seine mentale Gesundheit in den Mittelpunkt öffentlicher Aufmerksamkeit:

> Die Stellung, die man der seelischen Gesundheit, dem psychischen Leiden, der Passivität und den Gefühlen einräumt, ist die Frucht eines Zusammenhangs, in dem die Ungerechtigkeit, der Misserfolg, das abweichende Verhalten, die Unzufriedenheit oder die Frustration

> die Tendenz haben, nach ihrem Einfluss auf die individuelle Subjektivität und auf die Fähigkeit bewertet zu werden, ein autonomes Leben zu führen. (Ehrenberg 2011: 496)

Ein ganz auf Autonomie und Selbstverwirklichung ausgerichteter Lebensstil bringt auch deshalb emotionale Bürden mit sich, da er „aus systematischen Gründen enttäuschungsanfällig“ ist (Reckwitz 2017: 344). Wenn die Konventionen allgemein anerkannter Statusziele erodieren, persönlicher Erfolg sich nicht einfach mehr an den gebräuchlichen Insignien des Statuserwerbs wie Karriere, Eigenheim und Wohlstandskomfort ablesen lässt, dann fällt dem Subjekt neben der eigenen Lebensplanung auch noch deren ständige Evaluation zu. Maßstab hierfür ist ein emotionales Erleben, das „Authentisches von Unauthentischem unterscheidet“ (Reckwitz 2017: 346). Das Gelingen der persönlichen Lebensführung einzig an der Realisierung dessen zu messen, was als authentische Erfahrung gilt, bedeutet jedoch, eine geringe Vorhersehbarkeit in Kauf nehmen zu müssen, da das Erreichen von Lebenszielen nicht zwingend mit dem davon erhofften affektiven Erleben einhergehen muss.

Wird das Selbst vornehmlich als ein Projekt reflexiver Entscheidungen verstanden, bleibt es in sich fragil. Für das moderne Individuum stellt sich diese Fragilität als eine besondere emotionale Belastung dar. Darauf reagiert, quer durch alle Sozialschichten hindurch, die Popularisierung von Therapien, deren Praktiken und Diskurse einen erheblichen kulturellen Einfluss darauf ausüben, wie das Selbst sich und seine Emotionen versteht (Illouz 2009; Wright 2011; Rose 1989). Eine kritische Auseinandersetzung mit der Therapeutisierung der öffentlichen Kultur fand in der Soziologie bereits seit den späten 1960er-Jahren statt (Rieff 1966), als neue individualistische Werte ihren kulturellen Triumphzug begannen (Tändler 2016). Richard Sennetts (1983) Diagnose einer „Tyrannei der Intimität“ stellte einen ersten Höhepunkt dieser Zeitkritik dar. In ihr inspiziert Sennett den verbreiteten Glauben, dass menschliche Entwicklung allein durch intime, psychische Erfahrungen möglich sei, während alle gesellschaftlichen Übel auf Unpersönlichkeit, Entfremdung und Kälte beruhten. Soziale Beziehungen, die Sinn und Stabilität versprächen, zögen ihre Glaubhaftigkeit mehr und mehr aus ihrer Nähe zu den psychischen Bedürfnissen der Menschen. Im kollektiven Bewusstsein träten psychologische Begriffe an die Stelle politischer Kategorien. Gesellschaftliche Positionen von Akteuren schienen Ergebnisse „ihrer persönlichen Qualitäten und Anlagen“ zu sein, während Klassenverhältnisse als eine eigenständige gesellschaftliche Realität gar nicht mehr wahrgenommen würden (vgl. Sennett 1983: 302 f.).

Psychologisch-therapeutisches Wissen hat sich seither überall im modernen Gesellschaftsleben verbreitet. Es stellt die Begriffe bereit, um die eigenen Emotionen zu ergründen und in Worte zu fassen, und leitet die Praktiken an, mit ihnen umzugehen (Illouz 2009). Damit geht die Annahme einher, dass es die Gefühle sind, die im Zentrum des Selbst stehen, dem bei Problemen und Leid am besten durch die richtigen Therapien zu helfen sei. In einem entgrenzten therapeutischen Verständnis des Selbst trägt das Individuum Verantwortung für die eigene Zukunft und damit auch für alle Prozesse einer gelingenden oder scheiternden Veränderung. Besonders deutlich zeigen sich solche Zugriffe auf die Person und ihre Gefühle dort, wo es nicht allein darum geht, bestimmte psychische Leiden zu kurieren, sondern eine umfassende persönliche Wellness herzustellen (Cederström & Spicer 2016; Mixa 2016). Wohlfühlprogramme samt ihrer Körper- und Emotionstechniken und der entsprechenden Produktpaletten werden „als Kompensation der schädigenden Wirkungen der Moderne konzipiert“ (Duttweiler 2009: 403) und sollen Enttäuschungen und Erschöpfungszuständen Einhalt gebieten. Angeboten werden Handreichungen, die positive Emotionen und Hilfsmittel zur proaktiven Herstellung persönlichen Glücks versprechen (Cabanas & Illouz 2019; Binkley 2014; Duttweiler 2007), wozu in jüngster Zeit auch digitale Tools eingesetzt werden. Beispielhaft dafür steht das Self-Tracking von Emotionen, mit dem Menschen zu einem bewussteren, gesünderen und glücklicheren Leben hingeführt werden sollen (Pritz 2016). Wenn aber etwa Meditations-Apps gegen die Auswirkungen der ständigen Präsenz digitaler Medien im Alltag eingesetzt werden, zeigt sich abermals der oft paradoxe Status von Gefühlen unter den Bedingungen einer radikalisierten Moderne: So scheinen viele der Praktiken, die auf die Herstellung von Glück und Wohlbefinden abzielen, sich ihrer Struktur nach kaum von jenen zu unterscheiden, die ein gezieltes emotionales Gegensteuern erst notwendig machten.

3.3 Optimierung: Die Ökonomisierung der Gefühle

Ein Lebensbereich, der in modernen Gesellschaften zunehmend vom Ideal der Selbstverwirklichung regiert wird, ist die Erwerbsarbeit. So ist es wenig überraschend, dass die typisch moderne Ambivalenz von Gestaltungsfreiheit und emotionaler Belastung sich hier besonders deutlich zeigt. Im Zusammenspiel der dynamischen Veränderungsmechanismen, die dem Kapitalismus eine neoliberale Gestalt verschafften, haben sich im Arbeitsleben Prozesse der Flexibilisierung und Entgrenzung durchgesetzt, die auf der Subjektseite gesteigerte Eigenverantwortung, Selbststeuerung und Initiativgeist einfordern. Berufstätige sind heute gehalten, in Bezug auf ihre Arbeitskraft unternehmerisch zu handeln und diese möglichst zu optimieren, und damit Ansprüche zu erfüllen, die immer häufiger in emotionaler Überlastung und psychischer Auszehrung resultieren (Neckel & Wagner 2013). Dies hat nicht zuletzt mit dem Verhältnis von Arbeit und Emotionen im gegenwärtigen Kapitalismus selbst zu tun (Illouz 2007), das heißt mit dem Gewicht, das Gefühlen in Organisationen und der Gefühlsarbeit in Arbeitskontexten zugemessen wird (Fineman 2007; Senge 2015). Von der Bedeutung emotionaler Arbeit in Dienstleistungsberufen (Hochschild 1983) über Programme der emotionalen Selbststeuerung (Neckel 2005) bis hin zur strategischen Nutzung emotionaler Fähigkeiten im Arbeitsleben, stellen Gefühle in der heutigen Berufswelt eine Ressource dar, die aktiviert und gezielt nutzbar gemacht werden soll. Andere Menschen zu affizieren und ihre Aufmerksamkeit zu erregen, gerät zu einem „affektiven Kapital" (Penz & Sauer 2016). Was einerseits eine Quelle der beruflichen Befriedigung und der Arbeitsfreude sein kann, stellt sich andererseits als Erschöpfungssyndrom dar, wenn die Gefühlsarbeit zu einer psychischen Überlast wird, die alltäglich am Arbeitsplatz abgefordert wird. Freude an der Selbstwirksamkeit und Erfüllung in der Berufsrolle stehen so Stress und Abstumpfung gegenüber. Das emotionale Erleben von Arbeit wird zu einem zweischneidigen Schwert, das persönliche Gefühle in gegensätzliche Empfindungen zerteilt.

Die Paradoxie der modernen Emotionskultur zeigt sich in der Erwerbsarbeit insbesondere auch dort, wo ein emotionales Selbstmanagement angestrebt wird, durch das die eigenen Gefühle wie auch die Emotionen anderer gezielt beeinflusst werden sollen. Ein mittlerweile klassisches Beispiel hierfür ist das Programm der *Emotionalen Intelligenz*, das in vielen Unternehmen zum Einsatz kommt und das dem Individuum eingeben will, an sich selbst als eine unerschöpfliche Quelle persönlicher Potenziale zu glauben. Verzweiflung am Misserfolg und eigene Vorwürfe für ein persönliches Scheitern stellen die Kehrseite solch emotionaler Steuerungsversuche dar, die strikt auf das positive Erleben als eine Idealnorm ausgerichtet sind. So hat sich in den vergangenen Jahrzehnten geradezu eine „Glücksindustrie" (Cabanas 2018) entwickelt, die an der „emotionalen und kognitiven Selbstregulierung" (Cabanas 2018) ansetzt. Das Ideal positiver Gefühle steht dabei häufig in einem Widerspruch zu sozialstrukturell vorgeprägten Emotionsrepertoires, was sich insbesondere in der „Diskrepanz zwischen kulturellen Emotionszielen und den Mitteln der Akteure zeigt, diesen Empfindungs-Zielen gerecht zu werden" (von Scheve & Dehne 2016: 40). Wer jahrzehntelang positive Gefühle aus seinen Erfolgserlebnissen im beruflichen Leistungskontext bezog, dem mag es schwerfallen, „Scheitern als Chance" (Schröder 2010) zu begreifen, wie dies etwa Ratgeber zur Steigerung der persönlichen Resilienz empfehlen.

Doch sind längst auch emotionale Belastungsphänomene selbst zum Gegenstand von Programmen der Gefühlssteuerung geworden. Sie versprechen, Unwohlsein und innere Konflikte abzumildern oder ganz zu verhindern. Achtsamkeitskurse zielen auf Stressbewältigung ab und sollen die Konzentrationsfähigkeit von Beschäftigten erhöhen (Sauerborn et al. 2022; Neckel & Sauerborn 2023). Dabei stellt es keinen Zufall dar, dass die wichtigsten Grundprinzipien von *mindfulness* – die bewertungsfreie

Konzentration auf den Moment, den Körper und seine Gefühle – den Strukturdynamiken moderner Gesellschaften genau entgegengesetzt sind und einen Versuch darstellen, einer durch Entgrenzung, Entbettung und Reflexivität gekennzeichneten modernen Welt insgesamt zu entkommen.

3.4 Echokammern: Die Emotionalisierung der Politik

Die radikalisierte Moderne lässt mit ihrer raumzeitlichen Abstandsvergrößerung und der Entbettung sozialer Beziehungen aus örtlichen Beschränkungen heraus ein Spannungsverhältnis zwischen einer Politisierung des Lokalen und des Globalen entstehen. Moderne Formen von Politik müssen sich daher in beiden Zusammenhängen beweisen. Die „Verflechtung von Entfernung und Nähe, von Persönlichem und umfassenden Globalisierungsmechanismen" gerät zu einem Problem, auf das Politik Antworten suchen muss (vgl. Giddens 1996: 193 f.). Identitätspolitiken, die der Nähe eigener Zugehörigkeiten entstammen und auf Anerkennung von Besonderungen abzielen, assoziieren sich mit Kämpfen um Umverteilung und gegen globale Ungerechtigkeiten, die von der Sozialordnung des Kapitalismus verursacht worden sind (Fraser & Honneth 2003).

In dem Maße, wie existenzielle und moralische Fragen, seien sie auf Identitätsbedürfnisse, globale Bedrohungen oder soziale Ungerechtigkeiten gerichtet, in den Mittelpunkt politischer Auseinandersetzungen rücken, sind sie durchdrungen von Emotionen, die selbst wiederum politische Konflikte antreiben (Holmes et al. 2020). Das spezifisch Moderne der heutigen politischen „Gefühlslage" ist, dass sich emotionale Mechanismen von Engagement und Distanzierung, Ressentiment und Mitgefühl, Hass (vgl. auch Ural, Kapitel 16) und Verbundenheit (vgl. auch Adloff, Kapitel 15) durch die digitale Kommunikation und weltumspannende Medien in atemberaubender Schnelligkeit verbreiten. In den endlosen Weiten des Internets haben sich unzählige Echokammern etabliert, in denen sich Gleichgesinnte inmitten geschlossener Wahrnehmungsräume in ihren jeweiligen Überzeugungen und Affekten wechselseitig verstärken. „Echtzeiten des Hasses" (Groß & Neckel 2023) beschleunigen sich überall dort, wo in digitalen Treibjagden Feinde ausgemacht und zur Strecke gebracht werden sollen. Algorithmen filtern Informationen, Bots simulieren Kommunikationen, wo es sich tatsächlich um Manipulationen handelt, die Eigendynamik des Austausches auf sozialen Netzwerken selbst sorgt dafür, dass Radikalisierung stets größte Aufmerksamkeit bringt. Solche Dynamiken sind sozialen Medien als „Affektgeneratoren" (Lünenborg 2022: 233) inhärent: Ihre Architektur zielt auf die Affizierung ihrer User ab, um so die Nutzungsintensität der entsprechenden Plattformen zu steigern.

Politische Emotionen (vgl. auch Sauer, Kapitel 6) scheinen dadurch mehr denn je den Charakter von Planbarkeit anzunehmen, da sich politische Akteure im Besitz verlässlicher Instrumente zu ihrer gezielten Beeinflussung wähnen. Dies hat wesentlich dazu beigetragen, dass sich politische Konflikte auf eine allen sichtbare performative Bühne verlagern, auf der die Emotionalisierung von Streitfragen zur Erfolgsbedingung des Politischen wird. Die Realisierung politischer Machtansprüche kommt daher heute nicht mehr ohne ein „emotionales Kapital" aus, das in die Logik politischen Streits gezielt eingeführt werden muss (Heaney 2019). Schon immer diente das Spiel mit kollektiven Gefühlen der Absicherung von Herrschaft ebenso wie auch den Bestrebungen einer jeden Opposition. Die radikalisierte Moderne hat mit all ihrem reflexiven Wissen dieses Spiel mit den avanciertesten technischen und psychologischen Mitteln ausgestattet, sodass Politik heute ebenso als eine hauptsächlich emotionale Angelegenheit erscheint, wie sie als eine solche oftmals auch scharf kritisiert wird. Die politische Mobilisierung von Gefühlen (vgl. auch Diefenbach, Kapitel 13) ist darüber zu einem der Schwerpunkte der modernen Emotionssoziologie geworden, die in zahlreichen Beiträgen das affektive Innenleben politischer Programme, Parteien und Bewegungen ausgeleuchtet hat.[1]

4 Eine rasende Fahrt mit ungewissem Ausgang

Der Dschagannath-Wagen hat im 21. Jahrhundert eine rasende Fahrt aufgenommen. Die Reflexivität der Moderne hat ihn nicht aufhalten können, im Gegenteil: „Neue Erkenntnisse (neue Begriffe, Theorien, Funde) führen nicht einfach dazu, dass die soziale Welt durchsichtiger wird, sondern sie verändern das Wesen dieser Welt und lassen sie in bisher unbekannte Richtungen schlingern" (Giddens 1996: 189). Die Unübersichtlichkeit des Lebens in modernen Gesellschaften und deren Verunsicherung, die Verwerfungen des globalen Kapitalismus und das Drohpotenzial planetarer Gefahren rufen nach monumentalen Zeitbildern, in denen sich Akteure in ihren widersprüchlichen Gefühlslagen ausdrücken können. So hat der indische Autor Pankaj Mishra (2017) die Moderne der Gegenwart als ein „Zeitalter des Zorns" beschrieben. Von Mumbai, Kairo bis nach Paris und Detroit habe sich eine weltweite Epidemie des Hasses und des Ressentiments ausgebreitet, seitdem Globalisierung und Neoliberalismus das Versprechen von Gleichheit und Prosperität nur für wenige erfüllten und viele mit ihren Frustrationen zurückgelassen worden sind. Wer von der Moderne und ihren Verheißungen nicht profitiert, wird

1 Beispielhaft für viele Studien Hochschild (2017), Salmela und von Scheve (2017), Strick (2021).

anfällig für Demagogie, Rachsucht und schwelenden Groll über die zahlreichen Versagungen, die das Goldene Zeitalter der *brands* und der Netze den einmal geweckten Wünschen zugemutet hat.

In den Breitengraden des Wohlstands zeigt sich demgegenüber Überdruss an einer Lebensgestaltung, die neben Annehmlichkeiten immer neue „Risikoumwelten" schafft, die kaum mehr beherrschbar erscheinen. Selbst Teil gesellschaftlicher Lebensordnungen zu sein, die dabei sind, mitsamt ihren Ambitionen auch ihre eigenen elementaren Grundlagen zu verschlingen, gerät unter den Verdacht der Sinnlosigkeit. Klassische Versprechen eines *guten Lebens*, die Gleichheit, Aufstieg und Sicherheit betreffen, lösen sich nur selten noch ein und stellen gleichwohl für viele nach wie vor die Bezugsobjekte eines „cruel optimism" (Berlant 2011) dar: Zwar verheißen sie subjektive Stabilität, doch ist die affektive Bindung an sie letztlich „grausam", da sie kaum mehr erreichbar sind und das Festhalten an ihnen dem Wohlergehen in schwierigen Zeiten eher im Wege steht.

Vor dem Hintergrund solcher Gefühlslagen haben sich Diagnosen der Entfremdung (Jaeggi 2016) ebenso aktualisiert wie zur Sinnsuche nach neuen Resonanzen in den persönlichen Weltbeziehungen aufgerufen wird (Rosa 2019). Andere plädieren für die Auflösung des Subjekts im antiken Mythos von *Gaia* (Latour 2020) oder eine Ästhetik der Befreiung als subjektives Programm (Menke 2022). Auffällig ist, dass in solchen intellektuellen Zeitströmungen ein Ausgang aus den Verwerfungen unserer Gegenwart mehr und mehr als Suche nach einem neuen Innenverhältnis begriffen wird. Noch ist nicht ausgemacht, ob wir darin Symptome des zerrissenen Gefühlslebens in den modernen Gesellschaften der Gegenwart erkennen sollten oder ob es sich hierbei um Ausblicke auf kommende Emotionsrepertoires in den nächsten Gesellschaften handelt. Dies hängt nicht zuletzt davon ab, mit welchen Unvorhersehbarkeiten uns die rasende Fahrt des Dschagannath-Wagens noch konfrontiert. Das ist das Bezeichnende unserer Zeit, dass sich die Katastrophe ebenso jeder Steuerung entzieht wie möglicherweise auch das Glück ihrer Vermeidung.

Literatur

Bauman, Zygmunt (2003). *Flüchtige Moderne*. Frankfurt am Main: Suhrkamp.

Bauman, Zygmunt (2017). *Retrotopia*. Berlin: Suhrkamp.

Berlant, Lauren (2011). *Cruel Optimism*. Durham: Duke University Press.

Binkley, Sam (2014). *Happiness as Enterprise. An Essay on Neoliberal Life*. New York: SUNY Press.

Bude, Heinz (2014). *Gesellschaft der Angst*. Hamburg: Hamburger Edition.

Burkitt, Ian (2012). „Emotional Reflexivity: Feeling, Emotion and Imagination in Reflexive Dialogues", in: *Sociology* 46(3), S. 458–472.

Cabanas, Edgar (2018). „‚Psychobürger'. Oder: Wie man glückliche Individuen in neoliberalen Gesellschaften macht", in: E. Illouz (Hrsg.), *Wa(h)re Gefühle. Authentizität im Konsumkapitalismus.* Frankfurt am Main: Suhrkamp, S. 237–267.

Cabanas, Edgar & Illouz, Eva (2019). *Das Glücksdiktat und wie es unser Leben beherrscht*. Berlin: Suhrkamp.

Cederström, Carl & Spicer, André (2016). *Das Wellness-Syndrom. Die Glücksdoktrin und der perfekte Mensch*. Berlin: Edition Tiamat.

Dehne, Max (2017). *Soziologie der Angst. Konzeptuelle Grundlagen, soziale Bedingungen und empirische Analysen*. Wiesbaden: Springer.

Diefenbach, Aletta (2022). „Zur rationalisierten Affektpolitik der ‚Islamisierung' am Beispiel rechtsextremer Basisaktivisten", in: M. Wohlrab-Sahr & L. Tezcan (Hrsg.), *Islam in Europa. Soziale Welt*, Sonderband 25. Baden-Baden: Nomos, S. 270–302.

Duttweiler, Stefanie (2007). *Sein Glück machen. Arbeit am Glück als neoliberale Regierungstechnologie*. Konstanz: UVK.

Duttweiler, Stefanie (2009). „‚Stellen Sie sich ihr persönliches Wohlfühlprogramm zusammen!'. Wellness zwischen Ethik und Ästhetik", in: J. Elberfeld & M. Otto (Hrsg.), *Das schöne Selbst*. Bielefeld: transcript, S. 401–419.

Ehrenberg, Alain (2004). *Das erschöpfte Selbst. Depression und Gesellschaft in der Gegenwart*. Frankfurt am Main: Campus.

Ehrenberg, Alain (2011). *Das Unbehagen in der Gesellschaft*. Berlin: Suhrkamp.

Eisenstadt, Shmuel N. (2011). *Die Vielfalt der Moderne*. Weilerswist: Velbrück.

Fineman, Stephen (Hrsg.) (2007). *Emotion in Organizations*. Los Angeles: Sage.

Fraser, Nancy & Honneth, Axel (2003). *Umverteilung oder Anerkennung? Eine politisch-philosophische Kontroverse*. Frankfurt am Main: Suhrkamp.

Giddens, Anthony (1991). *Modernity and Self-Identity. Self and Society in the Late Modern Age*. Cambridge: Polity.

Giddens, Anthony (1996). *Konsequenzen der Moderne*. Frankfurt am Main: Suhrkamp.

Giddens, Anthony (1997). *Jenseits von Links und Rechts. Die Zukunft radikaler Demokratie*. Frankfurt am Main: Suhrkamp.

Groß, Eva & Neckel, Sighard (2023). „Echtzeiten des Hasses. Emotionen in digitalen Radikalisierungsprozessen", in: E. Hoven (Hrsg.), *Das Phänomen „Digitaler Hass". Ein interdisziplinärer Blick auf Ursachen, Erscheinungsformen und Auswirkungen*. Baden-Baden: Nomos, S. 135–152.

Heaney, Jonathan G. (2019). „Emotion as Power: Capital and Strategy in the Field of Politics", in: *Journal of Political Power* 12(2), S. 224–244.

Hochschild, Arlie Russell (1983). *The Managed Heart. Commercialization of Human Feeling*. Berkeley: University of California Press.

Hochschild, Arlie Russell (2017). *Fremd in ihrem Land. Eine Reise ins Herz der amerikanischen Rechten*. Frankfurt am Main: Campus.

Holmes, Mary (2010). „The Emotionalization of Reflexivity", in: *Sociology* 44(1), S. 139–154.

Holmes, Mary (2015). „Researching Emotional Reflexivity", in: *Emotion Review* 7(1), S. 61–66.

Holmes, Mary/Manning, Nathan & Wettergren, Åsa (2020). „Political Economies of Emotion", in: *Emotions & Society* 2(1), S. 3–11.

Horkheimer, Max & Adorno, Theodor W. (1986 [1947]). *Dialektik der Aufklärung. Philosophische Fragmente*. Frankfurt am Main: S. Fischer.

Illouz, Eva (2007). *Gefühle in Zeiten des Kapitalismus*. Frankfurt am Main: Suhrkamp.

Illouz, Eva (2009). *Die Errettung der modernen Seele*. Frankfurt am Main: Suhrkamp.

Jaeggi, Rahel (2016). *Entfremdung. Zur Aktualität eines sozialphilosophischen Problems*. Berlin: Suhrkamp.

Kleres, Jochen & Wettergren, Åsa (2017). „Fear, Hope, Anger, and Guilt in Climate Activism", in: *Social Movement Studies* 16(5), S. 507–519.

Knops, Louise (2023). „The Fear We Feel Everyday. Affective Temporalities in Fridays for Future", in: *South Atlantic Quarterly* 122(1), S. 203–214.

Latour, Bruno (2020). *Kampf um Gaia. Acht Vorträge über das neue Klimaregime*. Berlin: Suhrkamp.

Lünenborg, Margreth (2022). „Soziale Medien, Emotionen und Affekte", in: J.-H. Schmidt & M. Taddicken (Hrsg.), *Handbuch Soziale Medien*. Wiesbaden: Springer, S. 233–250.

McKenzie, Jordan (2021). „Introduction. The Feeling of Dystopia", in: J. McKenzie & R. Patulny (Hrsg.), *Dystopian Emotions. Emotional Landscapes and Dark Futures*. Bristol: Bristol University Press, S. 1–15.

Menke, Christoph (2022). *Theorie der Befreiung*. Berlin: Suhrkamp.

Mishra, Pankaj (2017). *Das Zeitalter des Zorns. Eine Geschichte der Gegenwart*. Frankfurt am Main: S. Fischer.

Mixa, Elisabeth (2016). „I feel good! Über Paradoxien des Wohlfühl-Imperativs im Wellness-Diskurs", in: E. Mixa/S. M. Pritz/M. Tumeltshammer & M. Greco (Hrsg.), *Un-Wohl-Gefühle. Eine Kulturanalyse gegenwärtiger Befindlichkeiten*. Bielefeld: transcript, S. 95–130.

Neckel, Sighard (2005). „Emotion by design. Das Selbstmanagement der Gefühle als kulturelles Programm", in: *Berliner Journal für Soziologie* 15(3), S. 419–430.

Neckel, Sighard & Wagner, Greta (Hrsg.) (2013). *Leistung und Erschöpfung. Burnout in der Wettbewerbsgesellschaft*. Berlin: Suhrkamp.

Neckel, Sighard/Schaffner, Anna Katharina & Wagner, Greta (Hrsg.) (2017). *Burnout, Fatigue, Exhaustion. An Interdisciplinary Perspective on a Modern Affliction*. Basingstoke: Palgrave Macmillan.

Neckel, Sighard & Hasenfratz, Martina (2021). „Climate Emotions and Emotional Climates. The Emotional Map of Ecological Crises and the Blind Spots on our Sociological Landscapes", in: *Social Science Information* 60(2), S. 253–271.

Neckel, Sighard & Sauerborn, Elgen (2023). „Fabricated Feelings. Institutions, Organizations, and Emotion Repertoires", in: M. Churcher/S. Calkins/J. Böttger & J. Slaby (Hrsg.), *Affect, Power, and Institutions*. London/New York: Routledge, S. 35–46.

Norgaard, Kari Marie (2011). *Living in Denial. Climate Change, Emotions, and Everyday Life*. Cambridge: MIT Press.

Parsons, Talcott & Shils, Edward A. (Hrsg.) (1951). *Toward a General Theory of Action*. Cambridge: Harvard University Press.

Penz, Otto & Sauer, Birgit (2016). *Affektives Kapital. Die Ökonomisierung der Gefühle im Arbeitsleben*. Frankfurt am Main: Campus.

Pritz, Sarah Miriam (2016). „Mood Tracking. Zur digitalen Selbstvermessung der Gefühle", in: S. Selke (Hrsg.), *Lifelogging. Digitale Selbstvermessung und Lebensprotokollierung zwischen disruptiver Technologie und kulturellem Wandel*. Wiesbaden: Springer, S. 127–150.

Reckwitz, Andreas (2017). *Die Gesellschaft der Singularitäten. Zum Strukturwandel der Moderne*. Berlin: Suhrkamp.

Rieff, Philip (1966). *The Triumph of the Therapeutic*. New York: Harper & Row.

Rohr, Christoph/Bieber, Ursula & Zeppezauer-Wachauer, Katharina (Hrsg.) (2018). *Krisen, Kriege, Katastrophen. Zum Umgang mit Angst und Bedrohung im Mittelalter*. Heidelberg: Universitätsverlag Winter.

Rosa, Hartmut (2019). *Resonanz. Eine Soziologie der Weltbeziehung*. Berlin: Suhrkamp.

Rose, Nikolas (1989). *Governing the Soul. The Shaping of the Private Self*. London: Free Association Books.

Salmela, Mikko & von Scheve, Christian (2017). „Emotional Roots of Right-Wing Political Populism", in: *Social Science Information* 56(4), S. 567–595.

Sauerborn, Elgen (2022). „The Politicisation of Secular Mindfulness. Extinction Rebellion's Emotive Protest Practices", in: *European Journal of Cultural and Political Sociology* 9(4), S. 451–474.

Sauerborn, Elgen/Sökefeld, Nina & Neckel, Sighard (2022). „Paradoxes of Mindfulness. The Specious Promises of a Contemporary Practice", in: *The Sociological Review* 70(5), S. 1044–1061.

Schröder, Jörg-Peter (2010). *Scheitern als Chance. Selbsttraining für den erfolgreichen Neuanfang*. Berlin: Cornelsen.

Senge, Konstanze (2015). „Die emotionale Säule von Institutionen. Entwicklungen, Potentiale und Probleme einer neo-institutionalistischen Deutung von Emotionen", in: M. Apelt & U. Wilkesmann (Hrsg.), *Zur Zukunft der Organisationssoziologie*. Wiesbaden: Springer, S. 205–225.

Sennett, Richard (1983). *Verfall und Ende des öffentlichen Lebens. Die Tyrannei der Intimität*. Frankfurt am Main: S. Fischer.

Simmel, Georg (1999 [1900]). *Philosophie des Geldes*. Frankfurt am Main: Suhrkamp.

Strick, Simon (2021). *Rechte Gefühle. Affekte und Strategien des digitalen Faschismus*. Bielefeld: transcript.

Tändler, Maik (2016). *Das therapeutische Jahrzehnt. Der Psychoboom in den siebziger Jahren*. Göttingen: Wallstein Verlag.

Von Scheve, Christian & Dehne, Max (2016). „Anomie und Gefühl. Zur Diskrepanz zwischen kultureller Modellierung und sozialer Strukturierung von Emotionen in der Gegenwart", in: E. Mixa/S. M. Pritz/M. Tumeltshammer & M. Greco (Hrsg.), *Un-Wohl-Gefühle. Eine Kulturanalyse gegenwärtiger Befindlichkeiten*. Bielefeld: transcript, S. 23–44.

Weber, Max (2004 [1920]). *Die protestantische Ethik und der Geist des Kapitalismus*. München: C.H.Beck.

Weber, Max (1980 [1922]). *Wirtschaft und Gesellschaft. Grundriß der verstehenden Soziologie*. Tübingen: J.C.B. Mohr (Paul Siebeck).

Wouters, Cas (1999). *Informalisierung. Norbert Elias' Zivilisationstheorie und Zivilisationsprozesse im 20. Jahrhundert*. Opladen: Westdeutscher Verlag.

Wright, Katie (2011). *The Rise of the Therapeutic Society: Psychological Knowledge & the Contradictions of Cultural Change*. Washington, D.C.: New Academia Publishing.

II Forschungsfelder der Emotionssoziologie

Dieser Teil führt beispielhaft in wichtige Forschungsfelder der Emotionssoziologie ein. Die Beiträge rücken mit der Sphäre der Politik, der Wirtschaft, der Religion, des Rechts und des Subjekts zentrale Institutionen der modernen Gesellschaften in den Mittelpunkt und erörtern, welches analytische Potenzial eine emotions- und affektsoziologische Betrachtung für deren Verständnis bereithält.

Das sechste Kapitel zu Emotion und Politik (Birgit Sauer) zeichnet historisch nach, wie sich der moderne Staat erst dadurch konstituieren konnte, dass Emotionen als etwas dem Politischen Fremdes konstruiert wurden. Gleichwohl sich politische Gefühlskulturen im Zuge neoliberaler Gouvernamentalität wandelten, wirken diese Emotionsnormen bis heute fort und informieren nicht zuletzt Demokratietheorien.

Das nachfolgende Kapitel zu Emotion und Wirtschaft (Veronika Zink & Konstanze Senge) kommt zu ähnlichen Schlüssen. Galt die ‚unsichtbare Hand' des freien Marktes lange Zeit als besonders affektlos, da sie allein am rationalen, gewinnmaximierenden ‚Interesse' ausgerichtet war, legt eine emotionssoziologische Perspektive offen, wie diese Handlungsmotivationen und -zusammenhänge erst durch eine Vielzahl von Affekten wie Gier, Bescheidenheit, Selbstverwirklichung oder Zuversicht zustande kommen.

Nicht zuletzt zeigt auch das neunte Kapitel zum modernen Recht (Fabian Bernhardt) auf, wie dessen Genese und Funktionslogik auf der kulturellen Dichotomisierung von Rationalität und Emotionalität fußt.

Mit dem Feld der Religion blicken wir schließlich auf den umgekehrten Fall (Regine Herbrik). Wird Religion kulturell mit dem Emotionalen und auch Irrationalen in Verbindung gebracht, sensibilisiert das emotionssoziologische Studium religiöser Praktiken und Kulturen nicht nur dafür, wie diese durch ganz unterschiedliche emotionale Stile, Dramaturgien oder Regime geprägt sind, sondern auch, wie das Säkulare seine eigene Emotionskultur herausgebildet hat.

Der Vergleich der sphärenspezifischen Gefühlskulturen macht wiederum die emotionalen Rollen sichtbar, die das Individuum in der Moderne ausagieren und für sich sinnhaft integrieren muss. Wie stark diese Erfahrungen durch die jüngere gesellschaftliche Aufwertung von Emotionen geprägt sind, gibt schließlich das letzte Kapitel zur emotionalen Subjektivierung in der Spätmoderne zu erkennen (Sarah Pritz). Gefühle als positive Ressourcen für das Selbst und seine sozialen Beziehungen zu inszenieren, hält gleichsam Dilemmata und Paradoxien für das Individuum bereit, die statt zu Glück und Zufriedenheit zu Stress und Entfremdung führen können.

https://doi.org/10.1515/9783110589214-007

Insofern erörtert dieser Teil, wie einerseits emotionale Praktiken, Gefühlsregeln oder affektiv-sinnliche Arrangements diese sozialen Arenen erst konstituieren. Andererseits zeigen die Beiträge auf, wie zentral diese Praxisfelder sind, um Emotionen und Affekte in ihrer sozialen Bedeutung und Funktion zu verstehen. Die Betrachtung der sphärenspezischen Eigenlogiken eröffnet somit auch eine zeitdiagnostische Perspektive auf Gefühle in den Gesellschaften der Gegenwart.

Birgit Sauer

6 Emotion und Politik: Neuverhandlungen von Staat, Demokratie und Politik aus emotions- und affekttheoretischer Perspektive

„I want you to panic!" – „Ich will, dass ihr in Panik ausbrecht!" Dieser zornige Weckruf Greta Thunbergs von der „Fridays for Future"-Bewegung an die Repräsentant:innen der UN-Klimakonferenz zeugt von der Emotionalität aktueller politischer Mobilisierung. Doch auch die Verschwörungsnarrative der „Querdenker"-Bewegung oder populistischer rechts-autoritärer Parteien, die Angst vor der vermeintlichen Weltherrschaft von Gruppierungen wie der Pharma-Lobby oder Furcht vor dem angeblichen Bevölkerungsaustausch in Europa durch Migration heraufbeschwören, sind Beispiele für die Bedeutung von Emotionen in der Politik. Das Feld der Politik ist nicht erst in der „Postdemokratie" (Crouch 2004) emotional strukturiert, emotionale politische Strategien sind keine Zerfallserscheinungen eines an sich rationalen politischen Handlungsraums. Vielmehr sind politische Entscheidungen in der Moderne eine Mischung aus rationalem Abwägen von Zielen und Mitteleinsatz sowie einem Gefühl für gutes, richtiges oder eben falsches Durchsetzen von Interessen. „Politik ist seit jeher versucht, Emotionen auf unterschiedliche Weise für sich nutzbar zu machen", sei dies, um „die Emotionen der Wählerschaft" zu gewinnen, oder durch den Einsatz von Emotionalität, um „Unterstützung, innerhalb wie außerhalb des politischen Felds" zu erhalten (von Scheve 2020: 5).

Allerdings haben Emotionen in westlich-liberalen Demokratien einen schlechten Ruf. Vor allem Deutschland und Österreich standen, als Folge manipulativ-emotionaler politischer Inszenierungen des Nationalsozialismus zur Legitimierung von Krieg und Shoah, Emotionen in der Politik lange ambivalent, ja ablehnend gegenüber. So war beispielsweise die Emotionalisierung von Wahlkämpfen lange Zeit in beiden Ländern keine verfügbare Strategie – im Unterschied zu den USA. Emotionen galten als Störfaktor der Demokratie, ja als demokratiezerstörend. Sie sollten gebändigt und gezügelt werden. Doch vergleichsweise unhinterfragt sind in Kriegszeiten den als feindlich betrachteten Akteuren negative Gefühle entgegenzubringen, während das eigene Land oder die eigene Nation positiv wahrgenommen werden soll.

Das Verhältnis von Politik, Demokratie und Emotionen ist freilich ambivalent, soll doch demokratisches politisches Engagement durchaus mit Leidenschaft zur Sache erfolgen, und die Bürger:innen sollen den gewählten Repräsentant:innen

https://doi.org/10.1515/9783110589214-008

zumindest für die Dauer einer Legislaturperiode Vertrauen entgegenbringen. Tendenziell aber sollen weder politische Entscheidungen, noch das Handeln staatlicher Akteure emotionsgeleitet sein, sondern vielmehr dem Prinzip der Rationalität folgen. Staatliche Akteure haben sich am Gemeinwohl und nicht an ihrer Befindlichkeit oder ihren eigenen Interessen, die Wähler:innen an der Realisierung ihrer Interessen durch die Partei ihrer Wahl zu orientieren – und alle müssen in diesem Sinne rational handeln. Politische Entscheidungen der Bürger:innen wie auch von Politiker:innen und Beamt:innen sollen auf Information und Informiertheit, also auf Wissen basieren. Wissen und Emotionen etablierten sich freilich in der Moderne als nicht vereinbare Gegensätze. Auch die nach dem Zweiten Weltkrieg als Demokratiewissenschaft wiederbegründete deutschsprachige Politikwissenschaft verfiel in eine Emotionsstarre und setzte die emotionsbefreite Demokratie als Norm mit der Realität gleich. Die Zähmung (bestimmter) Emotionen galt als normative Voraussetzung der Demokratie, aber nicht als untersuchenswertes Phänomen, was einer Verleugnung der Emotionalität und Affektivität menschlichen Daseins und gemeinsamen Handelns gleichkam. Damit trug auch die Politikwissenschaft dazu bei, die Rolle von Emotionen für politisches Handeln und Entscheiden lange Zeit zu unterschätzen, und sie konnte weder Wissen über die (politische) Wirkung von Emotionen noch über deren Bedeutung für politische Subjektbildung zur Verfügung stellen. Gerade das ist heute die Aufgabe von Emotions- und Affektforschung.

In den 1960er-Jahren propagierten die neuen sozialen Bewegungen unter dem Motto der Betroffenheit (vgl. auch Diefenbach, Kapitel 13) und als Kritik an der Trennung von öffentlich und privat einen explizit emotionalen Politikstil. Eine „Politik der ersten Person" wandte sich gegen Stellvertreterpolitik in der parlamentarischen Demokratie, machte „das Private" und Persönliche – also auch Emotionalität und Affektivität – zum Ausgangspunkt politischen Engagements und setzte bis dahin als intim erachtete Themen wie Sexualität und Partnergewalt auf die politische Agenda. Dies wurde von den etablierten Parteien skeptisch betrachtet und blieb daher lange aus dem politischen System exkludiert.

In Deutschland fand die von je her skeptisch beäugte Kombination von Politik und Emotion vor nicht allzu langer Zeit erneut ihren Ausdruck im Begriff des „Wutbürgers". Die pejorative Bezeichnung fand Eingang in die mediale Debatte durch ein „Spiegel"-Essay von Dirk Kurbjuweit über die Bürger:innen-Proteste gegen den Stuttgarter Bahnhof im Herbst 2010. „Wutbürger" meint eine bürgerliche Mitte, die ihre Contenance verloren habe und nun ihren Gefühlen freien Lauf lasse, ohne Rücksicht auf den Schaden, den das Allgemeinwohl durch diese Untemperiertheit nehme (Matzig 2011).

Doch scheint die vermeintliche Inkompatibilität von Demokratie, Emotionen und Affekten im politischen Alltag seit dem Beginn des neuen Jahrtausends auch in westlich-liberalen Demokratien zunehmend suspendiert worden zu sein (Bargetz & Sauer 2010). Die „Mediokratie" (Meyer 2001) ist geradezu geprägt von der Grenzüberschreitung zwischen einerseits Politik als rationaler, wissensbegründeter Handlungsform sowie andererseits Politik als Leidenschaft und Engagement. Wahlkämpfe wurden zu Hochzeiten emotionalisierten politischen Agierens, in denen mit stets neuen Mitteln und Techniken eine potenzielle Wählerschaft mobilisiert werden soll, um so die eigenen Stimmen – nicht zuletzt durch Stimmung – zu maximieren. Ebenso leben Traditionsmedien in ihren politischen Segmenten immer mehr von einer Kombination aus Emotion und Politik. Wer als Politiker:in glaubwürdig sein will, muss Betroffenheit oder privat-familiäre Empathie als Ausweis von Authentizität demonstrieren. War also das politisch-staatliche Feld in Westeuropa bis in die 1990er-Jahre emotional restriktiv geordnet und waren nur gewisse Emotionen an bestimmten Orten beziehungsweise zu bestimmten Zeiten zugelassen, so wird nun die Veröffentlichung von vormals als privat oder intim erachteten Details von Politiker:innen, eben auch die öffentliche Demonstration von Emotionen, im Kontext der Personalisierung von Politik geradezu erwartet. Andreas Dörner hat dies treffend als „Politainment" bezeichnet (Dörner 2001). Die neuen sozialen Medien schließlich öffnen einerseits Kommunikationsräume für polarisierende und aggressive, weil anonyme Interaktion, dichten diese Räume aber auch zugleich ab in sogenannten Echokammern. Rechts-autoritäre Kräfte nutzen daher neue soziale Medien intensiv für ihre antagonistische und aggressive Mobilisierung (Thiele & Turnšek 2022). Doch andererseits erlauben diese neuen Medien globale Affizierungen der Solidarität (vgl. auch Adloff, Kapitel 15), wie das Beispiel der #MeToo-Kampagne sichtbar machte (Sauer 2019).

Sind dies nun nicht in der Tat Indizien für die Erosion liberaler Demokratien durch Emotionen? Oder sind diese Entwicklungen viel eher Ausweis dafür, die Bedeutung von Emotionen für Politik und Demokratie zu überdenken? Während die erste Frage eine empirische Erforschung erfordert, weist die zweite in Richtung demokratietheoretischer Überlegungen, wie sie der US-amerikanische Politikwissenschaftler George Marcus (2002) mit dem Konzept des „sentimental citizen" vorschlägt. Demokratien, so sein Argument, brauchen emotionale Bürger:innen, denn nur wenn Bürger:innen emotional sind, sind sie auch bereit, sich auf rationale Weise politisch zu engagieren (Marcus 2002: 7 f., 148). Ohne Emotionen, so Marcus, kann liberale Demokratie nicht funktionieren (ähnlich Nussbaum 2001, 2013). Weil diese schlichte Tatsache aber sowohl von Politiker:innen wie von der Wissenschaft ignoriert wurde, befinde sich die Demokratie aufgrund fehlenden bürgerlichen Engagements in einer Krise. Ebenfalls politiktheoretisch, aber doch ganz anders argumentiert Brigitte Bargetz (2019) für eine emotionale Neuvermessung von Politik. Sie sieht in kollektiven „affektiven Politiken“, nicht im individualisierten „sentimental citizen“ eine innovative Transformation zur Überwindung der Krise liberaler Demokratie.

Dieser Beitrag möchte einen politik- und demokratietheoretischen Beitrag zum Verständnis des Verhältnisses von Politik, Demokratie und Emotion leisten. Ähnlich wie Bargetz geht es mir um eine grundsätzlich neuartige Vorstellung von Demokratie, um eine „affektive Demokratie“, wie ich am Ende des Artikels ausführen möchte. Um dieses Konzept demokratischer Innovation zu plausibilisieren, werde ich vor dem Hintergrund einer Genealogie der Unvereinbarkeit von Emotion und Politik, wie sie in der politischen Moderne (vgl. auch Neckel & Sökefeld, Kapitel 5) entworfen und legitimiert wurde, die Neuverhandlung der Rolle von Emotionen in Staatlichkeit sowie für demokratische Politik in den letzten zwanzig Jahren diskutieren. Der Text will über diesen normativen demokratietheoretischen Vorschlag hinaus umstrittene politikwissenschaftliche Konzepte wie das Politische und Politik, Regieren, Staat, Demokratie, Herrschaft und Subjektbildung (vgl. auch Pritz, Kapitel 10) emotionstheoretisch beleuchten und aufzeigen, wie sich eine normative Theorieperspektive von einer analytischen Sicht auf Gefühl, Emotion und Affekt in der Politik unterscheidet. Darüber hinaus soll das Zusammenspiel von gesellschaftlichen Verhältnissen und Transformationen mit politischer Theoriebildung, auch und besonders der Emotions- und Affekttheorie, beleuchtet werden. Zunächst führe ich zu diesem Zweck ein herrschaftssensibles Emotions- und Affektverständnis ein, das die Machtdimension der Verhandlungen von Emotion, Demokratie und Staatlichkeit sichtbar machen und als analytische und historische Perspektive auf das Verständnis von Politik, Demokratie, Emotion und Affekt dienen, aber dann auch in einem weiteren Schritt eine normative Theorieperspektive eröffnen soll.

1 Ein herrschaftssensibles Emotions- und Affektverständnis

In vielen wissenschaftlichen Debatten werden Emotionen, Affekte und Gefühle (vgl. auch Wiesse & Weigelin, Kapitel 3) als individuelle Regungen jenseits des Politischen gefasst, die als gebündelte, kollektive Emotionen (vgl. auch zu soziologischen Perspektiven von Scheve, Kapitel 4) politisch gefährlich werden können (kritisch Marcus 2002: 7). Demgegenüber hat sich mit der „affektiven Wende“ (vgl. auch Wiesse & Weigelin, Kapitel 3; zur Emotionsgeschichte Schützeichel, Kapitel 2) (Clough 2007) ein anderes Verständnis etabliert, das aufschlussreich für ein neuartiges Vermessen des politischen Feldes ist. Emotionen und Affekte sind Wertungen und Handlungsmotivationen, die stets *zwischen* Menschen und der Umwelt entstehen oder existieren. Eine Trennung zwischen „innerem“ individuellen Affekt und „äußerer", politisch wirksamer Emotion wird damit aufgehoben (Ahmed 2010: 37).[1] Weder Emotionen noch Affekte sind Merkmal oder Besitz von Individuen, sondern sie bilden überhaupt erst den zwischenmenschlichen, also im Sinne Hannah Arendts (1993) auch den politischen Raum. Politik entsteht im Handeln zwischen Menschen, also in ihrer affektiven Bezogenheit. Die Affektperspektive weitet also auch ein Verständnis von Politik, das nicht mehr nur das politische System im engeren Sinne, also Parteien, Parlamente und Regierungen, umfasst, sondern das gemeinsame, oft auch konflikthafte Handeln von Menschen.

Emotionen und Affekte sind darüber hinaus stets eingebunden in institutionell vorgegebene Affektregeln und somit nicht chaotisch oder irrational, sondern in gewisser Weise organisiert in einem „Affektregime" (Penz & Sauer 2016: 53). In einem historischen Prozess entwickelten alle Gesellschaften je spezifische Affektregime oder *feeling rules*, wie sie Arlie Hochschild ausmacht (Hochschild 1979). Diese Regime sind freilich stets wandelbar, da sie von den Menschen angeeignet werden müssen. Die Ordnung von Affekten und Emotionen ist Element einer historisch entstandenen „Politik der Gefühle" (Sauer 1999). Emotionen können daher als eine Regierungsweise begriffen werden, das heißt sie sind in modernen Gesellschaften (vgl. auch Neckel & Sökefeld, Kapitel 5) einerseits Instrumente, um Menschen Ordnung aufzuzwingen, sie staatlichen Normen zu unterwerfen, freilich aus Einsicht in die Notwendigkeit staatlicher Autorität. Andererseits bilden Affekte und Emotionen Ausgangspunkte und Motivation, gemeinsam zu handeln und das staatliche Ordnungs- und Disziplinierungsgefüge infrage zu stellen und zu verändern. Demokratie als moderne liberale Regierungsform bietet genau diese Chance, Freiheitsgewinne zu erkämpfen, handelt es sich doch um eine Herrschaftsform auf Zeit, die eine öffentliche Sphäre zivilgesellschaftlicher Debatte und Kontrolle eröffnet. Emotionen und Affekte ermöglichen daher beides – das Einsickern von Herrschaft in die Körper von Menschen, aber auch das Fühlen von Sozialität und Widerstand. Affiziertwerden ist somit eine Herrschaftspraxis (Penz & Sauer 2016: 54 f.) – aber eben auch auf Zeit und mit der demokratisch gegebenen Chance, Affizierung und Affekte sowie Herrschaft zu transformieren.

Eine solche Theoretisierung macht, und darauf kommt es bei der Betrachtung von Emotionen und Politik im Besonderen an, Herrschaftsverhältnisse, die durch Affekte und Emotionen gesellschaftlich konstruiert und reproduziert werden, sichtbar. Auch das politische Feld der westlichen Moderne ist durch ein solch

---

1 Ich schließe mich der Auffassung von Ann Cvetkovich (2012: 4) und Sara Ahmed (2004) an, dass eine strikte begriffliche Trennung von Affekt, Emotion und Gefühl für die Frage, was Affekt, Emotion und Gefühl „tun" (im Unterscheid zu was sie „sind"), nicht sehr aufschlussreich ist, und verwende die Begriffe synonym.

herrschaftlich strukturiertes liberales Emotionsregime charakterisiert, dessen historische Formierung ich im folgenden Abschnitt rekonstruiere. Das Ziel dieser Rekonstruktion ist es, die Konstruiertheit von Politik, Staat, Affekt und Emotionalität – also den genuin politisch-diskursiven Charakter dieser Elemente der sich seit dem 18. Jahrhundert herausbildenden modernen Öffentlichkeit und staatlicher Institutionen – herauszuarbeiten.

2 Das liberale Emotions- und Affektdispositiv

Affekte und Emotionen sind – so lässt sich im Anschluss an Michel Foucaults (1983: 128) Idee des Sexualitätsdispositivs formulieren – ein historisches Dispositiv, also eine kontextbezogene Machtkonstellation, die die innere Logik von Praxen, Normen, Institutionen und Symbolen prägt und damit individuelle Motivationen und Wertungen unter die Kontrolle von Institutionen, nämlich von affektiven Institutionen, stellt, ganz im Sinne der Foucault'schen Dispositivdefinition. Diese modernen Institutionen, die das Emotions- und Affektdispositiv herstellen und reproduzieren, werden durch Gefühle konstituiert (wie beispielsweise die bürgerliche Familie), sie haben freilich auch affektive Wirkungen wie der National- oder der Sozialstaat, die Gruppen von Zugehörigen und Nicht-Zugehörigen schaffen. Regieren von Menschen ist somit nicht nur Herrschaftsgestus politischer Eliten, sondern eine Praxis, die auf eine bestimmte „Anordnung" der Menschen in gefühlvoll aufgeladenen Räumen abzielt, auf das affektive „Führen" von Menschen (Foucault 2004: 145 f.) (vgl. auch Pritz, Kapitel 10). Diese moderne Regierungsform, die „Führung der Führung" (Foucault 2004: 218, 241, 268 f.), die Gouvernementalität, wie Foucault (2000) sie nennt, beeinflusst und lenkt Menschen auf „sanfte" Weise. Dazu zählen ohne Zweifel seit der Aufklärung vernünftige Argumente, aber durchaus auch der Appell an emotionale Formen der Gemeinschaftsbildung. In den entstehenden europäischen Nationalstaaten des 19. Jahrhunderts war diese Vorstellung von Gemeinschaft und Zugehörigkeit mit der Idee der Nation und einem starken Gefühl, nämlich der Liebe zu dieser Gruppe von Gleichen oder Ähnlichen verbunden (vgl. auch Adloff, Kapitel 15).

Das sich mit der bürgerlichen Gesellschaft und dem modernen westlichen Staat herausbildende Emotionsdispositiv ist durch die Trennung von öffentlich und privat beziehungsweise Vernunft und Emotion charakterisiert. Zwei Prozesse kennzeichnen den Umgang mit Emotionen und Affekten: ihre Transformation und ihre Internalisierung. Die öffentliche Kontrolle und Normierung von Leidenschaften und ihre Kanalisierung in (vermeintlich vernünftige) Interessen, wie dies Albert Hirschman (1977) für die kapitalistische Frühphase eindringlich nachvollzieht,[2] ist also Teil einer kapitalistischen und liberalen Regierungstechnik, mit der sich das Bürgertum seit dem 18. Jahrhundert die Bedingungen seiner Entstehung beziehungsweise Reproduktion schuf. Die Verdrängung von Affekten und Emotionen aus dem öffentlichen Raum und ihre Verlagerung in die Individuen hinein – als individuelle Charaktereigenschaften – beginnt mit der Kultivierung des individuellen Gefühlslebens im 18. Jahrhundert. Damit korrespondiert die Herausbildung der Fiktion einer Privatheit als emotionalisierte und der Öffentlichkeit als emotions- und affektlose, dafür aber rationale Sphäre, wie dies Norbert Elias (1978 [1936]) als Element des Prozesses der Zivilisation beschreibt (Sauer 1999: 209).

Die Individualisierung der bürgerlichen Gesellschaft basierte somit auf der Emotionalisierung der Menschen und damit der „Individualisierung" und „Privatisierung" von Affekten (vgl. auch Pritz, Kapitel 10). Die Unterscheidung von *bourgeois*, also dem Wirtschaftsbürger, und *citoyen*, dem Staatsbürger, zeigt die Spaltung des männlichen Bürgers an in einen privatwirtschaftlich agierenden, emotional expressiven und kompetitiven Akteur und in einen staatlich-öffentlichen rationalen Akteur. Diese Trennung wird gleichsam aufgehoben durch eine weitere Abspaltung, nämlich das privat-intime, expressive und affektive weibliche Wesen. Schließlich entwickelt sich die kapitalistische Gesellschaft auch durch eine „bürgerliche Kälte" (Kohpeiß 2023), die eigentlich als Grausamkeit gegenüber de-humanisierten Menschen in Kolonien bezeichnet werden muss. Die Empathielosigkeit gegenüber dem Leid versklavter Menschen korrespondiert mit der Externalisierung bestimmter Affekte und Emotionen in diese Territorien; die dort lebenden Menschen gelten als emotional zügellos und wild. Kurzum: Affekte werden in der Welt des globalen Nordens zu individuellen natürlichen Eigenschaften der Menschen erklärt, die sie in der Öffentlichkeit zu kontrollieren haben beziehungsweise nur kontrolliert äußern dürfen, zum Beispiel im ökonomischen Wettbewerb oder im Krieg. In der Sphäre der Privatheit hingegen haben Affekte ihren „natürlichen" Platz und daher gelten Frauen als von Natur aus emotional. Den aus dieser bürgerlich-kapitalistischen Welt per se ausgeschlossenen kolonialisierten Menschen wird diese Form von Emotionskontrolle abgesprochen. Ich bezeichne diese Konstellation als patriarcho-kapitalistisch, da der Kapitalismus existierende patriarchale Gefühlskonstellationen transformiert integrieren konnte, zugleich aber weitere (intersektionale) Herr-

2 Hirschmans (1977) These ist es, dass die kapitalistische Produktionsweise ganz bestimmte ökonomische Verhaltensnormen braucht, die in der mittelalterlich-christlichen Ordnung verpönt waren, so beispielsweise das Interesse, den eigenen Reichtum zu vermehren, vormals als Gier abgelehnt, oder Wettbewerbsorientierung, zuvor als Neid abgelehnt (vgl. auch Zink & Senge, Kapitel 7).

schaftsformen wie Kolonialität, Sexualität und Körperlichkeit in dieser Konstellation entstehen ließ.

Diese liberale affektive Gouvernementalität erlaubte so die vergleichsweise leidenschaftslose Realisierung von ökonomischen Interessen in einem eigentlich gefühlsdurchtränkten, kompetitiv-aggressiven wirtschaftlichen Raum. Bestimmte Emotionen waren erlaubt, wenn sie der Maximierung von als legitim gedachten Interessen wie Profitmaximierung und damit vermeintlich dem Wohlstand aller Menschen dienten (vgl. auch Zink & Senge, Kapitel 7). Der Staat sollte jene neutrale, affektfreie Institution sein, die die Gefühle im Feld der Ökonomie und der politischen Öffentlichkeit nicht nur moderiert, sondern moduliert und gegebenenfalls diszipliniert sowie zugleich die Privatsphäre als affektiven Bereich kreiert und schützt. Die Trennungsnorm ist somit eine Gelegenheitsstruktur für die Tabuisierung oder auch Forcierung bestimmter Gefühle auf dem politischen Terrain. Die Trennung von Politik und Emotionen, die moderne Ökonomie der Gefühle ließ einen politischen Herrschaftsmechanismus entstehen, der politische Handlungsräume begrenzt und es ermöglicht, spezifische Gruppen wie Frauen, proletarisierte Massen oder rassialisierte Personen und deren Interessen aus dem Raum des Politischen zu exkludieren.

„Politik wird mit dem Kopfe gemacht und nicht mit anderen Teilen des Körpers oder der Seele“ (Weber 1992 [1919]: 62 f.). So verteidigte Max Weber am Ende des Ersten Weltkriegs diesen neuen politischen Modus, eine neue Norm demokratischer Politik. Die liberale affektive Gouvernementalität wurde also von sozialwissenschaftlichen Theoretikern aufgegriffen und somit zur Norm erhoben. Das Kennzeichen eines guten Politikers sei allerdings, so Weber weiter, „Parteinahme, Kampf, Leidenschaft – ira et studium“. Den wahren Politiker zeichne daher die Qualität aus, „heiße Leidenschaft und kühles Augenmaß miteinander in derselben Seele“ zusammen zu zwingen (Weber 1992 [1919]: 32). In der Rezeption von Weber wurde allerdings die Ambivalenz, die er in Bezug auf den Politikerberuf formulierte, zugunsten der Auffassung aufgelöst, dass Politik per se emotionsfrei sei. Erklärbar ist dies unter anderem auch durch Webers korrespondierende Norm für die moderne Staatsverwaltung.

„(S)ine ira et studio, ohne Haß und Leidenschaft, daher ohne ‚Liebe‘ und ‚Enthusiasmus‘, unter dem Druck schlichter Pflichtbegriffe; ‚ohne Ansehen der Person‘, formal gleich für ‚jedermann‘, das heißt jeden in gleicher faktischer Lage befindlichen Interessenten, waltet der ideale Beamte seines Amtes“ (Weber 1980: 129). Der dominante Modus des modernen Staates, sein „Leitaffekt“ (von Scheve & Slaby 2022: 168 ff.) soll also Rationalität sein; der „Leidenschaft“ adliger Herrschaft wird das „vernünftige“ bürgerliche Interesse entgegengesetzt, das politisch planbar, berechenbar, regelbar und vor allem in Geld ausdrückbar war. Dies setzte voraus, dass die „Verwaltungsbeamten und Verwaltungsarbeiter“ von den

„sachlichen Betriebsmitteln" getrennt sind, ganz so wie die Arbeiter im kapitalistischen Betrieb von den Produktionsmitteln. Dieser politische Enteignungsprozess ermögliche interesse- und leidenschaftsloses, sprich: rationales staatliches Handeln (Weber 1992 [1919]: 13 ff.). Diese Haltung bezeichnet Paul du Gay (1996: 164) als „ethos of office" im Staatsdienst „with its chief point of honour, the capacity to set aside one's private political, moral, regional and other commitments". Der funktionale Wert sowie die zweckrationale, sachliche Ausrichtung der Arbeit von Staatsbeamt:innen seien entscheidend.

Dieser Diskurs schrieb sich in das Affektdispositiv ein und ist verantwortlich für die vermeintliche Trennbarkeit von Politik, Staat und Emotion sowie für den „Irrglauben" im westlich-politischen Denken vom „polluting impact of emotions" (Marcus 2002: 134). Feministische Sozialwissenschaftlerinnen und später auch die kritische Emotionssoziologie haben seit den 1970er-Jahren auf die Problematik dieses affektiven Trennungsdispositivs hingewiesen (vgl. auch Diefenbach & Zink, Kapitel 25). So ist, worauf feministische Emotionskritik verwies, die Ökonomie der Emotionen im politischen Feld eine Ökonomie ungleicher Verfügbarkeit, der prekären Allokation sowie der Ab- und Aufwertung. Schon Weber bemerkte, dass die charakterliche Stärke, wie sie dem Politiker abverlangt werde, vornehmlich Männer besitzen: Politik, so Weber, ist „Ritterlichkeit" (Weber 1992 [1919]: 67) und „alter Weiber Art" entgegengesetzt (Weber 1992 [1919]: 66). Bis heute ist daher die Ressource Emotion für Politiker*innen* vergleichsweise unzugänglicher. Ja mehr noch: Die Geschlechterdifferenz blieb in westlich-liberalen Demokratien ein Modus, um die Grenze zwischen Politik und Emotion, zwischen Wissen und Gefühl, nicht nur sichtbar zu machen, sondern auch aufrecht zu erhalten. Ganz wie seit der Frühzeit der politischen Moderne soll die Trennung von Körper und Geist, von Emotion und Vernunft durch Frauen repräsentiert und verkörpert werden. Frauen galten daher lange Zeit als zu emotional und deshalb als für die Politik ungeeignet. Politiker*innen* wird nach wie vor stärkere Emotionalität und deshalb eine geringere Distanziertheit im Politikgeschäft als Makel unterstellt, und sie müssen sich im Unterschied zu Politikern daher bewusst emotionslos geben.

Diese kurze Genealogie des modernen Verständnisses von Politik, Staat, Emotion und Affekt hatte den Zweck, die „Revolutionierung" gesellschaftlicher Verhältnisse, politischer Institutionen und der Selbstverständnisse der Menschen, zum Beispiel als zweigeschlechtlich, sichtbar zu machen. Emotionen und Affekte modulieren das gesellschaftliche Zusammenleben, politisches und staatliches Entscheiden sowie die Identität in neuartiger Weise. Emotionen und Affekte sind Elemente der Differenz zwischen Menschen, aber auch Modi der politischen Auseinandersetzungen dieser unterschiedlichen Menschen und des Ringens um ein Allgemeinwohl. Die politische Theorie begleitet diese Prozesse nicht allein analytisch, zum besseren Verständnis, sondern greift auch normierend in gesellschaftliche und politische Transformationen ein.

3 Neoliberale Affektivität, Staat und Politik. Kurze zeitdiagnostische Überlegungen

Wie in der Einleitung bereits schlaglichtartig dargelegt, hat sich der Diskurs um Politik, Staat, Affekte und Emotionen in den letzten 30 Jahren verändert. Was ist nun der gesellschaftliche und politische Hintergrund dieser Veränderung? Im Folgenden charakterisiere ich diese Transformationen als neoliberal, also als Grenzverschiebung zwischen den Bereichen Markt und Staat (hin zur Dominanz des Marktes), Staat und Individuum (Verschiebung sozialstaatlicher Aufgaben in die Verantwortung der Individuen) sowie Markt und Privatheit (Entgrenzung von Arbeits- und Freizeit). Im Rahmen neoliberaler Neuordnung wurden Emotionen und Affekte neuartige Techniken der „Regierung" von Menschen (Foucault 2000). Diese „affektive Gouvernementalität" (Sauer 2016) institutionalisiert neue Machttechniken in den Menschen, nämlich die Unterwerfung unter neue Formen und Erfordernisse der Organisation des Lebens, des Zusammenlebens und Arbeitens unter neoliberalen Bedingungen. Im Zentrum dieser Gefühlsstrategie steht das affektive „Selbstregieren" der Individuen (Foucault 2004: 297). Der *homo oeconomicus* wird ergänzt, nicht ersetzt, durch den *homo affectus* (vgl. auch Pritz, Kapitel 10).

Dies hat Auswirkungen sowohl auf die Rolle von Emotionen in bestimmten Staatsverwaltungen wie auch auf das politische Handlungs- und Entscheidungsfeld. Seit den 1980er-Jahren wurde die staatliche Verwaltung unter dem Stichwort New Public Management einem neoliberalen Umbau unterworfen. Dazu gehören flache Hierarchien, Transparenz, Bürger:innennähe, Aktivierung der Bürger:innen als Kund:innen und gleichzeitig Sparsamkeit, Effizienz, Wettbewerb, wirtschaftliche Rationalität und damit wachsende Ungleichheit unter den Beamt:innen und unter den Bürger:innen. Die Reform von Teilen des öffentlichen Dienstes in Richtung kundenorientierter Dienstleistungen und das neue Konzept der Aktivierung von Bürger-Kund:innen hat zu einer affektiven Wende in Teilen der staatlichen Verwaltung beigetragen (Penz et al. 2015). Bürokratische Rationalität geht mit Emotionalität und Affektivität einher, affektive Fähigkeiten wie Freundlichkeit, Empathie, Geduld oder Höflichkeit werden nun als Schlüsselkompetenzen von Staatsbediensteten angesehen. Sie müssen affektive Arbeitsfähigkeiten erwerben, um ein funktionierendes Element eines aktivierenden, berührenden und affektiven Staates zu werden. Darüber hinaus erfordern neue Formen des staatlichen Regierens und die Ökonomisierung der staatlichen Verwaltung unternehmerische Fähigkeiten in einem affektiven Modus. New Public Management ließ eine neue „Emotionologie“ (Fineman 2010: 37) in staatlichen Organisationen entstehen, die von den staatlichen Dienstleister:innen neue *skills* in Bezug auf ihren Gefühlshaushalt fordert und zugleich neue Affektregeln sowie neue Herrschafts- und Kontrollformen durch Affekte und Emotionen etabliert.

Affektive Gouvernementalität als Fremd- wie auch als Selbstregierung ist eine Form von Herrschaft, die zu einer Entmächtigung, zu einem Verlust von Handlungs- und Entscheidungsmöglichkeit und mithin zu einer Erosion von Demokratie führen kann. Politikverdrossenheit ist Folge dieses emotionalen Verlusts, zum Beispiel des Vertrauens in die Wirkmächtigkeit der Wahlbeteiligung. Diese Veränderung zeigt sich auch am Neuentwurf von *citizenship*, der Bürger:innen vornehmlich als Konsument:innen und Kund:innen betrachtet. Die neuen Lebensweisen im Modus der Emotion werden außerdem zur Voraussetzung für den Zugang zu beziehungsweise den Ausschluss aus staatsbürgerlichen Rechten. Zwar wird Frauen heute das Wahlrecht nicht mehr mit Verweis auf ihre Emotionalität verweigert, doch der Umgang mit den eigenen Gefühlen und dem eigenen Körper wird in ganz essenzialistischer Weise ein Merkmal für Zugehörigkeit: Nur wer seine Gefühle meistert und moderiert – sie punktgenau einsetzen kann – ist ein guter neoliberaler Bürger, und diese Fähigkeit wird vornehmlich weißen Männern der Mehrheitsgesellschaft unterstellt. Wer die Kunst des affektiven Selbstunternehmertums nicht beherrscht, läuft Gefahr, nicht nur aus Arbeitszusammenhängen, sondern auch aus politischer Teilhabe und von politischen Rechten ausgeschlossen zu werden. Frauen aus Minderheiten, aber auch spezifischen marginalisierten Männlichkeiten, zum Beispiel migrantischen jungen Männern, wird diese Fähigkeit abgesprochen (Friz Trzeciak & Schäfer 2021). So produziert der Gefühlsdiskurs immer auch Bürger:innen zweiter Klasse.

Darüber hinaus und wohl für die demokratische Entwicklung liberaler Demokratien am bedeutungsvollsten ist das Erstarken populistischer autoritär-rechter Parteien, die das emotionale Vakuum, das traditionelle Parteien haben entstehen lassen, mit hoch emotionalisierten, antagonistischen Mobilisierungsstrategien – vor allem gegen Migrant:innen, gegen „die Anderen“, aber auch gegen die politischen Eliten, gegen „die da oben“ zu füllen wussten.

Ganz offensichtlich befinden wir uns an einem Zeitpunkt, an dem die Bedeutung von Emotion, Gefühl und Affekt in der Politik neu verhandelt wird. Eröffnet sich also heute eine Chance, die Krise der Demokratie zu überwinden? Gelingt dies mit „sentimental citizens“, wie Marcus (2002) konzeptualisiert? Oder bedarf es einer gänzlichen Neuformatierung des Verhältnisses von Politik, Emotion und Affekt, wie dies Brigitte Bargetz (2019) vorschlägt? Abschließend möchte ich theoretische Überlegungen zum Überdenken der Rolle von Emotionen und Affekten im politischen Feld vorstellen.

4 Emotionen, Affekte und die Transformation von Ungleichheit. Politik und Emotion reconsidered

Eine Neubestimmung der Rolle von Emotionen und Affekten im politischen Feld sollte sowohl den Gegensatz zwischen Vernunft und Emotion wie auch die Trennung von öffentlich-rational und privat-emotional überwinden. Affekte und Emotionen sehe ich vielmehr im Anschluss an Hannah Arendt (1993) als notwendige Bestandteile des Politischen – nämlich als Bedingung dafür, gemeinsam etwas zu beginnen.[3] Dieses Gemeinsame beruht auf Affizierung, auf Beziehung und Relation, auf Zugewandtheit und Empathie – freilich in einem stets antagonistischen gesellschaftlichen und politischen Raum, denn Unterschiede, Meinungsverschiedenheiten und Interessenkonflikte verschwinden nicht einfach. Daraus lässt sich schließen, dass der Raum des Politischen aus affektiver politischer Subjektivierung entsteht und umgekehrt: Er produziert affektive politische Subjekte. Anders formuliert: Wenn Menschen gemeinsam handeln, kommen Emotionen und Affekte ins Spiel, die beeinflussen, wie Menschen sich selbst und andere begreifen – und zwar als politische Menschen in der Auseinandersetzung mit anderen Menschen.

Affekte als Regierungstechnik und als Modus der (politischen) Subjektbildung bilden daher auch den Ausgangspunkt für neue Formen von Solidarität (vgl. auch Adloff, Kapitel 15) und für mögliche Widerstandsformen des „Nicht-so-Regiert-Werden-Wollens“ (Foucault 1990), für emanzipative Politikformen der Affizierung gegen kapitalistische Entfremdung oder sexistische Ausgrenzung. Affekte sind so nicht nur als unterwerfend, sondern auch als widerständige, als ermöglichende Praxis denkbar. Doch das affektive Gemeinsame muss in widersprüchlichen Kontexten erstritten und erkämpft werden, denn auch Relationalität ist nicht herrschaftsfrei (Sauer 2017: 20).

In diesem widersprüchlichen Feld kann Demokratie als sorgende, affektive und affizierende Praxis oder als „affektive Demokratie“ entstehen, so kann gemeinsames Handeln als konflikthaftes, widersprüchliches Ringen um Bezogenheit und Beziehung, als Nähe, aber auch Distanz theoretisch gefasst werden. In einem Konzept „affektiver Demokratie“ können daher Affekte und Emotionen nicht einseitig positiv zelebriert werden. Vielmehr müssen sie stets in ihrer ambivalenten herrschaftlichen Wirkmächtigkeit zwischen Alltag und Politik in der staatlichen Arena patriarcho-kapitalistischer Verhältnisse hinterfragt werden. Hegemoniale Emotions- und Affektlagen lassen zum Beispiel aus Angst fundamentale Kritik an hierarchischer Zweigeschlechtlichkeit oder an kapitalistischen Arbeits- und Ei-

3 So definiert Arendt (1993) Politik.

gentumsverhältnissen verstummen. Die normative Perspektive einer „affektiven Demokratie“ kann so zugleich auch als Analyseperspektive begriffen werden, die auf emanzipatorisches emotionales Potenzial von gemeinsamem Handeln ebenso wie auf Gefahren von Emotionalität hinweist.

Die Vorstellung einer „affektiven Demokratie“ muss somit die Spannung zwischen Emotionen und Affekten als kreativ-emanzipatorischem Aspekt von Handeln *und* als herrschaftlich überformten politischen Instrumenten fassen. Und „affektive Demokratie“ braucht *Institutionen* und Mechanismen, die dieses Spannungsverhältnis zumindest zeitweise auf Dauer stellen, um es dann auch wieder auflösen zu können. Für die (Re-)Präsentation von Emotionen und Affekten bräuchte es beispielsweise kommunikative Foren, die eine kritische Infragestellung von Herrschaftskonstellationen in *gemeinsamem* Denken, Debattieren und Handeln ermöglichen. „Affektive Demokratie“ braucht also Zeiten und institutionelle Formen, um den je individuellen beziehungsweise kollektiven Gefühlen nachzu*spüren*, aber auch, um über sie nachzu*denken*, um also herausfinden, woher sie kommen, was sie ausgelöst hat und welche Bedeutung sie für das je eigene Leben, aber auch für das Leben anderer Menschen haben (ähnlich Bargetz 2014). Nur auf diese Weise kann demokratisierende Veränderung angestoßen und Ungleichheit überwunden werden. Um der Klimakatastrophe zu begegnen, sollten der Panik gemeinsame, affizierende, vielleicht sogar „ansteckende“ Handlungen der Verringerung des CO_2-Ausstoßes folgen. Das reflexive Besinnen auf das Potenzial von Emotionalität und Affektivität könnte auch – freilich ohne Erfolgsgarantie – ein Weg sein, um dem aggressiv-emotionalen und exkludierenden Diskurs populistischer, autoritär-rechter Akteure etwas entgegenzusetzen.

Literatur

Ahmed, Sara (2004). *The Cultural Politics of Emotion*. Edinburgh: Edinburgh University Press.

Ahmed, Sara (2010). „Happy Objects“, in: M. Gregg & G. J. Seigworth (Hrsg.), *The Affect Theory Reader*. Durham/London: Duke University Press, S. 29–51.

Arendt, Hannah (1993). *Was ist Politik? Fragmente aus dem Nachlass*. Hrsg. von Ursula Ludz. München: Piper.

Bargetz, Brigitte (2014). „Jenseits emotionaler Eindeutigkeiten. Überlegungen zu einer politischen Grammatik der Gefühle“, in: A. Baier/C. Binswanger/J. Häberlein/Y. E. Nay & A. Zimmermann (Hrsg.), *Affekt und Geschlecht. eine einführende Anthologie*. Wien: Zaglossus, S. 117–136.

Bargetz, Brigitte (2019). „Die affektive Vermessung der Welt. Affektive Politiken“, in: H. Kappelhoff/J. H. Bakels/H. Lehmann & C. Schmitt (Hrsg.), *Emotionen*. Stuttgart: J.B. Metzler, S. 365–374, https://doi.org/10.1007/978-3-476-05353-4_51.

Bargetz, Brigitte & Sauer, Birgit (2010). „Politik, Emotionen und die Transformation des Politischen. Eine feministisch-machtkritische Perspektive“, in: *Österreichische Zeitschrift für Politikwissenschaft* 39(2), S. 141–155.

Clough, Patricia (2007). *The Affective Turn. Theorizing the Social*. Durham/London: Duke University Press.

Crouch, Colin (2004). *Post-Democracy*. Cambridge: Polity Press.

Cvetkovich, Ann (2012). *Depression. A Public Feeling*. Durham/London: Duke University Press.

Dörner, Andreas (2001). *Politainment. Politik in der medialen Erlebnisgesellschaft*. Frankfurt am Main: Suhrkamp.

du Gay, Paul (1996). „Organizing Identity. Entrepreneurial Governance and Public Management“, in: S. Hall & P. du Gay (Hrsg.), *Questions of Cultural Identity*. London: Sage, S. 151–169.

Elias, Norbert (1978 [1936]). *Über den Prozeß der Zivilisation. Soziogenetische und psychogenetische Untersuchungen*. Bd. 2. Frankfurt am Main: Suhrkamp.

Fineman, Stephen (2010). „Emotion in Organizations – A Critical Turn“, in: B. Sieben & A. Wettergren (Hrsg.), *Emotionalizing Organizations and Organizing Emotions*. Houndmills, Basingstoke: Palgrave Macmillan, S. 23–41.

Foucault, Michel (1983). *Sexualität und Wahrheit. Der Wille zum Wissen*. Frankfurt am Main: Suhrkamp.

Foucault, Michel (1990). *Was ist Kritik?* Berlin: Merve.

Foucault, Michel (2000). „Die Gouvernementalität“, in: U. Bröckling/S. Krasmann & T. Lemke (Hrsg.), *Gouvernementalität der Gegenwart. Studien zur Ökonomisierung des Sozialen*. Frankfurt am Main: Suhrkamp, S. 41–67.

Foucault, Michel (2004). *Sicherheit, Territorium, Bevölkerung. Geschichte der Gouvernementalität I*. Frankfurt am Main: Suhrkamp.

Friz Trzeciak, Miriam & Schäfer, Jana (2021). „‘Aggressive Refugees, Violent Hooligans, Concerned Citizens’: Reinterpreting Multiple Processes of Difference-Making in Mediatizations of Migration and Conflict in East Germany in the German Media“, in: *Journal of Immigrant & Refugee Studies* 19(1), S. 55–67.

Hirschman, Albert O. (1977). *The Passions and the Interests. Political Arguments for Capitalism before Its Triumph*. New Jersey: Princeton University Press.

Hochschild, Arlie Russel (1979). „Emotion Work, Feeling Rules, and Social Structure“, in: *American Journal of Sociology* 85(3), S. 551–575.

Kohpeiß, Henrike (2023). *Bürgerliche Kälte. Affekt und koloniale Subjektivität*. Frankfurt am Main/New York: Campus.

Marcus, George E. (2002). *The Sentimental Citizen. Emotion in Democratic Politics*. University Park/Pennsylvania: Pennsylvania State University Press.

Matzig, Gerhard (2011). „Schluss mit dem Gemaule“, in: *SZ-Magazin* (40), S. 22–25.

Meyer, Thomas (2001). *Mediokratie. Die Kolonisierung der Politik durch die Medien*. Frankfurt am Main: Suhrkamp.

Nussbaum, Martha C. (2001). *Upheavals of Thought. The Intelligence of Emotions*. Cambridge: Cambridge University Press.

Nussbaum, Martha C. (2013). *Political Emotions. Why Love Matters for Justice*. Cambridge/London: Harvard University Press.

Penz, Otto/Glinsner, Barbara/Gaitsch, Myriam/Sauer, Birgit & Hofbauer, Johanna (2015). „Affektive Interaktionsarbeit in der öffentlichen Arbeitsvermittlung in Österreich, Deutschland und der Schweiz“, in: *AI Studien* 8(1), S. 21–36.

Penz, Otto & Sauer, Brigit (2016). *Affektives Kapital. Die Ökonomisierung der Gefühle im Arbeitsleben*. Frankfurt am Main/New York: Campus.

Sauer, Birgit (1999). „‚Politik wird mit dem Kopfe gemacht'. Überlegungen zu einer geschlechtersensiblen Politologie der Gefühle", in: A. Klein & F. Nullmeier (Hrsg.), *Masse, Macht, Emotionen. Zu einer Politischen Soziologie der Emotionen*. Opladen: Westdeutscher Verlag, S. 200–218.

Sauer, Birgit (2016). „Affektive Gouvernementalität. Eine geschlechtertheoretische Perspektive", in: E. Mixa/S. M. Pritz/M. Tumeltshammer & M. Greco (Hrsg.), *Un-Wohl-Gefühle. Eine Kulturanalyse gegenwärtiger Befindlichkeiten*. Bielefeld: transcript, S. 147–162.

Sauer, Birgit (2017). „Transformationen von öffentlich und privat. Eine gesellschafts- und affekttheoretische Perspektive auf Geschlechterdemokratie", in: Zentrum für transdisziplinäre Geschlechterstudien (Hrsg.), *Grenzziehungen von ‚öffentlich' und ‚privat' im neuen Blick auf die Geschlechterverhältnisse. Bulletin Nr. 43*. Berlin, S. 12–29.

Sauer, Birgit (2019). „#MeToo. Ambivalenzen und Widersprüche affektiver Mobilisierung gegen sexuelle Gewalt", in: *L'Homme* 30(2), S. 93–110.

Thiele, Daniel & Turnšek, Tjaša (2022). „How Right-Wing Populist Comments Affect Online Deliberation on News Media Facebook Pages", in: *Media and Communication* 10(4), S. 141–154.

Von Scheve, Christian (2020). „Emotionen in der Politik. Kollektivität, Normativität und Diskurs", in: *POLITIKUM* 6 (1), S. 4–11. https://www.politikum.org/blog/emotionen-in-der-politik (letzter Aufruf: 12.2.2023).

Von Scheve, Christian & Slaby, Jan (2022). „Im Schattenreich der Institution: Eine affekttheoretische Perspektive", in: *Zeitschrift für Kultur- und Kollektivwissenschaft* 8(1), S. 137–164.

Weber, Max (1980). *Wirtschaft und Gesellschaft. Grundriss der verstehenden Soziologie*. Tübingen: J.C.B. Mohr.

Weber, Max (1992 [1919]). Politik als Beruf. Stuttgart: Reclam.

Veronika Zink und Konstanze Senge

7 Emotion und Wirtschaft: Zur Emotionalisierung des homo oeconomicus

1 Einleitung. Die affektiven Konturen der Ökonomie

> Bedenke, daß Geld von einer *zeugungskräftigen und fruchtbaren Natur* ist. Geld kann Geld erzeugen und die Sprößlinge können noch mehr erzeugen und sofort. [...] Je mehr davon vorhanden ist, desto mehr erzeugt das Geld beim Umschlag, so daß der Nutzen schneller und immer schneller steigt. Wer ein Mutterschwein tötet, vernichtet dessen ganze Nachkommenschaft bis ins tausendste Glied. Wer ein Fünfschillingsstück umbringt, *mordet* (!) alles, was damit hätte produziert werden können: ganze Kolonnen von Pfunden Sterling.
>
> Benjamin Franklin, *Advise to a young tradesman, written by an old one* (1748)[1]

Für Max Weber ist diese Rede von Benjamin Franklin ein paradigmatisches Dokument für den Geist des Kapitalismus, das heißt für eine Lebensführung, die Sparsamkeit, Kreditwürdigkeit, Fleiß und Mäßigkeit als Ideale eines ehrbaren, vertrauenswürdigen ‚Mannes' preist. Bekanntlich ist dieser Geist für Weber keine abstrakte Lehre, die die Menschen kognitiv anspricht, sondern „es ist ein *Ethos*" (Weber 2013: 76), dem sich das Subjekt verpflichtet fühlt. Franklin bespricht, so gesehen, nicht nur wesentliche Tugenden einer Moral der Nützlichkeit, denen man folgen kann oder nicht. Vielmehr äußert sich mit ihm eine Gesinnung, die, wie Weber zeigt, religiös geprägt war und die sich, und hierauf kommt es an, in die Sinnes- und Seinsweise des Menschen einschreibt. Damit macht Weber auf eine eigenwertige phänomenale Dimension der kapitalistischen Glaubenslehre aufmerksam. Stellt man die Frage, wie sich dieser Geist des Kapitalismus in die Gesinnung der Menschen übersetzt beziehungsweise wie er gelebt wird, dann zeigt dieser Ausschnitt aus Franklins Rede, dass Affekte und Gefühle eine wesentliche Rolle spielen. So gibt die Rede, erstens, einen Einblick in die emotionale Anthropologie des kapitalistischen Menschen. Emotionen wie Geiz und Gier, die Vorstellung eines Pflichtgefühls gegenüber dem Gelde, die absolute Hingabe an die eigene Arbeitstätigkeit und die Zügelung der Genussfreude sollen, so Franklin, den Gefühlshaushalt des modernen *homo oeconomicus* formieren. Zweitens bürgt diese Rede von der Vorstellung einer sozialen Ökonomie

1 In der Übersetzung Webers (2013) inklusive dessen Hervorhebungen zitiert.

https://doi.org/10.1515/9783110589214-009

der Gefühle, die den Erfolg wirtschaftlichen Handelns bedingt. Wer, statt zu arbeiten, sein Vergnügen im Wirtshaus sucht, wie Franklin weiter notiert, der verliert seinen sozialen Kredit. Wer dagegen in „kühler Bescheidenheit" (Weber 2013: 91) agiert und sich seiner Berufung hingibt, dem wird im Gegenzug Vertrauen zuteil. Vertrauen und Ehrbarkeit fundieren nicht nur das Ansehen des Kaufmannes, sie sind, Franklin folgend, die emotionalen Garanten für seine Wirtschaftsaktivität. Drittens entfaltet diese Glaubenslehre eine immense Affektmacht. Die Leser:innen werden von Franklin nicht nur argumentativ überzeugt, sondern vor allem affektiv angerufen. Verschwendung von Geld und Genuss werden nicht einfach als kurzsichtige Praktiken beschrieben, die dem Ziele der Profitsteigerung widersprechen. Mit der metaphorischen Animierung des Geldes wird dieses mit Lebenskraft beseelt. Diese affektsprachliche Entdinglichung des Geldes konturiert die sakrale Bedeutung des Geldes. Jedes Vergehen gegen den Imperativ der Geldvermehrung wird durch Affekte der Abschreckung tabuisiert; ein schändliches Sakrileg, das wie der Mord einer Todsünde gleicht. Die Ethik der kapitalistischen Unternehmung ist, so gesehen, in hohem Maße emotional gefärbt, sie beruht auf spezifischen Gefühlsvorstellungen und spricht affektiv das Empfindungsvermögen an.

Während es bei Franklin ausschließlich um die affektiv gestützte, symbolische Erhöhung von Arbeit, Reichtum und Geldvermögen geht, möchten wir mit diesem Beitrag den vielfältigen, sozialwissenschaftlich analysierbaren emotionalen und affektiven Konstruktionen der modernen Wirtschaft nachspüren. Zwar haben seit den 2000er Jahren Ökonom:innen wie auch Sozialwissenschaftler: innen den Zusammenhang von Emotionen und Wirtschaft zunehmend ernster genommen (vgl. Akerloff & Shiller 2009; Bechara & Damasio 2005; Berezin 2005; Pixley et al. 2014), dennoch scheint die Rolle von Emotionen für das wirtschaftliche Geschehen des modernen Kapitalismus – und damit für eine Wirtschaftsordnung, die in ihren Grundprinzipien auf Rationalität und Berechenbarkeit beruht – nach wie vor begründungsbedürftig. Zumindest möchten wir im Folgenden diskutieren, inwiefern Emotionen, erstens, aussagekräftig für ein soziologisches Studium der Wirtschaft sind. Von welchen wirtschaftlichen Phänomenen wissen wir bis lang, dass sie mit dem Blick auf Emotionen besser verstanden werden können als ohne deren Berücksichtigung? Vor allem aber interessiert uns, zweitens, inwiefern gerade der Blick auf die Wirtschaft das soziologische Studium von Emotionen anleitet?

Im Unterschied zu einer bereichsspezifischen Darlegung der emotionalen Relevanz des Ökonomischen, möchten wir in diesem Beitrag die Forschungslandschaft anhand emotionssoziologischer Analysedimensionen differenzieren. Zu diesem Zwecke werden wir folgend vier analytische Perspektiven herausarbeiten, mittels derer das Ökonomische emotionssoziologisch gedeutet werden kann. Ausgehend von der These, dass Emotionen sinnstiftende Ressourcen für Situationsdeutungen und Handlungsentscheidungen sind, scheint es in Auseinandersetzung mit der *strukturierenden Funktion von Emotionen* in einem ersten Schritt sinnvoll, den Blick für das handelnde Subjekt zu schärfen und zu fragen, in welcher Weise dessen zweckrationale ökonomische Entscheidungen auch das Produkt von Gefühlserfahrungen sind (2.1). Im zweiten Schritt liegt der Fokus auf der strukturgebenden Bedeutung relationaler Prozesse der Emotionskoordination und der wechselseitigen Affizierung für ökonomische Interaktionssituationen, das heißt für Tauschhandlungen und die Konstruktion der Marktrationalität (2.2). Aufbauend wird dann das analytische Augenmerk auf der *ökonomischen Strukturiertheit des Gefühlsle*bens liegen. Zu diesem Zwecke werden wir in einem dritten Schritt die sich historisch wandelnden Gefühlskulturen des modernen Kapitalismus in den Blick nehmen (2.3), um hiervon ausgehend in einem vierten Schritt die affektive Prägekraft der kapitalistischen Wirtschaft, wie sie unter anderem über die betriebliche Organisation der Arbeit vermittelt wird, für Prozesse der Subjektivierung zu beleuchten (2.4).[2] Im Anschluss an diese Perspektivierungen und die hierunter vorgestellten Forschungsergebnisse werden wir im abschließenden Fazit nach der gegenwartsdiagnostischen Bedeutung einer ‚Emotionalisierung des homo oeconomicus' fragen und diese in ihren Konsequenzen für das Verhältnis von Wirtschaft und Emotion beleuchten.

2 Feeling the Economy: Emotionssoziologische Analysedimensionen des Ökonomischen

Emotionen sind genuin soziale Phänomene. Für die Gesellschaftsanalyse ist der Blick auf Gefühle gewinnbringend, weil sie einerseits auf der Ebene des sinnlichen Subjekts der leib-körperliche Ausdruck gesellschaftlicher Strukturen und kultureller Klassifikationen sind und weil sie andererseits als sinnstiftende wie sinnsetzende Ressourcen das soziale Handeln der Individuen anleiten und soziale Interaktions- beziehungsweise Relationierungsprozesse koordinieren. Für die Wirtschaftssoziologie ist dies aufschlussreich, weil es dazu auffordert, die sinnliche Konstruktion der ökonomischen Wirklichkeit analytisch zu perspektivieren und nach der Bedeutung affektiv konnotierter Phänomene und der emotionalen Spezifik der ökonomischen Kultur, wie distinkte Emotionen, dem Gefühlserfahren der Wirtschaftssubjekte, kollektiver Stimmungen und relationaler Affekte, zu

2 Vgl. auch zu soziologischen Perspektiven von Scheve, Kapitel 4.

fragen.[3] Insbesondere gehen wir im Folgenden der Frage nach, inwiefern Emotionen und Affekte eine strukturierende Funktion in wirtschaftlichen Prozessen erfüllen und in welcher Weise die gesellschaftliche Wirklichkeit der Ökonomie wiederum das Gefühlsleben der Subjekte strukturiert.

2.1 Gefühle als sinnstiftende Ressourcen des Handelns: Situationen der Ungewissheit

In Anlehnung an kognitivistische und einschätzungstheoretische Positionen in der Emotionssoziologie interpretieren Sozialwissenschaftler:innen Emotionen und Gefühle als sinnstiftende Ressourcen von Situationsdeutungen und für Handlungsentscheidungen (De Sousa 1990; Hochschild 2006). In dieser Perspektive sind Emotionen untrennbar mit Urteilen, Wertungen oder Überzeugungen verbunden. Emotionen gelten als spezifische Akte, deren zentrale Funktion in der kognitiven Bewertung von Situationen besteht. Die kognitiven Elemente sind dabei nicht Auslöser von Gefühlen, sondern Bestandteil derselben und die Basis, aufgrund derer sich Gefühle individuieren lassen. Was dabei als Kognition gedeutet wird, variiert, zum Beispiel Gedanken, Wünsche, Wertungen. Zudem gehen die Vertreter:innen des Kognitivismus in der Regel nicht davon aus, dass Gefühle mit Kognitionen gleichzusetzen sind. Meist wird zusätzlich neben der kognitiven Komponente auch eine Wahrnehmungskomponente (Gigerenzer 2007), physiologische (Schachter & Singer 1962) oder eine phänomenologische Komponente (Goldie 2002) für wesentlich erachtet. Wirtschaftssoziologisch wird eine solche Perspektive grundlegend von Jens Beckert vertreten. So zeigt Beckert, inwiefern Finanzmärkte auf das stetig reproduzierte Gefühl „Zuversicht" („confidence") angewiesen sind (Beckert 2006, 2005): Die Operationsweise der Finanzmärkte ist davon abhängig, dass Finanzmarktakteure zukünftige Situationen antizipieren und die Zuversicht haben, dass sie so eintreten wie antizipiert, um Investitionen zu tätigen und auch nur deshalb bereit sind, aktiv zu werden. In diesem Sinne, so Beckert (2013), ist der moderne Kapitalismus auf Zuversicht und Optimismus angewiesen. Denn ohne diese Emotionen gäbe es keine Investitionen in eine unbekannte und damit stets riskante Zukunft.

Emotionen beeinflussen und koordinieren die Wahrnehmung von Situationen und das Handeln sozialer Akteure. Gerade auf dem Finanzmarkt, einem an Zahlen und Fakten orientierten Milieu, haben Emotionen einen situationsbewertenden und handlungssteuernden Einfluss. Investor:innen berichten, wie sie sich

3 Für eine differenzierte Betrachtung dieser Phänomene vgl. auch Wiesse & Weigelin, Kapitel 3.

insbesondere in unsicheren Entscheidungssituationen von ihren Gefühlen leiten lassen und rational evaluative Entscheidungsprämissen zumindest temporär aufgeben und sich auf ihr „gutes Gefühl" verlassen (Senge 2020). So zeigt auch Lisa Knoll (2021), inwiefern sensorische Bewertungskompetenzen des Körpers im Finanzmarktkontext die Paradoxie des Systems, das nach wie vor auf individuelle Entscheidungsrationalität setzt, ans Licht bringt.[4]

Insofern wird der in der Ökonomie unterstellte und im „rational man" soziologischer Provenienz zum Ausdruck kommende *homo oeconomicus* durch die Arbeiten von Wirtschaftssoziolog:innen erweitert beziehungsweise ersetzt. Realistischer, und mit einem höheren Erklärungspotenzial, scheint daher die Vorstellung von Akteuren, die zwar den eigenen Präferenzen verpflichtet sind und nach Nutzenmaximierung streben, das heißt die damit durchaus rationale Entscheidungen treffen, deren Präferenzen aber nicht mehr ontologisch vorgegeben, sondern durch Kultur, Organisationen, Institutionen, soziale Beziehungen und Persönlichkeiten geprägt, veränderbar und vor allem durch Emotionen in ihrem Handeln beeinflusst werden (Beckert 1996; Lange & von Scheve 2021; Senge 2020).

2.2 Die emotionale Einbettung der Wirtschaft: Gefühle in ökonomischen Interaktionssituationen

Das Emotionserfahren erfüllt nicht nur eine moderierende Funktion für rationale Entscheidungen einzelner wirtschaftlicher Akteure, vielmehr muss Wirtschaft als ein interaktiver Prozess der Transaktionen verstanden werden, der auch durch emotionale Relationierungen und wechselseitige Affektionen organisiert ist. In modernen kapitalistischen Gesellschaften bildet der Markt die zentrale Institution des Tauschs, mittels dessen die Produktion, Bewertung und Verteilung von Waren reguliert wird (Polanyi 2021). Soziologische Forschungen, die sich mit der sozialen (Ko-)Konstruktion von Märkten befassen, liefern eindrückliche Beispiele für die Bedeutung von Gefühlen in marktwirtschaftlichen Interaktionssituationen, da sie auf die emotionale und affektive Strukturiertheit ökonomischer Beziehungen und Bezugnahmen aufmerksam machen.

Vertreter:innen der *Neuen Wirtschaftssoziologie* gehen von der Annahme aus, dass die Wirtschaft kein distinkter Handlungskosmos ist, sondern dass wirt-

4 Mit dem stärkeren Einbezug des Körpers in die Soziologie der Bewertung gewinnt die Auseinandersetzung mit sinnlichen Dimensionen und affektiven Wirkweisen für die Erklärung wirtschaftlicher Bewertungspraktiken im Allgemeinen an Relevanz.

schaftliches Handeln sozial eingebettet ist, das heißt, dass Normen, kulturelle Konventionen, Machtgefüge und soziale Identitäten den Interaktionsraum der Ökonomie prägen (vgl. Beckert 1996; Fligstein & Dauter 2007; Zukin & DiMaggio 1990). Studien aus dem Bereich der wirtschaftssoziologischen Netzwerkforschung sind im Besonderen an der Untersuchung der sozialen Strukturiertheit wirtschaftlicher Handlungssituationen interessiert: Sie untersuchen, wie wirtschaftliches Handeln kontextualisiert ist und durch Beziehungsnetzwerke konstituiert wird (Burt 1992; Granovetter 2000; White 1981), und zeigen, dass die Eingebettetheit in soziale Netzwerke den Akteuren als Ressource dienen kann, Vertrauen herzustellen und das Handlungsproblem der Ungewissheit zu lösen (Beckert 1996). In Anlehnung an diese Theorie der Einbettung entwickelt Bandelj (2009) das Konzept der emotionalen Einbettung (*emotional embeddedness*). Gefühle, so die Annahme, beeinflussen wirtschaftliche Interaktionen in zweifacher Hinsicht:

Erstens wird davon ausgegangen, dass die Struktur und Qualität sozialer Beziehungen auch affektiv konturiert ist, dass also gerade im Angesicht anderer Marktakteure Vertrauen und Zuversicht mithin emotional hergestellt werden (Barbalet 1998; Pixley 2004). Relationale Gefühle, die das Produkt wiederholter Interaktionen sind, wie Neid (Biniari 2012)[5], Sympathie und moralische Verpflichtung (Etzioni 1988), Misstrauen (Barbalet 1998), Missgunst und Argwohn (Granovetter 2000) oder gar Solidarität (Knorr-Cetina & Brügger 2002)[6], strukturieren Märkte, indem sie Kooperationen und damit Tauschhandlungen ermöglichen, indem sie Wettbewerb forcieren oder indem sie – wie im Fall der Marktsolidarität – ein geteiltes, auch individuellen Profitinteressen entgegenlaufendes Interesse an der Aufrechterhaltung des Funktionierens des Marktes freisetzen.

Zweitens koordinieren Emotionen und Affekte wirtschaftliche Interaktionen *in situ*, indem sie den Prozess der wechselseitigen Beobachtung von Marktteilnehmer:innen mit anleiten. Emotionen verbleiben meist nicht ‚im' fühlenden Subjekt, sondern gehen als sinnsetzende Zeichen in Interaktionsprozesse ein. Indem wir die Gefühlsausdrücke anderer beobachten, erfahren wir etwas über deren Wahrnehmung der Situation. Und in der Regel werden wir dadurch selbst in einer spezifischen Weise affiziert, das heißt wir werden auch als sinnliche Wesen angesprochen und in den Interaktionsprozess involviert. Zumeist in Auseinandersetzung mit dem Funktionieren der Finanzmärkte haben sich wirtschaftssoziologische Studien mit den emotionalen Dimensionen und den affektiven Mechanismen der sozialen Konstruktion der ökonomischen Wirklichkeit befasst (vgl. Hassoun 2005). Marktwirtschaftliche Prozesse werden dabei – zum Teil unter Rekurs auf Ansätze der Science

5 Vgl. allgemein zu diesem Gefühl auch von Scheve, Kapitel 14.

6 Vgl. allgemein zu diesem Gefühl auch Adloff, Kapitel 15.

and Technology Studies oder auf wirtschaftssoziologische Performativitätstheorien – als Interaktionsgeschehen perspektiviert, die das Produkt sozio-relationaler und technisch-materieller Arrangements sind (Callon 2021). Symbolisch vermittelte Gefühle anderer und Stimmungen auf dem Markt sind integrale Bestandteile der wechselseitigen Beobachtung auf Märkten und dienen als Deutungsressourcen für die Bewertung des Marktgeschehens. Sogenannte „Marktstimmungen“ (Lange & von Scheve 2021), wie Angst, Panik, Schock oder Euphorie, reflektieren, so die Annahme, die Verfassung von Märkten. Besondere Relevanz erfahren emotionale Signalisierungspraktiken von deutungsmächtigen Expert:innen, etwa die Nervosität, die Sorge oder das Entsetzen von prestigeträchtigen Finanzmarktakteuren, Journalist:innen, Analyst:innen oder Zentralbanker:innen (Beunza & Garud 2007), wie auch finanzmarktspezifische Modellierungen momentaner Marktemotionen, prominent der Volatilitäts-Index des Chicago Board of Options Exchange, der gemeinhin als *fear gauge* bezeichnet wird und als Indikator für die Ungewissheit der Märkte gilt (Berezin 2009). Folgt man Lange und von Scheve (2021) so machen diese „Kalkulationen des Emotionalen“[7] auf die finanzwirtschaftliche Bedeutung mediatisierter, kollektiver Marktgefühle aufmerksam, da sie als Institutionen der Versicherheitlichung fungieren. Darüber hinaus koordinieren Gefühle und Affekte auch das Interaktionsgeschehen auf den Handelsplätzen: Sie sind Teil ökonomischer Aushandlungsprozesse und prägen die Dynamik auf Marktplätzen.

In Auseinandersetzung mit Arbeiten zur sozio-technischen Mikrostrukturierung der Finanzmärkte (Knorr-Cetina & Brügger 2002) haben sich Studien aus dem Bereich der Affektforschung mit dem sozio-affektiven Arrangement ökonomischer, vor allem kalkulativer Praktiken auseinandergesetzt, indem sie auf die sinnlichen Dimensionen des Handels aufmerksam machen. Neben konkreten „Floorstimmungen“ (Lange & von Scheve 2021), die in kommunikativer Ko-Präsenz der Handelsakteure vollzogen werden, fällt der Blick auf das Verhältnis von Affekt und technischer Infrastruktur. Auch wenn die globale Struktur der *quantitative finance* durch technische Medien und elektronische Systeme vermittelt und durch mathematische Modellierungen und Algorithmen automatisiert ist, bedeutet dies keine Entemotionalisierung des Markthandelns, sondern führt zu einem anderen, höchst reflexiven Umgang mit Emotionen und Affekten (Borch & Lange 2016). Einerseits affizieren mathematische Modelle und technische Instrumente wie Indexe oder Kurven die Handelsakteure und können aufgrund ihrer reflexiven Komplexität Emotio-

7 Die Autoren unterscheiden zwischen „calculations of emotions“ und „emotion calculations“. Während erstere quantifizierende Instrumente der ökonomischen Kalkulation des Emotionalen sind, wird mit dem Konzept der emotionalen Kalkulationen der Fokus auf die sinnlich-affektiven und emotional-phänomenalen Dimensionen der Herstellung von kalkulativen Praktiken an Märkten gelegt.

nen, wie Unsicherheit oder Zweifel, elizitieren (Zaloom 2009). Andererseits setzt die Komplexität des vollautomatisierten Handelns eine erhöhte affektive Aufmerksamkeit für und eine affektive Involvierung in das Marktgeschehen auf Seiten der Händler:innen voraus (Seyfert 2018). Hier rücken Modi der sensorischen Verschmelzung von Körper und Markt in den Fokus. So zeigen Seyfert (2018) wie auch Laube (2019), dass Unternehmen im Bereich des Hochfrequenzhandels zur Steuerung der affektiven Immersion ihrer Händler:innen in das quantitativ vermittelte Marktgeschehen unterschiedliche visuelle, aber vor allem akustische Medien nutzen, die in Form eines *background noise* aus Klingeln, Hupen oder Hundegebell Marktbewegungen sinnlich spürbar symbolisieren und so die *trader* affizieren.

Geht man im Nachgang an diese Studien davon aus, dass Gefühle und Affekte ökonomische Austauschprozesse koordinieren und selbst in der hochtechnologisierten Welt der quantifizierten Finanzmärkte nutzbar gemacht werden, dann bedeutet dies, die sinnliche Infrastrukturierung der Ökonomie nicht als Gegenpart, sondern als eine Vollzugsform der Marktrationalität zu perspektivieren und nach affektiven Modi und emotionalen Praktiken der kokonstruktiven Organisation und Steuerung des Marktgeschehens zu fragen.

2.3 Gefühlskulturen der Ökonomie: Emotionale Spielarten des Kapitalismus

Sei es die Rede von einer Kultur des Geizes (Simmel 2009) oder von einer deutschen „Neidgesellschaft“ (von Scheve et al. 2013), sei es der Glaube „finance is fun“ (Petterson & Wettergren 2020: 14), die Vorstellung der Enthusiasmus sei Kennzeichen eines *spirit of enterprise* (Bröckling 2007) oder *happiness culture* (Greco & Stenner 2013) und Glücksversprechen des Konsumkapitalismus (Baudrillard 2015), Emotionen prägen die Kultur der Wirtschaft, indem sie das ökonomische Selbstverständnis von Gesellschaften im Sinne einer Gefühlskultur informieren. Der Blick auf Gefühlskulturen der Ökonomie ist wirtschaftssoziologisch aufschlussreich, weil unterschiedliche ökonomische Ordnungen durch eigenspezifische Emotionskulturen geprägt sind, welche das wirtschaftliche Leben strukturieren und von diesem strukturiert sind. Während zum Beispiel die Verteilung von Gütern in Redistributionsökonomien auf Grundlage eines gesellschaftlich verbürgten Gerechtigkeitsgefühls legitimiert wird, da basieren Ökonomien des Gabentausches, liest man Mauss (1990) mit der Brille der Emotionssoziologie, auf der Vorstellung eines starken affektiven Bandes der wechselseitigen Verpflichtungen zwischen Geber:in und Nehmer:in, das sozial strukturierende Gefühle der Überordnung

(Ehre) und der Unterordnung (Dankbarkeits- oder Abhängigkeitsgefühle) freisetzt.[8] Besondere Aufmerksamkeit erfahren Studien, die sich aus einer historisierenden Perspektive mit den emotionalen Fundamenten, den affektiven Wirkweisen und dem Wandel der Emotionsregime des modernen Kapitalismus befassen (vgl. Illouz 2007a; Konings 2015; Neckel 2005; Vogl 2011).

Wenngleich der industrielle Kapitalismus auch aufgrund seiner ihn kennzeichnenden bürokratischen Organisationsformen in der Rückschau als gefühlsindifferent und leidenschaftslos erscheinen mag, zeigen soziologische Studien, dass gerade die moderne Realfiktion des *homo oeconomicus* gefühlskulturell informiert ist. So fungieren, Weber (2013) zufolge, religiös inspiriertes Pflichtgefühl und „innerseelischer Drang" nach einem Leben unterm Nützlichkeitsprinzip als emotionale Bürgen für den Siegeszug des modernen Kapitalismus. Sombart (1992) sieht in der aristokratischen Liebes- und Begehrenskultur eine Erklärung für die industrielle Entwicklung des Frühkapitalismus in Europa.[9] Und Hirschman (1987) widmet sich in seiner kulturhistorischen Betrachtung des passionierten Strebens nach der Geldvermehrung nicht nur einem zentralen Affekt der kapitalistischen Unternehmung, sondern zeigt, wie die einstmalige Todsünde der leidenschaftlichen Gier in der Ideenlehre der Frühen Neuzeit legitimiert, durch das Konzept der rationalen Interessen ersetzt und affektiv gezähmt wurde. Emotionen kommt eine strukturbildende Rolle bei der Ausbildung der kapitalistischen Organisationsform und eine sinnstiftende Funktion für den Glauben an zentrale Institutionen der modernen Ökonomie zu. Auf der anderen Seite schreibt sich das moderne Wirtschaftsleben in die Gefühlskultur der Subjekte ein. Eindrücklich hierfür ist Simmels (2009) Studium der modernen Geldwirtschaft. So ist nicht nur das Verlangen nach dem Gelde Triebfeder für die bezeichnende Rastlosigkeit des modernen Lebens, zugleich zeigt Simmel, dass die Kultivierung einer entsinnlichten Gefühlshaltung der Blasiertheit, des Zynismus, der gegenseitigen Reserve und der emotionalen Dissozi-

---

8 Wobei diese emotionale Fundierung sozialer Ordnung zur Gegengabe herausfordert beziehungsweise zum Übertreffen der ursprünglichen Gabe, sofern man dazu materiell, symbolisch *und* emotional in der Lage ist.

9 Die Liebeskultur an den europäischen Höfen des 17. und 18. Jahrhunderts war, so Sombart (1992), durch eine ausgebildete Mätressenwirtschaft und eine elaborierte, materielle Verführungskultur gekennzeichnet, welche einen erhöhten Bedarf an Luxusgütern bedingte. Dabei wohnte, wie Sombart darlegt, der Luxusentfaltung eine marktbildende Kraft inne. Der Luxusbedarf drängte zu einer industriekapitalistischen Organisationsform und förderte zugleich interlokale Handels- und Marktbeziehungen. Weiterhin führten, so Sombart, die massiven Luxusausgaben der europäischen Aristokratie aufgrund der Verschuldug des Adels beim Bürgertum zu einer ökonomischen Machtverschiebung.

ierung eine Antwort auf die Kultur einer formalisierten, anonymisierten Marktgesellschaft ist.[10]

Besondere Aufmerksamkeit erfahren in diesem Zusammenhang Studien, die sich analog zur These der Transformationen des Kapitalismus (Boltanski & Chiapello 2001) aus gegenwartsdiagnostischer Perspektive mit dem Wandel der kapitalistischen Emotionskultur befassen. Indizien für einen Wandel sehen die Autor:innen etwa in der gezielten Förderung und Steuerung von Gefühlen in gegenwärtigen Arbeitswelten, in der marktgerechten Kommerzialisierung und Kommodifizierung von Emotionen und Affektwerten oder in der konsumistischen Haltung der sogenannten „Gefühlssammler" (Bauman 2007: 186) (vgl. Illouz 2007a; Neckel 2005; Hardt & Negri 2004; Hochschild 2006; Mestrovic 1996). Folgt man Illouz, so hat der Kapitalismus eine intensive emotionale Kultur ausgebildet, die Gefühle als Mittel zur Steigerung von Persönlichkeits-, Kommunikations- und Authentizitätswerten einsetzt. Gekennzeichnet sei dieser Wandel einerseits durch eine Emotionalisierung der Wirtschaft, das heißt, dass ökonomische Beziehungen verstärkt durch Gefühle bestimmt sind, und anderseits durch eine Ökonomisierung der Gefühle, also, dass subjektive Emotionalität und persönliche Beziehungen, wie Intimbeziehungen, zusehends durch die Imperative der instrumentellen Rationalisierung und durch Rhetoriken der Vermarktlichung kolonialisiert werden (Illouz 2007b).

Emotionskulturelle Transformationsprozesse des Kapitalismus verlaufen keineswegs einheitlich, sondern sind kulturell ebenso vielfältig wie umkämpft. Neben Untersuchungen zur gefühlskulturellen Prägekraft des Kapitalismus, sind daher jene Forschungen aufschlussreich, die fragen, welche Bedeutung Gefühlen für die Akzeptanz beziehungsweise die Kritik marktwirtschaftlicher Institutionen zukommt. So macht etwa Zelizer (1979) am Beispiel der Lebensversicherungen auf Konflikte zwischen gesellschaftlich verbürgten, emotionalen Moralvorstellungen (Unbezahlbarkeit des Lebens) und der ökonomischen Logik (Monetarisierung des Lebens) aufmerksam. Andere Studien weisen auf die Rolle von religiös geprägten Wertgefühlen für kulturspezifische Konfigurationen ökonomischer Institutionen hin, prominent etwa Analysen des Islamischen Bankenwesens, dessen Scharia konforme Finanzinstrumente zwar islamische Gerechtigkeitsgefühle befrieden können, jedoch in der Post-9/11-Welt der Wirtschaft auf affektive Widerstände wie Furcht stoßen (vgl. Riaz et al. 2022). Auch wenn bis dato nur wenige Arbeiten vorliegen, die – analog zur Debatte um die Spielarten des Kapitalismus (vgl. Hall & Soskice 2001) und im Schulterschluss mit der ökonomischen Anthropologie – kapitalistische Ökonomien auf ihre emotionskulturellen Differenzen hin analysieren, so erfahren diese vor dem Horizont der ökonomischen Globali-

10 Vgl. weiterhin auch zum Taktgefühl Schützeichel, Kapitel 19.

sierung und der weltweiten Intensivierung des Kapitalismus an Relevanz. Aus wirtschaftssoziologsicher Sicht ist diese Perspektive bedeutsam, weil sie Einblicke in die gefühlskulturellen Möglichkeiten der ökonomischen Teilhabe an der globalen Marktwirtschaft offeriert, etwa von Migrant:innen oder von Gesellschaften an den Peripherien des Kapitalismus. Zudem kann so gefragt werden, welchen Einfluss etwa transnationale Wir-Gefühle (etwa EU), lokale emotionale Regime oder das affektive Selbstverständnis nationaler Gesellschaften auf Prozesse der wirtschaftlichen Öffnung beziehungsweise des Protektionismus haben (vgl. Kraemer & Münnich 2021).

2.4 Organisationale Gefühlsregulation: Die affektive Produktion von Wirtschaftssubjekten

Das gefühlskulturelle Regieren der Emotionen der Subjekte wird situational häufig mittels Gefühlsregeln gesteuert, die die Angemessenheit und den Ausdruck des sozialen Gefühlslebens der Akteure orchestrieren (Hochschild 2006). In dieser Weise wirken Gefühlskulturen auf Prozesse der Subjektivierung (vgl. auch Pritz, Kapitel 10). Individuen lernen nicht nur wie sie sich als Unternehmer:in, als Spekulant:in (Stäheli 2007), als Konsument:in (Bennett 2010) oder als Schuldner:in (Lazzarato 2012) verhalten sollen, welche Normen und Werte die Koordinationspunkte dieser sozialen Identitäten sind, sondern auch ein Repertoire an Gefühlen und Affektionen, das für die jeweilige Subjektkultur etwa der Unternehmer:in oder der Manager:in prägend ist, wie Leidenschaft fürs Geschäft, Risikofreude, Innovationsenthusiasmus, „Pflicht zum Erfolg" (Neckel 2008: 45 ff.), „Ausstrahlungsenergie" (Ichheiser 1970: 53), emotionale Intelligenz und Empathie (Bröckling 2007; Illouz 2007a; Köppen 2016).

Aufschlussreich ist der Blick auf die Welt ökonomischer Organisationen, da diese über die betriebliche Steuerung der ‚besonderen Ware' Arbeitskraft das Bindeglied von Ökonomie und Subjekt bilden und dergestalt emotionale Regime der Wirtschaft in den Gefühlshaushalt der Menschen übersetzen. Ökonomische Organisationen fungieren immer auch als Träger, das heißt als Adressaten und Konstrukteure spezifischer Gefühle, die sie in Entsprechung ihres gesellschaftlichen Mandats ausführen (Fineman 2003; Flam 2002; Senge & Zink 2019), wie zum Beispiel die Inszenierung eines Wir-Gefühls von Genossenschaften (Krause 2022) oder die symbolische Kommunikation der Unzufriedenheit von Gewerkschaften (Galanova 2011). Im Fokus einer Reihe von Studien steht das emotionale Selbst- und Fremdverständnis von Unternehmen, etwa die Gier der Banken (Neckel 2011), die Coolness als Stimmung der *business culture* (Thomas 1998) oder Emotionsdispositionen von Dienstleitungsunternehmen wie die Freundlichkeit von Fluggesellschaften, die emotionale Härte von Inkasso-Unternehmen (Hochschild 2006), Wellness und Self-Love der Kosmetikbranche (Martin et al. 2000) und die Fürsorge im Pflegedienst und der Care-Ökonomie (Strauss et al. 1980). Organisationen kommunizieren so emotionale Anforderungen an ihre Mitarbeiter:innen und greifen regulativ in deren Gefühle ein. Emotionen und Affekte prägen die Kultur und das Arbeitsklima in Unternehmen und werden zur Förderung der ökonomischen Produktivität gesteuert.

Neben der Analyse von Normen und Skripten, die das Gefühlsleben von Mitarbeiter:innen entsprechend ihrer organisationalen Position strukturieren (Bargetz 2013; Hochschild 2006), haben sich vor allem im Bereich der Workplace Studies jüngst einige Arbeiten mit dem affektiven Arrangement der (proto-)betrieblichen Organisation von Arbeit befasst, indem sie fragen, wie sich die technischen, materiellen und relationalen Ordnungen des Arbeitslebens in die Sinnlichkeit der Subjekte einschreiben. So wird etwa die Affektkultur der Start-up-Branche als eine Atmosphäre des Spielerischen imaginiert, die etwa bei Google in der infantilisierenden Gestaltung eines Arbeitsraums materialisiert, der als Sozialraum der Resonanzen, der Faszination für Technologie und der Experimentierfreude erfahren werden soll (Mühlhoff & Slaby 2018). Andere Studien lenken den Blick auf invektive Wirkweisen affektiver Arbeit. In Auseinandersetzung mit der migrantischen Haushaltsarbeit zeigt Gutiérrez Rodríguez (2014) am Beispiel der Toilettenreinigung, wie die kulturelle Praxis des Reinigens, die affektive Bedeutung von Schmutz und die räumliche Atmosphäre fremder Intimität, einen Affektraum generieren, der für die meist weibliche und migrantische Reinigungskraft soziale Inferiorität fühlbar macht.

Häufig von gouvernementalitätstheoretischen Annahmen informiert (Foucault 2006), zeigen diese Studien, dass organisationale Gefühls- und Affektpraktiken Prozesse der ökonomischen Identitätsbildung moderieren, indem sie sinnliche Positionierungen von Subjekten arrangieren und Einfluss auf deren Interaktionsmöglichkeiten mit der Umwelt nehmen. Organisationale Strategien der affektiven Anrufung von Subjekten[11] schreiben sich in die „inneren Fasern des Selbst" (Braidotti 2015: 156) ein, indem Regeln, Skripte und Arrangements inkorporiert werden und weil sich die Subjekte mittels leibkörperlicher Praktiken der affektiven Selbstdisziplinierung an diesen abarbeiten. Paradigmatisch hierfür stehen Konzepte wie Emotionsarbeit (Hochschild 2006; Strauss et al. 1980), affektive Arbeit (Gutiérrez Rodríguez 2014; Hardt & Negri 2004) und Affektmanagement (Sauerborn 2019), die für subtile (Selbst-)

11 Vgl. hierzu Hof & Zink (2022) in Anlehnung an Foucault und Althusser wie auch Sauer (2016) zum Konzept der „affektiven Gouvernementalität".

Technologien der ökonomischen Subjektformierung sensibilisieren. Damit schärfen diese Studien einerseits den Blick für die entfremdenden Aspekte, die mit der ökonomischen Konditionierung, Programmierung und Simulation der Gefühle einhergehen (Hochschild 2006). Andererseits weisen sie auf den Umstand hin, dass die arbeitsfeldspezifische Fabrikation sinnlicher Subjektpositionen zugleich geschlechtliche, rassifizierte oder klassierte Identitätskategorien sinnlich reproduziert (das weibliche Lächeln und Gefühle der Sorge versus die männliche Gefühlskälte, Coolness versus Vulnerabilität, Stolz und Enthusiasmus versus Gefühle der Inferiorität etc.), diese daher vor dem Hintergrund bestehender Macht- und Ausbeutungsverhältnissen gelesen werden müssen (Bargetz 2013; Hochschild 2006).

Freilich erfahren solche Gefühlstechnologien in der spätkapitalistischen Gesellschaft des unternehmerischen Selbst (Foucault 2006: 314 ff.) eine besondere Wirkmacht, das heißt in einer Gesellschaft, in der Emotionen, Affekte und Stimmungen im Sinne der Humankapitaltheorie als eine Ressource im Wettbewerb mit anderen fungieren, die produziert, gebildet und verwertet werden können (Penz & Sauer 2016). Mit dem Wandel hin zu einer postindustriellen Arbeitsgesellschaft, die unter anderem durch postbürokratische Organisationsformen gekennzeichnet ist, gewinnen subtile Mittel der Steuerung der Arbeitsprozesse an Bedeutung (Illouz 2007a). Neben einer Analyse von arbeitsfeldspezifischen Regeln des Fühlens, gilt es daher auch jene vitalisierenden Praktiken in den Blick zu nehmen (zum Beispiel Förderung der *work-life balance*), „deren Funktion es ist, einen Ausgleich zu bieten für alles Kalte, Gefühlslose, Berechnende, Rationale, Mechanische" (Foucault 2006: 335) und zu prüfen, inwiefern das damit artikulierte Versprechen auf affektive Selbststeigerung unter dem Vorzeichen von Selbstvermarktung vollzogen wird.

Versteht man unter Emotionalisierung der Arbeitswelt den Versuch der affektiven Integration des Subjekts als fühlende Persönlichkeit in die Arbeitsprozesse, dann artikuliert sich darin einerseits das Versprechen auf Selbstverwirklichung und Subjektivierung der Ökonomie, andererseits eröffnet dies den Möglichkeitsraum für einen erweiterten Zugriff auf den Menschen durch Affektkontrolle. Die Ausbreitung gesellschaftlicher Gefühlspathologien wie Depressionen oder Burn-Out ist nicht zuletzt ein Indiz dafür, dass die gestiegenen Anforderungen an Emotions- und Affektmanagement reglementierend und deprivierend wirken können und dies insbesondere dann, wenn einseitig auf Affektsteigerung abgezielt wird und Affektlosigkeit ebenso wie negative Gefühle, wie Müdigkeit, Unzulänglichkeit, Unsicherheit, Scham, Angst oder Ärger delegitimiert und als Anzeichen für das subjektive Versagen eines defizitären Selbst angesehen werden (Ehrenberg 2004; Mixa et al. 2016).

3 Ausblick: Affektzivilisierung und Gefühlskapitalismus

Auf den ersten Blick mögen Emotionen in einem Widerspruch zu modernen Vorstellungen der Ökonomie stehen, die auf der Idee der Berechenbarkeit, der Sachlichkeit und der instrumentellen Rationalität basiert. Emotionen sind jedoch keine irrationalen Störfaktoren, die auf ein Anderes jenseits der Wirtschaft verweisen, sondern konstitutive Elemente des Wirtschaftens. Die Emotionssoziologie fungiert daher als ein Korrektiv für die Ansicht, die Systemwelt der Ökonomie sei durch affektive Neutralität charakterisiert (vgl. Parsons 2009). Affekte, Empfindungen, Gefühle und Emotionen beleben Vorstellungen von modernen Wirtschaftssubjekten, haben Anteil an der Koordination wirtschaftlicher Prozesse, treiben wirtschaftliches Handeln wahlweise an oder begrenzen dieses und prägen so die Kultur der modernen Ökonomie.

Die Wirtschaft ist kein gefühlsarmer Sozialraum. Zugleich hat sich aber die Bedeutung und Funktion, die Emotionen im Bereich der Wirtschaft zugewiesen wurden, seit der Frühphase des modernen Kapitalismus gewandelt. Gingen soziologische Modernisierungstheorien von einer fortschreitenden Zivilisierung der Affekte und einer Entsinnlichung der Kultur aus (Elias 2010; Simmel 2009), die sich im Resultat der technischen Rationalisierung und ökonomischen Funktionalisierung des modernen Lebens einstellen würden, tritt der gegenwärtige Kapitalismus als „emotional capitalism“ (Illouz 2007c; Konings 2015) oder als eine „feeling economy“ (Rust & Huang 2021) auf, die von einer verstärkten Förderung, einem intensivierten Management und einer Vermarktlichung von Emotionen gekennzeichnet sind.

Häufig unter dem Vorzeichen einer Emotionalisierung der Ökonomie verhandelt, vollzieht sich dieser Prozess vor dem Hintergrund eines übergreifenden Strukturwandels der kapitalistischen Unternehmung von der fordistischen Industriegesellschaft hin zur postindustriellen Netzwerkgesellschaft des Spätkapitalismus (Castells 2005; Boltanski & Chiapello 2001). Ausdruck findet dieser Wandel unter anderem in der Subjektivierung der Arbeit und in der Flexibilisierung von Organisationsstrukturen (Gerhards 1988). Emotionen und Affekte bilden in diesem Zusammenhang veritable Sozialgrößen der Steuerung wirtschaftlicher Prozesse. Die Integration der Gefühlswelt in die Wirtschaft kann daher auch nicht einseitig als Befreiung der Sinnlichkeit gelesen werden, vielmehr „hinterlassen“, wie Neckel (2005: 419) notiert, „[d]erartige Programme einer modernen Emotionalisierung der Gesellschaft und der Ökonomie [...] den paradoxen Effekt, erst zu jener ‚affektiven Neutralität‘ hinzuführen, der sie vermeintlich begegnen wollen“. Folgt man Elias, so geht der Prozess der Affektzivilisierung mit der Entwicklung einer für die Moderne spezifischen, hochgradig distinguierten und formalisierten Gefühlskultur einher. Affektzivilisierung sollte also nicht als Unterdrückung von Emotionen missinterpretiert werden, vielmehr geht es um die Ausbildung einer versierten „Selbstzwangapparatur“ (Elias 2010: 389), mittels derer Gefühle für den strategischen gesellschaftlichen Einsatz reguliert und kalkuliert werden. Dergestalt betrachtet, erscheint die Emotionalisierung der spätkapitalistischen Gesellschaft, wenn auch unter anderen Vorzeichen, als eine reflexive Fortschreibung der die Moderne kennzeichnenden Affektzivilisierung.

Für die eingangs gestellten Fragen nach der gegenseitigen Befruchtung von Wirtschafts- und Emotionssoziologie zeigen die vorangegangenen Ausführungen, dass sich die Berücksichtigung von Emotionen als überaus wertvoll für ein besseres und komplexeres Verständnis der modernen Wirtschaft, ihrer Akteure und Praktiken erweist – sei es auf Handlungs- und Interaktionsebene, der Organisations- beziehungsweise Unternehmensebene sowie auf der kulturellen Ebene von Berufsfeldern und Gesellschaften. Das Studium der Emotionen und Affekte liefert, so gesehen, nicht nur einen Schlüssel für die Erklärung wirtschaftlicher Prozesse, sondern gibt auch einen anderen Blick auf das Funktionieren der modernen Ökonomie frei. Gefühle bilden nicht immer Gegenpart zum Ideal der ökonomischen Rationalität, sondern sie informieren und ermöglichen diese auch. Gleichsam erhält auch die Emotionssoziologie durch die Berücksichtigung ökonomischer Prozesse Impulse für eine umfassendere Betrachtung zentraler Themen wie etwa für die Frage nach dem Verhältnis von Rationalität und Irrationalität von Emotionen, hinsichtlich des wirtschaftlichen Potenzials von Emotionen sowie mit Blick auf die affektive Gestimmtheit vermeintlich emotionsfreier Sphären. Dabei zeigt gerade die Betrachtung der Wirtschaft, dass unsere Gefühlswelt auch durch ökonomische Weltbilder und Deutungsangebote geprägt ist. So lässt etwa die sich vollziehende Emotionalisierung der Wirtschaft sowohl Tendenzen einer ökonomischen Kulturierung der Gefühle wie auch Prozesse der Rationalisierung des Affektiven offensichtlich werden.

Literatur

Akerlof, George & Shiller, Robert J. (2009). *Animal Spirits. Wie Wirtschaft wirklich funktioniert*. Frankfurt am Main: Campus.

Bandelj, Nina (2009). „Emotions in Economic Action and Interaction“, in: *Theory and Society* 38(4), S. 347–366.

Barbalet, Jack M. (1998). *Emotion, Social Theory, and Social Structure*. Cambridge: Cambridge University Press.

Bargetz, Brigitte (2013). „Markt der Gefühle. Macht der Gefühle“, in: *Österreichische Zeitschrift für Soziologie* 38, S. 203–220.

Baudrillard, Jean (2015). *Die Konsumgesellschaft. Ihre Mythen, ihre Strukturen.* Berlin: Springer VS.

Bauman, Zygmunt (2007). *Flaneure, Spieler und Touristen. Essays zu postmodernen Lebensformen.* Hamburg: HIS.

Beckert, Jens (2013). „Imagined Futures. Fictional Expectations in the Economy“, in: *Theory and Society* 42, S. 219–240.

Beckert, Jens (2006). „Was tun? Die emotionale Konstruktion von Zuversicht bei Entscheidungen unter Unsicherheit“, in A. Scherzberg (Hrsg.), *Kluges Entscheiden.* Tübingen: Mohr, S. 123–142.

Beckert, Jens (2005). „Trust and the Performative Construction of Markets“, in: *MPIfG Discussion Paper* 05/8. Köln: Max-Planck-Institut für Gesellschaftsforschung.

Beckert, Jens (1996). „Was ist soziologisch an der Wirtschaftssoziologie? Ungewissheit und die Einbettung wirtschaftlichen Handelns“, in: *Zeitschrift für Soziologie* 25(2), S. 125–146.

Bechara, Antoine & Damasio, Antonio (2005). „The Somatic Marker Hypothesis: A Neural Theory of Economic Decision“, in: *Games and Economic Behavior* 52, S. 336–372.

Bennett, David (2010). „Libidinal Economy, Prostitution and Consumer Culture“, in: *Textual Practice* 24(1), S. 93–121.

Berezin, Mabel (2005). „Emotions and the Economy“, in: N. J. Smelser & R. Swedberg (Hrsg.), *Handbook of Economic Sociology.* New York, Princeton: Princeton University Press, S. 109–127.

Berezin, Mabel (2009). „Exploring Emotions and the Economy: New Contributions from Sociological Theory“, in: *Theory and Society* 38, S. 335–346.

Beunza, Daniel & Garud, Raghu (2007). „Calculators, Lemmings or Frame-Makers? The Intermediary Role of Securities Analysts“, in: *The Sociological Review 55*(2), S. 13–39.

Biniari, Marina G. (2012). „The Emotional Embeddedness of Corporate Entrepreneurship: The Case of Envy“, in: *Entrepreneurship Theory and Practice 36*(1), S. 141–170.

Boltanski, Luc & Chiapello, Eve (2001). „Die Rolle der Kritik in der Dynamik des Kapitalismus und der normative Wandel“, in: *Berliner Journal für Soziologie* 4, S. 459–477.

Borch, Christian & Lange, Ann-Christina (2016). „High-Frequency Trader Subjectivity: Emotional Attachment and Discipline in an Era of Algorithms“, in: *Socio-Economic Review* 15(2), S. 283–306.

Braidotti, Rosi (2015). „Nomadische Subjekte“, in: S. Witzgall & K. Stakemaier (Hrsg.), *Fragile Identitäten.* Zürich: Diaphanes, S. 147–156.

Bröckling, Ulrich (2007). *Das unternehmerische Selbst. Soziologie einer Subjektivierungsform.* Frankfurt am Main: Suhrkamp.

Burt, Ronald S. (1992). „Structural Holes and Good Ideas“, in: *American Journal of Sociology* 110, S. 349–399.

Callon, Michel (2021). *Markets in the Making. Rethinking Competition, Goods and Innovation.* New York: Zone Books.

Castells, Manuel (2005). „The Network Society: From Knowledge to Policy“; in: M. Castells, & G. Cardoso (Hrsg.), *The Network Society: From Knowledge to Policy.* Washington: Johns Hopkins Center for Transatlantic Relations, S. 3–22.

De Sousa, Ronald (1990). *The Rationality of Emotions.* Cambridge: MIT Press.

Ehrenberg, Alain (2004). *Das erschöpfte Selbst. Depression und Gesellschaft in der Gegenwart.* Frankfurt am Main: Campus.

Elias, Norbert (2010). *Der Prozess der Zivilisation. Wandlungen der Gesellschaft*, Bd. 2. Frankfurt am Main: Suhrkamp.

Etzioni, Amitai (1988). *The Moral Dimension: Toward A New Economics.* New York: The Free Press-Collier Macmillan.

Fineman, Stephen (2003). *Understanding Emotion at Work*. London: SAGE.

Flam, Helena (2002). „Arbeit und Gefühl", in: H. Flam (Hrsg.), *Soziologie der Emotionen*. Einheim: Beltz, S. 173–201.

Fligstein, Neil & Dauter, Luke (2007). „The Sociology of Markets", in: *Annual Review of Sociology* 33, S. 6.1–6.24.

Foucault, Michel (2006). *Die Geburt der Biopolitik. Geschichte der Gouvernementalität II*. Frankfurt am Main: Suhrkamp.

Galanova, Olga (2011): *Unzufriedenheitskommunikation. Zur Ordnung sozialer Un-Ordnung*, Wiesbaden: Springer VS.

Gerhards, Jürgen (1988). *Soziologie der Emotionen. Fragestellungen, Systematik und Perspektiven*. Weinheim und München: Juventa.

Gigerenzer, Gerd (2007). *Gut Feelings*. New York: Viking.

Goldie, Peter (2002). *The Emotions. A Philosophical Exploration*. Oxford: Clarendon Press.

Granovetter, Mark (2000). „Ökonomisches Handeln und soziale Strukturen: Das Problem der Einbettung", in: H.-P. Müller & S. Sigmund (Hrsg.), *Zeitgenössische amerikanische Soziologie*. Opladen: Leske und Buderich, S. 175–205.

Greco, Monica & Stenner, Paul (2013). „Happiness and the Art of Life: Diagnosing the Psychopolitics of Well-Being", in: *Health, Culture and Society* 5(1), S. 1–19.

Gutiérrez Rodríguez, Encarnación (2014). „Domestic Work – Affective Labor. On Feminisation and the Coloniality of Labor", in: *Women's Studies International Forum* 46, S. 45–53.

Hall, Peter A. & Soskice, David (Hrsg.) (2001). *Varieties of Capitalism. The Institutional Foundations of Comparative Advantage*. Oxford: Oxford University Press.

Hardt, Michael & Negri, Antonio (2004). *Multitude: War and Democracy in the Age of Empire*. New York: Penguin.

Hassoun, Jean-Pierre (2005). „Emotions on the Trading Floor", in: K. Knorr-Cetina & A. Preda (Hrsg.), *The Sociology of Financial Markets*. Oxford: Oxford University Press, S. 102–119.

Hirschman, Albert O. (1987). *Leidenschaften und Interessen. Politische Begründung des Kapitalismus vor seinem Sieg*. Frankfurt am Main: Suhrkamp.

Hochschild, Arlie (2006). *Das gekaufte Herz. Die Kommerzialisierung der Gefühle*. Frankfurt am Main: Campus.

Hof, Bernadette & Zink, Veronika (2022). „Michel Foucault. Überwachen und Strafen", in: K. Senge, R. Schützeichel & V. Zink (Hrsg.), *Schlüsselwerke der Emotionssoziologe*. Wiesbaden: Springer, S. 187–201.

Ichheiser, Gustav (1970): *Kritik des Erfolgs. Eine soziologische Untersuchung*, Berlin: Rotdruck.

Illouz, Eva (2007a). *Gefühle in Zeiten des Kapitalismus. Frankfurter Adorno Vorlesungen 2004*. Frankfurt am Main: Suhrkamp.

Illouz, Eva (2007b). *Der Konsum der Romantik. Liebe und die kulturellen Widersprüche des Kapitalismus*. Frankfurt am Main: Suhrkamp.

Illouz, Eva (2007c). *Cold Intimacies. The Making of Emotional Capitalism*. New York: Polity Press.

Illouz, Eva (2009). „Emotions, Imagination and Consumption: A new Research Agenda", in: *Journal of Consumer Culture* 9(3), S. 377–413.

Knoll, Lisa (2021). „Von lebenden Systemen und gefühlten Zahlen. Eine körpersoziologische Analyse des finanzaufsichtlichen Risikobewertungsregimes", in: *Österreichische Zeitschrift für Soziologie* 47, S. 305–317.

Knorr-Cetina, Karin & Brügger, Urs (2002). „Global Microstructures: The Virtual Societies of Financial Markets", in: *American Journal of Sociology* 107(4), S. 905–950.

Köppen, Eva (2016). *Empathy by Design. Untersuchung einer Empathie-geleiteten Reorganisation der Arbeitsweise*, Konstanz: UVK.

Konings, Martijn (2015). *The Emotional Logic of Capitalism. What Progressive Have Missed*. Stanford: Stanford Univeristy Press.

Kraemer, Klaus & Münnich, Sascha (Hrsg.) (2021). *Ökonomischer Nationalismus. Soziologische Analysen wirtschaftlicher Ordnungen*. Frankfurt am Main: Campus.

Krause, Juliane (2022). *Auf der Suche nach dem „Wir-Gefühl" in einer Konsumgenossenschaft. Eine ethnographische Feldforschung*. Bachelorarbeit vorlegt am Institut für Soziologie der Martin-Luther Universität Halle (Saale).

Lange, Markus & von Scheve, Christian (2021). „Valuation on Financial Markets: Calculations of Emotions and Emotional Calculations", in: *Current Sociology* 69(5), S. 761–780. https://journals.sagepub.com/doi/epub/10.1177/0011392120913086 (letzter Aufruf: 24.7.2023).

Laube, Stefan (2019). „Der Markt im Körper. Emotionales Beobachten und Bewerten im digitalisierten Finanzhandel", in: *Zeitschrift für Soziologie* 48(4), S. 263–278.

Lazzarato, Maurizio (2012). *Die Fabrik des verschuldeten Menschen. Ein Essay über das neoliberale Leben*. Berlin: b_books.

Martin, Joanne/Knopoff, Kathy & Beckman, Christine (2000). „Bounded Emotionality at the Body Shop", in: S. Fineman (Hrsg), *Emotions in Organizations*. Los Angeles: Sage: S. 115–139.

Mauss, Marcel (1990). *Die Gabe. Form und Funktion des Austauschs in archaischen Gesellschaften*. Frankfurt am Main: Suhrkamp.

Mestrovic, Stjepan (1996). *The Postemotional Society*. London: SAGE.

Mixa, Elisabeth/Pritz, Sarah M./Tumeltshammer, Markus & Greco, Monica (Hrsg.) (2016). *Un-Wohl-Gefühle. Eine Kulturanalyse gegenwärtiger Befindlichkeiten*. Bielefeld: transcript.

Mülhoff, Rainer & Slaby, Jan (2018). „Immersion at Work: Affect and Power in Post-Fordist Work Cultures", in: B. Röttger-Rössler & J. Slaby (Hrsg.), *Affect in Relation: Families, Places, Technologies*. London: Routledge, S. 155–174.

Neckel, Sighard (2005). „Emotion by Design. Zum Selbstmanagement der Gefühle", in: *Berliner Journal für Soziologie* 15(3), S. 419–430.

Neckel, Sighard (2008). *Flucht nach vorn. Die Erfolgskultur der Marktgesellschaft*. Frankfurt am Main: Campus.

Neckel, Sighard (2011). „Der Gefühlskapitalismus der Banken. Vom Ende der Gier als ruhiger Leidenschaft", in: *Leviathan* 39, S. 39–53.

Parsons, Talcott (2009). *Das System moderner Gesellschaften*. Weinheim: Juventa.

Penz, Otto & Sauer, Birgit (2016). *Affektives Kapital: Die Ökonomisierung der Gefühle im Arbeitsleben*. Frankfurt am Main: Campus.

Petterson, Jane & Wettergren, Åsa (2020). „Governing by Emotions in Financial Education", in: *Consumption Markets and Culture* 24(2), S. 1–19.

Pixley, Jocelyn (2004). *Emotions in Finance: Distrust and Uncertainty in Global Markets*. Cambridge: Cambridge University Press.

Pixley, Jocelyn/McCarthy, Peter & Wilson, Shaun (2014). „The Economy and Emotions", in: J. Steets & J. Turner (Hrsg.), *Handbook of the Sociology of Emotions: Volume II*. Wiesbaden: Springer VS, S. 307–333.

Polanyi, Karl (2021). *The Great Transformation. Politische und ökonomische Ursprünge von Gesellschaften und Wirtschaftssystemen*. Frankfurt am Main: Suhrkamp.

Riaz, Umair/Burton, Bruce & Fearfull, Anne (2022). „Emotional Propensities and the Contemporary Islamic Banking System", in: *Critical Perspectives on Accounting* (Online First).

Rust, Ronald T. & Huang, Ming-Hui (2021). *The Feeling Economy. How Artificial Intelligence is Creating the Era of Empathy*. London: Palgrave Macmillan.

Sauer, Birgit (2016). „Affektive Gouvernementalität. Eine geschlechtertheoretische Perspektive", in: E. Mixa/S. Pritz/M. Tumeltshammer & M. Greco (Hrsg.), *Unwohl-Gefühle. Eine Kulturanalyse gegenwärtiger Befindlichkeiten*. Bielefeld: transcript, S. 147–162.

Sauerborn, Elgen (2019). *Gefühl, Geschlecht und Macht. Affektmanagement von Frauen in Führungspositionen*. Frankfurt am Main: Campus.

Schachter, Stanley & Singer, Jerome E. (1962). „Cognitive, Social, and Physiological Determinants of Emotional State", in: *Psychological Review* 69, S. 379–399.

Senge, Konstanze & Zink, Veronika (2019). „Can't Beat the Feeling? Zur Emotionalisierung von Organisationen", in: M. Apelt/I. Bode/R. Hasse/U. Meyer/V. Groddeck/M. Wilkesmann & A. Windeler (Hrsg.), *Handbuch der Organisationssoziologie*. Wiesbaden: Springer (Online First).

Senge, Konstanze (2020). „How do Financial Investors Decide under Conditions of Fundamental Uncertainty? – The Role of Emotions as a Social Mechanism to overcome Fundamental Uncertainty", in: *Journal of US-China Public Administration* 17(5), S. 203–220.

Senge, Konstanze/Schützeichel, Rainer & Zink, Veronika (Hrsg.) (2022). *Schlüsselwerke der Emotionssoziologie*. Wiesbaden: Springer VS.

Seyfert, Robert (2018). „Automation and Affect: A Study of Algorithmic Trading", in: B. Röttger-Rössler & J. Slaby (Hrsg.), *Affect in Relation: Families, Places, Technologies*. London: Routledge, S. 197–217.

Simmel, Georg (2009). *Philosophie des Geldes*. Köln: Anaconda.

Sombart, Werner (1992). *Liebe, Luxus, Kapitalismus. Über die Entstehung des modernen Kapitalismus aus dem Geiste der Verschwendung*. Berlin: Wagenbach.

Stäheli, Urs (2007). *Spektakuläre Spekulationen. Das Populäre der Ökonomie*. Frankfurt am Main: Suhrkamp.

Strauss, Anselm/Fagerhaugh, Shizuko/Suczek, Barbara & Wiener, Carolyn (1980). „Gefühlsarbeit. Ein Beitrag zur Arbeits- und Berufssoziologie", in: *Kölner Zeitschrift für Soziologie und Sozialpsychologie* 32(4), S. 629–651.

Thomas, Frank (1998). *The Conquest of Cool: Business Culture, Counterculture, and the Rise of Hip Consumerism*. Chicago: University of Chicago Press.

Vogl, Jospeh (2011). *Kalkül und Leidenschaft. Poetik des ökonomischen Menschen*. Zürich: diaphanes.

Von Scheve, Christian/Stodulka, Thomas & Schmidt, Julia (2013). „Guter Neid, schlechter Neid? Von der Neidkultur zu Kulturen des Neides", in: *Politik und Zeitgeschichte* 32/33, S. 41–46.

Weber, Max (2013). *Die protestantische Ethik und der Geist des Kapitalismus*. München: Verlag C.H. Beck.

White, Harrison C. (1981). „Where do Markets Come From?", in: *American Journal of Sociology* 87, S. 517–547.

Zaloom, Caitlin (2009). „How to read the Future: The Yield Curve, Affect, and Financial Prediction", in: *Public Culture* 22(2), S. 245–268.

Zelizer, Viviana (1979). *Morals and Markets. The Development of Life Insurance in the United States*. New York: Columbia University Press.

Zukin, Sharon & Di Maggio, Paul (Hrsg.) (1990). *Structures of Capital. The Social Organization of the Economy*. Cambridge: Cambridge University Press.

Regine Herbrik

8 Emotion und Religion: Zur Neuverhandlung religiöser Gefühlskulturen

Vom 08. bis 10. September 2022 fand die vierte Versammlung des Synodalen Weges[1] statt. „Synodaler Weg" bezeichnet den Reformprozess der katholischen Kirche, der im Jahr 2019 vor dem Hintergrund einer Studie zum sexuellen Missbrauch an Minderjährigen durch katholische Geistliche von der deutschen Bischofskonferenz initiiert wurde. Er zeichnet sich durch seine Transparenz und seine demokratischen Elemente aus, deren Ziel es ist, Kirchenleitung und Kirchenvolk in einen möglichst gleichberechtigten Diskurs zu bringen und dadurch die katholische Kirche durch ihre Glaubwürdigkeitskrise zu steuern.

Die Beratungen und Abstimmungen über die Texte des Synodalen Weges wurden live auf Youtube gestreamt.[2] Als Referentin des kfd-Diözesanverbands Hildesheim war ich entschlossen, einen Großteil der Veranstaltung im Herbst 2022 zumindest akustisch mitzuverfolgen. Doch nach viereinhalb Stunden wurde aus dem professionellen Interesse zunächst Affizierung und dann emotionssoziologische Neugier. An dieser eigenen affektiven Involvierung lassen sich zentrale Perspektiven auf den Zusammenhang von Emotion und Religion aufzeigen. Daher werde ich nachfolgend den „Synodalen Weg" als spezifisch katholisch geprägtes Fallbeispiel vorstellen, an dem sich aber wesentliche emotionssoziologische Konzepte für das Studium gegenwärtiger religiöser Phänomene in ihrer pluralen Ausgestaltung veranschaulichen lassen. Im zweiten Teil des Beitrages erweitere ich daher die Perspektive um Ansätze von den Klassikern bis zur Gegenwart, die das Verhältnis von Religion und Emotionen vor allem durch den affektiven Prozess der Säkularisierung neu konturieren. Gerade weil das Religiöse, wie zu zeigen sein wird, gegenwärtig so facettenreich affektiv-sinnlich inszeniert wird, schließe ich mit Überlegungen zu den Grenzen religionssoziologischer Emotionsforschung und frage, wie man sie überwinden kann.

1 Eine Beschreibung der Ziele, des Aufbaus und der Struktur des Synodalen Weges findet sich unter: https://www.synodalerweg.de/was-ist-der-synodale-weg und im Sonderheft der Reihe „Herder Thema": Weltkirche im Aufbruch. Synodale Wege. Freiburg: Herder (2022).

2 Der Stream ist bei youtube auch weiterhin zu sehen unter: https://www.youtube.com/watch?v=N_LWEIwrvos.

https://doi.org/10.1515/9783110589214-010

1 Der „Synodale Weg“ und sein emotionales Setting als Fallbeispiel

Der Beschluss des Grundtextes des Synodalforums 4 „Leben in gelingenden Beziehungen – Grundlinien einer erneuerten Sexualethik“ wurde von der Sperrminorität der deutschen Bischöfe verhindert. Das Abstimmungsergebnis überraschte die Moderatorin sichtlich. Sie rückversicherte sich in die große Runde der Synodal: innen hinein, die Konsequenz des Ergebnisses richtig gedeutet zu haben und leitete in eine Pause über, während derer das weitere Vorgehen abgestimmt wurde.

Da die Beratungspausen der Synodalversammlung nicht auf Youtube übertragen wurden, blieb viel vom dem, was zwischen den Sitzungseinheiten und neben der Hauptbühne geschah, für die Öffentlichkeit unsichtbar. So erfuhren wir nur aus Augenzeugenberichten, dass einige Synodal:innen nach der Ablehnung des Grundtextes zur Sexualmoral durch die Sperrminorität der Bischöfe körperlich zusammenbrachen, Nervenzusammenbrüche erlitten oder hemmungslos weinten. Andere Mitglieder der Versammlung bildeten daraufhin einen Kreis um sie. Eine Synodalin berichtete im Nachgang, dass dieser Kreis stärkend und stabilisierend gewirkt habe und dass sie in diesem Kreis tatsächlich einmal ganz physisch die im Rahmen des Synodalen Weges häufig beschworene „heilige Geistkraft“ gespürt habe.

Interessant ist dabei, dass Emotionen, auch starke beziehungsweise ostentative Formen des Emotionsausdrucks, in dieser Situation offenbar Raum bekamen, körperlich gerahmt wurden, ‚sein‘ durften, jedoch nicht das letzte Wort hatten. Das warf für mich die Frage auf: Wann haben Teile der katholischen Kirche gelernt, so produktiv und wertschätzend mit Emotionen umzugehen, die nicht explizit in der emotionalen Dramaturgie des Kirchenjahres oder der Gottesdienstordnung vorgezeichnet sind?[3] Emotionale Dramaturgie ist ein emotionssoziologisches Konzept, das auf die Normierung von emotionalen Handlungssequenzen hinweist. Die ritualisiert wiederkehrenden Abläufe der christlichen Kirchen zeigen demnach stets spezifische emotionale Regeln auf, die sich zu Dramaturgien mit einem hohen Wiedererkennungswert verdichten. So bestimmt beispielsweise das sogenannte christliche Kirchenjahr thematisch die Abfolge von Sonn- und Feiertagen, die charakterisiert sind durch Buße in Fastenzeit und Advent, Trauer zwischen Gründonnerstag und Karsamstag und Freude an Ostern und Weihnachten. Im kleineren

---

3 Dass die Emotionalität des Synodalen Weges als katholischer Bewegung überrascht, zeigt sich auch in der Presseberichterstattung, z. B. in einem in der faz-Online erschienen Kommentar von Christian Geyer vom 11.09.22: https://www.faz.net/aktuell/feuilleton/debatten/die-signalwelt-des-synodalen-wegs-18308397.html.

Maßstab finden sich ähnliche emotionale Dramaturgien in der Liturgie des Gottesdienstes wieder. Diese enthält unter anderem Abschnitte, während derer Schuld empfunden und eingestanden werden soll, genauso wie solche für den freudigen Lobpreis Gottes und seines Sohnes (vgl. Herbrik & Knoblauch 2014: 199). Selbstredend können auch Rituale anderer Religionen auf ihre jeweiligen emotionalen Dramaturgien hin untersucht werden.

In ihrer Konstellierung bilden sie weiter gefasste „emotionale Regime“ (Riis & Woodhead 2010) aus. Mit dem Konzept des „emotional regimes“ verbinden Riis und Woodhead die subjektiven, symbolischen und sozialen Aspekte der Emotionalität und weisen auf die Komplexität deren Zusammenspiels sowie auf die inhärente Normativität hin. Riis und Woodhead gelingt es, durch ihre Fokussierung religiöser Symbole als vermittelnde Instanzen zwischen Individuum und Gesellschaft, die kulturelle Dimension religiöser Emotionen stark zu machen. Sie gehen davon aus, dass innerhalb eines „emotional regimes“ die Gefühle der Akteure von internalisierten Normen, die von der Gesellschaft inszeniert werden, und von „subjectifying emotions“, die mit heiligen Symbolen verbunden sind, geformt werden (vgl. Riis & Woodhead 2010: 118). Sie kreieren dieses Konstrukt für die Untersuchung von Emotionen im religiösen Feld und betonen, dass sich religiöse emotionale Regime dadurch auszeichnen, dass sie mit einer ‚höheren Ordnung‘ verbunden sind, die die Lebenswelt des Alltags überschreitet (Riis & Woodhead 2010: 70).

Mit dieser Perspektivierung lässt sich für meine Beobachtungen der emotionalen Ausbrüche bei dem Synodalen Weg fragen: Sehen wir hier ein für den Katholizismus neues „emotionales Regime“ (Riis & Woodhead 2010), das zu den Bedingungen für die Arbeitsfähigkeit des Synodalen Weges gehört?

Nach der Beratungspause, innerhalb derer sich der Unterstützungskreis gebildet hatte, erteilte die Moderatorin der Sitzung dem Präsidenten des Synodalen Weges, Georg Bätzing, der gleichzeitig Vorsitzender der deutschen Bischofskonferenz ist, das Wort.[4] Er sprach von einer „krisenhaften Situation für die Synodalität“ und sagte: „eine riesige Enttäuschung im Raum ist spürbar und sie hat Menschen auch schon dazu gebracht, dass sie nicht mehr hier sein können. Ich muss ehrlich sagen auch ich bin persönlich enttäuscht über das Ergebnis dieser Abstimmung“. Spätestens zu diesem Zeitpunkt meldete sich mein ethnomethodologisches „Achtung! Brüche und Krisen machen Strukturen sichtbar!“-Blinklicht. Harold Garfinkel, der Begründer der Ethnomethodologie, postuliert, dass die Art und Weise, wie Menschen sich routiniert in ihrem Alltag bewegen und diesen

4 Im oben angegebenen Stream ab Zeitmarke 4:53:19 nachzuvollziehen.

meistern, besonders gut sichtbar wird, wenn Handlungs- und Deutungsroutinen aufgrund von krisenhaften Ereignissen ausgehebelt werden.[5]

Klar war für die Beobachtungssituation, dass hier etwas geschehen war, das die Akteurinnen und Akteure nicht erwartet hatten und zu dessen Bewältigung keine routinierte Standard-(Ethno)-Methode zur Verfügung stand. Eine echte Krise also, die man vorher nicht geprobt hatte. Eine Abstimmung in einem kirchenpolitischen Gremium hatte zu einem überraschenden Ergebnis geführt. Das sollte doch Alltagsgeschäft sein und jederzeit vorkommen können, ohne dass eine Krise diagnostiziert würde. Und tatsächlich war es keine Krise der Abläufe und Strukturen. Es war nicht so, dass ein Geschehen eingetreten wäre, für das keine Regelung in der Satzung vorgesehen war. Es war vielmehr zuallererst eine emotionale Krise, die im Raum spürbar gewesen sein muss und die sich auch medial im Stream vermittelte. Viele Mitglieder der Versammlung waren durch das Abstimmungsergebnis ent-täuscht. Das bedeutet, dass es eine Täuschung aufdeckte. Sie hatten durch die vorhergehende Aussprache den Eindruck erlangt, dass der Text verabschiedet werden würde. Sie hatten darauf vertraut, dass in der Aussprache deutlich werden würde, ob der Text eine Mehrheit fände oder nicht. Die Synodal:innen hatten dem Prozess ihres Projektes und sich gegenseitig vertraut. Ein Teil der geäußerten und spürbaren Enttäuschung bezog sich sicher darauf, dass dieses Vertrauen nun enttäuscht worden war.

Solche Enttäuschungen kommen aber in politischen Gremien häufig vor. Man bemüht sich darum, sie durch vorgeschaltete Erhebungen von Stimmungsbildern zu vermeiden. Sicher auch, um das gegenseitige Vertrauen und die Geduld mit dem demokratischen Prozess nicht unnötig zu strapazieren. In seinem Redebeitrag machte Georg Bätzing einen Versuch zur Reparatur der unklaren sozialen Situation und überlegte laut, ob es nicht in der Entscheidung einzelner Bischöfe läge, den Text, der in der Abstimmung keine Mehrheit fand, doch eigenverantwortlich im eigenen Bistum umzusetzen. Er bezeichnete diese Idee jedoch gleich nachdem er sie geäußert hatte als „Übersprungshandlung aus Enttäuschung".

Die Emotionalität der IV. Synodalversammlung ging jedoch über die von Bätzing empfundene und im Raum gespürte „Enttäuschung" über eine verlorene Abstimmung hinaus. Das zeigte sich, als die Präsidentin des Zentralkomitees der Deutschen Katholiken und des Synodalen Weges, Irme Stetter-Karp, im Anschluss an Georg Bätzings Redebeitrag zu Wort kam. Sie äußerte sich zunächst recht gefasst und sachlich, jedoch bereits mit leicht brüchiger Stimme und feuchten Augen, dann zunehmend um Fassung ringend, emotional, bis sogar Tränen flos-

5 Er führt daher kleinere Krisen für die von ihm und seinen Studierenden beobachteten Akteure im Rahmen seiner Studien bewusst herbei (vgl. Garfinkel 1973).

sen. Im Mittelpunkt ihres Redebeitrags stand ihre Klage über die „Verweigerung zum Gespräch miteinander" (vor allem auf Seiten der Bischöfe) und die Prognose der Reaktion der im Synodalen Weg engagierten Laien auf das Abstimmungsergebnis, die fragen werden: „Wozu? Wozu?".

Die Sinnhaftigkeit des Projektes „Synodaler Weg", das für die Laien ein großes Zeitinvestment bedeutete, stand auf dem Spiel. Die Hoffnung, die die Bischöfe mit ihrer Bitte um einen Synodalen Prozess im Kirchenvolk und vor allem bei den engagierten Laien geschürt hatten, schien mit der Abstimmung der Mehrzahl der Bischöfe gegen den Text schwer beschädigt worden zu sein. Doch warum ist es überhaupt für viele Gläubige und vor allem für die Synodal:innen so wichtig und damit so emotional geladen, dass der Synodale Weg nicht scheitert? Und was hat all das mit Religion zu tun? Hier ist doch anscheinend nur von einem diskursiven Ringen um die Weiterentwicklung katholischer Lehrtexte die Rede. Möglicherweise liegt es daran, dass ihre Kirche immer noch für – zwar immer weniger, aber noch – viele Menschen der Ort in ihrem Leben ist, wo sie ihre Religion in Gemeinschaft leben. Die Kirchengemeinden sind weiterhin eine wichtige religiöse Heimat für Gläubige. Die Vorstellung, aufgrund bestimmter Identitätsbestandteile (wie Gender, sexuelle Präferenz oder Familienstand) qua Lehrmeinung keinen Platz in dieser religiösen Heimat zugesprochen zu bekommen, ist durchaus mit einer starken Emotionalität verbunden.

In der Nachbereitung der Synodalversammlung im Rahmen einer Online-Veranstaltung wurde außerdem deutlich, dass der Synodale Weg für einen Teil der Gläubigen, insbesondere auch für Frauen, das Zünglein an der Waage ist. Dort hörte ich: „Wenn der Synodale Weg scheitert, muss ich aus der katholischen Kirche austreten. Ich warte nur noch ab, ob sich nicht doch aus dem Synodalen Weg eine Weiterentwicklung der katholischen Kirche ergibt, die mir das Vertrauen in diese Institution zurückgibt". Vorgetragen ebenfalls meist mit tränenerstickter Stimme und feuchten Augen. Das war keine Drohung gegenüber den Mächtigen, denen man die Kirchensteuer nicht mehr gönnen wollte. Es war die Wut der Ohnmächtigen, die ihre Zeit, ihr Engagement und ihre Hoffnung investiert hatten und die nun nicht nur fürchteten, umsonst investiert zu haben, sondern vor allem einen religiösen Ort zu verlieren, der ihnen viel bedeutete und der mitkonstitutiv für ihre religiöse und individuelle Identität war.[6]

Interessant war jedoch nicht nur die Emotionalität der Synodal:innen, die merklich mit der emotionalen Dramaturgie einer sonst unaufgeregten, routinierten Abstimmung brachen, sondern auch dass und wie Emotionen benannt und gezeigt wurden; kurz – der emotionale Stil des Synodalen Weges.

---

6 Zum komplexen Zusammenspiel von Identität und Religion vgl. Altmeyer (2016).

Als „emotionalen Stile“ bezeichnen wir die situativen Verdichtungen kommunikativer Codierungen des Emotionalen, die der Beobachtung und Analyse zugänglich sind (vgl. Herbrik 2012; vgl. Herbrik & Knoblauch 2014: 195). Mit diesem emotionssoziologischen Konzept fragen wir nicht nur danach, *welche* Emotionen in einem sozialen Setting in welcher Abfolge – Dramaturgie – vorfindlich sind, sondern auch, *wie* diese Emotionen im Einzelnen performativ dargestellt und kommunikativ vermittelt werden.

Stetter-Karp schluckte ihre Tränen nicht herunter, sie wischte sie nicht sofort weg, um sich zu sammeln, und sie verstummte nicht als ihre Stimme brach. Sie sprach weiter, blieb in ihrer Argumentation. Und sie machte einen Mikro-Exkurs auf die Meta-Ebene der sozialen Situation, indem sie konstatierte „Sie spür'n meine Emotion“, um sich gleich im Anschluss zu positionieren „zu der steh‘ ich auch“. Die Emotion wurde nicht zum Argument, aber sie bekam Raum, Zeit und Möglichkeit, sich zu zeigen.

Gleichzeitig war genau das der Moment, der mich als Zuschauerin des Youtube-Livestreams affizierte, der mich emotional ansteckte. Und im Mit-Erleben der Trauer, Wut und Ohnmacht erfuhr ich sehr unmittelbar und in Sekundenbruchteilen mehr über Atmosphäre und Stimmungen dieser sozialen Situation, als mir ein mehrstündiger Kommentar aus dem Off hätte erläutern können. Voraussetzung dafür war, dass ich bereit war, mich affizieren zu lassen und sicher auch, dass auch für mich die Verheißungen des „Synodalen Weges“ wie die Erfüllung eines lang gehegten innigen Wunsches nach Refiguration und Weiterentwicklung ‚meiner‘ Kirche und nach einem Platz für mich als Frau in dieser Kirche geklungen hatten. Die von den Akteuren geäußerte und gezeigte Enttäuschung war mir leicht zugänglich.

Doch darf ich denn in einem wissenschaftlichen Lehrbuchaufsatz über meine eigenen Empfindungen schreiben? Es scheint mir in mehrfacher Hinsicht unumgänglich, auch wenn ich meine Gefühle lieber für mich behalten hätte.

(1) Als Interpretin einer in Form von protokollierten Daten vorliegenden sozialen Situation schulde ich der methodischen Redlichkeit, mich selbst mit all meinen Idiosynkrasien als Variable, die auf die von mir hergestellten Erkenntnisse Einfluss ausübt, sichtbar zu machen. Das gehört zu der im Hinblick auf Qualitätskriterien zumeist geforderten „Transparenz der Vorgehensweise“ (Flick 2022: 543 f.). Meine Biografie und emotionale Verfasstheit haben Einfluss auf die Brille, durch die ich die Daten betrachte. Je transparenter ich nicht nur mein Vorgehen, sondern auch die Schablonen mache, die meinen Blick formen, desto nachvollziehbarer werden meine interpretativen Operationen für andere Diskursteilnehmende.

(2) Überträgt man philosophische, insbesondere phänomenologische Überlegungen[7] zur Emotionalität auf die Erforschung von Emotionen mittels ethnografischer und interpretativer Methoden, so stellt sich die Frage, ob der direkteste Zugang zur Erhebung hier nicht über die Beobachtung der eigenen Erfahrung und sogar des eigenen Bewusstseins hergestellt werden kann. Das bedeutet, dass die Forschenden ihre eigenen Emotionen schon längst nicht mehr als Störgrößen betrachten, die mittels Forschungstagebüchern und Memos gebändigt werden müssten (vgl. auch Racleș, Kapitel 21; Stodulka, Kapitel 23). Vielmehr verstehen sie ihre eigene Gefühlswelt als Datenmaterial eigener Art, das dem Forschungsprozess neue Perspektiven eröffnet (vgl. Scheer 2011). Um diese Ressource methodisch kontrolliert, aber auch inspiriert zu nutzen, sind Vorgehensweisen notwendig, die dazu geeignet sind, das schwer verbalisierbare und häufig diffuse Emotionswissen, das Wissen *über* aber auch *durch* Emotionen, das wir uns im Forschungsverlauf aneignen, der Interpretation und Analyse zugänglich zu machen.[8]

2 Religion und Emotion im Diskurs der Wissenschaften

Soweit es sich aus unserem oben geschilderten empirischen Beispiel ableiten lässt, scheint also für viele der Synodal:innen und für mich als forschende, gläubige Katholikin die Lebenswelt „Religion" stark emotional geladen zu sein. Das ist keine neue Erkenntnis und überrascht nicht besonders.

Blickt man zurück in die Geschichte, so sieht bereits Schleiermacher, der oft als Begründer der modernen Religionswissenschaft christlicher Prägung angesehen wird, das Wesen der Religion weder in Denken oder Handeln, sondern in „Anschauung und Gefühl" (Schleiermacher 2001 [1799]: 79). Auch William James, der die Religionspsychologie begründete, räumt dem Gefühl eine vorrangige Stellung gegenüber theologischen „Formeln" ein und stellt sich damit explizit gegen ein intellektualistisches Verständnis der Theologie als positive Wissenschaft. Rudolf Otto, der Klassiker der Religionsphänomenologie, entkleidet ‚das Heilige' seiner sittlichen und rationalen Komponenten und sieht den Kern des Religiösen im „Numinösen", das wiederum mithilfe von Begriffen nicht eingeholt werden, sondern ausschließlich „durch die besondere Gefühlsreaktion die es im erlebenden

7 Komprimiert nachzulesen im Sammelband von Slaby et al. (2011).

8 Konkrete Vorschläge hierzu finden sich zum Beispiel in Herbrik (2016).

Gemüte auslöst" (Otto 2004 [1917]: 13) – das Gefühl des „mysterium tremendum" – beschrieben werden könne. Und auch heute weisen religionspsychologisch Forschende auf die enge Verknüpfung von Religion, religiöser Erfahrung und starker Emotionalität hin (Utsch 2022).

Aus soziologischer Perspektive wurden Emotionen, insbesondere kollektive Emotionen (vgl. auch zu soziologischen Perspektiven von Scheve, Kapitel 4), bereits von Emile Durkheim (1989 [1912]) im Kontext der Religion verortet und beschrieben. Sie bilden in seiner Konzeption von Gesellschaft einen grundlegend wichtigen Baustein, wenn er die Entstehung von Religion im Zusammenspiel eines sozial hergestellten Imaginären (einer idealisierten, zweiten Wirklichkeit) mit einer ebenfalls sozial hergestellten spezifischen Emotion (Efferveszenz) (vgl. auch Knoblauch, Kapitel 20) begründet sieht. Insofern erscheint es emotionssoziologisch naheliegend, auch in heutiger Zeit kollektiven Emotionen dort nachzuspüren, wo Religion zelebriert und Religiosität inszeniert und gelebt wird (vgl. von Scheve et al. 2020). Hier soll es jedoch nicht ausschließlich um Emotionen gehen, die sich auf ein Kollektiv beziehen, wie die Efferveszenz. Vielmehr lohnt es sich, den Blick emotionssoziologisch offen zu halten für das gesamte Spektrum an Emotionen, das in unterschiedlichen religiösen Traditionen Bedeutung erlangen kann und die auch ihren Wandel kennzeichnen können.[9]

Die sehr häufige säkularistische Gegenüberstellung von ‚irrationaler emotionaler Religion' und ‚rationaler wissenschaftlicher Moderne' wird erstaunlicherweise gerade von jenem Autoren unterlaufen, der für diese Moderne und ihre Entzauberung zu stehen scheint. Es ist Max Weber (1922), der in seiner Grundlegung der Soziologie die Zweckrationalisierung des Handelns (und darin seine Ökonomisierung) zwar zum Schicksal der Moderne erklärt, die Emotionalität aber nicht dem Verhalten zuschlägt, sondern bei seinen vier Idealtypen des Handelns auch ein gefühlgesteuertes Handeln einräumt. Dieses ist zwar nurmehr grenzwertig rational – doch es hat an dem Teil, was menschliches Handeln generell auszeichnet: es ist sinnhaft.[10]

---

9 Bereits das Inhaltsverzeichnis des „Oxford Handbook of Religion and Emotion" (Corrigan 2008) lässt einen Eindruck von der Vielfalt der hier relevanten Emotionen entstehen: „Ecstasy", „Terror", „Hope", „Melancholy", „Love", „Religious Hatred". Wichtig erscheint mir jedoch, dass künftige Studien sich nicht auf die bereits untersuchten Emotionen fokussieren, sondern eine offene Perspektive einnehmen, die vor allem auch die Figuration der Emotionen neben und miteinander in den Blick nimmt.

10 Daneben stehen auch Webers (2013) Betrachtungen in *Die protestantische Ethik und der Geist des Kapitalismus* besipielhaft für eine Auflösung des vermeintlichen Widerspruchs „religiöse Emotionalität" versus „moderne Rationalisierung". Protestantisch insbesondere Calvinstisch geprägte Affekte und Emotionen erscheinen demnach als ein *movens* einer kapitalistischen Lebensführung, die wie Weber zeigt, prägend für die Ausbildung und die gesellschaftliche Legitimation

Obwohl also bereits einige der soziologischen Klassiker den Emotionen in ihren Schriften einen – teilweise sogar sehr hohen – Stellenwert für die Beschreibung und Erklärung des sozialen Lebens einräumten (vgl. Gerhards 1988; vgl. Flam 2002), blieben Emotionen innerhalb der europäischen Soziologie in der Folge bis zu den Arbeiten Hochschilds (1979) und Kempers (1978) stark vernachlässigt und wurden erst in jüngerer Zeit von einzelnen Forschungszusammenhängen in die soziologische Empirie und Theoriebildung einbezogen oder gar fokussiert (vgl. auch zur Emotionsgeschichte Schützeichel, Kapitel 2).[11]

Zu den wenigen religionssoziologischen Autorinnen, die das Thema ansprechen, zählen Hervieu-Léger und Champion (1990) und Riis und Woodhead (2010). Den Ausgangspunkt von deren Studien bildete die Beobachtung einer zunehmenden Erfahrungsorientierung und Emotionalisierung der Religion, die besonders deutlich innerhalb neuerer christlicher Bewegungen in Erscheinung trat. Diese Beobachtung schien in ähnliche gesamtgesellschaftliche Entwicklungen der Emotionskultur (Gerhards 1988; Neckel 2005) (vgl. auch zu soziologischen Perspektiven von Scheve, Kapitel 4) eingebetteten zu sein, die mithilfe der Terminologien von Reddy (2001), Illouz (2007) und Riis und Woodhead (2010) als soziale Auswirkungen neuer „emotionaler Regime“ und „emotionaler Stile“ gelesen werden konnten.

Religion ist also emotional und Emotionalität ist ein soziologisch relevanter Sachverhalt. Aber welche Rolle spielt Religion überhaupt noch in heutigen Gesellschaften? Weitgehende Einigkeit besteht im religionssoziologischen Diskurs mittlerweile darüber, dass der für die Modernisierung üblicherweise veranschlagte Prozess der Säkularisierung durchaus *nicht* dazu geführt hat, das Religiöse aus dem Leben der Menschen der spät- oder postmodernen Gesellschaften zu verdrängen. Einige Autorinnen und Autoren sprechen im Gegenteil sogar von einer Renaissance des Religiösen oder einer Resakralisierung (Bell 1977; Berger 1999). Wenn es um die Charakterisierung dessen geht, was die Besonderheit der Religiosität beziehungsweise der Glaubensausübung in heutiger Zeit ausmacht und durch welche strukturellen Veränderungen sie zustande gekommen ist, trifft man auf Beschreibungen, wie Pluralisierung (Berger 1980), Individualisierung (Gabriel 2007), Hybridisierung (Koch 2006), Privatisierung – einhergehend mit der Sakrali-

---

des Glaubens an die moderne Betriebsrationalität und die Geldvermehrung haben (vgl. auch Zink & Senge, Kapitel 7).

11 Einen auch heute noch hilfreichen Überblick über den Stand der emotionssoziologischen Religionsforschung bietet das „Oxford Handbook of Religion“ (Corrigan 2008), das mit seinen vielfältigen Aufsätzen nicht nur unterschiedliche Religionen hinsichtlich ihrer Emotionalität beschreibt, sondern auch emotionale Zustände (wie Extase, religiösen Hass oder Hoffnung) thematisiert und religionsphilosophische Klassiker referiert.

sierung des schein-autonomen Subjekts beziehungsweise Subjektivierung, Marktförmigkeit und Medialisierung (Knoblauch 2009, 2020).

Einigkeit herrscht außerdem weitgehend darüber, dass in unserer Gesellschaft die kirchlich, konfessionell organisierten Formen der Religion gesellschaftlich und in absoluten Mitgliederzahlen gemessen an Bedeutung verlieren und ihre Vormachtstellung zugunsten eines vielfältigen und vielgestaltigen Angebots an alten und neuen spirituellen und religiösen Gruppierungen und Praxen einbüßen.[12]

Wichtig ist in diesem Zusammenhang außerdem die These eines Diffundierens des Religiösen in den Gesamtbereich der Kultur, in dem es weniger sichtbar, aber dennoch in Form einer "unsichtbaren Religion" vorhanden ist (Luckmann 1991). Luckmann hatte den Ausweg aus der auch innerhalb der Religionssoziologie damals üblichen, jedoch bereits anachronistischen, Ineinssetzung von Religion und Kirche mithilfe einer neuen, genuin soziologischen, funktionalistischen Definition von ‚Religion' zu finden gesucht. Er kam dabei zu einer breiten Definition von Religion, die sich auf alle ‚großen Transzendenzen' erstreckte und somit weite Teile der überhaupt vorstellbaren Instanzen der Sinngebung in sich aufnahm.

Diese Transformationen der Religion gehen mit einem Wandel der religiösen Emotionskultur einher. Neue Formen und Wege der Kommunikation des Religiösen, wie sie sich im Resultat der Medialisierung und Hybridisierung der Religion vollziehen, verändern emotionale Stile. Krisen der Sinnstifterinstanz ‚Kirche' und einhergehend Prozesse der Entkirchlichung führen zu einer Neuverhandlung von religiös geprägten emotionalen Identitäten wie auch der emotionalen Regime etablierter Religionen. Und mit dem Unsichtbar-Werden der Religion steigt nicht zuletzt das kulturelle Bedürfnis nach einer Erfahrbarkeit des Religiösen, mithin nach einer emotional erlebbaren und gelebten Form der Religion abseits ihrer traditionellen organisationalen Behausung. Religion verschwindet somit nicht, wie es häufig scheint, sondern sie wandelt ihre Gestalt. Wobei dieser Gestaltwandel mit einer Multiplizierung religiöser Gefühlskulturen einhergeht.

Die Auseinandersetzung mit der Bedeutung von Affekten in religiösen Settings, mit sich vollziehenden Gefühlskrisen wie nicht zuletzt mit den emotionalen Eigenwerten von Religionen, gibt folglich den analytischen Blick für eine veränderte Bedeutung dessen frei, was wir gemeinhin als Religion bezeichnen. Emotionen bilden daher nicht einen Gegenstand neben anderen. Vielmehr kommt ihnen (nicht nur in religionssoziologischer Hinsicht) eine eminent gegenwartsdiagnostische Funktion zu. So beherbergt die wachsende Vielfalt religiöser Gefühlskulturen eine Herausfor-

12 Einen Überblick über den Stand der Forschung zu den für multi-religiöse, säkulare Gesellschaften charakteristischen Affekten und Emotionen bietet ein empfehlenswerter, aktueller Sammelband, herausgegeben von von Scheve et al. (2020).

derung für das Selbstbild multi-religiöser, säkularer Gesellschaften. Stark politisierte Debatten unter anderem um die Legitimität der Verletzung religiöser Gefühle oder um die Bedeutung der jüdisch-christlichen Tradition für den modernen säkularen Staat zeigen, dass Religion und Emotion keine Themen der Vergangenheit sind. Vielmehr prägen sie den öffentlichen Diskurs, indem Fragen der Zugehörigkeit, indem nationale Integrationspotenziale und das Selbstverständnis der säkularen Moderne anhand ihrer verhandelt werden. Entsprechend muss auch gefragt werden, was uns die Betrachtung religiöser Gefühlskulturen über das Religiöse als eurozentristischem Konzept ebenso wie über das Säkulare, dessen kulturelle Bedeutung und gesellschaftliche Affektmacht, wie über gegenwärtige Säkularismen aussagt. Im Einklang mit der jüngeren Säkularismusforschung, wie sie prominent etwa von Talal Asad (2003), Saba Mahmood (2015) oder auch Charles Taylor (2009) vertreten wird, kann man unter Säkularismus kulturell und sozial wirksame Ordnungsvorstellungen verstehen, vermittels derer gesellschaftliche Inklusion und Ausgrenzung wie auch Herrschafts- und Machtkonstellationen (etwa zwischen Mehrheiten und Minderheiten) moderiert werden. Diese Perspektive fordert dazu auf, den Begriff der „Religion“ zu entnaturalisieren, das heißt, ihn in seiner christlichen Genealogie als machtvolle Kategorie eines europäischen Projekts der Moderne zu betrachten, der hierachisierende Klassifikationsordnungen zwischen religiösen Glaubensvorstellungen und Gefühlskulturen instituiert (also zwischen dem Christentum und dem vermeintlich religiös Minderwertigen) (vgl. Asad 2003; Mahmood 2015). Aus emotionssoziologischer Sicht bedeutet dies auch zu fragen, welche Bedeutung und Funktion Gefühlen und emotionskulturellen Differenzen innerhalb einer multi-religiösen Gesellschaft gegenwärtig zukommen? Neben einem reflexiven Umgang mit der religiösen Tradition, fordert dies aber auch zu einer kritischen, emotionssoziologisch informierten Betrachtung verbürgter Säkularismen auf. Wie wird entsprechend das Säkulare in Differenz zum Religiösen nicht nur diskursiv, sondern vor allem auch sinnlich formiert und emotional klassiert (zum Beispiel rational versus emotional, souverän versus vulnerabel, friedlich versus gewaltbereit etc.)? Insgesamt rücken so Prozesse der emotionalen Politisierung, der affektiven Assoziierung wie auch der sinnlichen Grenzziehung in den Vordergrund.

Die Beschäftigung mit Religion schärft somit den emotionssoziologischen Blick auf die Gesellschaften der Gegenwart. Emotionen erscheinen hier keineswegs als ein naturalisierter Gegenstand, sondern sind Politikum in der (Neu-)Verhandlung des Religiösen, des Säkularen und deren Relation zueinander. In der Folge sehen sich religionssoziologische Emotionsforscher:innen aber auch neuen methodologischen Herausforderungen gegenüber.

3 Grenzen religionssoziologischer Emotionsforschung und wie man sie überwindet

Erinnern wir uns zurück an das Fallbeispiel: Ich deutete das emotionale Setting als krisenhaft, nicht nur weil ich die Emotionen der Synodal:innen zu deuten verstand, sondern auch, weil es mich selbst als Katholikin auf die gleiche Weise stark affizierte. Doch eine säkulare Forscherin hätte die Abläufe des „Synodalen Weges" emotional ganz anders erfahren, vielleicht hätte sie emotionale Distanz, Mitleid, Indifferenz, Abwehr oder gar Abscheu gegenüber der Krisensituation gespürt. Deutlich daran werden die Emotionen des Säkularen als auch die Varianzen der emotionalen Berührtheit gegenüber dem Phänomenbereich des Katholischen oder weiter gefasst des religiös Markierten.

Eine methodologische Herausforderung, mit der sich empirische Sozialforschung im Bereich der Emotionssoziologie konfrontiert sieht, ist daher die Frage, welche Aspekte des Emotionalen den Forschenden auf welche Weise interpretativ zugänglich werden können. Was wir beim Gegenüber wahrnehmen, was unsere Kameras und Aufnahmegeräte aufzeichnen, ist der mimische, stimmliche und körperliche Emotionsausdruck, den wir als emotionskulturell sozialisierte Zeitgenoss:innen unserer Beforschten sachkundig interpretieren; auch, indem wir uns affizieren lassen und dadurch weitere Hinweise erhalten. Erschließen lassen sich auch die reflexiv leicht zugänglichen kulturellen Kontextbedingungen, wie Gefühlsregeln oder ein in einer Gruppe, Gemeinschaft oder Kultur vorherrschendes emotionales Regime. Der Begriff der „Gefühlsregeln" – original „feeling rules" – (Hochschild 1979) lenkte den sozialwissenschaftlichen Fokus auf die soziale, kulturelle und normative Dimension des Fühlens und vor allem des Ausdrucks von Emotionen. „We feel. We try to feel. We want to try to feel. The social guidelines that direct how we want to try to feel may be describable as a set of socially shared, albeit often latent (...) rules" (Hochschild 1979: 563).

In welchem Verhältnis unsere Deutungen eines Emotionsausdrucks zu dem subjektiv erlebten Gefühl stehen, bleibt jedoch offen, auch wenn wir uns in einer gemeinsam geteilten Emotionskultur bewegen.

Um genau diese subjektive Ebene des Gefühlserlebens zu erreichen, setzen wir bei der Datenerhebung gerne auf Selbstauskünfte der Beforschten und verwenden Interviews oder andere elizitierende Methoden, um diese zu erhalten (vgl. auch Racleș, Kapitel 21; Stodulka, Kapitel 23). Hier lauert jedoch ein methodisches Problem, das sich potenziert, wenn wir ausgerechnet Emotionen im Erfahrungsbereich der Religion erforschen.

Sobald es um die Beschreibung von Emotionen und erst recht religiösen Erfahrungen als affektive Zustände geht, kommen verbale Strategien schnell an ihre Grenzen. Diese Bewusstseinsinhalte gelten vielen Befragten als unbeschreiblich und unaussprechlich. Das hält sie jedoch in der Regel nicht davon ab, den Versuch der Beschreibung dennoch zu unternehmen. Da sowohl das Emotionale als auch das Religiöse kulturgeschichtlich der dem rational-aufgeklärt Vernünftigen diametral gegenüberstehenden Gegenseite zugeschrieben wurden, kann dies auch nicht überraschen. Soeffner weist darüber hinaus darauf hin, dass beide Bereiche für die Geschichte des Unsagbarkeitstopos eine wichtige Rolle spielen. Während im Bereich der Religion das Numinose, also ein „Es" (Soeffner 2000: 119), als ineffabel konzipiert wird, ist es hinsichtlich der Beschreibung von Emotionen ein „Ich" (Soeffner 2000: 119), das im historisch, gesellschaftlich und kulturell jeweils spezifischen zur Verfügung stehenden sprachlichen Repertoire keine geeignete Form findet, die dem affektiv Auszudrückenden Genüge tun könnte.

Ob und wenn ja für wen es empirisch tatsächlich schwierig oder fast unmöglich sein mag, über Emotionen und religiöse Erfahrung zu sprechen, soll hier dahingestellt bleiben. Relevant ist jedoch, dass für beide Bereiche eine Problematisierung der Schwierigkeiten der Vermittlung und Kommunikation besteht, die auch im Alltag geläufig ist. Tatsächlich findet sich die Thematisierung der Kommunikationsproblematik nicht nur als expliziter Hinweis in entsprechenden Interviewdaten, sondern auch häufig als performative Aufführung in Form einer stolpernden, fast stotternden Art und Weise des Sprechens, die den Eindruck des Ringens um Worte noch verstärkt.

So beschreibt eine Respondentin beispielsweise ihre Taufe im Erwachsenenalter mit direkt anschließender Erstkommunion und Firmung folgendermaßen:

> Das warn erlebnis also (---) ds ds ich glaub das kammer schwer beschreiben und wie soll ich ich weiss auch gar nicht so wie ichs in worte kleiden soll es war so wie (---) fast so=n bisschen wie=n TRAUM; (--) dis is (-) wahrscheinlich auch so=n bisschen mmh: (1.5) abge' (-) also (-) ich zumindest bin auch ab und zu mal so ab(--)geglitten sozusagen so in geDANKen irgendwie total (-) in mich verSUNken, und so (-) also (--) ich kann dis deswegen auch gar nicht so richtig in worte mehr fassen (--) was ich damals so empFUNden hab

Zu beachten ist dabei, dass die Unsagbarkeitsbeteuerung nicht nur als rhetorischer Topos zu betrachten ist, sondern vielmehr eine kommunikative Funktion als Deutungshinweis erfüllt, der durch die Versicherung der Unbeschreibbarkeit gerade das Sprechen über das Unbeschreibliche ermöglicht. Er tut das, indem er das Scheitern der Beschreibung vorwegnimmt und sie damit von einem Perfektionsanspruch entlastet.[13]

Im Sprechen über religiöse Emotionen treffen somit zwei Frömmigkeitsmodelle aufeinander: Erstens die den Alltag auf ein Außerhalb hin überschreitende Jenseitsreligion und zweitens die sich dem Subjekt und speziell dessen 'Innen' – wie eben seinen Emotionen – zuwendende „Diesseitsreligion“ (Soeffner 2000: 112). Dabei zeigt sich jedoch, dass Letztere die Erstere nicht vollständig ersetzt, sondern dass aus dem Zusammenspiel beider neue Formen oder Refigurationen von Religion[14] entstehen, die das Subjekt in seiner ganz persönlichen, körperlichen, kognitiven und emotionalen Erfahrung, die auf eine durchaus jenseitige Lebenswelt zeigt, auffasst. Der Abstand zwischen Jenseits und Diesseits wird dadurch kleiner und verschwimmt an einigen Stellen.

Die religionssoziologische Theorie kann also mit der Unsagbarkeit oder Unaussprechlichkeit religiöser Emotionen produktiv umgehen, indem sie sie als empirische Beobachtungen ausdeutet. Das methodische Problem bleibt jedoch. Wie können wir als Forschende das erheben, was die von uns Beforschten als Gefühl erleben, wenn uns deren verbale Berichterstattung darüber nicht ergiebig erscheint? Dieser Herausforderung kann die qualitative Sozialforschung, meines Erachtens nach, nur mit einer grundlegenden Reflexion ihrer methodologischen Routinen und einigem Mut zur Neuorientierung begegnen.

Vielversprechende Ansatzpunkte dafür bieten phänomenologisch inspirierte introspektive Methoden.[15] Als autoethnografische und dennoch diskursive Verfahren beobachten sie das subjektive Fühlen dort, wo es uns direkt zugänglich ist: im eigenen Bewusstsein. Das erfordert einige Übung, da es uns zunächst schwer fällt, die reflexive Distanz herzustellen, die wir benötigen, um nichtreflexive Bewusstseinsbereiche wie Gefühle (vgl. Sartre (1997 [1939]) zugänglich zu machen. Gerade in der heutigen Zeit, in der selbstrezeptive Konzepte wie „Achtsamkeit“ in den Fokus rücken und in der sich viele Menschen darin üben, ihren Körper, Geist und alles, was zu ihrem Sein gehört, bewusst wahrzunehmen, scheint es nicht abwegig, Forschende dazu zu ermuntern, ihre Aufmerksamkeit (vgl. Waldenfels 2004) auf sich selbst und nach innen oder auf die Oberflächen des sinnlichen Körpers zu richten. Fruchtbar gemacht werden könnten damit zumindest die Affizierungen, die Forschende im Feld oder im Umgang mit ihren Daten erfahren.

13 Siehe ausführlicher dazu Herbrik (2014).

14 Vgl. auch die „populäre Religion“ bei Knoblauch (2009, 2020).

15 Vgl. zum Beispiel die „Dialogische Introspektion“ (Burkart 2000).

Im Hinblick auf die Emotionalität des Synodalen Weges kamen wir auf diese Weise dazu, den Emotionsausdruck der Beforschten zu beschreiben, zu deuten und die eigene Affizierung zu beobachten. Aus dem Zusammenspiel beider Bausteine haben wir Rückschlüsse auf das emotionale Setting dieser spezifischen sozialen Situation „Synodalversammlung" entwickelt. So zeigte die Analyse der emotionalen Dramaturgie und Stile auf, wie die Form der Transformation, der Synodale Weg, mithilfe derer die Katholische Kirche Glaubwürdigkeit (zurück) gewinnen wollte, in die Krise geraten war. Der Eigenwert des Religiös-Katholischen sollte mit säkularen, westlich geprägten Demokratiebestrebungen neu verhandelt und in Einklang gebracht werden. Gleichzeitig mag diese Krise ein neues emotionales Regime der Katholischen Kirche ankündigen, eines, in dem (starke) Emotionen, ihre Thematisierung und Expression an Wert gewinnen. Nach dieser Lesart würde die Katholische Kirche ihre Anschlussfähigkeit an dominante gesellschaftliche Enwicklungen zumindest auf der Ebene der Gefühlskulturen aufzeigen. Von weiterem großen religions- und emotionssoziologischen Interesse wäre schließlich, herauszufinden, wie die Beiteiligten selbst währendessen und im Nachgang ihren Glauben und die Transformationskrise (wieder) sinnhaft integriert und emotional verarbeitet haben. In anderen Worten: Wie viel weiter kämen wir noch, wenn wir auch die Beforschten in die gemeinsame Introspektion einbeziehen könnten?

Sobald wir darüber nachdenken, wird deutlich, dass die Unterscheidung zwischen Forschenden und Beforschten an dieser Stelle brüchig wird. Und genau hierin liegt die Chance auf neue Zugänge, die inspiriert von post-kolonialen ethnografischen Ansätzen[16] und den Methoden der partizipativen und transdisziplinären Forschung (vgl. Bergmann et al. 2010) auf ein gemeinsames Arbeiten von Forschenden und Beforschten in „search-groups" setzt, deren Mitglieder sich gemeinsam der Aufgabe stellen, der postulierten Unbeschreibbarkeit gerade die Kommunikation ihrer Introspektion entgegenzustellen und im Zuge dessen auf gegenseitiger Augenhöhe soziologische Erkenntnisse zur Emotionalität aktuell gelebter Religion zu generieren.

16 Besonders hilfreich können hier Methoden sein, die darauf hinwirken, möglichst das gesamte Spektrum der Sinne einzubeziehen, zum Beispiel mithilfe von „sensory ethnography" (vgl. Pink 2015). Dazu gehört auch, das übliche Interview-Setting (sitzend und redend) zu überdenken und je nach Untersuchungsgegenstand daraufhin einzurichten und anzupassen, was die Elizitierung eines Sprechens über Emotionen oder auch das Zeigen von Emotionen erleichtert (zum Beispiel auch die Verwendung von Objekten oder Bewegungen).

Literatur

Altmeyer, Stefan (2016). „Identität, religiöse“, in: *Wissenschaftlich Religionspädagogisches Lexikon im Internet*, (www.wirelex.de).

Asad, Talal (2003). *Formations of the Secular. Christianity, Islam, Modernity*. Redwood City, CA: Stanford University Press.

Bell, Daniel (1977). „The Return of the Sacred? The Argument on the Future of Religion“, in: *British Journal of Sociology* 28(4), S. 419–449.

Berger, Peter L. (1980). *Der Zwang zur Häresie. Religion in der pluralistischen Gesellschaft*. Frankfurt am Main: Fischer.

Berger, Peter L. (1999). „The Desecularization of the World“, in: P. L. Berger (Hrsg.), *The Desecularization of the World: Resurgent Religion and World Politics*. Washington: Eerdmans, S. 1–18.

Bergmann, Matthias/Jahn, Thomas/Knobloch, Tobias/Krohn, Wolfgang/Pohl, Christian & Schramm, Engelbert (2010). *Methoden transdisziplinärer Forschung. Ein Überblick*. Frankfurt am Main: Campus.

Burkart, Thomas (2000). „Methodologie: Dialogische Introspektion in der Gruppe“, in: T. Burkart/G. Kleining/P. Mayer & H. Witt (Hrsg.), Dialogische Introspektion. Hamburg: Psychologisches Institut 1.

Corrigan, John (2008). *The Oxford Handbook of Religion and Emotion*. Oxford: Oxford University Press.

Durkheim, Emile (1989 [1912]). *Die elementaren Formen des religiösen Lebens*. Frankfurt am Main: Suhrkamp.

Flam, Helena (2002). *Soziologie der Emotionen. Eine Einführung*. Konstanz: UVK.

Flick, Uwe (2022). „Gütekriterien qualitativer Sozialforschung“, in: N. Baur & J. Blasius (Hrsg.), *Handbuch Methoden der empirischen Sozialforschung*. Bd. 1, 3. vollst. Überarb. U. erw. Ausgabe. Wiesbaden: Springer VS, S. 533–547.

Gabriel, Karl (2007). „Von der Religion zum Religiösen. Zur Bedeutung der Erfahrung in der gegenwärtigen (religiösen) Szene des Westens. Genese und Diagnose“, in: G. Haeffner (Hrsg.), *Religiöse Erfahrung II. Interkulturelle Perspektiven*. Stuttgart: Kohlhammer, S. 29–41.

Garfinkel, Harold (1973). „Studien über die Routinegrundlagen von Alltagshandeln“, in: H. Steinert (Hrsg.), *Symbolische Interaktion. Arbeiten zu einer reflexiven Soziologie*. Stuttgart: Klett.

Gerhards, Jürgen (1988). *Soziologie der Emotionen. Fragestellungen, Systematik und Perspektiven*. Weinheim: Juventa.

Herder (Hrsg.) (2022). *Weltkirche im Aufbruch. Synodale Wege. Herder Thema. Eine Sonderpublikation aus dem Verlag Herder*. Freiburg: Herder.

Herbrik, Regine (2012). „Analyzing Emotional Styles in the Field of Christian Religion and the Relevance of New Types of Visualization“, in: *Qualitative Sociology Review* 8(2), S. 112–128.

Herbrik, Regine (2014). „Metaphorik des unbeschreiblichen Gefühls in christlichen Kontexten heute“, in: M. Junge (Hrsg.), *Methoden der Metaphernforschung und -analyse*. Wiesbaden: Springer VS, S. 155–179.

Herbrik, Regine (2016). „Emotionen im Feld spielend fruchtbar machen“, in: R. Hitzler/S. Kreher/A. Poferl & N. Schröer (Hrsg.), *Old School – New School? Zur Frage der Optimierung ethnographischer Datengenerierung*. 5. Fuldaer Feldarbeitstage. Essen: Oldib, S. 309–322.

Herbrik, Regine & Knoblauch, Hubert (2014). „Die Emotionalisierung der Religion“, in: G. Gebauer & M. Edler (Hrsg.), *Sprachen der Emotion. Kultur, Kunst, Gesellschaft*. Frankfurt am Main: Campus, S. 192–210.

Hervieu-Léger, Danièle & Champion, Francoise (1990). *De l'emotion en religion. Renouveau et traditions.* Paris: Bayard.

Hochschild, Arlie R. (1979). „Emotion Work, Feeling Rules, and Social Structure", in: *The American Journal of Sociology* 85(3), S. 551–575.

Illouz, Eva (2007). *Cold Intimacies: The Making of Emotional Capitalism.* Cambridge: Polity Press.

Kemper, Theodore (1978). *A Social Interactional Theory of Emotions.* New York: Wiley & Sons.

Knoblauch, Hubert (2009). *Populäre Religion. Auf dem Weg in eine spirituelle Gesellschaft.* Frankfurt am Main: Campus.

Knoblauch, Hubert (Hrsg.) (2020). *Die Refiguration der Religion. Perspektiven der Religionssoziologie und Religionswissenschaft.* Weinheim: Beltz Juventa.

Koch, Anne (2006). „'Religionshybride' Gegenwart. Religionswissenschaftliche Analyse anhand des Harry-Potter-Phänomens", in: *Zeitschrift für Religionswissenschaft* 14, S. 1–23.

Luckmann, Thomas (1991). *Die unsichtbare Religion.* Frankfurt am Main: Suhrkamp.

Mahmood, Saba (2015). *Religious Difference in A Secular Age: A minority Report.* Princeton, NJ: Princeton University Press.

Neckel, Sighard (2005). „Emotion by Design. Das Selbstmanagement der Gefühle als kulturelles Programm", in: *Berliner Journal für Soziologie* 15(3), S. 419–430.

Otto, Rudolf (2004 [1917]). *Das Heilige. Über das Irrationale in der Idee des Göttlichen und sein Verhältnis zum Rationalen.* Nachdruck. München: C. H. Beck.

Pink, Sarah (2015). *Doing Sensory Ethnography.* 2nd Edition. Los Angeles: Sage.

Reddy, William M. (2001). *The Navigation of Feeling.* Cambridge: Cambridge University Press.

Riis, Ole & Woodhead, Linda (2010). *A Sociology of Religious Emotion.* Oxford: Oxford University Press.

Sartre, Jean-Paul (1997 [1939]). „Skizze einer Theorie der Emotionen", in: J.-P. Sartre (Hrsg.), *Die Transzendenz des Ego.* Gesammelte Werke. Reinbek: Rowohl, S. 255–321.

Scheer, Monique (2011). „Welchen Nutzen hat die Feldforschung für eine Geschichte religiöser Gefühle?", in: *vokus* 21(1/2), S. 65–77.

Schleiermacher, Friedrich (2001 [1799]). *Über die Religion. Reden die Gebildeten unter ihren Verächtern.* Berlin: de Gruyter/Johann Friedrich Unger.

Slaby, Jan/Stephan, Achim/Walter, Henrik & Walter, Seven (Hrsg.) (2011). *Affektive Intentionalität. Beiträge zur welterschließenden Funktion der menschlichen Gefühle.* Paderborn: mentis.

Soeffner, Hans-Georg (2000). *Gesellschaft ohne Baldachin. Über die Labilität von Ordnungskonstruktionen.* Weilerswist: Velbrück.

Taylor, Charles (2009). *Ein säkulares Zeitalter.* Frankfurt am Main: Suhrkamp.

Utsch, Michael (2022). „Emotion und Religion – religionspsychologische Perspektiven", in: *Theo-Web* 21, S. 27–40.

Von Scheve, Christian/Berg, Anna Lea/Haken, Meike & Ural, Nur Yasemin (Hrsg.) (2020). *Affect and Emotion in Multi-Religious Secular Societies.* New York: Routledge.

Waldenfels, Bernhard (2004). *Phänomenologie der Aufmerksamkeit.* Frankfurt am Main: Suhrkamp.

Weber, Max (1922). *Wirtschaft und Gesellschaft. Grundriß der verstehenden Soziologie.* Tübingen: Mohr.

Weber, Max (2013). *Die protestantische Ethik und der Geist des Kapitalismus.* München: C.H. Beck.

Fabian Bernhardt

9 Emotion und Recht: Über ein schwieriges Verhältnis

1 Zum Selbstverständnis des modernen Rechts: Gefühl versus Vernunft

Dass ein Einführungswerk in die Emotionssoziologie einen Eintrag enthält, der den Zusammenhang von Emotion[1] und Recht beleuchtet, erscheint einigermaßen naheliegend. Außerhalb dieses speziellen Diskussionszusammenhangs jedoch stellt sich die Sache bereits anders dar. Nicht nur das moderne Rechtssystem selbst, sondern auch weite Teile der Öffentlichkeit werden nach wie vor von der Auffassung bestimmt, dass das Recht eine Art affektfreie Zone markiert, in der sämtliche Abläufe und Entscheidungen allein von der Vernunft regiert werden (vgl. Maroney 2011). Das Recht stellt damit eine der letzten Bastionen dar, in der die von der interdisziplinären Emotionsforschung der letzten Jahrzehnte längst grundlegend revidierte Dichotomie von Gefühl und Vernunft nahezu unverändert fortbesteht.[2] Seinem Selbstverständnis nach ist das moderne Recht darauf angewiesen, die ‚unordentliche' Welt der Gefühle draußen zu halten, um reibungslos funktionieren zu können. Terry Maroney spricht in diesem Zusammenhang von einem im Recht tief verankerten „kulturellen Skript" (Maroney 2011: 629), das hartnäckig daran festhält, das Verhältnis zwischen Emotion und Kognition als Antagonismus zu fassen.[3]

---

1 Um die Nähe zu dem im Englischen als „Law and Emotion" bezeichneten Forschungsfeld zu akzentuieren, spreche ich im Titel von „Emotion" und nicht von „Gefühl" oder „Affektivität", obwohl der letztere Ausdruck von der Sache her angemessener wäre. „Affektivität" ist der weitere Begriff, der sämtliche affektive Phänomene einschließt. Der Begriff der Emotion hingegen wird meist verwendet, um episodische Gefühle zu bezeichnen, die auf bestimmte intentionale Objekte gerichtet sind und akut gespürt werden. Dies schließt anders gelagerte affektive Phänomene wie zum Beispiel Stimmungen, Leidenschaften, Gefühle und Gefühlsdispositionen aus. Auch das, was in der deutschen Rechtstradition „Rechtsgefühl" genannt wird (vgl. zum Beispiel Jhering 1992 [1872]), stellt keine Emotion im klassischen Sinne dar.

2 Ein ähnliches Bild findet sich bei Kathryn Abrams: „Like an abandoned fortress, the dichotomy between reason and the passions casts a long shadow over the domain of legal thought" (Abrams 2002: 1602).

3 Die ideengeschichtlichen Ursprünge dessen, was Maroney als „persistent cultural script of judicial dispassion" (Maroney 2011) bezeichnet, liegen im Zeitalter der Aufklärung und den damit verbundenen Idealen von Ordnung, Gleichheit und Vernunft (vgl. Maroney 2011: 634–640). Zu-

https://doi.org/10.1515/9783110589214-011

Wie stark diese Auffassung nach wie vor die Weise bestimmt, in der über das Recht nachgedacht wird, zeigt sich vor allem dann, wenn es einmal nicht ganz reibungslos läuft und sich bestimmte Emotionen vor Gericht mit unerwarteter Heftigkeit Bahn brechen. Als zum Auftakt des NSU-Prozesses[4] im Mai 2013 eine Welle der Empörung durch die Reihen der Nebenklägerinnen ging, nachdem die Verteidigung zwei umfangreiche Befangenheitsanträge gegen die beteiligten Richterinnen gestellt hatte, erschien im „Spiegel" – unter dem vielsagenden Titel „Aus dem Lot" – ein Kommentar von Gisela Friedrichsen, einer bekannten Rechtsjournalistin. Die Reaktionen der Opfer, die das Gefühl hatten, als Nebenklägerinnen nicht ernst genommen zu werden, erschienen Friedrichsen vollkommen unangebracht. So beschied sie den Vertreterinnen der Nebenklage, dass deren „emotionale Begleitmusik [...] das Niveau einer an der Sache orientierten Auseinandersetzung" (Friedrichsen 2013: 35) unterschreite. Schließlich, so heißt es in dem Artikel weiter, gehe es „in einem Strafverfahren nicht vornehmlich um die Befindlichkeiten der Opfer, sondern um Feststellungen zur Schuldfrage und deren Bewertung" (Friedrichsen 2013: 35). Formulierungen wie diese machen deutlich, wie tief die Neigung verankert ist, Emotionen innerhalb des Rechts ausschließlich den Status eines Störfaktors zuzuschreiben, dessen Eindringen das „Niveau einer an der Sache orientierten Auseinandersetzung" (Friedrichsen 2013: 35) permanent zu unterminieren droht. Recht und Emotion, so die latente Überzeugung, sind ein Paar, das zusammen bloß für Chaos und Unruhe sorgt, weshalb man gut daran tut, sie sorgsam voneinander zu trennen und einen größtmöglichen Abstand zwischen beide zu legen.

Diese Einschätzung trifft nicht nur auf das deutsche Rechtssystem zu. Sie deckt sich unter anderem mit dem, was die Rechtswissenschaftlerin Susan Bandes über das Rechtswesen in den USA schreibt:

---

gleich konvergieren sie mit jener „großen Transformation der Jahre 1760–1840" (Foucault 1994 [1975]: 24), die Michel Foucault in seiner klassischen Untersuchung „Überwachen und Strafen" in den Blick nimmt. In diesem Zeitraum kam es in Europa und den Vereinigten Staaten zu einer grundlegenden Umgestaltung des Rechtswesens und der Strafgewalt, die von einem veränderten Begründungszusammenhang zwischen Recht, Verbrechen und Strafe ausging. In diese Zeit fällt nicht nur das Verschwinden der Marter (also der Körperstrafen) und die Geburt des Gefängnisses, sondern auch die Idee einer Strafpraxis, die ohne jeden Bezug auf die Ordnung der Leidenschaften und Affekte auskommt (vgl. Foucault 1994 [1975]: 93–95). Der rationalistisch inspirierte „Traum von einer Strafe, die sich als affektlose [...] Konsequenz aus der Tat selbst ergibt" (Lehmann 2012: 263), findet hier seinen ersten Ausdruck (vgl. hierzu auch Bernhardt 2021: 47–50).

4 Ein bündiger, informativer Überblick über den NSU-Prozess findet sich auf der Homepage der Bundeszentrale für politische Bildung (2021).

> When judges and other legal decision makers use the terms "emotion" and "emotional," it almost invariably augurs an adverse ruling or some other negative outcome. In law, these terms are basically catchall pejoratives, a signal that an argument is prejudicial or transparently manipulative or that a witness is unreliable or incredible. It is a conclusory dismissal rather than a reasoned basis for exclusion: emotion is the opposite of reason and therefore should be avoided. (Bandes 2021: 2428)

Warum das aber so ist, so Bandes weiter, was genau also an Emotionen so fragwürdig, problematisch und irrational sei, werde in der juristischen Ausbildung und Praxis schlichtweg nicht thematisiert (vgl. Bandes 2021: 2428).

Die Feststellung, dass es im Grunde keinen Bereich des gesellschaftlichen Zusammenlebens gibt, der vollkommen frei von Affekten und Emotionen wäre, wird den meisten Leserinnen dieses Bandes vermutlich müßig oder trivial erscheinen. Das wäre sie auch, wenn sich das Recht nicht so hartnäckig gegen diese Einsicht verwehren würde. Gewiss unterliegt das Fühlen in der juridischen Sphäre anderen Normen und Ausdrucksregeln als in anderen gesellschaftlichen Teilbereichen (wie beispielsweise der Politik oder der Religion; vgl. auch Sauer, Kapitel 6; Herbrik, Kapitel 8), aber das bedeutet keineswegs, dass Gefühle im Recht inexistent oder bedeutungslos seien. Ganz im Gegenteil: „Emotions pervade the law" (Bandes 1999b: 1).

Der NSU-Prozess ist dafür ein offensichtliches Beispiel. Emotionen spielen jedoch nicht nur im Strafrecht eine Rolle (wo sich ihre Präsenz mit großer Evidenz aufdrängt), sondern auch im Zivilrecht und allen möglichen Situationen, in denen Menschen mit dem Recht in Berührung kommen – von der Anhörung beim Familiengericht über die polizeiliche Personenkontrolle bis hin zur gerichtlich angeordneten Zwangsvollstreckung oder etwas scheinbar so Belanglosem wie dem Erhalt eines Schreibens vom Finanzamt. Wie diese kurze Aufzählung bereits deutlich macht, ist das Recht nicht nur von Emotionen durchdrungen, sondern bringt diese seinerseits unablässig hervor (vgl. Schweppe & Stannard 2013: 2). So wenig das Recht einen affektfreien Raum bildet, so wenig sind Emotionen und andere affektive Phänomene dem Recht zwangsläufig entgegengesetzt.

2 Die Formierung eines neuen Forschungsfeldes: Recht und Emotion

Vor diesem Hintergrund erscheint es wenig überraschend, dass sich in den letzten zwei bis drei Jahrzehnten immer mehr Wissenschaftlerinnen daran gemacht haben zu erforschen, wie es um den Zusammenhang zwischen Recht und Emotion genau bestellt ist. Ein Forschungsfeld, das explizit unter dem Titel „Recht und

Emotion“ (Landweer & Koppelberg 2016; Landweer & Bernhardt 2017) firmiert, gibt es in Deutschland erst seit knapp zehn Jahren. Anders verhält es sich in den USA, wo sich bereits um die Jahrtausendwende ein von einem entsprechenden programmatischen Anspruch geleitetes Interesse an der Erforschung der durch das Begriffspaar „Law and Emotion“ bezeichneten Zusammenhänge zu formieren begann.

Ein maßgeblicher Anstoß für die Formierung des Feldes ging von dem 1999 von Susan Bandes herausgegebenen Band „The Passions of Law“ aus. In den darin versammelten Beiträgen werden nicht nur so unterschiedliche affektive Phänomene wie Scham, Abscheu, Rache, Zorn, Furcht und romantische Liebe thematisiert, sondern der Band erbringt zugleich den Aufweis, dass Recht und Emotion sowohl phänomenal als auch begrifflich auf multiplen Ebenen und in unterschiedlichen Weisen ineinander spielen, sodass sich ein komplexes Bild wechselseitiger Verschränkungen und dynamischer Interdependenzen ergibt (vgl. Schweppe & Stannard 2013: 2). Dieses Bild scheint der empirischen Wirklichkeit wesentlich angemessener als die idealistisch inspirierte herkömmliche Rechtsauffassung, die Bandes als „devotion to the myth of an emotionless, cognition-driven legal system“ (Bandes 1999b: 6) desavouiert. Erwähnenswert ist der von Bandes herausgegebene Band unter anderem auch deshalb, weil er eine Reihe von Akzentsetzungen vornimmt, die in der Folgezeit auch für die Topografie des Forschungsfeldes als Ganzes maßgeblich werden sollten. Drei davon möchte ich hier hervorheben:

(1) Bei dem Forschungsfeld „Law and Emotion“ handelte es sich von Anfang an um ein dezidiert *interdisziplinäres* Unternehmen. Während die in „The Passions of Law“ versammelten Beiträge noch eine starke Unwucht zugunsten der Rechtswissenschaft und der Philosophie aufweisen, kamen in späteren Jahren zahlreiche weitere Disziplinen hinzu, und zwar nicht nur aus den Geistes- und Sozialwissenschaften (vgl. Abrams & Keren 2010; Hilgers et al. 2015; Maroney 2011; Shaw 2020; West 2016), sondern auch aus der Psychologie und naturwissenschaftlich orientierten Kognitionsforschung (vgl. für einen Überblick Bandes et al. 2021; Bornstein & Wiener 2010). Zugleich wich der in „The Passions of Law“ noch relativ stark ausgeprägte Fokus auf strafrechtlich relevante Fragestellungen in der Folgezeit einer zunehmend ausdifferenzierten Perspektive, die immer weitere Teilbereiche des Rechts auf ihre emotionstheoretischen Implikationen hin in den Blick nimmt (vgl. Schweppe & Stannard 2013: 3).

(2) Das Forschungsprogramm von „Law and Emotion“ war von Anfang an nicht nur deskriptiv orientiert, sondern zugleich explizit mit einem *normativen Anspruch* verknüpft. Es zielt nicht nur darauf ab, die Zusammenhänge zwischen Recht und Emotion zu analysieren und besser zu verstehen, sondern ist zugleich

von der Überzeugung geleitet, dass das Rechtswesen letzten Endes davon profitiert, wenn der Einfluss affektiver Faktoren nicht einfach ignoriert und heruntergespielt, sondern offen diskutiert und in kritisch-reflektierter Weise in die juridischen Deliberationsprozesse aufgenommen wird. „[I]t is not only impossible", heißt es in der Einleitung von „The Passions of Law" dazu programmatisch, „but *undesirable* to factor emotion out of the reasoning process. [...] [E]motion in concert with cognition leads to truer perception and, ultimately, to better (more accurate, more moral, more just) decisions" (Bandes 1999: 7). Das impliziert keineswegs, sämtlichen Emotionen einfach blindlings Tür und Tor zu öffnen und sie pauschal im Recht willkommen zu heißen. Vielmehr geht es darum, in spezifischen Einzeluntersuchungen zu zeigen, wie genau das Affektive in der juridischen Sphäre wirksam wird, und daraus – gegebenenfalls – pragmatische Schlussfolgerungen zu ziehen. In einem Aufsatz mit dem schönen Titel „Who's Afraid of Law and the Emotions?" bringen Kathryn Abrams und Hila Keren diesen normativen Anspruch auf eine bündige Formel. Der politisch-pragmatische Wert des Forschungsfeldes „Law and Emotion" speist sich ihnen zufolge aus drei Quellen: „[I]ts capacity to *illuminate* the affective features of legal problems; its ability to *investigate* these features through interdisciplinary analysis; and its ability to *integrate* that understanding into practical, normative proposals" (Abrams & Keren 2010: 1997).

(3) Charakteristisch für das Forschungsfeld „Law and Emotion" ist zudem die methodologische Orientierung am *Paradigma der Situiertheit*. Weder ‚Recht' noch ‚Emotion' sind monolithische Blöcke. Beide Begriffe verweisen – jeweils für sich und erst recht in ihrer Verschränkung – auf eine Vielzahl von historisch, kulturell und sozial konkret situierten Forschungsgegenständen und Phänomenkomplexen. So wenig Emotionen monolithische, unveränderliche Entitäten darstellen, die sich unabhängig von ihrem sozialen und kulturellen Kontext untersuchen lassen, so wenig gibt es *das* Recht als eine homogene Größe. Nicht überall hat sich das Recht in derselben Weise entwickelt. Es gibt unterschiedliche Typen, Stile und Kulturen des Rechts, die es bei der Untersuchung zu berücksichtigen gilt. Das zeigt sich etwa bereits im Vergleich zwischen dem (adversatorisch orientierten) Strafrechtssystem in den USA und dem (inquisitorisch orientierten) deutschen Strafrechtssystem[5] (vgl. Bernhardt & Landweer 2017: 18) und erst recht in einer größer angelegten Vergleichsperspektive, die auch andere historische und kultu-

5 Das Strafrechtsystem in den USA (und weiteren anglofonen Ländern) entspricht dem adversatorischen Typ; der Gerichtsprozess wird hier dominiert von der direkten Auseinandersetzung zwischen den beiden Streitparteien, also Anklage und Verteidigung, die jeweils mit weitreichenden Befugnissen ausgestattet sind (etwa dem Recht, eigenständig Zeugen zu benennen und zu befragen). Das deutsche Strafrecht hingegen hat eher inquisitorischen Charakter; es zeichnet

relle Formationen in den Blick nimmt. Unabhängig davon, aus welcher disziplinären Richtung und mit welchen Fragen man sich dem Forschungsfeld „Recht und Emotion“ annähert – es kommt stets maßgeblich darauf an, den spezifischen Kontext zu beachten, in den der infrage stehende Untersuchungsgegenstand eingebettet ist. Nur so wird es möglich, die – für die ältere rechtsphilosophische Tradition des Aufklärungszeitalters leider typische – Neigung zu universalistischen Verallgemeinerungen und eurozentrisch geprägten Naturalisierungen zu vermeiden (vgl. Bernhardt 2021a: 24).

3 Zur Topografie des Feldes „Recht und Emotion“

Die durch das Begriffspaar Recht und Emotion bezeichneten Zusammenhänge und Problemlagen sind so heterogen und umfassend, dass es schwerfällt, sich in dem entsprechenden Feld zurechtzufinden. Hinzu kommt, dass man es aufgrund seiner interdisziplinären Anlage mit einer Pluralität von Zugangsweisen, Methoden und fachspezifischen Terminologien zu tun hat. Ein hilfreicher Vorschlag, wie sich die in diesem Feld behandelten Themen, Forschungsgegenstände und Fragen dennoch ordnen und systematisieren lassen, stammt von der Rechtswissenschaftlerin Terry Maroney. In einem 2006 veröffentlichten Aufsatz entwickelt sie eine Taxonomie, die die bestehenden Forschungsansätze, abhängig von der in ihnen primär gewählten Zugangsweise, in sechs verschiedene Kategorien unterteilt (vgl. hier sowie im Folgenden Maroney 2006: 125–134). Wie die meisten Typologien ist auch die von Maroney vorgeschlagene Unterteilung nicht exklusiv zu verstehen. Sie markiert eher um bestimmte Schwerpunkte herum organisierte Felder als absolut trennscharfe Kategorien, was zur Folge hat, dass sich im Großteil der unter dem Titel „Recht und Emotion“ versammelten Arbeiten gleich mehrere der im Folgenden skizzierten Ansätze überlagern (vgl. Maroney 2006: 125).

(1) *Emotionszentrierte Ansätze*: Ein naheliegender Ansatz – gerade für Wissenschaftlerinnen, die aus der Emotionsforschung kommen – besteht darin, von einer distinkten Emotion auszugehen und zu untersuchen, welche Rolle und Funktion ihr in der rechtlichen Praxis jeweils zukommt oder zukommen sollte. Hierzu gehören unter anderem Studien zur strafrechtlichen Bedeutung des Zorns (Allen 1999), zu retributiven Affekten (Solomon 1999) und zur rechtlichen Dimen-

sich dadurch aus, dass Verlauf und Ausgang des Prozesses wesentlich von der Richterin beziehungsweise der Richterschaft bestimmt werden.

sion der Empörung (Nussbaum 1999; Kahan 1999; Pape 2017). Neben Zorn und Empörung, die als „klassische[] Unrechtsaffekte" (Demmerling & Landweer 2007: 299; vgl. auch Diefenbach, Kapitel 13) gelten, wurden auch Emotionen wie Furcht (Posner 2002; vgl. auch Dehne, Kapitel 17) und Scham (Massaro 1991; vgl. auch Neckel, Kapitel 11) auf ihre rechtsrelevanten Aspekte hin analysiert. Aber auch Emotionen, die man zunächst nicht unbedingt mit dem Recht in Verbindung bringen würde, haben in diesem Zusammenhang Berücksichtigung gefunden: Cheshire Calhoun beispielsweise hat untersucht, inwiefern juristische Argumentationsmuster gegen die Gleichstellung homosexueller Ehen implizit auf bürgerlich geprägten Vorstellungen romantischer Liebe aufbauen (Calhoun 1999).

(2) *Auf affektive Phänomene zentrierte Ansätze*: Emotionen im engeren Sinne bezeichnen nur einen Teilbereich der menschlichen Affektivität, zu der ebenso Stimmungen, Gefühle, Leidenschaften und andere affektive Phänomene gehören. Viele davon spielen auch im Recht eine Rolle. Um diesem Umstand Rechnung zu tragen, bezeichnet Maroney die zweite Kategorie als „emotional phenomenon approach" (wobei es sinnvoller erscheint, in diesem Zusammenhang nicht von „emotionalen", sondern von „affektiven" Phänomenen zu sprechen). In diese Kategorie fallen beispielsweise Untersuchungen zur strafrechtlichen Bedeutung der Entschuldigung (vgl. Bibas & Bierschbach 2004; Murphy 2016), die zwar oft mit Gefühlen der Reue, des Bedauerns und der Trauer einhergeht, selbst jedoch nicht als Gefühl oder Emotion bezeichnet werden kann.

(3) *Auf Emotionstheorien zentrierte Ansätze*: Arbeiten, die in diese Kategorie fallen, gehen nicht von einer bestimmten Emotion oder einem bestimmten affektiven Phänomen aus, sondern legen ihren Schwerpunkt stattdessen auf die Untersuchung der Frage, wie sich bestimmte Emotionstheorien in der juridischen Sphäre niederschlagen und welche Auswirkungen dies wiederum auf die Erforschung der entsprechenden Zusammenhänge hat. Ob man sich in seiner Forschung beispielsweise eher von psychoanalytisch, phänomenologisch oder kognitivistisch geprägten emotionstheoretischen Annahmen leiten lässt, hat nicht nur weitreichende methodologische und konzeptuelle Konsequenzen, sondern wirkt sich mit hoher Wahrscheinlichkeit auch auf die dergestalt gewonnenen Ergebnisse aus. Umso wichtiger ist es, diese Annahmen explizit zu machen und in die Reflexionsarbeit mit einzubeziehen (vgl. Maroney 2006: 129).

(4) *Rechtsdogmatische Ansätze*: Die bisher beschriebenen Ansätze gehen gleichsam von der ‚emotionalen' Seite des Begriffspaars „Recht und Emotion" aus. Es ist jedoch ebenso möglich, die ‚rechtliche' Seite zu seinem Ausgangspunkt zu machen und zu untersuchen, in welcher Weise bestimmte Teilbereiche des Rechts von Emo-

tionen und Affekten beeinflusst werden. Maroney bezeichnet diese Vorgehensweise als „legal doctrine approach“ (Maroney 2006: 129). Ein großer Teil der Literatur, die diesem Ansatz zuzuordnen ist, befasst sich mit dem Strafrecht und dem Strafverfahren. Vielleicht am stärksten evident wird der Emotionsbezug in der strafrechtlichen Unterscheidung zwischen Mord und Totschlag, bei der es eine Rolle spielt, ob die betreffende Tat ‚im Affekt‘ begangen wurde – das heißt juristisch gesprochen: unter dem Einfluss einer starken und überdurchschnittlich langanhaltenden affektiven Erschütterung, die es rechtfertigt, zum Tatzeitpunkt von einer tiefgreifenden Bewusstseinsstörung auszugehen. Bereits frühe Studien haben deutlich gezeigt, dass kultur- und epochenspezifische Vorstellungen über emotionale Angemessenheit sowie adäquate Formen der Affektkontrolle und des Emotionsausdrucks einen maßgeblichen Einfluss darauf haben, anhand welcher Kriterien die Unterscheidung zwischen Mord und Totschlag im Einzelnen getroffen wird (vgl. Dressler 1982; Nourse 1997). Wie sich Emotionen und Affekte konkret in der juristischen Praxis niederschlagen, wurde mittlerweile jedoch auch für zahlreiche andere Teilbereiche des Rechts untersucht, etwa das Eigentumsrecht, das Familienrecht, das Verfassungsrecht, das Migrationsrecht und zivilrechtliche Schadenersatzklagen (vgl. Maroney 2006: 130; Schweppe & Stannard 2013: 3, sowie die dort jeweils angegebene Literatur).

(5) *Auf Rechtstheorien zentrierte Ansätze*: So wie der rechtsdogmatische Ansatz das Pendant zum emotionszentrierten Ansatz darstellt, so lässt sich der auf Rechtstheorien zentrierte Ansatz als Gegenstück zum emotionstheoretischen Ansatz verstehen. Der rechtswissenschaftliche Diskurs selbst beziehungsweise bestimmte Elemente daraus werden hier auf ihre emotionstheoretischen Implikationen hin befragt. In der in den USA als „Law and Economics“ bezeichneten Subdisziplin der Rechtslehre beispielsweise wurden lebhafte Debatten darüber geführt, inwiefern *rational-choice*- und spieltheoretische Ansätze davon profitieren können, wenn sie Einsichten aus der interdisziplinären Emotionsforschung in sich aufnehmen (vgl. Maroney 2006: 131).

(6) *Auf rechtliche Akteurinnen zentrierte Ansätze*: Die mit der Pflege und Durchsetzung des Rechts betrauten Institutionen umfassen eine Vielzahl von Akteurinnen, deren Positionierung innerhalb des juridischen Feldes in der Regel mit klar definierten Funktionen und Rollenzuweisungen einhergeht. Hierzu gehören nicht nur Richterinnen, Zeugen, Angeklagte, Staatsanwältinnen, Verteidiger, Polizistinnen und Personen, die im Strafvollzugssystem arbeiten, sondern auch Parlamentarierinnen, Schöffen und Geschworene sowie Lehrende und Studierende der Rechtswissenschaft. Für alle diese Gruppen stellt sich die Frage, wie sie in der Ausübung der ihnen zugewiesenen Rollen und Funktionen von affektiven Faktoren beein-

flusst werden. Es überrascht wenig, dass dieser Bereich die größte Konzentration an empirischen Arbeiten aufweist. Allerdings sind diese Studien relativ ungleichmäßig über die Gesamtheit der im Recht auftretenden Akteurinnen verteilt. Ein Großteil der empirischen Untersuchungen entfällt auf die – insbesondere für das US-amerikanische Strafrecht zentrale – Tätigkeit von Geschworenen, deren affektive Beeinflussbarkeit unter anderem in experimentellen Settings untersucht wurde, sowie auf die Arbeit von Richterinnen. Untersucht wurde zum Beispiel, inwiefern sich die psychosoziale Unterstützung von Richterinnen bei der Verarbeitung emotional besonders belastender Gerichtsprozesse auf ihre Befangenheit auswirkt (vgl. Hoffmann-Holland & Koranyi 2017). In einem erweiterten Sinn lassen sich dieser Kategorie auch Arbeiten zuordnen, die dem Genre der „Courtroom Ethnography" nahestehen (vgl. Flower & Klosterkamp 2023). Der Sozial- und Kulturanthropologe Jonas Bens nimmt dabei den Gerichtssaal selbst als „affektives Arrangement" in den Blick (vgl. Bens 2018, 2022). Ethnografisch orientiert ist auch die Arbeit der Rechtssoziologinnen Stina Berman Blix und Åsa Wettergren. Auf der Grundlage umfangreicher Interview- und Beobachtungsdaten beleuchten sie das zumeist stillschweigend vollzogene Emotionsmanagement und die affektive Grundierung der Interaktionen zwischen professionellen Akteurinnen im schwedischen Rechtssystem (vgl. Berman Blix & Wettergren 2018).

4 Vom Begriff des Rechts zur Erfahrung des Unrechts: Das Konzept der Verletzlichkeit

Im vorigen Abschnitt habe ich einen an der Taxonomie von Maroney orientierten Überblick über die in dem Feld „Recht und Emotion" behandelten Themen gegeben. Nun stellt sich allerdings die Frage, ob sich zwischen der Sphäre des Rechts und der Sphäre des Affektiven nicht auch eine *intrinsische Verbindung* aufweisen lässt, das heißt eine, die sich nicht allein den kontingenten Gegebenheiten des empirischen Feldes verdankt, sondern in systematisch-reflexiver Weise aus den Begriffen selbst entwickeln lässt. Im Folgenden möchte ich einen eigenen konzeptuellen Vorschlag unterbreiten, wie eine derartige Vermittlung zwischen beiden Sphären aussehen könnte. Eine zentrale Bedeutung kommt hierbei dem Konzept der Verletzlichkeit zu (vgl. Bernhardt 2021a: 76–87, 2021b; Mackenzie et al. 2014). Es fungiert gleichsam als

Relais oder konzeptueller Brückenbegriff zwischen Recht und Emotion, dem Normativen und dem Affektiven.[6]

Dass Gefühle und Emotionen mit Verletzlichkeit zusammenhängen, bedarf kaum einer ausführlichen Begründung. Wie Verletzungen besitzen auch Gefühle einen „pathischen“ Charakter (vgl. zum Begriff des Pathischen Probst & Dressler 1989); das heißt wir erleben sie häufig als etwas, das gleichsam über uns kommt und uns in einer Weise widerfährt, auf die wir nur bedingt Einfluss haben. In Begriffen wie Passion, Affekt und Pathos klingt dieser pathische Zug hörbar nach. Sowohl Verletzungen als auch Gefühle weisen eine bedeutsame leibliche Dimension auf. Wie Bernhard Waldenfels herausgestellt hat, setzt die Möglichkeit des Verletztwerdens „eine mögliche Integrität voraus“ (Waldenfels 2000: 13). Was Waldenfels „Integrität“ nennt, steht dabei für eine Reihe von normativen Konzepten ein, die von der leiblichen Unversehrtheit über die im Deutschen Grundgesetz verankerte Unantastbarkeit der menschlichen Würde bis zu dem – unter postheroischen Vorzeichen teils in Vergessenheit und teils in Verruf geratenen – Begriff der Ehre reichen (vgl. zum Verhältnis zwischen Würde und Ehre Bernhardt 2023). In ihren spezifischen normativen Gehalten sind diese Konzepte selbstverständlich nicht deckungsgleich. Gleichwohl ist ihnen gemeinsam, dass sie auf verschiedene Dimensionen menschlicher Verletzlichkeit Bezug nehmen.

Weniger evident ist hingegen, inwiefern auch die Sphäre des Rechts mit Verletzlichkeit zu tun hat. Diese Verbindung zeichnet sich jedoch klarer ab, wenn man die Blickrichtung gewissermaßen umkehrt und nicht von dem theoretischen Begriff des Rechts ausgeht, sondern von der praktischen Erfahrung des Unrechts (vgl. auch Diefenbach, Kapitel 13). Dass Menschen Erfahrungen machen, die sie als ungerecht bezeichnen, geht dem wissenschaftlich-theoretischen Gerechtigkeitsdiskurs voraus. Es sind diese Erfahrungen, die das Nachdenken darüber, was es mit der Unterscheidung zwischen Recht und Unrecht auf sich hat, überhaupt erst in Gang setzen. So lernen und verstehen Kinder erstaunlich früh, was ‚ungerecht‘ bedeutet. Die Unrechtserfahrungen, die ein Mensch im Laufe eines Lebens ansammelt, bilden gleichsam den Prüfstein, an dem sich sein Sinn für Gerechtigkeit ausbildet, schärft und an Konturen gewinnt. Dies gilt nicht nur für individuelle, sondern auch für kollektiv geteilte historische Erfahrungen. Die „Allgemeine Erklärung der Menschenrechte“ von 1948 und die Etablierung der völkerrechtlichen Kategorie der „Verbrechen gegen die Menschheit“ lassen sich als direkte Reaktionen auf die massiven Unrechtserfahrungen und Verbrechen deuten, die in der ersten Hälfte des 20. Jahrhunderts verübt wurden (vgl. Pollmann 2022). Des-

6 Die nachfolgenden Überlegungen orientieren sich eng an den entsprechenden Ausführungen in Bernhardt & Landweer (2017: 29–33).

sen ungeachtet besitzt der Begriff des Rechts gegenüber dem des Unrechts in den meisten rechtstheoretischen und rechtsphilosophischen Abhandlungen nach wie vor das logische Primat. Wie die politische Philosophin Judith Shklar kritisch anmerkt, halten die meisten ihrer Kolleginnen „es für selbstverständlich, dass Ungerechtigkeit nichts anderes als die Abwesenheit von Gerechtigkeit ist. Wissen wir erst einmal, was gerecht ist," so paraphrasiert Shklar die gängige Auffassung,

> dann wissen wir alles, was es zu wissen gibt. Gleichwohl ist es gut möglich, dass diese Überzeugung falsch ist. Vieles entgeht einem, wenn man allein die Gerechtigkeit in den Blick nimmt. Der Sinn für Ungerechtigkeit, die Schwierigkeiten, die Opfer der Ungerechtigkeiten zu identifizieren, und die vielen Weisen, in denen jeder lernt, mit den eigenen Ungerechtigkeiten und denen anderer zu leben, werden ebenso leicht übergangen wie die Beziehung privater Ungerechtigkeit zu öffentlicher Ordnung. (Shklar 2021 [1990]: 29–30)

In eine ähnliche Richtung deutet auch Paul Ricœur, wenn er darauf hinweist,

> dass der Sinn für Unrecht nicht nur bohrender, sondern auch scharfsichtiger [ist] als der Gerechtigkeitssinn. Denn die Gerechtigkeit ist öfter das, was fehlt, und die Ungerechtigkeit das, was herrscht, und die Menschen haben einen klareren Blick dafür, was den menschlichen Beziehungen fehlt, als für die rechte Art, sie zu organisieren. (Ricœur 2005b [1991]: 270–271)

Die Erfahrung des Unrechts ist ihrerseits konstitutiv an die Verletzlichkeit gebunden. Gewiss stellen nicht alle Verletzungen, die Menschen erleiden, zwangsläufig ein Unrecht dar. Wenn sich jemand beim Sport oder im Haushalt verletzt, dann haben wir es nicht notwendig mit einem Unrecht zu tun. Moralisch und rechtlich relevant sind nur solche Verletzungen, die sich einer natürlichen oder juristischen Person als Urheberin eindeutig *zurechnen* lassen. Viele Fragen und Probleme, die sich im Rahmen eines Strafprozesses oder in anderen juristischen Zusammenhängen stellen, hängen unmittelbar mit der Frage der Zurechenbarkeit zusammen.[7] Die Zurechenbarkeit lässt sich definieren als „jene Fähigkeit, aufgrund deren Handlungen jemandem in Rechnung gestellt werden können" (Ricœur 2004 [2000]: 703). Sie erlaubt es, den Begriff der Verletzlichkeit an die Theorie des Handelns anzubinden. Dass Handeln und Erleiden – *agency* und Verletzlichkeit – unweigerlich zusammengehören, wird deutlich, wenn man sich vergegenwärtigt,

> daß Handeln für einen Handelnden bedeutet, *Macht über* einen anderen Handelnden auszuüben. Genauer gesagt läßt diese Beziehung, die durch den Ausdruck *Macht über* ausgedrückt wird, einen Handelnden und einen Erleidenden in Erscheinung treten. [...] Die

7 Besonders dringlich zeigt sich dies gerade in der Frage nach dem juristischen Umgang mit Umweltzerstörungen und anderen unter dem Stichwort „environmental crime" diskutierten ökologischen Verbrechen; vgl. für einen rechtssoziologischen Überblick Wolf (2011).

> Handlung wird von jemand anderem erlitten. Zu dieser grundlegenden Asymmetrie der Handlung kommen all die Perversionen des Handelns hinzu, die darin kulminieren, daß jemand zum Opfer wird (Ricœur 2005a [1990]: 243).

Der Punkt, an dem sich Handeln und Erleiden überkreuzen, markiert zugleich den Ort, von dem aus dem Begriff der Verletzlichkeit seine moralische und rechtliche Relevanz zuwächst. Dem Unrecht, das begangen wird, entspricht das Unrecht, das jemand erleidet. Das Erleiden eines Unrechts ist jedoch selbst wesentlich eine affektive Erfahrung. Weit davon entfernt, eine bloße Wahrnehmung oder ein neutrales Urteil zu sein, ist diese Erfahrung in den meisten Fällen unmittelbar als Gefühl geben. Eine herablassende Geste oder eine beleidigende Äußerung beispielsweise werden nicht bloß wahrgenommen und sachlich registriert, sondern unmittelbar als etwas empfunden, das weh tut. Nicht nur physische Verletzungen, sondern auch solche, die man als psychisch, emotional oder symbolisch bezeichnet, gehen mit einem spezifischen Schmerz einher, der von Anfang an eine normative Färbung aufweist. Rudolf von Ihering spricht in diesem Zusammenhang von einem „moralischen Schmerz“, dessen Funktion mit der Funktion körperlicher Schmerzen durchaus vergleichbar sei:

> Der physische Schmerz ist das Signal einer Störung im Organismus [...]; er öffnet uns die Augen für die drohende Gefahr und richtet durch das Leiden, das er uns bereitet, an uns die Mahnung, uns vorzusehen. Ganz dasselbe gilt von dem moralischen Schmerz, den das absichtliche Unrecht, die Willkür verursacht. Von verschiedener Mächtigkeit, ganz wie der physische, [...] kündigt er sich [...] in jedem Menschen [...] als moralischer Schmerz an und richtet an ihn dieselbe Mahnung wie der physische [...], die Gesundheit, die durch das untätige Erdulden desselben untergraben wird, zu erhalten – in dem einen Fall die Mahnung an die Pflicht der physischen, in dem andern an die Pflicht der moralischen Selbsterhaltung (Jhering 1992 [1872]: 86–87).

Ebendiese „Pflicht der moralischen Selbsterhaltung“ bringt sich in Konzepten wie Würde, Achtung und Ehre zum Ausdruck. Unabhängig davon, für wie tauglich oder gewinnbringend man diese Konzepte im Einzelnen hält, so machen sie doch deutlich, wie wenig es möglich ist, zwischen dem Affektiven und dem Normativen eine klare Trennlinie zu ziehen. Im Begriff der Verletzlichkeit fallen diese beiden Dimensionen zusammen. Er kann als zentrales Relais zwischen der Sphäre des Rechts und der Sphäre der Emotionen angesehen werden. Der Sinn für Gerechtigkeit impliziert einen Sinn für die ebenso affektiv wie normativ fundierte Verletzlichkeit menschlichen Lebens.

5 Ausblick: Zur Erweiterung und Pluralisierung des Rechtsbegriffs

Insbesondere in der US-amerikanischen Rechtswissenschaft hat sich das Forschungsfeld „Law and Emotion" in den vergangenen zwanzig Jahren als ungemein produktiv erwiesen (vgl. West 2016). Diese Produktivität hat jedoch auch eine Kehrseite, da das US-amerikanische Rechtssystem eine Reihe von Besonderheiten aufweist (etwa die wichtige Rolle des Geschworenengerichts), die sich in anderen Ländern nicht finden. Die Erkenntnisse, die dort in empirischen Studien zutage gefördert wurden, lassen sich deshalb nur bedingt auf andere Kontexte übertragen. Diese Unwucht zugunsten des nordamerikanischen Raums lässt es wünschenswert erscheinen, dass auch in anderen Ländern mehr Forschung in diesem Feld betrieben wird – schließlich steht zu erwarten, dass sich gerade im internationalen Vergleich bedeutsame Einsichten generieren lassen.

Neben einer stärkeren Internationalisierung gibt es meines Erachtens noch eine Reihe von weiteren Analysevektoren, von deren Berücksichtigung unser Verständnis des Konnexes von Recht und Emotion in besonderer Weise profitieren kann. Wie weiter oben bemerkt, hat sich das Recht in verschiedenen Teilen der Welt sehr unterschiedlich entwickelt. Unser Verständnis dessen, was überhaupt als Recht zu gelten hat, ist jedoch nach wie vor extrem eng an die Idee des Rechts angelehnt, die sich im Zuge der Aufklärung in Europa und der sogenannten westlichen Welt entwickelt hat (vgl. für eine ausführliche Kritik dieser Engführung sowie die daraus resultierenden Unzulänglichkeiten Bernhardt 2021a). Allzu oft wird der Begriff des Rechts selbstverständlich mit dem staatlich verfassten Recht gleichgesetzt, sodass viele andere Rechtskulturen und Rechtstraditionen gewissermaßen unter den Teppich fallen. Die explizit unter dem Titel „Recht und Emotion" firmierende Forschung könnte daher großen Gewinn daraus ziehen, wenn sie sowohl mit der Rechtsethnologie als auch mit den historischen Disziplinen einen stärkeren Schulterschluss sucht. Voraussetzung dafür wäre eine – unter dem Zeichen der Historisierung und der Ethnologisierung stehende – kritische Infragestellung, Revision und Erweiterung der dem Forschungsfeld „Recht und Emotion" zugrunde liegenden Rechtsauffassung. Die dergestalt avisierte Pluralisierung des Rechtsbegriffs würde nicht nur erlauben, andere Rechtstraditionen besser zu verstehen und aus dem Vergleich mit ihnen zu lernen, sondern auch ein anderes Licht auf bestimmte Zusammenhänge in unserer eigenen Gesellschaft werfen.

In den Ausführungen zum Konzept der Verletzlichkeit klang zwischen den Zeilen bereits an, dass der Begriff des Rechts keineswegs notwendig mit dem positiv gesetzten Recht zusammenfällt. So gibt es in unserer Gesellschaft eine ganze Reihe von Erfahrungen und Phänomenen, die unmittelbar mit der Unterscheidung von Recht und Unrecht zu tun haben, ohne dabei jedoch in irgendeiner Weise justiziabel zu sein. Ein anschauliches Bespiel dafür stellt der ‚Ehebruch' dar; dass dieser seit 1969 in Deutschland nicht mehr strafrechtlich sanktioniert wird, hindert viele Menschen nicht daran, in dem entsprechenden Verhalten nach wie vor ein Unrecht zu sehen. Umgekehrt sollte man auch daran erinnern, dass erst 1997 vom Bundestag ein Gesetz verabschiedet wurde, das Vergewaltigung in der Ehe zu einer Straftat erklärt. Um den Evidenzen, die sich in derartigen Phänomenen zum Ausdruck bringen, angemessen Rechnung tragen zu können, erscheint es unabdingbar, den Begriff des Rechts nicht von vornherein mit dem positiv gesetzten Recht, das heißt dem in Paragrafen gefassten Gesetz und dessen Anwendungen, gleichzuschalten. Nur so lässt sich in den Blick nehmen, dass die affektive Basis der Unterscheidung von Recht und Unrecht dem kodifizierten Recht oftmals vorausgeht. In vielen sogenannten traditionellen Gesellschaften – das heißt Gesellschaften ohne staatliche Zentralgewalt – ist dasjenige, was wir jeweils mit den Begriffen Moral, Recht und Sitte verbinden, so eng ineinander verflochten, dass eine klare Unterscheidung dieser drei Bereiche kaum möglich ist. Aber auch in modernen, staatlich verfassten Gesellschaften verhält es sich so, dass „sich der Sinn für Ungerechtigkeit oft an Verletzungen [entzündet], die den öffentlichen Rechtssprechungsinstanzen entzogen sind" (Shklar 2021 [1990]: 153). Ein gebrochenes privates Versprechen oder ein persönlicher Verrat beispielsweise müssen keineswegs zwangsläufig mit dem geltenden Gesetz in Berührung kommen, um als Unrecht empfunden zu werden (vgl. Shklar 2021 [1990]: 153). Dasselbe gilt für viele Spielarten und Ausdrucksformen struktureller Ungerechtigkeit, die etwa in Form rassistisch oder sexistisch motivierter Alltagshandlungen die gesellschaftliche Wirklichkeit durchziehen (vgl. für den Zusammenhang von *race* und Recht Williams 1992). Wie die Philosophin Maria-Sibylla Lotter gezeigt hat, gibt es zudem eine ganze Reihe von Schuldphänomenen, die nicht angemessen zu verstehen sind, wenn man sie ausschließlich im Lichte des rechtlichen Schuldbegriffs – Schuld im Sinne individueller Vorwerfbarkeit – betrachtet (vgl. Lotter 2016). Die hier skizzierte Erweiterung des Rechtsbegriffs erlaubt es, den wissenschaftlichen Blick für Phänomene zu öffnen, die bei einer Verengung auf das positiv gesetzte Recht außen vor bleiben müssten, obwohl sich ihnen wichtige Lektionen, Einsichten und Impulse für die Diskussion des Zusammenhangs von Recht und Emotion entnehmen lassen (vgl. Bernhardt & Landweer 2017: 23–26).

Literatur

Abrams, Kathryn (2002). „The Progress of Passion“ [Rezension von Susan A. Bandes (Hrsg.) (1999). *The Passions of Law*. New York: New York University Press], in: *Michigan Law Review* 100(6), S. 1602–1620.

Abrams, Kathryn & Keren, Hila (2010). „Who's Afraid of Law and the Emotions?“, in: *Minnesota Law Review* 517, S. 1998–2074.

Allen, Danielle S. (1999). „Democratic Dis-ease: Of Anger and the Troubling Nature of Punishment“, in: S. A. Bandes (Hrsg.), *The Passions of Law*. New York: New York University Press, S. 191–214.

Bandes, Susan A. (Hrsg.) (1999a). *The Passions of Law*. New York: New York University Press.

Bandes, Susan A. (1999b). „Introduction“, in: S. A. Bandes (Hrsg.), *The Passions of Law*. New York: New York University Press, S. 1–15.

Bandes, Susan A. (2021). „Feeling and Thinking Like a Lawyer: Cognition, Emotion, and the Practice and Progress of Law“, in: *Fordham Law Review* 89(6), S. 2427–2446.

Bandes, Susan A./Madeira, Jody Lyneé/Temple, Kathryn D. & White, Emily Kidd (2021). *Research Handbook on Law and Emotion*. Cheltenham, UK/Northampton, MA: Edward Elgar Publishing.

Bens, Jonas (2018). „The Courtroom as an Affective Arrangement: Analysing Atmospheres in Courtroom Ethnography“, in: *Journal of Legal Pluralism and Unofficial Law* 50(3), S. 336–355.

Bens, Jonas (2022). *The Sentimental Court: The Affective Life of International Criminal Justice*. Cambridge: Cambridge University Press.

Berman Blix, Stina & Wettergren, Åsa (2018). *Professional Emotions in Court: A Sociological Perspective*. London: Routledge.

Bernhardt, Fabian & Landweer, Hilge (2017). „Sphären der Verletzlichkeit. Recht und Emotion“, in: H. Landweer & F. Bernhardt (Hrsg.), *Recht und Emotion II. Sphären der Verletzlichkeit*. Freiburg/München: Alber, S. 13–43.

Bernhardt, Fabian (2021a). *Rache. Über einen blinden Fleck der Moderne*. Berlin: Matthes & Seitz.

Bernhardt, Fabian (2021b). „Unseen Wounds: On the Epistemic Dimension of Vulnerability“, in: *Philosophy Today* 65(1), S. 21–36.

Bernhardt, Fabian (2023). „Ehre & Würde. Über ein ungleiches Paar“, in: J.-P. Wils (Hrsg.), *Scheidewege. Schriften für Skepsis und Kritik*. Neue Edition, Bd. 53. Stuttgart: Hirzel, S. 159–168.

Bibas, Stephanos & Bierschbach, Richard. A. (2004). „Integrating Remorse and Apology into Criminal Procedure“, in: *Yale Law Journal* 114(85), S. 87–148.

Bornstein, Brian H. & Wiener, Richard L. (2010). „Emotion and the Law: A Field Whose Time Has Come“, in: B. H. Bornstein & R. L. Wiener (Hrsg.), *Emotion and the Law. Psychological Perspectives*. New York/Dordrecht/Heidelberg/London: Springer, S. 1–12.

Bundeszentrale für politische Bildung (Hrsg.) (2021). *Vor 10 Jahren: Aufdeckung des NSU*. https://www.bpb.de/kurz-knapp/hintergrund-aktuell/343019/vor-10-jahren-aufdeckung-des-nsu/ (letzter Aufruf: 01.11.2023).

Calhoun, Cheshire (1999). „Making Up Emotional People: The Case of Romantic Love“, in: S. A. Bandes (Hrsg.), *The Passions of Law*. New York: New York University Press, S. 217–240.

Demmerling, Christoph & Landweer, Hilge (2007). *Philosophie der Gefühle. Von Achtung bis Zorn*. Stuttgart/Weimar: J. B. Metzler.

Dressler, Joshua (1982). „Rethinking Heat of Passion: A Defense in Search of a Rationale“, in: *Journal of Criminal Law and Criminology* 73(2), S. 421–470.

Flower, Lisa & Klosterkamp, Sarah (Hrsg.) (2023). *Courtroom Ethnography: Exploring Contemporary Approaches, Fieldwork and Challenges*. London: Palgrave Macmillan.

Foucault, Michel (1994 [1975]). *Überwachen und Strafen. Die Geburt des Gefängnisses*. Frankfurt am Main: Suhrkamp.

Friedrichsen, Gisela (2013). „Aus dem Lot", in: *Der Spiegel* vom 13.05.2013 (20/2013), S. 35.

Hilgers, Thomas/Koch, Gertrud/Möllers, Christoph & Müller-Mall, Sabine (Hrsg.) (2015). *Affekt & Urteil*. Paderborn: Fink.

Hoffmann-Holland, Klaus & Koranyi, Johannes (2017). „Coaching von Richterinnen und Richtern: Besorgnis der Befangenheit?", in: H. Landweer & F. Bernhardt (Hrsg.), *Recht und Emotion II. Sphären der Verletzlichkeit*. Freiburg/München: Alber, S. 266–289.

Jhering, Rudolf von (1992 [1872]). *Der Kampf ums Recht*. Jubiläumsausgabe zum hundertsten Todesjahr des Autors, hrsg. v. Felix Ermacora. Frankfurt am Main/Berlin: Propyläen.

Kahan, Dan M. (1999). „The Progressive Appropriation of Disgust", in: S. A. Bandes (Hrsg.), *The Passions of Law*. New York: New York University Press, S. 63–79.

Landweer, Hilge & Koppelberg, Dirk (Hrsg.) (2016). *Recht und Emotion I. Verkannte Zusammenhänge*. Freiburg/München: Alber.

Landweer, Hilge & Bernhardt, Fabian (Hrsg.) (2017). *Recht und Emotion II. Sphären der Verletzlichkeit*. Freiburg/München: Alber.

Lehmann, Johannes F. (2012). *Im Abgrund der Wut. Zur Kultur- und Literaturgeschichte des Zorns*. Freiburg: Rombach.

Lotter, Maria-Sibylla (2016). „Schuld ohne Vorwerfbarkeit. Warum der moralische Schuldbegriff auf viele Schuldphänomene nicht passt", in: H. Landweer & D. Koppelberg (Hrsg.), *Recht und Emotion I. Verkannte Zusammenhänge*. Freiburg/München: Alber, S. 136–161.

Mackenzie, Catriona/Rogers, Wendy & Dodds, Susan (Hrsg.) (2014). *Vulnerability: New Essays in Ethics and Feminist Philosophy*. Oxford: Oxford University Press.

Maroney, Terry (2006). „Law and Emotion: A Proposed Taxonomy of an Emerging Field", in: *Law and Human Behavior* 119(30), S. 119–142.

Maroney, Terry (2011). „The Persistent Cultural Script of Judicial Dispassion", in: *California Law Review* 99, S. 629–681.

Massaro, Toni M. (1991). „Shame, Culture, and American Criminal Law", in: *Michigan Law Review* 89(7), S. 1881–1944.

Murphy, Jeffrey (2016). „Remorse, Apology, and Mercy", in: H. Landweer & D. Koppelberg (Hrsg.), *Recht und Emotion I. Verkannte Zusammenhänge*. Freiburg/München: Alber, S. 278–320.

Nourse, Victoria (1997). „Passion's Progress: Modern Law Reform and the Provocation Defense", in: *Yale Law Journal* 106, S. 1331–1335.

Nussbaum, Martha C. (1999). „‚Secret Sewers of Vice': Disgust, Bodies, and the Law", in: S. A. Bandes (Hrsg.), *The Passions of Law*. New York: New York University Press, S. 17–62.

Pape, Carina (2017). „The Phenomenon of Indignation and its Relation to Moral Law, Legal Law, and Emotion", in: H. Landweer & F. Bernhardt (Hrsg.), *Recht und Emotion II. Sphären der Verletzlichkeit*. Freiburg/München: Alber, S. 196–219.

Pollmann, Arnd (2022). *Menschenrechte und Menschenwürde. Zur philosophischen Bedeutung eines revolutionären Projekts*. Berlin: Suhrkamp.

Posner, Eric A. (2002). „Fear and the Regulatory Model of Counterterrorism", in: *Harvard Journal of Law & Public Policy* 25, S. 681–697.

Probst, Peter & Dressler, Stephan (1989). „Pathisch, Pathik", in: J. Ritter & K. Gründer (Hrsg.), *Historisches Wörterbuch der Philosophie*. Basel: Schwabe Verlag. DOI: 10.24894/HWPh.5334 (letzter Aufruf: 01.11.2023).

Ricœur, Paul (2004 [2000]). *Gedächtnis, Geschichte, Vergessen*. Übers. v. H.-D. Gondek/H. Jatho & M. Sedlaczek. Paderborn: Fink.

Ricœur, Paul (2005a [1990]). „Annäherungen an die Person“, in: *Vom Text zur Person. Hermeneutische Aufsätze (1970–1999)*. Hrsg. u. übers. v. Peter Welsen. Hamburg: Meiner, S. 227–249.

Ricœur, Paul (2005b [1991]). „Das Gerechte zwischen dem Legalen und dem Guten“, in: *Vom Text zur Person. Hermeneutische Aufsätze (1970–1999)*. Hrsg. u. übers. v. Peter Welsen. Hamburg: Meiner, S. 269–293.

Schlee, Günther & Turner, Bertram (Hrsg.) (2008). *Vergeltung. Eine interdisziplinäre Betrachtung der Rechtfertigung und Regulation von Gewalt*. Frankfurt am Main: Campus.

Schweppe, Jennifer & Stannard, John E. (2013). „What is so ‚Special‘ about Law and Emotions?“, in: *Northern Ireland Legal Quarterly* 64(1), S. 1–9. DOI:10.53386/nilq.v64i1.329 (letzter Aufruf: 01.11.2023).

Shaw, Julia A. (2020). *Law and the Passions: Why Emotion Matters for Justice*. London: Routledge.

Shklar, Judith N. (2021 [1990]). *Über Ungerechtigkeit. Erkundungen zu einem moralischen Gefühl*. Übers. v. Christiane Goldmann, hrsg. u. neu durchgesehen v. Hannes Bajohr. Berlin: Matthes & Seitz.

Solomon, Robert C. (1999). „Justice v. Vengeance. On Law and the Satisfaction of Emotion“, in: S. Bandes (Hrsg.), *The Passions of Law*. New York: New York University Press, S. 123–148.

Waldenfels, Bernhard (2000). „Aporien der Gewalt“, in: M. Dabag/A. Kapust & B. Waldenfels (Hrsg.), *Gewalt. Strukturen, Formen, Repräsentationen*. München: Fink, S. 9–24.

West, Robin (2016). „Law's Emotion“, in: *Georgetown Law Faculty Publications and Other Works* 1911. https://scholarship.law.georgetown.edu/facpub/1911 (letzter Aufruf: 10.10.2023).

Williams, Patricia J. (1992). *The Alchemy of Race and Rights*. Harvard: Harvard University Press.

Wolf, Brian (2011). „‚Green-Collar Crime‘: Environmental Crime and Justice in the Sociological Perspective“, in: *Sociology Compass* 5(7), S. 499–511.

Sarah Miriam Pritz

10 Emotion und Subjekt: Emotionale Subjektivierung in der Spätmoderne

1 Einleitung

Haben Sie heute schon etwas für sich getan? Vielleicht meditiert, um einer nagenden inneren Unruhe beizukommen? Eine Runde gejoggt, um Stress abzubauen und den Kopf frei zu bekommen? Planen Sie vielleicht demnächst ein Wellness-Wochenende, den Besuch eines Achtsamkeitsworkshops oder wollten Sie schon immer etwas gegen Ihre Wutanfälle oder Stimmungsschwankungen tun? Vielleicht lesen Sie aber auch gerade einen Lebenshilferatgeber oder haben sich eine der unzähligen Self-Care-Apps auf Ihr Smartphone heruntergeladen, um endlich glücklicher, fitter und erfolgreicher zu werden ...

Wie diese überspitzte Aufzählung gegenwärtig typischer Selbsttechniken andeuten soll, sind wir als spätmoderne Subjekte ständig um unsere Gefühle besorgt. Wie man sich eigentlich fühlt, was die eigenen Gefühle bedeuten und wie man unerwünschte Gefühlszustände ebenso beseitigen wie erwünschte hervorrufen kann, sind zu zentralen Leitfragen individueller Lebensführung geworden. Diese fortlaufende Sorge um die eigene Gefühlswelt rührt allerdings nicht etwa von einer tiefsitzenden Skepsis gegenüber allem Emotionalen, wie sie für frühere Stadien der Moderneentwicklung charakteristisch war, sondern hat ihren Grund – im Gegenteil – in einer besonderen Wertschätzung, die Gefühlen in der spätmodernen Kultur[1] entgegengebracht wird. So gelten Gefühle nicht nur als ein wichtiger Maßstab für das Gelingen (und Misslingen) des eigenen Lebens und sind eng mit Vorstellungen subjektiver Authentizität und individueller Selbstentfaltung verknüpft; ihrer umfassenden Erkundung und gezielten Kultivierung wird darüber hinaus in zahlreichen Diskursen auch eine maßgebliche Bedeutung für das Erreichen und den Erhalt von Glück, Gesundheit und Erfolg zugeschrieben. Sich den eigenen Gefühlen (sowie denen anderer) zuwenden und ‚richtig' mit ihnen umgehen zu können, tritt dabei nicht nur als subjektiv empfundener Wunsch auf, sondern wird zugleich als Anforderung in verschiedenen gesellschaftlichen Bereichen an spätmoderne Subjekte herangetragen. Die ‚Arenen' emotionaler Subjektivierung beschränken sich

1 „Kultur" wird hier verstanden als die Gesamtheit von Praktiken und Diskursen, von Normen, Klassifikationen und symbolischen Deutungsmustern, sozialen und materiellen Objektivationen, welche das Denken, Handeln und Fühlen in räumlich und zeitlich spezifisch situierten Gesellschaften formen und leiten.

https://doi.org/10.1515/9783110589214-012

also nicht nur auf das Private und Intimbeziehungen, sondern umfassen auch ganz maßgeblich soziale Felder wie etwa das Bildungs- und Erziehungssystem, das Arbeits- und Berufsleben, den politischen Raum und sind insbesondere in der Gegenwart nicht ohne die zentrale Bedeutung der (alten und neuen) Massenmedien zu denken.

Dieser Beitrag beschäftigt sich mit den soziohistorisch jeweils spezifischen *Formen emotionalen Subjekt-Seins (und -Werdens) mit Schwerpunkt auf die Spätmoderne.* Zwei wichtige Grundannahmen bilden dabei das Fundament der Argumentation: Erstens, dass Emotionskulturen integral mit gesellschaftlichen Vorstellungen vom Subjekt zusammenhängen, insofern die kulturelle Modellierung von Gefühlsphänomenen stets die Modellierung von Subjektivität miteinschließt. Und zweitens, dass sich in dem Maße, in dem sich Emotionskulturen sowohl historisch als auch (sub-)kulturell wandeln, auch die Formen und Konstitutionsbedingungen von Subjekten verändern.

Der Beitrag ist folgendermaßen aufgebaut: Zunächst wird die Subjektivierungstheorie in ihren zentralen Grundbegriffen eingeführt und als analytische Perspektive für die Emotionssoziologie reflektiert. Anschließend sollen vor diesem theoretischen Hintergrund ausgewählte emotionssoziologische Einsichten zum Zusammenhang von Emotion und Subjektivität vorgestellt werden, wobei der Fokus darauf liegen wird, die Konturen spätmoderner emotionaler Subjektivität herauszuarbeiten sowie in ihren wesentlichen Spannungsfeldern und Konfliktdynamiken zu beleuchten. In einem nächsten Schritt wird mit der Betrachtung von sogenannten Mood-Tracking-Apps als neuen Techniken emotionaler Subjektivierung in ein konkretes empirisches Untersuchungsfeld ‚hineingezoomt'. Ein kurzer Schluss resümiert Potenziale und Implikationen der subjektivierungstheoretischen Perspektive für die emotionssoziologische Analyse.

2 Subjekt und Subjektivierung: Grundbegriffliche Klärungen und analytische Perspektiven für die Emotionssoziologie

Was ist eigentlich gemeint, wenn hier von „Subjekt" und „Subjektivierung" die Rede ist? Die subjektivierungstheoretische Perspektive[2] steht in ihren Grundzü-

2 Die Subjektivierungstheorie hat sich seit ihren Anfängen im (Post-)Strukturalismus (wichtige Bezugsgrößen sind etwa die Arbeiten von Michel Foucault, Louis Althusser und Judith Butler) vielfach ausdifferenziert (Geimer et al. 2019) und zuletzt unter anderem als Reaktion auf gouver-

gen für eine in (post-)strukturalistischen Theorieströmungen wurzelnde Umakzentuierung des Subjektbegriffs: Während die klassische Subjektphilosophie das Subjekt als vorhanden voraussetzt und als autonome Einheit versteht, betont das Konzept der „Subjektivierung" vielmehr sein ‚Geworden-Sein' – seine Historizität und Abhängigkeit von je spezifischen soziokulturellen Kontexten. Subjekte sind in dieser Perspektive folglich nicht der Anfang, sondern vielmehr das Ergebnis von Subjektivierungsprozessen, im Zuge derer Individuen ihre je spezifische „kulturelle Form" (Reckwitz 2021: 13 f.) erhalten oder in anderen Worten: bestimmte körperlich-geistig-affektive Orientierungen und Routinen ausbilden, und so zu gesellschaftlich zurechenbaren und handlungsfähigen Subjekten werden. Prominent wurde etwa von Ulrich Bröckling (2007) das unternehmerische Selbst als eine die gesellschaftliche Gegenwart prägende Subjektivierungsform beschrieben. Deren Eckpfeiler bilden unter anderem zentral die Leitorientierung der Eigenverantwortung sowie die Routinisierung von Praktiken der Selbstführung.

Subjektivierung vollzieht sich dabei stets im Rahmen von Macht- und Herrschaftsbeziehungen vor dem Hintergrund spezifischer sozialstruktureller Einbettungen und kultureller Wissensordnungen. Besondere Beachtung verdient in diesem Zusammenhang die komplexe und durchaus spannungsgeladene Verflechtung von Praktiken und Diskursen: Während Diskurse den Schauplatz der *expliziten* Definition, Klassifikation und Legitimation von Subjektidealen (und ihren negativen Gegenmodellen) darstellen, werden in Praktiken Subjektformen *implizit* eingeübt und praktisch (re-)produziert (vgl. Reckwitz 2021: 185 ff.). Diskurse wirken also – pointiert ausgedrückt – subjektivierend, indem sie bestimmte Subjektformen repräsentieren, wohingegen die subjektivierenden Wirkungen von Praktiken in ihrem Vollzug selbst zu finden sind (vgl. Reckwitz 2017a: 126). Inwiefern sich dabei diskursive Subjektangebote überhaupt in die Praxis übersetzen und welche Konflikte, Widerstände oder Spannungen dabei auftreten, ist seit einiger Zeit Gegenstand der empirischen Subjektivierungsanalyse (Bosančić et al. 2019; Geimer et al. 2019). Insgesamt ist hervorzuheben, dass Subjektivierungsprozesse stets in der gleichen Weise instabil, widersprüchlich und umkämpft sind wie die konstituierenden Diskurse und kulturellen Wissensordnungen selbst. Darüber hinaus liegen auch gerade in den alltäglichen und spezifisch situierten Praktiken des „doing subjects" (Reckwitz 2016), also der praktischen Auseinandersetzung mit und versuchten An-

nementalitätstheoretische Beiträge (Bröckling et al. 2000) insbesondere praxeologische (Alkemeyer et al. 2013; Gelhard et al. 2013; Reckwitz 2016) und methodisch-empirische Weiterentwicklungen (Bosančić et al. 2019) erfahren. Eine umfassende sowohl theoriegeschichtliche und begriffliche Einführung wie analytische Grundlegung einer kulturwissenschaftlichen Subjektanalyse bietet zum Beispiel Reckwitz (2021).

eignung von Subjektidealen, Möglichkeiten des Scheiterns, des Widerstands oder der Um- oder Neudeutung diskursiver Subjektansprüche begründet.

Die hier angedeutete komplexe Verflechtung von Praktiken und Diskursen gibt zugleich Hinweise auf die besondere Bedeutung der *materiellen* wie *technischen* Seite von Subjektivierungsprozessen: Subjektivierung findet häufig im Netzwerk mit nicht-menschlichen Entitäten statt (etwa Artefakten, Räumen oder ganzen Infrastrukturen) und ist wesentlich über Techniken – im Sinne kulturell konventionalisierter und mehr oder weniger institutionalisierter Formen des Handelns – vermittelt. Diese umfassen zum einen Techniken der Fremdführung, wie beispielsweise bürokratische Verwaltung oder bestimmte Erziehungsstile. Zum anderen beinhalten sie Techniken der Selbstführung oder „Technologien des Selbst" (Foucault 1993 [1988]). Darunter fallen etwa sämtliche der eingangs angeführten Beispiele von Meditation über Fitnessaktivitäten und Wellness bis hin zu gezielten Techniken des Emotionsmanagements. Diese gegenwärtig kulturell besonders valorisierten Formen der Selbstführung sind dabei häufig dem Leitbild einer „subjektiven Nachhaltigkeit" (Pritz 2018) verpflichtet, rufen das Subjekt also in Analogie zum allgemeinen Nachhaltigkeitsdiskurs zu einem erneuerbaren Umgang auch mit seinen subjektiven Ressourcen auf.

Sowohl Techniken der Fremd- als auch Selbstführung sind eng mit diskursiven Klassifikationssystemen erwünschter beziehungsweise unerwünschter Subjektivität verknüpft und beinhalten in der ein oder anderen Form stets ein „Trainingsprogramm der Körper" (Reckwitz 2021: 40). Insbesondere über diese Betonung der Inkorporierung und Verleiblichung von Gesellschaft ist das Konzept der „Subjektivierung" auch maßgeblich mit dem Bourdieu'schen Habitus-Begriff verwandt, dem es – wenngleich theoretisch anders angebunden – ebenfalls um die soziale und kulturelle Konstitution von Subjekten (bzw. Akteuren) geht (Reckwitz 2011).

Das Konzept der Subjektivierung eröffnet nun in mehrfacher Hinsicht interessante analytische Perspektiven auf das Feld der soziologischen Emotions- und Affektforschung: Ganz grundsätzlich sensibilisiert es dafür, wie emotionale Subjektivität – also die Art und Weise, wie wir Gefühle erleben und interpretieren sowie zu kultivieren und kontrollieren versuchen, uns selbst verstehen und vor dem Hintergrund kultureller Klassifikationsschemata und Differenzmarkierungen (zum Beispiel gesund/krank, gut/schlecht, normal/abnormal) betrachten – nicht nur stets historisch und soziokulturell situiert ist, sondern fortlaufend und letztlich immer wieder neu eingeübt und prozessual hervorgebracht wird.[3] Emotionale Subjekt-Werdung vollzieht sich

---

3 Der in diesem Beitrag zentral verwendete Begriff der „*emotionalen* Subjektivierung" hebt gegenüber der Rede von „affektiven" oder „sinnlichen" Subjektivierungsweisen stärker auf die *ex-*

dabei im Spannungsfeld kultureller Kodierungen von Emotionalität und ihrer performativen (und störanfälligen) (Re-)Produktion in konkreten Praktiken, weshalb es in der emotionssoziologischen Analyse darum gehen muss, stets beide Ebenen – sowohl Emotionsdiskurse als auch Emotionspraktiken – im Blick zu behalten und möglichst aufeinander zu beziehen. Auch wenn in der konkreten Forschungspraxis mal die diskursive oder praktische Seite stärker den analytischen Schwerpunkt bilden kann, gilt es stets, die Grenzen der jeweiligen Analyse mitzureflektieren. Ebenso wenig wie Emotionsdiskurse (zum Beispiel Ratgeberliteratur) als Abbild tatsächlicher Emotionspraktiken interpretiert werden dürfen, lässt sich die praktische Kultivierung bestimmter emotionaler Selbstverhältnisse (zum Beispiel Achtsamkeitsmeditation) unabhängig von kulturellen Wissensordnungen über Gefühle analysieren.

Für die emotionssoziologische Forschung ist es also relevant, danach zu fragen, welche Subjektformen in einer bestimmten sozialen Ordnung als erstrebenswert und welche als problematisch gelten; wie diese in verschiedenen Diskursen – konkurrierend oder übereinstimmend – sowohl figuriert als auch legitimiert werden; welche Techniken und Praktiken kulturell nahegelegt werden, um die erwünschten Ideale auch erreichen zu können, und wie sich diese schließlich im praktischen Vollzug darstellen, irritiert oder gegebenenfalls transformiert werden und sozialkulturell eingebettet sind. Von besonderer Bedeutung ist dabei, dass Subjektideale – egal ob sie sich nun explizit auf Gefühle beziehen oder nicht – immer auch selbst affektiv besetzt sind, also „Elemente des Begehrens und der Abgrenzung“ (Reckwitz 2021: 191; vgl. auch Butler 2001) enthalten.

3 (Spät-)Moderne emotionale Subjektivität: Klassische und aktuelle Perspektiven der Emotionssoziologie

Allgemein ist festzuhalten, dass insbesondere kultursoziologisch orientierte emotionssoziologische Arbeiten (für einen Überblick: Illouz et al. 2014; Neckel & Pritz 2019) das enge Wechselverhältnis von Emotionen und kulturellen Subjektmodellen betonen. Die Emotionssoziologie profitiert hier außerordentlich von diachron und synchron vergleichenden Perspektiven auf die historische (Bähr 2019) wie kulturelle (Beatty 2013) Varianz von Gefühlskulturen.

---

pliziten Dimensionen kultureller „Gefühlsbildung“ (Röttger-Rössler 2019) ab. Emotionale Subjektivierung beinhaltet allerdings selbstverständlich stets auch affektive und sinnliche sowie allgemein körperleibliche Dimensionen (vgl. auch Wiesse & Weigelin, Kapitel 3).

Eine klassische (emotions-)soziologische Arbeit[4], welche die Herausbildung eines bestimmten – modernen – emotionalen Subjekttypus im Gefolge veränderter sozialer Konfigurationen beschreibt, ist Norbert Elias' „Über den Prozess der Zivilisation" (1979 [1939]): Sein Verdienst ist es, nachgewiesen zu haben, dass ‚äußere' und ‚innere' Zivilisationsgeschichte keine voneinander isolierten Vorgänge darstellen, sondern veränderte soziale Konfigurationen mit veränderten Formen des Fühlens und Subjekt-Seins einhergehen, Sozio- und Psychogenese also eng miteinander verknüpft sind. Auf der Basis eines breit angelegten historischen Studiums von Benimmratgebern legt Elias dar, wie die zunehmende funktionale Differenzierung moderner Gesellschaften in verschiedene Teilbereiche (Wirtschaft, Politik, Wissenschaft etc.) und die Ausweitung gesellschaftlicher Interdependenzen (zum Beispiel im Rahmen der ökonomischen Produktion) auch die (Selbst-)Disziplinierung von Emotionen verstärkte. Die Subjektivierungsform, welche sich im Gefolge von Modernisierungsprozessen konstituiert, ist also nach Elias eine der ausgewiesenen *Affektkontrolle.* Auch wenn kulturelle Auf- und Abwertungsbewegungen von Gefühlen in der Entwicklung moderner Gesellschaften durchaus differenziert zu betrachten sind (Becker 2009), bleibt die hegemoniale Subjektkultur der Moderne doch mindestens bis in die späten 1960er-Jahre hinein nachhaltig dem Leitbild der Emotionsskepsis verhaftet (vgl. Reckwitz 2019: 207 ff.).

Erst seit dem letzten Drittel des 20. Jahrhunderts beginnt sich der Platz von Emotionen im kulturellen Bedeutungsgefüge westlicher Gesellschaften nachdrücklich zu verändern. Sie rücken nach und nach ins Zentrum (spät-)moderner Subjektivität und werden zu zentralen Richtlinien „alltäglicher Lebensführung" (Jurczyk & Rerrich 1993; Jochum et al. 2020). Die zahlreichen sozialwissenschaftlichen Diagnosen dieser gewandelten Emotionskultur – etwa als einem „age of emotions" (McCarthy 1989: 63) oder einer „affective society" (Watson 1999) – nehmen dabei auch auf die veränderte Subjektkultur Bezug: Die Geschichte einer zunehmenden gesellschaftlichen und kulturellen „Emotionalisierung" (Neckel 2005, 2014; Neckel & Pritz 2019) ist also zugleich die Geschichte eines veränderten Subjekttypus, nämlich des „emotional self" (Lupton 1998) oder „homo sentimentalis" (Illouz 2006).

Dass Emotionen heute als integraler Bestandteil dessen gelten, was das spätmoderne Subjekt ist und wie es sich selbst versteht, ist im Wesentlichen das Resultat zweier sozialer Transformationsprozesse: der *Psychologisierung* und *Ökonomisie-*

4 Für einen Überblick über die Geschichte der Emotionssoziologie vgl. auch Schützeichel, Kapitel 2.

rung westlicher Gegenwartsgesellschaften (vgl. auch Neckel & Sökefeld, Kapitel 5).[5] So ist der neue Subjekttypus, für den Emotionen selbstverständliche Gegenstände der Aufmerksamkeit und Elaboration darstellen, *zum einen* untrennbar verbunden mit dem Aufkommen einer „new ‚expertise of subjectivity'" (Lupton 1998: 93) und eines Wandels der Kultur des Beratens (Traue 2010; Duttweiler 2007), namentlich der kulturellen Strahlkraft der Psychologie und ihrer professionellen Berufsgruppen (Rose 1996, 1999; Furedi 2004; Illouz 2009). Das ‚Zeitalter der Emotionen' ist also recht eigentlich ein ‚Zeitalter der Psychologie', deren Konzepte und Wissensordnungen nicht nur ihren Weg in die Alltagssprache gefunden haben, sondern vielmehr unser gesamtes Selbstverständnis und unsere Erfahrungswelt prägen und über die eigene Gefühlswelt hinaus soziale Beziehungen beeinflussen. *Zum anderen* hat der Prozess der Ökonomisierung im Sinne einer zunehmenden Durchdringung gesellschaftlicher Bereiche von ökonomischen Prinzipien affektive Subjektivierungsprozesse nachdrücklich befördert. Dass zentrale Wandlungstendenzen für emotionale Subjektivität gerade von Wirtschaft und Arbeitsleben ausgehen können, die von den soziologischen Klassikern ja ehedem als Triebfedern der Rationalisierung identifiziert wurden, hat gleichermaßen mit dem Strukturwandel moderner Industriegesellschaften hin zu Dienstleistungs- und Wissensgesellschaften wie mit dem Aufstieg des Konsumkapitalismus zu tun (vgl. auch Zink & Senge, Kapitel 7). So zeichnet sich die Arbeitswelt der Gegenwart durch die Notwendigkeit aus, auf vielfältige Weise „mit" und „an" seinen Gefühlen zu arbeiten, in anderen Worten: „emotional labor" beziehungsweise „emotion work" zu betreiben (Hochschild 1979, 1983). Darüber hinaus werden in Konsumkultur und „Erlebnisgesellschaft" (Schulze 1992; Delhey & Schneickert 2022) Gefühle selbst zur eigentlichen Ware (Illouz 2003b, 2006, 2018a). In zeitgenössischen Konsumpraktiken geht es oft ebenso sehr

5 Über Psychologisierung und Ökonomisierung hinaus spielen auch weitere soziale Prozesse eine maßgebliche Rolle, deren Aufzählung an dieser Stelle aber unvollständig bleiben muss: beispielsweise der *postmaterialistische Wertewandel* (Inglehart 1977), im Zuge dessen Werte wie Selbstverwirklichung, Selbstbestimmtheit und Authentizität ebenso nachhaltig im Selbstbild spätmoderner Subjekte verankert wurden (Reichardt 2014) wie sie dem Netzwerkkapitalismus eine neue Rechtfertigungsordnung verliehen (Boltanski & Chiapello 2003); Prozesse umfassender *Medialisierung* (McCarthy 2017; Wahl-Jorgensen 2018), welche unter anderem das Verhältnis von Privatheit und Öffentlichkeit und die Bedingungen politischer Kommunikation veränderten (Papacharissi 2015); sowie aktuell die *Digitalisierung* (Mühlhoff et al. 2019), die insbesondere über die Rolle sozialer Medien intensivierte emotionale Kommunikation befördert (Wagner 2019) und etwa neue Möglichkeiten emotionaler Selbst- und Fremdüberwachung eröffnet (Angerer & Bösel 2016). Charakteristisch für diese Transformationsbewegungen ist dabei ein durchaus schillerndes Oszillieren zwischen Freiheit und Zwang, zwischen Emanzipation und Liberalisierung sowie neuen Herrschaftsformen und Risiken (Beck & Beck-Gernsheim 1994; Honneth et al. 2022).

um den Konsum eines bestimmten emotionalen Erlebens wie um den Konsum der Produkte oder Dienstleistungen selbst.

Die Konturen spätmoderner emotionaler Subjektivität – in ihrer allgemeinsten Form und kulturellen Hegemonialität – treten indes besonders deutlich hervor, wenn man sie vor dem Hintergrund ihrer zentralen *Ideale* betrachtet: Einen wichtigen Eckpunkt markiert das kulturell hochwirksame Subjektideal *emotionaler Authentizität* (McCarthy 2009; Illouz 2018a). In zeitgenössischen Diskursen wird Authentizität dabei zugleich interiorisiert wie moralisiert: Die Vorstellung eines ‚wahren Ichs' wird an die „vermeintlich natürliche Innerlichkeit" (Zink 2013: 65) von Gefühlen gekoppelt, die sodann als „Marker des Authentischen" (Zink 2013: 65) zum immer wieder neu zu kalibrierenden moralischen Bewertungsmaßstab werden, an dem sich nicht nur die Subjekte selbst messen, sondern an dem sich auch sämtliche weitere Aspekte ihrer Lebenswelt (wie Beziehungen oder Arbeit) zu bewähren haben. Die Verankerung in einer Ontologie der Gefühle vernebelt dabei, dass Authentizität stets ein performatives Moment innewohnt, Authentizität also in Praktiken eines *‚doing authenticity'* erst recht eigentlich ‚hergestellt' wird.

Diese Suche nach Authentizität ist dabei eng mit der Suche nach Selbstverwirklichung (Honneth 2002) und möglichst intensiven emotionalen Erfahrungen (Garcia 2017) verknüpft, hat vielfältige Techniken emotionaler Introspektion hervorgebracht und wird aktuell in so unterschiedlichen Praktiken wie Achtsamkeit (Schmidt 2020; Sauerborn et al. 2022) oder technologiegestützter emotionaler Selbstvermessung (Pritz 2016, 2024) betrieben. Als „particular *language of the self*" und „intensely sentimental (i. e. suffused with emotion) type of discourse" (McCarthy 2009: 241) hat das Ideal der Authentizität zudem eine subjektive Bekenntniskultur befördert, wie sie spätestens seit dem letzten Drittel des 20. Jahrhunderts etwa in sozialen Bewegungen (vgl. Flam 2013: 6 f.; Flam & King 2005), populären Film- und Fernsehformaten wie Talk-, Reality- oder Castingshows (Illouz 2003a) sowie den digitalen Plattformen sozialer Medien (Rettberg 2018) zu beobachten ist.

Ein weiterer zentraler Eckpunkt spätmoderner emotionaler Subjektivität ist das Ideal *emotionaler Reflexivität*, welches für Eva Illouz sogar das zentrale habituelle Merkmal ihres „homo sentimentalis" (2006) darstellt. Auch Deborah Lupton hält emotionale Selbstreflexivität für eine der zentralen Anforderungen an spätmoderne Subjekte, die zugleich auf facettenreiche Weise praktisch kultiviert wird; von den „emotional selves" der Spätmoderne würde demnach erwartet „to be more ‚in touch' with their emotions and [...] to devote time and energy to identifying their emotions" (Lupton 1998: 169).

Die Ideale emotionaler Authentizität und Reflexivität sind dabei durchaus in einem wechselseitigen Konstitutionsverhältnis zu betrachten, insofern häufig gerade die Vorstellung, Gefühle könnten als Quellen der authentischen Selbstoffenbarung Auskunft über das ‚wahre Selbst' geben, die Basis dafür bildet, sich reflexiv der eigenen Gefühlswelt zuzuwenden und diese kritisch zu befragen. Auch in diesem Zusammenhang ist der kulturelle Einfluss der Psychologie von zentraler Bedeutung, hat doch gerade die Institutionalisierung und Popularisierung therapeutischer Wissensformen und Techniken (Illouz 2009; Eitler & Elberfeld 2015) dazu beigetragen, emotionale Selbst(er)kenntnis und die Arbeit an den eigenen Gefühlen – und zwar sowohl im Sinne eines Nachdenkens und expliziten Thematisierens wie auch gezielter Versuche des Veränderns und Verbesserns von Emotionen – zur Richtschnur von Praktiken des Gesundheitshandelns und der Selbstfürsorge zu machen. Die Grenze zwischen dem, was als psychisch gesund und was als behandlungsbedürftig gilt, verwischt dabei zusehends, sodass etwa Nikolas Rose (2008) gar von einer „Psychiatrisierung" der *conditio humana* selbst spricht.

Emotionale Reflexivität ist also eng verknüpft mit Versuchen des Managements von Gefühlen und ihrer Beeinflussung in eine bestimmte *Richtung*. Welche dies ist, wird deutlich, wenn man einen genaueren Blick auf die Art und Ausrichtung der Wertschätzung von Gefühlen in spätmodernen Gesellschaften richtet. So ist etwa Andreas Reckwitz (2019: 205) einer von vielen Autor:innen (vgl. auch Ahmed 2010; Davies 2015; Cabanas & Illouz 2019), welche die Spätmoderne nicht nur als eine *„radikal emotionalisierte Kultur"* begreifen, sondern in ihr insbesondere eine *„Positivkultur der Emotionen"* erkennen, also eine kulturelle Ordnung, die Gefühle insbesondere insofern prämiert, als diese ‚positiv' sind.

Seit geraumer Zeit haben insbesondere die problematischen Aspekte und nicht-intendierten Nebenfolgen einer solchen Subjektkultur sozialwissenschaftliche Aufmerksamkeit erfahren, die ‚positive' Gefühle im selben Maße überhöht wie sie ‚negative' Gefühle als fortlaufenden Anlass zur Sorge betrachtet und Subjekte auf höchst ambivalente Weise primär in ihrer eigenen Verantwortung für ihre Gefühlswelt, ihr Wohlbefinden, ja: ihr gesamtes Selbstverständnis in die Pflicht nimmt (Neckel 2014; Mixa et al. 2016; Reckwitz 2019): Prominent hat etwa Alain Ehrenberg (2004 [1998]) die *Kehrseite* der Psychologisierung des Subjekts beschrieben: Die Depression als charakteristisches Krankheitsbild der Spätmoderne ist für Ehrenberg eine Reaktion auf (emotionale) Liberalisierungsprozesse und Individualisierungstendenzen sowie gewissermaßen ein Scheitern am Versprechen subjektiver Selbstverwirklichung als gesellschaftlich institutionalisierter Anforderung (vgl. auch Honneth 2002).

Neben *psychischen Leidenszuständen* zwischen Depression, Stress, Burnout und Erschöpfung und ihrem Zusammenhang mit kontemporären Arbeitsverhältnissen (Neckel & Wagner 2013) stellt auch die allgemeine Zunahme *komplexer Gefühlslagen* und *emotionaler Unsicherheiten* spätmoderne Subjekte vor Herausforderungen: So steht schon emotionale Reflexivität für eine durchaus spannungsgeladene praktische Verknüpfung von Emotionalität und Rationalität, welche sich in der westlichen

Kulturgeschichte zumeist als Gegensätze gegenüberstanden: Menschliches Handeln hat sich, wie es Eva Illouz (2018b: 24) mit Blick auf kapitalistische Entwicklungsdynamiken ausdrückt, „gleichzeitig zunehmend rationalisiert und emotional intensiviert". Nicht nur, aber durchaus auch als Folge dieses umfassenden Reflexiv-Werdens von Gefühlen kommt es zudem sowohl vermehrt zu sogenannten Meta-Gefühle (Mendonca 2013), also Gefühlen *über* Gefühle (zum Beispiel Scham darüber, traurig zu sein); ebenso verstärken sich „mixed emotions" (Heavey et al. 2017) und Gefühle emotionaler Ambivalenz (Kleres & Albrecht 2015). Die zunehmende Reflexivierung von Gefühlen impliziert also maßgeblich eine Sensibilisierung gegenüber der eigenen Innenwelt, führt aber auch zu neuen Differenzierungen und Unsicherheiten – insbesondere (emotionale) Ambivalenz wurde bisweilen gar zum Signum der (Post-)Moderne schlechthin erhoben (Bauman 1990, 2000).

Schließlich hat sich auch die Art und Weise, wie *intime Beziehungen* (von Familie über Freundschaft bis hin zu Liebe) gelebt werden, maßgeblich liberalisiert und pluralisiert. Im Rahmen dieser Transformation von Intimität (Giddens 1992) und verschwimmender Grenzen zwischen Privatheit und Öffentlichkeit ergeben sich zwar einerseits Freiheitsgewinne und neue Chancen, entstehen andererseits aber auch neue Konflikte und Unsicherheiten auf subjektiver Ebene (Illouz 2003b, 2012, 2018c).

Hiermit sind – in zugespitzter Form – die wesentlichen Konturen und Konfliktdynamiken spätmoderner emotionaler Subjektivität benannt: Vor dem Hintergrund gesellschaftlicher Psychologisierung und Ökonomisierung nehmen Subjekte ihre Gefühlswelt nicht einfach nur wichtig (und dürfen und sollen dies auch tun); sie streben vielmehr nach einem sowohl emotional authentischen als auch reflektierten Leben. Sie tun dies entlang der Richtschnur einer kulturellen Teleologie ‚positiver' Gefühle, einer durchlässig gewordenen Grenze psychischer Gesundheit und Krankheit und den allgemeinen, Eigenverantwortung sowohl ermöglichenden als auch verlangenden Anforderungen, die spätmoderne Lebens- und Arbeitsbedingungen an sie richten. Dabei haben sie aber fortlaufend mit einer ganzen Reihe von Schwierigkeiten zu kämpfen, die unter anderem von der Unsicherheit über die eigenen Gefühle bis hin zu teils schwerwiegenden emotionalen Leidenszuständen reichen.

Auf diese Probleme ‚antworten' wiederum neue Techniken emotionaler Subjektivierung, von denen im Folgenden das Beispiel „Mood Tracking" exemplarisch erläutert werden soll. Insgesamt gibt es aktuell ein Desiderat für emotionssoziologische Studien, welche Emotionalisierungsprozesse nicht nur zeitdiagnostisch in ihrer Breite theoretisch thematisieren, sondern vielmehr empirisch untersuchen und anhand konkreter Phänomene ausbuchstabieren. Auch die Auseinandersetzung mit der Emotionskultur der Gegenwart abseits ihrer (zweifelsohne wichtigen) hegemonialen Pfade steht bislang noch weitgehend aus (siehe aber Bergold-Caldwell 2020).

Schließlich gälte es etwa auch, die sozialstrukturellen Bedingungen emotionaler Subjektivierungsprozesse stärker in den Blick zu nehmen (Neumann 2016), insofern beispielsweise die Möglichkeiten, die an emotionale Selbststeuerung geknüpften Versprechen auch realisieren zu können, gesellschaftlich ungleich verteilt sind (Mau & Gülzau 2020) und die beschriebenen Konturen spätmoderner emotionaler Subjektivität insgesamt ihren sozialen Ort im Bereich der (neuen) Mittelschichten haben (Reckwitz 2017b).

4 Mood-Tracking-Apps als Techniken emotionaler Subjektivierung

Die erfolgten abstrakten Ausführungen über die Grundzüge spätmoderner emotionaler Subjektivität sollen nun anhand des spezifischen Falls sogenannter Mood-Tracking-Apps veranschaulicht werden.[6] Dabei handelt es sich einerseits um einen besonderen Typus von „Self-Tracking"-Technologien (Duttweiler et al. 2016; Lupton 2016; Selke 2016a/b). Gleichzeitig gehören Mood-Tracking-Apps aber auch dem breiten Feld kultureller Programme und Techniken an, welche das Subjekt allgemein im Spannungsfeld von Selbstsorge und Selbstoptimierung adressieren (Illouz 2009; Röcke 2021). Sie liegen damit gewissermaßen an der Schnittstelle von zwei zentralen Triebkräften zeitgenössischer Subjektivierungsprozesse: der zunehmenden Digitalisierung subjektiver Lebensführung einerseits und der Emotionalisierung des Subjekts andererseits.

Mood-Tracking-Apps bieten im Wesentlichen einen quantifizierenden, technologisch vermittelten Zugriff auf die eigene Gefühlswelt und stehen als *Techniken emotionaler Subjektivierung* in einer langen Reihe verschiedener „Technologien des Selbst" (Foucault 1993 [1988]) beziehungsweise Formen der „Selbstthematisierung" (Hahn 1982). Sie heben sich von diesen allerdings durch den Operationsmodus der Kalkulation im Rahmen der Nutzung technischer Artefakte ab. Zugespitzt: Subjektivierung findet im Mood Tracking im Kontext einer spezifischen Mensch-Technik-Relation statt, welche die Beobachtung und Steuerung von Gefühlen zwischen Nutzer:innen und App auf spezifische Weise verteilt (Rammert & Schulz-Schaeffer 2002).

Darüber hinaus müssen Mood-Tracking-Apps insbesondere in ihrer *‚doppelten Strukturiertheit‘* analytisch in den Blick genommen werden: In ihnen materialisie-

6 Im Folgenden fasse ich zentrale Argumente meiner Dissertation „Gefühlstechniken. Eine Soziologie emotionaler Selbstvermessung" (Pritz 2024, im Erscheinen) zusammen.

ren und objektivieren sich einerseits kulturelle Vorstellungen, Deutungsmuster und Wissensbestände über Emotionen – kurz: Sie sind (diskursiv) *strukturiert*. Andererseits wirken sie auch selbst – zumindest potenziell – (praktisch) *strukturierend*, indem sie die Weichen für bestimmte Formen der Bezugnahme auf und des Umgangs mit den eigenen Gefühlen stellen und zu einer bestimmten Form emotionaler Selbstwahrnehmung anregen.

Es sind drei Entwicklungslinien der Emotions- und Subjektkultur, die in besonders eindrücklicher Weise im Mood Tracking manifest werden und pointiert als Expertisierung, Optimierung und Technisierung von Gefühlen gefasst werden können. So wird im Mood Tracking, *erstens*, eine besondere Form digitaler Gefühlsexpertise angeboten, die sich zentral durch ihren soziotechnisch interaktiven Charakter auszeichnet: Die Apps spiegeln Nutzer:innen ihre Gefühle in Form von Emotionsdaten zurück und schlagen personalisiert und anlassbezogen ‚passende' Interventionen vor. Vermittelt wird diese neuartige Form eines interobjektiven „emotion work system" (Hochschild 1979: 562) vorwiegend über die Popularisierung psychologischer Wissensordnungen und eines damit einhergehenden Verständnisses von Emotionen als objektivier- und gezielt modifizierbar. In Programmen emotionaler Selbstvermessung zeigt sich also sehr eindrücklich die oben beschriebene allgemeine Tendenz einer *Expertisierung* von Gefühlen im Sinne einer zunehmenden Vermittlung emotionalen Erfahrens und Selbstverstehens über psychologisches Expertenwissen.

In ihrer Doppelbedeutung von zugleich technologischen wie kulturellen Gefühlsprogrammen konstituieren Mood-Tracking-Apps, *zweitens*, ein ebenso emotional erforschtes wie aktiv gestaltetes Leben als Ideal. Die oben als spätmoderne emotionale Subjektivität definierend erörterten Ideale emotionaler Authentizität und Reflexivität werden im Mood Tracking also als konkretem Fall empirisch (re-)produziert. So werden im Mood Tracking Gefühle etwa bereits über die Bezeichnung der entsprechenden Programmanwendungen (zum Beispiel Reflectly, Happify oder MoodTools) als etwas figuriert, das der reflexiven Zuwendung und optimierenden Steuerung mithilfe der ‚richtigen' Technik bedürfe. Adressiert werden potenzielle Nutzer:innen dabei zum einen in ihrer Rolle als Arbeitssubjekte spätmoderner Wissens- und Dienstleistungsökonomien (vgl. auch Meister 2022) und damit verknüpfter typischer Herausforderungen (zum Beispiel Selbstmotivation) und Belastungen (zum Beispiel Stress, Unsicherheit). Zum anderen ist die subjektive Adressierung über ein Nebeneinander von emotionaler Not und Glücksimperativ typisch für Mood-Tracking-Apps: Mehr über die eigenen Gefühle erfahren zu wollen kann gleichermaßen den Ausgangspunkt der Nutzung bilden wie der drängende Wunsch, psychische Krankheit und Leid zu bewältigen, oder schlicht Optimierungspotenziale zur Steigerung des Wohlbefindens freizulegen. In Mood-Tracking-Apps als einem typischen Phänomen zunehmender gesellschaftlicher Emotionalisierung artikuliert sich also nicht nur eine besondere Wertschätzung für Gefühle. Die Programme zielen vielmehr darauf,

Gefühle als Quelle von Gesundheit, Glück und Erfolg einer umfassenden *Optimierung* zuzuführen. Die im Mood Tracking als Handlungslogik angelegte emotionale Selbstoptimierung trägt dabei neben ihrem charakteristischen instrumentellen Selbstbezug allerdings auch – und das sollte nicht übersehen werden – die emanzipatorischen Bedeutungsgehalte emotionalen Empowerments, aus eigener Kraft ein besseres Leben erreichen zu können.

Schließlich – und wesentlich – fungieren im Mood Tracking, *drittens*, nicht irgendwelche, sondern spezifische Strategien emotionaler Selbstbeobachtung und Selbsttransformation als Techniken emotionaler Subjektivierung. Hinsichtlich der Art der Quantifizierung von Gefühlen lassen sich grundsätzlich zwei Programmtypen unterscheiden: Der aktuell vorherrschende Typus von Programmen beruht auf Selbstauskünften und leitet die emotionale Selbstbeobachtung in standardisierter Weise an. Ein sich gegenwärtig noch in der Minderzahl befindlicher Typus von App-Sensor-Kombinationen erhebt hingegen den Anspruch, Gefühle automatisch, das heißt ohne jegliche Interpretationsleistungen des fühlenden Subjekts, anhand verschiedener körperlicher Parameter auszuwerten. Die beiden Programmtypen bewegen sich also zwischen einer Kognitivierung und einer Biologisierung von Gefühlen, beruhen also jeweils auf unterschiedlich vereinseitigten Verständnissen von Emotionen. Beide versehen die Gefühlswelt ihrer Nutzer:innen jeweils mit einer neuen Repräsentation, erzeugen spezifische Gefühls*an*sichten und –*ein*sichten, aus denen Nutzer:innen einerseits selbst Ansatzpunkte für die Verbesserung ihrer emotionalen Befindlichkeit ableiten sollen; andererseits werden sie von den Programmen als neuen Instanzen der „Gefühlsbildung" (Röttger-Rössler 2019) auch gezielt darin angeleitet, konkrete in der aktuellen Selbsthilfekultur insgesamt populäre Techniken emotionaler Selbsttransformation zu erlernen (zum Beispiel Dankbarkeitstagebücher oder Achtsamkeitsmeditation). Im Gegensatz etwa zu Emotionsratgebern werden diese Techniken von den Apps allerdings bedarfsgerecht vorgeschlagen und interaktiv vermittelt. Gefühle erfahren im Mood Tracking also eine umfassende *Technisierung*. Emotionen werden nicht nur zu Gegenständen technischer Artefakte und in die In- und Outputlogik spezifischer Messanordnungen übersetzt. Vielmehr werden Gefühle insgesamt als technische Angelegenheit begriffen – als etwas, dem mit den ‚richtigen' Techniken der Beobachtung und Steuerung beizukommen sei. Die Analyse von Mood-Tracking-Apps verdeutlicht also die Notwendigkeit, zeitgenössische (emotionale) Subjektivierungsprozesse auch in ihrer materiellen und technischen Dimension in den Blick zu nehmen.

5 Schluss: Potenziale und Implikationen der subjektivierungstheoretischen Perspektive für die emotionssoziologische Forschung

Zusammenfassend unterstreicht die subjektivierungstheoretische Perspektive die Historizität und Prozessualität der Art und Weise, wie sozial und kulturell spezifisch situierte Subjekte sich selbst und ihre Gefühle zu begreifen und zu kultivieren lernen. Ihr Blickwinkel auf den immer schon ‚gewordenen' Charakter menschlicher Gefühlswelten macht zudem klar, dass den primären Fokus soziologischer Emotionsforschung gar nicht so sehr Gefühle ‚an sich' bilden, sondern das soziologische Studium von Emotionen vielmehr notwendig ein Studium der Netzwerke von Praktiken und Diskursen sowie kultureller Programme und Techniken impliziert, welche emotionales Leben zu einem bestimmten Zeitpunkt in Raum und Zeit konstituieren und durch die Subjekte ihre spezifische kulturelle Form erhalten. Die Subjektivierungstheorie stellt dafür sowohl eine umfassende theoretische Fundierung als auch einen heuristischen Werkzeugkasten zur Verfügung und regt dazu an, Prozesse emotionaler Subjekt-Werdung in ihren unterschiedlichen Dimensionen und Verflechtungszusammenhängen empirisch zu untersuchen.

Schließlich kommt der subjektivierungstheoretischen Perspektive aber nicht zuletzt auch deswegen herausgehobene Bedeutung zu, weil Emotionen, wie dargelegt wurde, zu *den* definierenden Merkmalen spätmoderner Subjektivität gehören. Die aktuelle Relevanz der subjektivierungstheoretischen Perspektive liegt also auch in ihrem *spezifischen* Wert für die Analyse spätmoderner Emotionskulturen. In dem Maße also, in dem Gefühle in westlichen Gegenwartsgesellschaften zu moralischen Ressourcen und zentralen Prüfsteinen geworden sind, anhand derer Subjekte sich selbst verstehen und ihre Lebenswelt beurteilen, hat auch die Subjektivierungstheorie an Gewicht für die emotionssoziologische Forschung gewonnen.

Literatur

Ahmed, Sara (2010). *The Promise of Happiness*. Durham: Duke University Press.

Alkemeyer, Thomas/Budde, Gunilla & Freist, Dagmar (Hrsg.) (2013). *Selbst-Bildungen. Soziale und kulturelle Praktiken der Subjektivierung*. Bielefeld: transcript.

Angerer, Marie-Luise & Bösel, Bernd (2016). „Total Affect Control. Or: Who's Afraid of a Pleasing Little Sister?", in: *Digital Culture and Society* 2(1), S. 41–52.

Bähr, Andreas (2019). „Historische Gefühlskulturen", in: H. Kappelhoff/J. H. Bakels & H. Lehmann (Hrsg.), *Emotionen. Ein interdisziplinäres Handbuch*. Berlin: J.B. Metzler Verlag, S. 299–311.

Bauman, Zygmunt (1990). „Modernity and Ambivalence“, in: *Theory, Culture & Society* 7(2–3), S. 143–169.

Bauman, Zygmunt (2000). *Liquid Modernity*. Cambridge: Polity Press.

Beatty, Andrew (2013). „Current Emotion Research in Anthropology: Reporting the Field“, in: *Emotion Review* 5(4), S. 414–422.

Beck, Ulrich & Beck-Gernsheim, Elisabeth (1994). *Riskante Freiheiten. Individualisierung in modernen Gesellschaften*. Frankfurt am Main: Suhrkamp.

Becker, Patrick (2009). „What Makes us Modern(s)? The Place of Emotions in Contemporary Society“, in: D. Hopkins/J. Kleres/H. Flam & H. Kuzmics (Hrsg.), *Theorizing Emotions. Sociological Explorations and Applications*. Frankfurt, New York: Campus, S. 195–220.

Bergold-Caldwell, Denise (2020). *Schwarze Weiblich*keiten. Intersektionale Perspektiven auf Bildungs- und Subjektivierungsprozesse*. Bielefeld: transcript.

Boltanski, Luc & Chiapello, Ève (2003). *Der neue Geist des Kapitalismus*. Konstanz: UVK.

Bosančić, Saša/Pfahl, Lisa & Traue, Boris (2019). „Empirische Subjektivierungsanalyse: Entwicklung des Forschungsfeldes und methodische Maximen der Subjektivierungsforschung“, in: S. Bosančić & R. Keller (Hrsg.), *Diskursive Konstruktionen. Kritik, Materialität und Subjektivierung in der wissenssoziologischen Diskursforschung*. Wiesbaden: Springer VS, S. 135–150.

Bröckling, Ulrich (2007). *Das unternehmerische Selbst. Soziologie einer Subjektivierungsform*. Frankfurt am Main: Suhrkamp.

Bröckling, Ulrich/Krasmann, Susanne & Lemke, Thomas (Hrsg.) (2000). *Gouvernementalität der Gegenwart. Studien zur Ökonomisierung des Sozialen*. Frankfurt am Main: Suhrkamp.

Butler, Judith (2001). *Psyche der Macht. Das Subjekt der Unterwerfung*. Frankfurt am Main: Suhrkamp.

Cabanas, Edgar & Illouz, Eva (2019). *Das Glücksdiktat. Und wie es unser Leben beherrscht*. Berlin: Suhrkamp.

Davies, William (2015). *The Happiness Industry. How the Government and Big Business Sold Us Well-Being*. London/New York: Verso.

Delhey, Jan & Schneickert, Christian (2022). „Aufstieg, Fall oder Wandel der Erlebnisorientierung? Eine Positionsbestimmung nach 30 Jahren Erlebnisgesellschaft“, in: *Zeitschrift für Soziologie* 51(2), S. 114–130.

Duttweiler, Stefanie (2007). *Sein Glück machen. Arbeit am Glück als neoliberale Regierungstechnologie*. Konstanz: UVK.

Duttweiler, Stefanie & Passoth, Jan-Hendrik (2016). „Self-Tracking als Optimierungsprojekt?“, in: S. Duttweiler/R. Gugutzer/J. H. Passoth & J. Strübing (Hrsg.), *Leben nach Zahlen. Self-Tracking als Optimierungsprojekt?* Bielefeld: transcript, S. 9–42.

Ehrenberg, Alain (2004 [1998]). *Das erschöpfte Selbst. Depression und Gesellschaft in der Gegenwart*. Frankfurt am Main/New York: Campus.

Eitler, Pascal & Elberfeld, Jens (Hrsg.) (2015). *Zeitgeschichte des Selbst. Therapeutisierung – Politisierung – Emotionalisierung*. Bielefeld: transcript.

Elias, Norbert (1979 [1939]). *Über den Prozess der Zivilisation. Soziogenetische und psychogenetische Untersuchungen*. Frankfurt am Main: Suhrkamp.

Flam, Helena (2013). „Mit groben Pinselstrichen über den Emotional Turn“, in: *Berliner Debatte Initial* 24(3), S. 5–14.

Flam, Helena & King, Debra (Hrsg.) (2005). *Emotions and Social Movements*. London: Routledge.

Foucault, Michel (1993 [1988]). „Technologien des Selbst“, in: L. H. Martin/H. Gutman & P. H. Hutton (Hrsg.), *Technologien des Selbst*. Frankfurt am Main: Fischer, S. 24–62.

Furedi, Frank (2004). *Therapy Culture. Cultivating Vulnerability in an Uncertain Age*. London: Routledge.

Garcia, Tristan (2017). *Das intensive Leben. Eine moderne Obsession*. Berlin: Suhrkamp.

Geimer, Alexander/Amling, Steffen & Bosančić, Sasa (2019). *Subjekt und Subjektivierung. Empirische und Theoretische Perspektiven auf Subjektivierungsprozesse*. Wiesbaden: Springer.

Gelhard, Andreas/Alkemeyer, Thomas & Ricken, Norbert (Hrsg.) (2013). *Techniken der Subjektivierung*. München: Fink.

Giddens, Anthony (1992). *The Transformation of Intimacy. Sexuality, Love and Eroticism in Modern Societies*. Cambridge: Polity Press.

Hahn, Alois (1982). „Zur Soziologie der Beichte und anderer Formen institutionalisierter Bekenntnisse. Selbstthematisierung und Zivilisationsprozess", in: *Kölner Zeitschrift für Soziologie und Sozialpsychologie* 34(3), S. 407–434.

Heavey, Christopher L./Lefforge, Noelle L./Lapping-Carr, Leiszle & Hurlburt, Russell T. (2017). „Mixed Emotions. Toward a Phenomenology of Blended and Multiple Feelings", in: *Emotion Review* 9(2), S. 105–110.

Hochschild, Arlie R. (1979). „Emotion Work, Feeling Rules, and Social Structure", in: *American Journal of Sociology* 85(3), S. 551–575.

Hochschild, Arlie R. (1983). *The Managed Heart. The Commercialization of Human Feelings*. Berkeley, Los Angeles/London: University of California Press.

Honneth, Axel (2002). „Organisierte Selbstverwirklichung. Paradoxien der Individualisierung", in: A. Honneth (Hrsg.), *Befreiung aus der Mündigkeit. Paradoxien des gegenwärtigen Kapitalismus*. Frankfurt am Main/New York: Campus, S. 141–158.

Honneth, Axel/Maiwald, Kai-Olaf/Speck, Sarah & Trautmann, Felix (Hrsg.) (2022). *Normative Paradoxien. Verkehrungen des gesellschaftlichen Fortschritts*. Frankfurt/New York: Campus Verlag.

Illouz, Eva (2003a). *Oprah Winfrey and the Glamour of Misery. An Essay on Popular Culture*. New York: Columbia University Press.

Illouz, Eva (2003b). *Der Konsum der Romantik. Liebe und die kulturellen Widersprüche des Kapitalismus*. Frankfurt am Main/New York: Campus.

Illouz, Eva (2006). *Gefühle in Zeiten des Kapitalismus. Adorno-Vorlesungen 2004*. Frankfurt am Main: Suhrkamp.

Illouz, Eva (2009). *Die Errettung der modernen Seele. Therapien, Gefühle und die Kultur der Selbsthilfe*. Frankfurt am Main: Suhrkamp.

Illouz, Eva (2012). *Warum Liebe weh tut. Eine soziologische Erklärung*. Berlin: Suhrkamp.

Illouz, Eva (Hrsg.) (2018a). *Wa(h)re Gefühle. Authentizität im Konsumkapitalismus*. Berlin: Suhrkamp.

Illouz, Eva (2018b). „Einleitung – Gefühle als Waren", in: E. Illouz (Hrsg.), *Wa(h)re Gefühle. Authentizität im Konsumkapitalismus*. Berlin: Suhrkamp, S. 13–48.

Illouz, Eva (2018c). *Warum Liebe endet. Eine Soziologie negativer Beziehungen*. Berlin: Suhrkamp.

Illouz, Eva/Gilon, Daniel & Shachak, Mattan (2014). „Emotions and Cultural Theory", in: J. E. Stets & J. H. Turner (Hrsg.), *Handbook of the Sociology of Emotions: Volume II*. Dordrecht: Springer, S. 221–244.

Inglehart, Ronald (1977). *The Silent Revolution. Changing Values and Political Styles among Western Publics*. Princeton, NJ: Princeton University Press.

Jochum, Georg/Jurczyk, Karin/Voß, Günter G. & Weihrich, Margit (Hrsg.) (2020). *Transformationen alltäglicher Lebensführung. Konzeptionelle und zeitdiagnostische Fragen*. Weinheim/Basel: Beltz Juventa.

Jurczyk, Karin & Rerrich, Maria S. (Hrsg.) (1993). *Die Arbeit des Alltags. Beiträge zu einer Soziologie der alltäglichen Lebensführung*. Freiburg im Breisgau: Lambertus-Verl.

Kleres, Jochen & Albrecht, Yvonne (Hrsg.) (2015). *Die Ambivalenz der Gefühle. Über die verbindende und widersprüchliche Sozialität von Emotionen*. Wiesbaden: Springer VS.

Lupton, Deborah (1998). *The Emotional Self. A Sociocultural Exploration*. London, Thousand Oaks: Sage.

Lupton, Deborah (2016). *The Quantified Self*. Cambridge: Polity Press.

Mau, Steffen & Gülzau, Fabian (2020): „Selbstoptimierung, Selbstverwirklichung, investive Statusarbeit", in: *Zeitschrift für Pädagogik* 66(1), S. 29–35.

McCarthy, Doyle E. (1989). „Emotions Are Social Things. An Essay in the Sociology of Emotions", in: D. D. Franks & E. D. McCarthy (Hrsg.), *The Sociology of Emotions. Original Essays and Research Papers*. Greenwich, Conn: JAI Press, S. 51–72.

McCarthy, E. Doyle (2009). „Emotional Performances as Dramas of Authenticity", in: P. Vannini & P. Williams (Hrsg.), *Authenticity in Culture, Self, and Society*. London: Ashgate Publishing, S. 241–255.

McCarthy, E. Doyle (2017). *Emotional Lives. Dramas of Identity in an Age of Mass Media*. Cambridge: Cambridge University Press.

Meister, Moritz (2022): „Corporate Mood Tracking. Emotionale Selbstvermessung am Arbeitsplatz", in: *AugenBlick. Konstanzer Hefte zur Medienwissenschaft* 85(3), S. 55–70.

Mendonca, Dina (2013). „Emotions about Emotions", in: *Emotion Review* 5(4), S. 390–396.

Mixa, Elisabeth/Pritz, Sarah Miriam/Tumeltshammer, Markus & Greco, Monica (Hrsg.) (2016). *Un-Wohl -Gefühle. Eine Kulturanalyse gegenwärtiger Befindlichkeiten*. Bielefeld: transcript.

Mühlhoff, Rainer/Breljak, Anja & Slaby, Jan (Hrsg.) (2019). *Affekt Macht Netz. Auf dem Weg zu einer Sozialtheorie der Digitalen Gesellschaft*. Bielefeld: transcript.

Neckel, Sighard (2005): „Emotion by Design. Das Selbstmanagement der Gefühle als kulturelles Programm", in: *Berliner Journal für Soziologie* 15(3), S. 419–430.

Neckel, Sighard (2014): „Emotionale Reflexivität – Paradoxien der Emotionalisierung", in: T. Fehmel/ S. Lessenich & J. Preunkert (Hrsg.), *Systemzwang und Akteurswissen. Theorie und Empirie von Autonomiegewinnen*. Frankfurt am Main/New York: Campus, S. 117–132.

Neckel, Sighard & Pritz, Sarah Miriam (2019). „Emotion aus kultursoziologischer Perspektive", in: S. Moebius/F. Nungesser & K. Scherke (Hrsg.), *Handbuch Kultursoziologie. Band 2: Theorien – Methoden – Felder*. Wiesbaden: Springer VS, S. 305–317.

Neckel, Sighard & Wagner, Greta (Hrsg.) (2013). *Leistung und Erschöpfung. Burnout in der Wettbewerbsgesellschaft*. Berlin: Suhrkamp.

Neumann, Benjamin (2016). „Subjekt und Sozialstruktur", in: N. Burzan/R. Hitzler & H. Kirschner (Hrsg.), *Materiale Analysen. Methodenfragen in Projekten*. Wiesbaden: Springer VS, S. 325–345.

Papacharissi, Zizi (2015). *Affective Publics. Sentiment, Technology, and Politics*. Oxford: Oxford University Press.

Pritz, Sarah Miriam (2016). „Mood Tracking. Zur digitalen Selbstvermessung der Gefühle", in: S. Selke (Hrsg.), *Lifelogging. Digitale Selbstvermessung und Lebensprotokollierung zwischen disruptiver Technologie und kulturellem Wandel*. Wiesbaden: Springer VS, S. 127–150.

Pritz, Sarah Miriam (2018). „Subjektivierung von Nachhaltigkeit", in: S. Neckel/N. Besedovsky/M. Boddenberg/M. Hasenfratz/S. M. Pritz & T. Wiegand (Hrsg.), *Die Gesellschaft der Nachhaltigkeit – Umrisse eines Forschungsprogramms*. Bielefeld: transcript, S. 77–100.

Pritz, Sarah Miriam (2024, im Erscheinen). *Gefühlstechniken. Eine Soziologie emotionaler Selbstvermessung*. Wiesbaden: Springer VS (Frankfurter Beiträge zur Soziologie und Sozialpsychologie).

Rammert, Werner & Schulz-Schaeffer, Ingo (2002). „Technik und Handeln. Wenn soziales Handeln sich auf menschliches Verhalten und technische Abläufe verteilt", in: W. Rammert & I. Schulz-Schaeffer (Hrsg.), *Können Maschinen handeln? Soziologische Beiträge zum Verhältnis von Mensch und Technik*. Frankfurt am Main: Campus, S. 11–64.

Reckwitz, Andreas (2011). „Habitus oder Subjektivierung? Subjektanalyse nach Bourdieu und Foucault", in: S. Prinz/H. Schäfer & D. Šuber (Hrsg.), *Pierre Bourdieu und die Kulturwissenschaften. Zur Aktualität eines undisziplinierten Denkens*. Berlin: UVK, S. 41–62.

Reckwitz, Andreas (2016). „Doing subjects. Die praxeologische Analyse von Subjektivierungsformen", in: A. Reckwitz, *Kreativität und soziale Praxis. Studien zur Sozial- und Gesellschaftstheorie*. Bielefeld: transcript, 67–81.

Reckwitz, Andreas (2017a). „Subjektivierung", in: R. Gugutzer/G. Klein & M. Meuser (Hrsg.), *Handbuch Körpersoziologie. Band 1: Grundbegriffe und theoretische Perspektiven*. Wiesbaden: Springer VS, S. 125–130.

Reckwitz, Andreas (2017b). *Die Gesellschaft der Singularitäten. Zum Strukturwandel der Moderne*. Berlin: Suhrkamp.

Reckwitz, Andreas (2019). „Erschöpfte Selbstverwirklichung. Das spätmoderne Individuum und die Paradoxien seiner Emotionskultur", in: A. Reckwitz, *Das Ende der Illusionen. Politik, Ökonomie und Kultur in der Spätmoderne*. Berlin: Suhrkamp, S. 203–238.

Reckwitz, Andreas (2021). *Subjekt*. Bielefeld: UTB.

Reichardt, Sven (2014). *Authentizität und Gemeinschaft. Linksalternatives Leben in den siebziger und frühen achtziger Jahren*. Berlin: Suhrkamp.

Rettberg, Jill Walker (2018). „Self-Representation in Social Media", in: J. Burgess/A. E. Marwick & T. Poell (Hrsg.), *The SAGE Handbook of Social Media*. Los Angeles: Sage, S. 429–443.

Röcke, Anja (2021). *Soziologie der Selbstoptimierung*. Berlin: Suhrkamp.

Rose, Nikolas (1996). *Inventing Our Selves. Psychology, Power and Personhood*. Cambridge: Cambridge University Press.

Rose, Nikolas S. (1999). *Governing the Soul. The Shaping of the Private Self*. London/New York: Routledge.

Rose, Nikolas (2008). „Disorders without Borders. The Expanding Scope of Psychiatric Pratice", in: M. Greco & P. Stenner (Hrsg.), *Emotions. A Social Science Reader*. London: Routledge, S. 246–257.

Röttger-Rössler, Birgitt (2019). „Gefühlsbildung", in: H. Kappelhoff/J. H. Bakels & H. Lehmann (Hrsg.), *Emotionen. Ein interdisziplinäres Handbuch*. Berlin: J.B. Metzler Verlag, S. 312–318.

Sauerborn, Elgen/Sökefeld, Nina & Neckel, Sighard (2022). „Paradoxes of Mindfulness: The Specious Promises of a Contemporary Practice", in: *The Sociological Review* 70(5), S. 1044–1061.

Schmidt, Jacob (2020). *Achtsamkeit als kulturelle Praxis. Zu den Selbst-Welt-Modellen eines populären Phänomens*. Bielefeld: transcript.

Schulze, Gerhard (1992). *Die Erlebnisgesellschaft: Kultursoziologie der Gegenwart*. Frankfurt am Main: Campus.

Selke, Stefan (Hrsg.) (2016a). *Lifelogging. Digitale Selbstvermessung und Lebensprotokollierung zwischen disruptiver Technologie und kulturellem Wandel*. Wiesbaden: Springer VS.

Selke, Stefan (Hrsg.) (2016b). *Lifelogging. Digital Self-Tracking and Lifelogging – between Disruptive Technology and Cultural Transformation*. Wiesbaden: Springer VS.

Traue, Boris (2010). *Das Subjekt der Beratung. Zur Soziologie einer Psycho-Technik*. Bielefeld: transcript.

Wagner, Elke (2019). *Intimisierte Öffentlichkeiten. Pöbeleien, Shitstorms und Emotionen auf Facebook*. Bielefeld: transcript.

Wahl-Jorgensen, Karin (2018). *Emotions, Media and Politics*. Cambridge: Polity Press.

Watson, Sean (1999). „Policing the Affective Society: Beyond Governmentality in the Theory of Social Control", in: *Social and Legal Studies* 8(2), S. 227–251.

Zink, Veronika (2013). „Prekäre Gefühle. Die Wirklichkeit der Innerlichkeit", in: *Berliner Debatte Initial* 24(3), S. 65–76.

III Distinkte Gefühle: Emotionen und ihre soziale Funktion

Neben der Auseinandersetzung mit den Gefühlskulturen einzelner Praxisfelder bildet die soziologische Untersuchung der Spezifik des Fühlens ein Charakteristikum der Emotionssoziologie. Die Beschäftigung mit einzelnen Emotionen und affektiven Haltungen steht hier im Zentrum. Gefühle werden somit nicht nur als soziale Medien unterschiedlicher sozialer Arenen betrachtet, sondern selbst als distinkte Phänomene beobachtet, die auf ihre gesellschaftlich-geschichtliche Gemachtheit hin untersucht werden, in ihrer kulturellen Eigenheit zu verstehen sind und auf ihre soziale Signifikanz hin befragt werden können. Die spezielle Art und Weise, wie sich eine Emotion anfühlt, der Ausdruck, den wir einzelnen Gefühlen verleihen, wie auch die Handlungstendenzen, die diese Gefühlserfahrungen in uns freisetzen, sind, so eine zentrale Annahme, sozial geprägt und zeitigen wiederum soziale Effekte. Kurzum: Distinkte Emotionen konturieren kulturell prävalente Vorstellungen von Gesellschaft.

Im Sinne der Phänomenorientierung werden im folgenden Teil schlaglichtartig und in Form von kurzen Handbuch-Beiträgen einzelne Emotionen beziehungsweise affektive Zustände und emotionale Stile in ihrer gesellschaftlichen Bedeutung besprochen und auf ‚verwandte Gefühle' weiterführend hingewiesen. Ziel der Beiträge ist es, den phänomenalen Charakter und die qualitative Eigenwertigkeit distinkter Gefühle zu soziologisieren, das heißt diese knapp zu historisieren und vor allem in ihrer sozialen Funktion zu beleuchten. Die Besprechungen dieser Emotionen als soziale Formen soll prismatisch auf klassische Topoi der Soziologie verweisen, im Besonderen auf die folgenden soziologischen Kernbegriffe: Soziale Ungleichheit (Neid), Status und Sozialstruktur (Scham), Macht und Herrschaftsbeziehungen (Verehrung und Hingabe), Gerechtigkeit (Empörung), Integration und Zusammenhalt (Solidarität), Exklusion (Hass), Anomie (Angst), Relationalität und soziale Wechselwirkungen (Taktgefühl) wie auch gesellschaftliche Steuerungskrisen (*Green Emotions*). Die Auswahl der Beiträge orientiert sich folglich an der sozial strukturierenden Bedeutung einzelner Gefühle, mit dem Ziel, über die Analyse dieser affektiven Phänomene beispielhaft auf die Potenz der Erforschung von Emotionen für die Gesellschaftsdiagnose und für die soziologische Theoriebildung aufmerksam zu machen.

https://doi.org/10.1515/9783110589214-013

Sighard Neckel

11 Subordinatives Fühlen: Scham

Die Soziologie der Scham befasst sich mit der Bedeutung jener Gefühle, die im Alltagsleben als emotionale Dokumente sozialer Geringschätzung und eines niedrigen Selbstwertgefühles entstehen, sowie mit der Praxis von Beschämungen als Techniken der Macht in gesellschaftlichen Statuskämpfen. Hierzu wird in analytischer Perspektive zum einen nach den gesellschaftlichen Anlässen und Ursachen von Scham und Beschämung gefragt – den Regeln von Abwertungen in sozialen Interaktionen ebenso wie in der Statusverteilung. Zum anderen werden die Wirkungen rekonstruiert, die Scham und Beschämung auf soziale Prozesse ausüben, und hierbei insbesondere auf interaktive Machtrelationen und die Reproduktion symbolischer Ungleichheitsmuster (Neckel 1991).

Ausgangspunkt soziologischer Analysen zur Scham sind zumeist evolutionstheoretische, psychoanalytische oder kulturanthropologische Sichtweisen auf dieses Gefühl. Schon Charles Darwin (1872) hat Scham als die menschlichste – und damit auch die sozialste – aller Emotionen beschrieben, da das für Schamgefühle charakteristische Erröten nur beim Menschen über innerpsychische Prozesse ausgelöst wird, die auf das eigene Selbst in den Augen anderer gerichtet sind. Die universelle menschliche Eigenschaft, sich selbst aus der Perspektive anderer bewerten zu können, wird stets durch kulturelle Muster überformt, die sich in historisch und gesellschaftlich variablen Normen und Identitätsbildern verkörpern. Der jeweilige soziale Gehalt von Scham ist demgemäß in den unterschiedlichen Bewertungen zu finden, die sich Akteure in ihren Interaktionen wechselseitig signalisieren. Scham basiert auf negativen Urteilen über die Art des eigenen Seins, die sowohl von Akteuren über sich selbst gefällt werden können als auch durch Dritte an sie herangetragen werden. Als leibliches Erleben ist Scham von dem Impuls getragen, sich zu verbergen und sich unter den Blicken anderer nach unten zu beugen. Das Bedeutungsvermögen des menschlichen Körpers signalisiert Eingeständnis und Unterwerfung (vgl. Sartre 1962: 345 ff.; Merleau-Ponty 1966: 199 ff.).

Scham stellt sich somit als ein Wertgefühl dar, das signalisiert, ob und in welchem Ausmaß Akteure sich in ihrem Wertbewusstsein bedroht sehen. Der Bezugspunkt dieses Wertgefühls liegt im Selbstbild, das Akteure von sich haben. Ist dieses Selbstbild bedroht oder wird es in seinem Wert herabgesetzt, reagieren sie darauf typischerweise mit der Empfindung von Scham. Sigmund Freud (1979: 112) hat diesen Ursprung von Scham als „soziale Angst" bezeichnet, die aus der Furcht vor dem Ausschluss aus dem Gruppenleben entsteht. Entsprechend analysiert die moderne Emotionssoziologie Scham als eine Reaktionsweise auf Situationen, in denen Akteure befürchten, ihre sozialen Bindungen zu verlieren (Scheff 2000). Da

https://doi.org/10.1515/9783110589214-014

Scham wie kaum ein anderes Gefühl mit den sozialen Bindungen im menschlichen Zusammenleben verwoben ist, gilt sie in soziologischer Hinsicht auch als „master emotion of everyday life" (Scheff 2003: 254).

Entscheidend für die Entstehung von Scham sind negative Bewertungen des eigenen Selbst, gleichgültig ob diese Bewertungen nur vorgestellt sind oder sich tatsächlich eingestellt haben. Anlass hierfür ist zumeist das Verfehlen von Normen, die zum Bestandteil des eigenen Selbstbildes gehören und deren Einhaltung Personen selbst für erstrebenswert halten. Unterbietet man die Erwartungen, die andere auf einen richten, meldet sich Schamangst als ein affektives Warnsignal, das die Gefahr anzeigt, bei anderen Achtung zu verlieren. Scham tritt dann als ein Gefühl der Bloßstellung auf und ist mit der Angst vor dem Achtungsverlust in den Augen Dritter verbunden (Neckel 1993). „The fear of being shamed" (Riesman 1961: 24) wirkt daher ebenso als Unterpfand sozialer Konformität (Scheff 1988) wie Beschämungen das wirksamste Mittel einer informellen sozialen Kontrolle sind (Neckel 1991: 212 ff.).

Schamgefühle entstehen unter dem Blick realer oder vorgestellter Dritter, die etwas an Akteuren bemerken könnten, was diese gerne verbergen möchten, und die daraus möglicherweise ein negatives Bild von ihnen gewinnen (vgl. auch zum Taktgefühl Schützeichel, Kapitel 19). Nicht der Normenverstoß selbst also mobilisiert die Scham, sondern die Vorstellung, dass andere von ihm wissen. Dies unterscheidet die Scham vom Schuldgefühl, zu dem sie sich aufgrund der gemeinsamen Verankerung im Verfehlen von Normen unweigerlich in nächster Nähe befindet. Schuld ist das Gefühl, durch eigenes Handeln die Verletzung einer Norm verantwortet zu haben – Scham jenes, in seiner Integrität beschädigt zu sein (Lewis 1987). Schuld entsteht in der Übertretung von Verboten, Scham im Verfehlen eigener Ideale, in der Kluft zwischen dem realen und dem idealen Selbst (Piers & Singer 1971). Moralische Normverstöße führen zur „Gewissensangst" (Freud 1979: 114), wohingegen die soziale Angst der Scham aus der Furcht vor der Entdeckung durch andere resultiert.

Scham und Schuld, Gewissensangst und soziale Angst (vgl. auch Dehne, Kapitel 17) lassen sich empirisch jedoch nicht scharf voneinander trennen und treten in modernen Gesellschaften zumeist in Mischformen auf (Teroni & Deonna 2008). Dennoch ist es soziologisch ratsam, analytisch zwischen beiden Variationen von Scham zu unterscheiden, also zwischen jenen, die vorwiegend auf ethisch-moralischen Bewertungen beruhen und solchen, die konventionelle Normen und entsprechende Erwartungshaltungen zum Gegenstand haben. Die Differenzierung von moralischer und sozialer Scham erlaubt es, gerade auch solche Akte der Herabsetzung soziologisch zu inspizieren, bei denen die Beschädigung des Wertbewusstseins von Akteuren nicht aus einer moralischen Verfehlung resultiert, sondern aus dem Makel, Mangel, Versagen oder der Unzulänglichkeit, den sie in den Augen Dritter hinsichtlich der Erfüllung gesellschaftlicher Konventionen und Statusnormen dokumentieren (vgl. Neckel 1993: 248 ff., 2020: 44 ff.).

Indem Scham auf Akten der Abwertung beruht, kann sie als eine Emotion gelten, die an der Schnittstelle von Individuum und sozialer Struktur angesiedelt ist. Im Gefühl einer sozialen Scham nehmen Akteure jenen Ausschnitt ihrer Wirklichkeit wahr, der durch Hierarchien in der sozialen Wertschätzung, durch die ungleiche Verteilung von materiellen Ressourcen, Macht und symbolischer Anerkennung gekennzeichnet ist, mithin durch die Statusordnung einer Gesellschaft. Behavioristische Emotionstheorien betrachten denn auch die wechselnden Positionen von Akteuren in Macht- und Statuskonfigurationen als ursächliche Auslöser für emotionale Erregungszustände, wobei Scham immer dann auftreten soll, wenn ein Akteur mit exzessiven Status- und Machtansprüchen ihm gegenüber konfrontiert wird, für die er sich selbst verantwortlich macht (Kemper 2006). Die Erfahrung einer starken Ablehnung durch andere, die man sich selbst eingestehen muss, kann Scham-Wut-Spiralen auslösen, bei denen die Scham über die eigene Scham eine mobilisierende Rolle spielt (Scheff & Retzinger 1991).

Anlässe sozialer Scham sind solche, in denen gesellschaftliche Statusunterschiede als Defizite in der Wertigkeit von Personen, Gruppen oder Klassen dargestellt werden. Strategien der Auslösung von Scham – der Beschämung – dienen dann dazu, soziale Abgrenzungen zu vollziehen, um Status- und Machtunterschiede symbolisch zu befestigen oder informell erst herstellen zu können.

In der emotionssoziologischen Theoriegeschichte werden unterschiedliche historische Formen und gesellschaftliche Konstellationen von Scham untersucht. Konzeptionell sind hierbei vor allem die grundlegenden Analysen von Georg Simmel und Norbert Elias von Interesse. Während Scham mikrosoziologisch mit Simmel als „Riß zwischen der Norm der Persönlichkeit und ihrer momentanen Verfassung" (1983 [1901]: 142) verstanden werden kann, als emotionale Folge der gleichzeitigen „Exaggeration des Ich" und seiner Herabsetzung (1983 [1901]: 142), lässt sich mit der Zivilisationstheorie von Elias (1979 [1939]) der gesellschaftliche Wandel im Aufbau von Schamgefühlen makrosoziologisch nachvollziehen. Elias versteht Emotionen wie Scham als Resultate historisch variabler Selbstregulationen. Der Prozess der Zivilisation ist demnach durch die Ausbreitung von Selbstzwängen charakterisiert, die das affektive Handeln zunehmend in gesellschaftliche Schranken verweisen. Die zentrale These lautet hierbei, dass zwischen den sozialen Verflechtungsordnungen und dem menschlichen Affektaufbau ein starker Zusammenhang besteht. Die sich ausbreitende Arbeitsteilung, die Verlängerung der Handlungsketten und die Intensivierung von Machtkonkurrenzen bewirkten einen Wandel gesellschaftlicher Interdependenzen, in dessen Folge Menschen immer stärker in gegenseitige Abhängigkeiten geraten. Dies übe einen beständigen Zwang auf Akteure aus, ihre Affekte zu dämpfen, wodurch sich Fremdzwänge in Selbstzwänge verwandeln. Der wichtigste Ausdruck hiervon ist nach Elias das „Vorrücken der Scham- und Peinlichkeitsschwellen“ (Elias 1979 [1939]: 89). Die Angst vor der Übertretung gesellschaftlicher Verbote erhalte nunmehr den Charakter einer inneren Scham.

Die Elias’sche Perspektive einer Korrespondenz von Schamgefühlen und Gesellschaftsaufbau ist für die Soziologie von grundlegender Relevanz, weist aber auch bestimmte Grenzen auf. Bei seiner soziogenetischen Erklärung der sozialen Ursachen von Scham schließt er in nicht-zivilisierten Gesellschaften die Verinnerlichung von Normen aus, statt nach den variablen Inhalten von Normen zu fragen, die jeweils verinnerlicht werden. So kommt Elias schließlich dahin, eine evolutionäre Tendenz zu behaupten, in der „einfache Gesellschaften“ als verhältnismäßig „schamlos“ charakterisiert werden, wohingegen der Zivilisationsprozess durch eine stetige Zunahme von Schamgefühlen gekennzeichnet sei. Diese Einschätzung hat vielfach Widerspruch in der kulturanthropologischen Forschung gefunden (vgl. Paul 2011; Lotter 2012). Demnach kann von einer linearen Zunahme von Scham- und Peinlichkeitsgefühlen im historischen Verlauf kaum die Rede sein. Vielmehr scheinen sich die Bezugspunkte von Scham selbst verändert zu haben, die in modernen Gesellschaften zunehmend durch die Normen der Individualität, der persönlichen Autonomie und durch das Streben nach „Distinktionsanerkennung“ (Todorov 1998: 98) gekennzeichnet sind, in anderen Gesellschaften hingegen stärker auf die unbedingte Konformität gegenüber der Gruppe ausgelegt sind.

Zudem spricht Elias rangspezifische Unterschiede von Scham nur in vorbürgerlichen Gesellschaften an, um für moderne Gesellschaften eine Gleichartigkeit der Scham zu behaupten. Wenn alle Akteure gleichermaßen ähnliche Schamgefühle internalisiert hätten und sich „richtiges“ Verhalten nicht mehr nach Maßgabe fester Rangordnungen unterscheide, sollen Scham und Beschämung keine sozialen Funktionen mehr für die Aufrechterhaltung von Macht- und Statusunterschieden besitzen. Doch bleiben Scham und Beschämung auch in modernen Gesellschaften an die jeweilige soziale Stellung gebunden und sind daher auch in der Gegenwart ein Ungleichheitsphänomen. An die Stelle der rechtlichen Privilegien ständischer Gesellschaften, die Statusmerkmale institutionell absicherten, setzen sich sozial distinkte Formen der Lebensführung, deren Praktiken mit gesellschaftlichen Prestigenormen mehr oder weniger konvergieren. Ein defizitärer Status wird auch in modernen Gesellschaften durch Schamgefühle sanktioniert, statusgebundene Scham ist auch in der Lebenswelt unserer Gegenwart präsent (vgl. Neckel 1991: 217 ff., 1993: 254 ff.).

Die neuere Emotionssoziologie legt hiervon ebenso ein beredtes Zeugnis ab wie die öffentliche Aufmerksamkeit, die Scham heute im Zusammenhang mit der sozialen Herkunft, bestimmten sozialen Praktiken, Lebenslagen oder Geschlechtsidentitäten findet. So fällt auf, dass soziale Scham insbesondere in der autobiografischen Literatur der Gegenwart ein vielfach verhandeltes Thema ist. Die Nobelpreisträgerin

Annie Ernaux (2020) berichtet von dem beharrlichen Gefühl der eigenen Unwürdigkeit aus ihren Kindheitserfahrungen heraus. Édouard Louis (2015) und Didier Eribon (2017) schildern die Scham von Aufsteigern aus einem Herkunftsmilieu, in dem sie zugleich sexuelle Außenseiter sind, während Christian Baron (2020) sich literarisch der Scham der Armut annimmt.

Armutsscham ist es auch, die in der soziologischen Forschung zuletzt verstärkte Beachtung gefunden hat (Walker 2014). Kulturvergleichende Studien haben dabei erstaunliche Befunde zur Gleichartigkeit von Beschämungsanlässen zutage gebracht, die überall in der Welt in der Erfahrung machtloser Abhängigkeit ausgemacht werden (Chase & Bantebya-Kyomuhendo 2014). Andere Studien befassen sich mit den Demütigungen, die Bedürftige im Zeitalter eines neoliberalen Kapitalismus erleben (O'Neil 2022; Salman 2023), und der anhaltenden Klassenscham in der heutigen Arbeiterschaft (Meier 2021). Während linke politische Strömungen versuchen, an die Stelle einer offen kommunizierten Sozialscham öffentlichen Respekt für Schlechtergestellte zu mobilisieren, bildet verdrängte Scham über den Wertverlust der eigenen sozialen Position den emotionalen Bezugspunkt rechtspopulistischer Mobilisierungen (Salmela & von Scheve 2018). Hier werden tiefsitzender Groll (Neckel 2021) und Gefühle der Verunsicherung in Hass auf Außengruppen übergeleitet. Beschämungen sind überdies ein Ausgangspunkt verschiedener Varianten von Identitätspolitik, durch die sich Scham in *Pride* verwandeln soll (Britt & Heise 2000; vgl. auch Sauer, Kapitel 6; Diefenbach, Kapitel 13). Aber auch Praktiken der Lebensführung und des Konsums, die eher mit etablierten Mittelschichten verbunden werden, stellen gesellschaftliche Beschämungsanlässe dar, und so hat sich die Emotionssoziologie etwa mit der Wirkungsweise von „Flugscham" befasst (Wolrath Söderberg & Wormbs 2019; vgl. auch Senge, Kapitel 18). Dies alles spricht dafür, dass Scham auch in modernen Gesellschaften der Gegenwart weit davon entfernt ist, ein „obsoletes Gefühl" (Raub 1997) geworden zu sein.

Literatur

Baron, Christian (2020). *Ein Mann seiner Klasse*. Berlin: Claassen.

Britt, Lory & Heise, David R. (2000). „From Shame to Pride in Identity Politics", in: S. Stryker, T. J. Owens & R. W. White (Hrsg.), *Self, Identity, and Social Movements*. Minneapolis: University of Minnesota Press, S. 252–268.

Chase, Elaine & Bantebya-Kyomuhendo, Grace (Hrsg.) (2014). *Poverty and Shame: Global Experiences*. Oxford: Oxford University Press.

Darwin, Charles (1872). *Der Ausdruck der Gemüthsbewegungen bei dem Menschen und den Thieren*. Stuttgart: Schweizerbart'sche Verlagshandlung (E. Koch).

Elias, Norbert (1979 [1939]). *Über den Prozeß der Zivilisation. Soziogenetische und psychogenetische Untersuchungen*. Band 1. Frankfurt am Main: Suhrkamp.

Eribon, Didier (2017). *Rückkehr nach Reims*. Berlin: Suhrkamp.

Ernaux, Annie (2020). *Die Scham*. Berlin: Suhrkamp.

Freud, Sigmund (1979 [1930]). *Das Unbehagen in der Kultur*. Frankfurt am Main: Fischer.

Kemper, Theodore D. (2006). „Power and Status and the Power-Status Theory of Emotions", in: J. E. Stets & J. H. Turner (Hrsg.), *Handbook of the Sociology of Emotions*. New York: Springer, S. 87–113.

Lewis, Helen B. (1987). „Introduction: Shame – the 'Sleeper' in Psychopathology", in: H. B. Lewis (Hrsg.), *The Role of Shame in Symptom Formation*. Hillsdale: Lawrence Erlbaum, S. 1–28.

Lotter, Maria-Sibylla (2012). *Scham, Schuld, Verantwortung. Über die kulturellen Grundlagen der Moral*. Frankfurt am Main: Suhrkamp.

Louis, Édouard (2015). *Das Ende von Eddy*. Frankfurt am Main: S. Fischer.

Meier, Lars (2021). *Working Class Experiences of Social Inequalities in (Post-) Industrial Landscapes. Feelings of Class*. Milton Park/New York: Routledge.

Merleau-Ponty, Maurice (1966). *Phänomenologie der Wahrnehmung*. Berlin: de Gruyter.

Neckel, Sighard (1991). *Status und Scham. Zur symbolischen Reproduktion sozialer Ungleichheit*. Frankfurt am Main: Campus.

Neckel, Sighard (1993). „Achtungsverlust und Scham. Die soziale Gestalt eines existentiellen Gefühls", in: H. Fink-Eitel & G. Lohmann (Hrsg.), *Zur Philosophie der Gefühle*. Frankfurt am Main: Suhrkamp, S. 244–265.

Neckel, Sighard (2020). „Sociology of Shame: Basic Theoretical Considerations", in: L. Frost, V. Magyar-Haas, H. Schoneville & A. Sicora (Hrsg.), *Shame and Social Work. Theory, Reflexivity and Practice*. Bristol: Policy Press, S. 39–54.

Neckel, Sighard (2021). „Eingesperrt: der Groll", in: *Merkur* 75(5), Nr. 864, S. 81–87.

O'Neil, Cathy (2022). *The Shame Machine. Who Profits in the New Age of Humiliation*, New York: Crown.

Paul, Axel T. (2011). „Die Gewalt der Scham. Elias, Duerr und das Problem der Historizität menschlicher Gefühle", in: M. Bauks & M. F. Meyer (Hrsg.), *Zur Kulturgeschichte der Scham*. Hamburg: Meiner, S. 195–216.

Piers, Gerhart & Singer, Milton B. (1971). *Shame and Guilt. A Psychoanalytic and a Cultural Study*, New York: Norton.

Raub, Michael (1997). „Scham: ein obsoletes Gefühl?", in: R. Kühn/M. Raub & M. Titze (Hrsg.), *Scham – ein menschliches Gefühl. Kulturelle, psychologische und philosophische Perspektiven*. Wiesbaden: Westdeutscher Verlag, S. 27–44.

Riesman, David (1961). *The Lonely Crowd. A Study of the Changing American Character*. New Haven: Yale University Press.

Salman, Sara (2023). *The Shaming State. How the U.S. Treats Citizen in Need*, New York: New York University Press.

Salmela, Mikko & von Scheve, Christian (2018). „Emotional Dynamics of Right- and Left-wing Political Populism", in: *Humanity & Society* 42(4), S. 434–454.

Sartre, Jean-Paul (1962). *Das Sein und das Nichts. Versuch einer phänomenologischen Ontologie*. Reinbek bei Hamburg: Rowohlt.

Scheff, Thomas J. (1988). „Shame and Conformity: The Deference-Emotion System", in: *American Sociological Review* 53(3), S. 395–406.

Scheff, Thomas J. (2000). „Shame and the Social Bond: A Sociological Theory", in: *Sociological Theory* 18(1), S. 84–99.

Scheff, Thomas J. (2003). „Shame in Self and Society", in: *Symbolic Interaction* 26(2), S. 239–262.

Scheff, Thomas J. & Retzinger, Suzanne M. (1991). *Emotions and Violence. Shame and Rage in Destructive Conflicts*. Lexington, Mass.: Lexington Books.

Simmel, Georg (1983 [1901]). „Zur Psychologie der Scham", in: H.-J. Dahme & O. Rammstedt (Hrsg.), *G. Simmel, Schriften zur Soziologie*. Frankfurt am Main: Suhrkamp, S. 140–150.

Teroni, Fabrice & Deonna, Julien (2008). „Differentiating Shame from Guilt", in: *Consciousness and Cognition* 17(3), S. 725–740.

Todorov, Tzvetan (1998). *Abenteuer des Zusammenlebens. Versuch einer allgemeinen Anthropologie*, Frankfurt am Main: Fischer.

Walker, Robert (2014). *The Shame of Poverty*. Oxford: Oxford University Press.

Wolrath Söderberg, Maria & Wormbs, Nina (2019). *Grounded: Beyond Flygskam*. Stockholm: Fores.

Veronika Zink

12 Gefühl für fremde Macht: Hingabe und Verehrung

Herrschaft besteht nicht per se. Wir müssen, folgt man Max Weber, an ihre Geltung glauben und von ihrer Gültigkeit überzeugt sein: „Ein bestimmtes Minimum an Gehorchenwollen, also: Interesse [...] am Gehorchen, gehört zu jedem echten Herrschaftsverhältnis" (Weber 1980: 122).[1] Wille zu Fügsamkeit, Interesse am Gehorchen und freiwillige Unterwerfung bilden die subjektiven Garanten von Herrschaftsstrukturen. Eine kritische Untersuchung gesellschaftlich verbürgter Machtgefüge muss daher fragen, warum die Subjekte an den Sinn der fremden Autorität glauben? Warum sie ihre eigene Unterordnung anerkennen und gar als würdevoll erachten?[2] Bekanntlich unterscheidet Weber zwischen drei Idealtypen der Herrschaft. Herrschaft kann auf der Überzeugung gründen, es handele sich um eine legal-sachlich gesatzte Sozialordnung (rationale Herrschaft). Sie kann über die historische Würde der Tradition hergestellt werden (traditionale Herrschaft). Oder sie wird – wie im Fall der charismatischen Herrschaft – affektiv verankert und schöpft sich aus gefühlsmäßiger Pflicht zur Anerkennung, aus „Begeisterung" wie „Heldenverehrung", und beruht auf der gläubigen, „außeralltäglichen Hingabe an die Heiligkeit oder die Heldenkraft [...] einer Person" (Weber 1980: 140). Begeisterung, Hingabe und Verehrung sind die emotionalen Bürgen dieser Herrschaft. Kein Minimum an Gehorchen, sondern das emphatisch jubelatorische ‚Ja' zur Superioriät des/r anderen. Emotionen bilden das Faustpfand für den Zauber dieser Herrschaft: Sie sind ihr subjektiver Bürge wie Zeichen ihrer Legitimität.

Sei es die Anbetung der Heiligen, die enthusiastische Anhängerschaft an autoritäre Bewegungen, die Begeisterung für revolutionäre Befreiungskämpfer:innen,

---

1 Erst wenn Macht nicht mittels Zwangs oder Repression ausgeübt, sondern ihre Autorität anerkannt wird, kann von einem Herrschaftsverhältnis gesprochen werden. Weber unterscheidet zwischen verschiedenen Motiven des Gehorchens (wie Sitte, Interessenlage, affektive oder wertrationale Motive). Für sich sind diese keine „verläßlichen Grundlagen der Herrschaft. Zu ihnen tritt normalerweise ein weiteres Moment: der Legitimitätsglaube" (Weber 1980: 122). Wobei mit Blick auf die Weberschen Idealtypen nicht immer klar ist, inwiefern die ersten Motive nicht auch notwendiger Bestandteil des Legitimitätsmotivs sind. Der Glaube an die Legitimität ist wesentlich, weil nur dann Herrschaft ebenso wie Gehorsam als sinnhaft empfunden werden. Fokus der folgenden Betrachtung liegt auf dem legitimitätsmotivierten Gehorchenwollen.

2 Vgl. hier neben Weber vor allem auch die Ausführungen von La Boétie (2021) zur „freiwilligen Knechtschaft" oder auch Batailles (1997) Auseinandersetzung mit der „psychologischen Struktur des Faschismus".

https://doi.org/10.1515/9783110589214-015

sei es Geniekult oder die kulturindustrielle Produktion von Idolen und Stars, in all diesen Fällen geht von den Verehrten eine faszinierende Wirkmacht aus, die die Subjekte begeistert und den Wunsch nach Anhängerschaft freisetzt. Man fühlt sich auf unerklärliche Weise hingezogen zu dieser vermeintlich außergewöhnlichen Figur. Wie lässt sich dieser Enthusiasmus für die fremde Macht soziologisch erklären? In Auseinandersetzung mit der gesellschaftskonstituierenden Funktion der Religion bezeichnet Émile Durkheim (2007) solche Emotionen als sakrale Gefühle (vgl. auch Herbrik, Kapitel 8). Gemeint ist damit eine Art heiliger Respekt beziehungsweise ein Gefühl der Achtung gegenüber Repräsentationen des Sakralen, das heißt gegenüber Figuren und Objekten, die kulturell konstruierte Vorstellungen von Würdigkeit darstellen. Sozialen Ausnahmeerscheinungen, Held:innen, Idolen und Charismatiker:innen wird eine soziale Sonderstellung zuerkannt, weil sie kollektive Vorstellungen vom absolut Werthaften verkörpern. Die affektive Strahlkraft, die von solchen Figuren ausgeht, ist für Durkheim nichts anderes als die Macht des Kollektivs, das sich in seinen Wertvorstellungen und Idealen durch eine verehrte Ikone symbolisch repräsentiert sieht. Ob blutdurstiger Berserker, edler Ritter, totalitärer Führer, revolutionäre Widerstandskämpferin, wohltätige Nonne oder wissenschaftliches Genie, was wir in diesen Figuren als Ausdruck ihrer Größe verehren, ist eine Reflexion des geschichtlich-gesellschaftlichen Selbstbildes einer sozialen Gruppe. Sakrale Gefühle bestätigen das kulturell Verbindliche, sei es Kampfwille, aristokratische Würde, Autoritarismus, Freiheitsbestrebungen, Nächstenliebe oder Erkenntnis. Gefühle wie Begeisterung, Hingabe und Verehrung sind, folgt man Durkheim, die verinnerlichte Erfahrung kollektiver Sakralisierungsbestrebungen. Auf der Ebene des fühlenden Subjekts werden so kulturelle Wertgefüge und soziale Ordnungsbemühungen perpetuiert. Damit erfüllen Emotionen der Ehrerbietung strukturell eine ähnliche Funktion wie Gefühle der sozialen Diffamierung und der kulturellen Entwertung, wie Abscheu, Ekel oder Verachtung (vgl. auch Ural, Kapitel 16). Während im Verehren auf die höchsten Werte einer Gesellschaft enthusiastisch Bezug genommen wird, markiert die Verachtung den niederen Pol der gesellschaftlichen Werthierarchie, indem sie auf das außerordentlich Schlechte und Verwerfliche emotional antwortet (vgl. Bataille 2012; Caillois 1988; Durkheim 2007). In beiden Fällen werden im Gefühl herrschende Werte und Vorstellungen von Über- beziehungsweise Unterordnung affektiv gefestigt.

Wenn Gefühle ein Bürge für den Glauben an den sakralen Sinn dieser Macht sind, dann stellt sich die Frage, wie sich die begeisternde Erfahrung fremder Würde konkret anfühlt? Sprachlosigkeit, eruptive Gefühlsausbrüche wie Weinen und Kreischen oder Formen von Ohnmacht, von den weichen Knien bis hin zum Bewusstseinsverlust, sind die leib-körperlichen Ausdrucksgestalten eines empfindenden Gewahr-Werdens einer unbeherrschbaren Gewalt (Plessner 2003; Zink 2014). Warum wird nun die spürbare Übermacht, die einen sprichwörtlich in die

Knie zwingt und der Sprache beraubt, nicht als Gefahr, sondern als anziehend erfahren? Religionswissenschaftliche (Otto 2004), lebensphilosophische (Bollnow 2009) und sakralsoziologische (Bataille 2012; Caillois 1988) Schriften liefern eindrückliche Beschreibungen der phänomenalen Qualität dieser Gefühle. Soziologisch sind diese interessant, weil sie auf die Erfahrung einer affektiven Doppelbewegung hinweisen, auf eine „seltsame Kontrast-harmonie", wie Otto (2004: 42) notiert, die die vermeintlich gegensätzlichen Gefühlsmomente der „Anziehung und Abstoßung" (Bataille 2012), der Achtung und der Scham (vgl. auch Neckel, Kapitel 11), der Faszination und der Furcht eint. Soziologisch ist diese Doppelbewegung interessant, weil sie soziale Positionierungen widerspiegelt: Furchteinflößende Momente, Andacht, Achtung und „fromme Scheu" (Assmann 1999: 63) auf der einen Seite bürgen für die Macht des/r anderen, indem sie soziale Bedeutungs- und Statusunterschiede erfahrbar machen: Das Subjekt fühlt sich in Differenz zur fremden Würde klein (vgl. Neckel 1991; Simmel 1992: 396 ff.). Dieses scheue Sich-Kleinmachen fungiert als sinnliches Pendant zu einem Berührungsverbot[3], das die konstitutive Distanz zwischen fühlendem Subjekt und übergeordnetem Gegenüber wahrt (vgl. Durkheim 2007; Simmel 1992; Plessner 2002). Gebannte Faszination und Verlangen auf der anderen Seite ziehen an und führen dazu, dass die erfahrene emotionale Überwältigung nicht zu Ablehnung, Misstrauen oder Flucht führt, sondern den Wunsch nach Hingabe an die Autorität freisetzt: Man fühlt sich dieser verbunden und gehört dieser an. Diese emotionale Ambivalenz von Nähe und Distanz (Plessner 2002) verbürgt spürbar für die Güte und die Rechtmäßigkeit einer Sozialbeziehung, die vom Glauben an einen fundamentalen Machtantagonismus inspiriert ist.

Wer verehrt und sich dieser hierarchischen Ordnung hingibt, für den gilt es, die Bedeutungsunterschiede zwischen untergebenem Subjekt und übergeordnetem Gegenüber aufrechtzuerhalten. So ist diesen Gefühlen zwar, und dies zeigt insbesondere die Hingabe, eine erotisch-sinnliche Dimension inhärent.[4] Im Gegensatz zu einem formalisierten Götzendienst handelt es sich also aus der Perspektive der sich hingebenden und verehrenden Subjekte um eine Art Liebesbeziehung. Anders aber als die Liebe, die dazu drängt, soziale Nähe herzustellen, indem Wertunterscheide zwischen dem Geliebten und dem Liebenden nivelliert werden, kultivieren

---

3 Vgl. hierzu Durkheims (2007) Unterscheidung zwischen positiven Ritualen, deren Funktion es ist, die Ehrwürdigkeit des Sakralen zu zelebrieren und mit diesem in Kontakt zu treten, und negativen Ritualen, die das Sakrale vor dem Profanen schützen. Hierzu zählen unter anderem Tabus und Berührungsverbote.

4 Vgl. hierzu etwa die Ausführungen von Freud (1991) wie auch von Horkheimer und Adorno (2017: 100 f., 112).

Ehrfurcht, Hingabe und Verehrung soziale Ungleichheiten (vgl. Bollnow 2009).[5] Damit weist die Verehrung eine Verwandtschaft mit dem Gefühl der Bewunderung auf (vgl. auch zu Neid von Scheve, Kapitel 14). Verehrung wie Bewunderung nehmen wertschätzend Bezug auf fremde Exzellenz, loben das Privileg des/r anderen, idealisieren Ungleichheiten und stellen subtile Mittel in der Auseinandersetzung mit sozialen Hierarchisierungen dar (vgl. Schindler et al. 2013). Der bewundernde Blick ist auf das Vorbildliche gerichtet, auf erstrebenswerte Leistungen, die es nachzuahmen gilt. Mit der Orientierung nach oben stellt sich in der Bewunderung ein sozialer Aufwärtsvergleich ein, der der Verehrung fremd ist. Die Verehrung begegnet der Autorität mit Demut. Die Möglichkeit des sozialen Vergleichs ist ausgeschlossen.

Verehrung und Hingabe stehen nicht für ein passives Erleiden eines asymmetrischen Machtverhältnisses. Vielmehr erfährt sich das Subjekt als aktiver Part der Machtdyade und schreibt sich begeistert in die Produktion der charismatischen Herrschaft ein (Zink 2014). So ist der Verehrung wie der Hingabe bereits begrifflich die Idee der Gabe inhärent (vgl. Mauss & Hubert 2012): Während diese im Fall der Hingabe quasi in „existentieller Weise am Werk ist" (Bösel 2008: 58), indem man sich selbst in Ergebenheit opferungsbereit einem/r anderen oder einer fremden Sache überlässt, da verleiht man in der Verehrung einer/m anderen symbolisches Kapital (vgl. Bourdieu 2009; Vogt 1997).[6] Ihren kulturellen Ausdruck erfahren diese Emotionen daher in wertsetzenden Praktiken der Ehrung, wie Preisungen, Tributfeierlichkeiten oder Auszeichnungen, und in symbolischen Formen der Hingabe, wie Opfergaben, Anbetungspraktiken und Treueschwüren, mittels derer die Ausnahmestellung dieser Figur im Sozialen aktualisiert wird. Wobei die symbolische Überhöhung ehrerbietender Gefühlsausbrüche (Jubel, Kniefall) notwendiger Bestandteil von Anerkennungsritualen ist.

Im Sozialen treten Verehrung und Hingabe somit als emotionalisierte Praktiken der Sakralisierung auf, mittels derer Herrschaftsverhältnisse zelebriert werden. Der Glaube an das fremde Supremat basiert auf der Inszenierung seiner

---

5 Das heißt nicht, dass man in Liebesbeziehungen nicht auch auf Verehrung und Hingabe stoßen würde. Vielmehr bildet der Verweis auf die eigene Hingabe oder auf die Verehrung des/r anderen ein Element der Liebessemantik, die die Außeralltäglichkeit des Liebesbundes und die Bedeutsamkeit der/s Geliebten anzeigen soll. Die Liebe basiert aber in ihrer modernen Idealtypik auf der Vorstellung einer Gleichheit der Partner:innen. Diese Vorstellung ist der Verehrung und der Hingabe fremd. Mit diesen Gefühlen werden Bedeutungsunterschiede zelebriert und asymmetrische Machtbeziehungen auf Dauer gestellt.

6 So zeigt der Eintrag des Grimmschen Wörterbuchs, dass die alte deutsche Verwendung des Wortes ‚Verehr' auf ein Geschenk der Hochachtung verweist, das man einem/r Statushöheren in wertschätzender Anerkennung und zum Preis erweist (vgl. Deutsches Wörterbuch von Jacob Grimm und Wilhelm Grimm 2023).

affektiven Wirkmacht. Indem im Verehren und in der Hingabe Ansehen emotional anerkannt, generiert und reproduziert wird, bilden sie wesentliche Elemente der kollektiven Glaubensarbeit an die Außerordentlichkeit dieser Macht. In dieser Hinsicht fungieren sie als herrschaftslegitimatorische Zeichen. Damit gewinnt Webers Definition des Charismas zusätzlich Kontur. Das Charisma ist kein mysteriöses Phänomen, das sich im Resultat einer unerklärlichen, weil übernatürlichen Begabung einer Person einstellt (Weber 1980: 140), sondern das Produkt der rituellen Herstellung und kultischen Zurschaustellung von Gefühlen wie Begeisterung, Verehrung und Hingabe, die als affektive Symbole und kollektive Gabe der Macht fungieren; Gaben, von denen die sakrale Autorität eminent abhängt.

Aus heutiger Perspektive stellt sich freilich die Frage nach der Legitimität dieser Herrschaftsform, die auf der demütigen Hingabe der Verehrenden basiert und dies umso mehr, umso frenetischer das Gehorchenwollen der Anhänger ausfällt. Im modernen Diskurs wird das Verehren zum Sinnbild für leidenschaftliche Verzauberung, gefühlsmäßige Hörigkeit, quasi-religiösen Eifer, Willensschwäche, für Wahnsinn und Obsession,[7] für Abhängigkeit und irrationale Gefolgschaft. Damit stehen diese Gefühle in offensichtlichem Widerspruch zu Leitvorstellungen der modernen, säkularen Gesellschaft, wie Autonomie, Selbstermächtigung, deliberative Meinungsbildung und Rationalität. Verehrung wird zum Ausdruck der „Krankheit der Unterwürfigkeit" (Sennett 2008: 113), unter der eine halluzinierte und emotional verführte Masse leidet (Le Bon 2008). Diese Interpretation verkennt einerseits, dass Verehrung und Hingabe von den so fühlenden Subjekten keineswegs als ein Leid interpretiert wird, sondern als die ermächtigende Erfahrung einer Beziehung der Ehre, an deren Aufrechterhaltung das Subjekt aktiv partizipiert. Diese Deutung übersieht, andererseits, die herrschaftslegitimatorische Bedeutung des Verehrens und den Beitrag, den die Subjekte an der Produktion dieser Herrschaftsform leisten. Sie haben aktiv Anteil an der Herstellung der fremden Macht und an der emotionalen Mobilisierung der Anhängerschaft, indem sie den Glauben an den Absolutheitsanspruch der Autorität, an innere Verpflichtung, an unbedingte Loyalität und den Wert der aufopferungsvollen Selbstpreisgabe verkörpern.

Die Vorstellung, Verehrung und Hingabe gehören in das Reservat eines vormodernen Fanatismus, täuscht nicht zuletzt über die Tatsache hinweg, dass diese Gefühle auch der modernen, vermeintlich entzauberten Welt, die vom Glauben an die Rationalität der sachlich-gesetzten Ordnung beherrscht ist, ein-

7 So zeigt etwa Foucault (1969), dass der Enthusiasmus in der Moderne zusehends pathologisiert wird, indem er als Ausdruck des Irrsinns gedeutet wird (vgl. auch Bösel 2008).

geschrieben sind.[8] Folgt man Webers (1980: 726) entwicklungsgeschichtlicher These, dass in modernen Gesellschaften die Vernunft eine charismatische, also affektive Strahlkraft entfaltet, dann bedeutet dies auch, dass den korrespondierenden Gefühlen wie Hingabe und Verehrung nicht nur in religiösen, patrimonialen oder feudalen Gesellschaften eine ordnungsstabilisierende Funktion zukommt. Auch heute gehören diese Emotionen und affektive Praktiken der Ehrung zum symbolischen Repertoire der Inszenierung von Würde, Größe und Macht. Gerade in Gegenwartsgesellschaften, die vom Selbstverständnis geprägt sind, dass die hegemoniale Ordnung nicht vordergründig mittels Zwang und Repression durchgesetzt werden darf, sondern von der freiwilligen Anerkennung der leitenden, kulturellen Wertvorstellungen lebt, ist die Generierung eines affektiven Glaubens an die Gültigkeit von Herrschaft wesentlich. Aus gegenwartsdiagnostischer Sicht stellt sich somit auch die Frage, wie dieser affektive Glaube jeweils produziert, inszeniert und kultiviert wird und welche Werte und Ideale von einer Gruppe als verbindlich affirmiert werden? Welche Emotionen den Glauben an bestimmte Herrschaftsstrukturen festigen und welche Vorstellungen von legitimer Herrschaft so zelebriert werden? Dies lenkt auch den Blick auf die anderen Idealtypen der Herrschaft und auf die Frage, wie hier das jeweilige „Interesse am Gehorchen“ affektiv verankert ist, sodass die beherrschten Subjekte ihre eigene Unterordnung als sinnhaft *empfinden* – nicht nur ihre Unterordnung unter die Autorität des Charismas, sondern auch unter die der Tradition oder des Gesetzes?[9]

---

8 Vgl. auch Durkheim: „Im Übrigen sehen wir, daß die Gesellschaft jetzt genauso wie früher ständig heilige Dinge erschafft. Wenn sie sich für einen Menschen begeistert, in dem sie die wesentlichen Sehnsüchte zu entdecken glaubt, die sie selbst bewegen, und die Mittel, um sie zu befriedigen; dann sondert sie ihn aus und vergöttert ihn beinahe. Die öffentliche Meinung bekleidet ihn mit einer Majestät, die der ähnlich ist, die die Götter beschützt. [...] Die Ehrerbietung, die Menschen, die eine hohe soziale Funktion ausüben, einflößen, ist auch nichts anderes als der religiöse Respekt“ (Durkheim 2007: 316).

9 Aufschlussreich sind in diesem Zusammenhang Arbeiten, die Webers Herrschaftstypologie einer Relektüre unterziehen und dafür plädieren, die Dimensionen der Herrschaftsorganisation analytisch von der Dimension der Herrschaftslegitimation zu trennen (vgl. Beetham 1991). Damit wären Modi der affektiven Legitimation der Herrschaft nicht allein auf die charismatische Herrschaftsstruktur beschränkt. Ingold und Paul plädieren etwa für die Analyse der „Multidimensionalität von Legitimität“ (Ingold & Paul 2014: 249) und gehen selbst von drei Dimensionen der Legitimierung aus, auf denen alle Herrschaftstypen basieren, eine „basal-pragmatische“, eine „theoretisch-reflexive“ und eine „performativ-expressive“. An diese Überlegungen anschließend, kann auch gefragt werden, inwiefern Emotionen und Affekte wahlweise eine eigenen Dimension der Legitimität abbilden oder die anderen jeweils mit konstituieren. Vgl. für einen Überblick zur Bedeutung von Emotionen und Affekten im Feld der Politik Sauer, Kapitel 6.

Literatur

Assmann, Jan (1999). „Das verschleierte Bild zu Sais – griechische Neugier und ägyptische Andacht“, in: J. Assmann & A. Assmann (Hrsg.), *Schleier und Schwelle. Geheimnis und Neugierde*, Bd. 3. München: Wilhelm Fink Verlag, S. 45–66.

Bataille, Georges (1997). *Die psychologische Struktur des Faschismus. Die Souveränität.* Berlin: Matthes & Seitz.

Bataille, Gerorges (2012). „Anziehung und Abstoßung. I. Tropismen, Sexualität, Lachen und Tränen“, in: D. Hollier (Hrsg.), *Das Collège de Sociologie (1937–39).* Frankfurt am Main: Suhrkamp, S. 114–129.

Beetham, David (1991). „Max Weber and the Legitimacy of the Modern State“, in: *Analyse und Kritik* 13(1), S. 34–45.

Bollnow, Otto F. (2009). *Die Ehrfurcht. Wesen und Wandel der Tugenden.* Würzburg: Königshausen & Neumann.

Bösel, Bernd (2008). *Philosophie und Enthusiasmus: Studien zu einem umstrittenen Verhältnis.* Wien: Passagen.

Bourdieu, Pierre (2009). *Entwurf einer Theorie der Praxis: auf der ethnologischen Grundlage der kabylischen Gesellschaft.* Frankfurt am Main: Suhrkamp.

Caillois, Roger (1988). *Der Mensch und das Heilige. Durch drei Anhänge über den Sexus, das Spiel und den Krieg in ihren Beziehungen zum Heiligen.* München: Carl Hanser Verlag.

Deutsches Wörterbuch von Jacob Grimm und Wilhelm Grimm (2023). „Verehr“, in digitalisierte Fassung im Wörterbuchnetz des Trier Center for Digital Humanities, Version 01/23. https://www.woerterbuchnetz.de/DWB?lemid=V00936, (letzter Aufruf: 09.07.2023).

Durkheim, Émile (2007). *Die elementaren Formen des religiösen Lebens.* Frankfurt am Main: Suhrkamp.

Foucault, Michel (1969). *Wahnsinn und Gesellschaft: Eine Geschichte des Wahns im Zeitalter der Vernunft.* Frankfurt am Main: Suhrkamp.

Freud, Sigmund (1991). *Massenpsychologie und Ich-Analyse. Die Zukunft einer Illusion.* Frankfurt am Main: Fischer.

Horkheimer, Max & Adorno, Theodor W. (2017). *Dialektik der Aufklärung. Philosophische Fragmente.* Frankfurt am Main: Fischer.

Ingold, Ingmar & Paul, Axel T. (2014). „Multiple Legitimitäten. Zur Systematik des Legitmitätsbegriffs“, in: *Archiv für Rechts- und Sozialphilosophie* 100(2), S. 243–262.

La Boétie, Étienne (2021). *Von der freiwilligen Knechtschaft der Menschen.* München: Boer.

Le Bon, Gustav (2008). *Psychologie der Massen.* Stuttgart: Kröner.

Mauss, Marcel & Hubert, Henri (2012). „Essay über die Natur und Funktion des Opfers“, in: S. Moebius/F. Nungesser & C. Papilloud (Hrsg.), *Marcel Mauss. Schriften zur Religionssoziologie.* Frankfurt am Main: Suhrkamp, S. 97–216.

Neckel, Sighard (1991). *Status und Scham. Zur symbolischen Reproduktion sozialer Ungleichheit.* Frankfurt am Main: Campus.

Otto, Rudolf (2004). *Das Heilige. Über das Irrationale in der Idee des Göttlichen und sein Verhältnis zum Rationalen.* München: C. H. Beck.

Plessner, Helmuth (2002). *Grenzen der Gemeinschaft. Eine Kritik des sozialen Radikalismus.* Frankfurt am Main: Suhrkamp.

Plessner, Helmuth (2003). „Lachen und Weinen. Eine Untersuchung nach den Grenzen des menschlichen Verhaltens“, in H. Plessner (Autor), *Ausdruck und menschliche Natur. Gesammelte Schriften VII.* Frankfurt am Main: Suhrkamp, S. 201–387.

Schindler, Ines/Zink, Veronika/Windrich, Johannes & Menninghaus, Winnfried (2013). „Admiration and Adoration: Their Different Ways of Showing and Shaping Who We Are", in: *Cognition and Emotion* 27(1), S. 85–118.
Sennett, Richard (2008). *Autorität*. Berlin: BVT.
Simmel, Georg (1992). *Soziologie. Untersuchungen über die Formen der Vergesellschaftung.* Gesamtausgabe Bd. 2. Frankfurt am Main: Suhrkamp.
Vogt, Ludgera (1997). *Zur Logik der Ehre in der Gegenwartsgesellschaft*. Frankfurt am Main: Suhrkamp.
Weber, Max (1980). *Wirtschaft und Gesellschaft. Grundriß der verstehenden Soziologie*. Tübingen: Mohr Siebeck.
Zink, Veronika (2014). *Von der Verehrung. Eine kultursoziologische Untersuchung*. Frankfurt am Main: Campus.

Aletta Diefenbach

13 (Un)gerechtigkeitsgefühle: Empörung

Die US-Amerikanerin Rosa Parks stand am 1. Dezember 1955 nicht auf, als sie in einem Bus ihren Sitzplatz für eine Weiße frei machen sollte. Sie hatte es satt, als Schwarze Person durch die gesetzliche Rassentrennung ständig benachteiligt zu werden (Parks 1999). Ihren widerständigen Akt bestraften Weiße daraufhin mit einer Inhaftierung, die ihrerseits auf der Seite der Schwarzen Bevölkerung eine Empörungswelle mit historischem Ausmaß lostrat. Denn sie löste den Busboykott von Montgomery aus, von dem aus die Schwarze Bürgerrechtsbewegung ihren Verlauf nahm und das Ende der Rassentrennung in den USA herbeiführte.

Die Situation im Bus ist in ihren weitreichenden sozialen Auswirkungen für die soziologische Auseinandersetzung mit Empörung besonders aufschlussreich. Empörung ist eine moralische Gefühlsreaktion auf eine Handlung, die als ungerecht empfunden wird. Sie artikuliert dabei die Verletzung einer Wertorientierung, die eine soziale Beziehung zwischen Personen oder Gruppen in ihrem Machtverhältnis reguliert. Parks' Impuls, sich der hierarchisierenden Beziehung der Rassentrennung zu widersetzen, entsprang ihrer Überzeugung, als Mensch den Weißen gleich würdig zu sein, was wiederum die Weißen erzürnte, die ihre Privilegien missachtet sahen. Das Beispiel aus dem Bus zeigt uns also, wie Empörung gesellschaftliche Ideen von Gerechtigkeit und deren soziale Konfliktdynamik sichtbar macht. Parks blieb als Konsequenz einer lang angestauten Wut über die Unterdrückung der Schwarzen einfach sitzen, damit macht das Beispiel ferner die unterschiedlichen sozialen Praktiken von Empörung und ihre Funktion für Kollektivierungsprozesse deutlich. Zwar wurde der sitzende Körper kurzerhand inhaftiert. Doch kollektivierte sich Parks' Wut in Form von bundesweiten Protesten, die schließlich die Abschaffung der Rassengesetze und damit einen tiefgreifenden sozialen Wandel bewirkten. Wenn ich Empörung nachfolgend ausführlicher in ihrer kulturell-affektiven Erscheinung und sozialen Funktion für gesellschaftliche Konflikte und sozialen Wandel beschreibe, wird es deshalb auch darum gehen, unter welchen Bedingungen sie insbesondere bei Deprivierten entsteht oder aber als emotionale Widerstandkraft ausbleibt.

https://doi.org/10.1515/9783110589214-016

1 (Un)gerechtigkeit und Empörung als soziale Tatsachen

Als Emotion, die Unrecht artikuliert, basiert Empörung auf verschiedenen affektiven Bewegungen. In einer ersten Annäherung lassen sich diese gut an der lateinischen und germanischen Variante des Wortes beschreiben. Das Wort „Indignation" bedeutet „Entwürdigung" (Pfeifer et al. 1993a) und beschreibt den affektiven Vorgang einer leidvollen Erfahrung. Sie wird durch eine Handlung ausgelöst, die ein für die Betroffenen sakrales Gut[1] in dessen ‚Würde' verletzt (vgl. auch Bernhardt, Kapitel 9). Gefühlt wird ein Schmerz, eine Missachtung, ja Fassungslosigkeit darüber, in der sozialen Realität den Wert des Gutes nicht anerkannt zu findet (Honneth 1994). Das Wort „Empörung", was gleichen Ursprungs wie das Wort „empor" ist (Pfeifer et al. 1993b), drückt aus, dass es bei dieser Entwürdigung nicht bleibt. Hinzu kommen Ärger, Wut oder Groll, die sich auf die Verursacher:in des Leids richten, der Wunsch nach Ermächtigung und danach, das verletzte Gut in dessen Würde wiederherzustellen. Diese verschiedenen affektiven Bewegungen kann das Subjekt körperlich-phänomenologisch spüren, weshalb sich Empörung oft durch Schmerz, Ohnmacht, aber auch Aufregung, Wut und einen bebenden oder nach Bewegung drängenden Körper bemerkbar macht, der handeln will – und sei dies durch den festen Entschluss, sitzen zu bleiben.

Was macht genau einen soziologischen Blick auf Empörung aus? Empörung entsteht durch Zugehörigkeitsgefühle, die sich in spezifische *kulturelle* Deutungen übersetzen, nämlich dass das verursachte Leid erstens auf eine zwischenmenschliche und daher immer normativ regulierte Beziehung zurückgeht und dass zweitens eine Identifikation mit dieser Beziehung vorliegt. Sie setzt in anderen Worten eine moralische Gemeinschaft wechselseitiger Verpflichtungen voraus, der man sich zugehörig fühlt, sodass (Un-)Gerechtigkeitsgefühle eng an Fragen der Identität und des Selbstwerts geknüpft sind. Parks ärgert sich nicht einfach darüber, die restliche Busfahrt stehen zu müssen. Sie wertet die Situation nicht als Pech oder schicksalshaft. Vielmehr empfindet sie sich in ihrer Position als gleichwertiger Mensch und als Bürgerin der US-amerikanischen Gemeinschaft mit gleichen Teilhaberechten missachtet. Entgegen philosophisch orientierten Ansätzen, die den Anspruch haben, Gerechtigkeit als universell oder vernunftgebunden zu begründen (Kant 2004 [1781]; Habermas 1992), sind aus soziologischer Perspektive Gefühle der Gerechtigkeit und der Ungerechtigkeit also nichts Natürliches, sondern „soziale Tatsachen" (Durkheim 1992 [1893]: 76). Als solche sind sie durch die Kultur und Sozial-

1 Zu Prozessen der Sakralisierung vgl. auch Zink, Kapitel 12.

struktur einer Gesellschaft geprägt oder ‚konstruiert' und können in ihrer sozialen Erscheinung und Funktion untersucht werden.

Empörungen verweisen auf die kulturell verbürgte moralische Grammatik in einer Gesellschaft, die als verinnerlichte und inkorporierte oder von außen auferlegte Größen regelhaftes Verhalten und damit Erwartbarkeiten und Handlungsabläufe von sozialen Beziehungen oder, weiter gefasst, von sozialer Ordnung sicherstellen. Hierbei hilft es, zwischen Normen und Werten zu unterscheiden, um einen macht- und herrschaftssensiblen Blick auf Empörungen zu schärfen. Normen sind konkrete und institutionalisierte Regeln, welche die herrschende gesellschaftliche Ordnung stabilisieren, etwa Gesetze, ein Arbeitsvertrag oder die Sitzordnung in einem Bus. Handelt es sich bei Normen um erreichbare Handlungserwartungen, bleiben Werte abstrakt. Sie sind unerreichbare, sakrale Größen des moralisch Wünschenswerten in einer Gesellschaft, etwa der Wert der Gleichheit, der Würde, der Vernunft oder Solidarität (vgl. auch Adloff, Kapitel 15). Wer an existierende Normen appelliert, diese verteidigt, zeigt folglich die Empörung der Herrschenden, während die Ohnmächtigen als Waffe die Werte einer Gesellschaft anrufen, um in ihrem Lichte eine herrschende Norm zu kritisieren und gegen sie zu revoltieren.

Da Ungerechtigkeitsgefühle einen handlungsmotivierenden Charakter haben, sind sie eine zentrale Emotion des Konflikts und machen das Soziale in seinen vielzähligen konkurrierenden Normen und Werten sichtbar, egal ob es sich dabei um intime Zweierbeziehungen, einmalige Alltagsbegegnungen, (Klein-)Gruppen oder umfassender um die Strukturen ganzer Gesellschaftsformationen handelt. Inwiefern Empörung ein Konfliktgeschehen auslösen oder auf es einwirken kann, hängt wiederum wesentlich davon ab, wie Macht zwischen den Betroffenen und Verursacher:innen der Verletzung verteilt ist. Zwar steht Empörung etymologisch für Aufruhr, Rebellion und Auflehnung gegen Herrschaft und Autoritäten (Pfeifer et al. 1993b). Doch kann sie genauso gut stabilisierend auf soziale Ordnung wirken, indem sie eine herrschende Norm geltend macht und es vermag, die Geltungsansprüche der anderen Konfliktpartei zurückzuweisen und zu sanktionieren.

2 Empörung als Emotion des Konflikts und Triebfeder sozialen Wandels

Ebendieser Normen- und Wertepluralismus des Sozialen macht Empörung zu einer Alltagsemotion, die Interaktionsabläufe situativ reguliert (Garfinkel 1984; Boltanski & Thévenot 2014). Ebenso ist sie zentral für politische Konflikte, sozialen Wandel und soziale Bewegungen, die durch Protest und Widerstand empfundenes Unrecht in der Gesellschaft anprangern und auflösen wollen. Im historischen Prozess der

Modernisierung und ausgelöst durch die kulturelle Zeitenwende der Aufklärung, sind soziale Kämpfe in westlichen Gesellschaften insbesondere durch die Werte der gleichen Würde und der Freiheit geprägt, die heute deren Selbstverständnis und politische Ordnung bestimmen. Studien zur Entstehung und Entwicklung des Bürgertums (Habermas 1992; Honneth 1994) und der Arbeiterklassen (Thompson 1963, 1971; Moore 1978) zeigen, wie gesellschaftlicher Ausschluss und Deprivation erst über die Zeit und durch entsprechende kulturelle Deutungsprozesse als empfundenes Unrecht gewertet wurden. Sie zeigen ferner, wie sich empfundenes Unrecht erst allmählich kollektivierte und wie sich die Empörung darüber, nicht als gleiche und freie Bürger:innen der politischen Gemeinschaft zu gelten, auf immer weitere Gruppen Marginalisierter ausweitete – etwa auf die Frauenbewegung, die die Gleichheit der Geschlechter einklagt oder auf die Queere Bewegung, die von heteronormativen Normen abweichendes sexuelles Begehren als legitim deutet und davon ausgehend gesellschaftliche Anerkennung und Teilhaberechte einfordert (Gould 2009).

Da unter säkularisierten liberal-demokratischen Bedingungen Menschen ihre Gesellschaften nicht mehr vorranging als natur- oder gottgegebene Ordnung, sondern als durch Selbstgesetzgebungen menschengemacht wahrnehmen, stehen insbesondere soziale Ungleichheiten in ihrer intersektionalen Verschränkung durch strukturbildende Kategorien wie Klasse, Geschlecht, *Race*, Alter, Religion, Staatsbürgerschaft, Gesundheit, etc. unter Legitimationsdruck und müssen in ihren sozialen Ausschlüssen gerechtfertigt werden. Der kulturell und sozialhistorisch über seine Landesgrenzen hinaus wirkmächtige ‚amerikanische Traum' verweist etwa darauf, dass Gleichheit in kapitalistischen Gesellschaften die Herstellung gerechter ökonomischer Ungleichheiten meint (Dubet et al. 2008). Dazugehörige Gerechtigkeitsdiskurse zentrieren sich über Konfliktparteien hinweg um Werte der Chancengleichheit, der Leistung und der Bedürfnisse vulnerabler Gruppen: Gerecht fühlt es sich an, wenn jede:r unabhängig ihrer oder seiner sozio-kulturellen Herkunft die gleiche Chance erhält, ihr oder sein eigenes Schicksal zu schreiben. Aber auch Krieg oder der Klimawandel bewegen die Menschen in ihrem Gerechtigkeitssinn und führen zu gesellschaftlichen Spannungen.

Insofern lassen sich Unrechtsempfindungen als prägende Gefühle unserer Zeit verstehen, die in zentralen gesellschaftlichen Sphären aufgrund des Normenpluralismus zu unterschiedlichen Konflikten um „soziale Gerechtigkeit" (Honneth 2000) führen. Normen von Werten zu unterscheiden, hilft in der gegenwärtig teils „zerklüfteten Konfliktlandschaft" (Mau et al. 2023) wiederum, verschiedene Empörungsmotive machtsensibel einordnen zu können. Zwar prangert die Pegida- oder AfD-Anhängerschaft ebenso Leid an wie Engagierte von Black Live Matters oder der Klimabewegung (vgl. auch Senge, Kapitel 18). Ihre Empörungen lassen sich dennoch nicht in einen Topf werfen, halten die einen an den historisch gewachsenen

Privilegien eines Nationalstaates fest, während die anderen an die unverwirklichten Ideale einer aufgeklärten Gesellschaft appellieren, die Menschenwürde universell versteht und nicht die Lebensgrundlage anderer und künftiger Generationen zerstört.

Um in diesen gesellschaftlichen Konflikten politische Handlungsmacht aufzubauen, ist es entscheidend, dass die Konfliktparteien und sozialen Bewegungen ihre Empörungen mit Blick auf drei Dimensionen kollektivieren (Melucci 1996; Jasper 1998). Bedeutsam ist, dass sie vom Unrecht Betroffene mobilisieren, indem sie die dafür notwendige kulturelle Deutung der Verletzung liefern. Darüber hinaus geht es auch um die Empörung Dritter, die selbst nicht die Entwürdigung erleiden. Wichtig ist, dass diese sich ebenfalls als Teil der verletzten Sozialbeziehung verstehen und sich aufgrund von Mitgefühl ob des erfahrenen Leids mit den Betroffenen solidarisieren. Schließlich ist zentral, dass sich neben der Empörung auch ein Gefühl von Handlungsmacht einstellt, die gesellschaftlichen Verhältnisse durch gemeinsame Aktionen wirklich ändern zu können (Gould 2009). Um für ihre Anliegen zu mobilisieren, produzieren politische Bewegungen daher strategisch (medial vermittelte) Emotionsnarrative, die ebendiese Empörungsgefühle aus Leid, Wut, Solidarität, Mitgefühl und Handlungsmacht diskursiv transportieren. Wirkmächtige Stützen für diese Narrative sind Ereignisse, die „moralische Schocks" auslösen (Miller & Jasper 2022). Beispielhaft steht hierfür das Video von 2020, das zeigt, wie der Schwarze George Floyd auf der Straße stirbt, weil ein weißer Polizist ihm den Hals mit dem Knie abdrückt. Die Bilder gaben der Black Lives Matter-Bewegung neuen Aufwind und politische Schlagkraft weltweit, wobei der moralische Schock je nach sozialer Gruppe eine andere affektive Dynamik bewirkte: Während die Bilder bei Schwarzen das Fass zum Überlaufen brachten und sie dazu veranlassten, ihr existierendes Unrechtsgefühl in öffentlichen und kollektiven Widerstand zu transformieren, führten sie vielen Weißen die alltägliche rassistische Polizeigewalt in ihrem Land erst schockartig vor Augen (Miller & Jasper 2022). Das Video dokumentiert in seiner sozialen Wirkung damit die affektive Kraft des Visuellen, die durch die Digitalisierung an Bedeutung gewonnen hat (Schankweiler 2019). Es zeigt aber auch die zentrale Rolle von (sozialen) Medien, weit vernetzte Empörungsgemeinschaften hervorzubringen und zu organisieren, um politische Macht aufzubauen. Mediendiskurse eignen sich folglich dazu, Unrechtsgefühle in ihren semantischen Spielarten und gesellschaftlichen Wertungen zu studieren. Gemeinhin gilt Empörung als legitime politische Emotion (vgl. auch Sauer, Kapitel 6) während verwandte Gefühle wie Ärger, Wut, Zorn, Verachtung, Hass[2] (vgl. auch Ural, Kapitel 16)

---

2 Diese Emotionen sind zweifelsfrei miteinander verwandt oder meinen mitunter auch dasselbe. In der Literatur finden sich daher zahlreiche Definitions- und Abgrenzungsversuche, die je nach

oder Neid (vgl. auch zu Neid von Scheve, Kapitel 14) weniger positiv besetzt sind und dazu eingesetzt werden, Unrechtsgefühle von politischen Gegner:innen abzuwerten oder etwa als undemokratisch zu delegitimieren. Eingängig für dieses Phänomen ist die Sozialfigur des „Wutbürgers“. Wer darf sich in einer Gesellschaft empören? Welches Leid gilt als Unrecht, welches nur als illegitimer Neid oder ungerechtfertigte Angst (vgl. auch Dehne, Kapitel 17)? Wer ist ‚zu sensibel‘ oder schreibt wem Hass oder blinde Wut zu? Dies sind interessante Fragen einer emotionssoziologischen Untersuchung darüber, welche Macht Gefühlen in Konflikten zukommt und wie um sie selbst gestritten wird.

3 Warum bleibt Empörung aus?

Die Black Lives Matter-Bewegung zeugt davon, wie trotz früherer Errungenschaften Machtverhältnisse und Ungleichheiten in Gesellschaften fortbestehen. Wertungen von sozialen Transformationen als Errungenschaft oder Fortschritt geben dabei zu erkennen, wie die Soziologie als Disziplin selbst eng mit Fragen der Gerechtigkeit verknüpft ist. Gerade ein Verständnis von Soziologie als „Krisenwissenschaft“ verdeutlicht, dass man Unrechtsgefühle und Empörung auch als *die* Berufsemotionen der Disziplin schlechthin bezeichnen und in ihren gesellschaftskritischen Texten rationalisierte Formen der Empörung sehen kann. Denn befassen sich Soziolog:innen mit der „sozialen Frage“ (Marx & Engels 2018 [1857–1858]), mit der „color-line“ (Du Bois 1903), dem „Elend der Welt“ (Bourdieu et al. 1997), oder wollen „Geschichten für irdisches Überleben erzählen“ (Haraway 2016), beabsichtigen sie, mit ihrem Wissen über soziale Ungleichheits- und Herrschaftsverhältnisse zu einer gerechteren Gesellschaft beizutragen. Geht es um Empörung, ist ein starkes soziologisches Erkenntnisinteresse deshalb auch, unter welchen Bedingungen sie als politische Widerstandskraft ausbleibt.

Bleibt Empörung aus, kann dies sowohl kulturell als auch sozialstrukturell bedingt sein. So kann sich möglicherweise der beschriebene dynamische Prozess aus Entwürdigung und Ermächtigung nicht in voller Gänze vollziehen, da auf dem ‚Weg‘ entweder die kulturellen Ressourcen, die zu einer Unrechtserfahrung führen würden, ausbleiben oder es zu kulturellen Umdeutungen oder moralischen Dilemmata kommt, sodass das Subjekt andere affektive Zustände erlebt.

---

theoretischer Perspektive unterschiedliche Merkmale der Emotionen akzentuieren. Siehe zum Beispiel für eine phänomenologische Analyse von Hass, Verachtung und Empörung als „aggressive Emotionen“ Landweer (2020) oder für eine feministische Lesart von Wut, Zorn und Hass für die Frauenbewegung Lorde (1984).

Ein Beispiel für ersteren Mechanismus sind Studien über das Ausbleiben einer politisch wirkmächtigen Kapitalismuskritik. Für Boltanski und Chiapello (2003) kehrt seit den 1980er-Jahren eine „Lähmung der Kritik" (Boltanski & Chiapello 2003: 80, 86) ein und damit eine „resignative Sprachlosigkeit" (Boltanski & Chiapello 2003) über ökonomische Missstände. Diese erklären sie mit dem in den vergangenen dreißig Jahren veränderten „Geist des Kapitalismus", der den Ruf nach mehr ökonomischer Sicherheit, nach Autonomie und Flexibilität aufnahm und damit der Empörung trotz anhaltender ausbeuterischer Verhältnisse den ideologischen Nährboden entzog. Ein affektives Unbehagen oder Leid weiß in diesem Kontext nicht, wie es sich als Entwürdigung ausdrücken soll, weil es ideologisch orientierungslos geworden ist (Boltanski & Chiapello 2003: 27, 86). Insbesondere der neoliberale Individualismus veranlasst demnach, dass Akteure sich empfundenes Scheitern auf dem Arbeitsmarkt selbst zurechnen, anstatt strukturell-systemische Ursachen der gesteigerten Leistungsanforderung bei gleichzeitigem Abbau sozialer Sicherheitssysteme und der Umverteilung von unten nach oben anzuprangern. Affektives Unbehagen wird dann als Scham (vgl. auch Neckel, Kapitel 11) empfunden, führt zu weiteren individuellen Anstrengungen, die Burnout oder Erschöpfung hervorrufen können (Neckel & Wagner 2013), oder es macht sich als ein depressives Leiden am Unbestimmten bemerkbar (Ehrenberg 2015).

Ausbleibende Empörungen können auf der anderen Seite mit sozialstrukturellen Faktoren zusammenhängen, sodass Machtverhältnisse trotz des gefühlten Unrechts zu dessen Duldung führen. Um Unmut gar nicht erst aufkommen zu lassen oder um es abzudämpfen, deuten Akteure die Verhältnisse mitunter gar nicht als moralisches Problem, sondern als unvermeidbar, gottgewollt oder schicksalhaft (Sachweh 2010). Solche kognitiven (Um)-Deutungen (Terpe 2009: 66) ermöglichen Ermächtigung in affektiven Formen der Indifferenz, Ignoranz, Resignation, Apathie oder Enttäuschung, also in der Akzeptanz der Umstände (Hirschman 1984; Eliasoph 1998; Potthast 2011; Kohpeiß 2023). Interessant in Bezug auf Machtdynamiken sind Studien, welche die sozialstrukturelle Verteilung emotionaler Ausdrucksformen von Unrecht genauer untersuchen. Phoenix (2019) etwa spricht von der „Wutlücke", die zwischen Schwarzen und weißen US-Politiker:innen bestünde. Weiße Politiker:innen würden ihre Empörungen stärker über Wut kundtun als Schwarze, die öffentlich über Emotionen wie Hoffnung oder Gruppenstolz mobilisieren. Daran wird nicht nur erkennbar, wie Emotionen rassifiziert sind – Schwarze Politiker:innen versuchen, das stereotypische Bild des wütenden und vermeintlich gefährlichen Schwarzen zu dekonstruieren. Erkennbar wird auch, dass Menschen, die sich mit Handlungsmacht ausgestattet fühlen, dazu tendieren, ihr empfundenes Unrecht auch über Wut und Ärger auszudrücken, während Deprivierte Angst und Unsicherheit kommunizieren (Phillips 2010).

Auch Max Schelers (1912) Beschreibungen zum Ressentiment als modernem Gemütszustand zeigen auf, wie voraussetzungsreich Empörungen in ihrer sozialen Artikulation sein können. Das Ressentiment beschreibt ein subjektiv unverarbeitetes Diskrepanzerlebnis zwischen kulturell verbürgten Versprechen der Anerkennung, etwa durch Leistung, und ihrem erfahrenen Ausbleiben. Affektiv führt dies nach Scheler zu einer dauerhaften Mischung aus erlittener Niederlage, Ohnmacht und Groll. Als solch eine Grundstimmung aus ziellos-diffusen Unrechtserfahrungen, die die Wirklichkeit negativ-grollend einfärbt, hat das Ressentiment zuletzt soziologische Aufmerksamkeit bekommen, um die neuen nationalautoritären Bewegungen (Heitmeyer 2018) zu erklären. Wenngleich das Phänomen vielschichtig ist, sehen materialistisch orientierte Analysen kulturelle (Um-)Deutungen und psychosoziale Dynamiken am Werk: Statt leidvolle Erfahrungen an die Sphäre des Ökonomischen zu adressieren, haften rechts Gesinnte ihr Ressentiment an sozial schwächer Gestellte, die als Sündenböcke ihre Wut, ihren Zorn oder Hass abbekommen (Heitmeyer 2018). Nach dieser Lesart empören sich die Rechten über das Falsche. Ursache ihres Leids sind nicht die aus ihrer Perspektive Fremden, Faulen oder moralisch Verdorbenen, sondern der globalisierte Kapitalismus.

Diese soziologische Deutung lädt in ihrer Zuspitzung wiederum dazu ein, die normative Imprägnierungen von Sozialtheorie selbst zu thematisieren (vgl. auch Diefenbach & Zink, Kapitel 25). Es ist etwa danach zu fragen, inwiefern derartige Affektanalysen den Rassismus als wirkmächtige Wissensordnung und damit als eigenständige Erklärungsgröße für das Aufkommen der Neuen Rechten vernachlässigen. Weiter führt gerade die Existenz rassistischer Gefühle die Ambivalenzen der Moderne vor Augen, wie sie insbesondere post-strukturalistische Ansätze beschrieben haben. Diese Ambivalenzen bestehen nicht nur darin, dass die Versprechen von Gleichheit und Freiheit unter westlichen Gesellschaftsmitgliedern umkämpft und vielfach unerfüllt bleiben, sondern auch darin, dass der historische Modernisierungsprozess Ausschlüsse und Ausbeutung gegenüber der nicht-westlichen Welt produziert (hat). Unlängst machen daher feministische, post-koloniale und Affekt-Theorien in ihrer Kritik an dominanten Sozialtheorien darauf aufmerksam, dass diese die in westlichen Kulturen hegemoniale Vorstellung einer Subjekt-Objekt-Dichotomie in ihren Ansätzen selbst reproduzieren. Dadurch orientieren sich Vorstellungen und Analysen von Machtverhältnissen an einem „humanistischen Menschen“ (Braidotti 2014), der vorrangig männlich, weiß, rational, souverän und eurozentristisch gedacht wird. Indem feministische, post-koloniale und Affekt-Theorien das Soziale in seinen affektiven Relationierungen betrachten, eröffnen sie im Gegensatz dazu den Raum für moralische Gemeinschaften der wechselseitigen Verpflichtung und Identität, die Mehr-als-Mensch-Beziehungen einschließen und in der Lage sind, Gerechtigkeitsfragen auf nicht-menschliche Akteure auszuweiten. Angesichts von Klimawandel und Artensterben (Haraway 2016) liegen in diesen Sozialtheorien und Konflikten sicherlich die spannendsten und drängendsten Fragen sowie Potenziale, Empörung gegenwärtig sowohl als soziologische Berufsemotion als auch als soziale Tatsache zu erforschen.

Literatur

Boltanski, Luc & Chiapello, Ève (2003). *Der neue Geist des Kapitalismus*. Konstanz: UVK.

Boltanski, Luc & Thévenot, Laurent (2014). *Über die Rechtfertigung. Eine Soziologie der kritischen Urteilskraft*. Hamburg: Hamburger Edition.

Bourdieu, Pierre et al. (1997). *Das Elend der Welt. Zeugnisse und Diagnosen alltäglichen Leidens an der Gesellschaft*. Konstanz: UVK.

Braidotti, Rosi (2014). *Posthumanismus. Leben jenseits des Menschen*. Frankfurt am Main: Campus Verlag.

Dubet, François/Caillet, Valérie/Cortéséro, Régis/Mélo, David & Rault, Françoise (2008). *Ungerechtigkeiten. Zum subjektiven Ungerechtigkeitsempfinden am Arbeitsplatz*. Hamburg: Hamburger Edition.

Du Bois, William E.B. (1903). *The Souls of Black Folk. Essays and Sketches*. Chicago: A. C. McClurg & Company.

Durkheim, Émile (1992 [1893]). *Über soziale Arbeitsteilung. Studie über die Organisation höherer Gesellschaften*. Frankfurt am Main: Suhrkamp.

Ehrenberg, Alain (2015). *Das erschöpfte Selbst. Depression und Gesellschaft in der Gegenwart*. Frankfurt am Main: Campus.

Eliasoph, Nina (1998). *Avoiding Politics. How Americans Produce Apathy in Everyday Life*. Cambridge: Cambridge University Press.

Garfinkel, Harold (1984). *Studies in Ethnomethodology*. Oxford: Polity Press.

Gould, Deborah (2009). *Moving Politics: Emotion and ACT UP's Fight Against AIDS*. Chicago: University of Chicago Press.

Habermas, Jürgen (1992). *Faktizität und Geltung. Beiträge zur Diskurstheorie des Rechts und des demokratischen Rechtsstaats*. Frankfurt am Main: Suhrkamp.

Haraway, Donna (2016). *Staying with the Trouble. Making Kin in the Chthulucene*. Durham/London: Duke University Press.

Heitmeyer, Wilhelm (2018). *Autoritäre Versuchungen. Signaturen der Bedrohung I*. Berlin: Suhrkamp.

Hirschman, Albert O. (1984). *Engagement und Enttäuschung. Über das Schwanken der Bürger zwischen Privatwohl und Gemeinwohl*. Frankfurt am Main: Suhrkamp.

Honneth, Axel (1994). *Kampf um Anerkennung. Zur moralischen Grammatik sozialer Konflikte*. Frankfurt am Main: Suhrkamp.

Honneth, Axel (2000). *Das Andere der Gerechtigkeit. Aufsätze zur praktischen Philosophie*. Frankfurt am Main: Suhrkamp.

Jasper, James M. (1998). „The Emotions of Protest. Affective and Reactive Emotions in and around Social Movements", in: *Sociological Forum* 13(3), S. 397–424.

Kant, Immanuel (2004 [1781]). *Kritik der reinen Vernunft*. Projekt Gutenberg e-book, https://www.gutenberg.org/ebooks/6342.

Kohpeiß, Henrike (2023). *Bürgerliche Kälte. Affekt und koloniale Subjektivität*. Frankfurt am Main: Campus.

Landweer, Hilge (2020): „Aggressive Emotions. From Irritation to Hatred, Contempt and Indignation“, in: T. Szanto & H. Landweer (Hrsg.), *The Routledge Handbook of Phenomenology of Emotion*. London: Routledge, S. 441–454.

Lorde, Audre (1984). *Sister Outsider: Essays and Speeches*. Berkeley: Crossing Press.

Marx, Karl & Engels, Friedrich (2018 [1857–1858]). „Artikel. Oktober 1857 bis Dezember 1858, Bearbeitet von Claudia Reichel und Hanno Strauß“, in: Internationale Marx-Engels-Stiftung (Hrsg.), *Karl Marx Friedrich Engels Gesamtausgabe (MEGA). Erste Abteilung Werke – Artikel – Entwürfe. Band 16*. Berlin/München/Boston: De Gruyter.

Mau, Steffen/Lux, Thomas & Westheuser, Linus (2023). *Triggerpunkte. Konsens und Konflikt in der Gegenwartsgesellschaft*. Berlin: Suhrkamp.

Melucci, Alberto (1996). *Challenging Codes: Collective Action in the Information Age*. Cambridge: Cambridge University Press.

Miller, Kristen L. & Jasper, James M. (2022). „Indignation. Immoral Shocks, Moral Actions“, in: M. H. Jacobsen (Hrsg.), *Emotions in Culture and Everyday Life*. London: Routledge, S. 183–198.

Moore, Barrington (1978). *Injustice: The Social Bases of Obedience and Revolt*. White Plains, New York: M.E. Sharpe.

Neckel, Sighard & Wagner, Greta (Hrsg.) (2013). *Leistung und Erschöpfung. Burnout in der Wettbewerbsgesellschaft*. Berlin: Suhrkamp.

Parks, Rosa mit Haskins, Jim (1999). *My Story*. London: Puffin Books.

Pfeifer, Wolfgang et al. (1993a). „Indignation“, in: Wolfgang Pfeifer et al. (Hrsg.), *Etymologisches Wörterbuch des Deutschen (1993), digitalisierte und von Wolfgang Pfeifer überarbeitete Version im Digitalen Wörterbuch der deutschen Sprache*, <https://www.dwds.de/wb/etymwb/Indignation>, abgerufen am 24.01.2023.

Pfeifer, Wolfgang et al. (1993b). „Empörung“, in: Wolfgang Pfeifer et al. (Hrsg.), *Etymologisches Wörterbuch des Deutschen (1993), digitalisierte und von Wolfgang Pfeifer überarbeitete Version im Digitalen Wörterbuch der deutschen Sprache*, <https://www.dwds.de/wb/etymwb/Emp%C3%B6rung>, abgerufen am 24.01.2023.

Phillips, April (2010). „Indignation or Insecurity. The Influence of Mate Value on Distress in Response to Infidelity“, in: *Evoluntionary Psychology* 8(4), S. 736–750.

Phoenix, David (2019). *The Anger Gap. How Race Shapes Emotion in Politics*. Cambridge: Cambridge University Press.

Potthast, Jörg (2011). „Soziologie der ausbleibenden Kritik“, in: *Mittelweg* 36(2), S. 32–50.

Sachweh, Patrick (2010). *Deutungsmuster sozialer Ungleichheit. Wahrnehmung und Legitimation gesellschaftlicher Privilegierung und Benachteiligung*. Frankfurt am Main: Campus.

Schankweiler, Kerstin (2019). *Bildproteste*. Berlin: Wagenbach.

Scheler, Max (1912). *Das Ressentiment im Aufbau der Moralen*. Frankfurt am Main: Klostermann.

Terpe, Sylvia (2009). *Ungerechtigkeit und Duldung. Die Deutung sozialer Ungleichheit und das Ausbleiben von Protest*. Konstanz: UVK.

Thompson, Edward P. (1963). *The Making of the English Working Class*. New York: Vintage Books.

Thompson, Edward P. (1971). „The Moral Economy of the English Crowd in the Eighteenth Century“, in: *Past & Present* 50(1), S. 76–136.

Christian von Scheve

14 Gefühle sozialer Ungleichheit: Neid

Möchte man den Ursprüngen einer soziologischen Analyse des Neides nachgehen, kommt man vermutlich nicht um Georg Simmels Aufsatz „Rosen. Eine soziale Hypothese“ herum (Simmel 2004). In dieser als märchenhafte Erzählung angelegten Arbeit über den Besitz und die Zucht von Rosen beschreibt Simmel, wie in einem imaginären Land einige Bürger:innen Rosen besitzen und diese durch Zucht vermehren und verschönern können, wohingegen andere keine Rosen besitzen. Diese Situation wird lange Zeit ohne Groll hingenommen, bis ein „Agitator“ verkündet, dass jeder das Recht haben sollte, Rosen zu besitzen und zu züchten. Daraufhin kommt es zu Neid und Missgunst gegenüber den Rosenbesitzer:innen, sodass die Rosen schließlich unter allen Bürger:innen aufgeteilt werden. Der dadurch erreichte Friede währt jedoch nicht lange: Die Rosen waren nicht mathematisch exakt aufzuteilen, einige stellten sich bei der Rosenzucht geschickter an als andere und die lokalen Bedingungen der Zucht sind eben sehr unterschiedlich, sodass schließlich wiederum Neid und Missgunst aufkommen (vgl. ausführlich auch Moebius 2023). Simmels Erzählung zeigt eindrücklich, wie eine durch Neid motivierte, politisch hergestellte Gleichheit im Besitz von Rosen wiederum zu neuen Sensibilitäten und Ungleichheiten hinsichtlich der Anzahl und Qualität der Rosen führt. Sie beinhaltet im Grunde alle Elemente und theoretischen Konzepte, die in der modernen soziologischen Forschung zum Neid eine wesentliche Rolle spielen: Es geht um den sozialen Vergleich, relative Deprivation, Ungleichheit und Gerechtigkeit.

Der Neid gilt weithin als eine Emotion, die mit einem unangenehmen, ja schmerzhaften Gefühlserleben verbunden ist. Auslöser des Neides ist in aller Regel der soziale Vergleich, insbesondere der unvorteilhafte Aufwärtsvergleich. Neid entsteht, wenn eine andere Person oder soziale Gruppe über Eigenschaften, Fähigkeiten oder Besitz verfügt, die man selbst gerne hätte, aber nicht erlangen kann. Aber nicht jeder unvorteilhafte soziale Vergleich mündet im Neid. Die Neidforschung hat eine Reihe von Bedingungen identifiziert, die weithin als Voraussetzung für das Entstehen und Erleben von Neid gelten, von denen hier einige kurz erwähnt seien (vgl. Ben-Ze’ev 1992; Paris 2010).

Dazu zählt erstens die soziale Nähe: Wir beneiden Personen, die uns sozial oder persönlich nahestehen, etwa die Nachbarin um ihr neues Auto oder die Schwester um das Weihnachtsgeschenk. Wir beneiden hingegen kaum einen

---

Anmerkung: Basiert auf und enthält Passagen aus von Scheve et al. (2013).

https://doi.org/10.1515/9783110589214-017

Opernstar für ihre Stimme oder einen Fußballprofi um seinen Sportwagen. Der Grund für die Bedeutung sozialer Nähe ist, dass soziale Vergleiche umso relevanter für das Selbst sind, wenn sich Standards und Relevanzstrukturen der Akteure ähneln (Miceli & Castelfranchi 2007).

Die zweite Bedingung ist die individuelle wie soziale Bedeutung, die bestimmte Eigenschaften oder Besitztümer anderer für eine Person haben. Solche Eigenschaften oder Besitztümer müssen aus Bereichen des sozialen oder wirtschaftlichen Lebens stammen, die für das soziale Selbst einen wesentlichen Stellenwert einnehmen. Für Neid von Bedeutung sind insbesondere solche Güter und Eigenschaften, die einen hohen sozialen Status signalisieren (Fiske 2011; Lange & Crusius 2022). Fährt die Nachbarin einen neuen, luxuriösen SUV, ich aber gestalte mein Leben umweltbewusst und bin überzeugte Fahrradfahrerin, so wird ein solcher Vergleich kaum im Neid münden. Unternimmt ein guter Freund aber mehrmals im Jahr eine Fernreise und auch ich bin reiselustig, kann mir aber eine solche Reisen nicht leisten, dann ist zumindest der Grundstein für Neid gelegt.

Eine dritte Bedingung stellen ohne Zweifel die *kulturellen* Deutungsmuster dar, die jeden sozialen Vergleich rahmen und Hinweise dazu geben, welche Güter, Leistungen und Eigenschaften als erstrebenswert gelten und welche Akteure überhaupt in die Sphäre des sozialen Vergleichs rücken, etwa über soziale Medien (Meier & Johnson 2022) und weithin akzeptierte Gerechtigkeitskriterien. Dass zum Beispiel eine Birkin Bag der Modemarke Hermès als ein für viele erstrebenswertes und damit potenziell Neid auslösendes Gut gilt, ist an eine Reihe kultureller Voraussetzungen geknüpft. Ebenso voraussetzungsreich ist die Annahme, prinzipiell überhaupt einen *Anspruch* auf ein solches Gut erheben zu können, der sich aus kulturellen Vorstellungen von Gleichheit und Gerechtigkeit ableitet. Nicht zuletzt schlagen sich solche Deutungsmuster auch in der kulturellen Wahrnehmung des Neides selbst und in entsprechenden sozialen Normen nieder, die das Erleben und den Ausdruck von Neid – wie auch von anderen Emotionen – regulieren. So weisen etwa Bierstedt und Stodulka (2022) in einer kulturvergleichenden Studie zwischen Deutschland, Indonesien und Japan auf unterschiedliche Objekte, Ausdrucksmuster und Bewältigungsstrategien des Neiderlebens hin.

Obgleich nicht unumstritten, geht das Erleben von Neid oft einher mit Gefühlen von Unterlegenheit, Ärger und Frustration. Ein weiterer, in der wissenschaftlichen Literatur vielfach diskutierter Bestandteil des Neides ist die Missgunst, also der Wunsch, der Andere möge das Begehrte verlieren oder anderweitig leiden. Die Missgunst resultiert zumeist – aber keineswegs immer – aus der Überzeugung, das Begehrte sei deshalb unerreichbar, weil eben der Andere es besitzt, beispielsweise beim Neid auf die Beförderung einer Kollegin. Vielfach wird die These vertreten, dass Neid ohne die Komponente der Missgunst kein Neid im eigentlichen Sinne sei (Paris 2010; Miceli & Castelfranchi 2007). Lediglich das zu begehren, was andere besitzen, ohne aber zugleich den Wunsch zu verspüren, der Andere möge das Begehrte verlieren oder habe es nicht verdient, entspräche vielmehr dem Charakter des Wetteifers als dem des Neides. Neid ist ebenfalls abzugrenzen von verwandten Emotionen wie der Bewunderung, der zwar ebenfalls ein unvorteilhafter sozialer Vergleich zugrunde liegt, die aber mit der Anerkennung von Exzellenz im Anderen einhergeht und die nicht zwingend auf soziale Nähe angewiesen ist (vgl. Schindler et al. 2013; vgl. auch Zink, Kapitel 12). Auch die Eifersucht und Schadenfreude sind eng verwandt mit dem Neid, erstere bedarf jedoch einer triadischen sozialen Konstellation (Clanton 2006) und zweitere kommt auch ohne das Begehren eines unerreichbaren Gutes aus.

Diese beiden Facetten des Neides, die wohlwollende und die missgünstige, zeigen sich nicht nur im subjektiven Gefühlserleben und in den spezifischen sprachlichen Bezeichnungen (etwa „benign" und „malicious envy" im Englischen), sondern auch in zwei konträren Handlungstendenzen, die mit dem Erleben von Neid einhergehen. Zum einen das emulative Handeln, das zu Wettbewerb anspornt und auf der Motivation beruht, das Begehrte durch eigene Anstrengungen ebenfalls zu erreichen, ohne es dem Anderen abspenstig zu machen. Zum anderen ein destruktives und konflikthaftes Handeln, das ganz im Sinne der Missgunst vor allem darauf abzielt, Güter oder Besitz des Anderen zu zerstören, auch wenn man dadurch das Begehrte selbst nicht notwendigerweise erlangt (van de Ven 2016).

Für ein Verständnis von Neid als ein Gefühl, das stets auch destruktive Elemente und Motive der Missgunst enthält, spricht schlicht dessen soziale Normierung, moralische Konnotierung und kulturelle Semantisierung. Nicht umsonst gilt Neid in christlich-katholischen Lehren als eine der sieben Todsünden, wird häufig mit Begriffen wie Gift und Galle assoziiert und bildsprachlich mit dem Motiv der Schlange verbunden. Der Neid ist in den meisten westlichen Gesellschaften eine zutiefst tabuisierte und stigmatisierte Emotion und kaum jemand würde sich öffentlich dazu bekennen, neidisch auf jemand anderes zu sein. Auf der Grundlage von Neid für eigene Ansprüche oder gar subjektiv empfundene Rechte zu argumentieren ist kaum denkbar, nimmt das Neidempfinden solchen Forderungen doch von Vornherein den Legitimationsanspruch. Neid unterliegt wie andere Emotionen auch der sozialen Normierung und kulturellen Regulierung, die jedoch wesentlich umfänglicher und ausgeprägter sind, als bei anderen Emotionen. So wird der Neid nicht nur im sozialen Miteinander zurückgehalten, sondern bleibt auch dem Selbst gegenüber oft uneingestanden (vgl. Paris 2010).

Sofern Neid in erster Linie als Resultat eines sozialen Vergleichs verstanden wird, lässt er sich im allgemeineren Zusammenhang „sozialkomparativer Orientierungen" verorten (vgl. Nullmeier 2000: 31–82). Aus dieser Perspektive lassen sich vor allem die für den Neid konstitutiven sozialen Strukturen und Relationen sowie deren kulturelle Deutungsmuster analysieren. Der dem Neid zugrunde liegende soziale Vergleich bedeutet nämlich zunächst lediglich, dass sich Akteure miteinander vergleichen und ein einseitiger „relativer Mangel" wahrgenommen wird. Dabei geht es weniger um eine an objektiven Kriterien zu messende Unzulänglichkeit, sondern um ein „zu wenig" in Bezug auf eine relevante Bezugsgruppe, auch als „relative Deprivation" bezeichnet (vgl. Neckel 1999: 150).

Ein solcher Vergleich lässt zunächst auch offen, auf welche Kriterien, die für das Neidempfinden bedeutsam sind, er sich bezieht. Selbst wenn man die subjektive Relevanz solcher Kriterien als Bedingung des Neides unterstellt, verbleibt doch ein Kaleidoskop an soziologisch bedeutsamen Möglichkeiten, die kulturellen und gesellschaftlichen Ursachen des Neides weiter zu spezifizieren. Dem Bruder das größere Stück Pizza zu neiden, rückt andere Facetten von Sozialität in den Vordergrund als der Neid auf die Kollegin, die auf die Stelle der Abteilungsleiterin befördert wurde. Im Fall der geneideten Pizza sind dies interpersonale und familiale Dynamiken, im Fall der Abteilungsleitung werden organisationale Relationen von Macht, Status und Hierarchie relevant.

Die meisten soziologischen Analysen des Neides beziehen sich daher auf solche Vergleiche, die systematische Unterschiede zwischen Akteuren zum Gegenstand haben (z. B. Paris 2010; Schoeck 1966; Neckel 1999). Zum einen sind es, Bezug nehmend auf Jean-Jacques Rousseaus (2001) Analysen zur Ungleichheit, die „natürlichen" Unterschiede zwischen Personen – zum Beispiel Alter, Geschlecht, Talente, Begabungen, körperliche Fähigkeiten – (S. 67), die im Zusammenspiel mit entsprechenden kulturellen Praktiken Rang, Status und Anerkennung repräsentieren und damit das wechselseitige Wert- und Abschätzen befördern. Zum anderen sind es die mit arbeitsteiligen und kapitalistischen Gesellschaftsordnungen im Zusammenhang stehenden Ungleichheiten – vor allem von Eigentum und Besitz – die weithin sichtbare Unterschiede zwischen Menschen hervorbringen, die wiederum zum Gegenstand des sozialen Vergleichs und damit zum potenziellen Auslöser des Neides werden (vgl. Nullmeier 2000).

Soziale Ungleichheit kann aber nicht *per se* als Auslöser des Neidempfindens gelten. Es bedarf vielmehr einer politischen Ideologie, die im Grundsatz die Gleichheit aller Bürgerinnen und Bürger festschreibt und legitimiert, wie eingangs in Simmels Arbeit zur Rosenzucht angedeutet (vgl. auch Sauer, Kapitel 6). Erst das politische Streben nach Gleichheit, das sich historisch etwa in der Abschaffung ständischer Grenzen zwischen Adel und Bürgertum äußert, bringt neue, vorher nicht gekannte Sensibilitäten – wie im eingangs angeführten Beispiel der Rosenzucht – in der Wahrnehmung anderer hervor. Durch die politisch motivierte Gleichheit, wie sie insbesondere kennzeichnend für Demokratien ist, fallen die unüberwindbaren Hürden und Barrieren ständischer Systeme. Diese Gleichheit erweckt bei den Menschen den Eindruck, dass alle prinzipiell alles erreichen können. Keine Schranken zwischen Ständen, Kasten oder anderen Gruppen verwehren *prinzipiell* das Erreichen dessen, was man begehrt. Eine solche politisch verankerte Gleichheit dehnt folglich den Möglichkeitsraum des sozialen Vergleichs ins nahezu Unendliche und fördert so den Neid, wie man klassisch etwa mit de Tocqueville (1962) und Simmel (1992) argumentieren kann. Der Neid entstehe vor allem deshalb, weil Demokratien dazu neigten, das Verlangen nach Gleichheit zu entfachen – indem sie es rechtlich und institutionell abgesichert in Aussicht stellen – es aber kaum stillen können, weil kein Verteilungsprinzip es vermag, den vielschichtigen Bedürfnissen und Ansprüchen aller Gesellschaftsmitglieder gerecht zu werden (vgl. insgesamt Nullmeier 2000; Neckel 1999). Eine entgegengesetzte Perspektive findet sich bei Gabriel Tarde (2003 [1890]), der Neidgefühle vielmehr als den Ursprung nivellierter Gesellschaftsordnungen sieht. Seine den Begriff der Nachahmung betonende Sozialtheorie geht davon aus, dass unter zunächst asymmetrischen sozialen Verhältnissen Akteure jene nachahmen, die ihnen ähnlich sind und die über Autorität und Prestige verfügen und denen sie in Liebe und Bewunderung gegenüberstehen. Nachahmung zielt darauf ab, ebenfalls Prestige zu erlangen, sodass am Ende erfolgreicher Ketten der Nachahmung Unterschiede zwischen Akteuren nivelliert werden und lediglich ein diffuser Neid anderen gegenüber verbleibt (vgl. ausführlich Papilloud 2022: 595–596).

Welche Güter oder Eigenschaften man begehrt, die, sofern sie jemand anderes besitzt und sie für einen selbst unerreichbar bleiben, Neid auslösen, ist somit immer eine Frage der gesellschaftlichen Umstände und der Kulturen des Wertens. Gleiches gilt für die Frage, gegenüber welchen Personen in welchen sozialen Positionen man diese Vergleiche überhaupt anstellt. Somit verwundert es auch nicht, dass die Rolle von *Gerechtigkeitsvorstellungen* im Neidempfinden in der Forschung vielfach diskutiert wird (Leach 2008; Miceli & Castelfranchi 2007). Vor allem geht es dabei um die Frage, ob Gerechtigkeitserwägungen ein notwendiges Element des Neiderlebens sind. Oft wird argumentiert, dass die Interpretation der eigenen, schlechter gestellten Position im Lichte verletzter Gerechtigkeitsprinzipien vielmehr Zorn, Empörung oder Ressentiment als Neid hervorbringt (vgl. auch Diefenbach, Kapitel 13). Insbesondere das Ressentiment geht, wie auch der Neid, mit einem Empfinden von Unterlegenheit und Benachteiligung einher. Dementgegen wird oftmals argumentiert, dass Neid keine in diesem Sinne *moralische* Emotion sei, weil er nicht (notwendigerweise) auf der Verletzung weithin akzeptierter moralischer Normen beruht, sondern vielmehr auf der subjektiven Einschätzung, etwas, das man eigentlich *verdient*, nicht erlangen zu können (Ben-Ze'ev 1992). So ist auch John Rawls (1979) – trotz der herausgehobenen Stellung des Neides in seiner Gerechtigkeitstheorie – dahingehend interpretiert worden, dass der Neid im Gegensatz zum Ressentiment relativ losgelöst von allgemeinen Gerechtigkeitsvorstellungen existiert und gerade dann zutage tritt, wenn ein unvorteilhafter sozialer Vergleich sich *nicht* mit Gerechtigkeitsmaßstäben, sondern lediglich mit persönlichem Begehren und der Wahrnehmung, das Begehrte zu verdienen, bemessen lässt (Leach 2008).

Wie man auch immer die Rolle von Gerechtigkeitsvorstellungen im Neid interpretieren mag, als subjektive Anmaßung des „Verdientseins" oder normativ abgesicherten Anspruch auf das Begehrte, so verdeutlicht diese Diskussion doch in jedem Fall eine weitere Dimension der gesellschaftlichen beziehungsweise kulturellen Konstitution des Neidens. Ob wir meinen, das Begehrte zu verdienen, ob wir der Ansicht sind, es stünde uns aus moralischen Gründen zu, oder ob wir die ungleiche Verteilung begehrenswerter Güter oder Eigenschaften schlicht als durch Gott oder andere unhinterfragbare Instanzen gegeben betrachten, hängt maßgeblich von der symbolischen Ordnung einer Gesellschaft, von ihrem Glaubens- und Wertegerüst ab. Dieses Gerüst bestimmt zudem die Bedeutung und den Wert des Neides an sich.

Insofern ist es auch nicht verwunderlich, dass Neid immer wieder zum Gegenstand eines öffentlichen Diskurses um Gerechtigkeit und wohlfahrtsstaatliche Politik wird. In parlamentarischen Debatten, parteipolitischen Auseinandersetzungen, im Wahlkampf sowie in der entsprechenden Medienberichterstattung landet der Neid als sozial unerwünschtes, niederträchtiges Gefühl regelmäßig auf der Agenda. Besonders in Deutschland, so kann man den Eindruck gewinnen, kommt dem Neid stets eine prominente Rolle zu, wenn es darum geht, soziale Gerechtigkeit einzufordern. Die Ankündigung bestimmter fiskalpolitischer Maßnahmen wird dann als Durchsetzung einer *Neidsteuer* gebrandmarkt, Deutschland zur *Neidgesellschaft* erklärt, der *Sozialneid* als etwas „typisch deutsches" etikettiert (Seibel 2013) und überhaupt die deutsche *Neidkultur* als „Plage" gegeißelt.[1] Diese Strategie ist deshalb besonders perfide, weil sie versucht, legitime Gerechtigkeitsansprüche mit dem Verweis auf die kulturell mit Niedertracht und Missgunst assoziierte und strukturell von Gerechtigkeitsansprüchen entkoppelte Emotion des Neides zu delegitimieren. Gerne wird in diesen Debatten auch der Vergleich mit den USA gezogen, wo wirtschaftlicher Erfolg bedenkenlos öffentlich zur Schau gestellt werden könne,

1 Zum Beispiel von Ludwig Georg Braun, dem ehemaligen Präsidenten des Deutschen Industrie- und Handelskammertages (vgl. Braun 2003).

wohingegen man in Deutschland stets Acht geben müsse, dadurch nicht den Neid seiner Mitmenschen auf sich zu ziehen.

Insofern lassen sich für die soziologische Analyse des Neides wenigstens drei zentrale Forschungsperspektiven erkennen, die es künftig weiter zu bearbeiten gilt: die sozialstrukturellen und kulturellen Bedingungen des Neides, die Zusammenhänge von Neid, Ungleichheit und Gerechtigkeit sowie die öffentlich-diskursive Darstellung, Verhandlung und Instrumentalisierung des Neides.

Literatur

Ben-Ze'ev, Aaron (1992). „Envy and Inequality", in: *Journal of Philosophy* 89(11), S. 551–581.

Bierstedt, Annemarie & Stodulka, Thomas (2022). „Envy and Culture: An Interdisciplinary Perspective", in: *Emotions: History, Society, Culture* 6(1), S. 1–25.

Braun, Ludwig Georg (2003). *Die deutsche Neidkultur ist eine Plage. Die Welt* vom 3. Januar 2003. www.welt.de/print-welt/article323244/Die-deutsche-Neidkultur-ist-eine-Plage.html (letzter Aufruf: 16.06.2023).

Clanton, Gordon (2006). „Jealousy and Envy", in: J. E. Stets & J. H. Turner (Hrsg.), *Handbook of the Sociology of Emotions*. New York: Springer, S. 410–442.

Fiske, S. T. (2011). *Envy Up, Scorn Down: How Status Divides Us*. New York: Russel Sage Foundation.

Lange, Jens & Crusius, Jan (2022). „How Envy and Being Envied Shape Social Hierarchies", in: S. Protasi (Hrsg.), *The Moral Psychology of Envy*. Maryland: Rowman & Littlefield, S. 41–59.

Leach, C. W. (2008). „Envy, Inferiority, and Injustice: Three Bases of Anger about Inequality", in: R. H. Smith (Hg.), *Envy: Theory and research*. New York: Oxford University Press, S. 94–116.

Meier, Adrian, & Johnson, Benjamin K. (2022). „Social Comparison and Envy on Social Media: A Critical Review", in: *Current Opinion in Psychology* 45, https://doi.org/10.1016/j.copsyc.2022.101302.

Miceli, Maria & Castelfranchi, Cristiano (2007). „The Envious Mind", in: *Cognition and Emotion* 21(3), S. 449–479.

Moebius, Stephan (2023). „Georg Simmel's Political Thought: Socialism and Nietzschean Aristocratism", in: *Journal of Classical Sociology* 23(1), S. 20–62.

Neckel, S. (1999). „Blanker Neid, blinde Wut? Sozialstruktur und kollektive Gefühle", in: *Leviathan* 27(2), S. 145–165.

Nullmeier, Frank (2000). *Politische Theorie des Sozialstaats*. Frankfurt am Main/New York: Campus.

Papilloud, Christian (2022). „Gabriel Tarde: Gefühle und Nachahmung in *Die Gesetze der Nachahmung*", in: K. Senge/R. Schützeichel & V. Zink (Hrsg.), *Schlüsselwerke der Emotionssoziologie*. Wiesbaden: Springer, S. 591–599.

Paris, Rainer (2010). *Neid. Von der Macht eines versteckten Gefühls*. Leipzig: Manuscriptum.

Rawls, John (1979). *Eine Theorie der Gerechtigkeit*. Frankfurt am Main: Suhrkamp

Rousseau, Jean-Jacques (2001). *Diskurs über die Ungleichheit. Discours sur l'inégalité*, 5. Auflage. Stuttgart: UTB

Schindler, Ines/Zink, Veronika/Windrich, Johannes & Menninghaus, Winfried (2013). „Admiration and Adoration: Their Different Ways of Showing and Shaping Who We Are", in: *Cognition and Emotion* 27(1), S. 85–118.

Schoeck, Helmut (1966). *Der Neid. Eine Theorie der Gesellschaft*. München: Alber.

Seibel, Andrea (2013). *„Sozialneid ist typisch deutsch„. Der Politikwissenschaftler Klaus Schroeder über Leistungsgesellschaft und Uli Hoeneß. Die Welt* vom 27. April 2013. www.welt.de/print/die_welt/wirtschaft/article115660192/Sozialneid-ist-typisch-deutsch.html (letzter Aufruf: 16.06.2023).

Simmel, Georg (1992). *Soziologie. Untersuchungen über die Formen der Vergesellschaftung*. Frankfurt am Main: Suhrkamp.

Simmel, Georg (2004). *Miszellen, Glossen, Stellungnahmen, Umfrageantworten Leserbriefe, Diskussionsbeiträge 1889–1918. Anonyme und pseudonyme Veröffentlichungen 1888–1920*. Hrsg. von Klaus Christian Köhnke, Cornelia Jaenichen und Erwin Schullerus. Frankfurt am Main: Suhrkamp.

Smith, Richard H. & Kim, Sung Hee (2007). „Comprehending Envy“, in: *Psychological Bulletin* 133(1), S. 46–64.

Tarde, Gabriel (2003 [1890]). *Die Gesetze der Nachahmung*. Frankfurt am Main: Suhrkamp.

Tocqueville, Alexis de (1962). *Über die Demokratie in Amerika*. 1. + 2. Band. Stuttgart: DVA.

Van de Ven, Niels (2016). „Envy and Its Consequences: Why It Is Useful to Distinguish between Benign and Malicious Envy“, in: *Social and Personality Psychology Compass* 10(6), S. 337–349.

Von Scheve, Christian/Stodulka, Thomas & Schmidt, Julia (2013). „Guter Neid, Schlechter Neid? Von der ‚Neidkultur‘ zu Kulturen des Neides„, in: *Aus Politik und Zeitgeschichte* 32(33), S. 41–46.

Frank Adloff

15 Gefühle des Zusammenhalts: Solidarität

Solidarität ist ein zentraler Begriff in der gesellschaftlichen Selbstbeschreibung. Man denke dabei etwa an die Solidarität innerhalb der Arbeiterbewegung des ausgehenden 19. Jahrhunderts, an humanitäre Hilfe für die Opfer von Katastrophen wie Erdbeben oder Überschwemmungen, an praktische Unterstützung für Geflüchtete oder an Waffen für die ukrainische Armee. Man denkt vielleicht aber auch an Institutionen wie Krankenversicherungen oder Rentensysteme, da sich in ihnen Prinzipien der Solidarität verkörpern. Solidarität ist je nach Kontext mal mehr mal weniger emotional aufgeladen: Empathie, Mitgefühl und Gefühle starker Verbundenheit (und möglicherweise auch Hass auf den Gegner) lassen sich hier finden, aber auch „kühlere" Varianten des wohlverstandenen Eigeninteresses im Rahmen des Wohlfahrtsstaats. Auf den ersten Blick wird also klar, dass unter Solidarität sehr Verschiedenes verstanden werden kann. Immer geht es im allgemeinen Sinne um Zusammenhalt und um eine mehr oder weniger starke affektive Zugehörigkeit, wobei Solidarität im engeren Sinne mehr verlangt, nämlich ein reziprokes Verhältnis unter Gleichen – wie weiter unten herausgearbeitet wird.

Der Begriff der Solidarität geht auf das römische Recht zurück, wo er eine spezifische Form gegenseitiger Haftung beschreibt. In modernen Kontexten finden sich ursprünglich drei gesellschaftliche Verwendungsweisen. Er ist erstens als „Brüderlichkeit" Teil des Aufklärungserbes, stellt zweitens den zentralen Begriff der Arbeiterbewegung und der Sozialdemokratie dar und findet sich drittens zu Beginn des 20. Jahrhunderts prominent in der katholischen Soziallehre[1]. Darüber hinaus wird Solidarität in der Wissenschaft mit den Schriften Émile Durkheims Ende des 19. Jahrhunderts zu einem wichtigen Konzept der Soziologie (vgl. Lessenich et al. 2020).

Durkheim trieb die Frage um, was moderne Gesellschaften zusammenhält, was sie angesichts vielfältiger Wandlungsprozesse integriert. In seiner Dissertation über die soziale Arbeitsteilung aus dem Jahr 1893 geht Durkheim von einem fundamentalen Unterschied zwischen früheren, vormodernen Gesellschaften und heutigen modernen Gesellschaften aus. Die Vormoderne ist für ihn durch eine „mechanische Solidarität" gekennzeichnet, in der die Individuen an einem mächtigen Kollektivbe-

1 Die moderne katholische Soziallehre entsteht Ende des 19. Jahrhunderts in Abgrenzung zum Liberalismus und Sozialismus und setzt in der Auseinandersetzung mit der sozialen Frage auf Prinzipien der Solidarität, der Subsidiarität und des Gemeinwohls.

https://doi.org/10.1515/9783110589214-018

wusstsein beziehungsweise -gewissen (*conscience collective*) partizipieren, das wenig Spielraum für individuelle Abweichungen zulässt. Hier ent- und bestehen Verbindungen aus dem Prinzip der Ähnlichkeit. In modernen Gesellschaften schwinde der Einfluss des Kollektivbewusstseins und Individualität werde ermöglicht. Dennoch geht Solidarität für Durkheim (1988 [1893]) in der Moderne nicht verloren, sie wandle sich nur: Die moderne „organische Solidarität" beruht auf der Unterschiedlichkeit von Menschen und auf ihrer wechselseitigen Abhängigkeit voneinander. Aus den wechselseitigen Abhängigkeiten beispielsweise verschiedener Berufsgruppen soll eine wechselseitige Anerkennung resultieren. Durkheim verankert die neue Moral der organischen Solidarität mithin weniger im kollektiven Bewusstsein eines gemeinsamen Fundus geteilter Werte, sondern in der Norm der Reziprozität, das heißt im Prinzip der Wechselseitigkeit.

Im solidarischen Handeln werden moralspezifische Motive wirksam, die nicht primär in abstrakten moralischen Regeln gründen, sondern in Gefühlen sozialer Verbundenheit und gemeinsamer Wertbezüge (vgl. Münch 1995; Wildt 1998). Durkheim stellte sich daher auch die Frage, woher gemeinsam geteilte Werte kommen und wie sie genau entstehen können. In seinem Spätwerk „Die elementaren Formen des religiösen Lebens" von 1912 geht es ihm um die Grundlagen von Moral und Religion, aber auch um affektive Dynamiken, die der Entstehung von Werten zugrunde liegen (Durkheim 1981 [1912]). Kurz gefasst lautet sein Argument, dass Werte auf starken affektiv-motivierenden Erfahrungen beruhen. Sie sind energetisierende Ideale, die immer dann entstehen und wirken, wenn eine Versammlung von Menschen kollektive Erregungen und Emotionen hervorbringt (vgl. auch Knoblauch, Kapitel 20). In solchen Momenten kollektiver Ekstase fährt in die Menschen eine gleichsam äußere, moralische Kraft, die repräsentiert werden muss: etwa als Idee der Nation oder einer solidarisch um Gerechtigkeit kämpfenden Gruppe. Durkheim beschreibt diese Prozesse am Beispiel der australischen Aborigines. Ihr gesellschaftliches Leben unterteilt sich in zwei Phasen: dem gleichförmigen, profanen Alltag einerseits und den exzeptionellen Festen andererseits, die den Kontakt zum Heiligen und damit der Kollektivität wieder herstellen und das solidarische Band der Gesellschaft erneuern. Im Zentrum der Kollektivgefühle von Kraft, Solidarität und Euphorie stehen Riten, die auf der Synchronisierung von Bewegungen, Lauten und Symbolen beruhen und mittels derer man mit dem Heiligen als kollektivem Ideal kommuniziert.

Diese theoretische Einsicht Durkheims wurde in der Geschichte des soziologischen Denkens mehrfach aufgenommen und emotionssoziologisch fruchtbar gemacht. Erving Goffman (1986) hat beispielsweise hieran anschließend eine Theorie von Interaktionsordnungen in Ko-Präsenz entwickelt. Interaktion in Ko-Präsenz geht für Goffman in der Regel mit einer thematischen Fokussierung, einem gemeinsamen Engagement für die Interaktion und mit der Achtung der involvierten Selbste einher. Randall Collins (2004) schließt hier wiederum in seiner Analyse von Interaktionsritualen an. Er interessiert sich für die in Ritualen durch soziale Dichte und gemeinsame Aufmerksamkeitsfokussierung hervorgerufenen Emotionen, aus denen dann Symbolisierungen erwachsen. Die Fahne des geliebten Fußballvereins repräsentiert die Erfahrung der gemeinsamen Werte, der erlebten Solidarität im Stadion unter den Fans des Clubs. Der regelmäßige Besuch des Stadions reaktualisiert diese Solidaritätserfahrungen und lädt die Fans wieder mit emotionaler Energie auf, so Collins' Fokus. Verallgemeinert gesagt: Attribuiert man positive kollektive Emotionen auf eine soziale Einheit wie eine Gruppe oder eine Nation, entwickelt sich eine affektive Bindung an diese Gruppe in Form von Solidarität, bei Indifferenz oder negativen Gefühlen entsteht nur eine schwache oder gar keine affektive Bindung an das Kollektiv.

Die Fans eines Vereins stehen wechselseitig für sich ein; dies ist konstitutiv für solidarische Beziehungen. So sind auch Praktiken des Gebens, der Hilfe, des Engagements und des Spendens in der Regel keine unilateralen und einmaligen Akte. Sie sind sozial eingebettet und häufig wird eine Erwiderung auf der Seite der Hilfenehmenden evoziert. Daher liegt es soziologisch nahe, den Blick auf interaktions- und reziprozitätstheoretische Ansätze zu richten. Geben, Annehmen und Erwidern bilden einen dreistelligen Handlungszyklus, worauf schon Marcel Mauss (2010) in seiner berühmten Studie „Die Gabe" hinwies. Solidarität baut genau auf diesem dreistelligen Zyklus auf, der vierstellig wird, wenn das Erbitten einer Hilfeleistung vorweggeschaltet wird (Caillé 2022). In der Gabe liegt eine Art Test: Wer gibt, bekommt unausweichlich eine Antwort. Etwas jemandem zu geben ist als erster Schritt des Erkennens des Anderen als eines Menschen und im zweiten als eine Form von Anerkennung zu deuten, auf die der oder die Andere reziprok oder ablehnend reagieren kann (Adloff 2018).

Wie erklärt sich nun, dass das Geben nicht nur horizontale Beziehungen und Solidarität stiftet, sondern manchmal ganz genau das Gegenteil? Wie kann es sein, dass Gaben Zwietracht säen und Hierarchien und Ehrerbietung konstituieren können? Mauss selbst hat darauf aufmerksam gemacht, dass Gaben nicht nur Solidarität und Anerkennung, sondern auch Hierarchie, Abhängigkeitsschuld, Verehrung Höhergestellter, aber auch Missachtung stiften und konsolidieren können. Dies ist immer dann der Fall, wenn die Verfügung über Ressourcen bei verschiedenen Gruppen sehr ungleich ausfällt und auf diese Weise Gaben nicht erwidert werden können. So bauen sich Verschuldungen und Machtasymmetrien auf, wenn eine soziale Gruppe auf Grund ihrer Ressourcenausstattung empfangene Hilfeleistungen systematisch nicht erwidern kann – die paternalistische, karitative Gabe gegenüber Armen wäre hier typisch. Sie führt zur Erniedrigung und Abhängigkeit der Hilfenehmenden (die gleichwohl die Höhergestellten achten oder gar verehren können), wenn ihnen zur Erwiderung die notwendige Ausstattung an kulturellem, ökonomischem, sozialem oder symbolischem Kapital fehlt. Die Beziehung kann also nicht in eine horizontale Solidaritätsbeziehung verwandelt werden, sondern verbleibt in der paternalistischen Asymmetrie der Wohltätigkeit.

Zur potenziellen Schattenseite der Solidarität zählen darüber hinaus Exklusionseffekte: Andere von der Solidarität auszuschließen, ist geradezu konstitutiv für viele Solidarbeziehungen. So beruhen die sozialstaatlichen und damit solidarischen Arrangements europäischer Gesellschaften auf dem Ausschluss aller anderen Bürger:innen, die den europäischen Nationalstaaten nicht angehören (Lessenich 2020). Ein prägnantes Negativbeispiel stellen Gruppen wie die Mafia oder der Ku-Klux-Klan dar, die im Innern über eine hohe Solidarität verfügen, die aber der Gesellschaft insgesamt schaden. Solidarität beziehungsweise Sozialkapital (Putnam 2000), das aus Vertrauen, Gegenseitigkeit und freiwilligen Zusammenschlüssen besteht, ist dagegen brückenbauend und inklusiver, wenn es Personen über soziale Unterschiede hinweg bindet. Beispielhaft wäre hier die US-amerikanische Civil-Rights-Bewegung zu nennen. Bindende, engere Formen von Sozialkapital schließen dagegen nur Menschen zusammen, die sich sozialstrukturell oder kulturell sehr ähnlich sind.

Es stellt sich nun jedoch die Frage, warum es durchaus Situationen gibt, in denen man mit Anderen solidarisch ist, die man nicht kennt, mit denen man keine rituellen Praktiken (wie den Stadionbesuch) teilt, die einem also fremd sind. Zur Erklärung von prosozialen, solidarischen Hilfeleistungen trägt eine Theorie der Identifikation bei. Eine solche Theorie beruht auf der trivial anmutenden Einsicht, dass Hilfeleistende sich häufig mit anderen Menschen und deren Anliegen oder Problemen affektiv und moralisch verbunden sehen. Aus der Identifikation mit Anderen – der pragmatistische Sozialpsychologe George Herbert Mead spricht von der Rollenübernahme, also der Fähigkeit, sich in Andere hineinzuversetzen – entsteht eine Identifikation mit ihren Ideen, Interessen, Bedürfnissen, Gefühlen oder Leiden. So kommen beispielsweise Spenden an Fremde erst dann zustande, wenn es gelingt, eine kognitive und emotionale soziale Beziehung zu den Entfernten – etwa Hungernden, Geflüchteten oder Katastrophenopfern – herzustellen (Adloff 2019; vgl. auch Diefenbach, Kapitel 13). Die Rolle der Medien kann in diesem Zusammenhang gar nicht überschätzt werden – nur über die Medien erfahren wir von entferntem Spendenbedarf, sie vermitteln das Leid anderer Menschen, wobei insbesondere Bilder eine große Wirkmacht entfalten (Wenzel & Scholz 2010; Bekkers & Wiepking 2011).

Doch warum sehen wir uns dazu veranlasst, uns mit einigen zu identifizieren und mit einigen Anderen wiederum nicht? Wem hilft man, wem nicht? Wie kommt es zu einer Rollenübernahme, die motiviert, zu handeln? Voraussetzung für Rollenübernahme und Vollzug einer solidarischen Handlung ist Empathie, also ein emotionales Mit- und Nachvollziehen der Situation des Anderen. Empathie ist nicht primär eine kognitive Leistung: So können wir den emotionalen Zustand einer anderen Person teilen und nachempfinden, oder wir reagieren emotional auf die wahrgenommenen Emotionen eines Anderen. Aus Empathie kann einerseits Mitgefühl resultieren oder aber auch eine persönliche Stresssituation, sofern das bei Anderen beobachtete Leid als unangenehm wahrgenommen wird und Angst auslöst (Davis 2006).

Wenn Empathie sich in Mitgefühl äußert, kann sie handlungswirksam werden. Sie folgt dabei spezifischen Verlaufskurven und Gefühlsregeln (Schmitt & Clark 2006). Mitgefühl steht nach westlichen Gefühlsstandards nicht jedem zu: Im Idealfall hat man einfach Pech gehabt und ist für das erfahrene Leid nicht verantwortlich. Besonders vulnerable Personen wie Kinder ziehen unser Mitgefühl deshalb leicht auf sich. So haben mehr Menschen mit Aids-infizierten Kindern Mitgefühl als mit deren Eltern, die für ihr Schicksal teilweise selbst verantwortlich gemacht werden. Mitgefühl-Unternehmer in Form von Hilfsorganisationen oder Prominenten teilen der Öffentlichkeit massenmedial vermittelt mit, wer Mitgefühl verdient (und wen man ignorieren kann).

Schließlich sollte sich der „Zyklus der Gabe“ – der Kreislauf des Gebens, Nehmens und Erwiderns – am Ende auch wieder schließen: Man erwartet in der Regel wenigstens Dankbarkeit für Mitgefühl und Unterstützungsleistungen. Wird eine solidarische Hilfeleistung nicht honoriert, geht die Neigung, Mitgefühl zu empfinden, schnell zurück. Umgekehrt braucht es auch eine spezifische Gefühlsregulierung aufseiten der Hilfeempfänger:innen: Sie müssen die widerstreitenden Erfahrungen von erfahrener Hilfe und Wertschätzung einerseits und Beschämung und Hierarchisierung durch Hilfsbedürftigkeit andererseits emotional austarieren.

Am besten funktioniert Solidarität, wenn sie organisiert wird. Menschen engagieren sich in sozialen Netzwerken, weil sie entweder durch ihnen persönlich bekannte Menschen motiviert oder durch organisationale Netzwerke rekrutiert und animiert wurden – zentral ist es zumeist, gefragt zu werden. So konnte der Soziologe Kieran Healy (2000) im Ländervergleich zeigen, wie institutionell unterschiedlich aufgebaute Blutspenderegime unterschiedliche Bevölkerungsgruppen erreichen und verschieden stark die Blutspendebereitschaft der Leute aktivieren. Organisation und Fundraising schaffen Gelegenheiten und Motive für die Blutspende.

Solidarität kann noch stärker organisiert werden, wenn es gelingt, eine Symmetrie und Reziprozität der Rollen von Hilfegeber:innen und Hilfenehmer:innen zu institutionalisieren: Auch die Empfänger:innen von Unterstützung könnten eines Tages Hilfegeber:innen sein und umgekehrt. Dies ist das Grundprinzip von Sozialversicherungen wie der Renten- und der Arbeitslosenversicherung und gilt auch für den Bereich der gesetzlichen Krankenversicherung. Geben und Nehmen wechseln sich hier ab (Lessenich & Mau 2005). Diese institutionalisierte Solidarität ist normalerweise nicht auf einen starken Strom an Affekten angewiesen, solange alle den Eindruck haben, dass sie fair arrangiert ist. Solidarität funktioniert am besten unter Gleichen.

Abschließend ist festzuhalten, dass der hier rekonstruierte Begriff der Solidarität historisch mit der modernen Gesellschaft verknüpft ist und somit auch einen Hauptbegriff soziologischer Theorie darstellt. In seinen allgemeinen anthropologischen Dimensionen ist er breiter angelegt: Er verweist auf die universell vorfindbare Ultra-Sozialität des Menschen (Tomasello 2014), auf altruistische Neigungen, auf Mitgefühl, Liebe und Care (Lynch & Kalaitzake 2020; Caillé & Vandenberghe 2020) und gehört damit genauso zur menschlichen affektiven Grundausstattung wie der Egoismus.

Literatur

Adloff, Frank (2018). *Politik der Gabe. Für ein anderes Zusammenleben.* Hamburg: Edition Nautilus.

Adloff, Frank (2019). „Ambivalenzen des Gebens. Hilfe zwischen Hierarchie und Solidarität", in: *WestEnd. Neue Zeitschrift für Sozialforschung* 16(1), S. 91–100.

Bekkers, René & Wiepking, Pamala (2011). „A Literature Review of Empirical Studies of Philanthropy: Eight Mechanisms that Drive Charitable Giving", in: *Nonprofit and Voluntary Sector Quarterly* 40(5), S. 924–973.

Caillé, Alain (2022). *Das Paradigma der Gabe. Eine sozialtheoretische Ausweitung*. Bielefeld: transcript.

Caillé, Alain & Vandenberghe, Frédéric (Hrsg.) (2020). *For a New Classic Sociology: A Proposition, Followed by a Debate*. London: Taylor & Francis.

Collins, Randall (2004). *Interaction Ritual Chains*. Princeton: Princeton University Press.

Davis, Mark H. (2006). „Empathy", in: J. E. Stets & J. H. Turner (Hrsg.), *Handbook of the Sociology of Emotions*. New York: Springer, S. 443–466.

Durkheim, Émile (1988 [1893]). *Über soziale Arbeitsteilung. Studie über die Organisation höherer Gesellschaften*. Frankfurt am Main: Suhrkamp.

Durkheim, Émile (1981 [1912]). *Die elementaren Formen des religiösen Lebens*. Frankfurt am Main: Suhrkamp.

Goffman, Erving (1986). *Interaktionsrituale. Über Verhalten in direkter Kommunikation*. Frankfurt am Main: Suhrkamp.

Healy, Kieran (2000). „Embedded Altruism: Blood Collection Regimes and the European Union's Donor Population", in: *The American Journal of Sociology* 105(6), S. 1633–1657.

Lessenich, Stephan (2020). „Doppelmoral hält besser. Die Politik mit der Solidarität in der Externalisierungsgesellschaft", in: *Berliner Journal für Soziologie* 30(1), S. 113–130.

Lessenich, Stephan & Mau, Steffen (2005). „Reziprozität im Wohlfahrtsstaat", in: F. Adloff & S. Mau (Hrsg.), *Vom Geben und Nehmen. Zur Soziologie der Reziprozität*. Frankfurt am Main/New York: Campus, S. 257–276.

Lessenich, Stephan/Reder, Michael & Süß, Dietmar (2020). „Zwischen sozialem Zusammenhalt und politischer Praxis: Die vielen Gesichter der Solidarität", in: *WSI-Mitteilungen* 73(5), S. 319–326.

Lynch, Kathleen & Kalaitzake, Manolis (2020). „Affective and Calculative Solidarity: The Impact of Individualism and Capitalism", in: *European Journal of Social Theory* 23(2), S. 238–257.

Mauss, Marcel (2010). *Soziologie und Anthropologie, 2 Bde*. Wiesbaden: Springer.

Münch, Richard (1995). „Elemente einer Theorie der Integration moderner Gesellschaften. Eine Bestandsaufnahme“, in: *Berliner Journal für Soziologie* (5)1, S. 5–24.

Putnam, Robert (2000). *Bowling Alone. The Collapse and Revival of American Community*. New York: Wiley.

Schmitt, Christopher S. & Clark, Candace (2006). „Sympathy“, in: J. E. Stets & J. H. Turner (Hrsg.), *Handbook of the Sociology of Emotions*. New York: Springer, S. 467–492.

Tomasello, Michael (2014). „The Ultra-Social Animal“, in: *European Journal of Social Psychology* 44(3), S. 187–94.

Wenzel, Harald & Scholz, Tobias (2010). „Die medienvermittelte Teilhabe an Katastrophen“, in: F. Adloff/E. Priller & R. Graf Strachwitz (Hrsg.), *Prosoziale Motivation. Bedingungen des Spendens in interdisziplinärer Perspektive*. Stuttgart: Lucius & Lucius, S. 95–119.

Wildt, Andreas (1998). „Solidarität – Begriffsgeschichte und Definition heute“, in: K. Bayertz (Hrsg.), *Solidarität. Begriff und Problem*. Frankfurt am Main: Suhrkamp, S. 202–216.

Nur Yasemin Ural

16 Grenzmarkierende Gefühle: Hass

Carl Schmitt, einer der bekanntesten Verfassungsrechtler des NS-Regimes und einer der umstrittensten Staatsphilosophen, definierte das Politische als eine immanente und kontextabhängige Unterscheidung zwischen Freund und Feind. Diese Dichotomie, ob in Affirmation oder Abgrenzung, die zu einer zentralen Definition innerhalb der politischen Theorie avancierte, erklärt er in seinem Buch *Der Begriff des Politischen* so: „[D]ie Worte Freund und Feind sind hier in ihrem konkreten, existenziellen Sinn zu nehmen, nicht als symbolische oder allegorische Redensarten, nicht vermischt und abgeschwächt durch wirtschaftliche, moralische und andere Vorstellungen, am wenigsten in einem privat-individualistischen Sinne psychologisch als Ausdruck privater Gefühle und Neigungen" (1932: 9). Diese Unterscheidung liege, so Schmitt, allen denkbaren politischen Verhaltensweisen zugrunde, die auch die Entstehung einer politischen Einheit von „Wir" versus „Nicht-Wir" ermöglichen. Diese einflussreiche Definition des Politischen setzt also voraus, dass man den Feind nicht „unter Antipathiegefühlen hass[en]" muss (ibid. 10), er existiert unabhängig von sogenannten „privaten" und „psychologischen" Gefühlen. Schmitt unterscheidet zwischen privaten Feinden (Lat. *inimicus*) und öffentlichen Feinden (Lat. *hostis*) und ordnet Gefühle ausschließlich der privaten Sphäre zu – zweifellos auch mit dem politischen Ehrgeiz, seine Theorie in Einklang mit der unendlichen, bedingungslosen christlichen Liebe zu bringen. Dementsprechend argumentiert er, dass negative private individuelle Gefühle wie Hass oder Ekel bei der Bekämpfung oder Vernichtung des Feindes (also einer Gruppe oder Nation) letztlich keine große Rolle spielen, weil die Unterscheidung als juristische und öffentliche und nicht als persönliche Kategorie betrachtet wird. Ob nach Schmitt ein „öffentlicher Hass" empfunden werden muss, um den Feind vom Freund zu trennen, bleibt nach seiner Konzeption daher offen oder vielleicht sogar vollkommen irrelevant.

Schmitt ist keineswegs ein Theoretiker der Emotionen, aber er ist interessant, weil er einerseits die emotional aufgeladene Unterscheidung zwischen Freund und Feind als Grundlage des Politischen definiert, andererseits aber genau diese Unterscheidung vom Affektiven befreit und damit das Politische entemotionalisiert und objektiviert. Die Art und Weise, wie er die öffentliche und die private Sphäre versteht und Emotionen der letzteren zuordnet, verweist zudem auf die gängige Interpretation von Emotionen nicht nur in der Öffentlichkeit (vgl. auch Sauer, Kapitel 6), sondern auch in vielen wissenschaftlichen Studien. Diese Umschreibung ist symptomatisch für ein Verständnis von Emotionen, das auf den inneren, privaten und subjektiven Gefühlen und Sinnen beruht, die ein Individuum empfindet. Diese phänomenologische Zuordnung von Emotionen, die Schmitt für

https://doi.org/10.1515/9783110589214-019

privat und damit für die Politik für irrelevant erklärt, spiegelt sich in weiten Teilen der Emotionsforschung wider. Sowohl die universalistischen Annahmen über Emotionen als Basisemotionen (Ekman 1984), die von allen Menschen geteilt werden, als auch die kulturspezifischen Theorien über Emotionen (Rosaldo 1984) – einige Emotionen existieren nur in bestimmten Kulturen – stellen ihre subjektzentrierten Aspekte nicht infrage. In diesen Theorien wird davon ausgegangen, dass Emotionen im Inneren einer Person entstehen und für Andere weitgehend unzugänglich und unverständlich bleiben oder möglicherweise nach außen nur in Form von Gesichtsausdrücken, Erröten, erhöhtem Puls und so weiter übertragen oder durch die Bewegung der Neuronen im Gehirn gemessen werden können.

Hass ist in dieser Hinsicht eine sehr umstrittene Emotion, denn nicht nur seine Genese und damit zusammenhängende Verortung, sondern auch sein distinkter Charakter scheint nicht selbstverständlich zu sein. Dementsprechend sind sich Wissenschaftler:innen und Philosoph:innen uneinig darüber, ob Hass ein Cocktail aus „hard-wired" negativen Emotionen wie Angst (vgl. auch Dehne, Kapitel 17), Abscheu und Ekel ist oder ob es sich um eine eigenständige Form von Emotion handelt. In ihrer neurowissenschaftlichen Studie versuchen Zeki und Romaya (2008), den Hass im menschlichen Gehirn anhand der neuronalen Aktivität zu lokalisieren, während sie 17 Probanden Bilder von Menschen zeigen, die sie angeblich hassen. Ihr neurowissenschaftlicher Kollege Glaser (2009) kommt hingegen zu dem Schluss, dass Hass viel zu komplex sei, um ihn allein als eine im Gehirn lokalisierbare Emotion zu erforschen. Auch die Evolutionsbiologie hat sich wenig mit dieser Emotion befasst, denn es ist nicht bewiesen, ob Tiere Hass empfinden (Glaser 2009: 17). Dem Philosophen Aurel Kolnei (2007) zufolge unterscheidet sich der Hass von anderen negativen Gefühlen wie Ekel und Abscheu durch seine Dauerhaftigkeit, die auf vergangenen Erfahrungen (imaginär oder konkret) beruht. Hass entsteht nur in Fällen von Familiarität, Gleichheit, Ähnlichkeit und Nähe. Nach Kolnai (2007) kann man Ekel oder Abscheu vor völlig unbekannten Personen oder Objekten empfinden, aber für Hass ist eine gewisse Vertrautheit unerlässlich.

Hass ist zudem eine stark negativ bewertete Emotion. Im Vergleich zum Ärger oder zur Wut ist der Hass nicht nur dauerhafter, sondern hat auch einen essenzialisierenden Charakter. Man hasst nicht wegen dem, was der/die Andere tut, sondern wegen dem, was er/sie ist (Kolnai 2007). Er trägt dazu bei, eine Gruppenbildung, nämlich das „Wir", zu etablieren. Er wird aber auch häufig den Anderen zugeschrieben, um die Handlungen des Anderen zu erklären. Nicht nur in medialen Diskursen, sondern auch in sozialwissenschaftlichen Studien wird Hass daher oft normativ/politisch dem „Anderen" (wie Islamist:innen oder Rechten) zugeschrieben, ohne dass man sich um eine präzisere Terminologie bemüht, die Rolle anderer Emotionen miteinbezieht oder die Historizität von Hass im Auge behält (Glas & Spierings 2020; Tetrault 2021). Vor diesem Hintergrund ist für ein soziologisches Studium vor allem ein wachsendes Forschungsgebiet fruchtbar, in dem Emotionen wie Hass nicht in physisch-phänomenologischen Empfindungen oder in der Psyche lokalisiert, sondern in ihrer Relationalität mit anderen menschlichen und nichtmenschlichen Körpern betrachtet werden (Slaby 2019).

In dieser relationalen Tradition und im Nachgang des *affective turn*, stellt etwa Sara Ahmed (2001) die Annahme zutiefst infrage, dass man das Private vom Öffentlichen unterscheiden könne. Ähnlich wie andere Emotionen ist der Hass für sie weder positiv in einem Objekt, Symbol/Zeichnen (*sign*) verankert, noch hat er seinen Ursprung in einem Subjekt (Ahmed 2004: 44). Hass ist eine sehr intensive Emotion, die wie andere Emotionen auch immer eine gewisse Intentionalität beinhaltet (Goldie 2002). Diese Intentionalität ist jedoch nie einseitig, sondern immer relational, indem sie sowohl dem hassenden Subjekt als auch dem gehassten/hassenswerten Objekt vorausgeht. Ahmed spricht daher von „Oberflächen" (*surfaces*) (Ahmed 2000: 4) aus Körpern, Objekten und Räumen, die erst durch affektive Intensivierung mit Bewegung, Orientierung und Nähe geformt werden und dadurch in Erscheinung treten. Erst durch die Emotionen (die für Ahmed begrifflich von den Affekten nicht zu trennen sind) erhalten die (menschlichen und nicht-menschlichen) Körper also ihre Form, wobei diese niemals endgültig, sondern immer anfällig für weitere Ver- und Neuformungen sind. Demgemäß ruft Hassen als Vorgang der Orientierung und Bewegung (weg von sich selbst) überhaupt erst das Gehasste ins Leben. Durch diese ständigen Bewegungen akkumulieren die sich in Bewegung befindlichen Körper immer mehr Affektivität und Intensität (Ural 2022) und werden hassenswerter oder aber liebenswerter. Der Hass setzt die Möglichkeit der Entstehung des „Ichs" oder „Wirs" voraus, der gleichzeitig das „Du" und das „Sie" mithervorbringt, welche folglich ohne Gefühle wie Hass nicht existieren würden. Insbesondere Liebe, Anziehung, Zuneigung, Resonanz spielen auch eine Rolle beim Hass, da sich das „Ich" durch positive Gefühle mit dem „Wir" verbindet und sich durch den Hass vom „Du" und „Sie" distanziert (vgl. auch Adloff, Kapitel 15).

Im Gegensatz zu Schmitts Ansicht vertritt Ahmed die Auffassung, dass Emotionen im Allgemeinen und Hass im Besonderen weder irrelevant für Politik (und das Politische) und Macht sind, noch willkürlich auf verschiedene Körper verteilt werden. Die Menschen hassen oder lieben Andere (ihre Nachbar:innen oder Mitbürger:innen) nicht aus zufälligen persönlichen Gründen oder Erfahrungen. „Hass ist also nicht zufällig, sondern vielmehr organisiert; er beinhaltet die räumliche Neuorganisation von Körpern durch die Gestik, sich von Anderen zu entfernen, die als ‚Ursache' für unseren Hass angesehen werden" (Ahmed 2001: 365). Die Schmitt'sche Trennung von „privatem" und „öffentlichem" Hass würde folglich für Ahmed keinen Sinn machen, da das, was man fühlt, immer gleichzeitig durch materielle, historische und diskursive Bedingungen vor- und nachbestimmt ist. Der private Hass ist deswegen gleichzeitig der öffentliche Hass.

Diese Ordnung durch Emotionalität, so Ahmed, ist historisch und diskursiv bedingt und steht in direktem Zusammenhang mit der Materialität und Nähe von Körpern beziehungsweise deren Distanzierung voneinander in der Vergangenheit.

> It is not simply that any body is hated: particular histories of association are reopened in each encounter, such that some bodies are already encountered as more hateful than other bodies. Histories are bound up with emotions precisely insofar as it is a question *what sticks*, of what connections are lived as the most intense or intimate, as being closer to the skin (Ahmed 2004: 54, Hervorhebung im Original).

Nach Ahmed kommt also der Haut ein zentraler Stellenwert für das Emotionale zu; sie wird durch vergangene Eindrücke (*impressions*) und Begegnungen (*naming*) geformt und wird auf diese Weise als eigenständige materialisierte Entität überhaupt erst fassbar. Um ihren Standpunkt zu verdeutlichen, verweist Ahmed (2000: 38) auf die Anekdote, die Audre Lorde in ihrem Buch *Sister Outsider* erzählt, und in der sie als Kind in der U-Bahn einer weißen Frau begegnet. Die Frau zeigt Abscheu mit ihren Augen und entfernt sich körperlich, als sie sich neben sie setzt, und Lorde denkt, dass sich eine Kakerlake zwischen ihr und der Frau befindet. Aber dann wird ihr klar, dass es ihr eigener Körper ist, den die Frau zu meiden versucht. Und diese Eindrücke, die zum Beispiel den Hass speisen können, sind nicht nur physisch, sondern auch diskursiv. Für Ahmed (2004) sind demzufolge auch diskursive Praktiken, die zur Schaffung der Körper beitragen, ebenso konkret und handfest wie physische Interventionen. Wie Menschen uns durch ihre Körper berühren oder wie uns Dinge in der Nähe unserer Körper auf bestimmte Weise formen, ist ebenso wichtig wie die Anrufung auf einer diskursiv-symbolischen Ebene, etwa durch die Art der Benennung oder institutionellen Interpolationen, die Subjektivierungen in Form von Gender, Staatsangehörigkeit, religiöser Zugehörigkeit, Rasse, und so weiter von Geburt an festlegen. Sie wirken sich auf die Konstitution des Selbst aus, und diese Eindrücke sind Teil von Gefühlen, wenn nicht Gefühle selbst. Diese Gefühle, die die Subjekte zum Leben erwecken, werden mit der Zeit unsichtbar, und wir beginnen, diese Subjekte als von Natur aus hassenswert zu betrachten. Obwohl Hass durch Begegnungen, Nähe (oder deren Mangel) und frühere Geschichten entsteht, scheint er Teil des Kerns eines Wesens zu sein.

Mit dem Beharren auf eben dieser Materialität, die durch Gefühle entsteht, argumentiert Johansen (2015) weiter, dass Hass „da draußen" zu finden sei und nicht allein in den inneren Realitäten der erlebenden Individuen. Gestützt auf die Vorstellung, dass Emotionen nicht nur körperliche Erregungen sind, sondern eine körperliche Erfahrung der Ausrichtung auf etwas in der Welt, das nicht unabhängig von der Materialität und durch Narrative, Normen, Bewertungen, Motivationen aber auch durch Waffen, Gesetze, Grenzen organisiert ist, können wir die Frage nach den Erscheinungsformen des Hasses und ihren verschiedenen Komponenten genauer untersuchen (Johansen 2015: 52). In diesem Sinne widerspricht Johansen (2015) auch dem Soziologen Zygmunt Bauman (1989), der ähnlich wie Schmitt einem subjektzentrierten Verständnis von Emotionen folgt und daher behauptet, Emotionen hätten bei der effektiven Durchführung des Holocausts keine wichtige Rolle gespielt. Johansen argumentiert stattdessen umfassender, dass alle materiellen, diskursiven und affektiven Elemente, die den Holocaust ermöglichten, als Teil von Judenhass zu verstehen seien.

Wie bereits erwähnt, ist Hass mit anderen Emotionen verbunden, die oft nacheinander oder gemeinsam auftreten. Zum Beispiel stehen Liebe und Hass in einem ambivalenten Verhältnis zueinander. „Liebe ähnelt dem Hass insofern, als es sich um eine globale Bewertung handelt, in diesem Fall jedoch um eine positive" (Ben-ze'ev 2000: 380). Liebe hat mit Nähe, Zuneigung und Verbundenheit zu tun, also mit der Sehnsucht, Teil des „Ich" oder „Wir" zu werden. Auch beim Hass spielt die Nähe eine große Rolle. Das gehasste Objekt wird oft als zu nah empfunden und bedroht die Einheit des Selbst. „Das Besondere an den Hass-Erzählungen ist die Art und Weise, wie sie sich ein Subjekt vorstellen, das von imaginären Anderen bedroht wird, deren Nähe nicht nur droht, dem Subjekt etwas wegzunehmen [...], sondern den Platz des Subjekts einzunehmen" (Ahmed 2001: 346). Für den Hass charakteristisch ist daher, dass die Figur (oder das Objekt) nicht zu nahe kommen darf oder entfernt werden muss (zum Beispiel durch Assimilation oder Vernichtung), um die Einheit der Gruppe aufrecht zu erhalten oder (wieder) herstellen zu können.

Mit Blick auf ein Nähe-Distanz-Verhältnis mag Hass auch gleichzeitig mit anderen negativen Emotionen wie Ekel und Abscheu auftreten. Ekel und Abscheu werden ebenso wie Hass vor allem als negativ bewertet/empfunden, da sie die Integrität eines Körpers durch unerwünschtes Eindringen bedrohen. Die Begegnung mit einem ekelerregenden Objekt kann die Grenzen eines Körpers infrage stellen, da die Oberflächen beider zu etwas Neuem zu verschmelzen drohen. Daher tritt Ekel besonders stark im Zusammenhang mit Nahrungsmitteln (Ahmed 2004) oder sexuellen Praktiken (Nussbaum 2004) auf, wo die Grenzen zum menschlichen Körper im Mund und um die Genitalien herum besonders porös sind. Der Ekel oder die Abscheu, ähnlich wie der Hass, implizieren die Gefahr einer Infizierung des gesunden Körpers durch die Aufnahme eines Fremdkörpers, der per Definition Nicht-Ich oder Nicht-Wir ist. Ahmed (2004) geht davon aus, dass die Rede von einem schlechten Geschmack (*bad taste*) einer Gruppe vielfach seinen Ursprung darin findet, was diese isst. Das Essen wird als schlecht bewertet und dann als naturalisierte Eigenschaft in Form von schlechtem Geschmack auf die Körper der Gruppe selbst übertragen

(Ahmed 2004: 83). Diese Prozesse veranschaulicht Ahmed an armen oder kolonisierten Menschen. Sie gelten in der Regel als geschmacklos und Ahmeds Analyse zeigt, wie diese Bewertungen damit zusammenhängen, dass das von ihnen verzehrte Essen oft als abstoßend angesehen und als Eigenschaft auf die Gruppe übertragen wird. Genau wie beim Hass sind sowohl Ekel als auch Abscheu also vermittelte Emotionen, die ihre eigene Geschichte haben, auch wenn es uns ganz natürlich erscheint, zum Beispiel vor verdorbenen Lebensmitteln Übelkeit zu empfinden.

Die Dekonstruktion der phänomenologischen, internen Aspekte des Hasses, die Hass wie nach Schmitt als privates Gefühl konzeptualisieren, ist soziologisch produktiv. Hass erscheint dann analytisch als „Assemblage" (Johansen 2015) oder post-phänomenologisches „affektives Arrangement" (Slaby 2019) und Fragen nach den historischen, situativen, nicht-menschlichen, diskursiven Komponenten des Hasses rücken ins Interesse der Beobachtung und Beschreibung. In der Hassrede beispielsweise konkretisiert sich die rassistische oder sexistische Sprache als ein materielles und diskursives Element, das durch Geschichte und Zirkulation seine affektive Kraft erlangt. Diese Kraft formt die Subjektivitäten und schafft gleichzeitig Grenzen zwischen Leben, die als lebenswert und damit respektabel gelten, und solchen, die es nicht sind (Butler 1997). Obwohl auch Abscheu und Ekel grenzsetzende Funktionen haben können, hat die Institutionalisierung von Hass in Form von Gesetzen (wie etwa gegen Hasskriminalität oder Hassreden) diesem in den letzten vierzig Jahren in vielen liberal-demokratischen Staaten einen besonderen Platz im gesellschaftlichen Ausdruck von Abgrenzung und Diffamierung verschafft. Dadurch ist er gesellschaftlich anerkannt, definiert und damit auch stark reguliert. Die Kennzeichnung eines Verbrechens als hassmotiviert ermöglicht zum Beispiel eine Anerkennung von Differenz, die nach Gerechtigkeit rufen könnte, und birgt gleichzeitig das Risiko, eine Partikularität zu reproduzieren, die die Grenze zwischen dem Selbst und dem Anderen verfestigt. Wenn beispielsweise ein sexueller oder rassistischer Übergriff, der sich gegen rassistische Minderheiten oder Frauen und LGBTQI richtet, als Hassverbrechen und nicht als einfaches Verbrechen definiert wird, kann dies zu einer härteren Bestrafung führen. Gleichzeitig birgt jedoch die bloße Bezeichnung von Hass, der nur dann anerkannt wird, wenn er sich systematisch gegen bestimmte Gruppen richtet, die Gefahr, dass die betreffenden Gruppen als ständige Opfer, das heißt als dauerhaft hassenswert, eingestuft werden (Brown 2000: 233). Vor diesem Hintergrund bleibt also fraglich, ob affektive Invektiven ein Mittel (neben anderen) sind, um eine Grenzmarkierung durchzusetzen und den Anderen als dauerhaft hassenswert abzugrenzen oder nicht.

Literatur

Ahmed, Sara (2000). *Strange Encounters: Embodied Others in Post-Coloniality*. London: Routledge.

Ahmed, Sara (2001). „The Organisation of Hate“, in: *Law and Critique* 12, S. 345–65.

Ahmed, Sara (2004). *The Cultural Politics of Emotion*. Edinburgh: Edinburgh University Press.

Bauman, Zygmunt (1989). *Modernity and the Holocaust*. Cambridge: Polity Press.

Ben-Ze'ev, Aaron (2000). *The Subtlety of Emotions*. Cambridge: MIT Press.

Brown, Wendy (2000). „Suffering Rights as Paradoxes“, in: *Constellations* 7(2), S. 230–241.

Butler, Judith (1997). *Excitable Speech: A Politics of the Performative*. London: Routledge.

Ekman, Paul (1984). „Expression and the Nature of Emotion“, in: K. Scherer & P. Ekman (Hrsg.), *Approaches to Emotion*. Hillsdale, NJ: Erlbaum, S. 319–343.

Glas, Saskia & Spierings, Niels (2020). „Why Do They Hate America(ns)?“, LSE Middle East Center Blog. https://blogs.lse.ac.uk/mec/2020/09/22/why-do-they-hate-americans/ (letzter Aufruf: 14.08.2023).

Glaser, Edmund M. (2009). „Is There a Neurobiology of Hate?“, in: *Journal of Hate Studies* 7(7), S. 7–19.

Goldie, Peter (2002). „Emotion, Personality and Simulation“, in: *Phenomenology and the Cognitive Sciences* 1(3), S. 235–254.

Johansen, Birgitte S. (2015). „Locating Hatred: On the Materiality of Emotions“, in: *Emotion, Space and Society* 16, S. 48–55.

Kolnai, Aurel (2007). *Ekel, Hochmut, Hass: Zur Phänomenologie feindlicher Gefühle*. Frankfurt am Main: Suhrkamp.

Nussbaum, Martha C. (2004). *Hiding from Humanity: Disgust, Shame, and the Law*. New Jersey: Princeton University Press.

Rosaldo, Renato I. (1984). „Grief and a Headhunter's Rage: On the Cultural Force of Emotions“, in: S. Plattner & E. Bruner, *Text, Play, and Story: The Construction and Reconstruction of Self and Society*. Washington, DC: American Ethnological Society, S. 178–95.

Slaby, Jan (2018). „Affective Arrangements and Disclosive Postures“, in: *Phänomenologische Forschungen* 2, S. 197–216.

Slaby, Jan (2019). „Relational Affect: Perspectives from Philosophy and Cultural Studies“, in: E. van Alphen & T. Jirsa (Hrsg.), *How to Do Things with Affects Affective Triggers in Aesthetic Forms and Cultural Practices*. Leiden: Brill, S. 59–81.

Tetrault, Justin E. C. (2021). „What's Hate Got to Do With It? Right-Wing Movements and the Hate Stereotype“, in: *Current Sociology* 69(1), S. 3–23.

Ural, Nur Y. (2022). „Sara Ahmed: The Cultural Politics of Emotions“, in: K. Senge/R. Schützeichel & V. Zink (Hrsg.), *Schlüsselwerke der Emotionssoziologie*. Wiesbaden: Springer, S. 31–39.

Zeki, Semir & Romaya, John P. (2008). „Neural Correlates of Hate“, in: *PLoS ONE* 3(10), e3556.

Max Dehne

17 Anomische Gefühle: Angst

1 Anomie und Angst

Insbesondere in Krisenzeiten wie der COVID-19-Pandemie, offenbar werdendem Klimawandel, Kriegen oder Finanzkrisen ist das Thema Angst ein zentraler Bestandteil des gesellschaftlichen Diskurses. Doch als Thema der Soziologie lässt sich Angst bereits – zumindest implizit – bis zu ihren disziplinären Ursprüngen zurückverfolgen. So kann in Durkheims Selbstmordstudie (Durkheim 1987) herausgearbeitet werden, dass die dort beschriebenen Bedingungen für den anomischen Selbstmord maßgeblich mit Angst in Verbindung stehen (vgl. Dehne 2017). Gesellschaftliche Anomie – etwa in Phasen rapiden sozialen Wandels beziehungsweise ökonomischer Veränderungen – ist demnach mit einem Mangel an regulierenden Normen in Bezug auf Bestrebungen und Verhaltensweisen verbunden, der zu Orientierungslosigkeit und Verunsicherung führt: „Man weiß nicht mehr, was möglich ist und was nicht, was noch und was nicht mehr angemessen erscheint, welche Ansprüche und Erwartungen erlaubt sind und welche über das Maß hinausgehen" (Durkheim 1987: 288). Dieser auch als "anomic anxiety" (Hilbert 1986: 9) bezeichnete Zustand kann laut Durkheim in Suizid münden. In eben dieser Richtung nehmen auch spätere anomietheoretische Ansätze wie die von Merton (1938, 1963) oder Heitmeyer (1997) an, dass Angst ein Ergebnis mangelnder normativer Regulierung darstellt.

2 Gegenwartsdiagnosen

Diese Grundargumentation fehlender orientierungsstiftender Normen als Ursache von Angst zieht sich wie ein roter Faden bis hin zu diagnostischen Ansätzen, die die Gegenwart als ein Zeitalter der Angst beschreiben (vgl. auch Neckel & Sökefeld, Kapitel 5). So wurde auch in den 1950er-Jahren auf Grund von sich wandelnden sozialen Normen (sowie durch die neue Bedrohung der Atombombe) von einem „Age of Anxiety" (Tillich 1952) gesprochen und seit den 1980er-Jahren diagnostizieren Soziolog:innen die „Risikogesellschaft" (Beck 1986), eine Zeit der "Liquid Fear" (Bauman 2005) oder eine "Culture of Fear" (Furedi 2006). Als Gründe für einen Angstanstieg werden häufig drei Aspekte vorgebracht. Erstens und vor allem wird, wie in Anomietheorien auch, eine gestiegene Kontingenzwahrnehmung beziehungsweise Ungewissheit postuliert, verursacht etwa durch Indivi-

https://doi.org/10.1515/9783110589214-020

dualisierungsprozesse, Globalisierung, Pluralisierung von Lebensformen und Normen oder die Fragmentierung weltpolitischer Konstellationen. Demnach erzeugen die daraus entstehende Optionsvielfalt und gesellschaftliche Komplexität Gefühle der Unsicherheit, Unvorhersagbarkeit und Undurchschaubarkeit. Hinzu kommen in solchen Erklärungsmodellen eine Vielzahl konkreter Bedrohungen (Klimawandel, Arbeitslosigkeit, Terrorismus, usw.) sowie sich selbst verstärkende Eigendynamiken von Angst (vgl. Dehne 2017), die zusätzlich zur Diagnose der Angstgesellschaft beitragen.[1]

3 Zwei Angstformen: Kontingenzangst und Konkrete Angst

Sowohl anomietheoretische als auch gegenwartsdiagnostische Ansätze thematisieren mit ihrer Betonung von Aspekten wie Orientierungslosigkeit, Ungewissheit und Komplexität damit vor allem die sogenannte Kontingenzangst als einer der beiden zentralen Angstformen. Hier kommt das in der Soziologie vorherrschende Leitbild der Conditio Humana zum Tragen, das den Menschen als instinktarmes Mängelwesen beziehungsweise als Wesen hoher Plastizität beschreibt (Berger & Luckmann 1967; Gehlen 2004; Parsons 1962). Diese grundlegende Offenheit des Menschen bedingt, dass er auf eine strukturierende, ihm verständliche und sinnstiftende (soziale) Umwelt angewiesen ist: “One may say that the biologically intrinsic world-openness of human existence is always, and indeed must be, transformed by social order into a relative world-closedness” (Berger & Luckmann 1967: 69). Fehlt diese Sicherheit und sind Situationen durch Komplexität, Unvorhersagbarkeit, Ungewissheit und Mehrdeutigkeit gekennzeichnet, so resultiert daraus ein Verlust an episte-

1 Obwohl die These der Angstgesellschaft also schon relativ lange einen prominenten Platz in öffentlichen und entsprechenden soziologischen Diskursen einnimmt, gibt es erstaunlich wenig empirische Befunde zum tatsächlichen Ausmaß an Angst. Sieht man sich die Trends verschiedener Sorgen (Arbeitslosigkeit, Frieden, Kriminalität, etc.) an, dann zeigt sich seit den 1980er-Jahren für Deutschland (bis 2012) kein allgemeiner Anstieg, vielmehr scheint das Ausmaß weitgehend von der aktuellen politischen und ökonomischen gesellschaftlichen Situation und Themenkonjunkturen abzuhängen. Betrachtet man die Zustimmung von Menschen zu der Meinung, die Welt sei so komplex geworden, dass man sich weniger zurechtfindet (ein Item des Anomie-Index und Proxy für Kontingenzangst), zeigt sich seit den 1980er-Jahren ebenfalls keine generelle Veränderung. Auch im europäischen Vergleich liegen die Deutschen, wenn man nach der Häufigkeit des Angsterlebens fragt, an vorletzter Stelle, nur in Norwegen ist der Wert noch niedriger. Das mitunter formulierte Postulat einer besonders ausgeprägten German Angst scheint aus dieser Perspektive insofern eher ein Mythos zu sein.

mischer Kontrolle (Miceli & Castelfranchi 2005), der als Kontingenzangst erlebt wird. Anders als die hiervon unterscheidbare Konkrete Angst, die durch die Angst vor oder um etwas aufgrund einer konkreten Bedrohung gekennzeichnet ist, stellt sie damit ein Leiden an Unbestimmtheit selbst dar.[2]

4 Angst als Emotion und ihre Entstehungsbedingungen

Für eine umfassende Analyse der sozialen Bedeutung von Angst – insbesondere ihrer sozialen Entstehungsbedingungen und Konsequenzen – reichen anomietheoretische und gegenwartsdiagnostische Ansätze nicht aus, zumal sie selbst keinen systematisch-analytischen Zugang zu Angst eröffnen. Dies gilt selbst für emotionssoziologische Ansätze, die sich seit den 1970er-Jahren zunehmend etablieren.[3] Einen geeigneten strukturierenden Rahmen bieten indes einschätzungstheoretische Emotionsansätze, die davon ausgehen, dass Emotionen wie Angst durch eine spezifische kognitive Struktur, das heißt bestimmte Einschätzungen von Situationen, gekennzeichnet sind (vgl. z. B. Reisenzein 2000; Scherer 2001).[4] Diese Einschätzungen können als Grundlage sowohl für die Entstehung von als auch den Umgang mit Emotionen (und damit gegebenenfalls deren sozialen Konsequenzen) verstanden werden. Für Angst sind demnach insbesondere drei Einschätzungen einer Situation charakteristisch: 1. etwas Wichtiges (das sogenannte Identifikationsobjekt) wird als bedroht betrachtet, 2. die Situation wird als ungewiss oder ein konkretes Ereignis als wahrscheinlich wahrgenommen und 3. die Situation erscheint als eventuell nicht kontrollierbar (Dehne 2017; vgl. auch Schorr 2001). Hier ergibt sich eine genuin soziologische Perspektive, denn wie eine Situation eingeschätzt wird, hängt neben individuellen und biologischen Aspekten insbesondere von sozialen und kulturellen Rahmenbedingungen ab: In unteren sozialen Schichten stehen beispielsweise weniger Ressourcen zur Bewältigung von Bedrohungen (zum Beispiel von

---

2 Auch innerhalb der Philosophie und Psychologie wird insbesondere Kontingenzangst bevorzugt konzeptuelle Aufmerksamkeit gewidmet (Freud 1926; Heidegger 1967; Kierkegaard 1992; vgl. ausführlich zu beiden Angstformen und ihren Bezügen zu Angst/Furcht bzw. Anxiety/Fear sowie zum Verhältnis zwischen Sorgen und Angst auch Dehne 2017).

3 Für einen ausführlichen Überblick siehe Stets und Turner (2008).

4 Emotionen können dabei betrachtet werden als Episoden synchronisierter Veränderungen in allen oder den meisten von fünf organismischen Subsystemen: Kognition (siehe Einschätzungsdimensionen), physiologische Prozesse des autonomen Nervensystems (zum Beispiel Erregung), motorischer Ausdruck (zum Beispiel aufgerissene Augen), Handlungstendenz (zum Beispiel Erstarren, Angriff, Flucht) und subjektives Gefühl (vgl. Scherer 2001).

Krankheit und Armutsfolgen) zur Verfügung, sodass sich in diesen Lagen die Zukunft als weniger kontrollierbar sowie ungewiss darstellt und die Entstehung von Angst begünstigt wird.[5] In kultureller Hinsicht wiederum werden etwa in Bezug auf das Geschlecht bis heute nicht nur Emotionsnormen (Hochschild 1979) vermittelt, denen zufolge Emotionen insgesamt etwas tendenziell Weibliches darstellen, sondern auch spezifische Einschätzungen geschlechtsspezifisch gefördert: Mädchen dürfen eher auch mal schwach und unsicher sein, während Jungs stark und durchsetzungsstark sein sollen (Brody & Hall 2008). Entsprechend unterschiedliche Voraussetzungen bestehen für die Entstehung und den Ausdruck von Angst (Brody & Hall 2008). In ähnlicher Weise unterscheiden sich Kulturen auch in ihren zentralen, emotionstangiblen Identifikationsobjekten: In einigen Kulturen gilt Ehre als zentrales – und entsprechend bedrohbares – Konzept/Identifikationsobjekt, in anderen wird Individualität (oder umgekehrt: Gruppenzugehörigkeit) als zentraler Wert betont, sodass leichter eine Angst vor dem Verlust derselben entstehen kann (vgl. Mesquita & Ellsworth 2001) (vgl. auch Zink, Kapitel 12). Solche transsituativen, etwa sozialstrukturell oder kulturell bedingten, Einschätzungstendenzen in Bezug auf die einzelnen Dimensionen bilden grundlegende Wahrnehmungsbedingungen für beliebige Situationen und beeinflussen so generell die Entstehung von Angst.

Auch wer wovor konkret Angst hat, ist sozial bedingt. Bei der Frage der Entstehung von angstspezifischen Wissensstrukturen zu konkreten Themen und Situationen kann zwischen der Wissensproduktion, der Wissensvermittlung und der Wissensaufnahme unterschieden werden (Dehne 2017). Die Produktion angstspezifischen Wissens beruht auf sozial geteilten aversiven Erfahrungen (Erdbeben, Armut, Kriege, etc.) oder der Verfügbarkeit und Selektion von Bedrohungsinformationen (etwa über bestimmte Social-Media-Kanäle) (vgl. Rachman 1977). Die Wissensvermittlung bezieht sich insbesondere auf die Fähigkeit und das Interesse von Akteuren, Bedrohungswissen im öffentlichen Diskurs zu verbreiten (zum Beispiel in Form aktiv verbreiteter Skepsis an menschengemachtem Klimawandel durch Öl-Lobbyisten) – hier sind nicht zuletzt die jeweiligen Systemrationalitäten (in Medien, Wissenschaft, Politik, Wirtschaft, etc.) von zentraler Bedeutung (vgl. z. B. Altheide 2002).[6] Schließlich beeinflussen sozial vermittelte Faktoren wie die Glaubwürdigkeit einer Quelle sowie bereits vorhandene Wissensstrukturen die Wahrscheinlichkeit, mit der angstspezifisches Wissen akzeptierend rezipiert und zur Einschätzung einer konkreten Situation verwendet wird (Béland 2007; Kasperson et al. 1988). Dabei kann die konkrete Bedeutung von Bedrohungswissen für verschiedene soziale Einheiten – etwa je nach Milieuzugehörigkeit – variieren: Für einige mag

5 Vergleiche hierzu insbesondere sozialstrukturell argumentierende Ansätze wie Kemper (1978).
6 Vergleiche hierzu ausführlicher Dehne (2017: 245 ff.).

etwa Umweltverschmutzung stärker mit der Bedrohung von Flora und Fauna verbunden sein, für andere steht hierbei das physische Wohlbefinden der eigenen Nachkommen im Vordergrund, für wieder andere geht es vor allem um die eigene Gesundheit (vgl. de Groot & Steg 2007; Stern & Dietz 1994).

5 Soziale Konsequenzen von Angst

Während über die Entstehungsbedingungen von Angst in Gesellschaften insofern relativ viel Wissen existiert, ist der logische zweite Teil einer soziologischen Analyse – die sozialen Konsequenzen beziehungsweise Funktionen von Angst – bislang kein zentraler Gegenstand umfassender soziologischer Analysen. Forschungsleitend könnte daher sein, sich stärker mit den weiteren emotionalen Effekten von Angst zu beschäftigen sowie danach zu fragen, welche Bewältigungsstrategien Individuum und soziale Einheiten entwickeln, um Angst zu überwinden. Dies könnte wiederum entlang der angstrelevanten Einschätzungsdimensionen geschehen. In Bezug auf die emotionalen Effekte von Angst gilt zum einen, dass diese (wie Emotionen insgesamt) tendenziell zu einer Selbstverstärkung beziehungsweise einem Teufelskreis führen: Wer Angst hat, nimmt auch unverbundene Situationen eher in einer angstspezifischen Weise wahr, also als bedrohlich, wenig kontrollierbar und ungewiss (Lerner & Keltner 2001). Im Extremfall kann eine wodurch auch immer bedingte Angst gewissermaßen ausstrahlen und – wie von gegenwartsdiagnostischen Ansätzen teilweise angenommen (Bauman 2006) – zu einer generellen Angstneigung führen. Ob dies geschieht, hängt jedoch von einer Vielzahl von Faktoren ab, wie bisherigen Erfahrungen, Emotionsnormen, der subjektiven Plausibilität von Verbindungen zwischen verschiedenen Bedrohungen und so weiter (Greifeneder et al. 2011; Schwarz 2011). Hier bietet sich insofern ein breites Feld von moderierenden Faktoren, das von der Soziologie auf ihre soziale Bedingtheit hin analysiert und untersucht werden kann.

Neben den emotionalen Effekten gilt zum anderen, dass Angst im Regelfall als unangenehm empfunden wird und Menschen bestrebt sind, sie aufzulösen, das heißt zu regulieren. Grundsätzlich lassen sich dabei fünf Aspekte unterscheiden, an denen eine Regulation von Emotionen ansetzen kann (Gross 1998) und die sich auch als soziologisch relevante Strategien auffassen lassen, die mit unterschiedlichen sozialen Konsequenzen verbunden sind: 1. Situationsselektion (zum Beispiel bei Flugangst nicht fliegen), 2. Situationsmodifikation (zum Beispiel Toilettenpapier horten), 3. Aufmerksamkeitslenkung (zum Beispiel Ablenken oder Verdrängen, keine bedrohlichen Nachrichten mehr rezipieren, etc.), 4. Umdeutung (zum Beispiel eine Prüfung als Lernchance begreifen) und 5. Reaktion (zum Beispiel Yoga/Achtsamkeitsübungen). Zum einen kann auch hier soziologisch ausgearbeitet werden, inwiefern diese Varianten jeweils sozialen Bedingungen unterliegen (vgl. Dehne 2017), zum anderen eröffnet sich so ein analytischer Blick dafür, dass und wie die gesellschaftliche Verbreitung unterschiedlicher Regulationsstrategien wiederum erhebliche soziale Konsequenzen mit sich bringen kann. So kann Suchtverhalten (Alkohol-/Drogenabhängigkeit, Spielsucht etc.) beispielsweise auch als ein Versuch betrachtet werden, die akuten körperlichen Reaktionen von Emotionen wie Angst sowie die Aufmerksamkeit zumindest jeweils kurzfristig zu regulieren. Auch massive sozialpolitische Wirkungen können mit der Regulation verbunden sein: So kann Angst beispielsweise im Sinne der Situationsmodifikation ein sozialer Motor sein, wenn jüngere Generationen den Klimawandel als tatsächliche und beängstigende Bedrohung betrachten und ein aktives und weitreichendes politisches Handeln fordern und fördern. Das sozialwirksame Potenzial von Angst kann jedoch auch ganz andere Wege einschlagen. Insbesondere in Bezug auf Kontingenzangst, also dem Leiden an Unbestimmtheit, gelten dabei Umdeutungen als verbreitete Form der Bewältigung. Indem etwa bestimmte soziale Gruppen (Jüdinnen und Juden, Migrant:innen, Geheim-Eliten, etc.) für problematische, unerklärliche oder komplexe Situationen verantwortlich gemacht werden, kann die angstspezifische Einschätzung weitgehend aufgelöst werden: Wer glaubt, eine mächtige Instanz nutze COVID-19, um eine neue Weltordnung zu etablieren, gewinnt nicht nur verlorene epistemische Kontrolle zurück und löst Ungewissheit auf – gleichzeitig steigt die Kontrolleinschätzung, denn gegen die benannten Schuldigen lässt sich nunmehr protestieren, wählen oder (im Extremfall: gewaltsam) handeln (vgl. z. B. Hentges et al. 2008; Mansel & Spaiser 2010; vgl. auch Ural, Kapitel 16). Die Umstände, unter denen die eine oder andere Variante der Regulation besondere Verbreitung finden und wie diese eine systemische Wirksamkeit entfalten, sind bislang kaum geklärt – und damit auch, unter welchen Bedingungen Angst (gerade in Krisenzeiten) eine lähmende, sozial konservierende Emotion oder umgekehrt ein aktivierendes gesellschaftliches Movens darstellt. Die Soziologie der Angst bildet insofern insgesamt eine reichhaltige Terra Incognita, die sowohl hinsichtlich der sozialen Bedingungen als auch der sozialen Konsequenzen von Angst auf ihre weitere Erschließung durch mutige und furchtlose soziologische Forscher:innen wartet.

Literatur

Altheide, David L. (2002). *Creating Fear: News and the Construction of Crisis*. New York: Aldine de Gruyter.

Bauman, Zygmunt (2005). *Moderne und Ambivalenz. Das Ende der Eindeutigkeit*. Hamburg: Hamburger Edition.

Bauman, Zygmunt (2006). *Liquid Fear*. Cambridge, UK [u. a.]: Polity Press.
Beck, Ulrich (1986). *Risikogesellschaft: Auf dem Weg in eine andere Moderne*. Frankfurt am Main: Suhrkamp.
Béland, Daniel (2007). „Insecurity and Politics: A Framework", in: *The Canadian Journal of Sociology / Cahiers canadiens de sociologie* 32, S. 317–340.
Berger, Peter & Luckmann, Thomas (1967). *The Social Construction of Reality. A Treatise in the Sociology of Knowledge*. Harmondsworth: Penguin.
Brody, Leslie & Hall, Judith A. (2008). „Gender and Emotion in Context", in: M. Lewis/J. M. Haviland-Jones & L. Feldman Barrett (Hrsg.), *Handbook of Emotions*. New York: Guilford Press.
Dehne, Max (2017). *Soziologie der Angst. Konzeptuelle Grundlagen, soziale Bedingungen und empirische Analysen*. Wiesbaden: Springer.
Durkheim, Emile (1987). *Der Selbstmord*. Frankfurt am Main: Suhrkamp.
Freud, Sigmund (1926). *Hemmung, Symptom, Angst*. Leipzig/Wien/Zürich: Internationaler Psychoanalytischer Verlag.
Furedi, Frank (2006). *Culture of Fear Revisited: Risk-taking and the Morality of Low Expectation*. London: Continuum International Publishing Group.
Gehlen, Arnold (2004). *Der Mensch: Seine Natur und seine Stellung in der Welt*. Wiebelsheim: AULA-Verlag.
Greifeneder, Rainer/Bless, Herbert & Tuan Pham, Michel (2011). „When Do People Rely on Affective and Cognitive Feelings in Judgment? A Review", in: *Personality and Social Psychology Review* 15, S. 107–141.
De Groot, Judith & Steg, Linda (2007). „Value Orientations to Explain Beliefs Related to Environmental Significant Behavior: How to Measure Egoistic, Altruistic, and Biospheric Value Orientations", in: *Environment and Behavior* 40, S. 330–354.
Gross, James J. (1998). „The Emerging Field of Emotion Regulation: An Integrative Review", in: *Review of General Psychology* 2, S. 271–299.
Heidegger, Martin (1967). *Sein und Zeit*. Tübingen: Max Niemeyer Verlag.
Heitmeyer, Wilhelm (1997). „Auf dem Weg in eine desintegrierte Gesellschaft", in: W. Heitmeyer (Hrsg.), *Was treibt die Gesellschaft auseinander? Bundesrepublik Deutschland: Auf dem Weg von der Konsens- zur Konfliktgesellschaft*. Frankfurt am Main: Suhrkamp, S. 9–26.
Hentges, Gudrun/Flecker, Jörg & Balazs, Gabrielle (2008). „Potenziale politischer Subjektivität und Wege zur extremen Rechten", in: C. Butterwegge & G. Hentges (Hrsg.), *Rechtspopulismus, Arbeitswelt und Armut: Befunde aus Deutschland, Österreich und der Schweiz*. Opladen: Verlag Barbara Budrich, S. 103–142.
Hilbert, Richard A. (1986). „Anomie and the Moral Regulation of Reality: The Durkheimian Tradition in Modern Relief", in: *Sociological Theory* 4, S. 1–19.
Hochschild, Arlie R. (1979). „Emotion Work, Feeling Rules, and Social Structure", in: *The American Journal of Sociology* 85, S. 551–575.
Kasperson, Roger E./Renn, Ortwin/Slovic, Paul/Brown, Halina S./Emel, Jacque/Goble, Robert/Kasperson, Jeanne X. & Ratick, Samuel (1988). „The Social Amplification of Risk: A Conceptual Framework", in: *Risk Analysis* 8, S. 177–187.
Kemper, Theodor D. (1978). *A Social Interactional Theory of Emotions*. New York: Wiley.
Kierkegaard, Sören (1992). *Der Begriff Angst*. Stuttgart: Reclam.
Lerner, Jennifer S. & Keltner, David (2001). „Fear, Anger, and Risk", in: *Journal of Personality and Social Psychology* 81, S. 146–159.
Mansel, Jürgen & Spaiser, Viktoria (2010). „Ängste und Kontrollverluste. Zusammenhänge mit Gruppenbezogener Menschenfeindlichkeit", in: W. Heitmeyer (Hrsg.), *Deutsche Zustände. Folge 8*. Frankfurt am Main: Suhrkamp, S. 49–71.

Merton, Robert K. (1938). „Social Structure and Anomie", in: *American Sociological Review* 3, S. 672–682.

Merton, Robert K. (1963). *Social Theory and Social Structure*. New York: Free Press.

Mesquita, Batja & Ellsworth, Phoebe C. (2001). „The Role of Culture in Appraisal", in: K. Scherer/A. Schorr & T. Johnstone (Hrsg.), *Appraisal Processes in Emotion: Theory, Methods, Research*. Oxford: Oxford University Press, S. 233–248.

Miceli, Maria & Castelfranchi, Cristiano (2005). „Anxiety as an 'Epistemic' Emotion: An Uncertainty Theory of Anxiety", in: *Anxiety, Stress & Coping* 18, S. 291–319.

Parsons, Talcott (1962). *Toward a General Theory of Action*. Cambridge: Harvard University Press.

Rachman, Stanley (1977). „The Conditioning Theory of Fear Acquisition: A Critical Examination", in: *Behaviour Research and Therapy* 15, S. 375–387.

Reisenzein, Rainer (2000). „Einschätzungstheoretische Ansätze in der Emotionspsychologie", in: J. H. Otto/A. Euler & H. Mandl (Hrsg.), *Handbuch Emotionspsychologie*. Weinheim: Psychologie Verlags Union, S. 117–138.

Scherer, Klaus R. (2001). „Appraisal Considered as a Process of Multilevel Sequential Checking", in: K. Scherer/A. Schorr & T. Johnstone (Hrsg.), *Appraisal Processes in Emotion: Theory, Methods, Research*. Oxford: Oxford University Press, S. 92–120.

Schorr, Angela (2001). „Subjective Measurement in Appraisal Research. Present State and Future Perspectives", in: K. Scherer/A. Schorr & T. Johnstone (Hrsg.), *Appraisal Processes in Emotion: Theory, Methods, Research*. Oxford: Oxford University Press, S. 331–349

Schwarz, Norbert (2011). „Feelings-as-Information Theory", in: P. A. M. Van Lange/A. W. Kruglanski & T. Higgins (Hrsg.), *Handbook of Theories of Social Psychology: Volume One*. London: Sage Publications Ltd., S. 289–309

Stern, Paul C. & Dietz, Thomas (1994). „The Value Basis of Environmental Concern", in: *Journal of Social Issues* 50, S. 65–84.

Stets, Jan E. & Turner, Jonathan H. (2008). „The Sociology of Emotions", in: M. Lewis/J. M. Haviland-Jones & L. Feldman Barrett (Hrsg.), *Handbook of Emotions*. New York: Guilford Press.

Tillich, Paul (1952). *The Courage to Be*. New Haven: Yale University Press

Konstanze Senge

18 Gefühle der Krise: *Green Emotions* als Antwort auf den Klimawandel

Mit dem Terminus *Green Emotions* (dt. Klimagefühle) sollen Emotionen bezeichnet werden, die Ausdruck eines historisch neu entstandenen emotionalen Stils sind, welcher durch die gesellschaftliche und individuelle Auseinandersetzung mit der Klimakrise sowie den ökologischen und sozialen Konsequenzen des Klimawandels entstanden ist. Unter einer auf das Klima bezogenen Krise sei im Anschluss an Habermas eine neue beziehungsweise retrospektiv zeitlich begrenzte, nicht-intendierte und nicht-normale Ausnahmesituation verstanden, die als bestandsgefährdend gedeutet wird (Habermas 1973a: 345, 1973b: 12; Steg 2020: 6 ff.). Zu *Green Emotions* gehören recht differente Emotionen wie zum Beispiel Klimaangst, Flugscham, grüne Schuld, die weiter unten erläutert werden; dazu gehören auch weniger prävalente Emotionen wie die durch die Erfahrung der Klimakrise erlebte Verzweiflung, Empörung oder aber auch positive Bewältigungsemotionen wie Hoffnung mit Blick auf eine mögliche Überwindung der Krise. *Green Emotions* stehen damit im Kontext emotionssoziologischer Forschung, die das Verhältnis von Emotion und Krise zu deuten sucht und im Kontext derer Emotionen sowohl als verursachende Faktoren von Krisen, als auch als Resultate von Krisen gedeutet werden (vgl. Hahn 2010; Kepplinger 2020: 170; Ziethen & Peter 2021; Neckel 2011, vgl. auch Neckel & Sökefeld, Kapitel 5). Zudem werden Emotionen auch als wesentlich für die Deutung von Krisen angesehen (Vester 1991) oder wie in diesem Beitrag als Mechanismen zur Überwindung von Krisen (vgl. Senge 2020). Die im Zuge der Klimakrise entstandenen Emotionen wie Klimaangst, Flugscham und andere sind Teil des emotionalen Stils, den ich hier und im Folgenden als „Grüner Stil" beziehungsweise „Grün"- bezeichne. Unter einem emotionalen Stil sei eine typische affektive Verfasstheit einer Gruppe verstanden. Diese affektive Verfasstheit prägt zeitgleich mehr und mehr konkrete Emotionen und Praxisfelder. Den Begriff des emotionalen Stils (emotional standard) hat Peter N. Stearns in seinem Klassiker „American Cool" entwickelt, in dem er den Stil des Cool-Seins beschreibt (1994).[1] Ein emotionaler Stil und die mit diesem verbundenen Emotionen entstehen als Reaktion auf gesellschaftliche (Krisen-)Ereignisse.[2] Ein emotio-

1 Vester spricht von „emotionalen Klimata". Dieser Terminus weist eine gewisse Nähe zu dem Stearnschen Begriff auf (Vester 1991: 124 ff.).

2 Beispielsweise sieht Stearns die Entstehung der „American Cool" als Reaktion auf den emotionalen Stil des Viktorianischen Zeitalters, der positive und negative Emotionen kannte und ent-

https://doi.org/10.1515/9783110589214-021

naler Stil entsteht also aus der kritischen Reflexion einer gesellschaftlichen Situation und prägt eine Reihe von Emotionen in Bezug auf eben diese Bewertung.

Der emotionale Stil *Grün* lässt sich als ein relativ junger Stil deuten und die mit diesem verbundenen Emotionen sind historisch betrachtet seit den 1970er-Jahren mit der kritischen Reflexion der ökologischen Grenzen des gesellschaftlichen Wohlstands und der Welt entstanden (World Commission on Environment and Development 1987). Die hier formulierte Deutung von Emotionen als „grün" folgt also einer wissenssoziologisch inspirierten Emotionssoziologie, die das Aufkommen einer Reihe neuer Emotionen sowie das selbstreflexive „sich Fühlen" der individuellen Erfahrung an eine zentrale gesellschaftliche Großentwicklung koppelt (Hitzler et al. 1999; Stearns 1994). Folgt man diesen Prämissen, können Emotionen als reflektierender Weltbezug gedeutet werden, der leiblich und kognitiv erfahrbar ist. *Green Emotions* entstehen demnach nicht durch intensive dyadische Beziehungen zwischen einzelnen Personen, die sich sehr vertraut sind, sondern setzen quasi die Kenntnis der (imaginierten) Welt voraus. *Green Emotions* sind Ausdruck eines emotionalen Stils jener Generation, die ihr Leben und Wirken mehr und mehr unter dem Paradigma der Nachhaltigkeit vollbringt.[3] Durch die Erfahrung der Klimakrise teilen die Menschen ein spezifisches Gefühlswissen mit vergesellschaftender Wirkung (Frevert 2011: 267 ff.).[4] Dieses Gefühlswissen wird durch die Vorstellung geprägt, dass die ökologischen Grenzen durch menschliche Aktivitäten verursacht wurden und der einzelne Handelnde diese Grenzen nur im Kollektiv mit anderen zu seinen Gunsten verändern kann. Der Mensch wird damit zum zentralen ökologischen Faktor (Neckel & Hasenfratz 2021: 4). Die Moderne wird zum Zeitalter des Anthropozäns. Die Deutung anthro-

---

sprechend der sozialen Bewertung der Emotionen auf Intensivierung (Liebe, Traurigkeit) oder Zügelung (zum Beispiel Wut, Eifersucht, Angst) hinwirkte (Verheyen 2022: 566). Die Vorstellungen einer positiven Kraft der Gefühle ging, so Stearns, der amerikanischen Mittelschicht durch den Einfluss von Psychologen, Experten, Pädagogen und entsprechender Sozialisation sowie durch eine korrespondierende Therapieindustrie ab den 1920er-Jahren zunehmend verloren. Im Zuge dessen galten Emotionen mehr und mehr als Gegensatz zur Vernunft. Als Konsequenz sollten sowohl positive (zum Beispiel Mutterliebe) als auch negative Gefühle (zum Beispiel Eifersucht), gedrosselt werden, sodass das Ideal der emotionalen Kühle entstand, welches viele Emotionen prägte (Verheyen 2022: 566).

3 Gemeint ist damit, dass immer mehr Lebensbereiche den Standards von Nachhaltigkeitsüberlegungen genügen müssen (Senge & Dabrowski 2020).

4 So geben beispielsweise im Jahr 2018 immerhin 29% der Amerikaner:innen an, dass sie angesichts des Klimawandels sehr besorgt seien. Insbesondere Jugendliche und junge Erwachsene, welche eine Universität besuchen, scheinen von dieser Sorge erfüllt zu sein (Wu et al. 2020; vgl. Dohm & Schulze 2022: 201 ff.).

pogener Verursachung des Klimawandels hat Konsequenzen für den phänomenalen Gehalt von *Green Emotions* und für deren soziale Funktion.

Green Emotions sind (derzeit) häufig eine als unangenehm empfundene Reaktion der fühlenden Subjekte auf die Klimakrise und gehen mit Formen von Angst, Schuld und Scham einher. Derartige negative Emotionen können in einem Passungsverhältnis zu positiven Emotionen wie Hoffnung und Mitgefühl stehen (Neckel & Hasenfratz 2021). Die Varietät der emotionalen Erfahrung angesichts der Auseinandersetzung mit dem Klimawandel korrespondiert ihrerseits wiederum mit unterschiedlichen Bewertungen ökologischer Pathologien als Katastrophe, Krise oder als Ausdruck konjunktureller Normalität (Adloff et al. 2020). *Green Emotions* können also positive und negative Emotionen umfassen, der Ausgang von beiden ist aber die Auseinandersetzung mit den Konsequenzen des Klimawandels; da diese Konsequenzen in der gesellschaftlichen Semantik dominant als negativ gedeutet werden, überwiegen derzeit negative *Green Emotions*. Das Wesen einer durchaus auch ambivalenten emotionalen Erfahrung der Klimakrise besteht in der grundlegenden latent vorhandenen Wahrheit – wie Neckel und Hasenfratz schreiben – eines möglichen ökologischen Kollapses: „to admit the possibility of an ecological collapse" (Neckel & Hasenfratz 2021: 3). Die Vorstellung des Armageddon am Horizont der Möglichkeiten, also die Tatsache, das Ende der Menschheit überhaupt denken zu können, ist existenziell und in ihrer Ubiquität eine neue Erfahrung. *Green Emotions* erwachsen im Kern aus dem Geist von Krise und Kritik angesichts der Vorstellung eines menschengemachten Klimawandels (zum Beispiel Klimaangst, Verzweiflung angesichts des Zeithorizontes für Lösungen, Mitgefühl mit den vom Aussterben bedrohten Eisbären und anderen Arten). *Green Emotions* sind auch Resultat neuer Normsetzungen und deren Entsprechungen beziehungsweise Nichtentsprechungen (zum Beispiel Klimaproteste, Klimakleber, Flugscham). In ihrer sozialen Funktion weisen *Green Emotions* Wege, wie die Fühlenden angesichts der Klimakrise zu handeln haben, sei es durch Verzicht, Protest, Solidarität, Lethargie etc.

Green Emotions sind dabei wie andere Emotionen auch in kulturelle Regeln des Empfindens und des Ausdrucks eingebettet, also darin, was Hochschild als „feeling rules" bezeichnet (Hochschild 1983). *Green Emotions* gelten als gesellschaftlich weitgehend legitimierte Emotionen, die öffentlich nicht nur ausgedrückt und gezeigt werden dürfen, sondern die oft auch mit politischen Forderungen begleitet werden, welche sowohl verbindende (zum Beispiel innerhalb sozialer Bewegungen) oder trennende Wirkungen (zum Beispiel zwischen der Letzten Generation und anderen Bürger:innen) entfalten können (vgl. auch Sauer, Kapitel 6). *Green Emotions*, obwohl aus einer universellen Erfahrung abgeleitet, werden – wie das Beispiel der sozialen Bewegung zeigt – mit verschiedenen normativen Vorstellungen verbunden; ebenso unterscheiden sie sich hinsichtlich ihrer Ausdrucksweise;

gemeinsam haben Sie eine Art Navigationsfunktion inne, welche die Fühlenden durch die Klimakrise steuert, indem Handlungsprobleme gelöst werden. „Handlungsproblem" meint ganz formal die Situation, dass es zu jedem Zeitpunkt mehrere Möglichkeiten zum Weiterhandeln gibt, aber in der jeweiligen Situation nur eine realisiert wird, deren Realisierung durch *Green Emotions* emotional motiviert ist. *Green Emotions* lösen nun gerade einen Teil solcher Handlungsprobleme, welche durch die Klimakrise entstanden sind. Dies soll anhand einer Reihe von prävalenten Emotionen gezeigt werden, die Ausdruck des emotionalen Stils „Green" sind und die mit der Kritik angesichts des ökonomischen Wachstums einhergehen und zu Verzicht aufrufen. Zu dieser Auswahl der *Green Emotions* lassen sich derzeit „Klimaangst", „Flugscham" und „grüne Schuld" zuordnen:

Unter „Klimaangst" versteht man die latent vorhandene, dauerhaft gegenwärtige und in Momenten aktiv erfahrene Angst vor dem ökologischen Kollaps (Clayton 2020). Im englischen kursieren die Begriffe „climate anxiety" und „eco anxiety" als Synonyme (Buzzell & Chalquist 2019; Panu 2020). Populär gemacht wurde Klimaangst durch Greta Thunberg, die öffentlich ihre eigene Angst vor dem ökologischen Zusammenbruch diskutierte (Phikala 2020). Die Allgegenwärtigkeit der Debatte um die Folgen der Klimakrise verändert die emotionale Befindlichkeit einer gesamten Generation. Die Sorge vor den Konsequenzen des Klimawandels ist ubiquitär. Klimaangst wird – soziologisch gesprochen – zur Klimafurcht, wenn die abstrakte Angst vor dem Klimawandel die Selbstverständlichkeit des vertrauten und berechenbaren Alltags durchdringt und Risiken im Hier und Jetzt durch konkrete Erlebnisse erfahrbar werden, wie zum Beispiel Wetterextreme, aussterbende Tierarten, Berichte über das Abschmelzen der Polarkappen und das Verschwinden von Seen und Gletschern etc. (Luhmann 1989). Für die derzeitige Kohorte von Kindern und Jugendlichen bringt diese Sorge die existenzielle Frage nach dem Fortbestand der menschlichen Gattung hervor und ganz konkret die Entscheidung, selbst keine Kinder zu haben (Schneider-Mayerson & Leong 2020). Diese latente Sorge führt dazu, dass das eigene Tun permanent auf seine ökologischen Auswirkungen geprüft wird. In der Konsequenz entsteht der indirekte Aufruf zum Verzicht, um derart den ökologischen Druck zu mindern. Verzicht bedeutet in diesem Kontext vor allem Verzicht auf Konsum. Durch die In-Wert-Setzung des „Weniger" kommt es gleichzeitig zum Aufwerten von entsagenden Lebensformen wie unter anderem Minimalismus (Derwanz 2022), die Idee der Postwachstumsgesellschaft (Dörre et al. 2019) oder der Gemeinwohlökonomie (Felber 2018). Weitere typische Handlungen, welche aus der Klimaangst resultieren, werden in der Literatur mit zunehmender Reflexionsfähigkeit, kollektiven Handlungen und politischer Beteiligung sowie sozialem Rückzug aber auch erhöhter Widerstandfähigkeit beschrieben (Albrecht 2011). Klimaangst ist demnach eine Antwort auf die Klimakrise, welche über den Aufruf des Verzichts ein Mittel an die Hand gibt, krisenbedingte

Handlungsprobleme beherrschbar zu machen. Insofern erfüllt die Klimaangst eine Krisensteuerungsfunktion.

Ferner lässt sich die „Flugscham“ den *Green Emotions* zuordnen (Wolrath Söderberg & Worms 2019).[5] Wolrath Söderberg und Worms bezeichnen mit „Flugscham“ die selbstbezogene Deutung der eigenen Degradierung der moralischen Integrität aufgrund der Benutzung eines Verkehrsflugzeuges (Wolrath Söderberg & Worms 2019; Friedrich et al. 2020; vgl. auch Neckel, Kapitel 11).[6] Diese besondere Form von Scham betrifft vornehmlich die eigene Persönlichkeit (Neckel 1991). Flugscham beinhaltet die Erfahrung von Inferiorität, angesichts besseren Wissens ein Handeln zu zeigen, welches zum Schaden anderer ist. Flugscham führt mitunter zu der selbstkritischen Einschätzung, dass man dieses Handeln unterlässt, beziehungsweise begrenzt. Über Flugscham darf in sozialen Kontexten gesprochen werden; die Empfindung von Flugscham ist legitim, zeigt das Empfinden von Flugscham doch die Verantwortung für klimagefährdende Handlungen; nicht legitim ist aus Sicht des Schämenden, trotz der Flugscham dennoch ein Flugzeug zu betreten, sofern der Flug nicht durch eine CO2-Abgabe vermeintlich klimaneutral gemacht wurde, was mit dem Begriff des „greenwashing“ beschrieben wird (Bowen & Arragon-Correa 2014). Insofern fungiert die Emotion der Flugscham als Orientierungsrahmen für neue gesellschaftliche Normen und drückt einen Wertewandel aus, quasi von Status zu Scham: So galten Urlaubs- und Geschäftsreisen mit dem Flugzeug in den 1990er-Jahren als Status-Symbol, während sie heute mehr und mehr geächtet werden. Flugscham resultiert also aus dem Wissen, dass Flugreisen den Treibhauseffekt verstärken. Die empfundene Scham angesichts der Nutzung motiviert das Suchen nach Alternativen, welche einen Beitrag zum Überwinden der Krise leisten können.

Als weitere *Green Emotion* lässt sich die Emotion der „grünen Schuld“ anfügen (Pape 2020; Kotchen 2009). *Grüne Schuld* kann als eine spezifische Form der Schuld gedeutet werden, welche charakteristisch für das Zeitalter des Anthropozän ist (Neckel & Hasenfratz 2021: 4). In diesem Zusammenhang kann eine zunehmende Selbstkritik und Zuschreibung von Verantwortung beobachtet werden, welche das Individuum motiviert, ein nachhaltiges, insbesondere mit Blick auf Konsumfragen, Ethos zu entwickeln (Krasmann 2003: 175 ff.; Henkel et al. 2018). Dabei geht es in der Regel nicht um Schuldgefühle angesichts einzelner Kaufentscheidungen, son-

---

5 Wolrath Söderberg und Worms haben neben der Flugscham auch Gefühle von Angst und Schuld identifizieren können. https://fores.se/wp-content/uploads/2019/11/Grounded-Beyond-flygskam_Online.pdf.

6 „Flight Shame“ wurde zum „word of the year“ im Jahre 2019 gewählt. Siehe http://languages.oup.com/word-of-the-year/word/of-the-year-2019. Der Duden nahm den Begriff „Flugscham“ 2020 in das Rechtschreib-Wörterbuch auf.

dern um eine selbstkritische Einschätzung des Lebensstils (Pape 2020: 5). *Grüne Schuld* resultiert aus dem Wissen der eigenen Verantwortung für die ökologischen Konsequenzen einer nicht nachhaltigen Lebensweise (Pape 2020: 4). Obwohl also um die Notwendigkeit eines nachhaltigen, das heißt verzichtorientierten Lebensstils gewusst wird, ist die regulative Kraft des Bewusstseins zu einem systematischen nachhaltigen Lebensstil nicht ausreichend (Lessenich 2018). *Grüne Schuld* ist eine emotionale Konsequenz dieser Unzulänglichkeit, die, durch Selbstkritik geformt, ohne eine faktische Anklage auskommt. *Grüne Schuld* wirkt ihrerseits regulierend auf das Handeln (Antonetti & Maklan 2014; Onwezen et al. 2013; Rowe et al. 2017).

Diese hier unterschiedlichen, beschriebenen *Green Emotions*, die unter der Kategorie des emotionalen Stils *Grün* subsumiert werden, erscheinen hinsichtlich ihres phänomenalen Ausdrucks als ambivalent, da sie mit intensiven positiven (zum Beispiel Hoffnung) und negativen (zum Beispiel Angst) emotionalen Erfahrungen einhergehen können. Diese Ambivalenz und damit einhergehend emotionale Komplexität des emotionalen Stils *Grün* ist charakteristisch. Das verbindende Element der *Green Emotions* ist in ihrem Ursprung und in ihrer Funktion zu sehen: *Green Emotions* können als Antwort auf die Klimakrise gedeutet werden und erfüllen eine soziale Steuerungsfunktion – die Rolle eines Navigators – im Umgang mit der Krise. Das bedeutet nicht, dass die *Green Emotions* stets den „richtigen" Weg in Bezug auf die Überwindung der Krise weisen, aber sie zeigen einen Weg des Weiterhandelns auf. Insofern führen *Green Emotions* einerseits zu einer größeren Aufmerksamkeit für die ökologischen Pathologien und sind andererseits Mittel der Bewältigung von krisenbedingten Handlungsproblemen im Kapitalismus.

Literatur

Adloff, Frank/Fladvad, Benno/Hasenfratz, Martina (Hrsg.) (2020). *Imaginationen von Nachhaltigkeit. Katastrophe. Krise. Normalisierung*. Frankfurt am Main/New York: Campus.

Albrecht, Glenn (2011). „Chronic Environmental Change: Emerging 'Psychoterratic' Syndromes", in: I. Weissbecker (Hrsg.), *Climate Change and Human Well-Being: Global Challenges and Opportunities*. New York: Springer, S. 43–56.

Antonetti, Paolo & Maklan, Stan (2014). „Feelings that Make a Difference. How Guilt and Pride Convince Consumers of the Effectiveness of Sustainable Consumption Choices", in: *Journal of Business Ethics* 142(1), S. 117–134.

Bowen, Frances/Aragon-Correa, J. Alberto (2014). „Greenwashing in Corporate Environmentalism Research and Practice: The Importance of What We Say and Do", in: *Organization & Environment* 27(2), S. 107–112.

Buzzell, Linda & Chalquist, Craig (2019). „Its not Eco-Anxiety, it`s Eco-Fear! A Survey of the Eco-Emotions", https://www.chalquist.com/post/it-s-not-eco-anxiety-it-s-eco-fear.

Clayton, Susan (2020). „Climate Anxiety. Psychological Response to Climate Change", in: *Journal of Anxiety Disorders* 74.

Derwanz, Heike (Hrsg.) (2022). *Minimalismus – ein Reader*. Bielefeld: transcript.

Dörre, Klaus/Rosa, Hartmut/Becker, Karin/Bose, Sophie & Seyd, Benjamin (Hrsg.) (2019). *Große Transformation? Zur Zukunft moderner Gesellschaften.* Sonderband der Zeitschrift für Soziologie. Wiesbaden: Springer VS.

Dohm, Lea & Schulze, Mareike (2022). *Klimagefühle*. München: Knaur.

Felber, Christian (2018). *Die Gemeinwohl-Ökonomie. Eine demokratische Alternative wächst.* München: Pieper.

Frevert, Ute (2011). *Gefühlswissen*. Frankfurt am Main: Campus.

Friedrich, Thomas/Matthes, Gesa/Theiler, Lena/Stein, Melina/Joost, Jan-Marc/Drees, Lukas/Deffner, Jutta & Raschewski, Luca (2020). *Zur Legitimität des Fliegens*. Frankfurt am Main: Institut für sozial-ökologische Forschung (ISOE).

Habermas, Jürgen (1973a). „Was heißt heute Krise? Legitimationsprobleme im Spätkapitalismus", in: *Merkur* 27(300), S. 345–364.

Habermas, Jürgen (1973b). *Legitimationsprobleme im Spätkapitalismus*. Frankfurt am Main: Suhrkamp.

Hahn, Alois (2010). *Soziologie der Emotionen*. (Workingpaper des Soziologischen Seminars 02). Luzern: Universität Luzern, Kultur- und Sozialwissenschaftliche Fakultät, Soziologisches Seminar. https://nbn-resolving.org/urn:nbn:de:0168-ssoar-371647.

Henkel, Anna/Ludtke, Nico/Buschmann, Nicolaus & Horchmann, Lars (Hrsg.) (2018). *Reflexive Responsibilisierung*. Bielefeld: transcript.

Hitzler, Ronald/Reichertz, Jo & Schroer, Norbert (Hrsg.) (1999). *Hermeneutische Wissenssoziologie*. Konstanz: UVK.

Hochschild, Arlie Russel (1983): *The Managed Heart*. Berkeley: The University of California Press.

Kepplinger, Hans M. (2020). „Reziproke Effekte auf Journalisten", in: Jackob, Nikolaus/Quiring, Oliver & Maurer, Marcus (Hrsg.), *Traditionen und Transformationen des Öffentlichen*. Wiesbaden: Springer VS, S. 159–179.

Kotchen, Mathew J. (2009). „Offsetting Green Guilt", in: *Stanford Social Innovation Review* 7(2), S. 25–31.

Krasmann, Susanne (2003). *Die Kriminalisierung der Gesellschaft*. Konstanz: UVK.

Lessenich, Stefan (2018). Neben uns die Sintflut: Wie wir auf Kosten anderer leben. München: Piper.

Luhmann, Niklas (1989). Ökologische Kommunikation. Wiesbaden: Springer VS.

Neckel, Sighard (1991). *Status und Scham*. Frankfurt am Main: Campus.

Neckel, Sighard (2011). „Der Gefühlskapitalismus der Banken. Vom Ende der Gier als ‚ruhiger Leidenschaft'", in: *Leviathan* 39(1), S. 39–53.

Neckel, Sighard & Hasenfratz, Martina (2021). „Climate Emotions and Emotional Climates: The Emotional Map of Ecological Crises and the Blind Spots on our Sociological Landscapes", in: *Social Science Information* 60(2), S. 253–27.

Onwezen, Marleen C./Antonides, Gerrit & Bartels, Jos (2013). „The Norm Activation Model. An Exploration of the Functions of Anticipated Pride and Guilt in Proenvironmental Behavior", in: *Journal of Economic Psychology* 39, S. 141–153.

Pape, Judith (2020). „Schuld und Sühne im Anthropozän. Aspekte eines Phänomens in Anrufung und Selbsttechnik", in: *Soziologie und Nachhaltigkeit* 5(2), S. 177–209.

Panu, Pihkala (2020). „Anxiety and Ecological Crisis: An Analysis of Eco-Anxiety and Climate-Anxiety", in: *Sustainability* 12(19), S. 7836.

Rowe Zoe O./Wilson, Hugh N./Dimitriu, Radu & Breiter, Katrin (2017). „The Best I Can Be. How Self-Accountability Impacts Product Choice in Technology-Mediated Environments“, in: *Psychology & Marketing* 34(5), S. 521–537.

Schneider-Mayerson & Leong, Kit Long (2020). „Eco-Reproductive Concerns in the Age of Climate Change“, in: *Climate Change* 163(2), S. 1007–1023.

Senge, Konstanze (2020). „How do Financial Actors Decide Under Conditions of Fundamental Uncertainty? – The Role of Emotions as a Social Mechanism to Overcome Fundamental Uncertainty“, in: *Journal of US-China Public Administration* 17(5), S. 203–220.

Senge, Konstanze & Dabrowski, Simon (2020). „Alternatives within Capitalism: Sustainability, Financialization, and the Ambiguity of Contemporary Capitalism“, in: *International Journal of Humanities Social Sciences and Education (IJHSSE)* 7(7), S. 171–188.

Stearns, Peter (1994). *American Cool*. New York: New York University Press.

Steg, Joris (2020). „Was heißt eigentlich Krise?“, in: *SOZIOLOGIE* 49(4), S. 423–435.

Verheyen, Nina (2022). „Peter N. Stearns: American Cool. Constructing a Twentieth-Century Emotional Style“, in: K. Senge/R. Schützeichel, Rainer & V. Zink (Hrsg), *Schlüsselwerke der Emotionssoziologie*. Wiesbaden: Springer VS, S. 563–570.

Vester, Michael (1991). *Emotion, Gesellschaft, Kultur*. Wiesbaden: Westdeutscher Verlag.

Wolrath Söderberg, Maria & Wormbs, Nina (2019). *Grounded: Beyond Flygskam*. Stockholm: European Liberal Forum & Fores. https://fores.se/wp-content/uploads/2019/11/Grounded-Beyond-flygskam_Online.pdf.

World Commission on Environment and Development (1987). *Our Common Future*. https://sustainabledevelopment.un.org/content/documents/5987our-common-future.pdf.

Wu, Judy/Snell, Gaelen & Samji, Hasina (2020). „Climate Anxiety in Young People: a Call to Action“, in: *The Lancet* 4(10), E 435–E 436.

Ziethen, Sanne & Peter, Nina (2021). *Währung, Krise, Emotion*. Bielefeld: transcript.

Rainer Schützeichel

19 Taktgefühle und der Sinn für Soziales

> Gleichwohl besaß Andrée eine viel größere Einsicht in die Dinge des Herzens und ein feiner ausgebildetes Zartgefühl; sie konnte nämlich den Blick, das Wort, die Handlungsweise finden, die möglichst durchdacht Vergnügen machen könnten, eine Überlegung verschweigen, die Schmerz hätte zufügen können, das Opfer (mit der Miene, als sei es keins) einer Stunde des Spiels, einer Nachmittagseinladung, eines Gartenfestes zu bringen, um bei einem Freunde oder einer Freundin zu bleiben, die gerade traurig waren, und ihnen auf diese Weise zu zeigen, dass sie ihre Gesellschaft bloß oberflächlichen Vergnügen vorzöge.[1]

Man könnte die Essenz dessen, was sich als Takt beschreiben lässt, wohl kaum besser zum Ausdruck bringen als Marcel Proust in seiner Charakterisierung von Andrée, einem Mädchen, welches er, wie in den Erinnerungen in *Im Schatten junger Mädchenblüte* geschrieben ist, in seiner Jugend während einer Sommerfrische an der normannischen Küste kennen lernte. Andrée verfügt über eine besondere, sich in Blicken, in Gesten und Worten realisierende, fühlende Kompetenz im Umgang mit Personen, sie ist berührbar durch die Bedürfnisse und Gefühls- und Stimmungslagen Anderer, und sie versteht es, ihr stilsicheres Verhalten als ein völlig selbstverständliches erscheinen zu lassen. Takt stellt nach Proust ein besonders fein ausgebildetes „Zartgefühl" dar, welches dort vonnöten ist, wo es um „Dinge des Herzens", um Gefühle, Emotionen und Stimmungen geht.

„Takt", so können wir aus etymologischen und begriffsgeschichtlichen Analysen erfahren (Gödde & Zirfas 2012; Jennings & Arndt 1992; Pfeifer et al. 1989; Sünkel 1998), nimmt, ausgehend von dem lateinischen „tangere" (anrühren, berühren, beeindrucken), seit dem 16. Jahrhundert zwei Bedeutungstrajektorien an, die auf den ersten Blick als nicht so ohne weiteres vereinbar erscheinen, die aber gerade in ihrer Verbindung das ausmachen, was wir als taktvolle Haltung oder Handlung beschreiben. Der Ausdruck steht sowohl für eine durchaus sinnliche Form des (tastenden) Berührens und nimmt damit schnell die Bedeutung eines besonderen Gefühlssinns im Sinne einer nicht nur sinnlichen, sondern seelischen oder emotionalen Berührbarkeit an, aber das Wort steht auch für eine Regelmäßigkeit, die durch mechanische Schläge oder sonstige Fixierungen musikalischen Reproduktionen wie auch maschinellen Apparaturen zu einer rhythmischen Gliederung und einem integralen, funktionalen Ablauf verhelfen. Takt verweist also einerseits auf die sensible Bezugnahme auf etwas Konkretes oder Besonderes, andererseits auf

1 Proust (2003: 714–715).

https://doi.org/10.1515/9783110589214-022

die konsonante Rhythmisierung von Abläufen. Er steht damit für die Neutralisierung und Ausschließung von störenden, dissonanten oder eben besonderen Elementen. Takt kann als eine Kommunikationstugend bezeichnet werden, die sich mit der Vermittlung des Besonderen und Allgemeinen einer kommunikativen Ordnung befasst oder das Besondere im Allgemeinen in einer salienten Weise berücksichtigt, in Form von „wissenden Abweichungen“ (Adorno 1997: 40), durch ein Eingehen auf ein Besonderes oder eben durch ein synchrones Schweigen oder Absehen von diesem. Als „taktlos“ gilt dann ein Verhalten, welches sich nicht von dem Besonderen berühren lässt, sondern das Besondere unter das Allgemeine von Vorurteilen, Kategorien und Regeln subsumiert oder als Besonderes geradezu „diskriminiert“.

Dass Takt häufig als ein Taktgefühl bezeichnet wird, lässt sich darauf zurückführen, dass taktvolles Verhalten eine Fähigkeit darstellt, die eine besondere Sensibilität und Empfindsamkeit voraussetzt, ein Gespür dafür, in welcher Weise Personen in ihrer Personalität, ihrer Würde und in ihrer Integrität verletzbar und angreifbar sind und in welcher Weise das Verhalten von Personen, nicht zuletzt das eigene, als belastend, respekt- und würdelos begriffen werden kann. Takt ist die immer nur sich situativ und kontextspezifisch realisierende Achtung und Schonung der Integrität anderer Personen. Takt lässt dort schweigen, wo eine Information nicht zu ertragen ist, und er fordert dann kommunikative Zuwendung, wenn ein Schweigen sehr laut und deutlich wird.[2]

1 Simmel – Takt und Geselligkeit

Klassischen Soziologen zufolge hat nur Takt das Potenzial, eine eigene Sozialform der „Geselligkeit“ zu begründen, weil er sich als reine Form realisieren kann. Dabei können sich die frühen soziologischen Analysen auf die wertvollen rechtswissenschaftlichen Ausführungen von Rudolf von Jhering (1970: 569 ff.) berufen, der im zweiten Band von „Der Zweck im Recht“ zwischen Takt, Höflichkeit und Anstand als den drei prinzipiellen Umgangsformen unterschieden hatte und dabei den Takt als sich in einzelnen Fällen erschöpfenden „Treffer des Gefühls“, als ein praktisch tätig werdendes Empfindungsvermögen betrachtet, welches

2 Takt kann in gewisser Weise auch als eine spezifische Form des Schweigens und des Geheimnisses verstanden werden. Siehe hierzu Assmann (2013), Bellebaum (1992) und Hahn (2013). Wichtige soziologische Auseinandersetzungen mit dem Taktgefühl finden sich in Misztal (2019) und Zingerle (2010, 2014).

gegen die eher zur Unterlassung von Handlungen neigende, regelorientierte Mechanik des Anstandes und die Korrektheit der Höflichkeit abzugrenzen ist.

Der „Soziologie der Geselligkeit", die Simmel 1910 zum ersten Deutschen Soziologentag in Frankfurt am Main vortrug und 1911 in dem Tagungsband veröffentlichte, verdankt die Soziologie die erste maßgebliche Annäherung an das Problemfeld des Taktes. Diese Überlegungen liegen auch dem dritten Kapitel der „Grundfragen der Soziologie" aus dem Jahre 1917 zugrunde (Simmel 1999). Der Takt wird von Simmel auf einen „Geselligkeitstrieb" zurückgeführt, also auf einen Trieb, der wie andere Triebe auch Individuen Anlass und Grund für die mannigfaltigsten Wechselwirkungen und Beziehungen untereinander bietet, der aber im Unterschied zu diesen die Wechselwirkung oder eben die Geselligkeit als solche selbst zum Ziel hat. Geselligkeit ist nach Simmel diejenige Sphäre, in welcher Ziel und Mittel in eins fallen. In der Geselligkeit triumphiert die „gute Form" (Simmel 2001: 179) des sich zueinander In-Beziehung-Setzens über alle Inhalte, die die Individuen sonst voneinander unterscheiden und trennen, und sie ist deshalb eine Form, die sich aus dem sozialen oder gesellschaftlichen Leben als eine besondere immer erst ausdifferenzieren muss. Aus dem Charakter der Geselligkeit als reiner Form lassen sich mit Simmel zwei weitere ihrer strukturellen Merkmale ableiten. Wenn es in der Geselligkeit nicht darum geht, instrumentell bestimmte sachliche Inhalte oder Ziele zu verfolgen, so kann ihre Befriedigung nur in der Realisierung ihrer Form liegen, also nur in den situativen Begegnungen, in denen die Individuen sich nicht in ihren Interessen, sondern in ihrer Personalität begegnen. Nicht in ihrem sozialen Status, in ihrem Erfolg, in ihren Verdiensten und Vermögen treten Individuen in die Sphäre der Geselligkeit ein, sondern als Personen, die gerade von diesen externen Unterschieden und Ungleichheiten abstrahieren, um einen normativen Raum gleicher Personen zu konstituieren. Die Geselligkeit vollzieht „eine Abstraktion der sonst durch ihren Inhalt bedeutsamen soziologischen Wechselwirkungsformen" (Simmel 2001: 187). Ein Taktgefühl orientiert sich nach Simmel an dem normativen Prinzip, dass jeder nur soviel Befriedigung aus dem Geselligkeitstrieb ziehen soll, wie es für die anderen verträglich ist (Simmel 2001: 182). Mit dem Ausdruck der „Geselligkeitsschwelle" (Simmel 2001: 182) bezeichnet Simmel die Aufgabe, die das taktvolle Verhalten nach außen und nach innen, nach oben und nach unten einzurichten hat. Erst die Beachtung solcher Schwellen macht diese Sozialform möglich, „diese Welt der Geselligkeit, die einzige, in der eine Demokratie der Gleichberechtigten ohne Reibungen möglich ist [...]" (Simmel 2001: 183).

2 Plessner – Takt und die Grenzen von Gemeinschaft

Auch nach Helmuth Plessner, dem wir in der Soziologie eine weitere der wenigen substanziellen Befassungen mit dem Phänomen des Taktes verdanken, ist der Takt konstitutiv für eine besondere Dimension des Gesellschaftlichen, die auch er, wenn auch mit weniger Emphase als Simmel und eindeutiger, nicht als ein gemeinschaftliches, sondern als ein gesellschaftliches Phänomen charakterisierend, als eine solche der Geselligkeit bezeichnet (Plessner 2002: 105). Ein Kapitel seiner Streitschrift für die „Grenzen der Gemeinschaft", welche einer Kritik des sozialen Radikalismus in Gestalt aller hypertrophen Idealisierungen unvermittelter, persönlicher sozialer Beziehungen und kollektivistischer Ordnungen gewidmet ist, befasst sich mit der „Logik der Diplomatie" und der „Hygiene des Taktes" als den beiden wichtigen Regulierungsmodi eines öffentlichen Lebens, welches durch Konflikt und Streit um Ressourcen und Interessen geprägt ist. Im Unterschied zur Diplomatie, die für den öffentlichen Verkehr zwischen Rollenträgern, Geschäftsleuten, Funktionären zuständig ist, ist Takt für die „natürlichen Personen" (Plessner 2002: 109) verantwortlich, denen es um „einfachen Verkehr ohne Zweck, Unterhaltung um der Entspannung und Erhöhung des Lebens willen" geht (Plessner 2002: 112). Takt setzt aber gerade, da es eben um den öffentlichen Verkehr geht, keine Personenkenntnis voraus, ja, findet sich eigentlich nur dort, wo die wechselseitige Intransparenz in zivile Formen des Miteinander episodisch überführt werden muss. Wie Simmel, so befasst sich auch Plessner mit dem Takt als einer Verhaltenslehre, die zwischen Nähe und Distanz vermittelt, ohne das eine in das andere aufzuheben. Auch nach Plessner ist Takt eine „Tugend des Herzens" (Plessner 2002: 107), und zwar die „erste und letzte", und der Takt wird stärker noch als bei Simmel, demzufolge der Takt eher eine spezifische Entwicklungsform von Höflichkeit darzustellen scheint, allem Formelhaften, Rituellen und Floskelhaften entgegengesetzt.[3] Mit der berühmten Formulierung „Grundlosigkeit ist ein Wesensmoment des Taktes" (Plessner 2002: 111) hält Plessner die Einsicht fest, dass Takt sich in Sphären jenseits des Nützlichen und Zweckmäßigen, des Richtigen und Falschen vollzieht, dort, wo manifest wird, dass der Mensch von Natur aus ein künstliches Lebewesen ist, welches auf nichts gegründet werden kann außer auf sich selbst.

3 Zu dem durchaus spannungsreichen Verhältnis von Takt und Höflichkeit finden sich wichtige Überlegungen bei Assmann (2002, 2009) und Zingerle (2002).

3 Goffman – Takt und Identität

In dem kommunikativen Problemfeld der Identitäts- und Rollenreproduktion, der situationsgemäßen Invisibilisierung von Abweichungen, aber auch der sensiblen Thematisierung und Bearbeitung von Erwartungsenttäuschungen und Rollenanforderungen wird Takt in den Interaktionsanalysen von Goffman situiert. Nach Goffman lassen sich die informellen als auch formellen Rollen- und Identitätserwartungen in aller Regel nicht in Einklang mit dem tatsächlichen Verhalten bringen, es gibt Lücken, Verfehlungen, Inkongruenzen zwischen Anspruch und Wirklichkeit. „There is no interaction in which participants do not take an appreciable chance of being sligthly embarrassed or a slight chance of being deeply humiliated“ (Goffman 1959: 243). Kaum eine Interaktion ist vor *embarrassment*, also vor Gefühlen im Spektrum von Verlegenheit über Peinlichkeit bis zu Scham (Jacobsen 2022; Jacobsen & Kristiansen 2019; Knoblauch & Herbrik 2022; Schützeichel 2022) gefeit, und „Takt“ als die vornehmliche Form der Verhinderung und Bearbeitung von *embarrassment* ist von daher in vielen sozialen Feldern erforderlich. Takt wird von Goffman als eine „guide for action“ oder eine „rule of conduct“, also als eine Umgangsform betrachtet, die verhindern kann, dass „face work“ (Goffman 1955) nötig wird.[4] Takt ist auf die Vermeidung und Bearbeitung von Krisensituationen bezogen, die sich auf Identitätsverfehlungen – solchen der personalen wie der sozialen Identität – beziehen und die – abhängig von ihrer Massivität – sich in Gefühlen der Verlegenheit oder Peinlichkeit bis hin zu massiven Scham- und Schuldgefühlen ausdrücken können. Bedrohlich ist auch, dass *embarrassment* als ein Zeichen von „weakness, inferiority, low status, moral guilt, defeat, and other uneviable attributes“ (Goffman 1956a: 266) gilt. Taktvolles Verhalten hat nach Goffman also die manifeste Funktion, Individuen vor Verletzungen ihrer Identität und der Visibilisierung inkompatibler individueller Eigenschaften zu schützen, aber auch die latente Funktion, gerade dadurch die interaktive Ordnung, in der sie agieren, zu stabilisieren.[5]

Herstellung einer genuinen Form von Geselligkeit, Schutz vor den Zumutungen von Gemeinschaften, Wahrung der sozialen Identität von Individuen – Simmel, Plessner und Goffman markieren damit drei substanzielle Funktionen von Takt. Zugleich machen sie auch deutlich, weshalb Takt sowohl als eine kommuni-

4 „A rule of conduct may be defined as a guide for action, recommended not because it is pleasant, cheap, or effective, but because it is suitable or just. Infractions characteristically lead to feelings of uneasiness and to negative social sanctions. Rules of conduct infuse all areas of activity and are upheld in the name and honor of almost everything“ (Goffman 1956b: 473).

5 Eine Übertragung dieser beiden Funktionen von Takt auf organisationale und institutionelle Kontexte findet sich in den systemtheoretischen Analysen von Niklas Luhmann (1965, 1976).

kative Tugend als auch als eine bestimmte Gefühlsdisposition bestimmt werden kann: Taktvolles Verhalten setzt, um sie zu schützen wie um sich vor ihnen zu schützen, eine hohe Sensibilität für und Berührbarkeit durch die Besonderheiten von Individuen voraus, und dies im Zeichen einer Gleichheit ihres Status.

Literatur

Accarino, Bruno (2002). „Spuren des Hofstaats in Plessners ‚Grenzen der Gemeinschaft'", in: W. Eßbach/J. Fischer & H. Lethen (Hrsg.), *Plessners ‚Grenzen der Gemeinschaft'. Eine Debatte*. Frankfurt am Main: Suhrkamp, S. 131–159.

Adorno, Theodor W. (1997 [1951]). „Zur Dialektik des Takts", in: T. W. Adorno, *Minima Moralia. Reflexionen aus dem beschädigten Leben* (Gesammelte Schriften, Bd. 4). Frankfurt am Main: Suhrkamp, S. 38–41.

Assmann, Aleida (2002). „Höflichkeit zwischen Geselligkeit und Gesellschaft", in: B. Felderer & T. Macho (Hrsg.), *Höflichkeit. Aktualität und Genese von Umgangsformen*. München: Fink, S. 194–202.

Assmann, Aleida (2009). „Höflichkeit und Respekt", in: G. Engel/B. Rang/S. Scholz & J. Süßmann (Hrsg.), *Konjunkturen der Höflichkeit in der Frühen Neuzeit*. (Zeitsprünge. Forschungen zur Frühen Neuzeit, Bd. 13). Frankfurt am Main: Klostermann, S. 173–189.

Assmann, Aleida (2013). „Formen des Schweigens", in: A. Assmann & J. Assmann (Hrsg.), *Schweigen* (Archäologie der literarischen Kommunikation XI). München: Fink, S. 51–68.

Bellebaum, Alfred (1992). *Schweigen und Verschweigen. Bedeutungen und Erscheinungsvielfalt einer Kommunikationsform*. Opladen: Westdeutscher Verlag.

Gödde, Günter & Zirfas, Jörg (Hrsg.) (2012). *Takt und Taktlosigkeit. Über Ordnungen und Unordnungen in Kunst, Kultur und Therapie*. Bielefeld: transcript.

Goffman, Erving (1955). „On Face-Work: An Analysis of Ritual Elements in Social Interaction", in: *Psychiatry: Journal for the Study of Interpersonal Processes* 18, S. 213–231.

Goffman, Erving (1956a). „Embarrassment and Social Organization", in: *American Journal of Sociology* 62(3), S. 264–271.

Goffman, Erving (1956b). „The Nature of Deference and Demeanor", in: *American Anthropologist* 58(3), S. 473–502.

Goffman, Erving (1959). *The Presentation of Self in Everyday Life*. (Überarbeitete Fassung). Garden City NY: Anchor Books.

Hahn, Alois (2013). „Schweigen, Verschweigen, Wegschauen und Verhüllen", in: A. Assmann & J. Assmann (Hrsg.), *Schweigen* (Archäologie der literarischen Kommunikation XI). München: Fink, S. 29–50.

Jacobsen, Michael Hviid (2022). „Goffman and the Emotions", in: M. H. Jacobsen & G. Smith (Hrsg.), *The Routledge International Handbook of Goffman Studies*. New York: Routledge, S. 157–170.

Jacobsen, Michael Hviid & Kristiansen, Sören (2019). „Embarrassment: Experiencing Awkward Self-Awareness in Everyday Life", in: M. H. Jacobsen (Hrsg.), *Emotions, Everyday Life and Sociology*. London: Routledge, S. 104–125.

Jennings, Richard W. & Arndt, Horst (1992). „Intracultural Tact versus Intercultural Tact", in: R. J. Watts/S. Ito & K. Ehlich (Hrsg.), *Politeness in Language*. Berlin: Mouton de Gruyter, S. 21–41.

Jhering, Rudolph von (1970 [1887–1884]). *Der Zweck im Recht*. 2 Bände Nachdruck. Hildesheim: Olms.

Knoblauch, Hubert & Herbrik, Regine (2022). „Erving Goffman: Social Embarrassment and Social Organization", in: K. Senge/R. Schützeichel & V. Zink (Hrsg.), *Schlüsselwerke der Emotionssoziologie*. 2. Aufl. Wiesbaden: Springer VS, S. 209–214.

Luhmann, Niklas (1965). *Grundrechte als Institution*. Berlin: Duncker & Humblot.

Luhmann, Niklas (1976). *Funktionen und Folgen formaler Organisationen*. 3. Aufl. Berlin: Duncker & Humblot.

Misztal, Barbara A. (2019). „Dignity: An Exploration of Dignity's Role and Meaning in Daily Life", in: M. H. Jacobsen (Hrsg.), *Emotions, Everyday Life and Sociology*. London: Routledge, S. 42–55.

Pfeifer, Wolfgang et al. (1989). „Art. Takt", in: *Etymologisches Wörterbuch des Deutschen*. 3. Band. Berlin: Akademie, S. 1777.

Plessner, Helmuth (2002 [1924]). *Grenzen der Gemeinschaft. Eine Kritik des sozialen Radikalismus*. Frankfurt am Main: Suhrkamp.

Proust, Marcel (2003). *Auf der Suche nach der verlorenen Zeit. Bd. 2: Im Schatten junger Mädchenblüte* (Frankfurter Ausgabe, Werke II, Bd. 2). Frankfurt am Main: Suhrkamp.

Schützeichel, Rainer (2022). „Emotionssoziologie", in: K. Lenz & R. Hettlage (Hrsg.), *Goffman-Handbuch*. Stuttgart: Metzler, S. 497–504.

Simmel, Georg (1999 [1917]). „Grundfragen der Soziologie", in: G. Simmel, *Der Krieg und die geistigen Entscheidungen und andere Aufsätze*, Band 1 (Gesamtausgabe, Bd. 16). Frankfurt am Main: Suhrkamp, S. 59–149.

Simmel, Georg (2001 [1911]). „Soziologie der Geselligkeit", in: G. Simmel, *Aufsätze und Abhandlungen 1909–1918*, Bd. 1 (Gesamtausgabe, Bd. 12). Frankfurt am Main: Suhrkamp, S. 177–193.

Sünkel, Wolfgang (1998). „Art. Takt", in: *Historisches Wörterbuch der Philosophie*, Bd 10. Darmstadt: Wissenschaftliche Buchgesellschaft, S. 882–883.

Zingerle, Arnold (2002). „Höflichkeit. Kultursoziologische Bemerkungen zu einem europäischen Wertbegriff gesellschaftlicher Moralität", in: *Filosofiuri Ganasrebani* 2, S. 229–245.

Zingerle, Arnold (2010). „Höflichkeit als Wertbegriff einer Kultur der Differenz", in: G. Cappai/S. Shimada & J. Straub (Hrsg.), *Interpretative Sozialforschung und Kulturanalyse*. Bielefeld: transcript, S. 177–199.

Zingerle, Arnold (2014). „Der Takt im Alltag und in der Theorie. Beschreibungen und Verortungen", in: A. Bellebaum & R. Hettlage (Hrsg.), *Unser Alltag ist voll von Gesellschaft*. Wiesbaden: Springer VS, S. 125–148.

IV Methoden der empirischen Emotionsforschung: Gefühle messen?

Als empirische Wissenschaft wird in der Soziologie Wert darauf gelegt, Erkenntnisse über die soziale Welt intersubjektiv nachvollziehbar und methodisch kontrolliert zu erlangen. Von daher gehört zur Emotionssoziologie die wesentliche Frage, wie Emotionen und noch subtiler, Affekte und Sinnlichkeit überhaupt erforscht oder gar gemessen werden können. Im Anschluss an die Epistemologien der Emotionssoziologie (vgl. Teil I.3) führt dieser Teil in unterschiedliche Methoden der empirischen Erforschung von Emotionen, von Affekten und der Sinnlichkeit ein und geht auf deren Möglichkeiten und Probleme ein.

Kollektivität ist eine zentrale Analyseperspektive der Soziologie, deren emotionale Grundierung Durkheim mit dem Begriff der Efferveszenz hervorgehoben hat. Das erste Unterkapital stellt daher mit der videografischen Analyse kommunikativer Formen einen methodisch innovativen Zugang vor, wie dieses Phänomen und damit allgemeiner kollektive Emotionen auf der Grundlage von audiovisuellen Daten systematisch untersucht werden können (Hubert Knoblauch).

Interviews, eigene Erfahrungen sowie die kollaborative Zusammenarbeit mit Studienteilnehmenden stellen einen anderen, ethnografisch orientierten Weg dar, schwer fassbare Phänomene wie Sinneseindrücke in ihrer sozialen Gemachtheit analysieren zu können. Exemplarisch geht dieses methodische Problem das 21. Kapitel am Beispiel des Geruchssinns und seiner rassistischen Konstruktionen an (Andreea Racleș).

Die gleichen Methoden eignen sich auch, so macht es das 22. Kapitel deutlich, um Affektivität als weiteres Konzept eines emotionssoziologischen Studiums zu erforschen. Gleichwohl es für Stimmungen und Atmosphären von Settings oder für feinsinnige Relationierungen sozialer Interaktionen sensibiliert, die sich gerade durch ihre weniger semantisierbaren Anteile auszeichnen, kann ein Zugriff darauf auch durch versprachlichte Dokumente über diese Phänomene gelingen. Diese lassen Rückschlüsse auf wiederkehrende Muster, Effekte oder Eigenheiten zu und geben somit die sozio-kulturelle Formation von Affekten zu erkennen (Elgen Sauerborn und Yvonne Albrecht).

Diskursivierung ist schließlich auch im letzten Kapitel eine zentrale methodische Strategie der Erkenntnisproduktion. Wer als Forscher:in seine eigenen emotionalen Erfahrungen im Feld in Emotionstagebüchern festhält, so die Argumentation dieses Beitrages, der bricht mit der verbreiteten Annahme, dass Emotionen mehr eine Hürde als eine Chance für die wissenschaftliche Wissensproduktion sind. Denn die eigenen Emotionen zugänglich zu machen und systematisch in die Analyse mit einzubeziehen, steigert die Reflexivität der Forschenden und damit die Güte ihrer Forschung (Thomas Stodulka).

https://doi.org/10.1515/9783110589214-023

Hubert Knoblauch

20 Efferveszenz: Videografische Analyse kommunikativer Formen kollektiver Emotionen

Die Emotionen von Gruppen, Kollektiven und „Massen“ standen schon seit der Entstehung der Sozialwissenschaften im Mittelpunkt ihres Interesses. Doch trotz der breiten Literatur zu diesem Thema wurden die beobachteten Formen der kollektiven Emotionen bislang wenig beachtet. Vielmehr wurden sie auf der Grundlage häufig indirekter, impressionistischer oder selektiver Beobachtungen eher als (massen- oder kollektiv-)psychologische Phänomene behandelt und mithilfe metaphorischer Begriffe analysiert. Audiovisuelle Aufzeichnungsmedien bieten einen empirischen Zugang zum Phänomen der kollektiven Emotionen, das seit Durkheim (1980 [1912]) mit dem Begriff der Efferveszenz bezeichnet wird. Sie erfordern einerseits die Videoanalyse der Handlungen und Interaktionen in und von Kollektiven; andererseits erfordern sie auch einen systematischen Einbezug des Kontextes. Die hier skizzierte Methode der Videografie verbindet Videoanalyse und fokussierte Ethnografie der Kontexte, in denen kollektive Emotionen auftreten. Weil sich die Erforschung von Emotionen im Rahmen der Videoanalyse bisher weitgehend auf Interaktionen zwischen einzelnen Individuen beschränkt hat, steckt die Analyse kollektiver Emotionen auf der Grundlage audiovisueller Daten noch weitgehend in ihren Anfängen.

In diesem Beitrag soll gezeigt werden, wie diese Herausforderung im Rahmen der Videografie methodisch und methodologisch angegangen werden kann. Wir können hier die andernorts schon systematisch beschriebenen Methoden der Videografie nicht erläutern (vgl. Tuma et al. 2013). Auch zur Analyse von Emotionen haben wir an anderer Stelle schon erste Skizzen angefertigt (Knoblauch et al. 2019). Dieser Beitrag konzentriert sich darauf, wie wir Publikumsemotionen als kollektive Formen kollektiven Handelns verstehen können. Wir werden dies in der gebotenen Kürze anhand weniger Beispiele illustrieren, um Forschende anzu-

Anmerkung: Der Beitrag geht auf Arbeiten zurück, die im Sonderforschungsbereich „Affective Societies“ durchgeführt wurden. Besonders danken möchte ich Meike Haken und Michael Wetzels, die wesentliche Beiträge beisteuerten. Der Beitrag stützt sich auf Knoblauch (2017), Knoblauch, Haken und Wetzels (2019) und Kolesch und Knoblauch (2019). Für Korrekturen und Hinweise bedanke ich mich bei Frederike Brandt.

https://doi.org/10.1515/9783110589214-024

regen, sich dem großen Feld der Publikumsemotionen mit eigenen empirischen Erhebungen und Analysen anzunähern.

Wenn wir von Emotionen reden, schließen wir uns an die klassisch von Darwin (2000) begründete Forschung an, die sie mit beobachtbaren „Ausdrucksformen" verbindet. Wie schon Darwin, richtet die meiste Forschung den Blick auf die Emotionen einzelner Individuen; daneben bleibt noch bei den bahnbrechenden Arbeiten von Ekman (2000) der relationale Aspekt der Emotionen zumeist unbeachtet: Emotionen werden lediglich als individueller Ausdruck beobachtet, wobei das, worauf sie sich beziehen, durch die häufig experimentellen Anlagen zumeist ebenso ausgeblendet wird wie diejenigen, mit denen sie interagieren. Wegen der damit verbundenen Objektivationen („Ausdrücke") können wir diese Emotionen als kommunikativ bezeichnen.[1] Handlungen sind sie, weil sie nicht nur passive „response to a situation and to the world" (Wetherell 2012: 24) bilden, sondern gerade im Kontext des Kollektiven „active rather than passive" sind, wie Collins bemerkt (2004: 83). Der besonders emotionale Charakter dieser kommunikativen Handlungen kommt durch ihre Affektivität. Affektiv sind kommunikative Handlungen, wenn ihre Objektivationen leibkörperliche Bewertungen als mehr oder weniger „positiv" (erfreulich, erwünscht etc.) oder „negativ" (gräßlich, schrecklich etc.) enthalten, die unterschiedliche Intensitäten aufweisen. Diese videografisch aufzeichenbaren Objektivationen können auch sprachlich oder in anderen Zeichenformen auftreten und durch ihre subjektive Wahrnehmung zu Gefühlen werden, die, wie Hochschild (1979) gezeigt hat, Gegenstand sozialer Regelungen sind.

Der Begriff der kommunikativen Handlungen ermöglicht auch ein differenziertes Verständnis von Kollektiven. Im Unterschied zu abstrakten Kollektiven (Staat, Arbeiterklasse) verstehen wir darunter die situativ koordinierten Interaktionen einer Mehrzahl von Handelnden (von Scheve 2019: 267). Als koordinierte Formen kommunikativer Handlungen zeichnen sich kollektive Emotionen durch Gleichzeitigkeit und Gleichförmigkeit aus. Wollen wir sie nicht psychologisch erklären, müssen wir eine je nach räumlicher Anordnung gestaltete zeitliche Koordination im Ablauf der Handlungen, aber auch eine gleichzeitige Synchronisation ihrer Formen aufzeigen können. Dies kann auch (etwa durch Live-Übertragungen) technisch mediatisiert werden, und es kann durch ein geteiltes Wissen darüber geleistet werden, wie gehandelt werden soll. (So fallen Publikumsemotionen etwa bei klassischen Konzer-

1 Im Unterschied zu Ekman (2000: 19) reduzieren wir Kommunikation nicht auf absichtliche Äußerungen, sondern auf die Art von körperlichen Performanzen, die er auch selber anhand von Aufzeichnungen untersucht und die Menschen offenbar auch verstehen. Während „Ausdruck" eine Motivation „von innen" impliziert, können wir sehen, dass kollektive Emotionen im Regelfall eine Referenz auf für Kollektive wahrnehmbare Objektivationen beinhalten. Vgl. dazu Knoblauch (2017: 131–146).

ten anders aus als bei Rockkonzerten.) Über ihre situative zeitliche und räumliche Koordination hinaus sind die kommunikativen Formen gerahmt durch und differenziert nach verschiedenen sozialen Feldern, wie Religion oder Sport. Diese bilden besondere, aber durchaus überlappende affektive Ordnungen, die die Formen des kollektiven Handelns und ihre Emotionalität zeitlich durch affektive Dramaturgien und räumlich durch affektive Arrangements leiten.

1 Entwicklung und Grundzüge der Videografie

Seit den Anfängen der Sozialwissenschaften werden Film und Video als Daten für die qualitative Analyse des sozialen Lebens verwendet (Reichert 2007). Allerdings wurde erst in den letzten Jahrzehnten eine spezifische Methodik für audiovisuelle Aufzeichnungen sozialer Situationen entwickelt. So hat Goodwin (1981) mit Video aufgezeichnete Interaktionen in alltäglichen Begegnungen analysiert, Erickson und Schultz (1982) setzten Video für Interviews in schulischen Beratungen ein, und Heath (1986) führte eine Videoanalyse von allgemeinmedizinischen Behandlungen durch. Die methodologische Reflexion der Videoanalyse begann in den 1980er-Jahren (Erickson 1982) und hat heute gut lehr- und lernbare Formen angenommen (Heath et al. 2010; Tuma et al. 2013).

Im Gegensatz zu den zahlreichen standardisierten und quantitativen Studien mit audiovisuellen Daten in den Sozialwissenschaften sind diese Methoden dezidiert interpretativ angelegt. Ihre wesentliche Annahme besteht darin, dass der spezifische Sinn und die Wirkung der untersuchten Handlungen nicht aus theoretischen Vorannahmen abgeleitet oder von den außenstehenden Beobachtenden vorgängig bestimmt werden. Vielmehr besteht die Aufgabe darin, den Sinn der Handlungen aus ihnen selbst zu rekonstruieren. Dafür gibt es im Falle sprachlicher Handlungen viele bewährte Methoden. Gerade bei audiovisuellen Medien rücken nichtsprachliche körperliche Handlungsformen in den Blick. Die Videografie untersucht diese jedoch nicht in experimentalen Situationen, sondern zeichnet die Handlungen in den sozialen Situationen ihrer Herstellung auf, wie also etwa die kollektiven Emotionen von Fußballfans in Stadien (wobei die „Reaktivität" der Forschenden auf das Forschungshandeln besonders beachtet werden muss).

Weil die Aufzeichnungen also immer in sozialen Situationen stattfinden, weist die Videografie eine ethnografische Orientierung auf: Sie zeichnet nicht nur mit Video auf, sondern erforscht mit ethnografischen Mitteln im jeweiligen Handlungskontext (Knoblauch & Vollmer 2022). Die Verbindung der Videoanalyse ablaufender Handlungen mit der Ethnografie bezeichnen wir als soziologische

Videografie. Ohne diese Methode hier breiter darstellen zu können (vgl. Tuma et al. 2013), müssen wir beachten, dass dabei eine dreifache Fokussierung erforderlich ist:

a) Die Aufzeichnungstechnologie weist selbst einen *audiovisuellen Fokus* dessen auf, was durch die Linse und das Mikrofon erfasst wird. Dieser Fokus kann sehr klein (der Finger einer Chirurgin) oder, wie bei Fußballstadien, sehr groß sein. Er wird durch die visuelle Abbildung repräsentiert, die damit zwei Räumlichkeiten aufweist: einerseits die (bislang zumeist noch) zweidimensionale Abbildung von simultanen Elementen auf den einzelnen Standbildern, andererseits der *Handlungs-Raum*, der von diesen Bildern dargestellt wird. Die *Simultaneität* des räumlich auf einem Bild Angeordneten bildet deswegen einen zentralen Bezugspunkt der Videoanalyse (Knoblauch & Tuma 2021).
b) Das, was von der audiovisuellen Aufzeichnung repräsentiert wird, ist Teil eines umfassenden räumlichen und zeitlichen *Kontextes*, in dem die Aufzeichnung erstellt wurde. Hier stellt sich die Frage: Was geschah außerhalb des aufgezeichneten Raumes? Was geschah davor oder danach? Diese Fragen werden durch die videografischen Codierungen und die ethnografischen Beobachtungen beantwortet, die im Rahmen der Aufzeichnungen erstellt werden.
c) Sie schließen auch außersituative Kontexte mit ein: Welche Institutionen und Organisationen sind beteiligt, wie ist der Zugang zur Situation geregelt, wie finden welche Selektionen statt? Was sind materielle, finanzielle und andere Voraussetzungen? Sie werden mithilfe der multimethodisch verfahrenden fokussierten Ethnografie beantwortet (Knoblauch & Vollmer 2022).

Die Analyse der Videoaufzeichnungen muss die Besonderheiten der Daten methodologisch berücksichtigen: Video ist eine Technologie, die es erlaubt, fokussiert soziale Situationen und die darin ablaufenden Handlungen in großem Detail aufzuzeichnen, wie sie selbst den daran Beteiligten zumeist nicht mehr rekonstruierbar ist. Neben den erwähnten zwei Ebenen räumlicher Anordnungen spielt insbesondere im Vergleich zu anderen Formen visueller Analysen die besondere Zeitlichkeit des Mediums eine große Rolle, die mit dem Konzept der Sequenzialität erfasst wird. Die technischen Möglichkeiten des wiederholten Abspielens, der Zeitlupe, des Zoomens etc. erlauben eine sehr detaillierte Betrachtung zeitlicher Abläufe und ermöglichen ein hohes Maß an Validierung von Interpretationen und Analysen der intersubjektiv verfügbaren und einsehbaren Daten. Neuere technische Softwares gestatten zudem einen simultanen Vergleich verschiedener Aufzeichnungen, und die jüngst geschaffene Datenarchivierungsinfrastruktur eröffnet potenziell auch die Chance der Replikation und Sekundärnutzung.

2 Affektivität und die Koordination kollektiven Handelns

Hatte schon Darwin visuelle Daten als Grundlage für seine Analyse von Emotionen genutzt, so erlebten Film- beziehungsweise Videoaufzeichnungen als Daten erst mit der Entwicklung durch die Forschungen Ekmans einen entscheidenden Durchbruch (Ekman 2000). Ähnlich wie Darwin fokussierte Ekman dabei vor allem auf den Gesichtsausdruck und andere körperliche Äußerungsformen. Im Rahmen experimenteller Anordnungen folgte er zwar einer relationalen Vorstellung der Abhängigkeit der Emotionen von jeweils standardisierten Stimuli, zeichnete aber im Regelfall lediglich die „Reaktion" auf. Auf diese Weise gelang zwar die Herausarbeitung unterschiedlichster körperlicher Ausdrucksformen und zuweilen auch ihrer physiologischen Begleiterscheinungen, doch waren sie sozusagen abgeschnitten von ihrer Referenz und somit von ihrem Sinn (dessen „Universalität" über die Experimentalanordnung erzeugt wurde). Aus der Kritik an der damit verbundenen universalistischen Deutung (Hochschild 1979) haben sich in den Sozialwissenschaften neue Ansätze entwickelt, die Emotionen in realen Interaktionen aufzeichneten. Gestützt auf die Sequenzanalyse, die auch der Videografie zugrunde liegt, haben etwa Peräkylä und Sojronen (2012) Emotionen in alltäglichen Konversationen untersucht.

Die bisherigen Untersuchungen von Emotionen in Interaktionen beschränken sich vor allem auf realzeitliche Interaktionen zwischen wenigen Handelnden. Es gibt kaum Arbeiten, die auch Interaktionen in kleineren Gruppen untersuchen (Mondada 2015), zudem bleibt dabei die Rolle der Emotionen weitgehend ausgespart. Das gilt auch für die wenigen Arbeiten, die sich mit der realzeitlichen Interaktion in und von größeren Kollektiven beschäftigen. Dazu gehören etwa die Arbeiten von Atkinson (1984) Clayman (1993) Broth (2011) oder Bull (2016). Vor allem anhand von politischen Reden belegen sie sehr klar, wie sehr die Interaktion zwischen öffentlichen Rednern und ihren Publika einem ähnlichen sequenziellen Muster folgt, wie es für sprachliche Konversationen nachgewiesen wurde. Einen klaren Bezug zu kollektiven Emotionen stellt allerdings Collins (2004) her. Um das Kollektive der Emotionen zu bestimmen, schließt er dazu direkt an Durkheims Konzept der „kollektiven Efferveszenz" an, als „starke Aufregung", die durch die schiere Ansammlung von Menschen entstehe und sich in einen „Zustand außerordentlicher Erregung" verwandeln könne (Durkheim 1980 [1912]: 297). Bekanntlich griff Durkheim in seiner Analyse der Efferveszenz auf schriftliche Beschreibungen von Stammesritualen zurück. Auch die Arbeiten im Rahmen der Massenpsychologie beruhen eher auf literarischen Beschreibungen (Gamper 2007). Selbst die bisherigen empirischen Analysen von Efferveszenz auf der Basis von Prozessdaten stützen sich, etwa bei Collins (2004) auf Fernsehaufzeichnungen von politischen Reden von Atkinson (1984), in denen eher die dialogische Interaktion zwischen Publikum und Redenden untersucht wurde. Atkinson beschränkt sich dabei auf Applaus und unterscheidet lediglich zwischen zwei Intensitäten, ohne eine besondere emotionale Bedeutung zu erwähnen.[2]

Um zu verstehen, was wir empirisch als Efferveszenz verstehen können, scheint es deswegen hilfreich, zunächst einen empirischen Fall näher zu betrachten. Im Rahmen videografischer Erhebungen haben wir dazu Aufzeichnungen bei religiösen Veranstaltungen, bei Sportveranstaltungen und Musikkonzerten erstellt und analysiert. Hier müssen wir uns auf ein Beispiel beschränken, das schon deswegen eindrücklich ist, weil es ein riesiges Publikum einschließt. Der folgende Ausschnitt stammt aus der Messe von Papst Franziskus im Rahmen des Weltjugendtages in Polen im Jahr 2018. Auf der Fotografie sehen wir den Papst, der, während er spricht, über Großbildschirme übertragen wird und vor einem Publikum von über 1,3 Millionen Menschen predigt (vgl. Abb. 20.1).

Abb. 20.1: Papst Franziskus (Weltjugendtag in Polen).

In Tab. 20.1 sehen wir das Transkript eines Teiles seiner Predigt. Darin wendet er sich in italienischer Sprache an das jugendliche Publikum, das auch tatsächlich selbst agiert.[3] Dies geschieht auf eine durchaus differenzierte Weise. Betrachten wir den Ablauf genauer:

2 Eine detailliertere Unterscheidung der Abstimmungen von Publikumsäußerungen habe ich andernorts vorgestellt (Knoblauch 1987).

3 Die Aufzeichnung wurde im Rahmen des Sonderforschungsbereichs „Affective Societies" von Meike Haken und Joshua Schröder erhoben. Vgl. auch Haken 2022. Genauere Informationen zur Erhebung, Transkription, Analyse und Darstellungsformen finden sich in Tuma et al. (2013).

Tab. 20.1: Transkriptausschnitt aus der Predigt von Papst Franziskus.

1	Papst	Volete; essere liberi *Wollt ihr frei sein*	Publikum :	
2			(Viele)	Si ::
3	Papst	Volete essere svelte, *Wollt ihr auserwählt sein*		
4			(Viele)	Si:::
5	Papst	Volete lottare per il vostro future? *Wollt ihr für eure Zukunft kämpfen*		
6			(Viele)	Si (klatschen)
	Papst	Non siete troppo convinti eh? *Ihr seid nicht so richtig überzeugt, ne ?*		
7			Einige lachen	
8	Pope	Volete lottare per il vostro futuro, *Wollt Ihr für Eure Zukunft kämpfen*		
9			(Unisono)	**Sii:::** (zuerst mit einigen Stimmen einsetzen, dann von Klatschen begleitet)

In einem der wenigen dialogischen Teile dieser Predigt beklagt Franziskus die Selbstgefälligkeit der heutigen Jugend. An dieser Stelle wendet er sich direkt an seine jungen Zuhörerinnen auf diesem Weltjugendtag in Krakau. Wie üblich spricht der Papst Italienisch, was über Kopfhörer in Simultanübersetzung kommuniziert wird. Seine ersten Fragen (1–4) finden einen gewissen Widerhall; doch handelt es sich, trotz des riesigen Publikums, um so wenige Stimmen und vereinzelte Klatscher, dass sie, wie das Transkript zeigt, selbst einzeln noch unterscheidbar bleiben („viele", „einige"). Erst nachdem er das in einer wiederholten Anrede (5) metakommunikativ kommentiert (was entsprechend als ironisch auch mit Lachen quittiert wird), erhält er auf die Wiederholung seiner letzten der drei Fragen, die er betonter ausspricht, nun ein kollektives „SI" (Ja) (8), auf das dann auch ein rauschendes Klatschen erfolgt.

Das Beispiel belegt zum einen die Annahme Atkinsons (1984), dass auch Publikumsemotionen in einer Art sequenziell koordiniert werden. Sie erfolgen als Fragen und Antworten interaktiv aufeinander bezogen und können deswegen auch in einer Weise analysiert werden, die sich direkt an der Konversationsanalyse (Bergmann 1981) orientiert: Der Sinn der Handlungen wird im zeitlichen Vollzug erzeugt, wobei die Äußerungen nicht nur Verstehenshinweise für Nachfolgehandlungen mitliefern, sondern auch die *turn transition points*, an denen selbst große Publika erkennen, dass und wann sie ihre Äußerungen platzieren können und sollen. Daraus entstehen etwa Frage-Antwort-Sequenzen, die als längere sequenzielle Strukturen durchaus typisierbare Formen und gattungsförmige Züge annehmen.

Ohne hier auf die Details der sehr gut ausgearbeiteten Sequenzanalyse eingehen zu können (Schegloff 2007), deutet schon das Transkript deutlich über den sprachlichen und akustischen Charakter hinaus: So weist schon das Lachen des Publikums und das über die Monitore vermittelte Bild auf außersprachliche Aspekte des kommunikativen Handelns hin; vor allem die Gestik und die Mimik des Papstes (dessen Bild über Großleinwände übertragen wurde) stellen entschieden visuelle Züge seiner Interaktion mit dem Publikum dar, die in der Steigerung vom Lächeln zum breiten Grinsen wesentlicher Teil des sequenziellen Ablaufs sind.

Neben der Sequenzialität zeigt das Beispiel aber auch, dass kollektives Handeln nicht mit den räumlich versammelten „Massen" als Kollektiv gleichzusetzen ist. Denn in den ersten Reaktionen „antworten" nur einige wenige, während viele andere sich zurückhalten. Wenigstens hinsichtlich der akustischen Handlungsform gibt es auch beim anwesenden Publikum unterschiedliche Formen der Partizipation. Anstelle eines einheitlichen Publikums oder einer „Masse" erkennen wir *verschiedene Arten der Beteiligung* an den gleichzeitigen Handlungen: Waren es zu Anfang zu wenige, so vergrößert sich mit der Fragebatterie die Zahl der Antwortenden. Wir können also den *Partizipationsstatus* der Beteiligten unterscheiden und damit das „Kollektiv" differenziert betrachten.

Können wir schon an der Partizipation des Publikums erkennen, dass beim Kollektiven nicht einfach das Gesetz der großen Zahl gilt (Sighele 2015), so sehen wir auch, dass es verschiedene Formen des Handelns vollzieht. Es antwortet einmal sprachlich „si", es quittiert aber auch die Ironie mit Lachen oder Klatschen. Während manche dieser Formen durchaus auch vereinzelt vorkommen, zeichnet sich das Kollektive in dieser akustischen Modalität durch eine eigene, besondere Qualität aus: Es besteht in einem hörbaren Zusammenklang der Stimmen und des Klatschens, der gleichzeitig erfolgt. Dieser synchrone Zusammenklang hat eine „quality of individuals cooperating to produce something that none of them could produce by themselves" (Brewer & Garnett 2012).

Bevor wir uns der Frage zuwenden können, wie diese Synchronizität erklärt werden könnte, sollten wir darauf hinweisen, dass auch die Frage nach den verschiedenen Formen kollektiver Emotionen bislang erst rudimentär erforscht wurde.

Die für Kollektive wie Massen klassisch betonte Gleichförmigkeit muss sich keineswegs aufs Akustische beschränken, sondern kann natürlich auch andere kommunikative Modalitäten annehmen. Ein Beispiel dafür ist das körperlich erzeugte, vor allem visuell kommunizierte „Lichtermeer" beim Evangelischen Kirchentag (vgl. Abb. 20.2). Es wird erzeugt, indem ein großer Teil des Publikums, das körperlich vor dem Brandenburger Tor versammelt ist, gleichzeitig Kerzen anzündet und dadurch ein Bild eines von vielen Menschen beleuchteten Raumes erzeugt.

Abb. 20.2: Lichtermeer beim Evangelischen Kirchentag vor dem Brandenburger Tor.

Während die Kerzen ebenso wie das Lichtermeer besondere religiöse Bedeutungshorizonte aufweisen, ermöglicht die akustische Form eine technische Analyse des „Zusammenklangs".

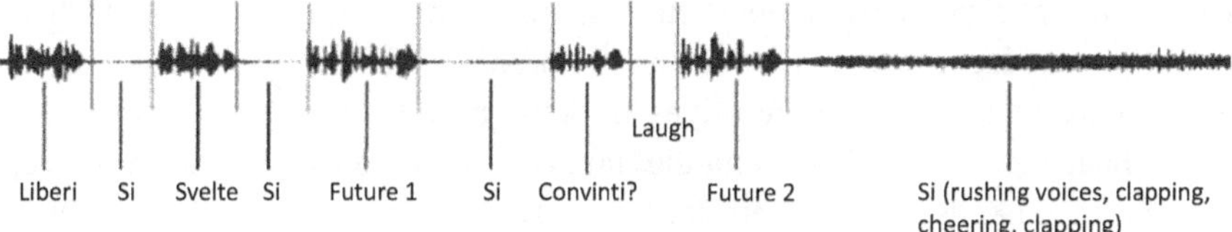

Abb. 20.3: Akustische Darstellung der Modulationsfrequenz des Applaus.

Das akustische Muster der Modulationsfrequenz (vgl. Abb. 20.3) zeigt grafisch die Zunahme dessen, was die Akustik als „Impulsität" (hier: des kollektiven „Si") bezeichnet.[4] Wir können sie durchaus auch als *Intensität* im Sinne der Affekttheorie verstehen (Massumi 2010). Während Massumi Intensität als einzige Dimension der Affektivität ansieht, weist dieser empirische Fall auf eine weitere Dimension hin: die *Bewertung*.[5] Die Zustimmung ist zweifellos eine Form der positiven Be-

4 Für psychoakustische Hinweise bedanke ich mich bei Brigitte Schulte-Fortkamp.

5 Im Detail scheint es im Anschluss an Heises (2007) Affektdimensionen „Evaluation", „Potenz" und „Aktivierung" auch sinnvoll, zwischen der gleichzeitigen Intensität und der zeitlichen Dynamik (etwa rasch oder gedehnt) zu unterscheiden.

wertung; dies gilt auch für eine andere häufige Form des kollektiven Handelns, nämlich den Beifall, der hier ebenso erfolgt. Der wertende Zug des kollektiven Beifalls wird deswegen auch von Bull und Waddle (2021) als Emotionalisierung gedeutet. Der dritte Aspekt der Affektivität ist schon in der kommunikativen Form impliziert: Es handelt sich um leibkörperliche Formen kommunikativen Handelns, die nicht nur von außen beobachtet werden können. Sie werden von den Beteiligten selbst hörend, also subjektiv und sinnlich wahrgenommen, während sie sich daran beteiligen – etwa als kollektiver Klang. Wir reden vom kommunikativen Handeln, weil die Qualität des Efferveszenten nicht nur in ihrer objektivierten Form besteht, sondern auch darin, dass sie subjektiv von denen als kollektiv wahrgenommen wird, die es selbst handelnd mit erzeugen.

3 Die Synchronisation der kollektiven Emotionen, affektive Dramaturgie und affektive Arrangements

Im Unterschied zu den vielfältigen kommunikativen Formen, mit denen die in jeder Hinsicht asymmetrisch vor dem Publikum auftretenden Akteure kollektive Emotionen „triggern“ oder genauer: motivieren[6], zeichnen sich die kollektiven Emotionen selbst durch ein negatives Merkmal aus, das in der Literatur bisher wenig Beachtung fand. Auch wenn die Impulsität und die Partizipation variieren mag, verfügen Kollektive über ein stark *beschränktes Repertoire an Formen*. Diese zeichenhafte Beschränktheit der kollektiven Handlungsweisen ist sicherlich ein Grund für ihre fast klischeehafte Verbindung mit dem „Irrationalen“ (Gamper 2007), die in einen Zusammenhang mit dem Affektiven und Emotionalen gestellt wird.

Den Grund für diese Beschränktheit können wir vor allem im Problem der Synchronisation erkennen. Um kollektiv zu sein, müssen die Handlungen gleichzeitig ausgeführt werden. Um diese Synchronisation zu erklären, genugt jedoch nicht der Verweis auf das „Gesetz der Imitation“ (Tarde 1890), das in gegenwärtigen Theorien des Kollektiven wieder stark hervorgehoben wird. Denn die Imita-

6 Goffman (2005) spricht auch von „summons-response“. In dauerhaften Strukturen, wie etwa der Kirche, ist diese interaktive Asymmetrie deutlich verbunden mit der Organisationform, den Macht-, Autoritäts- und Herrschaftsverhältnissen.

tion schließt eine zeitliche Verzögerung dessen, was vorgemacht, zu dem, was nachgeahmt wird, ein, die nicht erklären kann, warum bestimmte kollektive Formen zeitgleich und gleichförmig auftreten.

Die Synchronisation ist auch nicht aus der Koordination zu erklären. Das Publikum kann zwar durch die situativ produzierten Formulierungen erkennen, wann es handeln soll, doch ist damit nicht die Frage geklärt, wie es handeln soll und vor allem, wie es gleichförmig handeln kann.

Während sich die bisherigen ethnomethodologischen und praxistheoretischen Ansätze weitgehend auf die situative Koordination der kollektiven Handlungen beschränken, zeigt sich bei vielen Fällen, dass diese Aufgabe auch in mehr oder weniger festgelegten Rollen institutionalisiert sein kann. Die Koordination der kollektiven Handlungen von Fußballfans kann etwa von einem „Capo" übernommen werden (Wetzels 2022), bei politischen oder kulturellen Veranstaltungen treten „Claqueure" auf, und bei Medienevents sind Animateure dafür zuständig, das Publikum einzustimmen.

In gewisser Weise gilt diese Rolle der Koordination auch für das „Dirigat", doch zeigt sich an der Differenziertheit der „Handlungsformen" etwa von Sprech- oder Musik-Chören ein zweites Mittel zur Synchronisierung der Kollektive: Das Wissen, das die Akteure in die Situation hineinbringen. Dieses Wissen kann, etwa im Falle von klassischen Chören, zeichenhaft hochgradig kodifiziert und streng diszipliniert verkörperlicht werden; es kann sich aber auch um ein eher bereichsspezifisches Wissen über die Formen handeln, die Publikumsemotionen beim Sinfoniekonzert von denen etwa beim Punkkonzert unterscheiden, die keineswegs getrennte „Kulturen" darstellen müssen und von denselben Personen beherrscht werden können.

Während das in Texten und Noten objektivierte oder verkörperte Wissen der Handelnden ein allgemeines Mittel der Synchronisierungen von Handlungen ist, können auch die zeitlichen Abläufe und räumlichen Anordnungen der kommunikativen Handlungen zur feinen Synchronisierung beziehungsweise Affektdynamik der Formen kollektiven Handelns dienen. Das wird besonders deutlich, wenn wir zwei sehr verschiedene Bereiche vergleichen, in denen Publikumsemotionen auftreten.

Auf der einen Seite tritt etwa in religiösen Veranstaltungen, wie der Papstmesse, eine Abfolge sehr unterschiedlicher Handlungsformen auf, deren Affektivität nicht nur durch die jeweiligen Texte, Gebete und Lieder ausgedrückt, sondern auch durch die Liturgie gerahmt wird. So erhält etwa die liturgische Bewegungs-Choreografie aus Sitzen, Stehen und Knien, die zum vorsituativen Wissensbestand eines ausreichenden Teils der Beteiligten gehört, eigene affektive Bedeutungen, die von verschiedenen religiösen Gefühlen, wie Verehrung oder Einkehr, bis hin zu Trauer, Reue oder Freude reichen können.

Haben wir es in diesem Falle mit einem hochgradig formalisierten liturgischen Wissen zu tun, so sind viele der sportlichen kollektiven Formen eher habitualisiert und werden als Gefühle subjektiviert. Hinsichtlich der verschiedenen Felder können wir hier also durchaus unterschiedliche Emotionsrepertoires finden (von Poser et al. 2019).

Auch wenn es im Zuge der postmodernen Eventisierung durchaus Überschneidungen zwischen Sport und Religion gibt, so zeigen sich in den beiden Feldern typisch unterschiedliche kollektive Emotionen, die von einem guten Teil der Beteiligten vorher schon gewusst werden, wie etwa die Formen des Jubelns, Schlachtrufe oder des sich beschleunigenden Klatschens. (Größere „Choreografien“ werden typischerweise hochgradig organisiert vorbereitet.)

Die soziostrukturelle Rekrutierung von Handelnden aus bestimmten Milieus dürfte in den verschiedenen Feldern eine Rolle spielen, weil die meisten Erfahrungen in unterschiedlichen Feldern gemacht haben dürften und über entsprechendes emotionales *Wissen* verfügen (Knoblauch & Herbrik 2014). Dazu sollten wir die mit der sozialstrukturellen Verortung der Handelnden verbundenen Unterschiede nicht übersehen: Das disziplinierte dauerhafte Schweigen etwa bei klassischen Konzerten wird von den (wissenden) Beteiligten affektiv verstanden, das gerne auch mit der „Tiefe“ der jeweiligen Musik verbunden wird, während etwa im Fußball sehr starke männerbündische Elemente (etwa im chorisch dunklen „Sieg“-Ruf beim Fußball) zum Ausdruck kommen. Wir haben diesen zeitlichen Ablauf der Publikumsemotionen mit ihren wertenden Bedeutungen als *affektive Dramaturgie* bezeichnet (Haken 2022). Die affektive Dramaturgie der katholischen Messe ist nicht nur hochgradig routinisiert, kodifiziert und kanonisiert (mit Kanonunterschieden und Schismen), sondern weist darüber hinaus noch Variationen mit Bezug auf Tageszeiten, Themen und den liturgischen Kalender auf.

Ganz anders erscheint die affektive Dramaturgie im Sport, am bekanntesten für uns am Beispiel des Fußballs untersucht (Wetzels 2022). Im Unterschied zur Festlegung als Liturgie weist der Ablauf von Spielen einen sehr zufälligen Zug auf – sieht man von den Animationen ab, die bei Bundesligaspielen aber nur am Rande eine Rolle spielen. In der Tat ist es auch dieses „Zufällige“ oder „Aleatorische“, das die Spannung des Spieles auszeichnet: Niemand weiß, wann und wie viele Tore fallen werden. Die Publikumsemotionen sind entsprechend plötzlich und eruptiv. Diese Eruptivität ist jedoch verbunden mit der, wenn man so will, quantitativen Dramaturgie des Spiels: Ein spätes 1:0 wird mit einer anderen Intensität bejubelt als ein spätes 7:0, ein früher Gegentreffer anders als einer in der Nachspielzeit. Die Emotionen folgen jedoch nicht nur in ihrer Intensität einer in groben Zügen erklärlichen affektiven Dramaturgie, auch ihre inhaltliche Form ist direkt mit der des Sportspiels verknüpft. Sein wesentlicher Zug ist ja, neben dem Aleatorischen (das auch andere Sportarten auszeichnet), der besonders agonale Zug: Es stehen sich zwei Mannschaften gegenüber, und entsprechend weist auch die Emotionalität wie die Affektivität eine Bipolarität auf: Was des einen Freude ist, ist der anderen Trauer, wobei das Publikum im Regelfall selbst in seinen körperlichen Handlungsformen eine ganze Bandbreite differenzierter Zwischenstufen kennt, wie triumphales Aufspringen, Sitzenbleiben und Arme heben (vgl. Knoblauch et al. 2019.) Dabei werden die Affekte keineswegs nur vom unmittelbaren Ablauf bestimmt: Tabellenplätze (Abstieg?), Vereinsgeschichte (David oder Goliath) und andere Narrative verstärken oder verschieben die Dramaturgie auf Weisen, wie sie Wetzels (2022) beispielhaft anhand von Hertha BSC Berlin analysiert hat.

Wie gerade das Beispiel des Fußballs zeigt, spielen für die (hier also durchaus bipolare) Synchronisierung der kommunikativen Handlungen zu kollektiven Emotionen neben zeitlichen Dramaturgien auch die Räumlichkeiten eine untersuchenswerte Rolle. Im Falle des Fußballspiels wird die Agonalität ja gerade räumlich (zwei Mannschaften auf zwei Seiten mit ihren Toren, „Heimstadion") und mit anderen Zeichenträgern (Trikots) markiert. Die Räumlichkeit spielt zweifellos auch bei den religiösen Veranstaltungen eine Rolle, wie etwa in der enorm herausgehobenen Position des Papstes (mit dem besonderen Altaraufbau) beziehungsweise dem für das sakrale Personal vorbehaltenen Altarraum katholischer Kirchen – oder der Ähnlichkeit protestantischer Prediger, wie Billy Graham, zu politischen Reden beziehungsweise heute, zu Powerpointpräsentationen. Die räumlichen Arrangements oder „Anordnungen" (Löw 2001) haben nicht nur einen Einfluss auf die Intensität der kollektiven Formen: Während etwa das riesige Publikum in Krakau auf dem weiten Feld vor der Stadt nur selten, wie wir sahen, und akustisch erstaunlich schwache kollektive Formen erzeugte, zeichnete sich die Messe von Papst Benedikt im Berliner Olympiastadion durch eine enorme Häufigkeit und Intensität der Publikumsemotionen aus (u. a. außergewöhnlich langer Beifall). Das hat sicherlich mit der besonderen Raumanordnung des Stadions zu tun, das dem Publikum ja nicht nur einen klaren räumlichen Fokus schafft. Es verstärkt die akustischen Formen (wenn auch mit für die Koordination durchaus problematischen Verzögerungseffekten) und ermöglicht dem Publikum auch, sich selbst als Publikum visuell wahrzunehmen, wie es etwa in der Laola-Welle zum Ausdruck kommt. Gerade deren Scheitern bei zu wenig Teilnehmenden unterstreicht, wie das Kollektiv für das Kollektiv wahrnehmbar gemacht wird.

4 Schluss

Auf der Grundlage der Videografie als einer empirischen Methode zur Erhebung und Analyse kommunikativer Handlungen haben wir hier einige der Weisen skizziert, wie Handlungen so koordiniert und synchronisiert werden, dass sie kollektive Formen annehmen. Während das begrenzte Repertoire ihrer Formen den Zug des Irrationalen von Kollektiven verständlich machen, können wir deren Emotionalität durch die wertende Affektivität dieser Formen erklären. Sie beruht einerseits auf dem Wissen der Akteure und seiner sozialen Verteilung; andererseits lassen sich besondere Formen der Affektivität auch durch die affektiven Dramaturgien und affektiven Arrangements verstehen.

Vor diesem Hintergrund erscheint auch das Auftreten bestimmter kollektiver Emotionen und ihrer Variation durchaus auch erklärbar. Allerdings müssen wir einschränken, dass diese Möglichkeit eine weitaus breitere empirische Forschung erfordert. In der Tat ist es überraschend, wie wenig Daten bisher zu diesem Thema erhoben wurden, die sich für empirisch genaue Analysen eignen. Und obwohl die Rolle der kollektiven Emotionen in der sozialwissenschaftlichen Literatur wie auch in der öffentlichen Diskussion unbestritten ist, liegen immer noch kaum empirisch gesättigte Analysen vor, die auf Aufzeichnungen ihrer realzeitlichen Abläufe in den sozialen Kontexten ihres Auftretens beruhen.[7] Wir hoffen, dass dieser Beitrag zu einer weiteren Forschung anregt und in der Zukunft auch eine systematisch vergleichende Analyse ermöglicht. Dies gilt nicht nur für organisierte religiöse, politische oder sportliche Veranstaltungen, sondern auch für Massenhysterien oder die Handlungsformen digital kommunizierender Kollektive, wie etwa Reaktionen von Publika auf E-Sport-Plattformen oder bei größeren Zoom-Veranstaltungen und Events.

Literatur

Atkinson, Max (1984). *Our Masters' Voices. The Language and Body Language of Politics*. London/ New York: Methuen.

Bergmann, Jörg (1981). „Ethnomethodologische Konversationsanalyse“, in: P. Schröder & H. Steger (Hrsg.), *Dialogforschung*. Düsseldorf: Schwann, S. 9–52.

Brewer, Mike & Garnett, Liz (2012). „The Making of a Choir: Individuality and Consensus in Choral Singing“, in: A. de Quadros (Hrsg.), *The Cambridge Companion to Choral Music*. Cambridge: CUP, S. 256–271.

Broth, Mathias (2011). „The Theatre Performance as Interaction between Actors and their Audience“, in: *Nottingham French Studies* 50(2), S. 113–133.

Bull, Peter (2016). „Claps and Claptrap: The Analysis of Speaker-Audience Interaction in Political Speeches“, in: *Journal of Social and Political Psychology* 4(1), S. 473–492, doi:10.5964/jspp.v4i1.436.

7 Im Repositorium „Avida“ finden sich solche Daten: https://www.as.tu-berlin.de/v_menue/forschung/laufende_forschungsprojekte/avida/ (letzter Aufruf: 12.12.2022).

Bull, Peter & Waddle, Maurice (2021). „'Stirring it Up!' Emotionality in Audience Responses to Political Speeches", in: *Russian Journal of Linguistics* 25(3), S. 611–627.

Clayman, Steven E. (1993). „Booing: The Anatomy of a Disaffliative Response", in: *American Sociological Review* 58(1), S. 110–130.

Collins, Randall (2004). *Interaction Ritual Chains*. Princeton/Oxford: Princeton University Press.

Darwin, Charles (2000). *Der Ausdruck der Gemüthsbewegungen bei dem Menschen und den Tieren*. Frankfurt am Main: Eichborn.

Durkheim, Emile (1980 [1912]). *Die elementaren Formen des religiösen Lebens*. Frankfurt am Main: Suhrkamp.

Ekman, Paul (2000). „Einführung in die kritische Edition", in: C. Darwin (Hrsg.), *Der Ausdruck der Gemüthsbewegungen bei dem Menschen und den Tieren*. Frankfurt am Main: Eichborn, S. 1–30.

Erickson, Frederick & Schultz, Jeffrey (1982). „The Counsellor as Gatekeeper. Social Interaction in Interviews", in: E. Hammel (Hrsg.), *Language, Thought and Culture: Advances in the Study of Cognition*. New York: Academic Press, S. 237–260.

Gamper, Michael (2007). *Masse lesen, Masse schreiben*. München: Fink.

Goffman, Erving (2005). *Rede-Weisen. Formen der Kommunikation in sozialen Situationen*. Konstanz: Universitätsverlag Konstanz.

Goodwin, Charles (1981). *Coversational Organization: Interactions between Speakers and Hearers*. New York.

Goodwin, Charles (1986). „Audience Diversity, Participation and Interpretation", in: *Text* 6(3), S. 283–316.

Goodwin, Charles (*2000*). „Action and Embodiment within Situated Human Interaction", in: *Journal of Pragmatics* 32(10), S. 1489–1522.

Haken, Meike (2022). *Celebrations. Religiöse Events zwischen Populärkultur und kommunikativer Markierung von Religion*. Wiesbaden: Springer.

Heath, Christian (1986). *Body Movement and Speech in Medical Interaction*. Cambridge: Cambridge University Press.

Heath, Christian/Hindmarsh, Jon & Luff, Paul (2010). *Video in Qualitative Research*. London: Sage.

Heise, David (2007). *Expressive Order: Confirming Sentiments in Social Actions*. New York: Springer.

Hochschild, Arlie R. (1979). „Emotion Work, Feeling Rules, and Social Structure", in: *American Journal of Sociology* 85(3), S. 551–575.

Knoblauch, Hubert (1987). „‚Bei mir ist lustige Werbung, lacht euch gesund' – Zur Rhetorik der Werbeveranstaltungen bei Kaffeefahrten", in: Zeitschrift für Soziologie 16(2), S. 127–144.

Knoblauch, Hubert (2017). „Publikumsemotionen: Kollektive Formen kommunikativen Handelns und die Affektivität bei Großpublika in Sport und Religion", in: *LiLi. Zeitschrift für Literaturwissenschaft und Linguisti*k 46(4), S. 547–565.

Knoblauch, Hubert/Haken, Meike & Wetzels, Michael (2019). „Videography of Emotions and Affectivity in Social Situations", in: A. Kahl (Hrsg.), *Analyzing Affective Societies*. London: Routledge, S. 162–180.

Knoblauch, Hubert & Herbrik, Regine (2014). „Emotional Knowledge, Emotional Styles and Knowledge", in: M. Salmela & C. von Scheve (Hrsg.), *Collective Emotions*. Oxford: Oxford University Press, S. 356–371.

Knoblauch, Hubert & Tuma, René (2021). „Videografie und Raum", in: A. J. Heinrich/S. Marguin/A. Million & J. Stollmann (Hrsg.), *Handbuch qualitative und visuelle Methoden der Raumforschung*. Bielefeld: transcript, S. 237–250.

Knoblauch, Hubert & Vollmer, Theresa (2022). „Ethnographie“, in: N. Baur & J. Blasius (Hrsg.), *Handbuch Methoden der empirischen Sozialforschung*. Band 1, 2. Aufl. Wiesbaden: Springer, S. 659–676.

Kolesch, Doris & Knoblauch, Hubert (2019). „Audience Emotions“, in: J. Slaby & C. von Scheve (Hrsg.), *Affective Societies. Key Concepts*. London: Routledge, S. 252–264.

Le Bon, Gustave (1982 [1895]). *Psychologie der Massen*. Stuttgart: Kröner.

Löw, Martina (2001). *Raumsoziologie*. Frankfurt am Main: Suhrkamp.

Luckmann, Thomas & Linell, Per (1991). „Asymmetries in Dialogue: Some Conceptual Preliminaries“, in: I. Markova & K. K. Foppa (Hrsg.), *Asymmetries in Dialogue*. Hertfordshire: Harvester Wheatsheaf, S. 1–20.

Massumi, Brian (2010). *Ontomacht. Kunst, Affekt und das Ereignis des Politischen*. Berlin: Merve.

Mondada, Lorenza (2015). „The Facilitator's Task of Formulating Citizen's Proposals in Political Meetings: Orchestrating Multiple Embodied Orientations to Recipients“, in: *Gesprächsforschung*. Online-Zeitschrift zur verbalen Interaktion 16, S. 1–62 (www.gespraechsforschung-ozs.de).

Peräkylä, Anssi & Sorjonen, Marija-Leena (2012). *Emotion in Interaction*. Oxford: Oxford University Press.

Reichert, Ramón (2007). *Im Kino der Humanwissenschaften. Studien zur Medialisierung wissenschaftlichen Wissens*. Bielefeld: transcript.

Schegloff, Emanuel A. (2007). *Sequence Organization in Interaction*. Cambridge: Cambridge University Press.

Sighele, Scipio (2015). *La folla delinquente*. Mailand: La Vita Felice.

Tarde, Gabriel (1890). *Les lois de l'imitation*. Paris: Alcan.

Tuma, René/Schnettler, Bernt & Knoblauch, Hubert (2013). *Videographie. Einführung in die interpretative Videoanalyse sozialer Situationen*. Wiesbaden: Springer.

Von Poser, Anita/Hyken, Edda/Tam Ta, Ti Minh & Hahn, Eric (2019). „Emotion Repertoires“, in: J. Slaby & C. von Scheve (Hrsg.), *Affective Societies. Key Concepts*. London/New York: Routledge, S. 241–251.

Von Scheve, Christian (2019). „Social Collectives“, in: J. Slaby & C. von Scheve (Hrsg.), *Affective Societies – Key Concepts*. New York: Routledge, S. 267–278.

Wetherell, Margaret (2012). *Affect and Emotion. A New Science Understanding*. Los Angeles: Sage.

Wetzels, Michael (2022). *Affektdramaturgien im Fußballsport. Die Entzauberung kollektiver Emotionen aus wissenssoziologischer Perspektive*. Bielefeld: transcript.

Andreea Racleș

21 Sozio-anthropologische Perspektiven auf die Erkundung des Sinnlichen: Der Fall des Geruchssinns

1 Einleitung

Ursprünglich 1907 veröffentlicht, ist Simmels Aufsatz „Soziologie der Sinne" ein wenig bekannter Text, in dem der Soziologe seine Ideen zur Relevanz der Sinne für das Verständnis von Gesellschaft skizziert. Darin stellt Simmel die These auf, dass das gesellschaftliche Leben eine sinnliche Erfahrung sei. Damit kritisiert er zugleich die in den damaligen Gesellschaftswissenschaften vorherrschende Tendenz, die Sinneseindrücke zugunsten einer Betrachtung „großer und offensichtlicher sozialer Gebilde" (Simmel 2009: 115) zu vernachlässigen. Seh- und Hörsinn erfahren durch Simmel an soziologischer Relevanz. Im Vergleich zu den anderen Sinnen, wie dem Geschmackssinn oder dem Tastsinn, scheinen der Seh- und der Hörsinn das zwischenmenschliche Leben stärker zu prägen. Diese Wirkung auf das zwischenmenschliche Leben wird jedoch nicht dem Geruchssinn zugeschrieben. Ganz im Gegenteil: Da vermutet wird, dass olfaktorische Eindrücke keine Gegenseitigkeit und „Wechselwirkungen" ermöglichen, sind sie in Simmels Verständnis eher „dissoziierend" (Simmel 2009: 124–25) als vereinheitlichend.

Simmels Geringschätzung der anderen Sinne im Vergleich zur sozialen Bedeutung von Auge und Ohr ist freilich auch Produkt einer Überbewertung des Visuellen und der Sprache wie sie kennzeichnend für westliche Gesellschaften ist. Zweifellos erfüllen auch die anderen Sinne eine eminent soziale Funktion: Wenn wir sagen, wir können jemand anders nicht riechen oder uns fehle die Berührung von anderen Menschen – eine Erfahrung, wie sie jüngst gerade im Zuge der forcierten Digitalisierung angesichts der Corona-Pandemie immer wieder artikuliert wird – dann wird so auf die erhebliche soziologische Bedeutung der anderen Sinne hingewiesen. Einerseits lässt sich also fragen, welche soziale Funktion den anderen Sinnen, etwa dem Geruch oder auch dem Tastsinn, jeweils sozial-historisch zuerkannt wird und wie diese in ihrer sozio-kulturellen Eigentümlichkeit zu begreifen sind? Andererseits verweist Simmels Geringschätzung der anderen Sinne zugleich auch auf einige epistemologische und methodologische Probleme bei der Analyse des Sinnlichen. Denn während sich die Erkenntnisse des Sehsinns und des Gehörs in der Tat relativ einfach in ihrer Qualität und Funktion in das kulturelle Symbolsystem übersetzen lassen, also etwa einen bildlichen oder sprachlichen Ausdruck finden, fehlen uns häufig die Ausdrucksmöglichkeiten, um die Besonderheit eines ephemeren Geruchs

https://doi.org/10.1515/9783110589214-025

zu denotieren. Hiervon ausgehend will der vorliegende Beitrag[1] die Sinne in ihrer kulturellen und sozialen Relevanz beleuchten, um auf diesem Weg methodologische Herausforderungen zu artikulieren und Möglichkeiten eines empirischen Studiums der Sinne auszuloten.

Im ersten Abschnitt werden einige epistemologische Richtungen in der Erforschung der Sinne skizziert, wobei auf einige Forschungsarbeiten der letzten Jahrzehnte Bezug genommen wird. Anschließend werden drei praktische methodologische Ansätze zur Untersuchung des Sinnlichen vorgestellt, einschließlich einiger Überlegungen, inwieweit diese Ansätze in meiner eigenen ethnografischen Studie[2] mit rumänischen Roma[3] Bewohner:innen einer kleinen nordöstlichen rumänischen Stadt Anwendung fanden. Der letzte Abschnitt konzentriert sich auf den Geruchssinn und soll zeigen, wie ich empirische Daten zum Geruchssinn (u. a. Interviewauszüge mit Nicht-Roma Bewohner:innen, Beobachtungen, informelle Gespräche mit Roma und Nicht-Roma Menschen) interpretiert habe. Die Analyse kann nicht nur lokale rassizifizierende Dynamiken sichtbar machen, sondern zeigt vor allem, dass der Geruchssinn als ein von Machtkonstellationen eingerahmter „dissoziierender Sinn" wirksam ist.

2 Epistemologische Richtungen der Erkundung des Sinnlichen

Mit dem Begriff Sinneseindrücke bezeichnet Simmel individuell erlebte soziale Atmosphären und intersubjektive Wirkungen, die die Qualität und Intensität von Wechselwirkungen prägen. So gesehen sind Sinneseindrücke „Mittel der Erkenntnis des anderen und ganz persönliche Erlebnisse, die von einer Person zur anderen rennen" (Simmel 2009: 116). Die von Simmel betrachteten Sinnesorgane – Auge, Ohr und Nase – haben verschiedene, aber ergänzende Funktionen in Rahmen des interindividuellen Lebens. Sein Konzept der „Arbeitsteilung zwischen den Sinnen" (Simmel 2009: 121) beschreibt eben diese differenzierten gesellschaftlichen Funktionen jenes Sinnesorgans. Während die Nase und damit der Geruchs-

1 Ich danke den Herausgeberinnen und Gutachter:innen, insbesondere Veronika Zink, für das wertvolle Feedback zu den verschiedenen Versionen dieses Beitrags.

2 Die Feldforschung habe ich zwischen 2014 und 2015 als Doktorandin und Mitglied des Graduate Centre for the Study of Culture der Justus-Liebig-Universität Gießen durchgeführt.

3 „Roma" ist der Oberbegriff für Menschen, die eine vergleichbare Geschichte in verschiedenen europäischen Regionen und Ländern teilen. Der Begriff soll die größte europäische ethnische Minderheit bezeichnen. Grammatikalisch gesehen wird „Roma" hier als Adjektiv verwendet.

sinn analytisch marginalisiert bleiben, konzentriert sich Simmel meistens auf „die Ohr-Auge Zweiheit“ (Simmel 2009). Gerade die Augen, so Simmel, haben eine kommunale Funktion, unterstützen Gegenseitigkeit und ermöglichen Wechselwirkungen, wodurch Individuen gleichzeitig und wechselseitig persönliche Informationen mitteilen und empfangen (Simmel 2009: 118).

Seit Simmels[4] Aufsatz wird das Sinnliche jedoch sehr viel differenzierter betrachtet. Eine Idee, die bei Simmel auftaucht und von der Forschung in den letzten Jahrzehnten widerlegt wurde, ist zum Beispiel das standardmäßige Fünf-Sinne-Modell. Wenn in westlichen Gesellschaften von den Sinnen die Rede ist, werden klassischerweise fünf sinnliche Vermögen aufgezählt – visuell, akustisch, olfaktorisch, haptisch und gustatorisch –, die mit folgenden Sinnesorganen übereinstimmen: mit Auge, Ohr, Nase, Haut und Zunge. Das Fünf-Sinne-Modell ist so tief in das Verständnis der Fähigkeiten des menschlichen Körpers eingebettet, dass es als natürlich angesehen wird. Dabei wurde bereits mehrfach auf die Willkürlichkeit dieser Fünf-Sinne-Klassifizierung aufmerksam gemacht und auf den Umstand hingewiesen (Geurts 2002: 7–10; Vannini et al. 2012: 6–7), dass es sich um kein universales Modell handele, das für alle Gesellschaften und kulturellen Überzeugungen gilt: Die Klassifikation von Sinnen erfolgt aufgrund historischer und kultureller Variationen und Sinneswahrnehmungen sind keine rein biologischen Prozesse. Eine der überzeugendsten Studien, die die Unangemessenheit des euro-amerikanischen Fünf-Sinne-Modells beweist, ist Kathryn Linn Geurts' in West-Afrika durchgeführte Studie. Ausgehend von ethnografischen Feldforschungen im Anlo-Ewe-sprechenden Kreis analysiert die Anthropologin ausführlich die *seselelame*, was für die Anlosprechenden als der Sinn gilt, der sich auf ein Körper- und Fleischgefühl bezieht (Geurts 2002: 41). *Seselelame* ist ein allumfassender ‚Sinn‘, der es dem Körper ermöglicht, materielle und immaterielle Reize auf eine Weise wahrzunehmen, die auf die Fusion von Empfindung, Emotion und Kognition (Geurts 2002: 43) hinweist.

Eine weitere übliche Vorstellung, die auch in Simmels Aufsatz vorkommt, ist die, dass alle Sinneserfahrungen ein entsprechendes Sinnesorgan haben, wie es das Standardmodell der fünf Sinne vorsieht. Die Forschung zur Intersensorialität zeigt jedoch (z. B. Howes 2006), dass verkörperte Erfahrungen im Wesentlichen verflochten sind. Die einzelnen Körper betreten die Welt und erleben sie mit all ihren Sinnen. Wie der Neurologe Oliver Sacks (2003) schrieb, „one can no longer say of one's mental landscapes what is visual, what is auditory, what is image, what is language,

4 Für einen kurzen Überblick über klassische soziologische Bezüge zu den Sinnen vor Simmel (z. B. Marx und Durkheim) siehe Low (2015).

what is intellectual, what is emotional – they are all fused together and imbued with our own individual perspectives and values" (Sacks 2003: 48).

Auch Simmels Vorstellung, dass Augen eine kommunale Funktion haben und Gegenseitigkeit unterstützen, ist widerlegbar. In diesem Bezug zeigen neuere Studien zum *white objectifying gaze* (Brown & Sekimoto 2020; Yancy 2016), dass das Sehen, im Sinne von ‚gesehen werden', auch immobilisierend wirken kann; dass das *gazing* Auge für die Objektivierung anderer Körper verantwortlich ist; dass also Erfahrungen von Rassifizierung mit dem Empfang des weißen objektivierenden Blicks zu tun haben. Auch Frantz Fanon wies auf die immobilisierende Wirkung des Sehens hin: „The white gaze, the only valid one, is already dissecting me. I am fixed. Once their microtomes are sharped, the whites objectively cut sections of my reality" (Fanon 2008: 95). Das *white gaze* ist daher unterdrückend, kontrolliert die rassifizierten und ethnisierten Körper und beeinflusst so die Art und Weise, wie diese Körper in der Welt agieren und sind. Darüber hinaus ist der weiße rassifizierende Blick nicht nur eine rein visuelle Erfahrung, warnen Sachi Sekimoto, eine in den Vereinigten Staaten lebende Japanerin, und Christopher Brown, ein Afroamerikaner aus Chicago, in ihrem Buch *Race and Senses* (Sekimoto & Brown 2020: 59–62). Der weiße rassifizierende Blick ist auch eine kinästhetische Erfahrung, da er die Muskeltätigkeit beeinflusst oder blockiert. Er ist auch haptisch: „Expressions such as ‚piercing gaze' and ‚cold stare' indicate how the experience of being looked at is somatically registered as, or entangled with, skin sensations. [...] The bodies of color receive such racializing gaze not merely as visual information but also as a tactile experience in that the gaze is felt on the skin" (Sekimoto & Brown 2020: 61).

Mehr als um Sinneseindrücke (Simmel 2009), die, meiner Meinung nach, zu sehr in den Bereich der Kognition fallen, geht es in diesem Beitrag um Sinneswahrnehmungen (*sensory perceptions*) und Empfindungen (*sensations*). Letztere erfassen, wie sinnliche Erfahrungen im Körper erlebt werden. Dass Sinneswahrnehmungen verkörperte Erfahrungen sind, bedeutet, der Körper ist nicht nur „source of experience and activity that would be rationalised and/or controlled by the mind", sondern er ist auch „source of knowledge and subsequently of agency" (Pink 2015: 26). Die Verkörperungsperspektive weist folglich darauf hin, dass das Sinnliche gleichzeitig Wissen und Gespür hervorruft.[5]

5 Sinne als Wege des Wissens und Modi der Bildung zu betrachten, folgt einem phänomenologischen Grundsatz, wonach Empfindungen im Mittelpunkt des menschlichen Wahrnehmens liegen (Merleau Ponty in Low 2015: 298).

Diese epistemologischen Überlegungen sollen im Folgenden konkretisiert werden, indem drei methodologische Ansätze für die Erkundung des Sinnlichen vorgestellt werden.

3 Methodologische Ansätze

Wie kann die sinnliche Dimension des sozialen Lebens erfasst werden? Welche methodologischen Ansätze können für diese Analyse zielführend sein und was kann angesichts der Flüchtigkeit und des intimen Charakters sensorischer Erfahrungen erfasst werden? In diesem Abschnitt werden den Leser:innen Forschungspraktiken vorgestellt, die die Relevanz der Sinne und von Empfindungen ernst nehmen. Sie lassen sich auf einem Kontinuum zwischen den Sinneswahrnehmungen als Untersuchungsgegenstand und den Sinneswahrnehmungen als Teil des Instrumentariums verorten, das die Erhebung und Analyse empirischer Daten ermöglicht. Diese Praktiken werden entlang von drei methodologischen Ansätzen kategorisiert, wobei der Grad der körperlichen Beteiligung der Forscher:innen am Prozess der empirischen Datenerstellung mit und über das Sinnliche als Kriterium der Differenzierung von Forschungsstrategien dient: (1) der entkörperte Ansatz, (2) der kollaborative Ansatz und (3) der radikal verkörperte Ansatz. Auch wenn nicht all diese Methoden ausschließlich darauf abzielen, Daten zum Sinnlichen zu erheben, so sind es doch Methoden, die das Potenzial haben, dies zu tun und der sensorischen Dimension von Forschungsbegegnungen einen hohen Stellenwert einzuräumen.

(1) Was ich hier als den entkörperten Ansatz bezeichne, umfasst Verfahren der Datenerhebung, die keine Kopräsenz der Forscherin/ des Forschers erfordern. Die Produktion der empirischen Daten wird den Teilnehmenden überlassen, von denen erwartet wird, dass sie einen (Selbst-)Reflexionsprozess durchlaufen. *Sensory diaries* (sensorische Tagebücher) können als Beispiel für diesen Ansatz fungieren. Hier werden die Forschungsteilnehmenden dazu aufgefordert, mit einer gewissen Regelmäßigkeit und über einen bestimmten Zeitraum hinweg, Einträge zu verfassen, die ihre Sinneswahrnehmungen und Empfindungen widerspiegeln. Die nordamerikanischen Soziolog:innen Dennis D. Waskul, Phillip Vannini und Janelle Wilson (2009) untersuchten beispielsweise die Verbindung zwischen dem Geruchssinn, den Erinnerungen und dem Selbst durch die Analyse von 23 *sensory diaries*, die von Studierenden der Kommunikationswissenschaften einer kanadischen Universität geschrieben wurden. Die anonymen Studienteilnehmenden sollten über einen Zeitraum von zwei Wochen Tagebuch führen a) über die Gerüche, die sie am liebsten beziehungsweise am wenigsten gerne mögen,

b) über den Prozess des Bewusstwerdens dieser Gerüche und der persönlichen Reaktionen auf Erinnerungen, die mit den jeweiligen Gerüchen verbunden sind und c) darüber, wie sie eigene Körpergerüche wahrnehmen und empfinden.

In meiner eigenen ethnografischen Forschung mit Roma Menschen aus Rotoieni[6], eine kleine Stadt in der rumänischen Region Moldawiens (Racleş 2021), habe ich *sensory diaries* angewandt, um die olfaktorische Textur ihrer Häuser zu erforschen. Zwei Wochen lang beantworteten sechs Personen, die ich bereits kannte, handschriftlich und auf deskriptive Weise folgende Fragen: „Welche Gerüche nehmen Sie wahr? Woher kommen diese? Wie empfinden Sie diese Gerüche? Erinnern sie Sie an etwas? Hat sich jemand zu Hause dazu geäußert?“ Anders als Waskul et al. (2009) analysierte ich den Inhalt dieser *sensory diaries* zusammen mit anderem Material, das ich gesammelt hatte: Gespräche und Interviews mit Roma und Nicht-Roma-Bewohner:innen, Interviews mit Vertreter:innen lokaler Behörden sowie eigene sensorische Beobachtungen in Häusern, in denen ich war, und im Haus der Familie, bei der ich wohnte. Ich verfolgte zwei Ziele: erstens wollte ich den ontologischen Status und die Fähigkeiten des Geruchs aus der Sicht der Forschungsteilnehmenden untersuchen. Zweitens wollte ich vor dem Horizont eines sozio-politischen Kontextes, in dem die vorherrschende Rhetorik über Roma auf rassifizierenden Darstellungen von Roma-Häusern und ihrem Dasein als übelriechend und unordentlich basiert, Zugang zu den eigenen Geruchserfahrungen, Bewertungen und Interpretationen von Roma-Individuen gewinnen. Aus diesen *diaries* konnte ich schließen, dass entgegen Simmels Diagnose über den Geruchssinn als lediglich dissoziierenden Sinn, Gerüche auch einen relationalen Effekt haben können, der Menschen zusammenbringt (z. B. der Geruch von gekochtem Essen). Er kann Körper im Raum orientieren und die Art und Weise, wie Bewohner:innen mit ihrem Haushalt umgehen, leiten, sodass das Zuhause ein Ort des olfaktorischen Komforts für alle wird. Sowohl die Sammlung der Daten als auch ihre Analyse waren eher entkörperte Handlungen.

Als ein entkörperter Ansatz, haben die *sensory diaries* den Nachteil, dass das geschriebene Wort selbst „a rather asensual medium“ (Waskul et al. 2009: 19) ist. Allerdings liegt das Potenzial dieses Ansatzes darin, einen analytischen Zugang zu jenen Bedeutungen zu gewinnen, die Individuen Sinneswahrnehmungen und Empfindungen zuweisen, sowie zu den Vokabeln, die verwendet werden, um diese auszudrücken. Obwohl ich an der Herstellung dieses empirischen Materials nicht körperlich beteiligt war, so war ich durch die taktile Erfahrung des Umblätterns der Seiten während der Verarbeitung des Inhaltes der *diaries* doch sinnlich in diesen Prozess eingebunden, sowie durch die olfaktorische Vorstellungskraft,

6 Um die Anonymität der Forschungsteilnehmenden zu wahren, verwende ich diesen fiktiven Namen für die kleinen Stadt, wo ich meine Feldforschung durchgeführt habe.

die manchmal durch die Beschreibung von Lebensmittel- oder Waschmitteldüften ausgelöst wurde.

(2) Der kollaborative Ansatz setzt die körperliche Anwesenheit sowohl der Forscher:innen als auch der Forschungsteilnehmenden und eine gleichzeitige Aktivierung aller Sinne voraus. Dieser Ansatz erfordert einen Austausch von Gedanken und Sinneswahrnehmungen, die in Audio- oder Videoaufnahmen, Fotos oder Beobachtungsprotokollen dokumentiert und anschließend von dem/r Forscher:in allein oder in Zusammenarbeit mit den Forschungsteilnehmenden analysiert und interpretiert werden. Ein Beispiel für diesen Ansatz ist die *Walking-Methode* oder *Go-Along-Methode*[7]. In den letzten drei Jahrzehnten machten sich Forscher:innen aus verschiedenen Disziplinen von der Soziologie und Anthropologie bis hin zur Geografie, Stadtforschung und Architektur das Potenzial des Gehens, das die soziale und sinnliche Dimension der Beziehung zwischen Individuum und gebauter (insbesondere städtischer) Umwelt erfassen kann, als qualitative, phänomenologisch inspirierte Forschungsmethode (Kusenbach 2003) zunutze. Vereinfacht gesagt, geht diese Methode davon aus, dass die Forscher:innen die Forschungsteilnehmende auf Strecken begleiten, die sowohl für deren Alltag in der Stadt als auch für die von ihnen gestellte Forschungsfrage relevant sind. Dieser Prozess setzt voraus, dass die *walkers* die Möglichkeit haben, sich gleichzeitig im Raum zu bewegen, sich mit denselben sensorischen Reizen auseinanderzusetzen, ihren Gehrhythmus zu synchronisieren, Richtungen auszuhandeln und über all diese Dynamiken zu verhandeln. Einige Forschungsprojekte konzentrierten sich beim *walking* auf einen einzigen Sinn, wie etwa auf den Nexus Geruch-Stadt (Diaconu et al 2011; Henshaw 2014). Andere wiederum nutzten das *walking*, um zu untersuchen, wie sich die Sinne mit Zugehörigkeitsgefühlen vermischen (O'Neill & Hubbard 2010; Lund 2011) oder mit dem Ziel, die Multisensorialität der Beziehung zwischen der Stadt und den gehenden Körpern zu erfassen (Pink 2007, 2008; Degen & Rose 2012).

So ging ich beispielsweise mit Lina spazieren, um Daten darüber zu sammeln, wie es sich anfühlt, als rumänische Roma-Frau in der spanischen Stadt Zamora zu leben (Racleş 2018). Spaziergehen bedeutete, dass sich unsere Körper synchron durch die Stadt bewegten: jede passte ihren Rhythmus der anderen an und beide waren denselben materiellen Umständen ausgesetzt, die in Entsprechung der jeweiligen Biografie jeweils spezifische sensorische Erfahrungen auslösen könnten. Neben dem Inhalt unserer Gespräche, bei denen wir beide Fragen stellten, achtete ich besonders auf die sinnlichen Implikationen unseres spätabendlichen Spazierganges: Lina hielt inne, um ein Gedicht in spanischer Sprache zu lesen, das auf einer von einer nächtlichen Straßenlaterne beleuchteten Mauer gemalt war,

7 Ein anderer Begriff ist *walking interview* (Kühl 2016).

oder sie berührte ein verziertes Tor, während sie sich das ideale Haus vorstellte, das sie in Rotoieni zu haben hoffte, umgeben von einem ähnlich verzierten Zaun. Dieser Spaziergang ermöglichte es mir, empirische Daten über die sinnliche Dimension von *enactments* und über Diskurse der Zugehörigkeit zu sammeln und festzustellen, dass das Aushandeln von Zugehörigkeit erhebliche sinnliche Auswirkungen hat.

(3) Der dritte Ansatz, der radikal verkörperte Ansatz[8], macht die Erfahrungen, den Körper und die Sinne der Forscher:innen zum Ort der Forschung. Zum Beispiel verwenden die bereits zitierten Sekimoto und Brown in ihrem Buch *Race and Senses* (2020) ihre sinnlichen Erinnerungen und Reflexionen über ihre verkörperten Erfahrungen im Zusammenhang mit der Rassifizierung ihrer Körper in verschiedenen forschungsbezogenen und alltäglichen Begegnungen, um Rassismus bezogene Fragen zu analysieren und zu theoretisieren. Wesentlich für einen solchen Ansatz ist das Verständnis, dass Sinneswahrnehmungen und Empfindungen eine Quelle des Wissens sind – im Gegensatz zu jenen Methoden, die nur das als Wissensquelle anerkennen, was von den Forscher:innen mit einer gewissen emotionalen und körperlichen Distanz beobachtet, gesehen, gehört oder gelesen (also objektiviert) wird. Von zentraler Bedeutung für diesen Ansatz ist die bewusste und sorgfältige Selbstreflexion. Die Arbeit von Sekimoto und Brown ist inspiriert von phänomenologischen und autoethnografischen Ansätzen, die es ihnen ermöglichten, ihre eigenen Erinnerungen und Körperempfindungen zu analysieren. Diese Analyse ist Teil des intellektuellen Projekts, das darauf abzielt, zu verstehen, „what race feels like, and what it is like to be the racialized Other" und zwar auf der Ebene der körperlichen Empfindungen (Sekimoto & Brown 2020: 15). Ein Beispiel dafür ist die Analyse der Empfindungen beim Sprechen des Standard American English (SAE) als Zweitsprache (Sekimoto) und Dialekt (Brown). Sekimoto und Brown schreiben über „the phenomenology of the racialized tongue" (Sekimoto & Brown 2020: 15), um darüber nachzudenken, wie der Körper (selbst-)diszipliniert wird und die Lippen- und Zungenmuskeln beim Sprechen beziehungsweise dem Versuch, SAE zu sprechen, trainiert werden. Hier ist der Akt des Sprechens ein „habituated embodiment in cultural matrices of power and hegemony" (Sekimoto & Brown 2020: 18). Wichtig ist, dass die Analyse ihrer eigenen verkörperten Rassifizierungserfahrungen nicht als universell behandelt wird. Sekimoto und Brown achten darauf, ihre persönlichen Erfahrungen als rassifizierte Körper in ihrer historischen, politischen und ideologischen Verflochtenheit zu interpretieren

8 Dieser Ansatz erinnert an Wissenschaftler:innen, die die kartesianische Körper-Geist-Trennung (Geurts 2005: 164–65; Stoller 1997: xiii, 56) und damit eine eurozentrische, entkörperlichte Wissenschaft kritisieren und eine radikale Rückkehr zu ‚unseren Sinnen' fordern.

(Sekimoto & Brown 2020: 94). In Bezug darauf, wie Hegemonie mit dem körperlichen Akt des Sprechens von SAE verwoben ist, schreibt Sekimoto:

> When I speak English, I am not simply doing things with words [...] I am doing things with my breath, tongue, mouth, ears, and body in general. As a native of Japan, learning how to speak SAE has been a process of re-habituating my bodily movements, senses, and perceptions within the larger context of global English hegemony. It is a process of habituating my body and programming my behaviors according to what is "normal" and "appropriate" in social contexts of this particular language (Sekimoto & Brown 2020: 95).

Eine der Schlussfolgerungen von Sekimoto und Brown lautet, dass *race* ein *sensous event* ist (Sekimoto & Brown 2020: 15). *Race* ist nicht etwas, das existiert, sondern ein Prozess, der gleichzeitig sinnlich, sozial und hegemonial geschieht. Diesen Prozess zu begreifen, „means to pay somatic attention to our bodies-in-interaction-with-others and observe the muscles that contract, the postures that orient us toward one another, the affectivity felt in the space, the sound of familiarity and foreignness, or the contours of the face that appear through the exchange of gaze" (Sekimoto & Brown 2020: 148).

Der radikal verkörperte Ansatz wird immer dann verwirklicht, wenn sich der/die Forscher:in dafür entscheidet, der eigenen sensorischen Beteiligung an den Forschungssituationen bewusst Aufmerksamkeit zu schenken, diese Beteiligung zu dokumentieren und sie beim Schreiben gezielt zu reflektieren (vgl. auch Stodulka, Kapitel 23). Obwohl ich in meinem Schreiben nicht explizit einen autoethnografischen Ansatz verwendete, habe ich versucht, die empirischen Daten, die ich durch Beobachtungen, Gespräche, partizipatorische Momente oder *diaries* gesammelt habe, als kontingent zu interpretieren und darüber zu schreiben, wie ich diese Momente sinnlich erlebt habe und wie ich im Feld wahrgenommen, also gesehen, gehört oder sogar gerochen wurde. So konnte ich beispielsweise rassifizierende Etiketten über Roma, die Nicht-Roma-Forschungsteilnehmende in ihren Gesprächen mit mir mobilisierten, als abhängig davon interpretieren, wie diese Nicht-Roma Personen meinen Körper als Nicht-Roma-Körper lasen. In ähnlicher Weise hängt das Vertrauen, das ich in meinen Beziehungen zu den Roma- und Nicht-Roma-Forschungsteilnehmenden aufgebaut habe, damit zusammen, wie ich die rumänische Sprache verkörperte und sprach, das heißt wie diese Sprache in der moldawischen Region Rumäniens[9] gesprochen wird.

Im Kontext der ethnografischen Forschung, die eine erhebliche Beteiligung der Forscherin/des Forschers an der sozialen, politischen und sensorischen Dynamik des Feldes erfordert, überschneiden sich diese drei Ansätze. Obwohl weniger

9 Hier wird das Sprechen der literarischen Version des Rumänischen, ohne moldawischen Akzent, als elitär konnotiert.

systematisch als oben dargestellt, waren die drei Ansätze in meiner eigenen sieben Monate langen Forschung in und um Rotoieni eingebettet. Im folgenden Abschnitt möchte ich nun auf den Geruchssinn zurückkommen und zeigen, wie ich das empirische Material zum Olfaktorischen interpretiert habe, das ich während meiner Feldforschung in der oben erwähnten rumänischen Kleinstadt sammeln konnte. Insbesondere gehe ich auf ein rassifizierendes olfaktorisches Etikett ein, um zu zeigen, wie angesichts der westlichen Verunglimpfung von Gerüchen rassifizierende Diskurse wirken und so die Sinneswahrnehmungen von Nicht-Roma gegenüber Roma prägen.

4 Der Geruchssinn in der Moderne als Sinn der Andersartigkeit

Die Einordnung des Geruchssinns als niedrigster Sinn ist ein Hinweis auf eine lange Geschichte der soziokulturellen Desavouierung des Geruchs, die sich auch in den Wissenschaften widerspiegelt (Beer 2000; Classen 1997). Im Mittelpunkt dieser Geschichte steht die Annahme, dass die menschliche Fähigkeit zu riechen und Gerüche auszustoßen uns eher den Tieren als unserem intellektuellen und zivilisierten Wesen näherbringt (Beer 2000: 211). Basierend auf dieser Prämisse wurden vor allem seit dem 19. Jahrhundert rassifizierende und hegemonische Ideen reproduziert, die den Geruchssinn als den Sinn der sogenannten „Primitiven", „Wilden", „Kulturlosen" (Beer 2000: 212), „Nicht-Modernen" oder der verschiedenen nicht-europäischen und nicht-weißen Anderen konstituiert haben. Wie Howes schreibt, ist der Geruchssinn „the most denigrated sensory domain of modernity" (Howes 2006: 169). Die dem Geruchssinn zugewiesene „dissoziierende" Besonderheit (Simmel 2009: 124 f.) basiert auf der These, dass die Geruchseindrücke dazu prädisponiert seien, interpersönliche Interaktionen und Formen des Zusammenseins zu verhindern. Simmel nimmt einerseits Bezug auf Rassifizierungswirkungen (obwohl nicht als solche benannt), die olfaktorische Stereotype auf Afroamerikaner:innen in Nordamerika oder auf Juden und Jüdinnen im deutschsprachigen Raum haben, sowie andererseits auf klassenbedingte olfaktorische Stereotype, wobei Klassenverhältnisse zwischen „Gebildeten und Arbeitern" erwähnt werden (Simmel 2009: 125). Somit spielen Gerüche bei der Herstellung von Klassenkategorien in verschiedenen gesellschaftlichen Kontexten eine Rolle. Das heißt, sozialstrukturierende Klassifikationen werden auch auf Basis von Gerüchen hergestellt, sodass olfaktorische Vorurteile entstehen, die soziale Machtfigurationen sicht- und spürbar machen.

Nach der Veröffentlichung von Simmels Aufsatz war das sozialwissenschaftliche Interesse am Geruchssinn eher zaghaft (Bedichek 1960; Largey & Watson 1972, 2006; Engen & Ross 1973). In den 80er-Jahren wurde dem Geruchssinn jedoch zunehmend Aufmerksamkeit gewidmet, und zwar aus verschiedenen disziplinären Perspektiven. Besonders herausragend war das Buch von Alain Corbin, *The Foul and the Fragrant*, in dem der französische Historiker zeigt, wie sich die Wahrnehmung von Gerüchen im Laufe der Modernisierung Frankreichs im 18. und 19. Jahrhundert veränderte und wie Gerüche mit wichtigen politischen, sozialen und kulturellen Dynamiken verwoben waren. Ein weiteres einflussreiches Werk war das des Geographen J. Douglas Porteous, dessen Essay zum *smellscape* (1985) die enge Beziehung zwischen Gerüchen, Raum und Orten aufzeigt, die das soziale Leben und kulturelle Besonderheiten prägen und gestalten. Weitere Forschungen prominenter Wissenschaftler:innen wie David Howes (Anthropologe), Constance Classen (Kulturhistorikerin) und Anthony Synnott (Soziologe) untersuchten den Geruch als soziales Phänomen und die kulturelle Rolle von Gerüchen in der westlichen Geschichte. In ihrem Buch *Aroma: The Cultural History of Smell* (1994) stellen Howes, Classen und Synnott durch den Vergleich westlicher Gesellschaften mit Gesellschaften in aller Welt fest, dass die westliche Antipathie gegenüber Gerüchen eine soziale und analytische Betrachtung des sozialen und kulturellen Potenzials von Gerüchen verhindert hat. Die Geruchssymbole und die Rolle des Geruchs in Ritualen, die Verbindung zwischen Gerüchen und Vorstellungen von Heiligkeit, die Politik des Geruchs, geschlechtsspezifische und ethnische Geruchsstereotype im modernen Westen oder die Kommodifizierung von Gerüchen sind einige Hauptthemen, die in diesem Buch behandelt werden und die in den folgenden Jahrzehnten des 21. Jahrhunderts weiter erforscht wurden.[10]

Ein wichtiger Konsens, der aus der Forschung zum Sinnlichen in den letzten Jahrzehnten hervorging, ist, dass der Geruchssinn durchweg als einer der niedrigsten Sinne in den westlichen Gesellschaften eingestuft wurde. Wie Howes schrieb:

> The senses are typically ordered in hierarchies. In one society or social context sight will head the list of the senses, in another it may be hearing or touch. Such sensory rankings are always allied with social rankings and employed to order society. The dominant group in society will be linked to esteemed senses and sensations while subordinate groups will be associated with less-valued or denigrated senses (Howes 2005: 10).

---

10 Die von Jim Drobnick (2006) herausgegebene umfangreiche Aufsatzsammlung bietet einen Überblick über Forschungen, die den Augenzentrismus (*ocularcentrism*) destabilisieren.

Es ist daher nicht verwunderlich, dass in der rumänischen Gesellschaft, in der ich sozialisiert wurde, gegen Roma Menschen eine Vielzahl an olfaktorischen Vorurteilen besteht. In Rumänien wie in ganz Europa wurden und werden Roma seit Jahrhunderten rassifiziert, diskriminiert, ausgegrenzt und verfolgt. Auf dem heutigen Territorium Rumäniens wurden die Roma bis Mitte des 19. Jahrhunderts versklavt und sind seitdem weiterhin institutionellem und alltäglichem Rassismus ausgesetzt. Die meisten Roma in Rotoieni (wie in vielen anderen rumänischen und europäischen Orten) wohnen am Rand der Stadt. Das von Nicht-Roma-Einheimischen geschaffene Bild stellt die Roma als weniger respektable Menschen von geringerem Wert dar: Sie seien weniger zivilisiert, werden durch eine Veranlagung zur Kriminalität definiert und verhielten sich nicht normgerecht. In meinen Unterhaltungen mit Nicht-Roma-Bewohner:innen wurde häufig darauf rekurriert, dass in den von Romafamilien bewohnten Räumen abstoßende Gerüche herrschen würden. Da ich bei einer Romafamilie wohnte, wurde mir weiterhin die Frage gestellt, wie ich (als eine Nicht-Roma) diese vermeintliche unerträgliche olfaktorische Atmosphäre ertragen könnte. Diese mitunter irritierenden Bemerkungen deuten darauf hin, dass olfaktorische Vorstellungen und Vorurteile eine scharfe Waffe der sozialen und kulturellen Grenzmarkierung sein können, wodurch rassifizierte und rassifizierende Differenzen zwischen ‚uns' und ‚anderen' als sinnlich erfahrbare Qualität hergestellt werden.

Solche olfaktorischen Vorstellungen hängen nicht notwendig mit unmittelbaren olfaktorischen Wahrnehmungen zusammen, denn eigentlich haben viele Nicht-Roma noch nie ein Roma-Haus betreten. Vielmehr reflektieren sie gesellschaftlich gemachte und projizierte olfaktorische Etiketten, die moralisch konnotiert sind. Eine dieser olfaktorischen Etiketten, die ich am häufigsten gehört habe, ist „*împuțit*". Wenn ich die Nicht-Roma-Forschungsteilnehmenden fragte, was sie mit „diesem besonderen Geruch" von Roma-Häusern meinten, wurde mir oft mit diesem Adjektiv geantwortet: *împuțit* (stinkend). In einem literarischen Sinne erfasst dieses rumänische Adjektiv die Bedeutung von etwas Organischem, das infolge von Vernachlässigung schlecht geworden ist. Da dieses organische Ding nicht rechtzeitig und richtig gepflegt wurde, wird es faul und folglich können sich schlechte Gerüche entwickeln (siehe auch Racleș 2021: 125).

Diese Bedeutung des olfaktorischen Etikettes *împuțit* lässt offensichtlich werden, dass die Konstruktion, der den Roma-Räumen zugewiesene Geruch naturalisiert wird, indem er zugleich in Verbindung mit anderen stigmatisierten, angeblich ‚naturgegebenen' Eigenschaften gebracht wird, wie zum Beispiel mit Faulheit, Unfähigkeit sich um ihre Körper und Häuser normgerecht zu kümmern oder mit einem Mangel an Willen, ein ordentliches Leben zu führen. Es ist ein rassifizierendes Etikett, das im Kontext der lokalen Machtfiguration zu verstehen ist, sowie im Rahmen etablierter sozialer Hierarchien, die die Roma als die faulsten und unordentlichsten aller Bürger:innen, anders ausgedrückt, als die unmoralischsten Menschen, situiert. Die Konstruktion von Geruchsdifferenzen kann daher als sinnlicher Modus des *otherings* betrachtet werden. Das heißt, schlechte Gerüche entstehen, wo vermeintlich nicht vertrauenswürdige beziehungsweise moralisch fragwürdige Menschen wohnen (Largey & Watson 1972, 2006).

Die Verwendung dieses Etikettes ist jedoch bei weitem nicht nur eine kognitive Angelegenheit, die die Verbindung zwischen rassifizierendem Diskurs und dem Leben der Roma nachzeichnet. Es geht um verkörperte Empfindungen, die Nicht-Roma als Folge der zutiefst rassistischen und rassifizierenden Diskurse erleben, die sie während ihrer Sozialisierung als ‚weiße' und sozial nicht markierte Körper internalisieren. Die Art und Weise, wie Nicht-Roma das empfinden, was sie in Bezug auf Roma-Körper und bewohnte Räume sehen, hören oder riechen, ist dadurch geprägt, dass sie in einer stark rassistischen Gesellschaft sozialisiert wurden. Sekimoto und Brown, die untersuchten „how race appeals to and is entangled with our lived and sensorial embodiment", bringen dies wie folgt auf den Punkt: „Multiple senses are engaged to feel race and racial differences, and such embodied multisensory feelings are integral to the social, political, and ideological construction of race" (Sekimoto & Brown 2020: 1). Mit anderen Worten ist *împuțit* nicht nur ein höchst abwertendes und rassifizierendes Etikett, sondern auch eine Bezeichnung, die sich auf eine multisensoriell erlebte Erfahrung eines Körpers bezieht, der auf rassistische Gefühle programmiert ist. Wieder mit Sekimoto und Brown ausgedrückt: „Race continues to be one of the most hegemonic constructs in modern history precisely because it is *'registered feelingly'*" (Sekimoto & Brown 2020: 3; Herv. A. R.).

Zusammenfassend lässt sich artikulieren, dass die Auseinandersetzung mit dem Geruchssinn eine Analyse der soziokulturellen Prägung der Geruchskategorien, der olfaktorischen Wahrnehmung sowie der gesellschaftlichen Bewertung von Gerüchen beinhaltet. Statt Gerüche als objektivierbare und messbare Eindrücke zu betrachten, ist es für die empirische Sozialforschung sinnvoller, lokale olfaktorische Ausdrücke und verkörperte Erfahrungen zu erforschen (zum Beispiel durch *sensory diaries*, *walking*-Methoden oder (auto)ethnografische Analysen), ohne dabei zu vernachlässigen, dass diese in der Geschichte und im Rahmen von Machtverhältnissen verankert sind.

Literatur

Bedichek, Roy (1960). *The Sense of Smell*. Garden City, NY: Doubleday & Company, Inc.

Beer, Bettina (2000). „Geruch und Differenz: Körpergeruch als Kennzeichen konstruierter ‚rassischer' Grenzen", in: *Paideuma* 46, S. 207–230.

Classen, Constance (1997). „Foundations for an Anthropology of the Senses", in: *International Social Science Journal* 49(153), S. 401–412.

Classen, Constance/Howes, David & Synnott, Anthony (1994). *Aroma: The Cultural History of Smell*. London: Routledge.

Corbin, Alain (1986). *The Foul and the Fragrant: Odor and the French Social Imagination*. Cambridge/Massachusetts: Harvard University Press.

Degen, Monica Montserrat & Rose, Gillian (2012). „The Sensory Experiencing of Urban Design: The Role of Walking and Perceptual Memory", in: *Urban Studies* 49(15), S. 3271–3287.

Diaconu, Mădălina/Heuberger, Eva/Mateus-Berr, Ruth & Vosicky, Lukas M. (Hrsg.) (2011). *Senses and the City: An Interdisciplinary Approach to Urban Sensescapes*. Vienna: LIT.

Drobnick, Jim (Hrsg.) (2006). *The Smell Culture Reader*. Oxford: Bloomsbury Academic.

Engen, Trygg & Ross, Bruce M. (1973). „Long-term Memory of Odors With and Without Verbal Descriptions", in: *Journal of Experimental Psychology* 100(2), S. 221.

Fanon, Franz (2008). *Black Skins. White Masks* (Übersetzung Richard Philcox). New York: Grove Press.

Geurts, Kathryn L. (2005). „Consciousness as ‚Feeling in the Body': A West African Theory of Embodiment, Emotion and the Making of a Mind", in: D. Howes (Hrsg.), *Empire of the Senses: The Sensual Culture Reader*. Oxford: Berg, S. 164–178.

Geurts, Kathryn L. (2002). *Culture and the Senses. Bodily Ways of Knowing in an African Community*. Berkeley: University of California Press.

Henshaw, Victoria (2014). „Smellwalking and Representing Urban Smellscapes", in: *Urban Smellscapes. Understanding and Designing City Smell Environments*. New York: Routledge, S. 42–56.

Howes, David (2006). „Scent, Sound and Synesthesia: Intersensoriality and Material Culture Theory", in: C. Tilley, W. Keane, S. Küchler, M. Rowlands & P. Spyer (Hrsg.), *Handbook of Material Culture*. London: SAGE Publications, S. 161–173.

Howes, David (Hrsg.) (2005). *Empire of the Senses: The Sensual Culture Reader*. Oxford: Berg.

Kusenbach, Margarethe (2003). „Street Phenomenology: The Go-along as Ethnographic Research Tool", in: *Ethnography* 4(3), S. 455–485.

Kühl, Jana (2016). „Walking Interviews als Methode zur Erhebung alltäglicher Raumproduktionen", in: *Europa Regional*, 23(2), S. 35–48. https://nbn-resolving.org/urn:nbn:de:0168-ssoar-51685-8 (letzter Aufruf: 30.10.2022).

Largey, Gale & Watson, Rod (2006). „The Sociology of Odors", in: J. Drobnick (Hrsg.), *The Smell Culture Reader*. Oxford: Bloomsbury Academic, S. 29–40.

Low, Klevin E.Y. (2015). „The Sensuous City: Sensory Methodologies in Urban Ethnographic Research", in: *Ethnography* 16(3), S. 295–312.

Lund, Katrín Anna (2011). „Walking and Viewing: Narratives of Belonging in Southern Spain", in: S. Coleman & P. Collins (Hrsg.), *Dislocating Anthropology? Bases of Longing and Belonging in the Analysis of Contemporary Societies*. Newcastle upon Tyne: Cambridge Scholars Publishing, S. 115–132.

Miller, Daniel (2010). *Der Trost der Dinge: fünfzehn Porträts aus dem London von heute*. Berlin: Suhrkamp.

O'Neill, Maggie & Hubbard, Phil (2010). „Walking, Sensing, Belonging: Ethno-Mimesis as Performative Praxis", in: *Visual Studies* 25(1), S. 46–58.

Pink, Sarah (2015). *Doing Sensory Ethnography*. Los Angeles: Sage.

Pink, Sarah (2008). „An Urban Tour. The Sensory Sociality of Ethnographic Place-Making", in: *Ethnography* 9(2), S. 175–196.

Pink, Sarah (2007). „Walking with Video", in: *Visual Studies* 22(3), S. 240–253.

Porteous, J. Douglas (1985). „Smellscape", in: *Progress in Human Geography* 9, S. 356–378.

Racleş, Andreea (2021). *Textures of Belonging. Senses, Objects and Spaces of Romanian Roma*. New York: Berghahn.

Racleş, Andreea (2018). „Walking with Lina in Zamora: Reflections on Roma's Home-Making Engagements from a Translocality Perspective", in: *Intersections. East European Journal of Society and Politics* 4(2), S. 86–108.

Sacks, Oliver (2003). „The Mind's Eye. What the Blind See", in: *The New Yorker* July 28, S. 48–59. https://www.wboro.org/cms/lib/NY01914047/Centricity/Domain/1006/Blind-3%204.pdf (letzter Aufruf: 31.01.23).

Sekimoto, Sachi & Brown, Christopher (2020). *Race and the Senses: The Felt Politics of Racial Embodiment*. London: Routledge.

Simmel, Georg (2009). „Soziologie der Sinne", in: K. Lichtblau (Hrsg.), *Soziologische Ästhetik*. Wiesbaden: Springer VS, S. 115–127.

Stoller, Paul (1997). *Sensuous Scholarship*. Philadelphia: University of Pennsylvania Press.

Vannini, Phillip/ Waskul, Dennis & Gottschalk, Simon (2012). *The Senses in Self, Society, and Culture: A Sociology of the Senses*. New York: Routledge.

Waskul, Dennis D./Vannini, Phillip & Wilson, Janelle (2009). „The Aroma of Recollection: Olfaction, Nostalgia, and the Shaping of the Sensuous Self", in: *The Senses and Society* 4(1), S. 5–22.

Yancy, George (2016). *Black Bodies, White Gazes: The Continuing Significance of Race in America*. Lanham: Rowman & Littlefield Publishers, 2nd edition.

Elgen Sauerborn und Yvonne Albrecht

22 Relationalität des Sozialen: Zur empirischen Erforschung von Affektivität

1 Einleitung: Wie können Intensitäten zwischen Körpern untersucht werden?

Wenn empirische Sozialforscher:innen Affekte untersuchen, sehen sie sich oftmals mit methodischen und methodologischen Problemen konfrontiert. Affekte gelten als gefühlte Dynamiken, die nicht einfach in Sprache übersetzt werden können, und als diffuse Gefühlslagen, die sich weniger in einzelnen Körpern abspielen, als dass sie diese miteinander in Bezug beziehungsweise in Relation zueinander setzen. Doch wie soll etwas zum Forschungsgegenstand werden, das sich eben durch seine Vorsprachlichkeit (Penz & Sauer 2016) und Relationalität (von Scheve 2019) auszeichnet? Auf welche Art und Weise kann eine „Intensität" (Wiesse 2020) oder eine „Kraft" untersucht werden, die dynamisch, immer im Wandel ist und sich vor allem zwischen Körpern abspielt? Wie „misst" man derartige schwer zu fassende soziale Phänomene?

Die besondere Aufmerksamkeit, die Affekten innerhalb der Geistes- und Sozialwissenschaften in den vergangenen Jahren zugekommen ist, hat nicht nur eine Verschiebung des Fokus innerhalb der Gefühlsforschung bewirkt, sondern diese auch vor neue methodische und methodologische Probleme gestellt. Während die Erforschung von Emotionen auf eine Vielzahl an klassischen qualitativen und quantitativen Methoden der Sozialforschung aufbauen kann, erweist sich die empirische Untersuchung von Affekten als diffiziler. Insbesondere die – aus verschiedenen theoretischen Richtungen erfolgende – Betonung ihrer Unbewusstheit (z. B. in psychoanalytischen Ansätzen) und Körperlichkeit, die einige Autor:innen diesen zuschreiben, erschwert den Zugriff auf dieses Phänomen. Der vorliegende Beitrag fragt daher nach sozialwissenschaftlichen Methoden, die es ermöglichen, etwas so schwer Greifbares wie Affektivität zu erforschen. Dabei stützen wir uns insbesondere auf qualitative Methoden und erörtern drei Eigenschaften von Affektivität, die einen empirischen Zugriff auf das Phänomen ermöglichen. Wir konzentrieren uns dabei auf unterschiedliche Erhebungsmethoden und reißen die Herausforderungen der Auswertungsmethoden nur im Fazit kurz an, da diese in einem eigenständigen Beitrag behandelt werden müssten.

https://doi.org/10.1515/9783110589214-026

2 Phänomene des Dazwischen-Seins: Die sozial-relationale Definition von Affektivität

Die Frage, wie Affektivität und Affekte als Forschungsgegenstand behandelt werden können, beschäftigt die empirischen Geistes- und Sozialwissenschaften spätestens seit dem vielfach rezipierten *affective turn* (Clough & Halley 2007). Dieser Paradigmenwechsel steht nicht nur für ein gemeinhin wachsendes Interesse an diesem Forschungsgegenstand allgemein, sondern konkret für einen Wandel von einer kognitivistischen Betrachtungsweise hin zu einer Perspektive auf Affektivität, die eher ihre Materialität, Körperlichkeit, Sinnlichkeit und Relationalität in den Blick nimmt. Keineswegs jedoch ging aus diesen neuen Debatten im Zuge des *affective turn* eine einheitliche Affekttheorie hervor, sondern vielmehr eine Vielzahl unterschiedlicher Ansätze in verschiedenen Disziplinen (vgl. Penz & Sauer 2016).

In den Kulturwissenschaften findet sich zum Beispiel eher ein ontologisches Verständnis, das Affekte als autonome, prä-diskursive Potenz (Massumi 1995, 2010) erachtet. Dahingegen verortet eine andere Perspektive, die eher in den Sozialwissenschaften vorzufinden ist, Affekt und Affektivität näher an Ideen von Gefühl und Emotionen und hebt zum Beispiel auch deren Sozialität, Diskursivität (Wetherell 2012), Kulturalität (Penz & Sauer 2016) und die Eigenschaft der gezielten Steuerung und des Managements (Sauerborn 2019) hervor. Zudem existieren auch Versuche, sozialwissenschaftliche und kulturwissenschaftliche Konzepte von Affektivität zusammen zu denken (Albrecht 2019; Seyfert 2012).

So zahlreich die unterschiedlichen Affekt-Ansätze sind, haben die meisten jedoch gemein, dass sie Affekte als eine primär körperliche, evaluative und nicht-intentionale Weltorientierung verstehen, die Handlungen motiviert und nicht ohne Weiteres in sprachliche Konzepte zu übertragen ist. Demzufolge gibt es keinen affektfreien Raum oder affektfreie Interaktionen, nur unterschiedliche Ausprägungen affektiver Dynamiken. Zudem teilen viele sozial- und kulturwissenschaftliche Perspektiven mehr oder weniger das Verständnis darüber, dass Affekt etwas Relationales ist, das sich zwischen Körpern abspielt und nicht ausschließlich individuellen Körpern oder einzelnen Subjekten zugeschrieben werden kann (von Scheve 2019).[1] Affekte unterscheiden sich außerdem von anderen Gefühlslagen, insofern sie nicht auf etwas Bestimmtes gerichtet sein müssen, also auch nicht-intentional in Erschei-

1 In Anlehnung an Spinoza (2017 [1677]) kann der Körperbegriff so weit gedehnt werden, dass er Objekte und Gegenstände miteinbezieht und so Ansatzpunkte für die Science and Technology Studies bietet (Seyfert 2012). Siehe auch hierzu die Anmerkungen und Kritik von Scheer (2016).

nung treten können (Gutiérrez Rodríguez 2011). Bestimmte Atmosphären oder Stimmungen in einem Raum können dafür ein Beispiel sein.

Wir stützen uns im Folgenden auf diese sozial-relationale Perspektive auf Affekte und Affektivität. Dieser Ansatz geht in seinen Ursprüngen auf den Philosophen Baruch de Spinoza zurück und wurde in den vergangenen Jahren von vielen Autor:innen, darunter auch einigen Sozialwissenschaftler:innen, aufgegriffen und modifiziert (zum Beispiel von Scheve 2019; Seyfert 2012). Affektivität kann dabei als ein dynamisches Bezugsgeschehen verstanden werden, das aus Verhältnissen des Affizierens und Affiziert-Werdens besteht. Ein Affekt wird bei Spinoza (2017 [1677]) generell als Erregung des Körpers definiert, durch welche das Tätigkeitsvermögen dieses Körpers vermehrt oder vermindert, gefördert oder gehemmt wird. Affekte sind daher als „media of inbetweenness" (Seyfert 2012) zu verstehen. Somit kann Affektivität sowohl im Handeln als auch im Erleiden bestehen. Sie kann sowohl Aktivität als auch Passivität beinhalten.[2]

Diese oftmals sehr abstrakten Beschreibungen lassen mitunter die Frage aufkommen, was genau Affekte zu einem soziologisch relevanten Phänomen machen. Obwohl es sich bei Affekten also um etwas Sinnliches, oftmals Unsichtbares und Nicht-Greifbares handelt, sind sie dennoch zu einem wichtigen Gegenstand der Sozialforschung geworden. Das liegt daran, dass Affekte als konstitutiv für jegliche Form des menschlichen Miteinanders anzusehen sind. Sie sind immer verwoben mit sozialem Handeln und verfügen daher über Sozialität (Slaby & von Scheve 2019).

Bei Versuchen, den abstrakten Diskurs über Affekte etwas verständlicher zu machen, taucht in der Literatur zur Thematik manchmal eine rhetorische Frage auf: „Is there anyone who has not, at least once, walked into a room and felt the ‚atmosphere'?" (Brennan 2004: 1). Sicher haben die meisten schon einmal eine bestimmte Atmosphäre gespürt, von der sie nicht klar bestimmen konnten, woher sie kommt und was genau sie kennzeichnet. Hieran lässt sich sehr anschaulich erkennen, dass solche affektiven Phänomene nicht nur von einzelnen Personen ausgehen, sondern sich immer zwischen verschiedenen Körpern abspielen. Dass diese nicht immer menschlich sein müssen, erkennt man zum Beispiel, wenn man alleine ein Gebäude betritt wie zum Beispiel ein Gotteshaus, eine Bibliothek oder ein leeres Parkhaus. Man mag sich von einem Schritt auf den nächsten anders fühlen und sich dadurch auch anders verhalten und denken.

Dass diese affektiven Erscheinungen nicht willkürlich auftreten, sondern sich durchaus in bestimmten Konstellationen oder Orten strukturieren und verfesti-

2 Hierzu sind auch die Ausführungen von Seyfert (2019) zum Thema „Interpassivität" weiterführend.

gen können, beschreibt das Konzept des affektiven Arrangements (Slaby et al. 2019). Solch ein Arrangement zeichnet sich unter anderem dadurch aus, dass es Personen affektiv miteinander verbindet, wie es zum Beispiel bei einer Geburtstagsfeier, in einem Büro oder in einem Flughafen der Fall ist. Diese Formen des gegenseitigen Affizierens und Affiziert-Werdens sind also räumlich und zeitlich situiert und dadurch auch sozial institutionalisiert. Gleiches gilt für bestimmte Stimmungen, die von Gruppen oder Kollektiven ausgehen und soziales Handeln beeinflussen. Die meisten Personen verhalten sich unterschiedlich, je nachdem, ob sie sich in einer Gruppe spielender Kinder bewegen oder zufällig in die Nähe feiernder Fußballfans geraten. Es ist jedoch nicht leicht, zu erklären und zu analysieren, was genau diese affektiven Beziehungen oder Relationen ausmacht. Da Affekte also nie einzelne handelnde Subjekte oder Personen betreffen und eher als diffuse, nicht-intentionale Dynamiken in Erscheinung treten, mag es so erscheinen, als seien etablierte Methoden der Sozialforschung erst einmal per se ungeeignet für die Affektforschung. Soziologische Untersuchungen sind oftmals auf Sprache beziehungsweise Versprachlichungen angewiesen und müssen diese daher notwendigerweise auf eine Art und Weise berücksichtigen (vgl. hierzu auch Kleres 2011; Albrecht 2016). Wie erforscht man also Affekte, wenn sie als relationale Dynamiken zwischen Körpern verstanden werden, die sowohl menschlich als auch nicht-menschlich sein können (Slaby & Mühlhoff 2019)?

Diese Frage wird hier nicht zum ersten Mal aufgeworfen, ist jedoch noch immer nicht hinreichend geklärt. Mehrere Bände widmen sich der Erforschung des Affektiven (Knudsen & Stage 2015; Kahl 2019) und zeigen auf, dass es sich bei der Problematik der „Messbarkeit" um ein grundsätzliches methodologisches Dilemma (Kølvraa 2015) handelt: Ein Phänomen, das sich dadurch auszeichnet, nicht von einzelnen Subjekten versprachlicht werden zu können, kann nicht ausschließlich mit Methoden erforscht werden, die gerade auf Versprachlichungen basieren. Trotzdem haben sich zahlreiche Geistes- und Sozialwissenschaftler:innen der empirischen Erforschung von Affekten gewidmet. Dazu zählen neben einigen wichtigen quantitativen Erhebungen (wie z. B. von Ambrasat 2017) vor allem Untersuchungen, die mit qualitativen Erhebungs- und Auswertungsmethoden realisiert wurden.[3] Wir möchten in diesem Beitrag erörtern, welches Verständnis von Affektivität einen adäquaten empirischen Zugriff auf das Phänomen ermöglicht und welche Eigenschaften und Merkmale von Affekten und affektiven Phänomenen, Dynamiken und Relationen deren Untersuchung überhaupt erst ermöglichen. Diese Grundlegung soll insbesondere zukünftiger Forschung dazu ver-

3 Einen detaillierteren Überblick über einen Teil der aktuellem deutschsprachigen qualitativen Affekt- und Emotionsforschung findet sich bei Beyer (2022).

helfen, diejenigen Aspekte des Affektiven zu fokussieren, die empirisch erheb- und auswertbar sind.

3 Was macht Affektivität erforschbar? Methodische Überlegungen

Betrachtet man die disziplinäre und paradigmatische Breite an Affekttheorien, erschließt sich schnell, dass es keine einheitliche methodische Herangehensweise geben kann, um Affektivität zu erforschen (Kahl 2019). Im Folgenden möchten wir daher keine gesonderte Methode hervorheben, sondern auf empirische Möglichkeiten verweisen, welche die oben skizzierte Operationalisierung des Affektbegriffs birgt. Dabei gehen wir auf soziologische Untersuchungen ein, die affektive Phänomene bereits empirisch erhoben haben. Wir skizzieren mit der Beobachtbarkeit, der Erzählbarkeit und der Körperlichkeit beziehungsweise Erlebbarkeit des Affektiven drei Merkmale, die die Erhebung und Analyse von diffusen, nicht-greifbaren oder nur schwer versprachlichbaren sozialen Erscheinungen und Relationen ermöglichen.

3.1 Beobachtbarkeit des Affektiven

Eine Möglichkeit, Affektivität empirisch zu untersuchen, besteht darin, sie *in actu* zu beobachten. In der empirischen Sozialforschung werden für diese Zwecke oftmals verschiedene ethnografische Methoden eingesetzt, in denen unter anderem bestimmte soziale Handlungen, Praktiken, Lebenswelten, Institutionen oder Organisationen durch Verfahren einer einmaligen oder längerfristigen Teilnahme am Forschungsfeld beobachtet werden (Poferl & Schröer 2022). Affekte selbst können dann zum Beispiel anhand von bestimmten sprachlichen, mimischen und gestischen Ausdrücken in Interaktionen (Blumenthal 2018), Praktiken oder auch materiellen Arrangements analysiert werden. Wie kann das aussehen?[4]

Da die Analyse von Affekten auch immer mit der Analyse von Körpern einhergeht, kann die Beschreibung von affektiven Arrangements eine Hilfestellung sein, um die Beobachtungen von Forschenden zu strukturieren. So schlägt der Theaterwissenschaftler Warstat (2020) für die Aufführungsanalyse von Theaterstücken vor, externe Relationen und Konstellationen wie räumliche Arrangements, Mate-

4 Weiterführend zur ethnografischen Untersuchung von Emotionen vgl. Katz (1999).

rialitäten auf der Bühne oder Atmosphären zwischen den Schauspielenden in den Blick zu nehmen. Diese anfängliche Konzentration auf das Beschreibende kann auf jegliche soziale Konstellationen und Situationen übertragen werden.

Ein ähnliches Vorgehen greift auch Wellgraf (2018) in seiner ethnografischen Studie über Hauptschüler:innen auf. Anhand teilnehmender Beobachtung in einer Berliner Hauptschule zeigt er, wie affektive, nicht-gerichtete Phänomene (wie zum Beispiel Langeweile) mit Strukturen sozialer Ungleichheit und Ausgrenzung verwoben sind. Konkret rekonstruiert Wellgraf affektive Phänomene unter anderem mittels der Beschreibung von Raumelementen und Artefakten im Klassenzimmer, wie die Aufstellung der Tische und der Bestuhlung sowie damit verbundene Atmosphären und Stimmungen. Daneben schildert Wellgraf komplexe Situationen anhand weiterer aus der Ethnografie hervorgegangener Daten, wie beispielsweise der Analyse von Bildern. So dient eine Fotografie von Schüler:innen im Klassenraum als Material, um Gesten, Praktiken und Konstellationen von Atmosphären der Langeweile zu interpretieren (vgl. Wellgraf 2018: 34 f.). Diese methodische Herangehensweise hebt eindrucksvoll hervor, wie affektiv-relationale und nicht-gerichtete Gefühlslagen wie Stimmungen und Atmosphären durch Beobachtungen zu Gegenständen einer empirisch fundierten soziologischen Analyse werden können.

Eine weitere ethnografische Herangehensweise für die Analyse von Affektivität demonstriert Wetzels (2022) in seiner Studie über Affektdramaturgien im Fußball anhand von Videodaten, die er im Rahmen einer teilnehmenden Beobachtung in Stadien erstellt hat. Diese videografischen Daten stellen die Grundlage seiner Analyse von zahlreichen beschreib- und beobachtbaren affektiven Phänomenen dar (vgl. auch Knoblauch, Kapitel 20). Anhand dessen erörtert er unter anderem das Zusammenspiel der verschiedenen Körper und diesbezüglicher Praktiken und Performanzen im Fanblock, wie zum Beispiel beim gemeinsamen Jubel über ein Tor. Wetzels legt die Tribüne als affektives Arrangement aus und zeichnet nach, wie bestimmte Praktiken, Bewegungen und Performanzen im Publikum (zum Beispiel Rufe, Raunen, Klatschen, Aufspringen) mit dem Geschehen auf dem Platz (zum Beispiel bestimmte Spielzüge) zusammenwirken und eine gemeinsame „Affektdramaturgie“ ergeben.

Die ethnografische Untersuchung ermöglicht die Beobachtbarkeit affektiver Dynamiken im „Hier und Jetzt“. Dabei sind Forscher:innen natürlich immer Teil des Feldes und verändern dieses und dessen Affektivität durch ihre Anwesenheit (von Bose 2019). Diese gilt es, in der qualitativen Auswertung transparent zu machen und bestenfalls in Interpretationsgruppen zu reflektieren und zu analysieren. Im Kontext des Interpretativen Paradigmas werden Daten keineswegs als „neutral“ angesehen, vielmehr sind die Beobachtungen und Analysen der Forschenden als Konstruktionen zweiter Ordnung (Schütz 2016 [1932]) zu verstehen.

Aus dieser Perspektive handelt es sich bei der sozialen Welt immer bereits um eine interpretierte Welt. Eine forschende Person liefert in ihren Analysen somit Interpretationen von Alltagsinterpretationen, die zum Beispiel in ethnografischen Settings sichtbar oder in Narrationen erhoben werden.

3.2 Erzählbarkeit des Affektiven

Einige Arbeiten, die den Affektbegriff empirisch fruchtbar gemacht haben, beziehen sich auf Methoden, die vordergründig sprachliche Daten generieren. Darunter fallen Daten wie Interviews, Gruppendiskussionen oder Diskursanalysen. Dieses Vorgehen geht davon aus, dass auch genuin Nicht-Intentionales durchaus erzählbar ist. Nicht die gelebte Erfahrung beziehungsweise der Affekt selbst werden dadurch zum Forschungsgegenstand, sondern die Art und Weise, wie Individuen diese Erfahrung diskursiv konstruieren – also das Affektive in soziale Konzepte, Begriffe und Kategorien einordnen (Glapka 2019). Empirisch kann dies zum einen erfasst werden, indem während bestimmter Ereignisse oder in Situationen danach gefragt wird, was gerade affektiv wahrgenommen wird, wie zum Beispiel während einer Demonstration, einer Feier oder eines religiösen Rituals. Auch in Bezug auf länger bestehende Stimmungen, zum Beispiel in Form von Ressentiments, sind solche Ausführungen und auch Reflexionen über das Empfinden eine wichtige Form der Datengenerierung. Affektive Phänomene wie Unbehagen, wechselseitige Aversionen oder Abneigungen liegen oftmals eher implizit vor und werden nicht explizit benannt, können aber durchaus in Ausführungen über Handlungen oder Einstellungen in Interviews oder Gruppendiskussionen zum Ausdruck kommen.[5]

Zum anderen kann für die empirische Erfassung auch die zeitliche Dimension eines „Danach“ entscheidend sein. Das Affektive ist oftmals nur im Nachhinein erzählbar – dann aus der Retrospektive reflexiv gedeutet – oder auch in einer Unfähigkeit der Deutung im Sinne eines „ich weiß nicht, wie mir geschah“ oder „ich weiß nicht, was da zwischen uns passiert ist“ artikuliert. Das bedeutet auch, dass Affekte, derer sich Subjekte im Fühlen selbst nicht gewahr sind und die nicht klar konzeptualisierbar sein müssen, im Nachhinein gedeutet und erzählt werden können.

Auch textbasierte Daten aus den sozialen Medien ermöglichen eine empirische Analyse von Affekten beziehungsweise der Versprachlichungen affektiver Erscheinungen. Papacharissi (2015) beschreibt zum Beispiel aufbauend auf der Analyse

5 In diesem Fall liegt es an der Auswertungsmethode, das Affektive in den Daten zu analysieren.

von Twitterdaten, wie die öffentliche Darstellung von Affekten als politisches Statement fungieren kann. Dies rekonstruiert sie anhand der Analyse des affektiven Geschichtenerzählens, das zum Beispiel in Tweets über den Arabischen Frühling oder die Occupy-Bewegung zum Ausdruck kommt. Basierend auf einem Mixed-Methods-Ansatz von quantitativen und qualitativen Daten analysiert Papacharissi Affekte der Solidarität (vgl. auch Adloff, Kapitel 15). Quantitative Netzwerkanalysen von Verbindungen über Hashtags, Retweets und Referenzen ergänzen qualitative Interpretationen von einzelnen Tweets, die veranschaulichen, dass Hashtags und Tags häufig mit Inhalten der Ermutigung und Unterstützung oder auch entsprechenden Emoticons einhergehen. Auch hier zeigt sich die Verbindung von Affekt und Diskursivität und die Möglichkeit, affektives Geschehen mithilfe diskursiver Versprachlichungen zu analysieren und diese nicht als gegensätzlich zu betrachten.

Das Reden über affektive Phänomene kann dabei durchaus auch einen sehr gezielten und strategischen Umgang mit Affekten sichtbar machen: Das zeigt die Analyse von empirischen Daten aus einer Studie über Frauen in Führungspositionen. Anhand von Interviewdaten wurde analytisch rekonstruiert, dass das Management und die Steuerung affektiver Stimmungen und Atmosphären bewusst und strategisch angegangen wird und es darüber hinaus möglich ist, diese soziale Praxis auch explizit zur Sprache zu bringen (Sauerborn 2019). Dies zeigt sich konkret in Reflexionen über den Umgang mit bestimmten Stimmungen und Atmosphären in Organisationen wie Unternehmen. So konnte anhand von Interviewdaten rekonstruiert werden, dass nicht nur subjektive Emotionen Gegenstand von Gefühlsmanagement sind, sondern eben auch die Affekte von ganzen Gruppen oder Teams. Dazu zählt das Management von Affekten, die dadurch entstehen, dass Frauen mit dem Eintritt in ausschließlich oder überwiegend männliche Führungsetagen die Homogenität der Geschlechtskörper dort durchbrechen. Durch diesen Aufbruch der männlichen Führungskörpernorm entstehen Unsicherheiten, die unter anderem in Gefühlen der körperlichen Unterlegenheit der Frauen und Sexualisierungen und Verkindlichungen ihrer Körper durch männliche Führungskräfte zum Ausdruck kommen. Als Resultat berichten die interviewten Managerinnen davon, wie sie gezielt weiblich assoziierte Gestik, Mimik, aber auch eine bewusste Kleiderwahl einsetzen, um diese Stimmungen der Unsicherheit aufzufangen. So wird explizit reflektiert, welche Kleidungsstücke oder Gesten welche Stimmungen auslösen und diese dann je nach Kontext eingesetzt werden können. Gleichermaßen nutzen die Frauen Affektmanagement für die Steuerung bestimmter Anspannungen in Teams, die beispielsweise durch einen beruflichen Misserfolg zustande kommen. Dass Affekte durchaus auch Gegenstand von Steuerung werden können, betrifft darüber hinaus auch die affektiven Dynamiken zwischen Forschenden und Beforschten im Forschungsprozess selbst.

3.3 Körperlichkeit und Erlebbarkeit des Affektiven

Ein weiteres Merkmal, welches das Affektive empirisch fassbar macht, ist die Möglichkeit des bewussten Erlebens und Mitgestaltens der affektiven Beziehungen im Forschungssetting. Mit der Ubiquität des Affektiven geht einher, dass es nicht allein als Gegenstand gilt, der von außen beobachtet werden kann, sondern Forschungssituationen selbst mitformt und bedingt. Empirisch kann dem auf verschiedenen Wegen Rechnung getragen werden. So ermöglicht es ein autoethnografischer Zugang, die affektiven Relationen und Dynamiken, in denen auch die Forschenden verwoben sind, zu erforschen, wie zum Beispiel bei Bødker und Chamberlain (2016).

Darüber hinaus kann auch die affektive Dynamik zwischen den Forschenden und den Beforschten als Gegenstand soziologischer Analysen fungieren. Beyer und Küster (2022) zeigen in dieser Hinsicht eindrucksvoll anhand von Interviews mit Sexarbeitenden, wie die Beforschten die Affektivität der Interviews beeinflussen und steuern. Dabei tritt zutage, dass auch asymmetrische affektive Machtbeziehungen zwischen Forscher:innen und Beforschten keineswegs statisch sein müssen, sondern dynamisch von beiden Seiten ausgehandelt werden.

In diesem Kontext erweisen sich auch kreativ-künstlerische und partizipative Methoden als mögliche alternative Wege der Generierung von qualitativen Daten. Solche Forschungsmethoden werden vielfach in Studien aus feministischem, de-kolonialem und intersektionalem Blickwinkel genutzt (Vacchelli 2018). Diese Forschungen finden daher in expliziter Opposition zu hegemonialen Formen der Wissensproduktion Verwendung und legen Wert darauf, dass sowohl die Positionierung der forschenden als auch der beforschten Person reflektiert werden. Kreative und partizipative Ansätze werden hier als Möglichkeit gesehen, repräsentationale und textuelle Traditionen – also Traditionen, in denen „für Andere" gesprochen wird und die ausschließlich auf Texten basieren – zu überwinden. Denn „[r]elying exclusively on verbal communication, intended as written and spoken words and textual analysis, has the inevitable effect of marginalising the body and failing to understand its material and beyond-discursive nature" (Vacchelli 2018: 16). Der Einbeziehung des Körpers und des Affektiven kommt aus dieser Perspektive subversive Kraft zu, indem auch marginalisierte Positionen zum Tragen kommen und das – zum Beispiel aufgrund von Machtstrukturen – Nicht-Sagbare im Kontext einer Autonomie des Affektiven (Massumi 1995, 2010) erhebbar wird.

Ein besonders geeigneter Ansatz in diesem Kontext ist *embodied research* (Vacchelli 2018). Embodiment wird hier in Anlehnung an das Oxford Dictionary als „representation or expression of something in a tangible or visible form" (Vacchelli 2018: 2 ff.) definiert. Der „Körper" wird im Kontext von *embodied research* als materialistisch und diskursiv zugleich verstanden und auch so in der empirischen Umsetzung behandelt.[6] Körper verfügen aus dieser Perspektive über eine eigenständige – auch empfundene – Materialität und sind gleichzeitig diskursiv beeinflusst und geformt. Um diesem kulturalistisch-materialistischen Dualismus gerecht zu werden, besteht die Aufgabe der Forschenden darin, mit den Beforschten als Co-Forscher:innen partizipativ Situationen zu gestalten, in denen das Affektive sichtbar werden kann. Somit werden diese zum Zweck der Forschung aktiv, quasi „künstlich“ als Forschungssituationen hergestellt.[7] Qualitative Daten werden zum Beispiel mithilfe der gemeinsamen Herstellung von bildlichen Collagen in Gruppenprozessen oder in Form des „Digital Storytelling (DS)“ generiert (Vacchelli 2018: 4).

In einem Projekt wurde zum Beispiel das Konzept der „politics of dislocation“ (O'Neill & Hubbard 2010) genutzt, um mittels künstlerischer visueller Arbeiten herauszuarbeiten, wie Menschen sich selbst affektiv in verschiedenen Weisen zu verschiedenen Orten in Beziehung setzen. Im Kontext der gemeinsamen Generierung von thematischen Collagen werden, wie in einer Gruppendiskussion, Narrationen evoziert, wobei die Anfertigung von Collagen als interpretatives *tool* dient, Geschichten in offener Weise zu generieren. Dabei bestehen unterschiedliche Möglichkeiten, den Forschungsprozess partizipativ zu gestalten. Der gesamte Forschungsprozess kann gemeinsam umgesetzt werden: Das Forschungsziel und die konkrete Forschungsfrage werden dann gemeinsam festgelegt, auch die Auswertung und Interpretation der Daten erfolgt sowohl durch die Beforschten selbst als auch durch die Forschenden. Partiell werden aber auch „nur“ Teilschritte des Forschungsprozesses partizipativ festgelegt, während andere (zum Beispiel das Forschungsziel) durch Forscher:innen vorgegeben werden. Im Falle der Forschung von Vacchelli (2018: 50, siehe weiterführend zu partizipativer Forschung von Unger 2014) wurde zum Beispiel über die Form der Erhebungsmethode (“Collage making”) gemeinsam befunden.

Generell werden in der Umsetzung von *embodied research* sowohl visuelle als auch narrative Methoden kombiniert. Einblicke in das Affektive ermöglicht somit zum Beispiel die gemeinsame Selektion von Bildern (zu einem bestimmten Thema, wie etwa „Europa“), das entweder von Forscher:innen vorgegeben (ggf. mit Bildern aus Zeitungen und Zeitschriften) oder das von den Co-Forschenden selbst eingebracht wird, wenn bereits das Forschungsziel partizipativ festgelegt wurde.

---

6 Auch Andreas Reckwitz (2015: S. 32 ff.) sieht das Affektive so situiert: in einem kulturalistisch-materialistischen Dualismus.

7 Bei Ethnografien nehmen Forscher:innen an „natürlichen“ Situationen teil, um das Affektive beobachten zu können.

Im Prozess der gemeinsamen Selektion entfalten sich forschungsrelevante affektive Dynamiken zwischen den Teilnehmenden (auch die Forschenden sind Teil dieser Dynamik, was in der Auswertung der qualitativen Daten analysiert werden muss). Das damit verbundene Storytelling und die so entstehende affektive Erfahrung der Co-Konstruktion von Narrationen, während die Collage gemeinsam in eine bildliche Form gebracht wird, ermöglichen Zugang zum Affektiven. In dieser Weise wird der Körper in seiner Materialität und sozialen Situiertheit aktiv in die Forschungssituation einbezogen. Affektive Dynamiken werden innerhalb des Prozesses erlebbar und auch über Visualisierungen über die Erhebungssituation hinaus beschreibbar. Insofern werden Collagen gemeinsam angefertigt, welche dann als Daten zur Analyse vorliegen. Diese angefertigten Collagen können sehr persönliche, emotionale Geschichten festhalten, wie Vacchelli (2018: 58 ff.) eindrucksvoll zum Beispiel am Thema Flucht in ihren Feldberichten zeigt. Im Prozess der Herstellung der Collagen werden zudem affektive Dynamiken in Aushandlungsprozessen zu einem spezifischen Thema sichtbar, die dann ebenfalls zum Gegenstand der Analyse werden.

Dabei sieht Vacchelli partizipative und kreative Methoden generell als Möglichkeit an, Machtrelationen mithilfe von Forschungsmethoden abzuschwächen, da die Beforschten so zu Co-Forscher:innen werden und an möglichst vielen Stellen des Forschungsprozesses beteiligt sind. Innerhalb dieses non-linearen Prozesses kann so auch Implizites und Unbewusstes deutlich werden. Über das gemeinsame Generieren von Collagen können somit auch Facetten von Affektivität ausgedrückt werden, die sich einer Verbalisierung entziehen.

4 Fazit

Wird das Affektive als relationale soziale Erscheinung erfasst, steht dessen empirische Erforschung vor zahlreichen methodischen Herausforderungen. Das Affektive weist jedoch bestimmte Eigenschaften auf, die es erlauben, es trotz ihrer Diffusität, Relationalität und Dynamik als Gegenstand der Sozialwissenschaften empirisch zu untersuchen. Wir haben drei Charakteristika skizziert, die das Potenzial des Affektiven für qualitative Forschung und dabei vor allem für die Erhebung von Daten veranschaulichen: Beobachtbarkeit, Erzählbarkeit sowie Körperlichkeit und Erlebbarkeit des Affektiven. Nicht-verbalisierbare Facetten des Affektiven können zum Beispiel im Kontext teilnehmender Beobachtungen oder autoethnografischer Perspektiven in analysierbare Daten transferiert werden. Die Möglichkeit, affektive Erlebnisse zumindest zu umschreiben sowie aus bereits bestehenden Narrationen das Affektive zu extrahieren und zu interpretieren (wie z. B. bei Daten aus den sozialen Medien), verdeutlicht, dass auch bestimmte Textdaten für die Analyse relationaler Affektivität geeignet sind. Schließlich entfalten sich mit der Verwendung von autoethnografischen und partizipativen Methoden Forschungsperspektiven, in denen auch die affektiven Dynamiken zwischen Forschenden und Beforschten zum Gegenstand der Analyse werden. Unabhängig davon, auf welche Arten und Weisen Affekte erhoben werden, begeben sich Forschende immer in ein affektives Verhältnis mit ihrem Forschungsobjekt. Wenn sie Affektivität beobachten oder über sie berichten, nehmen sie zwar bestenfalls eine größere Distanz ein, als wenn sie eher partizipativ an der Forschung teilnehmen, wie es bei dem gezielten Erleben des Affektiven der Fall ist. Dennoch stehen sie ihrer Forschung keineswegs „neutral" gegenüber, sondern werden vom Gegenstand ihrer Forschung affiziert. Diese unterschiedlichen Affizierungen – im Sinne reziproker Dynamiken im Feld, alleine am Schreibtisch oder in der Interpretationsgruppe – gilt es, in der Auswertung der Daten zu reflektieren und gegebenenfalls zu analysieren. Denn die hier dargestellten Erhebungsmethoden sind nur ein erster Schritt einer qualitativ-empirischen Analyse. Die erhobenen Daten müssen im Anschluss ausgewertet werden und auch hierbei spielt Affektivität eine wichtige Rolle. Auch wenn die Datenanalyse methodisch kontrolliert vonstattengeht, ist sie immer geprägt von Affekten, zum Beispiel in Form der affektiven Dynamiken zwischen Forscher:innen und dem Gegenstand selbst oder in Bezug auf die Auswahl von Datensegmenten zur tieferen Analyse oder Hervorhebung der Ergebnisse. Dies unterstreicht noch einmal die methodischen Herausforderungen der Erforschung von Affektivität und zeigt, wie wichtig weitere methodische und methodologische Auseinandersetzungen mit der Thematik sind.

Literatur

Albrecht, Yvonne (2016). „Forschen als Spiel? Kreative Facetten innerhalb des zirkulären Forschungsprozesses mit der GTM und die Möglichkeit der Innovation mittels Abduktion und dem Serendipity-Prinzip", in: C. Equit & C. Hohage (Hrsg.), *Handbuch Grounded Theory. Von der Methodologie zur Forschungspraxis*. Weinheim: Beltz Juventa, S. 240–256.

Albrecht, Yvonne (2019). „Emotionale Transnationalität. Vom Affizieren und Affiziert-Werden im Kontext von (Post-)Migrationsprozessen", in: N. Burzan (Hrsg.), *Komplexe Dynamiken globaler und lokaler Entwicklungen. Verhandlungen des 39. Kongresses der Deutschen Gesellschaft für Soziologie in Göttingen 2018.* http://publikationen.soziologie.de/index.php/kongressband_2018/article/view/1115/1360 (letzter Aufruf: 01.06.2023).

Ambrasat, Jens (2017). „Affektive Wahrnehmung von politischen Parteien. Ein Vorschlag zur Messung von positiven, negativen und multiplen Parteiidentifikationen", in: *Kölner Zeitschrift für Soziologie und Sozialpsychologie* 69, S. 307–330.

Beyer, Manuela (2022). „Von der Emotion zum Affekt und wieder zurück? Aktuelle Entwicklungen in der Emotionssoziologie“, in: *Soziologische Revue* 45(1), S. 61–76.

Beyer, Manuela & Küster, Anna-Sophia (2022). „Zur affektiven Dynamik in Interviews mit Sexarbeitenden. Das qualitative Interview als Bühne der Neuinszenierung einer ressentimentbehafteten Identität“, in: *Sozialer Sinn* 23(1), S. 17–47.

Blumenthal, Sara-Friederike (2018). „Ethnographisches Forschen zu Affekten. Eine methodische Annäherung an Scham“, in: M. Huber & S. Krause (Hrsg.), *Bildung und Emotion*. Wiesbaden: Springer VS, S. 397–412.

Bødker, Mads & Chamberlain, Alan (2016). „Affect Theory and Autoethnography in Ordinary Information Systems“, in: M. Özturan/M. Rossi & D. Veit (Hrsg.), *ECIS 2016 Proceedings [178] Association for Information Systems*. AIS Electronic Library (AISeL). Proceedings of the European Conference on Information Systems.

Von Bose, Käthe (2019). „Affekte im Feld. Zu Ethnografie und *race, class, gender*“, in: V. Klomann et al. (Hrsg.), *Forschung im Kontext von Bildung und Migration. Kritische Reflexionen zu Methodik, Denklogiken und Machtverhältnissen in Forschungsprozessen*. Wiesbaden: Springer VS, S. 153–166.

Brennan, Teresa (2004). *The Transmission of Affect*. Ithaca, NY: Cornell University Press.

Clough, Patricia Ticineto & Halley, Jean (Hrsg.) (2007). *The Affective Turn. Theorizing the Social*. Durham: Duke University Press.

Glapka, Ewa (2019). „Critical Affect Studies: On Applying Discourse Analysis in Research on Affect, Body and Power“, in: *Discourse & Society* 30(6), S. 600–621.

Gutiérrez Rodríguez, Encarnación (2011). „Politiken der Affekte. Transversale Konvivialität“, in: I. Loreley/R. Nigro & G. Raunig (Hrsg.), *Inventionen 1*. Zürich: diaphanes, S. 214–229.

Kahl, Antje (2019). „Introduction. Analyzing Affective Societies“, in: A. Kahl (Hrsg.), *Analyzing Affective Societies. Methods and Methodologies*. London: Routledge, S. 1–26.

Katz, Jack (1999). *How Emotions Work*. Chicago: University of Chicago Press.

Kleres, Jochen (2011). „Emotions and Narrative Analysis. A Methodological Approach“, in: *Journal for the Theory of Social Behavior* 41(2), S. 182–202.

Knudsen, Britta Timm & Stage, Carsten (Hrsg.) (2015). *Affective Methodologies. Developing Cultural Research Strategies for the Study of Affect*. London: Palgrave Macmillan.

Kølvraa, Christoffer (2015). „Affect, Provocation, and Far Right Rhetoric“, in: B. T. Knudsen & C. Stage (Hrsg.), *Affective Methodologies. Developing Cultural Research Strategies for the Study of Affect*. London: Palgrave Macmillan, S. 183–200.

Massumi, Brian (1995). „The Autonomy of Affect“, in: *Cultural Critique* 31, The Politics of Systems and Environments, Part II, S. 83–109.

Massumi, Brian (2010). „The Future Birth of the Affective Fact. The Political Ontology of Threat“, in: M. Gregg & G. J. Seigworth (Hrsg.), *The Affect Theory Reader*. Durham: Duke University Press, S. 52–70.

O’Neill, Maggie & Hubbard, Phil (2010). „Walking, Sensing, Belonging. Ethno-mimesis as Performative Praxis“, in: *Visual Studies* 25(1), S. 46–58.

Papacharissi, Zizi (2015). *Affective Publics. Sentiment, Technology, and Politics*. New York: Oxford University Press.

Penz, Otto & Sauer, Birgit (2016). *Affektives Kapital. Die Ökonomisierung der Gefühle im Arbeitsleben*. Frankfurt am Main: Campus.

Poferl, Angelika & Schröer, Norbert (Hrsg.) (2022). *Handbuch Soziologische Ethnographie*. Wiesbaden: Springer VS.

Reckwitz, Andreas (2015). „Praktiken und ihre Affekte“, in: *Mittelweg* 36(1–2), S. 27–45.

Sauerborn, Elgen (2019). *Gefühl, Geschlecht und Macht. Affektmanagement von Frauen in Führungspositionen*. Frankfurt am Main: Campus.

Scheer, Monique (2016). „Emotionspraktiken. Wie man über das Tun an die Gefühle herankommt", in: M. Beitl & I. Schneider (Hrsg.), *Emotional Turn?! Europäisch ethnologische Zugänge zu Gefühlen & Gefühlswelten*. Wien: Verein für Volkskunde, S. 15–36.

Von Scheve, Christian (2019). „A Social Relational Account of Affect", in: *European Journal of Social Theory* 21(1), S. 39–59.

Schütz, Alfred (2016 [1932]). *Der sinnhafte Aufbau der sozialen Welt. Eine Einleitung in die verstehende Soziologie*. Berlin: Suhrkamp.

Seyfert, Robert (2012). „Beyond Personal Feelings and Collective Emotions. Toward a Theory of Social Affect", in: *Theory, Culture & Society* 29(6), S. 27–46.

Seyfert, Robert (2019). *Beziehungsweisen. Elemente einer relationalen Soziologie*. Weilerswist: Velbrück Wissenschaft.

Slaby, Jan & Mühlhoff, Rainer (2019). „Affect", in: J. Slaby & C. von Scheve (Hrsg.), *Affective Societies. Key Concepts*. London: Routledge, S. 27–41.

Slaby, Jan et al. (2019). „Affective Arrangements", in: *Emotion Review* 11(1), S. 3–12.

Slaby, Jan & von Scheve, Christian (Hrsg.) (2019). *Affective Societies. Key Concepts*. London: Routledge.

Spinoza, Baruch de (2017 [1677]). *Die Ethik*. Hamburg: Meiner.

Von Unger, Hella (2014). *Partizipative Forschung. Einführung in die Forschungspraxis*. Wiesbaden: Springer VS.

Vacchelli, Elena (2018). *Embodied Research in Migration Studies. Using Creative and Participatory Approaches*. Bristol: Policy Press.

Warstat, Matthias (2020). „Affekttheorie und das Subjektivismus-Problem in der Aufführungsanalyse", in: C. Balme & B. Szymanski-Düll (Hrsg.), *Methoden der Theaterwissenschaft*. Tübingen: Narr Francke Attempto, S. 117–130.

Wellgraf, Stefan (2018). *Schule der Gefühle. Zur emotionalen Erfahrung von Minderwertigkeit in neoliberalen Zeiten*. Bielefeld: transcript.

Wetherell, Margaret (2012). *Affect and Emotion. A New Social Science Understanding*. London: Sage.

Wetzels, Michael (2022). *Affektdramaturgien im Fußballsport. Die Entzauberung kollektiver Emotionen aus wissenssoziologischer Perspektive*. Bielefeld: transcript.

Wiesse, Basil (2020). *Situation und Affekt*. Weilerswist: Velbrück Wissenschaft.

Thomas Stodulka

23 Affektive Dimensionen der Feldforschung: Emotionstagebücher und empirische Affektmontage als ethnografische Methode

Gefühle beeinflussen unser Verhalten überall – auch in der Wissenschaft. Sogar ein Labor, ein Anatomiesaal oder ein Oberseminar sind Schauplätze von Emotionen. Aber bei Ethnograf:innen sind Affekt und Emotionen suspekt. Sie wurden lange als Störungen betrachtet, die eine objektive Arbeit gefährden (Sluka & Robben 2012). Allenfalls galten sie als Randphänomen, das nur von anekdotischem, biografischem oder künstlerischem Interesse sein kann. Die meisten Disziplinen haben sie aus ihrem Diskurs ausgeschlossen. Dabei beeinflussen sie zwangsläufig den Forschungsprozess – von der Wahl des Gegenstands über die Erfahrung der Beobachter:innen und die Gewinnung von Daten bis zur Deutung der Ergebnisse und zur öffentlichen Vermittlung. Angst, wenn sich Feldforscher:innen physischen Gefahren aussetzen; Wut, wenn sie das Gefühl haben, belogen, benutzt und ausgebeutet zu werden; Trauer, wenn Informant:innen, die zu Freunden wurden, erkranken und sterben; Unsicherheit, wenn sie nicht wissen, ob sie sich richtig verhalten, ob sie im Namen derer, mit denen sie forschen, angemessene persönliche und wissenschaftliche Entscheidungen treffen; Bewunderung, wenn sie die Kreativität ihrer Protagonist:innen im Umgang mit Widrigkeiten erleben; Freude, Glück und Stolz, wenn sie sich von ihren Gastgeber:innen akzeptiert fühlen – welche Emotionen auch immer in der Feldforschung auftreten, die Ethnografie ist ein empathischer Versuch, andere zu verstehen und ihre Lebenswelten möglichst nachvollziehbar zu erklären. Die kritische Analyse von Affekt und Emotion sollte deshalb ein Bestandteil ethnografischer Forschungen sein. Anstatt sie als Störfaktor auszublenden oder als Esotericum abzutun, sind sie transparent und produktiv zu machen.

Insbesondere die Feldforschung, die aufgrund ihrer radikalen Immersion in zunächst fremde Lebenswelten existenzielle persönliche und methodische Herausforderungen mit sich bringen kann, löst regelmäßig emotionale Reaktionen aus, welche die Beobachtung bedingen, das Verständnis beeinflussen und die Theoriebildung lenken. Von daher kann die Feldforschung für Emotionen in der Wissenschaft als Paradigma dienen. Denn sie eignet sich für die Reflexion von Emotionen besonders, weil sie ein umfangreiches Corpus von Selbstaussagen hervorbringt: Notizen, Tagebücher, Interviews, Gedächtnisprotokolle, Fotografien, Audiomedien,

https://doi.org/10.1515/9783110589214-027

Transkripte und andere Zeugnisse, die es erlauben, Emotionen sowohl in den Dokumentationen wie auch in ihrer Reflexion zu betrachten. Mithilfe solcher Dokumente kann der Einfluss der Affekte auf Forscher:innen nicht nur während des Aufenthalts im Feld, bei der Konstruktion der Daten, sondern auch auf die anschließenden Auswertungs-, Interpretations- und Schreibprozesse, das heißt bei der Analyse und Präsentation der Daten, in den Blick genommen werden (Liebal et al. 2019). Der Fokus auf die affektive Dimension akademischer Wissensproduktion verspricht zudem ein besseres Verständnis von Emotionen in interdisziplinären und interkulturellen Kollaborationen (vgl. auch Röttger-Rössler, Kapitel 24). Werden sie als Bedingung und Faktoren des Erkenntnisgewinns anerkannt, können Emotionen den Forschungsprozess befördern, anstatt ihn zu behindern oder zu vernebeln. Indem wir die Affekte der Forscher:innen erforschen, können wir deren Interessen und Fragen, Motive und Tabus, Idiosynkrasien und Wertungen, Stile und Schreibstrategien besser verstehen, kritischer einschätzen und ihnen für die Reflexion ihrer eigenen Forschung zugänglich machen. Die methodischen Möglichkeiten, Affekt und Emotionen der Forscher:innen, wie sie im Feld und beim Schreiben zur Geltung kommen, zu identifizieren und systematisch zu betrachten, sind vielfältig. Das Ziel des vorliegenden Kapitels ist, einen methodischen Ansatz vorzustellen, Emotionen in der Feldforschung bewusst zu machen, zu dokumentieren und in ethnografischer Forschungspraxis zu berücksichtigen.

1 Ethnografie als relationale Praxis

Sozial- und Kulturanthropolog:innen und Soziolog:innen haben die Relationalität sozialwissenschaftlicher Forschung, die in der Begegnung zwischen Forschenden und Erforschten entsteht, eindringlich beschrieben (Spencer 2010). Nur selten jedoch wurde bislang zum Ausdruck gebracht, dass Ethnografie neben anspruchsvoller methodischer Feldforschung und theoretischer Analyse nicht nur eine diskursive und politische Begegnung unterschiedlicher Subjekte, sondern auch, vielleicht in erster Linie sogar, ein emotionales Erleben zwischen Menschen und von Menschen mit Umgebungen, Pflanzen, Tieren, und Artefakten ist, das erst post factum in das Regelwerk disziplinärer Konventionen ethnografischer Repräsentation übersetzt wird. Wissenschaftliche Daten entstehen, wie Vincent Crapanzano (2010) oder Michael Jackson (1989) deutlich gemacht haben, erst in der sozialen Interaktion. Dieses Verständnis widerspricht der weitläufigen, im Kern positivistischen Annahme, Daten bestünden als beobacht- und erfragbare soziale oder kulturelle Phänomene für sich und könnten von Wissenschaftler:innen objektiv, reliabel und valide erhoben werden. Die affektive Dimension der Wissensproduktion im Feld anzuerkennen, bedeutet in letzter Konsequenz, dass Ethnograf:innen und ihre Emotionen weder im Feld noch in der Darstellung ihrer Ergebnisse unsichtbar bleiben dürfen.

2 Methoden zur emotionalen Reflexivität

Wie können Emotionen, die in der Feldforschung alltäglich auftreten, nicht erst retrospektiv, sondern bereits in situ erfasst und transparent gemacht, und im Schreibprozess reflektiert werden? Hierzu gibt es unterschiedliche Ansätze, welche die Selbstreflexion im Feld und die emotionale Dimension von Feldforschung und Ethnografie thematisieren (Behar & Gordon 1995; Berger 2010; Bonz et al. 2017; Davies & Spencer 2010; Hastrup 2010). Eine methodologische Synthese, welche beides, also eine systematische Dokumentation und Reflexion von Affekt und Emotion während der Forschung mit einem epistemologischen Vorschlag ethnografischen Schreibens kombiniert, ist bisher kaum formuliert worden. Ich möchte im Folgenden eine solche Synthese entwerfen, indem ich die Methodik der Emotionstagebücher (Reflexion und Dokumentation während der Forschung) mit der Epistemologie der Empirischen Affektmontage (ethnografisches Schreiben, welches Affekt und Emotion der Forschenden als Daten mit einbezieht) miteinander verbinde.

2.1 Emotionstagebuch

Emotionstagebücher (Lubrich & Stodulka 2019; Stodulka et al. 2018, 2019a, 2019b) sollen die Forscher:innen in dreierlei Hinsicht unterstützen. Erstens fungieren sie als Hilfestellung, sich emotionale Herausforderungen von der Seele zu schreiben und somit selbstreflexiv zu vergegenwärtigen (psychologische Dimension). Hier wären etwa methodisch-persönliche Rollenkonflikte, methodisches Scheitern, Fragen der Reziprozität, Ethik und Intimitäten, die in allen Feldforschungen mal mehr, mal weniger zutage treten, als besonders häufige Beispiele zu nennen. Zweitens sollen die Emotionstagebücher die Forscher:innen dabei unterstützen, schwer Begreifbares oder Rätselhaftes, das sich rationalen oder wissenschaftlich-analytischen Erklärungszugängen zunächst entzog, aus affektiv-persönlicher Perspektive festzuhalten. Ziel hierbei ist es, diese Dokumentation in der Retrospektive, sei es im Feld oder am Schreibtisch, reflektieren und analysieren zu können (epistemische Dimension). Drittens sollen die Emotionstagebücher Ethnograf:innen dabei unterstützen, sich in ihrem Alltag zu organisieren und affektiv aufmerksam und auf der

Basis vorheriger Erfahrungen reflektiert durch Feldbegegnungen zu navigieren (strategische Dimension). Lassen sich beispielsweise verletzende, gewaltvolle oder frustrierende Erfahrungen bestimmten wiederkehrenden Situationen oder Begegnungen zuordnen? Ließen sich diese durch eine Bewusstwerdung in der weiteren Feldforschung vermeiden oder anders auflösen?

Die Emotionstagebücher sollen konventionelle ethnologische Dokumentationsformate (Beobachtungsprotokolle, systematische Feldnotizen, Interviewaufnahmen, visuelle Dokumentationen etc.) nicht etwa ersetzen, sondern ergänzen. Wie unsere Forschung zeigt, schufen sie in ihrer Anwendung für viele Ethnograf:innen aus unterschiedlichen Disziplinen ein Affektwissen, das als eine weitere Datendimension in die ethnografischen Analysen einfloss. Die narrativen (Tages-)Protokolle gestatteten den Forscher:innen, ihre Erfahrungen nachträglich zu rekonstruieren und sie zu ihren Beobachtungen und Ergebnissen systematisch als Empirische Affektmontagen in Beziehung zu setzen. Nach einigen einführenden Überlegungen zur Empirischen Affektmontage werde ich dieses Verfahren im folgenden Kapitel an einem konkreten Beispiel aus meiner eigenen Forschung darstellen.

2.2 Empirische Affektmontage

Die Empirische Affektmontage fokussiert die individuelle Anwendung der Emotionstagebücher als affektiv-relationale Methodologie der Feldforschung. Sie setzt die Dokumentation der emotionalen Erfahrung im Feld zu den klassischen Datendimensionen (Transkripte, Protokolle, Fotos, Videos, etc.) und ihrer Interpretation ins Verhältnis.

Da Feldforschungen im Vergleich mit anderen Zugängen zu sozialen Wirklichkeiten eine besonders relationale und affektive Praxis sind, in der Ethnograf:innen in die Lebenswelten anderer eintauchen, müssen Emotionen als epistemisch relevant für die ethnografische Feldforschung gelten. Ethnograf:innen beschreiben ihre Emotionen bisher überwiegend in den Einleitungen oder Methodenkapiteln ihrer Ethnografien. Dies ist zur guten wissenschaftlichen Praxis erhoben worden, mit der Ethnograf:innen ihre ethische Verantwortung, ihren Zugang zum Feld und ihre literarische Reflexivität darlegen. In Erweiterung dieser Reflexionen in Monografien, die in aller Regel erst retrospektiv entstehen, möchte ich eine emotionale Reflexivität in Aussicht stellen, die bereits während der Feldforschung mithilfe der vorgestellten Emotionstagebücher systematisch dokumentiert wird. Auch schult die Dokumentation eigener affektiver Erfahrungen und Emotionen die Fähigkeit zur Beschreibung der Emotionen anderer (*emotional literacy*) und kann somit dazu beitragen, langsamer, ethisch verantwortungsvoller und reflektierter über das Erleben und Erfahren Anderer zu urteilen. Die Möglichkeit, unterschiedliche Dimensionen von Daten bereits während der Feldforschung und dann nachträglich am Schreibtisch miteinander zu „montieren“, also in Beziehung zu setzen, kann die im Rahmen konventioneller Methoden (Feldnotizen, Interviews, Gesprächs- und Verlaufsprotokolle, Fokusgruppen-Diskussionen etc.) erhobenen Feldforschungsdaten verdichten und die Transparenz ihrer Entstehung kommunizieren. Unterschiedliche Autor:innen haben Artikel oder Monografien verfasst, welche die „Empirische Affektmontage“ individuell anwendeten und ausgestalteten (Stodulka et al. 2019a). Manche Autor:innen analysierten einzelne Passagen ihrer Emotionstagebücher hermeneutisch-interpretativ, andere unterzogen sie einer quantitativen Analyse. Wiederum andere ersetzten bereits nach wenigen Monaten der Feldforschung ihr konventionelles Feldtagebuch durch ein Emotionstagebuch, das sie an ihre Bedürfnisse anpassten, und reflektierten seine Bedeutung für ihre Forschungsarbeit. Je nach methodologischer Überzeugung, theoretischer Ausbildung und ethnografischer Genre-Konvention fand die Empirische Affektmontage direkt während der teilnehmenden Beobachtung statt (Verschmelzen von Emotions- und Feldtagebuch), als ad hoc-Analyse im Feld (Vergleichende Lektüre der Emotionstagebücher, Interview-Transkripte und konventionellen Daten), im Anschluss an die Feldforschung am Schreibtisch (qualitative Inhaltsanalyse der Emotionstagebücher und Vergleich mit den konventionellen Daten) oder als Dialog zwischen zwei Forscher:innen (Lektüre der Emotionstagebücher, die wechselseitige Fragen generiert).

In meinen eigenen Forschungen hat sich die Montage der qualitativen Inhaltsanalyse meiner affektiven Erfahrungen und emotionalen Reaktionen (Emotionstagebuch) mit derjenigen der emotionalen Praxis und Rhetorik von Gesprächspartner:innen (Interviewtranskripte, Gesprächsprotokolle, systematische Beobachtungsnotizen, Fokusgruppendiskussionen) als produktiv für die Formulierung einer anthropologischen Theorie erwiesen, die sich mit Affekt, Emotion und sozialer Interaktion im Kontext asymmetrischer Machtverhältnisse und Positionalitäten befasst (Stodulka 2015). In einer Langzeitforschung über die Herausforderungen und emotionalen Praktiken junger Männer, die auf der Straße in Yogyakarta, Indonesien, erwachsen wurden, habe ich die Art und Weise, wie junge Männer auf der Straße mit knappen wirtschaftlichen, materiellen und verwandtschaftlichen Ressourcen zurechtkommen, erst durch eine qualitative Inhaltsanalyse meiner Emotionstagebücher und der anschließenden Montage mit den ebenso analysierten Erzählungen meiner Gesprächspartner:innen verstanden. Die Dokumentation, Reflexion und Analyse meiner Emotionen in Begegnungen mit den Gesprächspartner:innen hat es mir ermöglicht, wertvolle empirische und theoretische Erkenntnisse zu gewinnen, die mich letztlich zur Formulierung einer Theorie der „Emotionalen Ökonomie“ geführt haben (Stodulka 2017). Darin erkläre ich zum einen die kreativen Repertoires junger Männer, mithilfe derer sie knappe Ressourcen, Marginalisierung und Stigmatisierung durch affektive Bindungen und emotive Rhetorik in lebenswichtige sozioökonomische Zusammenarbeit mit verschiedenen Akteuren ihrer weitverzweigten sozialen Netzwerke umwandeln. Durch affektive Bindungen und empathisches Einfühlen in die Begegnungen mit Personen, die ihnen Medikamente, Zulassungspapiere für Krankenhäuser, gesündere Lebensmittel, Arbeitsmöglichkeiten und Geld zur Verfügung stellen konnten, gelang es den jungen Männern, emotive Praxis und soziale Bindungen in materielle Güter, Geld und gesteigertes Wohlbefinden umzuwandeln. Während sie auf der Straße erwachsen wurden, verfeinerten sie kontinuierlich ihre Fähigkeit, Begegnungen mit verschiedenen Interaktionspartner:innen empathisch einzuschätzen und emotional zu ihrem eigenen Vorteil zu gestalten.

Die Analyse meiner Emotionstagebücher verhalf mir zum anderen zu einer weiteren Einsicht, die meine emotionalen Erfahrungen nicht nur mit den jungen Männern auf der Straße, sondern auch mit deren zentralen Bezugspersonen in Beziehung setzte: Ähnlich wie ich selbst haben auch die Interaktionspartner:innen der jungen Männer, die auf der Straße lebten, deren Anliegen, Forderungen und emotiven Geschichten nicht ohne Grund immer wieder und manchmal über Jahrzehnte empathisch zugehört. Die Interviewpartner:innen aus NGOs oder Krankenhäusern wurden von den jungen Männern nicht nur „ausgebeutet“ und „belogen“, wie die meisten von ihnen – analog zu meinen eigenen Aufzeichnungen in den Emotionstagebüchern über Jahre hinweg – in Interviews und Gesprächen immer wieder behauptet hatten. Die Analyse von Interviewtranskripten, Gesprächsprotokollen, systematischen Beobachtungsnotizen, Fokusgruppendiskussionen mit sowohl den jungen Männern, als auch NGO-Aktivist:innen offenbarte, dass alle – je nach Positionalität und Möglichkeiten – ihre eigenen Motivationen und Ziele verfolgten. Nicht nur die jungen Männer, sondern auch NGO-Aktivist:innen oder *expatriates* profitierten gleichermaßen von den Begegnungen mit den *street communities*. Während die jungen Männer vor Ort affektive Bindungen initiierten und diese sofort in soziales und ökonomisches Kapital umzusetzen versuchten, profitierten die Akteure auf der anderen Seite des interaktiven Spektrums oft langfristig von den Begegnungen. In meinem Fall verwandelten die affektiven Bindungen das aus meiner Feldforschung generierte soziale Kapital in Form von Bildungsabschlüssen in kulturelles Kapital und anschließend in ökonomisches Kapital durch meine Beschäftigung an einer Universität.

Die Empirische Affektmontage kann als eine Methodologie verwendet werden, um verschiedene Datendimensionen während ihrer Analyse zu kombinieren, als eine Schreibstrategie, die es der Autorin erlaubt, sich selektiv in die Daten hineinzuversetzen (Ghodsee 2016), oder als eine Möglichkeit, bestimmte Aspekte der Relationalität ethnografischer Daten hervorzuheben. Aus der Kooperation mit Ethnograf:innen, die diesen methodologischen Vorschlag ebenfalls für ihre eigene Forschung verwendeten, habe ich gelernt, dass es vielfältige Möglichkeiten gibt, die Affekte und Emotionen von Forscher:innen in das ethnografische Schreiben einzubeziehen. Als heuristischer Vorschlag verfolgt die Verwendung von Emotionstagebüchern und Empirischen Affektmontagen das Ziel, Feldforscher:innen Möglichkeiten zu eröffnen, um Leser:innen, die nicht „vor Ort" oder bei der Feldforschung dabei waren, zu vermitteln, was sie in ihren vielfältigen Begegnungen mit den lokalen Welten ihrer Protagonist:innen abseits von Gesprächen und Narrativen erfahren, reflektiert und gelernt haben.

3 Schluss

Es gibt keinen Königsweg, die methodische und epistemische Dimension von Affekt und Emotionen in Ethnografie und Feldforschung als Forschungspraxis zu übersetzen. Aber es gibt zahlreiche Möglichkeiten, sich ihnen anzunähern, mit diversen Methoden und aus unterschiedlichen disziplinären und interdisziplinären Perspektiven (Lubrich & Stodulka 2019). Eine davon habe ich hier vorgestellt. Letztlich müssen dabei immer forschungsethische Fragen im Mittelpunkt der methodologischen Überlegungen stehen. Affekt, Gefühle und Emotionen sind – auch bei Wissenschaftler:innen – vertrauliche, persönliche und intime Erfahrungen, auch oder gerade weil sie im Forschungskontext entstehen und somit fundamentaler Bestandteil wissenschaftlicher Daten und ihrer Repräsentation sind. Nicht alles, was methodologisch möglich ist, ist aus einer ethischen Perspektive auch erstrebenswert.

Die affektiven Dimensionen der Forschung einer systematischen Analyse zu unterziehen, ist keine intellektuelle „Gymnastik". Angriffe auf wissenschaftliches Wissen mit „alternativen Fakten" fordern uns dazu heraus, die Prozesse der Wissensproduktion noch schärfer zu fokussieren, zu kontextualisieren, und nachvollziehbar zu machen. Verstehen wir in einer „Krise der Expert:innenkultur" Wissenschaftler:innen nun nicht als abgehoben von ihren Gesellschaften, Kulturen und Lebenswelten, sondern als Teil von ihnen, so müssen Affekt und Emotionen nicht nur in der gesellschaftlichen Rezeption von Forschung, sondern auch in der wissenschaftlichen Praxis selbst, in ihren Forschungs-, Aushandlungs- und Kommunikationsprozessen, in Rechnung gestellt werden.

Aus einer empirischen Perspektive möchte ich zudem auf den emotionalen Druck hinweisen, von dem Nachwuchsethnograf:innen in Feedback-Workshops immer wieder berichtet haben. Die didaktische Vermittlung der systematischen Dokumentation und Aufarbeitung von Forschungsemotionen kann dabei behilflich sein, Nachwuchsethnograf:innen auf der Basis bestehender Empirischer Affektmontagen nachhaltig auf die emotionalen Herausforderungen der Feldforschung vorzubereiten.

Diese Überlegungen zur Erforschung von Affekt, Gefühlen und Emotionen im Feld, so hoffe ich, sind auch anschlussfähig jenseits der Feldforschung: für empirische Sozialwissenschaften und ethnografisch arbeitende Geisteswissenschaften – und nicht zuletzt für unsere Alltagserfahrungen in verschiedensten Begegnungen zwischen kulturell zunächst „Fremden". Gefühle beeinflussen unser Verhalten überall – nicht nur in der Wissenschaft.

Literatur

Behar, Ruth & Gordon, Deborah (Hrsg.) (1995). *Women Writing Culture*. Berkeley: University of California Press.

Berger, Peter (2010). „Assessing the Relevance and Effects of 'Key Emotional Episodes' for the Fieldwork Process", in: J. Davies & D. Spencer (Hrsg.), *Anthropological Fieldwork: A Relational Process*. Newcastle: Cambridge Scholars Publishing, S. 119–143,

Bonz, Jochen/Eisch-Angus, Katharina/Hamm, Marion & Sülzle, Almut (Hrsg.) (2017). *Ethnografie und Deutung: Gruppensupervision als Methode reflexiven Forschens*. Wiesbaden: Springer VS.

Crapanzano, Vincent (2010). „At the Heart of the Discipline: Critical Reflections on Fieldwork", in: J. Davies & D. Spencer (Hrsg.), *Emotions in the Field: The Anthropology and Psychology of Fieldwork Experience*. Palo Alto: Stanford University Press, S. 55–78.

Davies, James & Spencer, Dimitrina (Hrsg.) (2010). *Emotions in the Field: The Anthropology and Psychology of Fieldwork Experience*. Palo Alto: Stanford University Press.

Ghodsee, Kristen (2016). *From Notes to Narrative. Writing Ethnographies That Everyone Can Read*. Chicago: University of Chicago Press.

Hastrup, Kirsten (2010). „Emotional Topographies: The Sense of Place in the Far North", in: J. Davies & D. Spencer (Hrsg.), *Emotions in the Field: The Anthropology and Psychology of Fieldwork Experience*. Palo Alto: Stanford University Press, S. 191–211.

Jackson, Michael (1989). *Paths toward a Clearing. Radical Empiricism and Ethnographic Inquiry*. Bloomington: Indiana University Press.

Liebal, Katja/Lubrich, Oliver & Stodulka, Thomas (2019). *Emotionen im Feld: Gespräche zur Ethnographie, Primatographie, und Reiseliteratur*. Bielefeld: transcript.

Lubrich, Oliver & Stodulka, Thomas (2019). *Emotionen auf Expeditionen: Ein Taschenhandbuch für die ethnographische Praxis*. Bielefeld: transcript.

Sluka, Jeffrey A. & Robben, Antonius (2012). „Fieldwork in Cultural Anthropology: An Introduction", in: A. Robben & J. A. Sluka (Hrsg.), *Ethnographic Fieldwork: An Anthropological Reader*. Chichester: Wiley-Blackwell, S. 1–45.

Spencer, Dimitrina (2010). „Introduction: Emotional Labour and Relational Observation in Anthropological Fieldwork“, in: D. Spencer & J. Davies (Hrsg.), *Anthropological Fieldwork: A Relational Process*. Newcastle upon Tyne: Cambridge Scholars Publishing, S. 1–34.

Stodulka, Thomas (2015). „Emotion Work, Ethnography and Survival Strategies on the Streets of Yogyakarta“, in: *Medical Anthropology* 34(1), S. 84–97.

Stodulka, Thomas (2017). *Coming of Age on the Streets of Java. Coping with Marginality, Stigma and Illness*. Bielefeld: transcript.

Stodulka, Thomas/Dinkelaker, Samia & Thajib, Ferdiansyah (Hrsg.) (2019a). *Affective Dimensions of Fieldwork and Ethnography*. New York: Springer.

Stodulka, Thomas/Dinkelaker, Samia & Thajib, Ferdiansyah (2019b). „Fieldwork, Ethnography, and the Empirical Affect Montage“, in: A. Kahl (Hrsg.), *Analyzing Affective Societies: Methods and Methodologies*. London: Routledge, S. 279–295.

Stodulka, Thomas/Selim, Nasima & Mattes, Dominik (2018). „Affective Scholarship: Doing Anthropology with Epistemic Affects“, in: *Ethos* 46(4), S. 519–536.

V Reflexionspotenziale und Grenzen der soziologischen Gefühlsforschung

Birgitt Röttger-Rössler im Gespräch mit Aletta Diefenbach und Veronika Zink

24 Emotionssoziologie im Dialog: Gefühle als interdisziplinärer Forschungsgegenstand

Veronika Zink: Wir würden gerne mit Deiner Perspektive auf Emotionen und Affekte beginnen. Du betreibst jetzt schon seit über dreißig Jahren Emotionsforschung. Nach Deiner Promotion in Sozial- und Kulturanthropologie, in der Du Dich mit Ansehen und Rang bei den Makassar befasst hast, hast du Dich bereits in den 1990ern in einem Forschungsprojekt mit der kulturellen Konstruktion von Geschlecht und Emotionen in der indonesischen Gesellschaft auseinandergesetzt; das heißt zu einer Zeit, in der Emotionen noch überhaupt nicht wissenschaftlich salonfähig waren. Was trieb Dich also überhaupt zu den Emotionen? Warum sind Gefühle aus Deiner Sicht ein interessanter Forschungsgegenstand, um Gesellschaften und Kulturen verstehend zu betrachten?

Birgitt Röttger-Rössler: Mein Interesse an Emotionen ist aus der Empirie erwachsen. Im Rahmen meiner Dissertationsforschung zu sozialer Ungleichheit bei den Makassar, einer hochstratifizierten, einstigen Feudalgesellschaft auf der indonesischen Insel Sulawesi, bin ich von Anbeginn an mit emotionalen Konzepten konfrontiert worden, da in diesem gesellschaftlichen Kontext Fragen von Ehre (*siri'*) und Ehrverlust eine enorme Bedeutung zukommt. ‚Wenn du uns verstehen willst' so wurde mir bereits zu Beginn meiner Forschungen bedeutet, ‚dann musst du *siri'* verstehen.' Und dieses Konzept ist ein zutiefst emotionales – heute würde ich sagen – affektives Phänomen. Faszinierend ist, dass durch das lokale Ehrkonzept die theoretisch rigide Stratifikation, in der den Einzelnen ihr sozialer Rang per Geburt zugeschrieben wird, flexibilisiert wird. Ranghohe Personen, die sich nicht ehrenwert verhalten, verlieren an Ansehen, sinken in der Wertschätzung und verlieren soziale Unterstützung.

Ein weiterer Aspekt, der mit Rang und Ansehen zusammenhängt, ist die Heiratspolitik. Die Frage, welche Heiratsallianzen geschmiedet werden, um die Rangendogamie zu garantieren, ist hochbrisant, weswegen Ehen auch durch die Familien arrangiert und nicht dem „Liebeszufall" überlassen werden. In diesem Zusammenhang entstand für mich die simple – und auch ziemlich eurozentrische – Frage, mit welchen Gefühlen junge Paare in diese arrangierten Ehen gehen. Das entspannte Hineingehen in arrangierte Ehen, das ich beobachten konnte, hat mich erstaunt. Ich war implizit davon ausgegangen, dass die jungen Paare, die sich in der Regel

https://doi.org/10.1515/9783110589214-028

unter Aufsicht zweimal vorher gesehen haben, mit Angst und Zittern in die arrangierte Verbindung eintreten. Das war selten der Fall, was ich hochinteressant fand. So entwickelten sich weitere Forschungsfragen, die dann für mein Habilitationsprojekt maßgebend wurden: Wie sind Geschlechterrelationen in der makassarischen Gesellschaft emotional konzeptualisiert und gibt es geschlechtsspezifische Emotionen? (Röttger-Rössler 2004). Damit habe ich dann auch bewusst angefangen, über Emotionen nachzudenken und mich mit unterschiedlichen Theoretiker:innen aus verschiedenen Disziplinen, unter anderem natürlich aus der Soziologie zu beschäftigen. Sehr schlüssig fand ich zum Beispiel das Konzept von Theodore Sarbin (1986), der vorschlug, Emotionen als dramatische Rollen zu sehen, mit der Menschen ihre unterschiedlichen sozialen Positionen ausführen. Sarbin griff hier unter anderem auch auf Goffman zurück, dessen Arbeiten mich schon immer inspiriert haben.

Ähnlich wie in der Soziologie wurden Emotionen in der Sozial- und Kulturanthropologie erst in den 1980ern gezielt in den Blick genommen. In älteren Studien wurden emotionale Phänomen zwar oft am Rande angesprochen, aber nicht explizit fokussiert. Ein Meilenstein, der immer in den üblichen Rückblicken zitiert wird, ist die Studie von Catherine Lutz mit *Unnatural Emotions* (1988). Danach entstanden weitere Arbeiten. Aber eigentlich begann sich eine Anthropologie der Emotionen erst recht spät, ab Mitte/Ende der 1980er, Anfang der 1990er als Subdisziplin herauszubilden (vgl. auch zur Emotionsgeschichte Schützeichel, Kapitel 2).

Veronika Zink: Was würdest Du sagen, was ist der Gewinn für die Sozial- und Kulturanthropologie, sich mit Emotionen und Gefühlen auseinanderzusetzen?

Birgitt Röttger-Rössler: Nun, Emotionen sind einfach ein starkes Movens, eine Motivation für menschliches Verhalten und dieses wird besser verständlich, wenn Emotionen und Affekte beachtet werden. In der Kognitionsanthropologie, mit der ich mich viel beschäftigt habe, werden Emotionen als das *missing link* zwischen Kognition und Aktion angesehen. Es sind die Emotionen, die Menschen motivieren, bestimmten Normen, Verhaltensmodellen oder Skripten zu folgen und andere zu ignorieren. Manche gesellschaftliche Normensets sind für einige Personen verbindlich und wichtig, für andere dagegen nicht, obwohl sie diese kennen. Hier finden sich in der Kognitionsanthropologie Erklärungsansätze, denen zufolge der affektive oder emotionale Kontext, in welchem Individuen bestimmte soziale Muster und Normen erlernt haben, ausschlaggebend dafür ist, wie verbindlich diese später für die entsprechenden Personen sind (Strauss & Quinn 1997). In anderen Worten, es sind gerade die unterschiedlichen subjektiven Erfahrungen, die einzelne Individuen mit bestimmten kulturellen Modellen und Wertvorstellungen verbinden, die deren motivationale Kraft ausmachen. Das ist jetzt sehr verkürzt dargestellt, aber ich finde diese Ansätze ziemlich überzeugend. Auch zeigen diese, dass Kognitionen und Emotionen zusammengehören und keinen Widerspruch darstellen, sondern zwei Seiten einer Medaille bilden.

Aletta Diefenbach: In unserem Einführungsband haben wir neben Emotionen auch einen starken Fokus auf Affekt und Sinnlichkeit, deren konzeptionelle Differenzierung auch erst in den vergangenen Jahren an Bedeutung gewonnen hat. Wie blickst Du als Sozial- und Kulturanthropologin auf diese Entwicklung und Konzepte?

Birgitt Röttger-Rössler: Ich denke, da gibt es nochmals Parallelen zur Soziologie. Für uns als Sozial- und Kulturanthropolog:innen ist es methodisch erstmal der einzige vernünftige Zugang, mit kulturell ausformulierten Konzepten anzufangen, also mit den in einer Gesellschaft etablierten, semantisierten Emotionskategorien und deswegen haben wir ganz viele Studien dazu. Die Affekte kamen erst sehr viel später ins Spiel und das ist in der Soziologie ähnlich. Sozial- und Kulturanthroplog:innen – ich auch – haben erstmal mit der Sprache begonnen: Was gibt es für Begriffe? Was wird überhaupt sprachlich unterschieden? Was wird benannt, was nicht? Für welche emotionalen Dimensionen gibt es in einer Sprache ganz viele Begriffe, für welche nur einen, für welche gar keine? Was bleibt unbenannt? Es entstanden zahlreiche Studien zu lokalsprachlichen Emotionslexika, die dann aber auch bald als zu einseitig in die Kritik gerieten. Vor allem seitens von *embodiment*-Theoretiker:innen wurde auf die Bedeutung von *bodylects* hingewiesen, die immer mit in den Blick genommen werden müssen. So kann es ja auch durchaus kulturell etabliert sein, bestimmte Dinge nicht zu benennen, aber anders – durch Körperhaltung, Bewegung, Gestus oder Handlungen – auszudrücken. Die Aufmerksamkeit begann sich vermehrt auf Emotionen in sozialen Interaktionen zu richten und auf körperliche Ausdrucksweisen, womit implizit auch schon die *senses* angesprochen sind, obwohl die Forschung zu Sinnen ganz lange parallel lief – und eigentlich immer noch parallel läuft – zur Anthropologie der Emotionen. Und Affekte kamen erst ganz spät. Ich denke, das ist in der Soziologie ähnlich, soweit ich das überblicke. Affekte rückten ja eigentlich erst mit dem *affective turn* in den Geisteswissenschaften ins Blickfeld und wurden zunächst misstrauisch beäugt.

Gegenüber den Affekten gibt es in meiner Disziplin eine gewisse Skepsis, auch weil es zum Teil so ein unklares Konzept ist. Der Begriff wird ja auch sehr diffus verwendet, selten wird er so klar ausbuchstabiert und von Emotionen abgegrenzt wie wir es im Sonderforschungsbereich (SFB) „Affective Societies" getan haben. Affekte – im Sinne des SFB – als relationales Prozessgeschehen, als noch nicht klar kategorisiertes und damit dynamisierendes Moment, bilden einen ganz wichtigen Baustein für eine fundierte Emotions- und Affekttheorie. Es gibt in der Sozial- und Kulturanthropologie vergleichsweise wenig zu Affekten, ein paar kritische Artikel, das Buch *Ordinary Affects* von Kathleen Stewart (2007) zum Beispiel, mit dem viele nichts anfangen können. Affekttheoretische Aspekte beginnen erst einzusickern, ich denke auch aufgrund des Einflusses unseres Berliner SFB „Affective Societies".

Aletta Diefenbach: Du bist über die Feldforschung auf Emotionen gekommen. War dann der Weg, Dich mit Affekten auseinanderzusetzen, andersherum – also der wissenschaftliche Diskurs sensibilisierte Dich für affektive Phänomene in Deiner Feldforschung?

Birgitt Röttger-Rössler: Mein Interesse an Affekten kam letztlich auch aus der Empirie heraus. Also mein Weg ist eigentlich so gewesen, dass ich mich zunächst mit der kulturellen Kodierung von Emotionen beschäftigt habe. Und dann habe ich begonnen, mich für Erkenntnisse aus den Neurowissenschaften, aus der Hirnforschung zu interessieren. Diese Neuroplastizität des menschlichen Hirns, Arbeiten zum *social brain*, zum *socially extended mind* haben mich fasziniert. Ich hielt diese Ansätze für sehr spannend gerade für die Sozialwissenschaften und die Ethnologie, weil sie das Tor öffnen zur Übersetzung sozialer und kultureller Diversitäten in die menschliche Physis. Dieses Wechselspiel hat mich sehr fasziniert und dazu gebracht, gemeinsam mit dem Neurowissenschaftler Hans Markowitsch eine Forschungsgruppe zu initiieren zu „Emotions as Bio-cultural Processes" – wie können wir diese theoretisch und empirisch fassen? Im Rahmen dieser Forschungsgruppe begann mich dann auch die Frage zu beschäftigen, wie sich gesellschaftlich etablierte Gefühlsnormen (vgl. auch zu soziologischen Perspektiven von Scheve, Kapitel 4) und Emotionsrepertoires verändern. Wie vollzieht sich die Transformation von erlernten, habitualisierten Emotionen, die im Alltag immerzu perpetuiert werden? Hier ist der Affektbegriff sinnvoll, würde ich heute sagen, damals hatte ich ihn noch nicht. Zu dieser Frage habe ich eine ganz kleine empirische Studie im Bereich der Trauerriten oder Trauerbewältigung durchgeführt. Trauer ist total sozial durchreguliert: Wann darf ich trauern? Wie viel? Wie stark? Wie lange? Um wen? Wie drücke ich Trauer adäquat aus? Wann wird Trauer pathologisiert? Wann ist es zu wenig, wann ist es zu viel? Ich bin diesen Fragen am Beispiel der Trauer um die sogenannten „Sternenkinder" nachgegangen (Röttger-Rössler 2009). Sternenkinder oder Schmetterlingskinder ist der metaphorische Begriff für Totgeborene oder Frühgeburten, die nicht lebensfähig sind. Der soziale Raum für Trauer, der Sternenkindereltern zur Verfügung gestellt wurde, war noch vor eineinhalb Jahrzehnten sehr begrenzt. Die Gefühlsregeln schrieben vor, die Trauer über den Verlust dieser Kinder schnell zu überwinden, es gab keine Bestattungsmöglichkeiten für die Kinder, beziehungsweise erst ab einem Körpergewicht von über 1000 Gramm. Die Körper der Frühgeborenen unter 1000 Gramm galten als „medizinischer Abfall" und wurden entsprechend entsorgt. Ende der 1990er begannen dann die sogenannten Sternenkindereltern, sich zusammenzuschließen und gegen diese Gefühlsregeln und Rechtsvorschriften zu revoltieren: Warum können wir unsere Frühgeburten, die wir als Kinder empfinden, nicht beerdigen? Warum heißt es, sie hätten nie gelebt? Sie gehörten doch schon zur Familie, auch wenn sie noch nicht geboren waren. Warum sollen wir über diesen Verlust schnell hinwegkommen? Die soziale Bewegung der Sternen- oder Schmetterlingskindereltern hat ihre Dissonanzerfahrungen geteilt, kommuniziert und es geschafft, die bisherige Trauer- und Bestattungspraxis sowie die entsprechenden rechtlichen Vorschriften zu ändern. Bei dieser Studie hätte ich den Affektbegriff gebrauchen können, stattdessen habe ich immer mit Umschreibungen wie das „reibt sich", „passt nicht mehr" etc. gearbeitet.

Aletta Diefenbach: Die emotionalen Erfahrungen konnten also noch nicht richtig in Worte gefasst werden?

Birgitt Röttger-Rössler: Die Sternenkindereltern spürten, dass sie den vorherrschenden Gefühlsregeln nicht entsprechen konnten und es gestaltete sich für sie als schwierig, ihre Dissonanzerfahrungen zu kommunizieren. Aber Worte waren nicht das Entscheidende; es fehlte ja auch an entsprechenden Handlungsmustern und -räumen. Deshalb schufen sie Rituale und Räume für ihre Trauer, forderten Bestattungsplätze und transformierten die sozialen Praktiken im Umgang mit Früh- und Totgeburten. Das Beispiel zeigt, dass „Gefühlsregeln" sehr viel mehr umfassen als sprachliche Konventionen, sie umfassen stets auch performative Aspekte.

In meinem aktuellen Forschungsprojekt zu vietnamesischen Immigrant:innen in Berlin beschäftigt mich Ähnliches: Was für psycho-soziale Dynamiken entstehen, wenn Personen bestimmte Gefühlscodierungen mit sich tragen und dann merken, dass diese nicht mehr passen in ihrem neuen Umfeld, also ständig emotionsbezogene Dissonanzerfahrungen machen, registrieren, dass sie scheinbar „falsch" fühlen? Da finde ich den Affektbegriff sehr hilfreich und empirisch nützlich.

Veronika Zink: Das heißt, der Affektbegriff gibt den Blick frei auf soziale und kulturelle Prozesse, die eben jenseits etablierter Strukturen und kodierter Ausdrucksformen stattfinden, die aber einen Einfluss auf bestehende Institutionen haben, unabhängig davon, ob sie später versprachlicht werden oder nicht?

Birgitt Röttger-Rössler: Ja, dem würde ich zustimmen. Es bedarf wahrscheinlich einer gewissen kritischen Masse, damit sich Institutionen ändern, aber soziale Bewegungen können Institutionen unter Druck setzen und verändern. Oder diese werden allmählich ausgehöhlt, wenn sich immer mehr Akteure nicht mehr an die Regelwerke bestimmter Institutionen halten.

Aletta Diefenbach: Affekt kann man demnach verstehen als Beginn von sozialem Wandel.

Birgitt Röttger-Rössler: Ja. Als Movens für soziale Wandelprozesse.

Veronika Zink: Ich würde gerne nochmals auf das Verhältnis von Natur und Kultur zu sprechen kommen. Du hast eben Dein anfängliches Interesse an der Hirnforschung, insbesondere an der Idee der neuronalen Plastizität, erwähnt. Und auch das Beispiel zur Trauerarbeit macht ja offensichtlich, dass durch dieses Dissonanzerleben und das Leid, das die Eltern erfahren, eine sozial verbürgte oder institutionalisierte Grenze zwischen Natur und Kultur redefiniert wird; nämlich da, wo es um die Frage geht: Was ist jetzt medizinischer Abfall und was nicht mehr? Nun habe ich mich gefragt, ob der Blick auf Emotionen und Affekte überhaupt einen anderen Blick auf das Verhältnis von Natur oder Kultur frei gibt?

Birgitt Röttger-Rössler: Die Frage, wieviel „Natur" und wieviel „Kultur" in Emotionen steckt, hat vor allem in der psychologischen Emotionsforschung die Gemüter lange bewegt und tut es zum Teil immer noch. Die klassische Frage lautete, ob es so etwas wie in der Biologie des Menschen verankerte „Basisemotionen" gibt und wenn ja, wo und wie ihre kulturelle und soziale Überformung beginnt? Das ist natürlich methodisch äußerst schwierig. Es beginnt schon damit, festzulegen, was diese angenommenen Basisemotionen überhaupt sind. Wie lassen sie sich definieren? Sind es die Gefühlsregungen, die Neugeborene als erste zeigen, dann wären es letztlich nur zwei: Wohl- oder Missbefinden, oder sind es diejenigen, die sich in allen Kulturen beobachten, beziehungsweise aufdecken lassen, wie es der Psychologe Paul Ekmann (1982, 1999; Ekman et al. 1969) mit seinen interkulturellen Vergleichsstudien zu Gesichtsausdrücken versucht hat. Die berühmten *Ekman faces*, das heißt die von weißen Schauspieler:innen mit etwas exaltierter Mimik dargestellten Gefühlsausdrücke wie Ekel, Wut, Trauer, Freude, Angst, Überraschung, die dann interkulturell entschlüsselt werden sollten, sind früh in die Kritik geraten, nicht zuletzt da sie in außereuropäischen Kontexten nicht eindeutig dechiffriert wurden und die Begrenzung auf den Gesichtsausdruck als zu einseitig gesehen wurde. Ein weiterer Forschungsstrang versuchte sich der Frage nach den Basisemotionen über linguistische Vergleichsstudien anzunähern und diejenigen Emotionen als Basisemotionen anzusehen, für die sich in jeder Sprache Kategorien finden ließen, was sich aber als methodisch fragwürdig entpuppte: Die Konnotationen der Begriffe wurden in den Studien nur ungenügend berücksichtigt und damit Begriffe als äquivalent angesehen, die de facto in den jeweiligen Sprachkulturen sehr unterschiedliche Bedeutungen hatten (Boucher 1983). Diese Debatten führten vor allem aufgrund der methodologischen Probleme in eine Sackgasse.

Veronika Zink: Aus der Perspektive einer Kultur- und Sozialanthropologin, inwiefern liegt denn zum Beispiel ein Gewinn darin, Emotionen als biologisch verankert zu betrachten?

Birgitt Röttger-Rössler: Ich halte es für grundsätzlich sinnvoll, davon auszugehen, dass es so etwas wie ein biologisch verankertes „Affektprogramm" gibt, das allerdings bereits vom ersten Lebenstag eines Menschen an sozial und kulturell ausgeformt wird. Ich sehe die Biologie als Ermöglichung von Kultur an: In der menschlichen Physis angelegte emotionale Kapazitäten bilden die Voraussetzung für die Entstehung hochkomplexer kulturspezifischer Emotionsrepertoires. Um diese Prozesse besser verstehen zu können ist es meines Erachtens wichtig, sich mit der Sozialisation von Emotionen zu beschäftigen, also zu untersuchen, wie Kinder in unterschiedlichen Gesellschaften aufgezogen werden, welche affektiven Erziehungsmethoden dabei eingesetzt werden und wie sie die in ihrem sozialen Umfeld gültigen Emotionsrepertoires erlernen. Ich gehe davon aus, dass diese sozio-kulturellen Modellierungen des biologisch angelegten „Affektprogramms" dann in die Physis zurückübersetzt werden beziehungsweise diese stark prägen. So werden dann sozial erlernte Emotionen Teile unserer Leiblichkeit und damit auch recht zählebig und nicht so einfach zu verändern. Sie lassen sich nicht einfach abstreifen und wechseln wie alte Kleidung. Das lässt sich auch gut in interkulturellen Settings beobachten: Es kostet die Einzelnen oft viel Regulation, emotional nicht so zu reagieren, wie sie es habitualisiert haben.

Dennoch sind Emotionsrepertoires natürlich veränderbar. Menschen können durchaus „umfühlen". Dies zeigt sich ja zum einen in der Psychotherapie, wenn Personen gezielt bestimmte Fühlweisen „verlernen". Hochspannend finde ich auch Ergebnisse aus der Stressforschung, die darlegen, dass Stress (bis zu einem gewissen Grad) positiv und produktiv ist. So werden in Stresssituationen biochemische Prozesse ausgelöst, die – einfach ausgedrückt – Verbahnungen im Hirn lösen und überschreibbar machen, das heißt die Herausbildung neuer Bahnungen ermöglichen. Ich habe mal versucht, diese für mich spannenden Erkenntnisse auf *Rite de Passage* zu übertragen und habe argumentiert, dass sich die Bedeutung von Übergangsritualen, die ein universales Phänomen sind, dadurch erklären lässt, dass sie gezielt – aber kontrolliert – Stress auslösen und dadurch den Übergang in einen neuen Lebensabschnitt und die erforderliche Umorientierung erleichtern (Röttger-Rössler 2012).

Darüber hinaus sind aber für mich als Sozialwissenschaftlerin noch die ganzen neurowissenschaftlichen Untersuchungen aufschlussreich, die belegen, dass Emotionen das schnellere Informationssystem bilden. Es gibt ausgefeilte Studien, die zeigen, dass Menschen eine Situation erstmal emotional bewerten, sich dann ganz schnell und prä-reflexiv verhalten oder entscheiden und erst hinterher ihr

Verhalten rationalisieren. Für mich macht das auch aus sozialwissenschaftlicher Perspektive Sinn. Wir brauchen als Menschen diese schnellen Bewertungsmaßstäbe, nicht nur um uns in brenzligen Situationen, sondern vor allem auch im Alltag sozial adäquat verhalten zu können. Hier wird wieder deutlich, dass Emotion und Kognition zusammengehören und nicht als getrennte Phänomene behandelt werden sollten.

Veronika Zink: Jetzt haben wir ja eigentlich das Thema der Interdisziplinarität schon angeschnitten. Wenn wir zuvor sagten, dass Du schon seit über dreißig Jahren Emotionsforschung machst, dann bedeutet das in Deinem Fall, dass das vor allen Dingen eine kulturanthropologische Emotionsforschung ist, die nicht nur international, sondern vor allem immer auch interdisziplinär ausgerichtet ist. Von der Forschungsgruppe am ZiF in Bielefeld, die Du schon erwähnt hattest, über die Forschungsarbeiten beim Exzellenzcluster „Languages of Emotions" bis hin zu Deiner Tätigkeit als Sprecherin des SFB „Affective Societies", immer handelt es sich um eine dezidiert interdisziplinäre Emotionsforschung, die einerseits im Dialog mit den (auf den ersten Blick) benachbarten Disziplinen wie der Soziologie oder auch den Geistes- und Kulturwissenschaften und eventuell noch der Psychologie steht, und die andererseits den Austausch mit den Naturwissenschaften nicht scheute. Dieses disziplinäre Grenzgänger:innentum ist zweifelsohne für jede Disziplin eine Herausforderung. Deswegen würde uns interessieren, wo Du aufgrund Deiner Erfahrung Potenziale für eine interdisziplinäre Emotionsforschung siehst? Oder mehr noch: Inwiefern macht der Gegenstand der Emotionen, der Affekte und der Sinnlichkeit Interdisziplinarität eventuell zu einer Notwendigkeit des Forschungsprozesses? Und wo liegen auf der anderen Seite Grenzen des eigenen Fachs für Interdisziplinarität?

Birgitt Röttger-Rössler: Naja wir haben ja jetzt einiges schon angesprochen. Ich spüre, dass ich in meiner eigenen Disziplin immer wieder an Grenzen komme, an denen ich Zusammenhänge nicht weiter erklären kann. Ich sage jetzt auch ganz bewusst „erklären". In der Sozial- und Kulturanthropologie sprechen wir viel lieber von interpretieren, aber ich hätte doch ganz gerne für manches eine Erklärung. Gerade weil Emotionen und Affekte so tief in unserer Körperlichkeit verankert sind, brauche ich eigentlich auch naturwissenschaftliche Emotionsforschung mit im Boot, wenn ich emotionale Prozesse irgendwie umfassender verstehen möchte. Das ist für mich einfach sinnvoll, aber es ist natürlich schwierig.

Eine große Limitation am Anfang eines jeden interdisziplinären Dialogs ist die Sprache. Wir sprechen jeweils andere Fachsprachen. Wir haben oft dieselben Begriffe, aber verbinden mit diesen jeweils etwas ganz anderes. Und sich da erstmal zusammenzufinden und zu verstehen, bildet die erste riesige Herausforderung, die sich aber meistern lässt. Das Entwickeln eines gemeinsamen Begriffsinventars ist schonmal ein großer Schritt. Und darauf aufbauend lassen sich auch theoretische Modelle entwerfen, wie Dinge zusammenhängen, Prozesse ablaufen könnten. Die größten Limitationen sehe ich bei den Methoden. Bei manchen interdisziplinären Methodendesigns sind schnell die Grenzen meines Faches erreicht, vor allem aus ethischen Überlegungen heraus. Ich stehe experimentellen Forschungen nicht grundsätzlich ablehnend gegenüber, aber es gibt hochtechnisierte Designs, die ich in etlichen Kontexten für ethisch nicht vertretbar halte. Da endet dann meine Dialogbereitschaft. Ein fundamentales Problem sehe ich darin, dass viele technische Forschungsdesigns – zum Beispiel der Einsatz von Hirnscannern – es erforderlich machen, die Komplexität sozialer Phänomene stark zu reduzieren – zum Beispiel auf zwei Variablen – damit sie tauglich für den Scanner werden. Kurz, manche technologisierten Methoden, wie sie in der Neurowissenschaft eingesetzt werden, reduzieren die soziale Komplexität in einer für mich als Sozialwissenschaftlerin unzulässigen Weise. Und damit finde ich auch die Ergebnisse fragwürdig.

Also man kann und sollte interdisziplinäres Forschen auch über größere Gräben hinweg nicht kategorisch ablehnen, sondern es versuchen, aber man muss sehen, wo dann die ethischen Grenzen liegen. Aber es lässt sich natürlich alles erstmal ausprobieren. Dennoch habe ich manchmal den Eindruck, dass die fortschreitenden technischen Möglichkeiten der Wissenschaft einen Bärendienst erweisen. Die Psychologie zum Beispiel war mal eine beobachtende Wissenschaft, aber diese Erhebungsmethode ist so gut wie verschwunden. Das sagen auch manche kritischen Psycholog:innen, sie monieren, dass sich ihr Fach immer mehr im Kreis dreht und nur noch immer wieder neue kleine experimentelle Studien zu einem eigentlich schon hinreichend untersuchten Thema kreiert, aber keine größeren theoretischen Entwürfe mehr wagt. Solche verlangen natürlich nicht nur Mut, sondern auch Zeit – Denkzeit. Insbesondere für einen interdisziplinären Austausch ist Zeit sehr wichtig.

Veronika Zink: Da Du die Kategorie ‚Zeit' schon erwähnst: Es ist Deiner Ansicht nach also eine ganz relevante Dimension des interdisziplinären Forschungsprozesses, insbesondere dann, wenn man gemeinsam ein Gebiet betritt, das in den unterschiedlichen Disziplinen noch nicht *en detail* erforscht ist, wie Affekt oder zuvor auch Emotionen?

Birgitt Röttger-Rössler: Absolut. Absolut wichtig. Du brauchst als erstes Zeit, um zuhören zu können. Und auch wenn die grundsätzliche Neugier auf die anderen Fächer und auch die Bereitschaft zur Zusammenarbeit da ist, dann ist oft der Mangel an Zeit und die immer schneller getaktete Wissenschaft das Problem. Von Wissenschaftler:innen wird ja quasi ein Dauersprint erwartet, produzieren und veröffentlichen. Zeit für den Austausch ist nicht vorgesehen. Wenn ich schnell etwas vorweisen muss, begebe ich mich besser nicht auf unbekanntes Terrain, sprich in interdisziplinäre Wagnisse. Auch finde ich den Einfluss und die Macht von Journalen darauf, wo und wie sich Ergebnisse veröffentlichen lassen, extrem. Ich hatte im Exzellenzcluster „Languages of Emotion" ein schönes Projekt zur Sozialisation und Ontogenese von Emotionen im Kulturvergleich zusammen mit einem Entwicklungspsychologen. Wir haben uns die Zeit genommen, uns zuzuhören und zu verstehen und haben sehr sorgfältig zusammen unser Forschungsdesign formuliert und wirklich beachtliche Ergebnisse erzielt, erlebten aber leider einen Eiertanz bei der Publikation: Den psychologischen Journalen waren die Forschungen zu qualitativ und interpretativ, den sozialanthropologischen Zeitschriften missfielen die standardisierten Experimente, die wir neben ethnografisch ausgerichteter Forschung auch durchgeführt hatten. Ich fand das wirklich ungeheuerlich und hochproblematisch für interdisziplinäre Projekte.

Aletta Diefenbach: Da können wir noch einmal auf die Soziologie zu sprechen kommen als Disziplin, die uns natürlich besonders auch für das Buch interessiert. Ich glaube, uns hat nun beide überrascht, dass Dir die Soziologie ganz am Anfang Deiner Forschung eine Hilfestellung war, um Emotionen zu verstehen. Wie nimmst Du aus Deiner Außenperspektive seither das Feld der Soziologie wahr?

Birgitt Röttger-Rössler: Persönlich würde ich sagen, dass ich gar nicht so weit weg bin von der Soziologie. Die Disziplinen haben aus meiner Sicht viel gemeinsam. Wir teilen uns ja zum Beispiel große Theoretiker:innen, nehmen wir Bourdieu oder Durkheim oder Goffman und andere, die beide Disziplinen inspiriert haben und eine große Rolle in den jeweiligen Theorieansätzen spielen. Das ist das eine. Dann verbindet beide Disziplinen in Bezug auf Emotionen und Affekte die Auffassung, dass diese nicht als innere Entität losgelöst vom sozialen Kontext betrachtet werden können, sondern in sozialen Interaktionen, im sozialen Verhalten entstehen und in dieses hineinwirken. Und auch den Blick auf die Diversität, die innergesellschaftliche Diversität von Emotionscodierungen, teilen wir. Das ist viel. Auch methodisch sind wir nicht so weit auseinander. Es wird häufig ein großes Fass aufgemacht, demzufolge alle Soziolog:innen total quantitativ und alle Sozialanthropolog:innen und Ethnolog:innen ausschließlich qualitativ orientiert sind. Das ist Nonsens! Also einmal gibt es Soziolog:innen, die durchaus ethnografisch arbeiten, ebenso wie Ethnograf:innen immer auch ganz viel quantitativ arbeiten. Das ist ein Vorurteil, was meines Erachtens daraus resultiert, dass wir diesen *in situ* Ansatz haben, also uns in soziale Lebenswelten hineinbegeben und dann natürlich erstmal teilnehmend und explorativ beobachten müssen und nicht gleich mit standardisierten, vorformulierten Fragebögen oder festen methodischen Designs loslegen können. Am Anfang von Feldforschungen gilt es zu schauen, welche Methoden im jeweiligen lokalen Kontext überhaupt einsetzbar sind. Und dann arbeiten wir – je nach Fragestellung – mit unterschiedlichen Methoden, keineswegs nur mit teilnehmender Beobachtung! Ich beschreibe die teilnehmende Beobachtung immer gern als eine Forschungshaltung. Wir haben eine ziemlich große methodische Toolbox: Haushaltssurveys, Zeitallokationsstudien, Genealogien, systematische Beobachtungen, lexikografische Erhebungen, *sentence completion tasks* etc., etc. – all das ist quantitativ angelegt. Je nach Fragestellung werden durchaus auch standardisierte Interviews verwendet, keineswegs nur narrativ offene. Meines Erachtens ist diese quantitativ-qualitativ Unterscheidung ein künstlich hochgehaltener Unterschied zwischen den Disziplinen. Eine andere Sache, die vielleicht die Disziplinen unterscheidet, betrifft den Hang der Soziologie zu typologisieren. Wir arbeiten uns zum Beispiel daran ab, wenn in der Soziologie von vormodernen, modernen und postmodernen Gesellschaften gesprochen wird (vgl. auch Neckel & Sökefeld, Kapitel 5). Da wittern Ethnolog:innen schnell ein gewisses Stufendenken und unilineare Entwicklungsmodelle. Konzepte wie die der *multiple modernities* sind für die Sozial- und Kulturanthropologie viel akzeptabler, die kommen allerdings ja auch aus der Soziologie! Eisenstadt hat ja mit diesen *multiple modernities* angefangen und seine Überlegungen sind in der Ethnologie aufgenommen, wenn auch als implizit eurozentrisch kritisiert und dann weiterentwickelt worden. Jetzt gibt es zahlreiche Begriffe wie *alternative, resistant* und *other modernities* und etliche mehr. Eine unheimliche Vielzahl von Begriffen, zu denen die Soziolog:innen sagen, so what? Was wollt ihr uns jetzt damit sagen? Wir bleiben aus meiner Sicht gerne auf halber Strecke stehen. Wir belassen es gerne bei einem Relativismus und weichen Fragen, wie sie die Soziologie aus einer Makroperspektive heraus stellt – beispielsweise wie sich ähnliche globale Tendenzen auf unterschiedlich verfasste Gesellschaften auswirken – gerne aus. Aber zurück zur Emotions- und Affektforschung, da sind wir uns, denke ich, recht nah. Gerade mit der Betonung des sozialen Moments und dem Gegensatz zu den Psychologien, die Emotionen mehr im inneren Kern des Individuums verorten.

Veronika Zink: Der Verweis auf die Diversität wie auf lokale Differenzen ist sicher ein Kennzeichen der Sozial- und Kulturanthropologie, was gerade deren Besonderheit im Vergleich zur Soziologie ausmacht. Ob nun zu distinkten Emotionen wie Scham (vgl. auch Neckel, Kapitel 11), Stolz oder Liebe, in Auseinandersetzung mit kulturell spezifischen, emotionalen Sozialisationsprozessen oder was affektive Aushandlungen von Zugehörigkeit im Kontext von Migration angeht, als Anthropologin arbeitest Du vor allem aus einer kulturvergleichenden Perspektive. Nun hast Du eben über die Grenzen des eigenen Fachs gesprochen. Wenn ich über die Grenzen meines Faches nachdenke, dann ist es die mangelnde Sensibilität gegenüber kulturellen Differenzen, mithin dass der Kulturvergleich kein klassisches Mittel des soziologischen und des emotionssoziologischen Studiums ist, auch wenn es ein starkes

Interesse an der Untersuchung von Emotionskulturen (vgl. auch zu soziologischen Perspektiven von Scheve, Kapitel 4) gibt. Vielleicht können wir daher noch ein bisschen über die Potenziale des Kulturvergleichs für eine Sensibilisierung für affektive Differenzen sprechen – gerade auch im Dialog mit der Soziologie? Inwiefern ist der Kulturvergleich gewinnbringend für eine allgemeinere sozialwissenschaftliche Perspektive auf Emotionen, Affekte und das Sinnliche und dies auch aus einer gegenwartsdiagnostischen Perspektive?

Birgitt Röttger-Rössler: Naja ich würde sagen der Vergleich, der inter- sowie der intrakulturelle Vergleich, ist in unserer Disziplin ein zentrales Erkenntnismoment, weil sich ja nur dadurch sowohl Gemeinsamkeiten sowie Unterschiede sauber fassen lassen. Gerade in Bezug auf Emotionen ist eine vergleichende Perspektive meines Erachtens zentral. Wenn ich vergleiche, wenn ich klare Dimensionen definiere, die ich vergleichen kann und dann feststelle, da sind Dinge in der Vergleichsgesellschaft oder den Vergleichsgesellschaften komplett anders oder scheinbar anders, so wirft das ja erstmal ganz viele Fragen auf. Der Vergleich generiert Fragen. Nehmen wir zum Beispiel erneut die emotionale Dimension der Trauer und blicken nach Indonesien; in diesem heterogenen Inselstaat finden sich ethnische Gruppen, wie die Toraja auf Sulawesi, die Dayak auf Kalimantan, die Batak auf Sumatra, bei denen Tod, Bestattung, Trauer absolut zentral sind. Es gibt unglaublich komplexe Bestattungsriten, die sich über Wochen hinziehen und entsprechend vielschichtige Trauerordnungen und Erinnerungspraktiken sowie auch ein ausgefeiltes begriffliches Inventar, um Formen der Trauer zu bezeichnen. Lebende und Verstorbene werden als Einheit, als miteinander verbunden betrachtet. In etlichen pazifischen Gesellschaften, zum Beispiel bei den Bewohner:innen des mikronesischen Atolls Ifaluk, finden wir dagegen eine Minimalisierung von Tod, Bestattung, Trauer und Erinnerungspraktiken, auch gibt es keinen Begriff für Trauer. Lebende und Tote werden als getrennt, als nicht mehr miteinander verbunden betrachtet. Derartige Unterschiede werfen zahlreiche Fragen auf: Warum ist das so? Was bedeutet die Elaboration sowie die Minimalisierung von Tod, Bestattung und Erinnerung für die jeweilige Gemeinschaft, aber auch für die subjektive Erfahrung von Trauer? In manchen Gesellschaften, wie zum Beispiel bei den Tao auf der taiwanesischen Insel Lanyu, gibt es die Vorstellung, dass ein Mensch sich durch den Tod in einen feindlichen Totengeist verwandelt, den die Hinterbliebenen zu fürchten haben. Diese unterschiedlichen Überzeugungssysteme und sozio-kulturellen Praktiken stellen jeweils spezifische Anforderungen an den emotionalen Umgang mit dem Verlust von Angehörigen. Während ich bei den Toraja oder Batak sehr viel Raum für Trauer und Gedenken habe, muss ich bei den Ifaluk oder Tao nicht nur schnell über den Verlust einer nahestehenden Person hinwegkommen, sondern auch damit umgehen, dass diese nun zu einem gefährlichen Wesen geworden ist. Was machen diese differenten Kategorien, Praktiken und normativen Vorschriften mit dem subjektiven Gefühlserleben? Was bedeutet das? Und wie haltbar ist angesichts dieser Diversität die Idee von universalen „Basisemotionen"?

Veronika Zink: Der Kulturvergleich konfrontiert notgedrungen mit dem Problem der Übersetzbarkeit. Und da würde ich fast sagen, hier handelt es sich um ein Problem, dass uns in der Emotionsforschung immer begegnet. Man muss ja irgendwie diese Gefühlswelt der Subjekte, die manchmal noch nicht so artikuliert ist oder ihre eigene Sprache hat, übersetzen. Mit Blick auf Deine Forschungsarbeiten, vor allem zum Thema der emotionalen Sozialisation, hatten wir uns gefragt, inwiefern sich das Problem der Übersetzbarkeit dann noch stärker stellt, wenn man es mit normativ stark aufgeladenen Konzepten zu tun hat. Das Kindeswohl ist sicher ein solches Konzept, wo es gerade in unserer Gesellschaft ganz klare, affektiv konnotierte und emotional verankerte Vorstellungen davon gibt, wie ein Kind emotional zu erziehen sei. Die Übersetzung von Emotionskulturen kann für die Forscherin in solchen Bereichen sicher auch mit normativen Dilemmata einhergehen. Wie kann man damit umgehen?

Birgitt Röttger-Rössler: Normative Dilemmata ist ein wichtiges Stichwort. Um normative Dilemmata ging es sehr stark in unserem Forschungsprojekt zur Gefühlsbildung im vietnamesischen Berlin und auch in der Konferenz „Affecting Parenting Politics" mit der wir (das heißt Gabriel Scheidecker, Giang Thierbach und ich) dieses Projekt jüngst beendet haben. Im vietnamesischen Berlin konnten wir beobachten, wie oft die Vorstellungen über richtiges Erziehen und gute Elternschaft, die in Vietnam gebürtige Mütter oder Väter haben, mit den Vorstellungen der Vertreter:innen deutscher Jugendämter, Erziehungsberatungsstellen, Kitas oder Schulen kollidieren. Diese sind geprägt von einem WEIRD-Standard, das heißt von einem recht spezifischen westeuropäischen und nordamerikanischen Mittelschichtsmodell über angemessene Erziehung. Sozial- und kulturanthropologische Studien zeigen, dass dies aber im kulturellen Vergleich (da haben wir ihn wieder!) ein Minderheitenmodell ist, das nur auf einen sehr geringen Prozentsatz der Menschheit zutrifft. Aber diese Befunde werden weitgehend ignoriert. Gegenwärtig lässt sich der Trend beobachten, dass dieses WEIRD-Modell global exportiert wird. Und genau darum ging es uns in der Konferenz. Wir haben versucht, international Kräfte zu bündeln, indem wir die kritischen Stimmen zusammengebracht haben, insbesondere die der Wissenschaftler:innen aus dem sogenannten Globalen Süden, um Stellung zu beziehen gegen diesen neokolonialen Trend. WHO, Unicef und World Bank sind nämlich gerade dabei unter dem Namen „Nurturing Care Framework" (NCF) die WEIRD-Modelle zum Standard zu machen und *parenting interventions* rund um den Globus zu initiieren, in denen Eltern „richtiges Erziehen" und die affektiv „richtige" Elternschaft vermittelt werden soll, womit die Eltern in den Zielländern zugleich als defizitäre Eltern erklärt werden. Die Argumentation von diesem Programm lautet wortwörtlich, dass über 80 Prozent der Kinder in Ländern des Globalen Südens, in den sogenannten *low and middle income countries*, nicht ihr volles Hirnpotenzial erreichen können, weil die Eltern sie nicht richtig aufziehen (WHO et al. 2018). Deshalb können die Kinder auch – dieser Logik zufolge – nicht aus der Armutsspirale heraus, weshalb es für die *family policies* in den einzelnen Nationen extrem wichtig ist, diese Interventionsprogramme zu etablieren, damit die jeweilige Nation in der nächsten Generation aus der Armutsspirale herauskommt. Da ist eine Form des psychosozialen Neokolonialismus, die mich wirklich aufregt. Aus dieser Konferenz wird ein Buch hervorgehen und Gabriel Scheidecker hat bereits einiges zu diesem Thema geschrieben (Scheidecker et al. 2023).

Veronika Zink: Eine globale emotionale Umerziehung?

Birgitt Röttger-Rössler: Ja, aber im großen Stil mit irrsinnig viel Geld. Die genannten Programme basieren auf sogenannten *scientific evidences*, die auf den Arbeiten von einigen wenigen Psycholog:innen und Mediziner:innen beruhen und in *high ranking journals* (vor allem in *The Lancet*) veröffentlicht wurden. Schaut man sich diese Studien genauer an, so wird deutlich, dass hier vorhandene Studien und Statistiken über frühkindliche Entwicklung einem Review unterzogen und mit Statistiken über Gesundheit und dem Wohlbefinden Erwachsener sowie genereller nationaler Entwicklungstrends korreliert wurden, mit dem Ergebnis, dass rund 250 Millionen (43%) der Kinder unter fünf Jahren in *low and middle income countries* gefährdet seien, sich kognitiv und emotional nicht voll entwickeln zu können, was dann zu geringerer Produktivität im Erwachsenenalter führen kann (siehe zum Beispiel Grantham-McGregor et al. 2007; Britto et al. 2017). Es ist jetzt aber nicht damit getan, dass wir diese aus unserer Sicht unzutreffenden Studien und daraus resultierenden Programme einfach nur im Kontext unserer eigenen Disziplin kritisieren. Das ist wirkungslos. Wichtig ist, unsere Perspektive in die betreffenden Disziplinen hinein zu übersetzen. Ja, wir müssen in diesem Fall eine Doppelübersetzung leisten: Wir müssen die Evidenzen der Sozial- und Kulturanthropologie zur Vielfältigkeit von Erziehungsformen so aufbereiten, dass die Vertreter:innen der anderen Disziplinen, in diesem Fall der Psychologie und Pädiatrie, sie überhaupt wahrnehmen und lesen und verstehen können. Die lesen ja nicht diese ganzen langen ethnografischen Monografien, das ist völlig absurd. Es geht also darum, unsere Erkenntnisse entsprechend aufzubereiten, also letztlich in andere Fachsprachen hinein zu übersetzen. Und der nächste Schritt besteht darin, die anderen emotionalen Codes, *parenting ideas* und Vorstellungen über gute Eltern-Kind-Beziehungen zu übersetzen. Es geht hier um den Erkenntnistransfer zwischen Disziplinen und damit um zentrale, interdisziplinäre Übersetzungsleistungen.

Veronika Zink: Aber das ist ja interessant, weil da interdisziplinäre Übersetzbarkeit und damit der interdisziplinäre Dialog wirklich auch zu einem Politikum wird – und beide nicht nur ein rein theoretisches Spielfeld sind.

Birgitt Röttger-Rössler: Ja, und da werden wieder diese ganzen Hürden relevant, die ich vorhin erwähnt habe. Wir hatten für die erwähnte Konferenz zu den „Affecting Parenting Politics" wirklich tolle Leute versammelt. Naheliegend wäre es eigentlich, einen gemeinsamen Artikel direkt in den fraglichen Journalen wie *The Lancet* zu veröffentlichen, um hier ein bisschen Sand ins Getriebe zu streuen und eine Erweiterung des Blickwinkels anzuregen. Aber das geht nicht so ohne Weiteres, da nicht einfach ein Artikel eingereicht werden kann, sondern man zum Verfassen eines Beitrags von den Herausgeber:innen beauftragt werden muss. Diese Journalpolitik ist stark beschränkend, sie lässt nur die Möglichkeit, kurze, in Wortzahl und Referenzen begrenzte Kommentare zu erscheinenden Artikeln einzureichen, was wir natürlich auch schon getan haben (Scheidecker et al. 2022). Für Übersetzungsarbeit zwischen den Disziplinen reicht nicht allein der gute Wille, es muss auch entsprechende Strukturen und Kommunikationsräume geben.

In der Sozial- und Kulturanthropologie spielen Übersetzungsprobleme aber noch in einer ganz anderen Hinsicht eine zentrale methodische Rolle: Wie lassen sich Begriffe und Konzepte übertragen für die es in einer Sprachkultur keine Entsprechungen gibt? Anthropolog:innen machen es sich diesbezüglich gern bequem und verwenden mit dem Argument, dass es keine sprachlichen Äquivalente gibt die jeweiligen lokalsprachlichen Termini. Das ergibt dann vielsprachige Texte, die oft schwer zu lesen sind. Aber ein einfaches Übersetzen geht nicht. Es ist zum Beispiel völlig unmöglich, ganz anders konnotierte Termini, die irgendwie im weitesten Sinne etwas mit Liebe zu tun haben, aber nicht dem deutschen/englischen Begriff entsprechen, einfach mit Liebe zu übersetzen. Das ist ein methodisches Dilemma, weil zum Beispiel in kulturvergleichenden psychologischen Studien häufig so gearbeitet wurde, dass einfach nur übersetzt wurde, ohne Berücksichtigung der Konnotationen, was dann zu „falschen Freunden" führte, wie das in der Übersetzungswissenschaft heißt.

Aletta Diefenbach: Mich interessiert hierzu Deine methodische Haltung: Welche Strategien hast Du in Deiner Forschung entwickelt, um diesen komplexen Übersetzungsproblemen von Emotionen und ihren normativen Dilemmata zu begegnen, die, das zeigt das Beispiel des Kindeswohls, so stark mit politischen Ideologien aufgeladen und mit globalen Machtverhältnissen verflochten sind? Wann oder wie weißt Du, *fühlst* Du als Forschende, dass Du all diesen Komplexitäten Rechnung getragen hast und auch Ergebnisse kommunizieren möchtest?

Birgitt Röttger-Rössler: Das ist natürlich ein weiter Weg, bis Du dahin kommst und es gibt diverse Hürden. Also die Frage, die Du mir stellst, spielt ja auch auf die Rolle von Affekten und Emotionen während der Forschung an. Aus meiner eigenen Erfahrung würde ich sagen, das Wichtigste ist es, einen Habitus emotionaler Zurückhaltung zu entwickeln. Ich meine damit nicht ein distanziertes oder emotional unterkühltes Verhalten, sondern eine Zurückhaltung in Wertungen. Ich halte es für immens wichtig, bei einer Feldforschung in völlig unbekannten Gefilden zu versuchen, die eigenen spontanen emotionalen Reaktionen, die sich in bestimmten Situationen aufdrängten, eben gerade weil sie habitualisiert sind erstmal nicht zuzulassen, zumindest nicht zu zeigen. Sie können ja dann im Tagebuch abgearbeitet werden (vgl. auch Stodulka, Kapitel 23). Wir sollten als Feldforscher:innen nie vorschnell urteilen – und Emotionen sind Wertungen –, sondern abwarten, bis sich uns die Zusammenhänge besser erschließen. Hier ist gerade dieses Beispiel mit den Erziehungsfragen gut, da Erziehung und der Umgang mit Kindern ein hoch affektives Feld ist und es deshalb gut ist, wenn man sich erstmal zurückhält. Auch gibt es so viele Missverständnisse in der Feldforschung gerade über unterschiedliche Emotionscodierungen und Ausdrucksformen. Ein Beispiel aus unserer ersten Forschung in Sulawesi (ich habe meist gemeinsam mit meinem Mann geforscht, der ebenfalls Ethnologe ist): Wir mussten ein Rind schlachten für unser Abschiedsritual aus dem Feld, da erschienen plötzlich ältere Herren aus dem Dorfrat und schleppten große Teile unseres Rindes ab, das für Hunderte reichen sollte. Da waren wir erstmal völlig brüskiert und dachten, was soll denn das und das ist unser Rind. Zum Glück haben wir da kein großes Bohei gemacht, sondern sind in unser Kämmerlein gegangen und haben uns erstmal für uns allein geärgert. Später haben wir gelernt, dass der Dorfrat ein Anrecht auf Fleischstücke hat und dies Bestandteil der lokalen *sharing economy* ist und kein Übergriff auf unser Eigentum. Also, wir hätten alles vollkommen zerstört, wenn wir uns da offen geärgert und beschwert hätten. Außerdem floss dann indirekt doch viel von diesen Fleischportionen in unser Fest, weil sie das nicht einfach alleine aufgefuttert haben, sondern das Fleisch in Form von Gerichten zum Teil wieder mitgebracht oder durch andere Gaben kompensiert haben, wie Reis und so. Das durchblickst du alles noch gar nicht. Um Gottes Willen explodiere nicht auf der Stelle oder ähnliches. Und spannend ist natürlich, wie man dann irgendwie die eigenen Einschätzungen auch über die Zeit verändert, also einfach doch lernt anders zu reagieren, anders zu fühlen. Das finde ich eigentlich sehr spannend, insbesondere auch in Bezug auf Körperlichkeit und Sinneswahrnehmungen. In Indonesien passiert zum Beispiel sehr viel über Geruch, über die Wahrnehmung von Körpergerüchen. Das sind Wahrnehmungsformen, die in unserer Gesellschaft nicht etabliert sind und entsprechend nicht trainiert werden. Unsere Sinne sind nicht entsprechend geschult. Wir können registrieren, dass jemand unangenehm riecht oder zu stark parfümiert ist, aber sehr viel mehr auch nicht. In Sulawesi werden feinere Nuancen von Körpergerüchen wahrgenommen, die etwas über das emotionale Befinden von Personen aussagen. Ich erinnere eine Situation, in der Anwesende über einen mir gut bekannten jungen Mann, der in meinen Augen einfach nur völlig unauffällig dasaß, behaupteten, dieser habe aktuell eine Riesenangst. Auf meine Nachfrage, wovor er Angst habe und woran sie diese Angst erkennen würden, erfuhr ich, dass man die Gründe für die Angst noch erfragen müsse, das Vorhandensein der Angst jedoch riechen könne. Angst riecht. Wir haben ja auch den Begriff „Angstschweiß", aber wir sehen diesen Schweiß eher in einer entsprechenden Situation, als dass wir ihn riechen. Wie genau riecht Angst? Durch diese kleine Szene bin ich auf die wichtige Dimension der Gerüche gestoßen worden, die in einigen indonesischen Gesellschaften eine bedeutende Rolle spielt, beziehungsweise eine wichtige soziale Informationsquelle darstellt. Auch an dem Atemrhythmus von Personen wird gesehen, wie sich diese gerade fühlen. Es wird gesehen, wenn sich jemand nicht wohlfühlt, weil er dann anders atmet als üblich. In diesen Feinheiten war ich nicht geschult, ich habe bei den Makassar gelernt, auf den Atem meiner Mitmenschen zu achten. Gerade da Gefühle im indonesischen Kontext kaum explizit ausgedrückt werden, sind diese impliziten Ausdruckszeichen so wichtig. Also das ist nochmal ein riesig spannendes, großes Thema.

Veronika Zink: Und es ist gleichzeitig so eine Art empirische Resozialisation des Affekthaushaltes der Forscherin.

Aletta Diefenbach: Das führt uns gut zu einem weiteren Bereich, der uns interessiert, nämlich zu Wissenschaft als einer affektiven Praxis. Ein wesentlicher Beitrag der Emotionsforschung ist gerade auch herauszustellen, wie wissenschaftliche Prozesse und Ergebnisse von den Emotionen und Affekten der Wissenschaftler:innen beeinflusst sind. Gleichzeitig erleben wir im Zuge national-autoritärer Politiken oder der Corona-Krise Angriffe auf die epistemische Autorität von Wissenschaft und wie sich diese dann gerade mit dem Argument verteidigt, Wissenschaft zeichne sich dadurch aus, objektiv, neutral oder affektlos zu sein. Als jemand, der sich so umfänglich mit Emotionen, Affekten und auch Sinnlichkeit befasst hat, zumal im internationalen Kulturvergleich: Wie ändert diese Beschäftigung den Blick auf Wissenschaft als affektive Praxis und diese Debatten?

Birgitt Röttger-Rössler: Naja, ich denke das sind verschiedene Aspekte, also wenn jetzt in öffentlichen Diskursen die Autorität der Wissenschaft angeknabbert wird, fordert das natürlich heraus und provoziert affektive Dissonanzen bei Wissenschaftler:innen. Irgendwie müssen wir uns ja damit auseinandersetzen, warum das so ist und dann eventuell auch agieren, also zum Beispiel unsere Forschungen besser kommunizieren. Meines Erachtens ist das ein wichtiges soziologisches Thema: Was ist da gesellschaftlich los? Warum wird jetzt die Wissenschaft so hinterfragt und herausgefordert? Wird sie entmachtet? Wird ihr als zentraler gesellschaftlicher Institution der Boden entzogen? Hat die sogenannte *scientific evidence* als Ratgeber für Politik und gesellschaftliche Entwicklungspläne abgewirtschaftet?

Schauen wir über den europäischen Tellerrand, zum Beispiel nach Indonesien oder Vietnam, so drängt sich der Eindruck auf, dass es hier viel Vertrauen in die Wissenschaft gibt, vor allem in die westlicher Couleur. Dies lässt sich an der Übernahme entsprechender Erkenntnisse, Programme und natürlich Technologien ablesen. Aber es gibt auch zunehmend kritische Stimmen gegenüber dem Import wissenschaftlicher Denkmodelle. Diese sind vor allem in afrikanischen Kontexten sehr ausgeprägt. Es gibt viele Wissenschafler:innen, die WEIRD-Theorien hinterfragen und als unpassend für den eigenen gesellschaftlichen und kulturellen Kontext ablehnen. Allerdings tendieren westliche Wissenschaftler:innen dazu, diese Stimmen zu überhören, sie nicht wahrzunehmen, nicht in einen Dialog mit ihnen zu treten – wahrscheinlich aus einer tief verankerten kolonialen Hybris heraus. Das sind natürlich alles affektiv grundierte Relationen und Dynamiken, die mit Machtverhältnissen und deren historischer Genese zu tun haben.

Aletta Diefenbach: Lass uns daher abschließend noch auf die Affekte der Forscherin zu sprechen kommen: Was treibt Dich als Forscherin an oder hat Dich immer wieder angetrieben?

Birgitt Röttger-Rössler: Was mich antreibt? Grundsätzlich ist das Neugier beziehungsweise Faszination, also eine tiefe Faszination von der Vielfältigkeit der Lebensformen. Diese Welt ist so bunt und so spannend und die Möglichkeit, mich mit dieser Vielfalt beruflich auseinanderzusetzen, habe ich immer als Geschenk empfunden. Es ist eigentlich immer Neugier oder Lernbegier gewesen, die mich angetrieben hat, auch Neugier auf andere Disziplinen. Sozial- und Kulturanthropologinnen wird oft die Frage gestellt, was es eigentlich bringt, Wissen über andere Kulturen anzuhäufen. Ich denke, das anthropologische Wissen um kulturelle Diversität wird in einer zunehmend globalisierten Welt immer wichtiger und sollte auch kommuniziert werden. Diese Transferleistungen zu erbringen ist etwas, das mich jetzt am Ende meiner Laufbahn antreibt.

Literatur

Boucher, Jerry D. (1983). „Antecedents to Emotions across Cultures“, in: S. H. Irvine & J. H. Berry (Hrsg.), *Human Assessment and Cultural Factors*. New York: Plenum, S. 407–420.

Britto, Pia R./Lye, Stephen J./Proulx, Kerrie/Yousafzai, Aisha K./Matthews, Stephen G./ Vaivada, Tyler & Perez-Escamilla, Rafael et al. (2017). „Nurturing Care: Promoting Early Childhood Development“, in: *The Lancet* 389(10064), S. 91–102.

Ekman, Paul (1982). *Emotion in the Human Face*. Cambridge: Cambridge University Press.

Ekman, Paul (1999). „Facial Expression“, in: T. Dolgleish & T. Power (Hrsg.), *Handbook of Cognition and Emotion*. Sussex, UK: John Wiley & Sons Ltd., S. 301–320.

Ekman, Paul/Sorenson, Richard & Friesen, Wallace (1969). „Pan-Cultural Elements in Facial Displays of Emotions“, in: *Science* 164(3875), S. 86–88.

Goffman, Erving (1961). *The Presentation of Self in Everyday Life*. Garden City, NY: Doubleday.

Grantham-McGregor, Sally M./Cheung, Yin Bun/Cueto, Santiago/Glewwe, Paul/Richter, Linda/Strupp, Barbara & International Child Development Steering Group (2007). „Developmental Potential in the First 5 Years for Children in Developing Countries“, in: *The Lancet* 369(9555), S. 60–70.

Röttger-Rössler, Birgitt (2004). *Die Kulturelle Modellierung des Gefühls. Ein Beitrag zur Theorie und Methodik ethnologischer Emotionsforschung anhand indonesischer Fallstudien*. Münster: LIT

Lutz, Catherine (1988). *Unnatural Emotions. Everyday Sentiments on a Micronesian Atoll and their Challenge to Western Theory*. Chicago: University of Chicago Press.

Röttger-Rössler, Birgitt (2009). „Gravestones for Butterflies. Social Feeling Rules and Individual Experiences of Loss“, in: B. Röttger-Rössler & H. Markowitsch (Hrsg.), *Emotions as Bio-cultural Processes. An Interdisciplinary Approach*. New York: Springer, S. 165–180.

Röttger-Rössler, Birgitt (2012). „The Emotional Meaning of Ritual“ in: A. Michaels & C. Wulf (Hrsg.), *Emotions in Rituals and Performances*. New Delhi: Routledge, S. 41–54.

Sarbin, Theodore (1986). „Emotion and Act. Roles and Rhetoric“, in: Rom Harré (Hrsg.), *The Social Construction of Emotion*. New York: Blackwell, S. 83–97.

Scheidecker, Gabriel/Chaudhary, Nandita/Keller, Heidi/Mezzenzana, Francesca & Lancy, David F. (2023). „‘Poor Brain Development’ in the Global South? Challenging the Science of Early Childhood“, in: *Ethos* 51(1), S. 3–26.

Scheidecker, Gabriel/Chaudhary, Nandita/Oppong, Seth/Röttger-Rössler, Birgitt & Keller, Heidi (2022). „Different is not Deficient. Respecting Diversity in Early Childhood Development“, in: *The Lancet Child & Adolescent Health 6(12)*, e24–e25.

Stewart, Kathleen (2007). *Ordinary Affects*. Durham: Duke University Press.

Strauss, Claudia & Quinn, Naomi (1997). *A Cognitive Theory of Cultural Meaning*. Cambridge: Cambridge University Press.

World Health Organization/United Nations Children’s Fund & World Bank Group (2018). *Nurturing Care for Early Childhood Development. A Framework for Helping Children Survive and Thrive to Transform Health and Human Potential*. Geneva: World Health Organization.

Aletta Diefenbach und Veronika Zink

25 Perspektiven einer kritischen Emotionssoziologie

1 Einleitung

Die Relevanz von Emotionen ist in unserer Gesellschaft allgegenwärtig. Aber was bedeutet es genauer, wenn sich Menschen in einer Gesellschaft nicht mehr einfach erschöpft, sondern spezifischer, wenn sie sich ‚ausgebrannt' fühlen, einen ‚Burnout' haben? Gab es dieses Gefühl früher etwa nicht? Oder: Wieso stinken manche Leute für andere, obwohl sie sauber sind? Und sind die auf Demonstrationen gegen Geflüchtete geäußerten Gefühle Ängste und Sorgen oder Ressentiments, Wut und Hass? Und schließlich: Gibt es Wahrheiten, die weniger ‚gefühlt' sind als andere?

Welche Antworten kann die Emotionssoziologie auf diese Fragen geben? Indem sie das Soziale ganz grundsätzlich in seinen emotionalen Dynamiken betrachtet, sieht sie in den Beispielen schnell das Gemeinsame und kann doch differenzieren. Emotionen sind eben nicht wie vielfach angenommen ganz privat, individuell oder intim: Sie sind kollektiv geteilt und selbst Gefühle innerer Leere oder die Wahrnehmung eines Gestanks sind sozial gemacht. Sie hängen zusammen mit gesellschaftlichen Entwicklungen, wie sie sich in Anforderungen einer neoliberalen Ökonomie oder in hierarchisierenden Klassifikationen als Teil eines kolonialen Erbes wiederfinden. Gleichzeitig sind Gefühle freilich komplex, auch widersprüchlich, und was ganz tief im Inneren als wahr empfunden wird und mit welchen politischen Forderungen dies einhergeht, hängt nun mal von der Perspektive ab und folglich damit, wo Personen sozialstrukturell und kulturell im sozialen Raum verortet sind.

Geht es um das Potenzial der Emotionssoziologie, scheint sie ein privilegierter Ort der Kritik zu sein. Durch Aspekte der Emotionalität, Affektivität und Sinnlichkeit, die das Subjekt bis in seine letzte Faser bestimmen, vermag sie das Soziale dicht zu beschreiben und kann gewohnte Perspektiven nuanciert irritieren. Doch was macht dieses ‚Privileg' genau aus? Was bedeutet es, Affektivität als Teil der Konstruktion von Wirklichkeit anzuerkennen? Worin liegt für die Gesellschaft der Mehrwert, emotionskulturelle Entwicklungen nachzuzeichnen, zwischen Angst, Hass und Ressentiment zu unterscheiden oder zu betonen, dass jede Wahrheit nur durch ihre körperliche Verankerung Geltung erhält? Emotionssoziologische Kritik, so unsere These, entwickelt ihre Potenziale, wenn sie wie andere Soziologien vorherrschende Selbstverständlichkeiten, Macht- und Herrschaftsverhältnisse, Wider-

https://doi.org/10.1515/9783110589214-029

sprüche sowie Paradoxien zutage fördern kann. Dabei fungiert sie sowohl als Korrektiv für die Soziologie selbst als auch für andere Emotionstheorien und kann in ihrer eigenen Vielfalt als aufklärerische Stimme in die Gesellschaft wirken. Da die gegenwärtige Emotionssoziologie nicht vor blinden Flecken gefeit ist, gilt es jedoch auch im Gespräch zu bleiben mit Forschungsansätzen aus anderen Disziplinen. Darüber hinaus führt die Anerkennung von Emotionen, Affekten und Sinnlichkeit nicht nur dazu, die Gesellschaft auf eine andere Weise oder gar besser beobachten und verstehen zu können. Sie zeigt uns auch, dass Kritik selbst eine affektive Praxis ist, die von Gefühlen des Widerstandes und des Aufbegehrens gegen die gegebene Ordnung der Wirklichkeit getragen ist und die andere affektiv aufrütteln, mobilisieren und so für die eigene Perspektive gewinnen will. Dies gilt freilich für jede Form der Kritik, wenngleich jede Kritik auch auf eigenspezifische, kulturell und institutionell tradierte Affektpolitiken zurückgreift. Entsprechend gilt es auch, die unterschiedlichen Affektpolitiken, welche die soziologische Gesellschaftskritik kennzeichnen, an die Oberfläche zu bringen und nach deren diskursiver Bedeutung und Funktion zu fragen. Insofern geht es nicht zuletzt darum, sich selbst als soziologische:n Gesellschaftskritiker:in über einen aufgeklärten Umgang mit Emotionen besser reflektieren zu können.

2 Kritische Perspektiven aus den Beiträgen

Kritik bedeutet in ihrem ursprünglichen Wortsinn „unterscheiden" (Koselleck 1959). Die Kritik unterscheidet, indem sie eine Situation, eine Handlung, ein Objekt anders betrachtet. Meist geht es ihr darum, etwas abzulehnen, sich also von Gegebenem zu distanzieren, weil es Reibung und *Dissonanz* erzeugt.[1] Da sich hierbei auch die radikalste Ablehnung auf diejenige Situation bezieht, die sie zu überwinden versucht, beschreiben Rahel Jaeggi und Tilo Wesche Kritik als relationale Bewegung: Sie ist „eine Dissoziation aus der Assoziation und eine Assoziation in der Dissoziation" (Jaeggi und Wesche 2009: 8). Nach diesem Verständnis begegnen wir Kritik überall dort, wo Menschen miteinander zu tun haben: Sei es im Zug, wo eine Angestellte im Ruheabteil ihre plaudernden Sitznachbarn bittet, auf die gebotene Stille acht zu geben. Sei es auf der Straße, wo eine geplante Demonstration gegen den Klimawandel stattfindet; oder sei es in der Wissenschaft, wo Forscher:innen vor allem über ihre Texte vorhandenes Wissen über die Welt revidieren oder erweitern

1 Das Kritikverständnis in einem positiven Sinne als Lob, Würdigung oder Begeisterung wie es in den Geistes- und Kulturwissenschaften insbesondere für Kunstwerke anzutreffen ist, ist hier also nicht gemeint.

wollen. Die unterschiedlichen Beispiele führen vor Augen, dass Kritik allgegenwärtig ist und dass wir sie als eine *affektive Praxis* (Wetherell 2012) verstehen können. Eine ‚Dissoziation' aus der ‚Assoziation' nimmt unterschiedliche Formen an, indem sie sich durch eine Vielzahl an Handlungen, Bewegungen und Materialitäten vollzieht, die wiederum ihrerseits ganz unterschiedlich sinnlich und emotional erfahrbar sind: Der leise, höflich gemeinte Hinweis auf Ruhe mag für die Plaudernden im Zug voller Abscheu klingen; der lautstarke Sprechchor mag die Protestierenden selbst zusammenschweißen, Passant:innen jedoch abschrecken. Und für manch einen gehen bei der Lektüre eines wissenschaftlichen Textes schlagartig tausend Lichter auf, während andere nur im Dunkeln tappen. Welchen Formen der Kritik (Diefenbach et al. 2023) begegnen wir also in den Beiträgen des Bandes? Welche Dissoziation aus der Assoziation macht eine emotionssoziologische Kritik aus?

Die Beiträge beziehen sich in der Gesamtschau sowohl auf dominante Sozialtheorien als auch auf die Emotionsforschung allgemein. Dabei liegt ihr emotionssoziologischer Einsatz jeweils darin, gängige Vorstellungen in ein neues Licht zu rücken: Um Gesellschaft zu verstehen und zu erklären, entlarven sie in der Soziologie das Zerrbild eines dominanten „rational handelnden, kognitionszentrierten Erkenntnissubjekt[s]" (vgl. auch Wiesse & Weigelin, Kapitel 3). Ihm fügen sie einen Körper und seine Umwelt hinzu und heben dessen Emotionen, Sinnlichkeit oder affektive Eingebundenheit als Triebfedern hervor (vgl. auch zu soziologischen Perspektiven von Scheve, Kapitel 4). Erst wenn wir uns dafür interessieren, so das Anliegen der Beiträge, dass und wie Normen, Werte oder Kognitionen affektiv gebunden sind und auch nur durch ihre Einverleibung wirken, verstehen wir, wie Gesellschaft genau funktioniert. Der Blick muss daher auf jene Elemente fallen, die diesen Kategorien ihre Form geben und dadurch einen Unterschied im sozialen Miteinander machen – auch wenn sie nur subliminal wirken; sei es eine stark fühlbare Emotion oder weniger fassbar ein Sinneseindruck oder auch nur eine kurze Regung. Wiederum im Dialog mit Emotionstheorien anderer Disziplinen, etwa der Anthropologie, Biologie, Psychologie, Philosophie oder den Neurowissenschaften, akzentuieren die Autor:innen des Bandes diejenigen Anteile, die Emotionen, Sinne oder Affekte als „soziale Tatsachen" (Durkheim) erscheinen lassen. Warum sich etwas wie anfühlt, eine Atmosphäre, etwas Flüchtiges, eine Gestimmtheit, verstehen wir demnach besser, wenn wir nach Gründen suchen, die dem Individuum keineswegs einfach eigen sind, sondern die ‚gemacht' sind, in einem Außen liegen, in der Kultur oder der Sozialstruktur als den beiden Erklärungsgrößen der Soziologie (vgl. auch zu soziologischen Perspektiven von Scheve, Kapitel 4).

Die emotionssoziologischen Dissoziationen bestehen daher vor allem darin, kognitivistische oder naturalistisch-universalistische Fehlschlüsse über das Soziale oder über Emotionen frei zu legen. Dabei sprechen die Beiträge keineswegs mit einer Stimme oder verkennen das Potenzial anderer disziplinärer Zugänge. Gerade die Geschichte der Emotionssoziologie gibt zu erkennen, wie verschiedene Forschungsprogramme darum konkurrieren, wo das Emotionale im Verhältnis zur Biologie, der Kognition oder anderen Beziehungen aus der Umwelt (vgl. auch zur Emotionsgeschichte Schützeichel, Kapitel 2) zu verorten ist. Die Verschiebung von Emotionen zu Sinnlichkeit und schließlich zu Affektivität zeigt wiederum an, wie im Zeitverlauf die Kritik an den blinden Flecken nicht nur gegenüber dominanten Sozialtheorien, sondern auch innerhalb der Emotionssoziologie selbst immer stärker wurde (vgl. auch Wiesse & Weigelin, Kapitel 3). Zugleich ermöglicht diese interne Differenzierung, transdisziplinäre Brücken zu schlagen. So können Emotionen zum Beispiel als bio-kulturelle Prozesse (vgl. auch Röttger-Rössler, Kapitel 24) verstanden werden. Ein philosophischer Zugang erhellt mit dem Konzept der Verletzlichkeit, wie die Sphäre des Rechts und die Sphäre des Affektiven inhärent miteinander verbunden sind (vgl. auch Bernhardt Kapitel 9).

Dieser emotionssoziologische Perspektivwechsel in beide Richtungen mag zunächst unangenehm piksen. Denn er dringt in den hintersten Winkel des Daseins vor, zumal in die eigene Gefühlswelt, seziert diese, um sie schließlich als kontingent und kaum einzigartig zu erklären. Auch stört der Perspektivwechsel massiv das Alltagsverständnis, etwa die Annahmen, dass sich Emotionen und Rationalität gegenseitig ausschließen würden, oder dass die innere Gefühlswelt authentischer, wärmer sei als die Arrangements und Praktiken, die das übrige gesellschaftliche Leben organisieren, oder dass Emotionen eben der ganz natürliche Ausdruck davon seien, wie Dinge allgemein oder gar biologisch ihren Lauf nehmen würden. Umso stärker mag es befremden, werden diese Vorstellungen zudem mithilfe der teils eigenwilligen Sprache der Soziologie irritiert oder zerstört. Doch über genau solche Verfremdungseffekte und epistemischen Brüche löst die Emotionssoziologie Selbstverständlichkeiten auf, macht deren historische Bezüge und kulturelle Eigenlogiken sichtbar, entlarvt darin wirksam werdende Herrschaftsverhältnisse, spürt ihre Widersprüche und Paradoxien auf und steigert die forschende Reflexivität.

2.1 Selbstverständlichkeiten auflösen

Verfremden, entlarven und differenzieren sind folglich affektive Praktiken der emotionssoziologischen Kritik. Sie liefern überraschende Perspektiven nicht allein auf die Theorie, sondern vor allem auf gesellschaftliche Felder, einzelne Emotionen oder ganze Gesellschaftsformationen. Zentrale Institutionen wie die Religion, Wirtschaft, Politik, das Recht oder das moderne Subjekt erscheinen durch eine emotionssoziologische Brille komplexer zu funktionieren und ausgestaltet zu sein als gemeinhin angenommen. Denn verstehen wir das Soziale als grundlegend affektiv grundiert, erkennen wir, dass Gefühle nicht nur Teil eines innigen Bekenntnisses zum Religiösen sind, sondern auch, dass sie Teil von konfliktreichen Neuverhandlungen des Religiösen selbst ebenso wie Teil der Auseinandersetzung mit Vorstellungen über das Säkulare sind (vgl. auch Herbrik, Kapitel 8). Auf diese Weise bestimmen sie als Politikum nicht nur gegenwärtige Konflikte von säkular-multireligiösen Gesellschaften, sondern werden überhaupt als wesentlicher Faktor für politische Prozesse allgemein erkennbar. Mobilisieren, streiten oder regieren können demnach als Praktiken verstanden werden, die immer affektiv aufgeladen sind – und zwar auch in einem politischen Handlungsraum, in dem sich Akteure und Staaten als rational oder liberal inszenieren und die Emotionen als Störfaktoren betrachten (vgl. auch Sauer, Kapitel 6). Auch gehen wirtschaftliche Prozesse nicht in scheinbar affektlosen sozialen Praktiken der Rationalisierung oder Berechenbarkeit auf. Vielmehr entdecken wir, wie diese eine eigene Gestimmtheit und Emotionalität haben und wirtschaftliche Prozesse zudem noch durch ganz andere Affekte und Emotionen bestimmt sind, etwa durch Zuversicht, Neid, Gier, Enthusiasmus, Blasiertheit, Misstrauen oder auch Solidarität. Wir erkennen weiter, wie sich der Kapitalismus emotionskulturell wandelt, indem er Gefühle strategisch intensiviert und gestaltet (vgl. auch Zink & Senge, Kapitel 7). Gefühle sind insofern auch kein Gegenpart, sondern integraler Bestandteil des Rechts (vgl. auch Bernhardt, Kapitel 9). Richter:innen, Geschworenen, Neberkläger:-innen – sie sind nicht nur von eigenen Gefühlen geleitet, sondern inszenieren ihre Urteile, Anklagen oder Sachverhalte in affektiven Registern, die ihrerseits auf eingeübte Rollen und Funktionen ebenso wie auf kulturell-historische Rechtsverständnisse verweisen (vgl. auch Bernhardt, Kapitel 9). Schließlich erkennen wir an „emotionalen Subjektivierungen" (vgl. auch Pritz, Kapitel 10), dass in der Gegenwart ein ganz bestimmtes Verständnis von Emotionen vorherrschend ist, nämlich, dass diese steuerbar und ein Indiz für ein gutes Leben und für gelingende soziale Beziehungen sein sollen (vgl. auch Neckel & Sökefeld, Kapitel 5). Indem die Emotionssoziologie einerseits den vermeintlichen Widerspruch zwischen Emotion und Ratio aufhebt, indem sie die Rationalität als affektive Praxis entlarvt, macht sie deren Wirkmacht als kulturelle Größe in unserer Gesellschaft sichtbar. Indem sie andererseits beschreibt, wie diese Felder noch durch ganz andere Emotionen, aber auch das Sinnliche und Affektive strukturiert sind, können diese bereichs- und kontextspezifisch differenziert und dichter durchdrungen werden.

Die Perspektivenvielfalt innerhalb der Emotionssoziologie erweist sich hierbei weiter als ein Potenzial, distinkte Emotionen sowohl in ihrer kulturellen und statusbezogenen Modellierung als auch in ihrem phänomenalen Erleben und in ihren Erscheinungsformen zu entdecken. Dabei mag es befremdlich sein, wenn Phänomene wie Solidarität (vgl. auch Adloff, Kapitel 15) oder Hass (vgl. auch Ural, Kapitel 16) dadurch nah aneinanderrücken, dass beide sowohl als ‚heiß' wie auch als ‚kalt' beschrieben werden können. Doch beide motivieren als starke Empfindungen im sozialen Nahbereich Handlungen – man denke etwa an die helfende Hand in der Not oder an den wütenden Schlag ins Gesicht. Beide können aber auch abstrakter und daher nicht zwingend fühlbar als gesellschaftliche Infrastrukturen wie im Fall der Solidarität als intergenerationales Rentensystem oder im Fall des Hasses verdinglicht als abschottende Grenzmauer in Erscheinung treten. Überraschen mag darüber hinaus, wenn sich die Begeisterung für einen Popstar strukturell ebenso als Form der freiwilligen Unterwerfung entpuppt wie die Verehrung eines religiösen oder politischen Führers (vgl. auch Zink, Kapitel 12). Auch wenn die Hingabe alltagsweltlich ein gänzlich anderes Gefühl meint als etwa die Scham, soziologisch weisen auch diese beiden Emotionen eine Verwandtschaft auf, handelt es sich doch um unterschiedliche emotionale Reaktionen auf Status- und Machtunterschiede in der Gesellschaft. Statt diese hingebungsvoll zu bejahen, drückt die Scham aus, dass dieses Machtgefälle negativ, als Erniedrigung erfahren wird (vgl. auch Neckel, Kapitel 11).

Die Emotionssoziologie deckt aber nicht nur Gemeinsamkeiten auf, sondern kann auch unerwartete Differenzen in Phänomenen hervorkehren. So sind sich Neid (vgl. auch zu Neid von Scheve, Kapitel 14) und Empörung (vgl. auch Diefenbach, Kapitel 13) auf den ersten Blick sehr ähnlich, drücken beide ein Dissonanzerlebnis aus, das auf einen verletzten Wert zurück geht. Doch sie unterscheiden sich fundamental, macht man sich bewusst, dass diese Wertverletzung anderen Ursprungs ist. Neid ist demnach keine moralische Emotion wie die Empörung. Er beruht auf dem sozialen Vergleich eines nichterreichbaren Gutes und ist daher eine narzisstische Kränkung des Selbstwertes. Während er selbstbezogen bleibt, verallgemeinert die Empörung die Verletzung als allgemeine Norm, strebt demnach nach Gerechtigkeit und kann politisierend wirken. Eine Gesellschaft der sozialen Ungleichheiten kann daher, muss aber nicht, sowohl zu Neid als auch zu Empörung führen.

Gleichwohl sind manche Phänomene zunächst weniger gut zu deuten oder einzuordnen. Wofür steht ein kurzer, sich von einem Geschehen abwendender Blick? Für ein feinsinniges Taktgefühl (vgl. auch zum Taktgefühl Schützeichel, Kapitel 19) gegenüber einer potenziellen Scham Dritter? Selbst für eine schamvolle Geste (vgl. auch Neckel, Kapitel 11)? Oder gar für Abscheu (vgl. auch Ural, Kapitel 16)? Gerade die Sinnlichkeit und Affektivität dieser Situation zu fokussieren, mag hier bereichern, vermögen es diese Konzepte, feinste sinnliche Bewegungen und atmosphärische Veränderungen im sozialen Miteinander differenziert zu beschreiben: als olfaktorische Wahrnehmung (vgl. auch Racleș, Kapitel 21), affektiv irritierende Geräuschkulisse (vgl. auch Zink & Senge, Kapitel 7) oder eigenes Dissonanzerlebnis (vgl. auch Herbrik, Kapitel 8; Stodulka, Kapitel 23). Der Vorteil dieses Vokabulars liegt nicht nur darin, dass es das Ereignis nicht gleich in eine klare Deutung presst, sondern dass es ein sich bewegendes Dazwischen oder etwas Diffuses zulässt. Erst mit solch einem feinen Sensorium, das dazu in der Lage ist, in einem konkreten Geschehnis die kleinsten Dissoziationen und Assoziationen zwischen Entitäten zu registrieren und diese auf ihre anziehende oder abstoßenden Wirkung hin zu befragen, können wir ein Verständnis, ja selbst ein Gefühl für die Rhythmik des Sozialen entwickeln und genauer herausfinden, wie etwas sozial zum Schwingen kommt und wo sich durch kleine Brüche und Irritationen Grenzen der Verständigung auftun. Wer Taktgefühl besitzt, hat nicht ohne Grund für solche Sensibilitäten den ‚richtigen Riecher', schließt diese Kompetenz eine Aufmerksamkeit für die feinsten Sinneseindrücke ein (vgl. auch zum Taktgefühl Schützeichel, Kapitel 19).

Mit der theoretischen Perspektivenvielfalt der Emotionssoziologie korrespondiert daher auch, Phänomene in ihren unterschiedlichen sozialen Wirkweisen scharf zu stellen: Zu Hass gehört Liebe und Anziehung gegenüber etwas Schützenswertem (vgl. auch Ural, Kapitel 16). Wer sich solidarisiert, schließt meist Dritte aus, vielleicht ganz bewusst oder doch eher unreflektiert, ignorierend (vgl. auch Adloff, Kapitel 15). Angst verstehen wir erst, wenn sich etwas Wertvolles nicht nur als bedroht anfühlt, sondern ein Kontrollverlust über diese Bedrohung hinzukommt (vgl. auch Dehne, Kapitel 17). Sie kann dabei diffus und unbewusst das Individuum oder ganze Gesellschaften bestimmen oder auch ganz konkret, strategisch produziert und politisiert gesellschaftlichen Wandel anleiten wie dies derzeit die Klimaangst als Gefühl der Krise macht (vgl. auch Senge, Kapitel 18).

2.2 Historizität und kulturelle Differenzen sichtbar machen

Das Alltagsverständnis über Emotionen, Sinnlichkeit und Affektivität wird auch gestört, wenn darin ihre Historizität sowie kulturelle Differenz ans Licht befördert wird. So führen zum Beispiel die epochenprägenden Zusammenhänge der „raumzeitlichen Abstandsvergrößerungen, sozialen Entbettung und Reflexivität" sowohl zu Gefühlen der Verheißung also auch der Krise, weshalb es sinnvoll erscheint, von einer für die Moderne spezifischen „ambivalenten Gefühlslage" zu sprechen (vgl. auch Neckel & Sökefeld, Kapitel 5). Solch eine weit ausholende Perspektive erlaubt es, die viel beschworene Zeitdiagnose der Emotionalisierung wesentlich differenzierter zu beschreiben, nämlich nicht einfach als ein Mehr an Emotionen in der Gesellschaft, sondern als eine geschichtlich nachvollziehbare In-Wert-Setzung von Emotionen, die sämtliche gesellschaftliche Bereiche durchzieht und den Siegeszug psychologischer Ideen als populäres Wissen deutlich macht. Dabei sind es vor allem Dissonanzerfahrungen, die solch einen gesellschaftlichen Wandel ankündigen und neue Emotionskulturen formieren, wofür die Krisengefühle zum Klimawandel ein gutes Beispiel sind. Als Bewältigungsstrategien bilden sie einen neuwertigen emotionalen Stil aus, der als *Green Emotions* auf einen Begriff gebracht werden kann (vgl. auch Senge, Kapitel 18).

Neben der gesellschaftlich-geschichtlichen Gemachtheit tritt so auch die kulturelle Gemachtheit des Fühlens ins Erscheinen. So bestimmen Emotionen wie Trauer, die romantische Liebe oder auch ein Ehrgefühle das gesellschaftliche Zusammenleben keineswegs in gleicher Weise, sondern finden in anderen, etwa außereuropäischen Gesellschaften unterschiedliche Ausdrucksformen oder soziale Relevanzen (vgl. auch Röttger-Rössler, Kapitel 24). Auch über die Sinne geben die Beiträge ein differenzierendes Verständnis, wenn sie aufzeigen, wie sie zu unterschiedlichen Zeiten und in unterschiedlichen Gesellschaften eine andere Rolle spielen. Mit der Bilderflut in der Moderne erhält das Visuelle eine starke Bedeutung für gesellschaftliche Prozesse, wie dies „Protestbilder" (Schankweiler 2019) dokumentieren, politische Empörungsgemeinschaften weltweit hervorbringen wie dies bei der Black Lives Matter-Bewegung zum Beispiel zu beobachten ist (vgl. auch Diefenbach, Kapitel 13). Wiederum der Geruchssinn galt sowohl in der Soziologie als auch in der Gesellschaft lange Zeit als sozial weniger bedeutsam. Dabei können wir in den Bewertungen und Zuschreibungen von Gerüchen rassifizierende Elemente finden, die zu Abscheu und Ekel führen (vgl. auch Racleș, Kapitel 21). Sprache und Sinneswahrnehmung hängen in diesen Prozessen stark zusammen, was sich zum Beispiel daran zeigt, dass in Indonesien Menschen Angst bei anderen nicht nur riechen, sondern sich darüber austauschen können (vgl. auch Röttger-Rössler, Kapitel 24). Auch können wir über das Studium der Emotionen Prozesse der kulturellen Angleichung und Entdifferenzierung ebenso wie Barrieren einer voranschreitenden Globalisierung erkunden (vgl. auch Neckel & Sökefeld, Kapitel 5). So hat sich zwar der Kapitalismus weltweit erfolgreich etabliert, findet aber seine Eigenlogiken in distinkten Emotionskulturen wie dem islamischen Bankenwesen, das spezifische muslimische Gerechtigkeitsgefühle des Ökonomischen wahrt (vgl. auch Zink & Senge, Kapitel 7). Ein Gespür für solche kulturellen Differenzen ist zudem wichtig, um zu verstehen, wie auch in westlichen Gesellschaften Grenzziehungen zwischen dem Säkularen und Religiösen (vgl. auch Herbrik, Kapitel 8) oder zwischen justiziablem Recht und empfundenem Unrecht (vgl. auch Bernhardt Kapitel 9) aufgrund bestimmter Sensibilitäten (neu) verhandelt werden. Solche Analysen verdeutlichen einmal mehr, dass die Idee von universellen, klar abgrenzbaren Emotionen oder Sinnen eine westliche Vorstellung ist (vgl. auch Racleș, Kapitel 21; Wiesse & Weigelin, Kapitel 3) und dass deren Erforschung die Kraft der kulturelle Überformung und ihrer Differenzen zutage befördert.

2.3 Macht- und Herrschaftsverhältnisse entlarven

Kulturelle Eigenheiten verweisen auch darauf, wie Macht- und Herrschaftsverhältnisse mit Emotionen, Affekten und Sinnlichkeit verwoben sind. Das „liberale Gefühlsdispositiv“ (vgl. auch Sauer, Kapitel 6) moderner Gesellschaften funktioniert nicht nur, weil es seine eigene emotionale Grundierung unsichtbar macht, indem es Gefühle in ein vermeintliches Privates verbannt, sondern auch, indem Emotionen zugleich als Herrschaftstechnik eingesetzt werden, Marginalisierten, Frauen oder Migrant:innen zugeschrieben werden, die dadurch aus dem politischen Geschehen ausgeschlossen werden. Zugleich macht die Fokussierung auf Hingabe, Begeisterung oder Verehrung, sei dies für die Nation, für die Demokratie oder eine Verfassung, deutlich, dass Macht und Herrschaft erst durch diese emotionalen und zugleich unterwürfigen Bindungen entstehen und sich stabilisieren (vgl. auch Zink, Kapitel 12).

Umgekehrt können wir in anderen Emotionen auch die Folgen von Macht- und Herrschaftsverhältnissen erkennen. Soziale Scham verweist uns auf subordinatives Fühlen, sodass wir etwas über sozialstrukturelle Klassifikationen von oben und unten, innen oder außen und damit über soziale Ungleichheiten und Desintegrationsprozesse lernen (vgl. auch Neckel, Kapitel 11). Aber auch Hass (vgl. auch Ural, Kapitel 16) oder Angst (vgl. auch Dehne, Kapitel 17) können Ausdruck von Ausgrenzungserfahrungen sein, die als diffuses Leid und Unbehagen die Subjekte (vgl. auch Pritz, Kapitel 10) umtreiben. Dieses Leid kann sich schließlich durch konkrete Verantwortungszuschreibungen in Ungerechtigkeitsgefühle transformieren und durch Solidarisierungen Herrschaftsverhältnisse destabilisieren (vgl. auch Diefenbach, Kapitel 13; Adloff, Kapitel 15).

Es kann daher gar nicht genug betont werden, wie wichtig die analytische Perspektive auf Prozesse der „emotionalen Subjektivierung“ ist. Zwar entstehen zwischen Ansprüchen und Idealen, die in einem diskursiven Raum über das gute oder richtige Leben zirkulieren, und dem konkreten Alltagshandeln Brüche. Doch diese Vollzüge als emotionale Subjektivierungen zu betrachten kehrt hervor, wie das Subjekt subtil und unscheinbar, aber dennoch ganzheitlich mit seiner Gedankenwelt, seinem Körper und seinen Empfindungen von den diskursiven Ansprüchen vereinnahmt, ja regiert werden kann. Praktiken des Meditierens, der Fitness oder Wellness vollziehen sich daher nicht in einem luftleeren oder rein privaten Raum. Sie können auch als Techniken eines selbstgewählten Emotionsmanagements gelesen werden, das zu einem umfassenderen und immer dominanter werden Nachhaltigkeitsdiskurs gehört. Dieser hält die Subjekte dazu an, ressourcenschonend zu leben, nicht zuletzt um für die Wirtschaft oder ein ‚optimiertes‘ Leben allgemein leistungsfähig zu bleiben (vgl. auch Pritz, Kapitel 10).

Wenn die emotionssoziologische Brille derartige Selbstverständlichkeiten auflöst, entlarvt sie darin immer auch deren naturalisierende Macht in der Gesellschaft. Egal ob es dabei um die wirkmächtige Idee eins rational und souverän handelnden Subjekts geht, das dem „patriarcho-kapitalistischen Affektregime" (vgl. auch Sauer, Kapitel 6) zugrunde liegt oder um die Gier, die historisch als affektloses Interesse unsichtbar gemacht wurde, um kapitalistisches Gewinnstreben zu legitimieren (vgl. auch Zink & Senge, Kapitel 7). Dass auch schon Affekte Teil solcher Herrschaftsbeziehungen sind, wird eindrücklich dokumentiert, wenn sie im sinnlichen Gewand der Wissenschaft selbst auftreten. Indem sich Wissenschaft in die „moderne Grammatik der Rationalität" (Gouldner 1980: 10) einschreibt, erscheint ihr Wissen als wahr und objektiv. Diese Affizierungsweise verschleiert aber nicht nur kulturell-normative Prämissen, sondern eignet sich auch als wirkmächtige Waffe im Kampf um Deutungshoheiten. So wird beispielsweise der westliche emotionale Erziehungsstil von der Wissenschaft nicht nur als Idealmodell für eine gute frühkindliche Entwicklung gesetzt. Indem diese Ideen in Gestalt wissenschaftlicher Wahrheit affizieren, rechtfertigen sie Erziehungsinterventionen in Ländern des sogenannten Globalen Südens mit dem Argument, Kinder würden dort im Lichte der Wissenschaft defizitär erzogen, könnten auf diese Weise nicht ihr volles Hirnpotenzial erreichen und seien deshalb arm. Damit setzt sich sowohl über die affizierende Macht der Wissenschaft als auch über eine imperiale Steuerung von Emotionen ein neokoloniales Machtgefüge fort (vgl. auch Röttger-Rössler, Kapitel 24).

2.4 Normative Widersprüche und Paradoxien aufdecken

Nicht zuletzt arbeiten die Beiträge immer wieder heraus, wie Emotionsnormen und -kulturen Widersprüche und Paradoxien hervorbringen, die das spätmoderne Subjekt als Spannungen sinnhaft integrieren muss. Dazu zählen wie bereits erwähnt der Widerspruch zwischen Glücks- und Krisengefühlen, die moderne Bedingungen für das Subjekt bereithalten. Dazu zählt auch die Tatsache, dass sowohl Rationalisierungen als auch Emotionalisierungen in einem teils widersprüchlichen Ineinandergreifen gesellschaftliche Verhältnisse bestimmen und zu paradoxalen Effekten führen. Die Ökonomisierung von Gefühlen und die Emotionalisierung der Ökonomie ist dafür ein Paradebeispiel. Mit dem gezielten Emotionsmanagement dringt der Optimierungs- beziehungsweise Marktimperativ in die Privatwelt ein. Wenn aber der Maßstab für ein gelungenes Leben Gefühle des Glücks und der Zufriedenheit sind, kehrt dessen Imperativ Praktiken in eine bewusst gesteuerte und damit rationalisierende Gefühlsbildung um. Dadurch verlieren Gefühle aber ihren leiblich-affektiven Charakter, wirken mehr entfremdend denn als Ausdruck eines authentischen Selbst. Zum anderen wirkt es zwar wie ein Bruch mit der als kalt und durchrationalisiert empfundenen Wirtschaft, wenn *soft skills* und emotionale Intelligenz auf dem Arbeitsmarkt an Bedeutung gewinnen. Doch geht solch ein Versprechen gegen Entfremdung gerade dann nicht auf, wenn Subjekte ihre Gefühle als Ware einsetzen sollen (vgl. auch Neckel & Sökefeld, Kapitel 5; Pritz, Kapitel 10; Zink & Senge, Kapitel 7). Solche normativen Widersprüche und nicht-intendierten Folgen von Emotionskulturen zeigen sich auch in der Versicherheitlichung gesellschaftlicher Institutionen, machen deren Maßnahmen die Risiken und Gefahren für das Subjekt erst sichtbar und können dadurch mehr Angst auslösen, als dass sie ein Gefühl von Sicherheit produzieren (vgl. auch Dehne, Kapitel 17). Auch kann sich Hass gegen marginalisierte Minderheiten perpetuieren, wenn er nicht allein gesellschaftlich geächtet, sondern auch als strafrechtlich relevante Kategorie institutionalisiert wird und dadurch erst die Minderheiten also solche auf Dauer markiert (vgl. auch Ural, Kapitel 16). Gefühle der Verletzung wie Empörungen, Neid oder Ressentiments können zudem auf die paradoxale Wirkung von gesellschaftlich immer stärker verinnerlichten Werten wie der Gleichheit hinweisen. Selbst wenn Gesellschaften Ungleichheiten abbauen, wird aufgrund der zunehmenden Akzeptanz dieser Norm auf verbleibende Unterschiede umso sensibler reagiert (vgl. auch Bernhardt Kapitel 9; zu Neid von Scheve, Kapitel 14; Diefenbach, Kapitel 13).

2.5 Die forschende Reflexivität steigern

Erkennen wir Sinnlichkeit, Affekt und das Emotionale als Quellen von sozialen Verständigungsprozessen an und werden diese systematisch berücksichtigt, bereichern sie die Forschung selbst. Nicht nur können damit soziologische Konzepte wie kollektive Emotionen (vgl. auch zu soziologischen Perspektiven von Scheve, Kapitel 4) scharf gestellt werden. Die videobasierte Analyse eines Fußballspieles im Stadium oder eines Papstbesuches in einer Stadt zeigt dann, wie erst das Zusammenspiel von affektiven Arrangements und affektiven Dramaturgien Kollektivität und Emotionen herstellt und zugleich deren Grenzen dokumentiert (vgl. auch Knoblauch, Kapitel 20).

Emotionen, Affekten und dem Sinnlichen Aufmerksamkeit zu schenken, macht darüber hinaus die Forschung selbst als affektiven Prozess sichtbar und muss entsprechend methodisch kontrolliert werden. Dabei können die eigenen Gefühle wie Empathie, Skepsis, Offenheit, Neugierde, Zurückhaltung (vgl. auch Röttger-Rössler, Kapitel 24), unmittelbares Mitgefühl (vgl. auch Herbrik, Kapitel 8) oder auch Ablehnung in emotionalen Tagebüchern (vgl. auch Stodulka, Kapitel 23) oder im Austausch mit den Studienteilnehmenden (vgl. auch Racleș, Kapitel 21; Sauerborn & Albrecht, Kapitel 22) zum Gegenstand der Reflexion werden. Dies gibt zu erkennen, wie das Forschungsinteresse durch die eigenen Emotionen geprägt ist und wie diese wiederum das interessierende Phänomen affektiv einfärben und manche Aspekte des Gegenstandes sichtbar und andere unsichtbar machen (vgl. auch Sauerborn & Albrecht, Kapitel 22). Eigene aufkommende Unrechtsgefühle in der Forschung sind beispielsweise ein Indikator dafür, wie die eigene Perspektive auf Phänomene wie Solidaritätsbeziehungen oder das Kindeswohl normativ imprägniert ist (vgl. auch Adloff, Kapitel 15; Röttger-Rössler, Kapitel 24) und sich sodann auch in Konzepten und der wissenschaftlichen Sprache selbst, etwa Pierre Bourdieus Rede vom „Elend der Welt" (vgl. auch Diefenbach, Kapitel 13) oder dem Plädoyer für eine „affektive Demokratie" (vgl. auch Sauer, Kapitel 6) widerspiegeln. Sich seinen eigenen Gefühlen bewusst zu werden, steigert somit die Reflexivität als forschende Gesellschaftsbeobachter:innen.

Worin besteht also das kritische Potenzial einer Affekt- und Emotionssoziologie? Zunächst sehen wir, dass sie ihre *kritische* Dissoziation aus einer *empiriegesättigten* Assoziation hervorbringt, die einen epistemischen Bruch mit der Alltagswelt dadurch sucht, dass sie das Gegebene in seiner Sozialität, als soziale Tatsache zu erkennen gibt. Sie geht dabei rekonstruktiv und methodisch kontrolliert vor und trägt die Kategorien und Maßstäbe für diese Differenzsetzungen nicht von außen an die Gesellschaft heran, sondern destilliert diese aus den (normativen) Gehalten ihrer gesellschaftlichen Institutionen sowie aus den Alltagspraktiken der Gesellschaftsmitglieder selbst. Damit ist sie ein Korrektiv sowohl für die Soziologie als auch für andere Emotionstheorien. Darüber hinaus kann ihr spezifisches Wissen in seiner eigenen Vielfalt als aufklärerische Stimme in der Gesellschaft wirken. Denn sie entwickelt nicht nur neue Theorien und Konzepte, die durch Emotionen, Sinnlichkeit und Affektivität Eigenschaften menschlichen Handelns, Grundformen sozialer Ordnung oder Mechanismen sozialen Wandels sensibler beschreiben. Sie macht auch Macht- und Herrschaftsverhältnisse sichtbar, die sowohl einer bürgerlich-kapitalistischen Ideologie, als auch den aufklärerischen Ideen selbst – Vernunft, Fortschritt, Universalismus, Humanismus – entspringen.

3 Grenzen, blinde Flecken und Weiterentwicklungen

Ein Blick auf die konkurrierenden Forschungsprogramme der Emotionssoziologie macht indes deutlich, dass es weiterhin keine „zufriedenstellende Antwort auf den Zusammenhang von Denken, Handeln, Fühlen" (vgl. auch zur Emotionsgeschichte Schützeichel, Kapitel 2) in der Soziologie gibt. Zwar werden Konzepte kontinuierlich weiterentwickelt und nuanciert, sodass sich neue Perspektiven auf diese Verbindungen eröffnen. Doch zweifelsohne sind damit auch Grenzen und blinde Flecken in der gegenwärtigen emotionssoziologischen Forschung angesprochen. Umso wichtiger ist es daher, offen für Weiterentwicklungen und Anschlüsse aus anderen Disziplinen zu bleiben.

Zu den Grenzen und blinden Flecken gehört, dass bisher Verbindungen zwischen den Zweigen der Emotionssoziologie selbst fehlen. Emotionen, Affekte und insbesondere die Sinne werden kaum in einen gemeinsamen analytischen Zugang integriert. Dies hat viele Gründe, hängt aber oft mit theoretischen Perspektiven zusammen, die andere Aspekte des Sozialen notwendig vernachlässigen. Wer sich für das Subjekt und sein emotionales Erleben interessiert, tut sich schwer mit einem subjektlosen Verständnis der sozialen Welt, das nur noch aus relationalen Prozessen der wechselseitigen Affektionen besteht, die sich zwischen Körpern und Materialitäten abspielen. Die Digitalisierung des Sozialen kann hier einen notwendigen Schub bringen, theoretische Konzepte miteinander zu verbinden, da digitale Interaktionen, zumal in ihrer eigenen Vielfalt, Sinneseindrücke und Raum-Zeit-Relationen anders strukturieren (vgl. auch Wiesse & Weigelin, Kapitel 3). Anschlüsse an die Kommunikations- und Medienwissenschaften, aber auch die Film- und Kunstwissenschaften sind hierfür vielversprechend, um etwa die Bedeutung des Visuellen oder des bewegten Bildes, man denke auch an Emojis oder Memes, für Gruppenprozesse, Machtdynamiken oder Subjektbildungen zu rekonstruieren.

Neben theoretischen Differenzen spielen auch methodologische Herausforderungen eine Rolle. Soziologie ist stark an die Sprache, Schrift, den Text gebunden, sodass die Autor:innen zwar innovative Ansätze an die Hand geben, um opake und diffuse Phänomene wie Atmosphären oder Stimmungen ins Diskursive, Erzählbare zu übersetzen. Doch verweisen auch sie auf andere Formen der Wissensproduktion und Kommunikation, die vielversprechend sein können (vgl. auch Sauerborn & Albrecht, Kapitel 22). So können künstlerische Forschungsansätze oder die Design- und Raumforschung über evokative, visuelle oder kartografische Methoden und über andere Darstellungsformen als den Text gerade die sinnlichen und affektiven Infrastrukturen des Sozialen deutlicher hervorkehren und vermitteln dies mitunter eingängiger als dies ein Text leisten kann. Auch die Tanz- und Theaterwissenschaft oder die Performance Studies bieten interessante Zugänge, etwa auf Bewegungen, um sie in ihren relationalen und körperlichen, choreografischen Vollzügen zu analysieren. Um die Bedeutung und Funktion von Hörempfindungen, sei es der dichte Hintergrundlärm in der Stadt, die vergeschlechtlichen Stimmen von Männern und Frauen, Musik, oder das Meeresrauschen für soziale Interaktionen studieren zu können, sind die Musikwissenschaften und Sound Studies lehrreihe Felder für die Soziologie. Zwar arbeitet gerade die soziologische Forschung zu Affekten und den Sinnen mithilfe dieser kulturwissenschaftlichen Ansätze. Doch die Aufzählungen machen deutlich, dass der Anschluss der soziologischen Forschung an die Ästhetik und ihre angewandten Forschungsfelder eher randständig ist, dass deren wechselseitig ergänzende Perspektiven aber gewinnbringend für ein Verständnis von Gesellschaft, Kultur und Sozialstruktur sein sollte. Eine spannende Frage ist zum Beispiel, inwiefern wir ästhetisches Empfinden als ein eigenständiges Gefühl beschreiben können oder inwiefern verschiedene Ästhetiken als Affektpolitiken gesellschaftlichen Wandel prägen. In eine andere, aber nicht weniger wichtige Richtung geht die Frage, was die Affekt- und Emotionssoziologie von den Disability Studies und ihren angrenzenden Felder wie den Mad Studies, Deaf Studies oder Critical Autism Studies lernen kann. Indem sie Behinderung als sozial konstruierte Barriere konzeptionalisieren, die betroffene Menschen an der gesellschaftlichen Teilhabe hindert, legen sie einen vermeintlichen Standard menschlichen Vermögens und Agierens offen, der sich in der Gesellschaft, aber auch in sozialwissenschaftlichen Theorien findet. Welchen Zugang gewähren sie auf phänomenales Erleben von Gefühlen wie Freude, Stolz, Angst? Welche emotionskulturellen Entwicklungen können sie in Augenschein nehmen?

4 Affektpolitiken der soziologischen Kritik

Die Anerkennung von Emotionen, Affekten und Sinnlichkeit führt nicht nur dazu, die Gesellschaft besser beobachten und verstehen zu können. Die emotionssoziologische Perspektive zeigt uns auch, dass den affektiven Praktiken der Kritik – verfremden, entlarven und differenzieren – ihrerseits unterschiedliche Affektpolitiken innewohnen. Damit gemeint ist, dass sich zu assoziieren und zu dissoziieren nicht frei von affektiven Dynamiken im gesellschaftlichen Raum sind. Soziologische Kritik ist stets auch Gesellschaftskritik. Als solche ist sie immer auch getragen von Gefühlen des Interesses an der gegebenen Gesellschaftsordnung sowie des Widerstandes und des Aufbegehrens gegen sie. Sie will in ihrer Wirkmacht andere affektiv aufrütteln, mobilisieren und so für die eigene Perspektive gewinnen. Dies geschieht freilich auf verschiedene Weise und wir können eigenspezifische, kulturell wie institutionell tradierte Affektpolitiken, welche die soziologische Gesellschaftskritik kennzeichnen, unterscheiden (vgl. Bröckling 2013; Zink 2023).

Eine Affektpolitik der soziologischen Kritik lässt sich als vorrangig deskriptiv-erklärend beschreiben. Diese soziologische Kritik möchte allein verallgemeinernde Gesetze und Regeln – Sozialtheorie – aufspüren und fragt: Warum ist das Gegebene so und nicht anders? Damit will sie zu einem besseren Verständnis von Gesellschaft beitragen, sich affektpolitisch aber maximal von der Gesellschaft distanzieren. Wenn diese Kritik ihren Gegenstand verfremdet, entlarvt oder differenziert, dann wie Niklas Luhmann (1991: 150) vorschlägt, allein aus dem Interesse, „welche Folgen es hat, wenn so beobachtet wird, wie beobachtet wird – und nicht weiter". Ein weiteres soziologisches Selbstverständnis hält die Gesellschaft weniger auf Abstand, erkennt sie doch in der rationalisierten Beobachtung ein eigenes Engagement für diese (Aron 1983). Die wissenschaftliche Deskription hat demnach keinen Selbstzweck, sondern die affektpolitische Aufgabe, „an der Schaffung gesellschaftlicher Wirklichkeit in aufgeklärter und kritischer Weise mitzuwirken" wie Dirk Kaesler (1997: 8) schreibt. Verfremden, entlarven und differenzieren will folglich zur gesellschaftlichen Selbstreflexion, Mündigkeit und Selbstverständigung anregen, ohne aber aufzuzeigen, wo es genau hingehen soll. Schließlich gibt es das Selbstverständnis der kritischen Soziologie, das affektpolitisch dezidiert eingreifen und emanzipieren will. Diesen Anspruch brachte etwa Karl Marx in seiner 11. Feuerbachthese pointiert zum Ausdruck, dass es ihm darum ginge, die Welt nicht nur zu *interpretieren*, sondern sie auch zu *verändern* (Engels 1886). Verfremden, entlarven und differenzieren will daher stets Macht- und Herrschaftsverhältnisse verstehen, um an diesen gesellschaftlichen Praktiken auch zu rütteln. Begriffe wie Leid, Ausbeutung, Unterdrückung oder Entfremdung sollen auf eine Weise affizieren, um diese zu überwinden.[2]

Beobachtende, engagierte und eingreifende Affektpolitiken der soziologischen Kritik sind freilich idealtypisch gedacht. Doch ermöglichen sie, über die Bedeutung und Funktion von soziologischem Wissen und speziell von emotionssoziologischem Wissen im und für den gesellschaftspolitischen Diskurs nachzudenken. Es lässt sich erkunden, inwiefern Konzepte wie Emotion, Affekt und Sinnlichkeit allein eine deskriptive Kritik an dominanten Sozialtheorien darstellen oder welcher aufklärende oder eingreifende Gehalt von ihnen und dazugehörigen emotionssoziologischen Analysen ausgeht. Welchen Dienst erweist die Emotionssoziologie etwa einer gesellschaftlichen Selbstverständigung, wenn sie anmerkt, dass alle Wahrheiten (eben ‚nur') gefühlt sind? Schließlich kann diese Erkenntnis auch regressiven Politiken in die Hände spielen, ermöglicht sie es, auch die epistemische Autorität von Expert:innen und Wissenschaftler:innen anzugreifen. Insofern regen die Affektpolitiken dazu an, sich selbst als soziologische:r Gesellschaftskritiker:in reflektieren zu können: Nicht nur ist man selbst von der Gesellschaft affiziert, sondern stets liegt auch ein Vermögen in der soziologischen Kritik, die Gesellschaft zu affizieren. Vor diesem Hintergrund ist es die Aufgabe einer kritischen Emotionssoziologie, zu einem differenzierten Ver-

2 Dieses Verständnis von Soziologie und eingreifender Kritik findet sich in macht- und herrschaftskritischen, etwa feministischen, post-kolonialen und aktivistischen Ansätzen. Sie beziehen sich vielfach auf das Erbe der Kritischen Theorie beziehungsweise der Frankfurter Schule und den Poststrukturalismus oder auf eine Kombination aus beiden.

ständnis davon beizutragen, wie das Soziale affektiv gedacht werden kann und umgekehrt, wie das Affektive sozial ist.

Literatur

Aron, Raymond (1983). *Der engagierte Beobachter*. Klett-Cotta.

Bröckling, Ulrich (2013). „Der Kopf der Leidenschaft. Soziologie und Kritik", in *Leviathan*, 41(2), S. 309–323.

Diefenbach, Aletta; Lüthjohann, Matthias & Roth, Hans (2023). „Im Handgemenge – Zur Einführung in die Affekte der Kritik", in *Leviathan* 51(4), S. 515–525.

Engels, Friedrich (1886). *Ludwig Feuerbach und der Ausgang der klassischen deutschen Philosophie*. Bernd Müller Verlag.

Gouldner, Alvin W. (1980). *Die Intelligenz als neue Klasse. 16 Thesen zur Zukunft der Intellektuellen und der technischen Intelligenz*. Frankfurt am Main: Campus.

Jaeggi, Rahel & Wesche, Tilo (Hrsg.) (2009). *Was ist Kritik?* Frankfurt am Main: Suhrkamp.

Kaesler, Dirk (1997). *Soziologie als Berufung*. Opladen: Westdeutscher Verlag.

Koselleck, Reinhart (1959). *Kritik und Krise. Ein Beitrag zur Pathogenese der bürgerlichen Welt*. Freiburg: Karl Alber.

Luhmann, Niklas (1991). „Am Ende der kritischen Soziologie", in: *Zeitschrift für Soziologie*, 20(2), S. 147–152

Schankweiler, Kerstin (2019). *Bildproteste*. Berlin: Wagenbach.

Wetherell, Margaret (2012). *Affect and Emotion. A New Social Science Understanding*. London: Sage.

Zink, Veronika (2023). „Alltag und Modernekritik. Gesellschaftstheoretische Affektpolitiken der Veralltäglichung", in: *Leviathan* 51(4), S. 575–607.

Autor:innenverzeichnis

Frank Adloff ist Professor für Soziologie im Fachbereich Sozialökonomie der Universität Hamburg, zudem ist er Co-Leiter der dortigen DFG-Kolleg-Forschungsgruppe „Zukünfte der Nachhaltigkeit". Zuletzt ist von ihm erschienen „Politics of the Gift. Towards a Convivial Society" (Bristol University Press, 2022).

Yvonne Albrecht ist promovierte Soziologin und arbeitet als Wissenschaftliche Mitarbeiterin am Deutschen Zentrum für Integrations- und Migrationsforschung (DeZIM). Sie ist zudem assoziierte Wissenschaftlerin am Berliner Institut für empirische Integrations- und Migrationsforschung (BIM) an der Humboldt-Universität zu Berlin sowie am DFG-Sonderforschungsbereich „Affective Societies" an der Freien Universität Berlin. Seit 2019 ist Yvonne Albrecht zudem Vorsitzende des Research Network 11 „Sociology of Emotions" der European Sociological Association (ESA).

Fabian Bernhardt ist promovierter Philosoph und wissenschaftlicher Mitarbeiter im Sonderforschungsbereich „Affective Societies" an der Freien Universität Berlin. Publikationen zum Thema (Auswahl): *Zur Vergebung. Eine Reflexion im Ausgang von Paul Ricœur*, Berlin 2014; *Recht und Emotion II. Sphären der Verletzlichkeit* (als Hg., zus. m. Hilge Landweer), Freiburg/München 2017; *Rache. Über einen blinden Fleck der Moderne*, Berlin 2021.

Max Dehne studierte Soziologie, Psychologie und Erziehungswissenschaften an der FU Berlin und promovierte als Stipendiat des Max-Weber-Kollegs in Erfurt zum Thema „Soziologie der Angst". Er arbeitete viele Jahre als systemischer Berater und Familientherapeut sowie als Referent zum Thema Angst, bevor er später zum Software Engineer wurde. Derzeit baut er ein systemisches bundesweites Suchtpräventionsprogramm für Schulen mit auf und verantwortet dabei u. a. die Entwicklung der theoretischen Grundlagen des Präventionskonzepts sowie eines begleitenden digitalen Serious Game.

Aletta Diefenbach ist promovierte Soziologin am DFG-Sonderforschungsbereich „Affective Societies" an der Freien Universität Berlin. Zu ihren Forschungsgebieten zählen politische Soziologie, Kultursoziologie, die Soziologie der Emotionen, soziale Ungleichheit und qualitative Methoden.

Regine Herbrik hat in Konstanz Soziologie mit wissens- und religionssoziologischem Schwerpunkt studiert und an der TU Berlin promoviert. Sie war Postdoc-Stipendiatin des Exzellenzclusters „Languages of Emotion" der FU Berlin und im Anschluss Juniorprofessorin an der Leuphana Universität Lüneburg. Danach war sie Leiterin der Volkshochschule Ludwigslust-Parchim. Heute arbeitet sie als Referentin für Bildungsmanagement beim Bistum Hildesheim.

Hubert Knoblauch ist Professor für Allgemeine Soziologie/ Theorie moderner Gesellschaften an der Technischen Universität. Er war Gründungsvorstand des SFB „Affective Societies" an der FU Berlin und ist derzeit Co-Sprecher des SFB „Refiguration von Räumen" an der TU Berlin. Er forscht und arbeitet über Soziologische Theorie, Wissenssoziologie, Kommunikation, Religion und qualitative Methoden, insbesondere Videografie. Zu den letzten Publikationen gehört „Die kommunikative Konstruktion der Wirklichkeit" (Springer 2017), engl. „The Communicative Construction of Reality" (Routledge 2020).

https://doi.org/10.1515/9783110589214-030

Sighard Neckel, Professor für Gesellschaftsanalyse und sozialen Wandel an der Universität Hamburg. Senior Permanent Fellow der dortigen DFG-Kolleg-Forschungsgruppe „Zukünfte der Nachhaltigkeit" und von 2019 bis 2023 Teilprojektleiter im Sonderforschungsbereich 1171 „Affective Societies". Zuvor Professuren u. a. in Gießen, Wien und Frankfurt am Main, Forschungsgebiete: Soziale Ungleichheit, Wirtschafts- und Finanzsoziologie, Emotionsforschung, Kultursoziologie und Konflikte um Nachhaltigkeit.

Sarah Miriam Pritz hat Germanistik und Soziologie an der Universität Wien studiert. Promoviert wurde sie 2021 an der Universität Hamburg mit ihrer Dissertationsschrift „Gefühlstechniken. Eine Soziologie emotionaler Selbstvermessung" (im Erscheinen). Aktuell ist sie als Postdoktorandin im interdisziplinären DFG-Graduiertenkolleg 2726 „Das Sentimentale in Literatur, Kultur und Politik" an der Friedrich-Alexander-Universität Erlangen-Nürnberg tätig.

Andreea Racleş hat einen Hintergrund in Sozialanthropologie und ist derzeit Postdoktorandin im Fach Soziologie mit dem Schwerpunkt Kultur und Migration an der Goethe-Universität Frankfurt. Ihre Monografie „Textures of Belonging. Senses, Subjects and Spaces of Roma" wurde 2021 veröffentlicht und basiert auf ethnografischer Forschung mit rumänischen Roma, die Narrative und *enactments* von Zugehörigkeit untersuchte. Ihre Interessengebiete sind Critical Romani Studies, kritische Migrationsforschung und sozio-anthropologische Ansätze zur Erforschung des Sensoriums.

Birgitt Röttger-Rössler ist Seniorprofessorin für Sozial- und Kulturanthropologie an der Freien Universität Berlin. Sie war Initiatorin und Sprecherin (bis April 2022) des an der FU etablierten Sonderforschungsbereiches „Affective Societies" sowie Leiterin der Arbeitsstelle „Psychologische Anthropologie" am Fachbereich für Politik- und Sozialwissenschaften der FU Berlin. Ihre aktuellen Arbeitsschwerpunkte liegen auf Kindheit, Sozialisation und Erziehung im Kulturvergleich sowie auf der interdisziplinären Emotions- und Affektforschung.

Birgit Sauer ist Politikwissenschaftlerin i.R. an der Universität Wien. Ihre Forschungsschwerpunkte umfassen feministische Staats- und Demokratietheorie, autoritäre Rechte und Geschlecht sowie Politik und Affekt. Jüngste Publikation: „Konjunktur der Männlichkeit. Affektive Strategien der autoritären Rechten" (Campus 2023), mit Otto Penz.

Elgen Sauerborn ist Soziologin am DFG-Sonderforschungsbereich „Affective Societies" an der Freien Universität Berlin. Ihre Forschungsinteressen umfassen die Soziologie der Emotionen, die Soziologie des Wissens, soziale Ungleichheit, Organisationen und qualitative Methoden.

Konstanze Senge ist Professorin für Wirtschafts- und Organisationssoziologie an der Martin-Luther-Universität Halle-Wittenberg.

Christian von Scheve ist Professor für Soziologie am Institut für Soziologie der Freien Universität Berlin. Er leitet dort den Arbeitsbereich „Soziologie der Emotionen". Zudem ist er Research Fellow am Deutschen Institut für Wirtschaftsforschung (DIW) Berlin. Seine Forschungsschwerpunkte sind die Soziologie der Emotionen, Kultur- und Wirtschaftssoziologie, politische Soziologie und Sozialpsychologie.

Rainer Schützeichel (1958–2023) war Professor für Soziologie an der Universität Bielefeld. Seine Forschungsfelder waren Sozialtheorie und soziologische Theorie, Historische Soziologie, Wissens- und Emotionssoziologie. In jüngeren Publikationen befasste er sich mit invektivem Verhalten in professionalen Handlungsfeldern und enaktivistischen Theorieansätzen.

Nina Sökefeld ist wissenschaftliche Mitarbeiterin an der Professur für Gesellschaftsanalyse und Sozialen Wandel an der Universität Hamburg. Ihre Forschungsschwerpunkte liegen im Bereich der Emotions-, Körper- und Kultursoziologie. In ihrem Dissertationsprojekt untersucht sie die reflexive Auseinandersetzung mit Körpergefühlen als gesellschaftliches Gegenwartsphänomen.

Thomas Stodulka ist Professor für Sozial- und Kulturanthropologie an der Universität Münster. Seine Forschung konzentriert sich auf das Zusammenspiel von Affekt und Emotion, Kindheit und Jugend, psychischer Gesundheit und Krankheit, Umwelt und Bildung überwiegend in Indonesien und Osttimor. Er leitete mehrere internationale Forschungsprojekte und Netzwerke zu Affekt und Emotion in der Ethnografie, kritischen Perspektiven auf Big Data, Neid und soziale Ungleichheit, Global Mental Health, sowie Psychologischer Anthropologie.

Nur Yasemin Ural ist Soziologin und arbeitet derzeit als Senior Research Fellow in der Kolleg-Forschungsgruppe „Multiple Secularities – Beyond the West, Beyond Modernities“ an der Universität Leipzig. Sie promovierte an der EHESS (Paris) und war als Postdoktorandin im Sonderforschungsbereich „Affective Societies“ an der Freien Universität Berlin tätig. Sie hat zahlreiche Publikationen zu den Themen ethnische und religiöse Minderheiten, Säkularität, *Affect Theory* und Islam in Europa.

Max Weigelin ist Mitarbeiter im DFG-Projekt „Accounting und transformatorische Effekte im Profifußball“ unter Leitung von Prof. Robert Schmidt an der KU Eichstätt-Ingolstadt. Seine Interessenschwerpunkte sind Ethnografie, Praxistheorie, Kultursoziologie, Soziologie der Sinne und Soziologie der Bewertung. Jüngste Publikation: „Entscheidungen und ihre Bewertungen. Zur Mikrosoziologie des Schiedsrichter-Pfiffs“ (Österreichische Zeitschrift für Soziologie 2022).

Basil Wiesse ist wissenschaftlicher Mitarbeiter an der Professur für Prozessorientierte Soziologie der KU Eichstätt-Ingolstadt. Seine Interessenschwerpunkte sind Ethnomethodologie, Praxis- und Affekttheorien, Soziologie des Körpers, Soziologie des Digitalen und qualitative Methoden. Zurzeit untersucht er Praktiken der Cybersicherheit. 2020 erschien seine Dissertation „Situation und Affekt“.

Veronika Zink ist Postdoktorandin am Institut für Soziologie der Martin-Luther Universität Halle. Ihre Arbeiten bewegen sich an der Schnittstelle von Kultur, Ökonomie und Modernetheorien. Ein spezieller Fokus liegt hierbei auf der historisierenden Analyse moderner Figuren der Kultur- und Gesellschaftskritik sowie auf gegenwärtigen Emotions- und Affekttheorien.

Register

https://doi.org/10.1515/9783110589214-031

www.ingramcontent.com/pod-product-compliance
Lightning Source LLC
Chambersburg PA
CBHW020452270326
41926CB00008B/576

* 9 7 8 3 1 1 0 5 7 2 4 3 8 *